KB253440

문예사조의 새로운 이해

오생근 · 이성원 · 홍정선 엮음

문학과지성사

문예사조의 새로운 이해

초판발행_1996년 8월 30일
4쇄발행_2007년 9월 28일

엮은이_오생근·이성원·홍정선
펴낸이_채호기
펴낸곳_ (주)문학과지성사
등록번호_제10-918호(1993. 12. 16)
주소_서울 마포구 서교동 395-2(121-840)
전화_02)338-7224
영업_02)323-4180(편집) 02)338-7221(영업)
전자우편_moonji@moonji.com
홈페이지_www.moonji.com

ⓒ 오생근 외, 1996. Printed in Seoul, Korea

ISBN 89-320-0835-3

문예사조의 새로운 이해

문예사조의 새로운 이해

왜 다시 문예사조인가

'문예사조'라는 말은 이제 우리들에게 아주 낡은 말처럼 들리고 있다. 많은 사람들이 대학의 강의실에서 늙은 교수가 금방 바스러질 것 같은 낡은 노트를 넘기며 시들어가는 목소리로 이야기하는 것이 문예사조인 것처럼 생각하고 있다. 우리들 대부분은 문예사조를 현재의 저 뒤편에 있는 죽어버린 역사, 다시 말해 문학사에서나 마주칠 수 있는 고답적인 어떤 문학 운동쯤으로 여기고 있다. 문예사조는 현재가 아니라 과거이며, 진행형이라기보다는 완료형인 것으로 간주하고 있다.

그러나 조심스럽게 살펴보면 우리의 문학적 현실은 비록 문예사조라는 명칭으로부터는 소원해져가고 있지만 그 말이 가리키는 본질과는 여전히 밀접한 관계를 맺고 있다는 사실을 금방 깨달을 수 있다. 주지하다시피 우리의 경우 아직도 상당수의 사람들은 리얼리즘의 특정 방법을 강하게 고수하고 있으며, 명시적으로 리얼리즘을 내세우지 않는 사람들조차도 창작과 이론에서 리얼리즘의 전통을 이어받고 있는 경우가 많다. 또한 최근에 논란 거리가 되고 있는 모더니티의 문제라든가 포스트모더니즘의 여러 이론도 문예사조의 측면에서 다룰 때 그 의미가 좀더 명확하게 드러날 수 있는 것들이다.

그럼에도 불구하고 우리는 포스트모더니즘을 문예사조적인 측면에서가 아니라 현재 관심을 끄는 예술 이론의 하나로만 생각하고 있다. 그렇다면 이러한 현실이 말해주듯이 문학 이론은 현재적인 것이고 문예사조는 과거적인 것일까? 당대의 문학 이론들이 그 의미를 상실하고 죽어버렸을 때 그 시체들을 무더기 무더기 모아놓은 것이 바로 문예사조일까?

문학 이론과 문예사조의 관계는 현재성과 과거성의 관계로 차이와 본질을 규정할 수 있는 관계가 아니다. 만약에 그렇다면 러시아 형식주의나 신비평 *new criticism* 이나 정신분석과 같은 이론의 체계들은 벌써 중요한 문예사조의 하나로 자리잡았거나 자리잡기 시작해야 할 것들이다. 그러나 실제는 그렇지 않다. 그것들은 중요한 문학 이론이기는 하지만 당대의 문학·미술·철학·건축 등을 지배하는 가장 중요한 정신적 특징이라고 할 수는 없다. 이를테면 우리는 러시아 형식주의의 방법을 사용해서 아득한 옛날부터 구비 전승되는 민담들로부터 현재에 씌어지고 있는 전위적인 시작품들까지 분석을 시도해볼 수 있다. 그렇지만 그것을 20세기 사람들이 지닌 보편적 정신의 어떤 모습으로 생각할 수는 없는 것이다.

모든 문학 이론은 그 이론의 유효성 문제를 떠나 일단 문학 전체를 설명하려는 야심을 갖는다. 그러나 문예사조는 문학 전체를 설명하려는 야심찬 이론의 체계가 아니다. 문예사조는 그런 이론의 체계가 아니라 세계와 인간을 이해하고 설명하고 표현하는 모든 것들 속에 깔려 있는 한 시대의 뚜렷한 특징, 다시 말해 일정한 시기의 예술과 역사와 철학 등의 저변에 일관되게 흐르고 있는 뚜렷한 정신적 특성이다. 따라서 문학 이론은 특정한 문예사조가 지배하는 시기의 한 문학적 태도를 보여줄 수는 있겠지만 그것 자체가 문예사조는 아닌 것이다. 이 사실은 이를테면 사르트르와 카뮈로 대표되는 실존주의 문학이 실존 철학과 맺고 있는 관계, 그리고 이것들을 배태시킨 전후 유럽인들의 정신적 분위기와 맺고 있는 관계를 상기해본다면 쉽게 이해가 될 것이다.

그렇다면 문예사조는 문학사와 같은 것인가, 다른 것인가?

앞에서 말했듯 문예사조를 이해하는 것에는 과거의 문학과 현재의 문학을 구분하게 만들어주는 뚜렷한 특징을 찾아내는 과정이 들어 있으며, 따라서 그것은 시대 구분의 의미와 척도를 변별해내는 작업이 될 수도 있다는 점에서 문학사와 겹치는 측면이 분명히 있다. 더구나 우리의 경우 백철의 『신문학사조사』가 현대 문학 초창기의 대표적인 문학사로 군림했기 때문에 문예사조의 변화를 곧 문학사로 받아들이는 관점이 한때의 부정할 수 없는 현실이었다. 그러나 문예사조의 변천은 문학사와 겹치는 많은 부분이 있음에도 불구하고 문학사와 동일한 것은 아니다. 그것은 가장 단순한 방식으로 말을 한다면 문예사조사가 곧 문학의 역사라고 말할 수 없기 때문이며, 좀더 복잡하게 말한다면 사상과 정신의 역사에 속하는 문예사조와 문학 작품의 역사에 속하는 문학사는 그 개념의 범주가 다르기 때문이다. 이런 점이 예컨대 우리 문학사의 경우 이광수의 『무정』을 중심으로 이전과 이후의 구분을 가능하게 만들 수 있지만 그것이 문예사조의 구분점이 될 수는 없게 만드는 것이다.

한국 문학사에서 서구 문예사조의 이해는 곧 서양 근대 문학의 이해와 같은 것으로 간주되었다. 우리는 서양의 문학을 문예사조를 만들어낸 역사적 토양의 뿌리로부터 이해하고 받아들인 것이 아니라 거꾸로 문예사조라는 개념을 통해 포획하려고 들었던 것이다. 낭만주의·리얼리즘·상징주의·모더니즘 등의 개념을 이해하면 그 개념들이 구성하고 만들어낸 서양 문학도 잘 이해할 수 있으리라고 생각한 것이다. 한국에서의 되풀이되는 문예사조의 혼란은 근본적으로 우리가 가지고 있는 이 같은 자세와 관련이 있다. 그렇지만 우리는 이 같은 혼란을 일방적인 비판과 부정의 시각으로만 읽어서는 안 된다. 거기에서 중요한 것은 서양의 문예사조 자체가 아니라 우리가 어떻게 서양의 문학을 이해하고 받아들이려 했는가 하는 그 모습이며, 거기에 담긴 주체의 의미인 까닭이다. 우리가 한국의 문예사조를 문제삼는 이유가 여기에 있으며, 이번에 펴내는 『문예사조의 새로운 이해』를 번역된 글이 아니라 오로지 우리 자신들의 글로 구성한 이유도 여기에 있다.

한국의 문예사조는 서양의 문예사조와 밀접한 상관성을 갖고 있지만 똑같은 것도 아니며 모조품인 것도 아니다. 한국의 문예사조는 우리가 유럽 중심의 세계사 속에 일방적으로 해바라기하며 끌려 들어갔던 시기로부터 주체의 모습을 성찰할 수 있는 자세와 능력을 갖추게 된 지금까지의 우리의 삶이며 사상이고 정신이다. 다시 말해 오직 하나인 우리의 모습인 것이다. 그러므로 우리는 서양의 문예사조와 우리의 문예사조를 함께 나란히 겹쳐서 보는 일을 스스로를 비하시키는 일이 아니라 우리의 근대, 우리의 현주소를 정확히 이해하는 작업이며, 우리가 앞으로의 세계 속에서 선택해야 할 방향을 가늠해보는 일로 생각해야 된다.

이와 같은 관점에서 우리 편집자들은 세계 문학과 함께하는 한국 문학을 위해 이제는 한국 사람에 의해 씌어진 문예사조를 적어도 한 권쯤은 가질 때가 되었다고 생각했다. 서양의 문예사조를 우리의 시각과 능력 위에서 서술하고 설명한다는 것은 그것을 우리가 어떻게 이해하고 받아들이고 있는가를 보여주는 일이면서 서양의 문예사조에 대한 오랜 콤플렉스로부터의 해방일 수도 있다. 우리 문학의 현재가 도달해 있는 시점에서 우리는 우리 자신을 지금 어떻게 생각하고 있는지 그 현재성을 이 책을 통해 읽어내고 숙고해보기를 바라면서 이 책을 펴낸다.

1996년 8월
오생근 · 이성원 · 홍정선

차 례

제 2 부 문예사조와 한국 문학

제 1 부
문예사조의 새로운 이해

고전주의의 형성 과정과 기본 명제

심 민 화

기표(記票)와 기의(記意) 사이의 공백이 언어의 불가피한 속성이라면, 이론적 개념 또한 이 속성으로부터 벗어날 수 없다. 시적 언어에서라면 긍정적일 수도 있을 이 속성은 명명하고 정의하고 분류하는 것을 목적으로 하는 이론적 개념에서는 특히 심각한 한계일 수 있다. 게다가 개별 작품의 특수성을 지적하는 것이 아니라, 특정 시대의 문학적 운동을 지칭하는 문예사조상의 용어들은 한 시대의 주요한 흐름을 포괄하려는 노력에 의하여, 나아가 그것을 전후 양상과 비교하여 부각시키려는 노력에 의하여, 의식적·무의식적 훼손과 부풀림의 상처마저 입게 된다. 사실주의·상징주의·표현주의 등, 문예사조의 모든 개념들이 이러한 운명을 피할 수 없지만, 낭만주의의 과격한 반란을 겪고, 절대주의 미학에 대한 20세기 신비평의 신랄한 비판을 간접적으로 감수하여야 하였던 '고전주의 *classicisme*'는 특히 큰 타격을 받았다. 그리하여 '고전'이나 '고전적'이라는 일반 명사 또는 부가형용사로 전이되었을 때의 애매한 존경심에도 이미 교과서적인 고리타분한 문학이라는 어감이 실려 있듯이, 고전주의는 케케묵고 인위적인 낡은 문학이라는 편견을 짐지게 된 것이다. 고대의 숭상, 이성 숭배, 도덕적 교화주의, 형식미의 추구, 규칙들의 전제 등, 꼭 달갑지만은 않은 규정들과 더불어 떠오르는 고전주의, 문화적 세습 유산의 한 항목으로 경의와 동시에 냉담의 대상이 된 고전주의는 그러나 그것이 발생한 당시에는 문학사상 유례없는 열렬한 토론에 의하여 형성된 모던한 문학이었고, 자기 시대에 호소할 수 있었던 모든 문학이 그러하듯이, 역사적 진전에 따라 퇴색해버린 가치들의 집합이 아니라, 자신의 조건에 대하여 인간이 취할 수 있는 진지한 반응들 중의 하나이며, 항존하는 심미적 경향들 중의 하나인 것이다.

그러므로 고전주의를 편견에서 구하여 그것이 꽃피었던 당시의 생명력 속에서 정당히 평가하려면 두 가지 전제 조건이 필요해진다. 그 하나는, 고전주의가 자라나와 꽃피게 되기까지 그것의 형성에 영향을 미친 여러 경향들과의 관계를 고려하고, 그 승리를 가능케 한 역사적·사회적 조건들을 이해하며, 그 승리를 문학사 속에 새겨넣은 최고의 작품들을 통하여 그것을 보아야 한다는 것이다.[1] 이렇게 전제하였을 때, 1660년대에서 1680년대까지 루이 14세 치하의 프랑스 문학이 떠오른다. 앙리 페르 Henri Peyre의 말대로 이 시기의 프랑스 문학이 영국이나 독일에서 시도된 다른 유사한 시도들이 도달하지 못한 "가능성의 극점으로 여겨지는 작품들을 생산하였기" 때문이며, "근대 유럽에서 적합한 비교나 유사성을 거의 제공받을 수 없는 유일한 성공"[2]이었기 때문이다. 그러나 위에서 말하였듯이 이 유일

---

1) 고전주의에 가해지는 공격들이 대부분 볼테르 등 이류 극작가들이나, 작품이 아닌 이론적 주장들에 대해 행해지고 있다는 점에서 그러하다. 편협하게 여겨질 정도로 각 장르의 세부적 규칙들을 세웠다는 점이 고전주의의 큰 특성이기는 하지만, 지적 추론에 의하여 세워진 이론의 편협성을 초월하여, 거기에 영혼을 부여하고, 규칙들을 제약이 아니라 필연성으로 작품 속에 통합시킬 수 있었다는 점이 고전주의 문학의 성취라는 사실을 상기하여야 한다. "고전주의의 영혼은 샤플랭, 메나르디에르, 도비냑〔17세기 전반의 이론가들: 필자〕 등에게 없었다. 〔……〕 1660년에서 1680년 사이의 위대한 작가들은 고전주의 이론을 창조하지도 조직하지도 않았다"는 앙리 페르의 지적은 이 점에서 되새겨볼 가치가 있다(Henri Peyre, *Qu'est-ce que le classicisme?* Nizet, 1971, p. 20).
2) *Ibid.*, p. 14.

한 성공은 돌발적인 것이 아니다. 그것은 같은 시기에 오래 지속되기 힘든 균형 상태에 이르렀던 정치사회적 안정과 상관 관계를 맺으며, 그에 앞선 불안정의 시기에 행해졌던 인간과 세계, 그리고 예술에 대한 전면적인 재고의 종합적 결산이라 할 수 있다. 따라서 이제 두번째 전제를 말해야 할 것인데, 그것은 다른 사조들이 그러하듯이 고전주의 역시 사상적·미학적·기술적 경향의 총체이며, 그 중 어느 한 가지에 의하여 규정될 수 없는 복합 개념으로 보아야 한다는 것이다.

1. 고전주의의 형성 과정

I. 사회문화적 배경

앙리 4세의 죽음(1610)에서 루이 14세의 죽음(1715)에 이르는 동안, 프랑스는 중세의 봉건 사회로부터 왕권을 중심으로 하는 근대적 국가로 탈바꿈할 수 있었다. 이미 르네상스를 거치며, 문화적·사상적·종교적 갈등으로 화형과 분서와 피비린내 나는 전쟁을 경험하였지만 이 탈바꿈의 진통은 루이 14세가 친정을 시작하는 1661년까지 여전히 남아 있었다. 왕권은 끊임없이 구귀족의 저항에 부딪혔고, 공화주의적인 법복 귀족의 자유 사상 또한 만만치 않았다. 그러나 병법의 변화로 실제적인 사회적 기능을 상실하고 자신의 영지를 떠나 파리에 거주하게 된 구귀족은 지난날의 권력의 기반과 유리되었고, 매직(賣職)에 의해 관료가 된 법복 귀족의 최고 구성체인 고등법원은 국민의 대표 기구가 아니라 왕권에 종속된 기능적 조직이었다. 귀족 출신이었던 재상 리슐리외Richelieu는 영광과 위대성이라는 귀족 계급의 정치적·도덕적 가치(코르네유Corneille 비극의 한 원동력인)를 옹호하였으나, 그것이 왕권을 위해 봉사하는 한도내에서만 옹호하였다. 그는 고귀함과 비천함을 엄격히 구별하고 귀족이 사회의 상층부를 점하는 계급적 사회를 구상하면서도, 그들로부터 오는 왕권에의 도전은 무자비하게 처단하였고, 귀족적 오만의 현시인 결투조차 금지하여 그들을 거세하였다. 한편 리슐리외의 귀족 옹호 정책에 불만을 품은 부르주아 출신의 법복 귀족들은 관직의 세습권을 놓고 귀족과 대치하고 있었던 만큼, 정면으로 왕권에 도전할 수 없었다. 프랑스 왕국의 위험 요소로 남아 있었던 종교적 갈등에 대해서도 리슐리외의 정책은 일관성을 유지하였다. 그는 추기경이었지만 위그노에 대한 반감은 오로지 정치적인 것이었을 뿐이었다. 30년 전쟁에서도 그는 신교 동맹의 편에 서서 종교보다 국익을 앞세우는 근대적 정치 감각을 보였고, 또한 성공하였다. 리슐리외는 "이성이 만사를 규제하고 지시하여야 한다"[3]고 주장하면서 이 이성을 국가의 번영과 안정을 위한 실용주의적 태도에 결합시켰다.

요컨대 루이 13세 치하 17세기 전반의 프랑스에서는 모든 것이 국가라는 이념으로 이 이념의 현실화는 왕권의 강화로 수렴되고 있었던 것이다. 강력하고 통합된 국가, 그것이 지향하는 가치는 질서와 안정과 조화였고, 그 기반은 실용주의적 합리주의였던 것이다. 뒤집어 말하자면, 질서와 안정과 조화에의 지향이 정치적 변혁에 수반하는 불가피한 주도적 경향이었으되, 그 저변에는 불만과 저항의 요소가 잠재하고 있었다는 뜻도 된다. 리슐리외 사후 1648년부터 1653년까지 프랑스를 흔들어놓았던 프롱드의 난은 이 잠재적 저항의 표출이었다. 그러나 프롱드의 난의 실패는 저항과 반역의 두 그룹, 법복 귀족과 구귀족의 정치적 무력을 드러내어줌으로써, 오히려 절대 왕정의 승리를 확고하게 하는 결과를 남겼다. 정치적 실용주의에 의하여 위로부터 부과 되었던 가치들은 차후 어떤 도전도 없는 합의 속에서 지배적인 가치가 된다.

---

3) André Maurois, *Histoire de la France*, N.E. 3696, Albin Michel, 1965, p. 246.

이러한 정치적 변화와 평행하여, '문학적 삶의 제도들'도 같은 방향의 변화를 겪는다. 이 시절의 문화적 풍속의 한 상징으로 떠오르는 것은 랑부예관의 명성과 더불어 문학적 한담의 유행을 퍼트린 '살롱 *salon*'의 번성이다. 남성보다는 여성이 주도하고, 무훈보다는 언변이 감탄의 대상이 되는 이 사적(私的) 회합은 변화한 시대의 새로운 가치관을 드러낸다. 살롱은 높은 교양을 바탕으로 하되, 지나치게 전문적이어서 현학으로 흐르지는 않는, 상식과 설득술에 의존하면서 예절을 중시하는 사교인의 무리를 문학의 독자층으로 형성시킨다. 한편 오락을 위한 모임이 아니라 지적 권위를 가지고 집단 토론을 하기 위한 모임으로, 지적 풍토의 변화를 주도한 "아카데미 *académie*"4)들은 문예와 과학과 예술의 분야들을 구분하여 제한된 주제를 다루는 전문성을 갖춤으로써, 지적 영역들의 자율화와 특수 분야들의 분화에 결정적인 작용을 하였다. 지적 실천 영역들에 대하여 반성하고, 그것에 규율과 통합적 원칙을 부여하려는 아카데미의 활동은 르네상스 이래 학문의 자율화 및 전문화라는 문화적 진화의 한 양상이기도 하였지만, 중앙 집권적 통합을 지향하는 리슐리외의 정책과도 부합되었다. 리슐리외는 권위와 갈등하고 신학적 문제를 유발할 수 있었던 자유 사상가들의 아카데미보다는 언어의 정화와 미학의 문제에 천착하는 문학적 그룹을 중점적으로 지원하였고, 1634년에는 공식 아카데미를 창설하여 이들의 활동을 제도화한다. 대중이 가장 접근하기 쉬운 분야이기도 한 문학이 아카데미의 후광을 얻어 문화의 장에서 가장 각광받는 분야로 등장하게 된 것이다.

---

4) 르네상스까지 교육 기관의 역할을 하였던 아카데미는 이 시기에 큰 변화를 겪는다. 그것은 이제 교육이 아니라, 이미 전문적 소양을 갖춘 사람끼리의 토론과 연구 모임의 성격을 띠게 되는 것이다. 이런 개념적 변화뿐 아니라 양적인 팽창도 간과할 수 없는데, 이런 전문적 집단은 공식적 아카데미가 창설되기 이전에 이미 활발히 활동하였고, 그 이후에도 여전히 남아 있었다. 이런 사적(私的) 아카데미들이 17세기를 통틀어 70여 개를 헤아린다(Alain Viala, *Naissance de l'écrivain*, Minuit, 1985, pp. 15~50).

　이렇게 간략하게 살펴본 17세기 전반의 정치적·문화적 풍토
의 변화는, 저항과 불만을 안은 채로, 전체적으로 질서와 규범
화를 향한 뚜렷한 방향성을 보이고 있다. 본래의 사회적 기능을
잃은 귀족 계층에 유포된 담소의 습성, 좁고 한정된 주제에 집
중하는 토론의 활성화, 공식 제도에 편입됨으로써 사회적 위엄
을 갖추게 된 작가 및 문사(文士) 집단의 존재──고전주의의
특성에 대하여서는 앞으로 정리하겠지만, 세련된 향수층의 존재
를 그 성립의 조건으로 한다는 말을 받아들일 때, 17세기 전반
은 고전주의가 성숙할 수 있는 사회적 조건을 갖추어갔다고 말
할 수 있을 것이다.

Ⅱ. '바로크'와 '프레시오지테'

　그러나 위에서 보았듯이, 이러한 조건은 르네상스 이래 진행
되어온 사회적·문화적 변화에 따른 필연적인 국면이 있는 만큼
이나, 정치적 목적을 지닌 외압의 결과이기도 하였다. 이러한
변화는 문화적 생산의 차원에서는 당시에 논의되고 있던 이론
들을 적용하여보는 이외에 그 결과가 뚜렷이 나타나지는 않았
다. 규칙주의자들과 자유주의자들 사이의 공방이 거세었던 이면
에서 대중을 사로잡고 있었던 감수성은 오히려 이러한 변화와
배치되는 것이었는데, 우리는 그러한 경향을 '바로크 *baroque*'
와 '프레시오지테 *préciosité*'에서 확인할 수 있다. 무엇보다 움
직임의 예술이었던 바로크는 시간에 따라 생성 소멸하는 우주
의 무한하고 다채로운 외양에 현혹된다. 철학적 내용보다 충격
적 효과를 추구하는 그것은 질서나 조화 따위의 개념을 부정하
였고, 미적 완결성 자체에 대한 적의를 자기 안에 내포하고 있
었다는 점에서 고전주의 미학과 대립하였다. 살롱의 번창과 함
께 번성하였던 프레시오지테 또한 경이를 불러일으키는 언어적
기교를 사용하여, 보편적 이해 가능성보다는 독창성을 내세우는
문학으로, 현실의 비속함과 그 물질성을 떠나 극도의 추상성을

추구하였고, 로마네스크한 환상을 유지하려 하였다는 점에서 사실다움을 추구하는 고전주의에 배치된다.

17세기 전반을 풍미하였던 이러한 경향은 18세기까지도 오페라와 발레 등, 보다 대중적인 장르에서 끈질긴 영향력을 행사하였다. 그러나 바로크는 반동 종교 개혁과 더불어 부활한 반동적 경향에 영향을 받아 구귀족의 현시주의를 드러내고, 프레시오지테는 중세의 공상적인 궁정식 사랑의 모티프를 답습하고 있었다. 다시 말하여 이 두 경향은 복고적이고 반동적인 정신의 일단을 내포하고 있었다는 말이다. 또한 시시각각 변화하는 우주의 모습, 삶이라는 현란한 가장 무도회에 매혹되면서도, 한편으로는 존재의 무상함에 대한 심정적 불안을 내포하고, 시간의 파괴적 힘 앞에서 쉽게 비관주의로 흐르기도 하였던 바로크, 구체적 현실에 파고들어 그것을 규명하려 하기보다는, 현실을 스치고 비상해버리는 우아하고 세련된 추상적 언어와 그것에 의해 구축된 공상적 세계에서 만족을 구하였던 프레시오지테는 현실에 대한 정면의 대응이 아니라, 시적 도피였다.

고전주의가 배태되고 있던 시기에 고전주의적 정신에 대립하는 경향을 보였던 이 두 경향은 겉보기엔 모순적인 두 방향에서 고전주의 문학에 영향을 미쳤다. 한편으로 고전주의의 안티테제로서 고전주의(엄격성을 한 특성으로 하는)를 벼리는 데 필수적이었던 저항의 힘으로서, 다른 한편으로는 이론을 떠나, 고전주의 최고의 작가들이 추구하였던 것, 즉 대중과의 공감을 위한 양분으로 고전주의에 흡수됨으로써 말이다. 대립하는 세력들 사이의 강력한 충돌에서 빚어지는 효과를 추구하였던 바로크는 비정상적 감정, 기괴하고 충격적인 이미지를 즐김으로써 고전주의 인간학에 깊은 영향을 미쳤으며, 극단적으로 전형화된, 따라서 추상화된 사랑의 관계 속에서 심정의 수학을 분석하는 데 몰두하고, 기발하면서도 금욕적이고, 독창적이면서도 관례적 *conventionnel*인 표현을 통해 감탄과 동의를 구하였던 프레시오지

테는 엄격하고 세심한 분석 취미와 매우 세련된 예절 *bienséance*
의 감각을 고전주의에 물려주었던 것이다.

Ⅲ. 고전주의 이론의 정착과 인간관의 변화

고전주의의 규범 밖에서 위와 같은 문학들이 생산되고 있을
때, 고전주의는 아카데미와 문예 옹호 정책에 힘입어 지적 권
위를 가지게 된 문사들, 특히 샤플랭 Chapelain, 메나르디에르
Mesnardière, 도비냑 d'Aubignac 등에 의하여 먼저 이론적 차
원에서 성숙되어갔다. 이론이 창작보다 선행했다는, 문학 사상
드문 이 사실은 그 자체로 고전주의의 특징적 국면을 드러내준
다. 그것은 문학을 자율적 체계로 인식하고, 그 체계를 규명하
려는 반성적 사고를 드러내고 있으며, 문학적 창조가 지향하는
아름다움을 규범화할 수 있다는 믿음을 보여주기 때문이다. 이
러한 생각은 당연히 과거의 문학 이론과 창조의 기술을 배우려
는 의지로 이어진다. 여기에 모델로 제공된 것이 아리스토텔레
스의 미학, 더 정확히 말하자면 이탈리아 르네상스를 통하여 수
입된 아리스토텔레스의 미학이었다. "우리를 밝혀주고 야만에
서 벗어나게 해준 예술의 어머니요 불꽃인 영광스러운 이탈리
아"[5]는 이미 1527년에서 1600년까지 격렬한 논쟁을 거쳐, 아리
스토텔레스에 기초한, 그러나 자기 시대의 문학에 맞게 변형시
킨 수많은 '시학'들을 간행하였고, 그 중에서도 스칼리제 Scalizer,
카스텔베트로 Castelvetro 의 이론은 프랑스 고전주의 이론의 성
립에 지대한 영향을 미치게 된다. 프랑스의 이론가들은 이탈리
아로부터 수입된 이론을 다시 확장하고 변형시킨다. 무에서 출
발하지는 않았으되, 프랑스 고전주의의 이론이 자기 시대, 자기
환경의 토대에서 유리된 채 성립되지 않았음을 주지하는 것은
중요하다. 작가들을 겸하였던 이론가들은 그 이론을 자신의 창

---

5) Chapelain, René Bray, *Formation de la doctrine classique en France*,
   Nizet, 1966, p. 40에서 재인용.

작에 적용하여 실험하여보았고, 이론가는 실천을 통해 이론을 입증하였다. 도비냑의 극 이론서가 『연극의 실행 *Pratique du théâtre*』이라는 제목을 달고 있다는 사실과, 작품의 서문들, 특히 코르네유의 서문들과 『검토 *Examens*』에 나타나는 이론적 성찰들이 보여주듯이.

위와 같은 과정 속에서, 고전주의 이론은 바로크와 프레시오지테의 풍미에도 불구하고 질서와 규범화를 지향하는 정치적 대세와 맞물려 정착되어갔다. 1660년경이 되면 이 이론들은 더 이상 도전받지 않을 것이다. 그러나 이론들·규칙들의 준수가 곧바로 작품의 가치와 연결될 수 없음이 자명하듯이, 고전주의 문학은 이론들의 성립만으로 설명될 수 없다. 그러므로 이제 이 이론들이 작품들로 육화되어 고전주의 문학의 성취가 그려지기까지 인간관·세계관의 차원에서 일어난 변화를 언급하여야 한다.

지적·과학적 모험으로 흥분하였던 초기의 르네상스가 종교 전쟁의 참화를 겪고 몽테뉴의 회의주의로 막을 내린 이후에도, 스토아주의와 기독교 정신은 화해로운 관계를 얼마간 유지하였다. 그러나 구원보다는 잘사는 지혜를 구하는 헬레니스트의 태도, 기존 가치들을 이성의 비판에 부쳐보는 자유 사상의 물결, 한걸음만 더 나가면 무신론이 되는 데카르트 Descartes의 철학, 코르네유의 작품의 주제가 되었던 영웅주의, 바로크의 과시주의, 남과 구별되려는 욕망의 표현인 프레시오지테의 현시욕 등은 자아 도취의 경향을 공유하고 있었고, 이러한 물결은 이미 종교 개혁으로 타격을 입은 카톨릭을 자극하였다. 반동 종교 개혁의 주도자였던 제주이트가 바로크적 감수성의 개화를 격려하며 다시 한번 세속적 삶과 카톨릭의 화해를 도모한 반면에, 17세기초 대부분의 기독교 사상가들은 오거스틴주의를 부활시키고 인간성의 타락을 지적함으로써 자기애 *amour-propre*가 지상권을 가진 사교 생활에 엄격주의로 맞섰다. 그 중에서도 가장 극단적이었던 장세니슴은 아르노 Arnauld, 니콜 Nicole, 특히 파스칼 Pascal의 저작을 통하여 지적 세계에 파고들고, 세속적 권위와의 타협을 완강히 거부하여 잦은 박해의 표적이 되면서 정치적 불만 세력의 공감을 얻었다. 게다가 프롱드의 난의 실패로 불만 세력, 즉 구귀족과 법복 귀족들(나아가서는 왕권에 투항하여 궁정 생활의 장식품이 된 궁정 귀족들까지)이 제 자신에 대한, 나아가서는 세계와 인간성 자체에 대한 환상을 잃게 되자, 인간성을 가차없이 단죄하는 장세니슴의 반인간주의는, 고전주의 문학의 개화기에 교양 사회에 널리 퍼지게 되었다.

물론 사교계는 삶 자체의 거부로 나아갈 수는 없었다. 그러나 태생에 의해서건 자질에 의해서건 타인의 갈채 속에 있는 영웅이었던 17세기 초반의 이상적 인간형이, 인간성의 한계를 꿰뚫어보는 명석성, 그 한계를 겸허하게 인정하는 성실성, 모나거나 튀지 않게 처신함으로써 남을 즐겁게 하면서 자신을 지키는 충직성을 가치로 삼는 '교양인 *honnête homme*'으로 변하여간 것은 이런 사상적·사회적 변화에 기인한 것이었다. 변화한 인간관을 지니며, 변화한 이상을 추구하되, 함께 모여 문학을 논하는 세련된 문화 향수층이었다는 점에서 17세기 전반의 살롱에 모였던 집단의 후예들이었던 이들이 고전주의 문학 개화기의 독자들이요, 때로는 작가였다. 라신 Racine, 몰리에르 Molière, 라 로슈푸코 La Rochefoucauld, 라 파예트 La Fayette 부인 등의 문학, 고전주의 미학의 찬란한 성취이면서 깊은 염세주의의 표현이기도 한 이 문학은 이러한 사회적 변동과, 그에 수반된 사상적·종교적·미학적 갈등과 논쟁을 통과하며 형성된 대상을 위하여 씌어진 문학인 것이다.

2. 고전주의 미학의 기본 명제들

위에서 말한 대로 고전주의는 이론적 정립이 창작에 선행하였던 운동이었다. 근대 문학사에서 볼 때, 문학이 자율적 체계로 인식되기 시작한 최초에 만들어졌다는 사실 때문에, 고전주의 이론들은 차후 문학 운동이 줄곧 하나의 참조점으로, 그것도 비판적 참조점으로 다루어져왔다. 그런 가운데 그것들이 작품에 대하여 가지는 의의는 지나치게 과장되었고, 그것들의 의미는 지나치게 경직된 채 이해되었다. 그러므로 고전주의의 근본 명제들을 가까이서 살펴보면서, 실제 작품과의 관계를 고려하고, 그것들이 당대에 가졌던 의미를 되새겨보아야 할 것이다.

I. 모방

우선, 모방이라는 개념이 있다. 독창성이 작품의 가치를 정하는 척도가 되고, 예술적 창조의 원동력을 영감으로 보는 생각이 지배적이 된 이래, 이 개념은 경멸적인 의미로밖에는 쓰이지 않게 되었다. 그러나 이 개념의 원전인 아리스토텔레스에서 이미 그러하듯이, 고전주의 이론가들에게도 모방은 대상의 외양을 복사하는 것이 아니라, 대상이 지닌 본질을 모방하는 것을 의미하였다. 그러므로 이 개념 속에는 인간의 삶을 이루는 것에는 풍습이나 외모, 외부 세계에 대한 지식의 정도, 생활 방식 따위들의 외적이고 가변적인 것이 있는 반면에, 어떤 인간에게나, 어떤 형태의 삶에나 공존하는 항구적 요소가 존재한다는 믿음이 내포되어 있다. 고전주의자들이 예술적 표현에 합당한 대상, 모방의 대상으로 생각한 것은 바로 이 항구적 요소였고, 따라서 무엇이나 예술의 대상이 될 수는 없으며 단순한 복사로서 예술이 될 수 없다는 생각을 전제로 하고 있는 것이다. 이렇게 하여 예술의 제재로 선택된 대상은, 역사적 상대성이나, 개인성을 떼어버린, 그 역사적 조건과 개인성의 안에 내재하고 있는 보편적 속성6)이 되며, 그것을 고전주의자들은 '자연 *nature*'이라 불렀다. 이 보편적 속성은 그러나 평범성이나 일상성을 의미하지 않는다. 그것은 예술가의 손에 의해 잘 다루어졌을 때, 누구나 공감할 수 있도록 드러나는 숨어 있는 진실이요, 경탄(코르네유에게서는)이나 "마음으로 웃는 웃음"7)(몰리에르에게서는), 또는 연민과 공포(라신에게서는)와 더불어 그 사실다움이 승인되는 특별한 진실인 것이다. 선택의 중요성이 여기서 제기되며, 예술가의 독창성이 문제되지는 않는다 하여도, 대상의 본질을 꿰뚫는 관찰력과 통찰력, 자기의 주제를 다루는 능력은 예술가를 범인과 구별시키는 엄연한 자질인 것이다.

고전주의자들이 모방의 대상으로 삼은 고대도 이미 선택에 의하여 결정된 것이다. 그들이 플라톤이 아니라 아리스토텔레스를 선택한 것은 미학적 차원에서만이 아니다. 그들은 관념론이 아니라 현실성의 철학을 택하였던 것이고, 이는 초월적 가치 대신에 지상의 삶에 눈 돌리고, 그것을 과학적으로 이해하려는 르네상스 정신을 이어받은 것이다. 그런데, 이 과학적 이성은 또한 르네상스 헬레니스트들의 고대에 대한 지나친 열광 또한 경멸케 한다. 데카르트의 시대요, 파스칼의 시대인 17세기는 반헬레니스트의 시대이기도 하였던 것이다. 문학이 지향하는 아름다움이 질서와 관계된 것이라는 시각, 그 아름다움에 도달하기 위한 법칙과 방법이 존재한다는 믿음에서 아리스토텔레스의 미학에 매료되었던 고전주의 이론가들도, 그가 무엇보다 "이성의 교사"8)임을 설득하려 하였고, 그 교사에 대해서조차 비판적 거

---

6) 코르네유의 인물들을 일컬어, "그들이 로마에서 그랬을 것보다 더 로마적 영웅성을 지니고" 있음을 찬양할 수 있었던 것처럼.

7) Donneau de Vise, Georges Mongredien(éd. de), *Comédies et pamphlets sur Molière*, Nizet, 1986, p.139에서 재인용.

8) René Bray, *op. cit.*, p.59.

리를 두어야 함을 주장하곤 하였다. 이미 말레르브 Malherbe가, 고대인을 비굴하게 모방하고 자기가 글을 쓰던 시대를 생각하지 않았던 롱사르 Ronsard를 비판[9]하였거니와, "아리스토텔레스 이래 극시는 너무나도 그 모습이 달라졌으므로, 그가 우리에게 주는 가르침들이 그 언어만큼 낡은 것은 아니더라도 〔……〕 우리는 모든 점에서 그의 의견을 추종해서는 안 된다는 큰 과제를 안고 했다"[10]는 유보는 거의 모든 이론가들의 글들에서 발견된다. 비교컨대, 자기 시대에 대한 혐오, 자기 시대와의 불일치에서 오는 원망의 감정이 낭만주의자들을 그리스나 중세에 대한 정서적 애착으로 몰고 갔던 것과는 반대로, 고전주의자들은 자기 시대의 영광을 위하여, 또는 자기 시대가, 고대가 누린 영광의 정당한 상속자가 될 수 있으리라는 자신감에서 고대로부터의 가르침을 구하였던 것이다.

고대의 작품들에 대한 태도 또한 같다. 고전주의 작가들은 고대 작품에 나타나는 이교적 신성이나 운명론을 거의 받아들이지 않았고, 형식적으로도 코러스나 기적을 제거하였다. 이론가들의 공격을 받았을 때 작가들은 역사나 고대 작품을 근거로 내세웠지만, 고대의 소재를 자신의 시대에 맞추어 변형하였음을 당당히 주장하고, 더러는 자신의 작품이 원전에 의지하고 있는 바가 얼마나 미미한 것인지를 간접적으로 드러내기도 하였다. 17세기 내내 "가련한 복사가 *misérable copiste*"[11]는 조롱거리였고, 고대에 대한 "수치스런 노략질"[12]은 단죄되었다. "나는 이 작품에서 고대인들에게 충격을 줄 자유를 스스로에게 부여하였다"는 코르네유의 말은 고전주의 이론에 적응하기 어려웠던 그 특유의 자유로운 기질을 드러낸 것이지만, "그들이라고 모든 것을 알 수 없었고, 〔따라서〕 그들이 직면하지 않았던 어

---

9) 이환, 『프랑스 고전주의 연구』, 민음사, 1993, p. 206 참조.
10) Abbé d'Aubignac, René Bray, *op. cit.*, p. 55에서 재인용.
11) Racan, *ibid.*, p. 167에서 재인용.
12) Sain-Evremond, *ibid.*, p. 170에서 재인용.

둠에 해결책을 줄 수도 없다"[13]는 생각은 조금만 연장하면, 17세기말, 고전주의의 쇠퇴를 공식화하였던 신구 논쟁에서 "고대인들은 존경할 만하지만, 경배의 대상일 수 없다. 나는 무릎을 꿇지 않고 그들을 본다"[14]고 공언한 페로 Perrault 의 생각과 일치하는 것이었다.

이처럼 현실주의자들이었으며, 당대의 모더니스트들이었던 고전주의자들은 과거의 경험 속에서, 답습해야 할 완벽한 정답이 아니라 그들 자신의 모색에 방향을 제시해줄 빛을 구하였던 것이고, 아리스토텔레스는, 이탈리아인들에 의해 변형되고, 다시 프랑스인들에 의해 변형되어, 고전주의 미학의 기초가 되었던 것이다. 이렇게 보았을 때, "고대의 모범에 따라 자연을 모방한다"는 것은 단순한 추종이나 복사가 아니며, 플라톤적인 모방, 즉 거울에 비친 영상으로서의 모방과도 다를 뿐더러, 나아가 19세기 사실주의자들의 재현과도 다른 것으로, 선택과 추상화의 과정을 통해 정형화된 자연, 따라서 이상적, 또는 추상적일 수 있는 것이지만, 인간의 삶에 대한 일반적 지식의 내용이 될 수 있는 그런 자연의 외현화를 의미함을 알 수 있다.

Ⅱ. 이성 숭배, 도덕성, 규칙의 준수

'이성 숭배' 역시 위와 같은 맥락에서 이해하여야 한다. 이성이 예술가를 이끄는 가장 중요한 길잡이로 제시되는 것은, 거칠고 조잡한 현상들의 세계에 감추어져 있는 본래적 질서를 간파하는 능력, 그렇게 간파된 진실을 청중 또한 공감할 수 있도록, 그 진실에 적합한 방식으로 제시할 수 있게 하는 능력으로서이다. 그러므로 고전주의 문학을 데카르트적 합리주의에 연결시키거나, 이성 지상주의적 문학으로 이해하는 것은 옳지 못하다. 위에서 언급하였듯이 고전주의 문학의 개화기는 염세적 세계관

---

13) Coneille, "Préface de Clitandre."
14) Perrault, "Le siècle de Louis le Grand."

이 강하였던 시기로 이성적 인간에 대한 초기 르네상스적 신뢰도, 그러한 인간관이 불러들일 수 있는 진보에 대한 18세기적 믿음도 갖고 있지 않았다. 교양인의 덕목이 보여주듯이 17세기 후반의 이성적 태도는 인간에 대한 환상 없는 인식과, 자기 조건에 대한 겸손한 수락에서 드러나는 것이었다. 과연, 라신이 그려내는 인간 정념의 어두운 맹목성, 몰리에르의 인물들이 보여주는 노예적인 기계성, 라 로슈푸코가 고발하는 인간의 자기기만 등을 볼 때, 고전주의 개화기의 문학은 '이성적 인간'이라는 개념의 허구성을 폭로하는 어두운 보고서인 것처럼 보인다. 다만, 그 문학 속의 인간들은 불안과 정념, 광증의 한가운데에서도 가혹하게 자신의 '비이성성'을 분석하고 있고, 작가들은 비이성적 본성의 가공할 지배와, 그에 대한 냉혹한 분석을 "지적인 질서" 속에 통합시킴으로써 미학적 차원의 "명징성·조화·절도·견고성[15]"을 획득하였던 것이다.

　여기에 이르면 고전주의를 '도덕적 교화주의 문학'으로 여기는 편견 또한 재고되어야 한다. 오늘날에는 고전주의 문학에 불리하게 작용하는 이 인식이 당대에는 막 사회적으로 대접받기 시작한 한 체계의 옹호를 위하여 주장되었던 것임을 먼저 이해해야 하리라. 문학의 위엄을 위하여 사회적 효용을 고안해내어야 하였던 입법자들은 호라티우스 Horatius 라는 고대 이론가를 후원자로 찾아내었고, 금욕주의적인 카톨릭의 입김이 아직도 거센 계급 사회에서 비난과 검열, 판금과 공연 금지로부터 자기 작품을 보호하여야 하였던 작가들은 서론과 검토 등 작품 이외의 문서를 통해 일종의 외교적 변론으로 작품의 도덕성을 내세웠던 것이다. 동시에 도처에서 그들은 덕성을 키우는 것보다 즐거움을 주는 것이 문학의 더 중요한 덕목임을 강조하고, 후자 없이는 전자도 있을 수 없음을 주장하곤 하였다. 아무튼 작품을 두고 볼 때, 몰리에르의 『수전노 *Avare*』를 보고 관대해지기로

---

15) Henri Peyre, *op cit.*, p. 84.

마음먹고, 라신의 『페드르 *Phèdre*』를 보고 사랑하지 않으리라고 결심하는 것이 가능한가? 본질의 항구성은 교화의 불가능성을 의미할 수밖에 없는 것이다. 청중 또한 도덕적이고 교육적인 어떤 요구도 작가에게 부여하지 않았다. 소설의 악영향이 거론된 때, 바울의 말을 인용하며, "성인들에게는 모두가 성스러운 것"[16]이라고 일축하였던 세비네 Sévigné 부인의 한마디는 저 자신의 교양에 도취해 있던 고전주의 청중의 일반적인 반응을 요약하는 것이었다. 계급적 사고가 지배적이었던 세계, 작가가 지성인 또는 사상가로서 대중의 스승으로 군림하기는커녕, 겨우 직업인으로서의 조건들을 갖추어가고 있던 그즈음, 고전주의는 예술 이외의 목적에 종사하는 것에 대한 경멸에서가 아니라, 대중의 즐거움을 위하여 봉사하는 직분에 대한 작가들의 겸허한 동의에 의하여 교화 문학의 결함을 피할 수 있었던 것이다.[17]

세련된 문학 애호가들이요 비평가들이었지만, 현학적인 것을 혐오하였던 교양인들을 대상으로 삼았던 고전주의는 규칙들의 준수를 '즐겁게 하기'라는 목적보다 우위에 두지 않았다. 고전주의가 이론부터 정립된 사조이고, 자발적 취미를 강제로 변화시킨 측면이 없지 않은 것은 사실이나, 고전주의 문학이 규칙의 노예였던 것은 아니다. 규칙들이 고전주의 문학을 우리가 보는 형태로 만들었는지, 시대가 요구하는 문학을 위하여 규칙들이 고안되었는지를 칼로 자르듯이 잘라 말할 수는 없다. 다만, 형식과 내용 사이의 완벽에 가까운 조화가 고전주의 문학의 예술적 성취라고 할 때, 규칙들의 수용은 권위에 대한 굴복이었다기보다는, 고전주의자들의 예술적 이상에 유용한 것이었다고 결론지을 수 있을 뿐이다. 위에서 보았듯이 인간 삶의 가장 근본적인 진실을 가장 정화된 상태로 양식화하려는 것이 고전주의 문학의 특성이라 할 수 있다면, 규칙들은 과잉과 불순과 우연 등

---

16) Mme de Sévigné, *ibid.*, p. 128에서 재인용.
17) *Ibid.*, pp. 127~29.

의 요소들을 제거하여 작품을 주제에 집중케 하고, 거기에 통일성을 부여하는 데 기여하였다. 시간과 공간의 인위적인 제약 및 단순한 줄거리의 요구로만 이해되는 극작법상의 '삼단일 법칙 *trois unités*'을 예로 볼 때, 그 법칙들의 인위성이 문제될 수 없을 정도로, 나아가 그것들이 의식조차 될 수 없을 만큼, 가장 고조된 위기의 순간을 선택하고, 1막에서 5막까지 긴장과 흥미의 동질성을 팽팽하게 유지시키는 치밀한 짜임으로 그것들을 구현하였을 때, 다시 말하여 그것들을 더 이상 제약이 아닌 내적 필연성으로 화하게 하였을 때, 우리는 고전주의 최고의 희곡들을 가지게 되는 것이다. "기교에 의하여 지나치게 억눌린 강력한 정신은 지시된 규칙들과 기교 자체로부터 뛰쳐나와 그것들의 한계를 초월하는 것을 배운다"[18]는 브왈로의 말처럼 말이다.

Ⅲ. 사실다움과 예절

이상을 통해 충분히 감지할 수 있듯이, 모든 명제들의 수립은 물론이요, 그것에 뉘앙스를 부여하는 모든 논리의 바탕은 '사실다움 *vraisemblance*'과 '예절 *bienséance*'의 요구이다. 역사는 개별적인 사실을 말하고, 시는 보편적인 진실을 말한다는 아리스토텔레스의 주장을 토대로 하는 '사실다움'의 요구는, 진실을 인준하는 척도를 명백히 감상자의 편으로 기울게 한다. 시멘이 로드리고[19]와 결혼하는 것은 역사적 사실이나, 17세기 관객에게는 충격을 준다. 익살을 부리는 왕이나, 유식한 부인도 있을 수 있으나 보편성이 희박하다. "연극이 시작되었을 때, 맨 처음 등장한 배우가 있기로 한 장소는 상연 동안 어떤 변화도 겪을 수 없다."[20] 이처럼 사실다움은 줄거리의 구성에서, 인물의 품성에서, 특수한 조건에 적응해야 하는 장르별 규칙에서 두루 요

---

18) Boileau, *Poétique*, ch. 4. vs. 78~80.
19) 코르네유의 『르 시드 *Le cid*』의 두 주인공.
20) Abbé d'Aubignac, J. J. Roubine, *Introduction aux grandes théories du théâtre*, Bordas, 1990, p. 38 에서 재인용.

구되고 있고, 그것은 모두 감상자의 심리적 동의를 목표로 하고 있는 것이다. 다시 말해 '사실다움'의 척도는 대중의 판단이요, 이 판단은(우리에게는 감정적, 또는 사회적 편견에 사로잡힌 것으로 보일지라도) 당대의 합리성에 의거하는 것으로, 이때의 이성이란 곧 상식 *bon sens*과 다르지 않다.

합치성 *convenance*을 뜻하는 데코룸의 번역어요, "한 사물은 그것이 자신의 본성, 그리고 또한 우리의 본성과 일치할 때 아름답다"[21]는 미의식에 기초한 '예절'의 법칙은 '사실다움'의 법칙에 쉽게 대치될 수 있는 개념이었다. 다만 '사실다움'의 요구가 지적 추론을 거스르는 충격만 배제한 데 반하여, '예절'의 요구는 단어의 뜻에 합당하게 감각적·도덕적·언어적 차원에까지 확대 적용되었을 뿐이다. 풍속을 어지럽히는 폭력과 유혈 등이 추방되고, 장르의 숭고함(비극을 예를 들 때)에 적합치 않은 구체적 일상사에 관한 언급이 사라지며, 인물의 고귀함에 합당치 않은 난폭하고 비속한 언어의 사용이 단죄된다. 지드 Gide가 '곡서법 *litote*'이라고 불렀고, 스피처 Spitzer가 '약음기의 효과'라고 불렀던 고전주의 문체의 특성이 여기서 나온다. 그런 의미에서 '예절'의 요구는 고전주의의 기본 명제들 어느 것에서나 우리가 만나는 특성, 브뤼티에르 Brunetière는 자연주의라고 명하였지만, 19세기적 자연주의의 대척점에 있는 한 독특한 자연주의, 인간적 현실에만 집중하되, 극도의 이상화와 추상화를 통하여 그것을 제시하는 특수한 이상주의를 다시 한번 확인케 하는 것이다.

3. 고전주의 문학의 본질

I. 사회성, 설득의 예술
위에서 본 바와 같이 고전주의 문학은 비슷한 관점과 공통의

---

21) Nicole, René Bray, *op cit.*, p. 216에서 재인용.

교양을 지닌 소수 집단의 토론 속에서 태어나 그 속에서 자랐고, 그 집단을 위하여 씌어졌다. 그들은 르네상스 헬레니스트들이 고대에 대하여 가졌던 무조건적 찬미에도, 동시대를 풍미하였던 바로크적 거칠음이나 프레시오지테의 가식성에도 찬성치 않는 비판적 독자들이었다. 그들은 자신과 자기 시대에 대한 자신감에 차 있었다. 그러면서도 그들은 과거가 질서 잡히진 않았으나 풍부한 유산을 자신들을 위하여 물려주었다고 생각한 현실주의자들이었다. 과거가 물려준 유산을 토대로 근대적 양식에 맞는 문화를 생산하려는 열정, 그것이 고전주의를 배태한 토양인 것이다. 정치적 격동을 겪은 이들이 만상이 지닌 본질의 불변성에 대한 믿음을 절대 왕정의 정치 체제에 대한 씁쓸한 동의와 일치시킨 염세적 모랄리스트들로 변해 있을 때에도 이러한 자신감은 여전히 이 교양 집단을 지탱하여주고 있었다.

"자기 자신에 대한 만족"22)을 특징으로 하는 이 교양인 집단의 판단에 자기를 맡기고 "가능한 한 지혜롭게 자신들의 환경과 일치함으로써 가장 자신다워지려 하는 욕망,"23) 이것이 고전주의 문학을 꽃피게 한 가장 근본적인 동력이었다. 예술을 위한 예술이라는 개념은 아직 존재하지 않았고, 50년 후의 독자를 위하여 쓴다는 오만을 가질 수 없었던 시대에, 그것은 대중들의 동의 속에서 승리를 추구하였다. 이러한 사실은 어떤 장르보다도 대중적이라 할 수 있는 극문학에서 고전주의가 거둔 성공을 설명해준다. 고전주의 문학은 세상 사람들로부터 태어나서 세상 사람들을 위하여 만들어진 세속적인 문학, "자기 시대와의 행복한 일치"24)를 추구한 사회적 문학이다.

그러므로 이 문학은 충격을 주거나 자극하려 하지 않는다. 그것은 이해시키고 즐겁게 하려 한다. 독창성·예외성, 또는 애매

---

22) Henri Peyre, *op. cit.*, p. 98.

23) *Ibid.*, p. 41.

24) 이환, *op. cit.*, p. 330~31 참조.

모호성이 아니라, 투명성, 소통의 가능성, 공감의 가능성을 찾는다. 그러나 이 투명성은 그들이 다루는 인간적 사실의 단순성, 또는 지명성에서 얻어지는 것이 아니다. 당대의 독자들이 은총과 자유 의지, 정념의 지배 등, 미묘하고도 한정된 주제에 집중된 깊은 토론에 익숙한 교양인들이었던 만큼, 고전주의 작가들은, 독자들의 홍미에 부응하되, 다 드러나지 않은 무엇, 그들 자신의 표현에 의하자면, '알지 못할 그 무엇 *je ne sais quoi*'이 작품을 통해 독자에게 전달해야 하는 인간성의 신비와 미적 감홍의 핵심임을 알고 있었다. 순수에 대한 열망이 지나쳐 폭군이 되는 아르놀프나, 타락한 풍속을 비관하면서도, 가장 세속적인 여인을 사랑하는 알세스트, 이중적인 욕망 때문에 스스로를 '괴물'로 인식하는 페드르, 사랑이 끌어들인 온갖 혼란에 속수무책으로 휘둘리는 클레브 공비…… 이처럼 고전주의 문학은 모순으로 가득 찬 인간들을 보여주고 있다. 다만 고전주의 작가들은 그 신비스러운 인간성의 심연이 드러나보이도록, 이해의 대상이 될 수 있도록 제시하기를 원하였던 것이다. 여기서 다시 한번 고전주의의 이론적인 글들 속에서 그토록 자주 반복되는 이성의 참뜻이 드러난다. 그것은 제재를 다듬고 조직하는 이성이요, 가장 모순적인 감정조차 공감할 수 있도록 제시하는 길을 찾는 이성이요, 독자로 하여금, 작품의 구성 속에 자연스럽게 용해되도록 한 지적 분석에 동참케 하여 이해하는 즐거움을 누리게 하는 이성인 것이다. 질문을 던지고, 길을 잃게 하고, 당황에 빠트리는 예술이 아니라, 분석하고 설득하는 예술이라는 것, 이것을 우리는 그 사회적 성격과 뗄 수 없는 고전주의 문학의 특성으로 꼽을 수 있을 것이다.

II. 진실의 추구, 완결성의 미학

설득의 가능성, 공감의 가능성에 대한 이 믿음은, 아무리 비이성적인 정념, 아무리 불가해한 욕망일지라도, 분석되고 이해될 수 있다는 생각, 모든 인간이 합치점에 도달할 수 있는 궁극적 진실이 존재한다는 생각에 의해 지지된다. 이러한 관점은 고전주의 문학으로 하여금, "인간은 무엇을 할 수 있는가? 어디까지 가능한가?"가 아니라 "인간은 어떤 존재인가" 하는 탐구에 매달리게 한다. 이 탐구는 불안하게 미래로 열린 시간 위에서가 아니라, 경험된 것에 대한 철저한 분석을 통하여서만 이루어질 수 있다. 고전주의 문학이 이미 잘 알려진 소재를 다루었던 것은 그들에게 창조의 능력이 부족했기 때문이 아니라, 그들의 탐구가 필연적으로 회고적 시선에 의해 수행될 수밖에 없었기 때문이다. 그렇기 때문에, 돌이킬 수 없는 갈등적 관계가 더 피할 수 없는 계기를 만나 파국으로 치닫기 시작하는 순간에 시작되는 고전주의 비극은 어떤 점에서는 이미 종결된 사실에 대한 최종 분석과 같은 형태를 지니고 '위기의 비극'이 되는 것이다. 작품 속에서 주어지는 우연적인 조건들은 인물들의 운명을 바꾸어놓기 위해서가 아니라, 예정된 결말을 결코 바꿀 수 없다는 예감을 강화시키기 위하여 제시되는 듯이 보인다. 역사나 신화를 통하여 이미 그 운명이 잘 알려진 비극의 주인공들은 물론이요, 희극과 소설에서도 그러하다. 가장으로서의 권위에도 불구하고, 아르파공은 그의 본성에 위배되는 미래의 설계를 실현시킬 수 없다. 그는 돈 상자와 더불어 영원한 소외에 처해질 것이다. 클레브 공작의 죽음으로 공비와 느므르가 결합할 수 없을 것이다. 공비를 휘저어놓은 혼란이 평화에 대한 그 여자의 성향을 강화하는 과정, 사랑이라는 정념의 파괴적 지배가 공비 자신의 철저한 자기 분석 속에서 드러나는 과정이 그토록 정교하게 짜여져 있는 소설에서 어떤 다른 결말이 가능할 것인가. 그렇게 될 수밖에 없었던 대로 되었다는 느낌——몰리에르 희극들이 남기는 쓸쓸함, 라신의 희곡들이 지닌 처연함(처절함이 아니라)이 여기서 연유한다. 아무리 폭풍 같은 정념들의 분출을 담고 있더라도, 아무리 고통스런 파국으로 끝맺고 있더라도, 또는 아무리 작품이 작가 개인의 전기적 일화를 암시하고 있더라도, 그것은 이미 살고 난 자의 초연한 시선, 체험된 것을 이미 보편성의 영역으로 넘겨버린 자의 쓸쓸한 담담함을 전제로 한다는 말이다. 이 회고적 시선이 고전주의 문학을 청년의 문학이 아닌 노년의 문학, 열정의 문학이 아니라 지혜의 문학으로 만드는 것이요, 그것 없이 고전주의는 진가를 발할 수 없다. 르 시드가 되어가는 로드리고, 다시 말해, 미래를 향해 열린 시간 속에서 선택에 의하여 자기 자신을 만들어가는 영웅에 매료되었던 코르네유가 고전주의의 정착과 더불어 퇴진할 수밖에 없었던 까닭, 또는, 볼테르Voltaire의 아류성이 증명하고 있는 것처럼, 미래에 대한 전망이 열리고, 인간적 삶의 부동성이 아니라 변화 가능성을 보기 시작한 계몽주의 시대에, 규칙들만의 답습으로 고전주의가 생명력을 유지할 수 없었던 까닭이 여기에 있다.

이 회고적 시선에 의하여 분석된 인간적 진실이 가혹한 것이라면, 그로부터 도달한 것이 염세적이고 비관적인 세계관이라면, 거기서 고전주의자들이 건져낸 것은 무엇인가. 그것은 그들이, 자신이 탐구하고자 하였던 인간적 진실과 결코 구별하지 않았던 아름다움이다. "미(美)는 진실, 진실은 미"[25]라고 키츠Keats도 같은 말을 하였다. 그러나 아름다움을 초월적 절대로까지 승격시키고, 불완전한 이 세상의 밖에서 빛나는 아름다움을 향하여 떨리는 순례를 감행하였던 낭만주의자, 그리하여 결국 그 "영원성의 변경에 쓰러져 죽는"[26] 순교자로 자처하였던 낭만주의자들과는 달리 고전주의 작가들은 이 세상으로부터 눈을 돌리지 않았다. 그들은 이 세상을, 인간이 스스로를 드러내고, 스스로를 이해하는 장소로 여겼고, 거기서 인간의 진실을 추구하고, 인간성의 가장 깊고 어두운 곳까지 파고 내려가, 그 진실을 남김없이 드러내는 완결된 예술적 표현 속에서 아름다

---

25) Keats, "Ode to grecian urn."
26) Baudelaire, "Les phares."

움을 찾았다. 원석의 거칠음을 제거하고, 장인의 손에 의해 조형된 형태 속에서 가장 자기다운 빛을 발하는 금강석처럼, 고전주의 작품의 아름다움은 그것에 담긴 진실이 가장 조화로운, 가장 정교한 형태 속에서, 가장 맑고 밝게 드러나는 순간에 얻어진다. 하나하나 잘 다듬어진 수많은 면들이 반사하는 빛이 하나의 초점으로 모이고, 그 초점에서 반사된 빛이 각 면을 빛내는, 그럼으로써 자연물인 원석이 보석으로 완성되는 것처럼, 고전주의 문학은 각 부분(단순하기는커녕 매우 복잡한)의 진실성이 조화 속에서 하나의 궁극적 진실을 향해 협력하는 그런 예술이다. 고전주의 문학에서 형식성·인위성·단순성 등만을 보려 하는 것은, 덧붙임이 아니라 절제를 통하여 순정함에 이르려 하고, 집중과 밀도와 고른 음조를 통해 통일성을 구하며, 애매함과 불확실성을 통한 여운에서가 아니라 완결성 속에서 아름다움을 찾는 미학적 지향에 대한 부정적 편견이라 할 수 있을 것이다. 말없음표나 물음표가 아니라, 마침표로 마감되는 글쓰기, 고전주의의 마지막 특성으로 우리가 제시하려는 것이 바로 이 완결성이다.

　고전주의는 낡은 문학인가? 그것이 보여주는 인간적 진실의 내용에서는 그럴는지 모른다. 우리는 로브-그리예의 말대로, 라신처럼 사물들을 제시할 수 없는 시대에 살고 있을는지 모른다. 그러나, 로브-그리예의 『질투 *La jalousie*』에서 어떤 손써볼 수 없는 진실에 대한 보고를 본다면, 작품이 담고 있는 인간적 사실에 대해 미리 전제된 초연한 시선을 느낄 수 있다면, 『질투』가 소름 끼치는 정밀함으로, 세상에서 자기의 위치를 명확히 하려는, 그러나 결코 거기에 이를 수 없는, 의혹 속에 갇힌 인간적 정황의 진실성을 우리에게 설득하고 있다면, 거기서 우리는 고전적이라 부를 수 있는 한 측면을 발견할 수 없을 것인가? 인간 실존의 부조리함을 무한 반복되는 가장 밑바탕의 궤도로까지 환원시켜, 한 획도 덧붙일 수 없는 형태로 제시한 사무엘 베케트의 작품에서는? 또는, 고전주의와 대척점에 있는 것으로 보이는 글쓰기, 방황하고 헷갈리며 증식하는 글쓰기에서조차 흐트러진 부분들이 반복되고 조응하며, 음악적 완결성을 부여할 궁극적 마침표를 찾아 헤매는 애타는 고전적 지향의 일단을 발견할 수는 없을 것인가? 그러나 지나치면, 비평적 용어가 갖는 변별적 기능을 사라지게 만들 것이고, 고전주의가 갖는 참뜻을 역사적인 한정 속에서 분명히 하려 했던 우리의 시도에도 위배될 것이다. 다만, 고전주의의 정신이 흘러간 시대의 낡은 유물이 아니라, 영원히 살아 움직이는 정신적·미학적 제경향 중의 하나라는 사실이 '고전주의 문학'을 새롭게 보는 시발점이 될 수 있음을 지적하도록 하자.

독일 낭만주의의 본질
—— 정신사적 분석을 통한 비판적 고찰

김 주 연

1. 독일 낭만주의의 연원 및 본질과 개념

I. 연원 및 본질

독일 낭만주의를 연구함에 있어서 낭만주의를 영혼이나 정신의 자세 일반과 관련하여 바라볼 것인가, 아니면 역사상에 있었던 특정 현상으로 받아들일 것인가 하는 문제, 즉 심리학적인 접근이 타당한가, 역사적인 접근이 타당한가 하는 문제는 언제나 그 가장 주된 쟁점이 된다.[1] 가장 타당한 접근이 있다면 아마도 양자의 종합에서 가능할 것이다. 그러나 정신사적 접근을 표방한 이 글에서 심리학적 접근은 역사적 접근의 전제가 되지 않을 수 없다. 그렇지만 이 역시 역사적인 고찰의 형태로 결국 전개되지 않을 수 없는 방법론 위에 서게 된다.

대체 독일인은 낭만적인가? 그렇다면 독일인은 언제부터 낭만적이었으며, 그 성향은 계속되고 있는가? 낭만주의가, 붙잡기는 아주 힘들지만, 대체로 독일 역사의 전승되어온 유산의 신비화된 현상의 하나라는 사실에 대해서는, 표현은 다르지만 대

---

1) Hermann August Korff, "Das Wesen der Romantik," in *Begriffs-bestimmung der Romantik*, hg. v. Helmut Prang, S.195 참조.

부분의 견해가 함께하고 있는 듯하다.[2] 트레거 C. Träger는 이와 관련해서 "낭만주의는 비참한 민족사를 마구 발굴해내는 것도 아니고, 역사의 나태한 비사적 측면도 아니다"라고 하면서 낭만주의가 하나의 역사적 보편성을 지닌 현상 *eine universalgeschichtliche Erscheinung*[3]이라고 지적하였다. 말하자면 낭만주의가 독일 정신의 한 유산인 것은 분명하지만, 그것이 국부적이거나 일시적인 현상은 아니며, 더구나 가치 판단을 앞세워 채색해야 할 현상은 아니라는 것이다. 그럼으로써 그는 낭만주의를 독일 문학 속의 특정한 시대 속에 묶어서 보고자 하는 태도는 옳지 못하다고 역설한다.[4] 낭만주의를 이처럼 독일 정신의 모든 역사적 지평 속에서 통시적으로 바라보는 자세는 「낭만주의의 기원과 본질」이라는 제목의 유고를 남기고 간 유명한 피셔 E. Fischer에게도 발견된다. 그는 낭만주의가 철학·문학과 예술에서 그때그때 나타난 그들의 원류로서 과거의 현상을 이루고 있으나 그 핵심적 요소는 오늘도, 내일도, 또 모레도 불가결의 것이 되고 있다고 말한다.[5] 특정한 시대와 역사를 넘어선 독일 정신의 바탕으로 보고자 하는 것이다. 이와 관련된 몇몇의 견해를 살펴보자.

낭만주의에 대한 효과적 비교 대상이 어디서 발견될 수 있는지 처음부터 불분명하다. 고전주의인가, '질풍노도'인가? 혹은 계몽주의인가? 나는 그것이 계몽주의라고 말하고 싶다. 그리고 이 대답에는 낭만주의를 이미 고전주의에 대한 반대 사조로서, 혹은 '질풍노도'와 관련지어보고자 하는 학설에 대한 나의 근본적인 반대 입장이 포함된다. 〔……〕 그러므로 다음과 같은 확고한 결론이

---

2) Claus Träger, "Ursprünge und Stellung der Romantik," in *Romantikforschung seit 1945*, S. 304.

3) 앞의 책, S. 304.

4) 앞의 책, S. 30.

5) Ernst Fischer, "Ursprung und Wesen der Romantik," S. 8.

유도된다. 시대를 소급해올라가 낭만주의가 부딪치는 역사 사조이
자 근본적 대립항은 계몽주의이며, 〔……〕 보다 높은 정신적 차
원에서 낭만주의는 고전주의와 같은 자리에서 합리주의·현실주의
에 맞서는 그 싸움을, 계몽주의를 상대로 벌였던 것이다.[6]

「낭만주의의 본질」에서 피력한 코르프 H. A. Korff의 견해는,
우선 가까운 시점에서 낭만주의는 계몽주의에 맞서 계몽주의
정신을 극복하고자 했다는 점에서 가장 비근한 역사적 기원을
발견한다는 것이다. 근원적인 시점까지 올라간 것은 아니지만,
'질풍노도'나 고전주의 같은 바로 앞서서의, 혹은 동시대의 사
조에 대한 대항이 낭만주의를 형성하고 있지 않다는 사실을 그
는 분명히한다. 사실 이 같은 견해는 가장 보편적인 통념의 반영
으로서 낭만주의의 역사적 자리를 일단 잡아주고 있다는 점에
서 그 의미가 적지 않다. 그런 역사적 범주 설정의 테두리 속에
서 낭만주의의 본질적 요소로서 '환상적 성격 *Phantastik*'이 지
적된다. 아울러 환상의 형이상학적 의미가 강조되면서 감각과
경험, 순수한 이성에 비판을 가한 칸트의 이론 속에서 낭만주
의 본체가 더욱 확실해진다.[7] 예컨대 세계의 실체는 인간의 감
각이나 계몽주의적 이성을 넘어서는 불가사의함에 기초하고 있
다는 칸트 철학은 계몽주의에 대한 치명적 도전이자 낭만주의
의 본질을 확연히해준 것이다. 그런가 하면 코르프의 글과 같은
1929년에 발표된 발첼 O. Walzel의 글 「독일 낭만주의의 본질
문제」에는 다음과 같은 지적이 나온다.

독일 낭만주의자들은 처음부터 독일 낭만주의 경계 밖에 있는
현상들을 특징짓기 위하여 '낭만적'이라는 말을 사용하였다. 이미
지나간 시대의 낭만성은 낭만주의를 통해 새로운 권리를 얻게 되었

---

6) H. A. Korff, "Das Wesen der Romantik," in *Begriffsbestimmung der
   Romantik,* S. 196.
7) Immanuel Kant의 *Kritik der reinen Vernunft*와 *Kritik der Urteilskraft*
   모두 참조되어야 하겠으나 특히 전자 Studienausgabe, S. 78~138 참조.

다는 것이다. 그들 스스로 낭만주의자들임을 자처했을 때, 그들은 옛날 낭만주의의 재현을 의미했고, 그들은 미리부터 두번째 등급의 낭만주의자들임을 느꼈다. 그들이 직접 느낀 것이 아니라, 우회로를 통해 느꼈다는 점이 낭만주의의 본질로 남아 있다. 그들은 아름다운 과거가 있었던 모습대로 되고 싶어했는바, 그 과거가 아름다웠기 때문에, 그 아름다운 과거가 그들에게 가치가 있었던 것이다.[8]

여기에 이르면 우리는 낭만주의가 같은 세기에 시기를 달리했던 계몽주의에 대한 단순한 대항 개념이 아닌, '아름다운 과거' 혹은 '옛날 낭만주의'의 재현이라는 사실을 만나게 된다. 말하자면 그 기원이 꽤 오래되었다는 것을 알게 되는 것이다. 이와 관련하여 두 가지 문제를 살펴봄으로써, 그 '옛날'로부터 계몽주의를 지나 새로운 모습을 갖게 된 낭만주의를 발견할 수 있을 것이다.

첫째, 나들러 J. Nadler 의 주장, 즉 "낭만주의는 동부 독일 이주지의 아들"로 태어났다는 것이다. 나들러의 주장은 동쪽에서 서쪽으로 이동해간 독일 민족과 서쪽에서 동쪽으로 이동해간 독일어 사용족의 충돌 이후, 동쪽에서 일어난 정신 문화의 이름으로 처음에는 '복고 Restauration'라는 이름이었는데, 이것이 변한 것이라는 소견이다.[9] 그 가설의 진부에 상관없이 확실한 것은, 어떻든 낭만주의가 동북부에서 발생하여, 서쪽·서남쪽·남쪽으로 이동해갔다는 사실이다. 나들러는 이와 함께 그 본질이 뿌리뽑힌 채 유랑하는 민족의 향수, 동경과 같은 요소라고 관찰한다. 이 주장은 여러 가지 면에서 많은 쟁점을 유발할 수 있겠으나 독일 민족의 정착과 관련된 아주 근본적인 입장에서 그 연원을 살펴보고자 했다는 점에서 의의가 있겠다. 둘째로 주목되는 점은 낭만주의자들에 있어서 바람직한 표상으로 추구되는 가치가 대부분 그리스의 안티케 시대 문화, 즉 그리스 신화

---

8) Oskar Walzel, "Wesensfragen Deutscher Romantik," in *Begriffsbestimmung der Romantik,* S. 172.
9) 앞의 책, S. 176.

의 제신들의 세계에 대한 동경과 13세기를 중심으로 한 중세에 대한 동경으로 나타나고 있어, '옛날'이란 아마도 이 시기와 관계되지 않는가 하는 유력한 견해들이다.[10] 이 부분은 유랑 민족적 바탕을 지닌 독일 민족이 찾아낸 구체적인 정신적 구심점에 해당되는 것으로서, 보다 엄밀한 의미에서 문화적 가치의 출발점이 된다고 하겠다. 세번째로 발견되는 것은, 이 같은 역사적 경로를 통해 18세기에 전승된 낭만주의적 심성이, 어떤 보다 구체적인 철학이나 이론, 혹은 사상을 통하여 낭만주의 사조 내지 운동으로 자리잡게 되었는가 하는 부분인데, 여기서 우리는 셸링 F. W. J. Schelling, 슐라이어마허 F. E. D. Schleiermacher, 칸트, 그리고 피히테 J. G. Fichte 같은 인물들을 만나게 된다. 인식론과 자아의 절대성을 주장함으로써 계몽주의적인 객관적 합리성을 타파하고자 한 칸트나 피히테에 이어 셸링의 자연철학, 슐라이어마허의 직관적 종교론은 특히 중요하다. 이 두 사람은 모두 자연 내재적인 영혼과 직관의 순수성 등을 강조, 낭만주의의 본질에 자연 신비감, 이에 바탕을 둔 전설과 메르헨 *Märchen*[11] 이 깊이 작용하고 있음을 보여주었다.

II. 개념

그러나 낭만주의의 개념을 규정하는 일은 그 낭만적 성격을 훑어보는 일처럼 간단치는 않다. 왜냐하면 서로 모순되어 보이는 견해들의 대립과 공존하고 있기 때문이다. 가령 이성에 맞서서 감성을, 합리성에 맞서 비합리성을, 계몽주의와 혁명 이념에 대한 거부, 예술과 문학에 있어서의 데카당스의 시발 등등은 흔

---

10) 낭만주의 관계 문헌에 나타나는 '옛날'은 'die alte Welt' 혹은 'frühere Zeit' 'frühe Zeit' 'die Frühe' 등의 표현에 두루 표현되는 말로서 구체적 개념화 이전의 낭만적 동경의 대상이 되는 시간적 표상이다.

11) Märchen을 '메르헨'으로 그대로 표기한 것은, '메르헨'이 우리말의 '동화'와는 그 의미가 다르다는 필자의 생각 때문이다. '메르헨'에는 보다 깊은 자연과의 교류에서 생겨나는 독일 특유의 신비성이 숨어 있다.

히 낭만주의를 규정짓는 요소들로서 지적된다.[12] 그러나 그와
반대되는 견해들도 있다. 예컨대 낭만주의 운동은 혁명 운동이
라는 것이다. 루게 Ruge 에게 있어서 낭만주의의 바탕은 '반항
적인, 불안한 정서'로 파악되며 텐느 H. Taine 는 낭만주의를 가
리켜 귀족주의적 존재 형태와 예술 형식에 대한 거부라고 말한
다. 그런가 하면 파피니 G. Papini 는 낭만주의가 혁명적 개인주
의이며, '반항 정신 *spiritodi rebellione*'에서 발원한 자아의 반
란이라고 특징짓는다. 또 장 파울 Jean Paul 같은 작가에게 있
어서 낭만주의 예술은 기독교 정신의 산물로 이해되었다. 다른
한편 크로체 B. Croce 같은 이는 낭만주의를 신과 종교의 몰락
으로 파악하고 있어, 낭만주의 개념을 임의적으로 규정하는 일
이 쉽지 않음을 여러 각도에서 반증하고 있다.[13]

　그러나 낭만주의 개념 규정을, 이에 대한 견해를 피력한 여러
가지 시도와 관련지어볼 때, 앞의 장에서 언급한 심리적·철학
적 측면과 역사적 측면의 두 줄기가 있음이 여기서도 확인된다.
아울러 그 성향 및 기원을 살펴보는 일과는 달리 개념 규정을
행할 경우, 역사적 측면에서의 조명이 보다 중요하게 인식된다.
이런 면에서 바라볼 때 당대의 이론가였던 슐레겔 F. Schlegel
의 견해는 매우 의미 깊게 생각된다.

　　낭만적 문학은 진보적인 보편성의 문학이다. 〔……〕 낭만적 문
　학이 의도하고 있는, 또 마땅히 해야 할 것은, 시와 산문, 창의성
　과 비판, 창작시와 자연시를 때로는 혼합, 때로는 융합시켜 문학
　에 생동감과 친근감을 줌으로써 삶과 사회를 시화하는 것이며,
　〔……〕 동시에 낭만적 문학은 모든 현실적 또는 이념적 관심에서
　벗어나 시적 반영이라는 날개를 타고 묘사하는 자와 묘사의 대상
　사이를 자유롭게 떠다니며, 마치 무한히 늘어서 있는 거울 속처럼
　반영된 모습을 끊임없이 강화하고 늘려간다. 〔……〕 낭만적 문학

---

12) Ernst Fischer, "Ursprung und Wesen der Romantik," S. 113.
13) 앞의 책, S. 134.

만이 오직 무한하며 또 자유롭다.[14]

낭만주의 문학 이론의 요체로 지금까지 평가되어온 슐레겔의 이 같은 생각은, 그가 이어서 말했듯이 모든 문학은 낭만적이며 또 낭만적이 되어야 한다고 믿는 바탕 위에서 자연스럽게 이해된다. 그것은 문학＝낭만주의 내지 낭만성이라는 인식의 천명 이외에 다름아니다. ‘삶과 사회의 시화’라는 것이 바로 그것을 가리키기 때문이다. 극단적으로 환언한다면, 낭만성을 지니지 않는, 낭만주의 이외의 문학은 아직 문학으로서의 독자성을 갖고 있지 못하다는 인식일 수 있으며, 이 인식은 계몽주의에 대한 도저한 거부와 그 극복이라는 문맥에서 파악된다. 슐레겔의 낭만주의 문학 이론은 그러므로 계몽주의적 합리성 또는 순수 이성의 도구적 위치로부터 문학의 자율성을 이끌어내보겠다는 하나의 선언으로서의 역사적 의미도 지닌다. 앞서 인용된 단장의 다른 부분에 나타나듯이 “문학을 철학이나 수사학과 관련짓는 일”[15]에서 한 발짝 더 나아가 대상 그 자체를 시화시킨다는 것이다. 그가 말하는 ‘진보적’이란 따라서 계몽성으로부터의 탈피라는 의미가 강하고, ‘보편성’이란 구체성·실용성·현실성 아닌 문학 자체가 지닌 보편적 가치라는 의미로 해석될 수 있을 것이다. ‘시적 반영이라는 날개’가 바로 이러한 진보성과 보편성을 동시에 말해주는 상징일 것이다. 얼핏 보기에 자유스러운 부동성(浮動性)으로 나타나는 낭만주의 문학의 이러한 특징은 그러나 사실상 현실성 속에 매몰된 맹목적 이성과 부자유한 정신에 대한 가열한 비판의 성격을 갖고 있다.

환상성이 몽환성으로, 동경이 현실 부정으로, 도취가 병적인 것으로 보일 수 있는 것은 모든 사물과 현상의 양면성이다. 그

---

14) F. Schlegel, “Athenäum Fragment 116,” in K.K. Polheim, *Der Poesie-begriff der deutschen Romantik*, S. 80.

15) 앞의 책, S. 81.

러나 몽환적·병적으로까지 보이면서 현실 부정을 하지 않는 곳에서 새로운 현실 인식이 발육하지 못한다면, 낭만주의에 의해 새로운 현실 인식의 지평이 열린 것만은 분명하다. 문제는 그 새로움이 오늘 우리가 만나고 있는 범주와 어떻게 관계되느냐 하는 점인데, 이 같은 인식의 전제 조건은 낭만주의의 개념 모색이 근본적으로 전향적인 자세에서 이루어져야 할 것임을 암시한다. 이렇게 볼 때 슈미트 C. Schmitt 에 의해서 한때 "주관화된 기회 원인주의 *Subjektivierter Okkasionalismus*"[16]로 불려졌던 낭만주의 문학의 성향은, 그 자체가 바로 문학의 본질을 구성하는 요소라는 사실의 자각 위에서 긍정적으로 검토되어야 할 것이다. 이때 더불어 중요하게 고려되어야 할 개념이 '낭만적 반어 *Romantische Ironie*'이다. 낭만적 반어란 주관화된 기회 원인주의의 긍정적 수정이라고 할 수 있는바, 정통적인 반어법을 끊임없이 구사함으로써 낭만주의의 본질이라고 할 수 있는 동경을 표상화하고 환상의 형이상학을 구축하는 방법 정신이다.[17] 방법 정신은 '자기 파괴 *Selbstvernichtung*'와 '자기 창조 *Selbstschöpfung*'를 거듭한다. 이 거듭되는 노력 속에서 이 세계는 해석된 기성 체제의 옷을 벗고 끊임없이 옷을 갈아입게 되는데, 이것이 바로 이 세계에 대한 해석의 새로움이며 세계의 발견이다. 그리고 이 세계에 대한 새로운 해석과 발견, 그 자체가 바로 문학의 본령이 되는 것이다. 오늘의 현대 문학은 이러한 이론을 무리 없이 수용하고 있다.

이러한 각도에서 낭만주의에 대한 개념 규정을 하고자 할 때 나타나는 또 다른 개념이 이른바 '창조적 자아 *das schöpferische Ich*'[18]라는 문제다. 여기서 흥미로운 사실은, 계몽주의가

---

16) Carl Schmitt, "Romantik," in *Begriffsbestimmung der Romantik*, S. 77.

17) H. Prang, "Romantische Ironie," 1972 참조. 특히 S. 10~12 참조할 것.

18) 인간이 독자적으로 '창조'할 수 있다는 생각은 낭만주의에 의해 발견된 획기적인 인식론의 본질이다. José Sánchez, Der Geist der deutschen Romantik, 1986, S. 90; F. Lion, *Romantik als deutsches Schicksal*, 1947,

신비주의와 기독교의 관념성을 거부하고 현실적인 합리성을 그
토록 고창했음에도 불구하고 신에 맞서는 자아를 생각해보지
못했음에 비해서, 기독교를 그 나름으로 수용한 낭만주의가 오
히려 창조적 자아를 내세웠다는 점이다. 자아의 중요성이 절대
성으로, 절대성이 창조성으로 발전된 것인데, '창조'란 기독교
안에서 오직 신의 속성과 능력일 뿐이다. 그러므로 창조적 자아
란 인간이 신의 자리에 앉겠다는 것을 의미하며 신에 대한 도전
을 의미한다. 그럼에도 이 시기에 창조적 자아가 반기독교적이
라는 점에 대한 인식은 활발치 못했던 것으로 보인다. 그러나
기독교와의 관계를 일단 논외로 할 때, 여기서 낭만주의는 결정
적인 개념을 획득한다. 즉 문학은 창조라는 인식이 그것이다.
이러한 인식은 앞서 언급된 슐레겔의 이론, 곧 문학의 진보성
및 보편성과 어울려 낭만주의 문학의 개념을 구성하는 데 어려
움이 없을 것으로 생각된다. 이 같은 개념 구성을 도식화하면
아마도 다음과 같이 되지 않을까 생각된다.

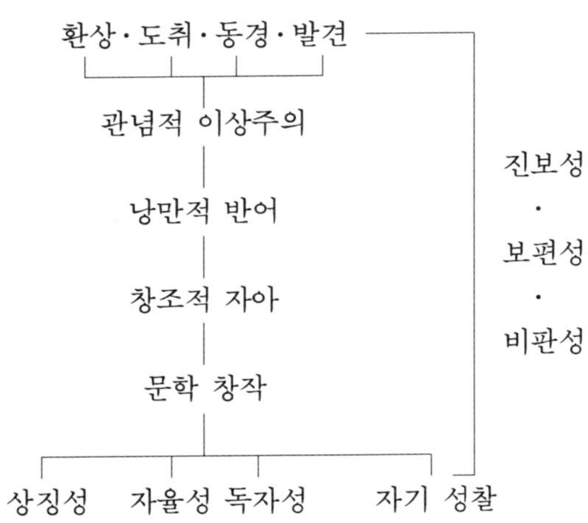

S. 68; Silvio Vietta 편, *Die literarische Frühromantik*, 1983, S. 27 참조.

2. 독일 낭만주의와 신비주의

낭만주의가 신비주의와 깊은 관계에 선다는 사실은 일반적으로 널리 인정되면서도 올바로 인식되지 못해온 측면이 있다. 신비주의에 대한 이해의 출발을, 이에 관한 사전적 해석과 우선 관련지을 경우 다음과 같은 개념을 발견할 수 있다.

감각 세계로부터 벗어나 자기 자신 고유의 존재에 침잠함으로써, 비합리적인 신성과 원래 의식된 영혼, 이 세속에서의 순수한 영혼 사이의 분리를 극복하고 인간 영혼과 개인적인 신 내지는 범신론적인 의미에서의 전체, 세계 영혼, 절대적 존재에로 나아가는 내적 고백의 경건 형식. 감각과 의지와 사고의 영적 기본 태도와 방법에 따라서 감정이 강조되는 신비주의, 감각적 신비주의, 의지가 역설되는 신비주의, 상념에 치중하는 신비주의, 회의론적 신비주의 등이 구별된다. 그러나 공통되는 것은 세계의 신비 위에 세워진 세계관을 중심으로 범신론적, 혹은 영성론적 입장을 취하고 있다는 점이다. 신비주의는 여러 민족과 시대의 온갖 종교 공동체에서 여러 가지 형태로 등장하면서 포괄적인, 그리고 정신사적인 의미를 지닌 운동으로 나타나고, 외면적인 형식을 벗어가면서 신앙 생활의 내면화를 향해 노력한다. 〔……〕 로마 문화와 후기 그리스 문화의 영향과 더불어 언제나 독일 고유의 경건성을 향해 달려오면서 때로는 완결된 운동, 때로는 별 생각 없이 답습되어온 운동으로서 19세기까지 이른 독일 신비주의는 12세기에 생겨난 것이다.[19]

그러면서 빌페르트 G. v. Wilpert는 그 운동의 정점이 13세기 말에서 14세기초의 에카르트 Meister Eckhart라고 관찰한다.

---

19) G. v. Wilpert, *Sachwörterbuch der Literatur*, S. 531. 여기서의 '신비주의'는 Mystik 의 역어이다.

그에 의하면 독일 신비주의는 12세기에서 19세기에 이르는 운동으로 파악되며, 범신론적 내지 영성론적 정신 성향 일반이 모두 이 범주에 포함된다. 물론 이 같은 해석이 반드시 정설은 아니며, 그것은 같은 출판사에서 나온 종교 사전에서는 다소 다른 풀이를 하고 있다는 점에서도 확인된다.[20] 그러나 주목되어야 할 것은 앞서의 풀이에서도 나타났듯이 독일 신비주의를 논함에 있어서는 에카르트를 중심으로 한 '신비주의 운동'을 제외하고서라도, 이른바 '안티케 문화'로 불리는 그리스 신화로부터 유래된 신화주의 *Mythologie*를 함께 고려해야 한다는 사실이다. 요약한다면 독일 신비주의는 13, 14세기의 구체적 역사로서의 그것과 유형무형의 영향 아래에 있는 그리스 신화의 신화주의, 이 양자가 함께 그 내용을 구축하고 있는 것이다.

에카르트의 신비주의는 인간 영혼의 바탕이 신과 하나가 된다는 것을 믿는 데에 그 근거를 두고자 한다. 이른바 'uniomystica'로 불리는 이 사상은 신은 영혼으로부터 탄생한다는 것인데, 당시 차츰 토착화하기 시작한 기독교로부터 거센 반발을 받았다. 이러한 신-영혼 합일론과 영혼 불변의 신비한 창조적 힘을 표현하고자 노력한 에카르트는 그리스도와 세례 의식을 후퇴시키고 동시대의 스콜라 학파와의 관계를 긴밀하게 만들었다.[21] 이 같은 생각은 결국 신의 존재를 인정하되 예수 그리스도의 존재를 인정하지 않는, 즉 성령 탄생과 십자가, 부활 그리고 그로 인한 대속의 논리를 거부하고 인간 내면을 신격화하고자 하는 의도와 통하게 된다. 그러나 12세기에 발생한 신비주의가 수녀원을 중심으로 했듯이 에카르트에 의해 주도되었던 신비주의는 독일의 전통적인 신비 사상, 그리고 여성을 신성시하는 사상과도 결코 무관하다고 할 수 없다. 그 좋은 예는 이미 독일 최초

---

20) A. Bertholet, *Wörterbuch der Religionen*, 1985, S. 411. 여기서는 신비주의가 독일의 경우 그리스 신화의 영향 아래 있는 것으로 풀이된다.

21) G. v. Wilpert, *Sachwörterbuch der Literatur*, S. 532.

의 문학 작품다운 작품으로 인정되는 「니벨룽겐의 노래」에서
너무나도 잘 지적되고 있는 바와 같다고 하겠다.[22] 이 같은 신비
주의 혈통은 16세기 후반에서 17세기에 이르러 뵈메 J. Böhme
에 와서 다시 확인된다. 그는 자연철학과 독일 신비주의의 융합
을 꾀했으며 신을 모든 사물, 죄악까지 포함한 모든 사물의 근
본 바탕으로 이해하였다. 악도 선의 창조를 위해서는 필요하다
는 논리이며, 신이란 이러한 통일성 속에 포함된 대립적 요소로
부터 나온다고 주장하였다. 따라서 인간 역시 선악 사이에서 자
의로 어느 쪽인가를 결정할 수 있는 것이다. 뵈메의 신비적 사
고는 근본적으로, 중세의 세계상이 명목상으로 해체되고 난 다
음 유럽 역사의 와해로 인해 야기된 기본 시각을 설명해보고자
하는 시도와 관계된다. "고전적 존재론의 명목상 붕괴는, 근대
학문의 성립을 위해서나 순수한 신의 개념의 획득을 위해서나
하나의 문을 열어주었던 것"[23]이라는 파악은 그렇기 때문에 타
당하게 들린다. 이러한 문 열기는 그러나 오늘날에 이르기까지
인간을 달래주지 못하는 동요를 초래했다. 그러나 이 당시 문
열기에 의한 동요는 오랫동안 경직되어온 많은 고정관념에 대
한 질문 제기로 연결되었고, 심지어 뵈메에 의한 신비주의, 신
중심 대신 인간 중심으로 신과 세계를 보자는 주장은 '코페르니
쿠스적 혁명'[24]으로까지 오늘날 인식된다. 이후로 진리는 '진리
의 추구,' 의미는 '의미의 발견,' 세계는 '신비에 가득 찬 사건의 끝
모를 깊이'로 여겨질 수밖에 없다는 인식 전환이 일어났고,[25] 이
러한 논리는 심지어는 헤겔 철학에까지 이르게 되는 것이다.[26]

---

22) "Das Nibelungenlied"에 나오는 주인공 Siegfried, Brunhild, Krimhild,
　　Gunther, Hagen 등은 모두 영물이라고 할 신비한 기구의 작용으로 죽는다.
　　명예와 용기가 표현되고 있다는 이 작품은 사실상 그 결과가 전면적 몰락이
　　라는 점에서 독일 신비주의 문학의 한 효시이다.
23) José Sánchez, *Der Geist der deutschen Romantik*, S.196.
24) 앞의 책, S.197.
25) 앞의 책, S.198.
26) *Handbuch philosophischer Grundbegriff*, 4권, S.948.

50

요컨대 에카르트에서 뵈메에 이르는 신비주의는 그것이 비교적 양식화된 체계를 보여주고 있다는 점에서 운동, 혹은 사상으로서 평가되는 것이며, 그 근본 바탕에는 독일인 특유의 신비 선호가 숨어 있다고 할 수 있다.

다른 한편 우리가 주목하고자 하는 안티케 문화의 신화주의는, 그 자체에 근원적으로 내재하고 있는 신비주의와 독일 신비주의의 형성에 작용한 힘으로 미루어볼 때, 사실상 매우 중요한 관심의 대상이 되지 않을 수 없다. 여기서 신화주의라는 말로 번역된 Mythologie는 그리스 신화들의 체계, 혹은 그 전체라는 뜻으로 사용되는바, 그리스 신화에 나오는 여러 신들을 이 세계를 지배하는 신으로 생각하고, 그 신들이 어울려 구성하고 있는 질서가 곧 세계 질서라고 믿는 믿음을 의미한다.[27] 일반적으로 신화란 신에 관한 인간들의 이야기라는 의미인데, 이것이 독일 문학에서는 신·데몬·영웅, 그리고 그 옛날의 여러 가지 사건들에 관한 이야기로 받아들여지면서 상징적 문학 양식으로 표출되는 경우를 지칭하는 것으로 나타난다. 그리고 이 경우 그것은 그리스 신화에서의 모델 밖의 다른 어느 곳에서도 찾아지지 않는다. 그리스 신화의 독일 수용에서 볼 수 있듯 신화주의와 신비주의가 이음동어(異音同語)에 지나지 않는다는 사실의 이해를 위해서는 몇 가지 문제의 인식이 필요하다.[28] 첫째, 그리스 신화에 나타나는 이른바 개개의 신들은 어떤 초월적 절대자이거나 그에 의해 지칭된 같은 능력의 소유자들이 아니라는 점이다. 말하자면 인간 의식의 한 반영으로 이루어진 문화적 우상의 성격을 지니고 있다는 사실이다. 둘째, 그리스 신화의 신들은 초월적 신 중심의 수성론(水成論) 아닌, 인간 중심의 화성론(火成論)에 입각해 있으며, 이는 프로메테우스의 불씨에서 쉽게

---

27) 앞의 책, S.951.
28) 무엇보다 신화는 역사가 아니므로 인간적 환상 혹은 의식의 반영일 수밖에 없기 때문이다. A. Bertholet, *Wörterbuch der Religionen*, 1985, S.412~13 및 Manfred Lurker, *Wörterbuch der Symbolik*, 1985, S.467~75 참조.

발견된다. 화성론은 창조의 원초적 힘을 불에서 찾아내며, 불은 물질(육체)의 물리적 운동, 즉 마찰 원리에서 생성된다. 그 원리는 에로스의 원리이며, 물질주의·지상주의·현세주의·인간주의를 철저히 따라가기 때문에 만물에 내재해 있는 신, 혹은 인간 영혼에 내재해 있는 신을 믿는 신비주의와 기본적으로 동궤의 것일 수밖에 없다. 셋째, 그리스 신화에 나오는 신들은 인간의 생사와 구원이라는 측면에서 아무런 능력을 행사하지 못하는 '설명의 논리'밖에 지니지 못함으로써 미래의 전향적 확실성을 전개치 못하고 안주한다. 이 같은 신화주의의 특징은 기본적으로 신비주의와 동질의 것이며, 신비주의 쪽에서 본다면 그리스 신화야말로 가장 그 구조가 분명한, 그렇기 때문에 신비주의의 속성을 가장 극명하게 드러내고 있는 경우라고 할 수 있을 것이다.

이러한 신비주의가 독일 낭만주의에 미친 영향은 실로 대단한 것이라고 할 수 있다. "온갖 경이가 일어나는 메르헨의 나라로서 우리는 낭만주의를 생각한다"[29]는 후흐 Richarda Huch 의 적절한 표현처럼, 낭만주의에는 근원적으로 신비한 요소가 잠재해 있기 때문이다. 후흐에 의하면, 이 세계를 꿰뚫고, 이 세계의 영혼을 만져봄으로써 전지자(全知者)가 될 수 있고, 또 될 수 있어야 한다는 것이 낭만주의자들 사이에서 "최초의 어두운 철학적 충동"[30]이 되었다는 것이다. 충동이 신비주의의 그것과 부합한다는 사실은, 이미 앞서 언급한 바와 일치한다고 하겠다. 그러나 정신사적 흐름으로서의 신비주의를 문학적 낭만주의로 이어주는 데 중요한 역할을 한 인물로 셸링을 간과할 수 없는 바, 그는 자연철학에 바탕을 두고 신화적 신과 신의 계시를 동시에 바라다보는 신비주의적 신관을 보여주었다. 자연을 총체적·상징적으로 재생시킴으로써 옛 신화를 참되게 부활시킬 수

---

29) Ricarda Huch, *Die Romantik,* 1951, S. 142.
30) 앞의 책, S. 143.

있다고 그는 믿었던 것이다.[31] 자연과 삶의 싸움은 자연을 총체적 유기체로 다시 파악함으로써 지양된다는 생각은, 뒤에 살펴질 낭만주의 문학, 특히 그리스 신화에서 발전한 신화주의와 독일의 전통 심리로서의 신비주의가 함께 작용하는 현장은, 독일 문학의 한 본질적 요소로서 흔히 거론되는 데몬 Dämon 현상에서도 엿보인다. 데몬이란 원래 그리스 신화에서 다이몬 Daimon을 일컫는 것으로서 악마, 귀신을 뜻하는 하나의 신인데, 이것이 바로 독일 신비주의에 내재한 비합리성·초현실성의 다른 이름으로 널리 사용되고 있는 것이다. 말하자면 그리스 신화의 낭만주의적 의미라고 할 수 있는데, 이와 관련해서 우리는 안톤 H. Anton의 주목할 만한 견해를 만날 수 있다. "그것은 그리스 신화의 낭만주의적 해석이 신화적 허구임을 밝힌 낭만주의적 상징 개념인바, 그 허구란 신화 해석의 관습적·미학적 모델을 새로운, 미학적으로도 그럴싸하게 매개된 신화적 해석학의 방법을 통해 대체된 것"[32]이라는 것이다. 그리스·로마의 신화 속에 나타난 신들이 더 이상 실재하는 신들이 아님을 낭만주의는 공공연하게 인정하면서도, 새로운 신화 해석 방법을 통하여 상징 개념으로 사용하게 되었다는 것이 그의 관찰이다. 말을 바꾼다면 종교로서의 신화·신비주의가 문화적 규범으로서의 신화·신비주의로 바뀌어 정착하게 되었다는 것이다. 이것을 벤야민 W. Benjamin 같은 이는 "낭만주의의 혼란 가운데에서 힘을 갖게 된 찬탈자의 지배"[33]라는 말로써 가혹하게 표현하고 있다. 그러나 셸링이 이미 그리스 신화의 역사적·심리적인 통념적 해석을 "가장 산문적인 견해"[34] 라고 비난했을 때, 그것은

---

31) K.K. Polheim, *Der Poesiebegriff der deutschen Romantik*, S. 249.
32) Herbert Anton, "Romantische Deutung Griechischer Mythologie," in *Die deutsche Romantik*, 1970.
33) Walter Benjamin, "Ursprung des deutschen Trauerspiels," S. 182.
34) Shelling, "Philosophie der Kunst," in K.K. Polheim, *Der Poesiebegriff der deutschen Romantik*, S. 238.

벤야민이나 안톤의 오늘날 견해와는 달리, 이미 그 자신 신비주의적 분위기 속에서 그 같은 해석에 저항을 느꼈던 것으로 생각된다. 자연에도 영혼이 있으므로 자연의 움직임 속에서 주관과 객관을 통일적으로 볼 수 있다는 셸링에게 있어서 그리스 신화는 상징일 수도 없었고 단순한 역사 심리적 현상일 수도 없었던 것이다. 직관을 중요시한 슐라이어마허의 경우도 비슷하다고 할 수 있을 것이다.

안톤이 밝히고 있는 그리스 신화의 상징 개념화는, 따라서 이들 신비주의자들로부터 일보 전진된 문학 양식으로의 변모 과정을 말해준다고 할 수 있다. 신화의 양식화를 통한 신비주의의 문학화라고도 말할 수 있을 것이다. 그러나 엘로우시스[35]의 시에서 행해지는 비교 의식의 비유가, 예컨대 노발리스의 「하인리히 폰 오프터딩겐 Heinrich von Ofterdingen」에서 발견되는 신화와 문학의 이 같은 결합으로, 신화 해석의 전통적인 개념과 방법을 충족시키는 것은 아니다. 새로운 예술 개념은 새로운 신화의 개념을 요구하게 마련이며, 이에 대해서는 슐레겔이 이미 「신화학에 대한 연설 Rede über die Mythologie」에서 이미 갈파한 바 있다.

> 이성적으로 사고하는 이성의 과정과 법칙들을 지양하고, 우리를 다시금 환상의 아름다운 혼란, 인간적 자연이 지닌 본원적인 혼돈에 갖다놓는 것이 모든 시의 출발이다. 그것을 위해서는 일군의 다양한 옛날의 제신들 밖의 지금까지 어떤 아름다운 상징도 나는 알지 못한다.[36]

이러한 상황의 종합 아래에서 낭만주의의 신화 이론이 지닌 두 가지 요소를 끌어낼 수 있다. 즉 그것은 환상과 상징이라는

---

35) Demeter 여신을 모시는 그리스의 도시. 여기서 비교(秘敎) 의식의 예배가 행해진다.

36) H. Steffen, *Die deutsche Romantik*, S. 279에서 재인용.

요소이다. 물론 이러한 이론은 쟁점의 소지를 안고 있어, 신화 해석의 전통적 틀 안에서 미학적으로 얼마나 상징화될 수 있는가 하는 문제가 제기될 수 있다. 가령 "신화적 문학 작품들은 환상의 언어로 관찰되어야 한다"[37]는 주장이 제기될 때 상징의 범위가 논란의 대상이 될 수 있을 것이다. 그러나 결국 그리스 신화의 낭만주의적 해석과 예술 이론에 기여할 상징 개념은, 모든 존재의 미학적 해석이 필경 어떤 경계를 꼭 지킬 수는 없다는 것을 보여주었다. 그리고 그 경계를 넘어서 상징 개념으로 정착·원용된 그리스 신화는 환상을 사고로, 사고를 다시 문학 예술로 끌고 감으로써 신화적 신비주의가 독일 낭만주의에 미친 영향을 확고히했다고 할 수 있을 것이다.

그러나 무엇보다 신비주의의 영향은, 낭만주의에 이르러 기독교의 신비주의와 경향이 문학적으로도 무시 못 할 양식화를 만나게 되었다는 점에서 결정적으로 확인되며, 우리는 그 좋은 예로서 노발리스와 횔덜린 F. Hölderlin 두 작가를 발견한다. 낭만주의와 기독교와의 관계를 논하게 될 뒷부분에서도 언급되겠지만, 기독교의 신비주의화 문제가 단순한 사상 체계 차원을 넘어 문학 작품을 통한 구체적 형상성을 획득했다는 점에서 낭만주의 특유의 역사적 의미가 발생한다. 기독교에서 빛이 아닌 세계라는 의미 때문에 거부되는 '밤 *Nacht*'을 찬양하면서 이를 오히려 기독교적인 세계와 결부시킨 노발리스의 「밤의 찬가 Hymnen an die Nacht」에서의 몇 대목을 살펴본다면 이렇다.

먼 기억, 청춘의 소망,
어린 시절의 꿈, 긴 생애 중 짧았던 기쁨, 헛된 희망들이 회색빛 옷으로 나타난다. 해진 후 저녁 안개처럼 빛은 다른 곳에서 흥겨운 띠를 펼치리. 정녕 빛은 순진한 믿음으로 그를 고대하는 그 이 어린이들에게로 다시 돌아오지 않을 것인가?[38]

---

37) 앞의 책, S. 279에서 재인용. Karl Philipp Moritz(1795)의 주장이다.
38) *Novalis Werke in einem Band*, 1981, S. 149.

밤을 찬양하는 시이지만, 제1 찬가에서는 우선 빛이 찬양된
다. 그러면서 밤이 빛의 부재, 빛의 결핍의 시간으로서가 아니
라, 빛이 또 다른 기능을 하는 공간으로서 인식된다. 그것을 노
발리스는, 빛이 "흥겨운 때를 펼치는 또 다른 곳"이라고 말한
다. 여기서 밤은 자연 질서의 범주를 벗어나 신비화되고 상징화
되는데, 낭만주의자들에게 있어서 그것은 곧 '낭만화'를 의미하
는 것이 되기도 한다. '낭만화'란 노발리스 자신의 표현에 의하
면 '질적 강화'를 뜻하는 것으로서 그 대상이 비록 자연 질서라
하더라도 인간 영혼에 의해 질적인 성질이 달라질 수 있다는 것
이다. 이를테면 저속한 것에 고귀한 의미를, 범상한 것에 신비
한 외관을, 알려진 것에 미지의 품위를, 유한한 것에 무한성을
부여함으로써 그것들은 각기 낭만화된다는 것이다. 그러나 「밤
의 찬가」에서의 결정적인 신비주의 사상은 시의 진행에 따라서
더욱 고조된다. 곧 기독교의 신비주의화다.

> 저 아래 달콤한 신부에게로,
> 예수, 곧 애인에게로
> 위로 있을지어다, 저녁노을이
> 애인들, 슬퍼하는 자들에게 희끄무레하다.
> 꿈이 우리들 구속을 풀고
> 우리를 아버지 품에 내려놓는다.[39]

　기독교를 신비화한 많은 부분들 가운데에서 이 대목은 가장
극명하게 그것을 보여준다. 기독교에 의하면 예수는 신의 아들
이고 신성을 지닌 성육한 존재이다. 성부·성자·성령의 삼위일
체설은 기독교 교리의 핵심이라고 할 만하다. 또한 우리가 기억
해야 할 것은, 기독교 교리 안에서의 인간은 신의 일방적인

---

39) 앞의 책, S.176.

사랑에 의해 창조된 피조물이라는 점이다.[40] 즉 인간 창조의 원동력은 신의 사랑, 이른바 아가페 원리이다. 다만 예수가 신 자체와 다른 점은, 신성을 지닌 존재라는 점 이외에 신의 복음을 직접 갖고 온 신의 사자라는 사실이다. 그러나 「밤의 찬가」에서의 예수는 신의 복음이라는 측면에만 매달려, 구세주로 추앙된 나머지 애인과 등식 관계로 직접 이어지고 있음이 드러나고 있다. 이 작품 자체가 시인의 애인, 즉 조피 체험에서 발원하고 있음은 널리 알려진 사실이거니와, 시인의 애인 조피=작품 속의 신부=예수로 연결되는 등식은 지나치게 자의적인 것이 아닐 수 없다. 그것은 신성, 신의 사랑, 아가페를 속성으로 하는 예수를 에로스적인 사랑의 대상으로 바꾸어버린 결과가 되었다. 아가페와 에로스의 의도적인 혼동은 아가페, 즉 신 중심의 기독교를 에로스, 즉 그리스 신화의 연애의 신으로 바꿈으로써 신비주의화하는 결정적인 모멘트가 되고 있는 것이다.[41] 그리하여 결국 위의 시에서 보여지듯, 신앙의 확신 아닌 꿈에 의해서 이 지상적·현세적 굴레가 풀리고 '아버지의 품'으로 돌아가게 되는 것이다. 여기서 아버지의 품으로 표현된 'Schooß'란 원래 자궁이라는 의미로서, 이 역시 아버지의 존재를 초월적인 존재 대신, 물질적·육체적 존재로 생각하고 있음을 은연중 노출하고 있는 것이다. 인류의 출발을, 따라서 구원 역시 에로스에서 찾을 수밖에 없었던 신화주의에 의해 기독교까지 낭만화되고 있는 경우라고 할 수 있다.

　노발리스와 더불어 횔덜린의 경우도 이런 각도에서 주목된다. 그에 대해서는 큉 H. Küng이 「안티케 문화와 기독교의 화해로서의 종교」라는 글의 제목에서 예리하게 함축하고 있는 바와

---

40) 기독교의 창조론은 아가페라는 신의 사랑에 의한 논리를 갖고 있는 반면, 비기독교에서는 에로스, 즉 인간들 상호간의 성적 사랑, 그리고 모든 생물 또한 이와 같은 생식 현상에 의해 창조가 이루어진다는 논리를 취한다. 기독교 창조론에 대해서는 「창세기」 50장 전체를 참조할 것.

41) 에로스적 사랑의 출발점이 체계화된 관념이 그리스 신화이다. M. Lurker, *Wörterbuch der Symbolik*, S. 165 참조.

같이,[42] 안티케 신화 문화를 의도적으로 기독교와 결합시킴으로
써 결과적으로 기독교를 신비화하고 있다. 횔덜린이 거의 전생
애를 거기에 매달려 있다시피 하였던 그리스 신화의 세계, 이로
부터 비롯된 신비주의의 성격이 가장 극명하게 나타나는 몇 부
분을 살펴보자.

〔………〕
오 그대들 충실하고
친절한 여러 신들이여!
그대들은 내 영혼이 얼마나
그대들을 사랑했는지 아시겠지요!

그 시절 나는 아직
그대들 이름을 부르지 못했다오.
인간들이 마치 스스로 잘 안다는 듯이
이름들을 부르는 것같이 그대들 역시
나를 부르지는 못했다오.

나는 인간들을 아는 것보다
그대들을 더 잘 알게 되었소
나는 에테르의 정적을 알지만
인간들의 말은 잘 알지 못하니까

속살거리는 숲의 소리가
나를 키웠고
꽃들 사이에서
사랑을 배웠지
여러 신들의 팔에서 난 자라났다오.[43]

---

42) Hans Küngá, "Religion als Versöhnung von Antike und Christentum,"
    in Walter Jens und Hans Küng, *Dichtung und Religion*, S. 122.
43) *F. Hölderlin Werke in zwei Bänden*, S. 543.

　어린 시절부터 그리스 신화의 세계에 심취한 횔덜린은 신화
에 나오는 여러 신들이 벌이는 사랑과 갈등, 그러면서도 결국은
평화와 화해에 이르는 질서의 아름다움에 반했다. 그의 신화적
신비주의는 그의 성장과 문학적 성숙에 토양이 되었으나, 시간
이 지남에 따라서 그 같은 세계가 결핍되어 있는 것으로 인식된
동시대에 대한 절망과 그 옛 시대를 향한 동경으로 발전하였다.
그리하여 마침내 시인은 저 유명한 '궁핍한 시대'를 고발하고,
사라져간 신화 속의 여러 신들을 그리워하면서 시인 특유의 새
로운 신의 도래를 꿈꾼다.

〔………〕
마음은 옛날처럼 천상의 신들에 비길 만한 강한 힘을 얻고
그뒤에야 천둥을 치며 신들이 내려오리라.
〔………〕
궁핍한 시대에 무엇을 위해 시인들은 있는 것인가?
〔………〕
오래 전 일로 생각되지만 얼마 전
우리 삶을 즐겁게 해준 신들 모두 하늘로 올라가고
아버지께서 인간들에게 얼굴을 돌려
이 지상에 어쩔 수 없이 슬픔이 시작되었을 때,
한 조용한 천재가 나타나 하늘의 위안을 전해주고
마지막으로 낮의 종말을 고하고 사라져갔을 때
〔………〕
그러므로 거기서도 하늘의 신들은 상기되노라
한때 내려왔었고 때맞추어 돌아오는 여러 신들을
그 때문에 가인들 또한 진심으로 주신을 찬양하노니,
옛 신들을 찬양함이 꾸며진 헛된 노래가 아니로다.44)

---

44) 앞의 책, S. 313~14.

「빵과 포도주 Brot und Wein」의 일부인데, 무엇보다 먼저 눈에 띄는 것은 '신 Gott'과 '신들 Götter'의 혼란이다. 신이 단수로 나올 경우 그것은 기독교의 유일신을 의미하며, 복수가 될 때 그것들은 그리스 신화 속의 여러 신들이 된다. 그러나 횔덜린에 있어서 그것은 혼동된다. 이 시에서 분명히 나타나듯이 횔덜린은 그리스 신화에 나오는 신들이 사라져가버린 다음 예수가 온 것을 역사적인 선후 관계로 이해하고 있다. "한 조용한 천재"로 표현된 예수는 마치 앞서 왔던 신화적 신들이 사라져가버린 것을 위로하러 온 존재로 파악되고 있으며, 이제 '신들'도 '신'도 함께 존재치 않는다. 이러한 부재의 시대를 시인은 바로 "궁핍한 시대"라고 부르고 있는 것이다. 놀라운 사실은 이러한 현실 인식 위에서 시인이 앞으로 올 신으로 기대하고 있는 새로운 신의 정체다. 「빵과 포도주」에서 그 신은 술의 신, 즉 Weingott로 나타난다. 시인의 표현에 따르면, "빵은 지상의 열매이며, 〔……〕 포도주의 기쁨은 천둥의 신이 준 것"[45]이기 때문이다.

그리스 신화의 신들과 기독교의 신을 아울러 하나의 신적 표상으로 만든 횔덜린이 주신(酒神)을 통해 평화와 화해를 추구한 것은 지극히 신비주의적인 태도가 아닐 수 없다. 킬리 W. Killy는 이러한 그의 성향을 "사적 신비주의"[46]라는 말로 부르고 있으며, 횔덜린을 가능한 한 이해하고자 노력한 큉은 그러나 시인의 비전은 높이 살 만하다고 평가한다.[47] 그렇듯이 어떻든 중요한 것은, 이 같은 '사적 신비주의'를 통해서 시인이 낭만주의자로서의 면모를 보여주었다는 점이며, 낭만주의가 신비주의의 젖을 먹고 더욱 성장해갔다는 점이다.

---

45) 酒神이 디오니소스임은 분명하므로, 술과 신과의 관계가 자연스럽게 이어지고 횔덜린의 신화주의는 명백해진다.
46) H. Küng, "Religion als Versöhnung von Antike und Christentum." in H. Küng und W. Jens, *Dichtung und Religion*, S. 142.
47) 앞의 책, S. 143.

3. 독일 낭만주의와 기독교

낭만주의와 기독교, 혹은 기독교 정신을 연결짓는 것은 다소 어색해 보이고, 얼핏 보아 낯설다. 그러나 독일 문학사에서 이 양자의 올바른 관계 이해가 전제되지 않는 한, 낭만주의를 정신 사적인 시각에서 파악하는 일은 여전히 열려진 채 남아 있을 수 밖에 없을 것이다. 가령 우리는 다음과 같은 언급에 우선 주목해볼 수 있을 것이다.

모든 새로운 문학의 기원과 성격은, 우리가 낭만적, 그리고 기독교적인 것으로 부를 수 있는 기독교 정신으로부터 쉽게 추출될 수 있다. 최후 심판의 날이 그렇듯이, 기독교는 모든 내면 세계를 무덤 언덕으로, 천국의 계단으로 눌러 으깨버리고 그 자리에 새로운 정신 세계를 갖다놓는 모든 매력과 결부된 모든 내면 세계를 없애버렸다. 귀신성 *Dämonologie*은 육체 세계가 지닌 본원적 신비주의가 되었고 미혹자로서의 악마들이 인간과 신화의 제신들 모습 속으로 진입했다. 모든 지상적 현존은 천국의 미래 쪽으로 달아나버렸다. 외면 세계의 이 같은 몰락 이후 무엇이 문학 정신에 남아 있었겠는가? 그 몰락이 일어난 곳은 내면 세계였다. 정신은 그 스스로 상상했고 밤과 정령을 보았다. 그러나 육체 속에 유한성이 갇혀져 있고 정령을 통해 모든 것이 무한하거나 혹은 끝나지 않는 것이기에, 시에서 유한성이라는 숯 굽는 가마 너머에서 무한성의 나라가 꽃을 피운다.[48]

잘 알려져 있는 바와 같이 기독교에서는 우리가 '낭만적'이라고 부르기 쉬운 요소들이 대부분 배격된다. 앞서 일부분 언급되었거니와, 밤과 어둠의 세계, 취함과 자기 탐닉, 막연한 동경과

---

48) 장 파울의 말. Ernst Fischer, "Ursprung und Wesen der Romantik," S. 134에서 재인용.

에로스적인 사랑 등등은 원래 기독교의 원리 혹은 윤리 안에 포함되어 있지 않다.[49] 그럼에도 불구하고 장 파울은, 기독교 정신으로부터 새로운 문학의 기원과 성격이 도출될 수 있다고 주장한다. 이와 관련해서는 후흐의 흥미있는 관찰이 있다. 즉 후흐는 낭만주의자들을 두 그룹으로 나누고, 기독교 역시 두 종류로 우선 구분한다. 그가 여기서 말하는 기독교란 카톨릭을 말하는 것인데, 낭만주의적 성격이 이에 가깝다고 그는 본다. "기독교 신앙의 남극 *Südlicher Pol der christlichen Religion*"이 낭만주의 성향이며, 낭만주의 사상가들은 이것이 "극을 뛰어넘어 *über den Polen*" 존재하는 것으로 찬미한다는 것이다.[50] 즉 전자는 프로테스탄티즘과는 반대되는 옛날 카톨릭과 기독교적 이방을 가리키는 것이며, 후자는 프로테스탄티즘과 카톨릭의 대립이 없는 그리고 예루살렘과 이방의 대립도 없는 새로운 종교를 가리키는 것이다. 슐레겔과 슐라이어마허 이후의 이른바 근대인들이 종교에 대해 요구한 것들을 카톨릭에 그대로 요구했으며, 그리하여 낭만주의자들은 현실에 존재하는 교회와 상관없이 그 이념만을 갖고 물고늘어졌다. 예컨대 신화주의에서 밤은 모든 사물이 그곳으로 돌아가는, 모든 사물들의 어머니였고 그런 의미에서 낮의 자매였다.[51] 그런데 흥미로운 것은, 카톨릭은 프로테스탄티즘이 발원한 기독교 원시 신앙과 프로테스탄티즘의 반대 요소를 함께 지닌 것으로 이 시대에 받아들여짐으로써, 밤과 낮의 자매 관계를 수용하는 듯한 양상을 보여주었다는 점이다. 이런 입장을 취한 낭만주의자들로서 우리는 바더 Baader, 괴레스 Görres, 셸링, 다우머 Daumer 등을 들 수 있으며, 단순히 프로테스탄티즘에 반대한 인물들의 대표로서는 브렌타노 C. Bren-

---

49) 신구약성서 전체가 참조될 만하겠으나 특히 구약의 「창세기」, 그리고 신약의 「로마서」를 집중적으로 참조할 것.

50) R. Huch, *Die Romantik*, S. 561.

51) F. Lion, *Romantik als Deutsches Schicksal*, S. 15면; R. Huch, *Die Romantik*, S. 548 참조.

tano, 베르너 Werner 등이 손꼽힐 것이다. 한편 셸링 같은 이는
카톨릭과 프로테스탄티즘을 철저히 구별하기도 했다.

낭만주의 작가로서 기독교에 관한 관심을 가장 적극적으로
표명함으로써, 기독교와 낭만주의와의 관계에 중요한 메니페
스트를 제공한 인물은 노발리스였다. 「기독교 정신 또는 유럽
Christenheit oder Europa」이라는 유명한 글을 발표한 그에 대
한 분석은 그런 의미에서 매우 긴요하다. 원래 노발리스는 신
과 종교에 대해 상당한 관심을 가진 터여서 가령 노발리스와 횔
덜린의 만남을 주선한 니트하머 Immanuel Niethamer는 그
의 일기에서 "종교와 신의 계시에 대하여 우리들은 많은 이야
기를 나누었고, 철학에 대해서 많은 의문을 제기한 채 헤어졌
다"[52]고 기록하였다. 이제 그의 글에 나오는 대목들을 읽어
보자.

> 유럽이 기독교의 땅이었을 때, 하나의 기독교 정신이 이 인간적
> 인 형상을 한 세계의 일부에 살고 있었을 때, 정말이지 빛나는 시
> 대였다. 하나의 공동체적 관심이 이 넓은 정신 세계의 가장 후미
> 진 곳을 묶어주었다.[53]

이 글에 표명되고 있는 노발리스의 의도는 분명하다. 시인 스
스로 글자체를 달리해 강조하고 있듯이, 그것은 통일성·공동체
성의 중요함이다. 그리고 그것은 그 같은 통일성과 공동체가 자
기 시대에는 와해·소멸되어버렸다는 비극적인 현실 인식에서
비롯되고 있다. 이 같은 인식은 얼핏 보아 앞서 살펴본 횔덜린
의 신관, 즉 신화적 신과 기독교 신의 의도적 혼동이라는 신관
과 흡사해 보인다. 그러나 이에 대해서는 큉의 비교적 단호한
구분의 설명이 있다. "노발리스는 달랐다. 기독교적으로 주님을

---

52) H. Küng & W. Jens, *Dichtung und Religion*, S. 164.
53) *Novalis Werke in einem Band*, S. 530.

모시는 세계에 무의식적으로 사로잡혀 있는 그는, 이상론적 철학과 정밀한 근대 자연과학 교육도 받은 터였고, 애인의 죽음을 통해 종교적으로도 각성된 상태였다. 이제 그는 **고대 안티케 문화와 기독교** 사이의 대립을 새롭게 인식할 수 있었고, 그리스도를 통해서 그리스 신화의 세계를 분명히 극복하고자 했다.”[54] 노발리스의 기독교에 대한 기대에 그야말로 상당한 기대와 함께 분석을 가하고 있는 큉에 의하면, “이제 노발리스와 더불어 놀라운, 새로운, 생기발랄하게 새로워진 기독교와 가장 극단적인 근대의 진테제”[55]가 이루어진 것이다. 이러한 큉의 분석이 그 나름의 타당성을 지닐 수 있는 것은, 슐레겔에게 보낸 노발리스 자신의 편지에서도 “이 종교와 더불어 새로운 세계사가 시작된다”[56]는 분명한 선언을 읽을 수 있기 때문이다. 말하자면 노발리스는 고전주의가 표방하는 고대 문화로의 회귀에 더 이상 연연해하지 않고 “완전한 근대시로의 전진!”[57]을 내걸었던 것이다.

물론 「기독교 정신 또는 유럽」에 피상적으로 흐르고 있는 내용은 중세의 기독교적 통일과 사명, 프랑스 혁명의 돼먹지 못한 자세와 그 원인으로 작용하고 있는 종교 개혁에 대한 비판이다. 그러나 이들의 참된 목적을, 카톨릭 정신으로 유럽이 기독교적 통합을 이룩해야 한다는 것으로 읽는다면, 그것은 지나치게 단순한 독법이 될 것이다. 노발리스 글의 밑바닥에 흐르고 있는 것은 슐레겔이 낭만주의 정신을 가리켜 천명한 말, 즉 “진보적 보편성의 문학” 정신이며 큉의 지적대로 “초기 낭만주의 이념의 가장 응축된 자기 표현”[58]이라고 할 수 있을 것이다. 이따

---

54) H Küng, “Religion im Spiegel Romantischer Poesie,” in H. Küng & W. Jens, *Dichtung und Religion*, S. 171.
55) 앞의 책, S. 172.
56) 앞의 책, S. 173.
57) 앞의 책, S. 172.
58) 앞의 책, S. 180.

금 회고적·복고적인 논조가 나타나고 있는 것은 사실이지만, 필경 시인의 시선이 앞을 향하고 있다는 사실이 무엇보다 중요하게 받아들여져야 할 것이다. 신화주의적 성향, 낭만주의가 지닌 신비주의로부터의 영향 부분에서 언급된 밤의 찬가도 이런 문맥에서 볼 때 횔덜린과는 다른 요소들이 발견된다. 특히 우리로서 새삼스러운 점은, 이 글을 통해 묘사되고 있는 많은 장면들이 유럽이 기독교 땅이었던 빛나는 시절을 암시적·문학적으로 보여줌으로써 묵시(默示) 문학의 아름다운 보기일 수도 있다는 기독교 쪽의 해석이다. 가령 다음과 같은 표현이 예거될 수 있다.

> 고무적인 그림들로 장식되어 있고, 황홀한 향기로 가득 찬, 그리고 성스럽고 고귀한 음악에 의해 생동하는 신비로 가득 찬 교회에서 사람들은 아름다운 모임을 기분 좋게 즐겼다.[59]

물론 「밤의 찬가」에서 예수를 애인, 아니 애인을 예수로 혼동하는 의도적 착각을 행했듯이, 미래 지향적인 새로운 종교로서의 기독교라는 노발리스의 인식 속에는 이른바 신성 모독적인 요소가 내재해 있다. 에로스적인 것을 아가페적인 것으로 호도하고자 했던 일은 가장 대표적인 그 보기일 수 있을 것이다. 이에 대해서는 엔스 W. Jens의 지적이 언제나 날카롭다. 똑같은 작가의 똑같은 작품에 대해서 함께 분석을 가하면서도 보다 문학적인 시각에서 메스를 대는 그는 우선 "노발리스의 작품에서 이 시대의 위화성이 개념화될 수 있는 것이 아닐까"[60] 생각한다고 전제, 기독교에 대한 노발리스 나름대로의 집착이 "문학이 종교에 대해서, 종교가 문학에 대해서 하고자 했던 예의 마

---

59) *Novalis Werke in einem Band,* S. 535.
60) W. Jens, "Ein Großes Friedensfest auf den rauchenden Walstätten," in H. Küng & W. Jens, *Dichtung und Religion,* S. 185.

술적 이상주의"[61]라고 진단한다. 그러니까 큉이 이 글을 기독교에 대한 시인의 동의와 찬탄으로 보고자 했다면 엔스는 인간과 자연, 영적인 것과 동물적인 것을 중재하는 "신적 본질"[62]로 그것을 파악하는 것이다. 엔스의 관찰은 노발리스의 기독교성이 지니는 정통성보다 신비성 쪽에 기울어 있다. 과거로 회귀하지 않고 미래의 전망으로 기독교를 열어놓았다는 점에서 노발리스가 신화성과 신비주의를 탈피하고 있다고 큉이 보았음에 비해서, "이미 알려져 있는 현재를 찢어버린다는 것은 시가 인간을 마법화하는 약으로 생각한 것"[63]이라고 엔스는 비판한다. 엔스로서는, 노발리스의 이 같은 약이 인간으로 하여금 세계로부터 떠나는 꿈을 꾸게 하고, 이른바 "위대한 잠"[64]을 찬양케하는 긍정적인 기능을 한다고 인정하지만, 그것을 기독교적 속성으로는 볼 수 없었던 것이다. "도취의 비법"[65]은 결코 기독교적 세계와는 무관하기 때문이다.

그럼에도 불구하고 낭만주의가 기독교에 진 빚은 상당해 보인다. 그 배경과 내용은 여러 가지로 생각되는바, 무엇보다 중세에 대한 동경이 중세의 신성로마제국에 대한 동경으로 연상되면서, 이 제국을 일종의 국민적 공동체로서의 교회로 간주했기 때문인 것으로 판단된다. 지나간 시대의 제국을 미래에 다시 건설할 것을 꿈꾸는 것이다. 그 꿈의 실체가 이때 바로 기독교, 즉 카톨릭이 되었던 것이다.[66] 그 다음으로 생각될 수 있는 것으로서, 기독교의 복음, 즉 예수 탄생과 십자가 사건, 부활로 이어지는 이른바 공관 복음서 속에서 발견된 환상적·재생적 요소의 낭만적 원용이다. 다시 말해서 신약을 중심으로 해서 나타

---

61) 앞의 책, S. 187.
62) 앞의 책, S. 188.
63) 앞의 책, S. 189.
64) 앞의 책, S. 188.
65) 앞의 책, S. 189.
66) 그러나 이러한 생각에 몰두했던 노발리스는 카톨릭이 아닌, 프로테스탄트였다.

난 기독교 역사의 새로운 차원이 낭만주의자들에게 있어서 그럴싸한 문학적 사건으로 받아들여졌다는 것이다.[67] 예컨대 노발리스가 겪은 그의 애인 조피 무덤 곁에서의 원초 체험은 종교적인 교양 경험으로 변화되고 있는바, 거기서 죽은 신부가 천상의 처녀 마리아가 되어 무덤 위 예수 옆에 있을 수 있게 되는 것이다. 또 슬퍼하는 자가 안고 있는 상처는 부활한 그리스도의 상처가 된다. 엔스에 의해 무례하다고까지 이미 비판된 기독교의 이 같은 문학화는 예수 사건을 통해서 세계와 인간이 새로워질 수 있다는 논리를 문학이 전면적으로 수용한 것이라 할 수 있다. 낭만주의의 본질과 개념에서 이미 우리가 살펴본 바와 같이, 낭만주의를 통해 문학이 문학으로서 독립했다면 그것은 마치 예수의 구속(救贖)을 통해 인간이 거듭났듯이 문학 또한 다시 새로워진 것이라는 논리이다. 실제로 오늘의 현대 문학 이론에 낭만주의의 문학 이론은 가장 강한 영향을 미쳐왔으며, 그 핵심은 "문학은 이 세계에 대한 새로운 해석, 새로운 발견"[68]이라는 논리로 귀결된다. 문학 작품을 쓰는 행위 자체가 삶에 대한 반성이며, 이 세계를 끊임없이 새롭게 바라보고자 하는 노력이라는 현대 문학의 본질은, 낭만주의 이론으로부터 유래하고 있음이 분명하다.[69] 그런데 낭만주의의 이러한 이론은 정신사적 시각에서 볼 때 바로 기독교의 중생(重生) 원리에 의지하고 있음이 또한 분명해 보이는 것이다.[70] 요컨대 낭만주의는 기독

---

67) 죽음—부활로 이어지는 예수의 인간 구속(救贖) 사업은, 그가 인간의 죄를 대속한다는 하나님의 섭리에 의해서만 가능한 것이었다. 그러나 낭만주의자들은 이 중심적 요소는 배제한 채, 죽어도 죽지 않는다는—죽음을 통하여 오히려 영원성으로 나간다는 환상적 구조만을 이끌어냈다. 예수 구속 사건에 대해서는 「마가」「누가」「마태」「요한」 등 이른바 4복음서 참조할 것.

68) 오늘날 이 이론은 현대 문학 이론의 통념이 되어 있다. Rene Wellek과 Austin Warren의 *Theorie der Literatur*, S. 20 참조.

69) 이러한 낭만주의 이론의 골격은 '낭만적 반어 *Romantische Ironie*'를 통해 형성된 것이다. H. Prang의 *Romantische Ironie* 참조.

70) 중생 원리란 '거듭난다'는 원리인바, 기독교에서 그것은 예수 십자가의 보혈로 인간이 거듭남을 뜻하고 인간은 성령 체험으로 그것을 깨닫는다. 이때 그

교가 지니고 있는 인간/죄→예수/인간의 속죄의 구도를 모방
적으로 수용함으로써, 낭만주의 문학을 통한 새로운 문학 '창
작'의 길을 제시한 것이라 할 수 있다.

앞의 두 가지 중요한 사항 이외에 마지막으로 주목할 수 있는
것은 낭만주의에 의해 기독교가 계속 영적인 종교성을 유지할
수 있었던 것은 아닐까 하는 가설이다. 이 가설에 대해 옌스는
그것이 가설 이상임을 역설한다. "노발리스의 비망록과 연구
노트, 단상과 초안 등은――그에 의해서는 미완의 것으로 설명
되지만!――과학의 시대에 성서를 계속 시로 만들고자 하는 시
도가 계획되었음을 입증하고 있다"71)고 그는 말하는데, 매우
중요한 견해로 생각된다. 낭만주의가 18세기말에서 19세기 전
반부로 넘어오던 시대는 바야흐로 과학주의와 실증주의의 기운
이 팽배했던 시기이며, 도전을 받고는 있었으나 계몽주의의 남
은 여세 역시 만만찮은 시기였다. 이른바 '근대'인데, 이 시대에
기독교 성경이 실증주의적인 문서로만 평가될 수밖에 없었을지
도 모를 가능성을 우리는 단순한 기우로만 남겨둘 수 없을 것이
다. 기독교가 비록 우주의 창조와 세계의 출발이라는 점에서부
터 신비주의 아닌 신 중심주의 편에 있다고 하더라도, 성부―성
자―성령의 '성령'설을 신봉하고 "하나님이 영이시라"는 믿음
을 갖고 있는 한, 성서의 실증적 문서화는 기독교에 대한 중대
한 위협이 아닐 수 없을 것이다. 따라서 성서가 계속 시로서 남
아 있을 수 있었다는 것은, 낭만주의 쪽에서 기독교에 부여해준
생명의 활기라는 측면에서, 앞의 두 요소와는 또 다른 긴요한
주목의 대상이다.

성령 체험이 문학에서는 '문학적 감동'이라는 개념으로 대체된다. 즉 문학적
감동을 맛봄으로써 독자는 새로운 세계를 만나는 것이다. 문학 작품을 '창작'
이라고 부르는 이유도, 사람에 따라서 문학이 자신에게는 종교라고 말하는 까
닭도 이 같은 구조의 유사성에 있을 것이다.

71) W. Jens, "Ein Großes Friedensfest auf den rauchenden Walstätten," in
H. Küng und W. Jens, *Dichtung und Religion*, S. 185.

　낭만주의와 기독교와의 관계는 그 밖에도 낭만주의 자체가
카톨릭적인 요소를 갖고 있으며, 낭만주의에 의해 카톨릭이 강
화되었고, 또 널리 보급되었다는 견해[72]에 의해서도 다른 일면
이 확인된다. 이 같은 견해를 가진 벨로브 G. v. Below 는 구체
적 논지를 전개하고 있지는 않으나 어쨌든 카톨릭에 해가 되는
일을 하지 않은 것만은 분명하다고 주장한다.[73] 아울러 프로테
스탄티즘 경건주의를 고려한다면, 기독교와 낭만주의는 커다란
넓이에서 볼 때 서로 유익함을 끼친 측면이 많았던 것으로 생각
된다.

---

72) Georg v. Below, "Zum Streit um die Deutung der Romantik," in
    Begriffsbestimmung der Romantik, hg. v., S. 135.
73) 앞의 책, S. 136.

근대 소설과 리얼리즘

유 종 호

특정한 작가나 작품의 온전한 이해를 위해서는 그 작가나 작품이 소속해 있는 문화적·사회적 맥락이나 지적 풍토를 이해하는 것이 필요하다. 전체적 조망이 결여된 특정 작품 이해를 위한 노력은 매우 불안한 것이기 때문이다. 그런데 이 전체적 조망이란 어떻게 가능한 것일까. 아니 도대체 그것이 가능하기나 한 것인가. 이러한 근원적인 의혹에도 불구하고 대개의 문학 독자들은 자의적으로 상정된 어떤 전체적 관점을 가지고 있다고 생각된다. 이 전체적 관점에 따라서 자기가 읽은 작품들을 자기 나름으로 평가의 좌표판에 배치해둔다고 볼 수 있다.

우리는 문학 연구가 비평이 되어야 하고 문학비평이 연구가 되어야 한다는 말에 대체로 동의하고 있다. 문학을 수동적으로 즐기는 데 그치지 않고 연구의 대상으로 삼을 경우 이 전체적 관점의 정립과 세련을 위한 노력은 특히 절박해온다. 이 전체적 관점의 성격에 따라서 특정 작품의 위치와 의미는 서로 다른 모습을 띠고 나타나게 마련이다. 이 전체적 관점은 자칫 도식적으로 굳어지기가 십상이다. 따라서 구체적인 작품과의 생생한 접촉을 통해서 부단히 수정되고 보강되어야 할 것이다. 한편 이 전체적 관점이 결여되어 있을 때 독자들은 자칫 개개 작품의 수

풀 속에서 길을 잃고 그 풍요를 혼란으로 체험하면서 갈피를 못 잡고 말 것이다. 전체적인 관점과 구체적인 작품과의 상호 보완적인 긴장 관계의 유지는 작품 읽기를 그 자체로서 완결된 일회적인 사건으로 처리하여 그 충격마저도 거기 바쳐진 시간과 함께 떠내려 보내는 것이 아닌 이상 회피할 수 없는 과제가 된다.

이러한 전체적 관점의 정립을 위한 노력의 일환으로 필자는 리얼리즘과 그 쇠퇴 그리고 그것이 의미하는 바를 하나의 기준으로 삼아보려 한다. 서구의 근대 문학을 조망할 수 있는 전체적 관점, 그 원근법이 리얼리즘과 그 쇠퇴란 패러다임 *para-digm*에서 가능하지 않을까 생각해왔기 때문이다.

1

리얼리즘이란 말은 단순한 기술의 말이 아니고 가치 지향적이요 처방적이기까지 한 경우가 있다. 서로 다른 정치·경제 체제와 가치관을 가지고 있는 사회가 다투어 민주주의를 자처하듯이 서로 다른 경향의 작가들이 경쟁적으로 리얼리스트임을 자처한다. 근대 소설의 성장 초기에 작가들은 애써 자기네 작품이 허구가 아니라 역사적 기록이거나 실기이거나 실제 인물의 회고록이라고 되풀이 주장했다.

『로빈슨 크루소』의 작가는 서문에서 편자임을 자처하면서 "편자는 이 얘기가 사실을 그대로 적고 있다고 믿는다. 꾸며 낸 듯한 티가 조금도 없다"고 적고 있다. 한편 똑똑한 청년이 타락은 했으나 매력 있는 여성에게 정신없이 반하게 된다는 얘기를 다루어 근대 소설의 한 원형을 이루고 있는 『마농 레스코』는 본래 한 귀족의 회고록 속에 포함된 삽화의 형태로 되어 있었다. 이렇게 소설이 실화임을 자처하는 경향은 18

세기 중엽에 이르기까지 상례이다시피 하였다. 마찬가지로 그 후의 많은 작가들이 리얼리스트임을 자처하고 있다는 것은 멀리 플라톤에서 비롯하여 청교도를 거쳐 실용주의 성향의 학부모에 이르기까지 면면히 이어지고 있는 허구에의 불신에 대한 방어 기제의 일단인지도 모른다. 그러나 작가들이 자처하는 대로 리얼리즘을 적용할 때 이 말은 모든 것을 가리킴으로써 아무것도 가리키는 것이 없다는 난경에 빠지고 만다. 우리는 이러한 위험성을 배제하기 위해서 일단 적절한 정의의 채택이란 의식——과학과 학문의 사제이거나 그 조수임을 표방하는 사람들이 자못 경건하게 모시는 저 의식——을 치를 필요가 있다.

리얼리즘이란 말이 다양하게 쓰이는 것은 현실에 대한 개념이 다양하기 때문이다. 그러나 현실 자체의 정의는 그것대로 수많은 난문제를 제출할 것이기 때문에 우리는 우선 리얼리즘이란 말이 어떻게 쓰여져왔는가를 살핌으로로써 그 말뜻을 규명하는 것이 좋겠다. 예술에 관한 리얼리즘은 문학에 앞서 미술 작품과 화가에 관해서 씌어졌다는 것이 통설이다. 렘브란트의 작품 세계에 대한 서술로서 1835년에 프랑스에서 처음으로 '레알리슴'이란 말이 사용되었고 문학 용어로서 쓰여진 것은 1856년에 『레알리슴』이란 잡지가 창간되면서부터라고 알려져 있다. 리얼리즘은 같은 해에 영어의 비평 용어로서도 확립되었는데, 첫째 기법상의 용어로 쓰였고 어떤 관찰된 대상을 정확하고 생생하게 그린 것을 가리켰다. 그러니까 어떤 대상을 이상화하거나 희화화(戱畵化)하는 것과 반대되는 수법을 가리켰다. 둘째 이러한 기법상의 의미에는 내용에 관한 언급이 따라왔다. 따라서 당대의 일상 생활을 다루었을 때 이 말이 적용되었고 그것은 '영웅적' '전설적' '낭만적' 등의 반대말로 쓰이었다. 이러한 소재는 당초 '가정적' '부르주아적'이라고 불렸으니만큼 그 상관 관계도 분명하다. 한편 때가 지남에 따라서 이 말은 불쾌한 것,

폭로적인 것, 누추한 것을 가리키게 되었고 부분적으로는 부르
주아 세계관에 대한 반항, 부르주아 예술가가 무시하려는 평범
한 소재의 선택과 관련되기에 이르렀다.[1] 이만하면 리얼리즘의
대체적인 윤곽이 훨씬 뚜렷해진 셈이나 우리에게 필요한 것은
보다 포괄적이면서도 정연한 리얼리즘의 규정이다. 이 점에 대
해 민족적 우월감이나 지방주의적인 편견에서 비교적 자유로울
수 있는 비교 문학적 관점의 소유자인 르네 웰렉——그는 비교
문학이란 말이 불행한 용어라고 말하고 있다. 이상적으로 말한
다면 언어의 제한 없이 그저 문학을 연구하는 것이 좋겠다고 그
는 생각한다. 즉 철학 교수나 역사 교수가 있듯이 영문학 교수
나 독문학 교수가 아닌 그냥 문학 교수가 있는 것이 이상적이라
고 생각하고 있다——의 기술은 일단 하나의 출발점으로써 우리
의 필요에 걸맞게 응해주고 있다.

우리는 까다로움을 피우지 말고 리얼리즘이란 '당대 사회 현실
의 객관적 묘사'라고 하기로 하자. 이 말이 별 뜻이 없고 또 '객관
적'이란 무엇을 뜻하며 '현실'이란 무엇을 뜻하느냐는 의문을 제
기한다는 것은 나도 인정한다. 그러나 우리는 성급하게 근본적인
문제와 씨름해서 안 되고 이 기술을 역사적 맥락 속에 넣고 낭만
주의에 대한 반론의 무기로, 또 포괄의 이론이자 배제의 이론이라
고 보아야 할 것이다. 이것은 환상적인 것, 동화적인 것, 우의적인
것, 상징적인 것, 고도로 양식화된 것, 전혀 추상적이고 장식적인
것을 거부한다. 그것은 우리가 어떠한 신화도 동화도 꿈의 세계도
원치 않는다는 것을 뜻한다. 그것은 또한 있을 성싶지 않은 것,
단순한 우연, 극히 예외적인 사건의 배제를 은연중에 뜻한다. 지
역과 개인의 차이에도 불구하고 현실이란 당시 19세기 과학의 질
서 정연한 세계, 원인과 결과의 연쇄로 파악된 세계, 설사 개인이
사사로이 종교적 믿음을 갖고 있다손 치더라도 기적과 초월이 배

---

1) Raymond Williamsm, *The Long Revolution*(Harmondsworth: Penguin
   Books, 1965), pp. 300~01.

재된 세계로 파악된 것임이 분명하기 때문이다. '현실'이란 말은 또한 포괄의 용어이다. 추악한 것, 구역질 나는 것이 예술의 정당한 주제가 된다. 성과 죽어가는 것(사랑과 죽음은 항시 허용되었지만)도 이제 예술 속으로 수용된다.[2]

실속 있는 기술보다 곤란한 정의의 되풀이되는 순환을 초래하게 될 '현실'의 까다로운 규정을 제쳐놓고 리얼리즘을 하나의 시대 개념으로 파악한 위의 기술에서 우리는 리얼리즘의 평가 성향인 처방성에서 벗어나 있음을 보게 된다. 이것은 다른 자리에서 "'리얼리즘'이 예술의 유일한 방법은 아니다. 그것은 세계 문학의 4분의 3을 배제한다. 그것은 상상력과 개성과 '만듦'의 역할을 극소화시킨다"[3]고 적고 있는 르네 웰렉으로서는 당연한 일이라 하겠다. 위의 리얼리즘 규정에서는 어디까지나 객관적인 묘사 대상으로서 당대 사회 현실이 강조되어 있기 때문에 20세기에 들어와서 크게 떨친 바 있는 심리소설의 옹호자들이 내세우는 내면의 리얼리즘을 일단 배제함으로써 리얼리즘을 한결 한정해서 규정하고 있다. 가령 심리소설의 한 옹호자는 "우리는 자연주의자나 리얼리스트로 출발한 소설가들이 상징주의자로 끝나고 있음을 목도하였다. 〔……〕 아마도 이것은 문학이 삶을 단순히 고증할 뿐만 아니라 재창조해야 한다는 것을 인식했다는 점에서 상징주의자들이 더 위대한 리얼리스트임을 증명하고 있다"[4]고 적고 있는데 이렇게 리얼리즘을 확대해서 적용할 경우 의미의 혼란이 불가피해진다. 심리 과정의 상세한 기술을 꾀하고 있고 또 그것이 자연에의 충실을 전제하고 있다는 점에선 심리소설의 작가들이 채택한 내적 독백이란 형식도 리얼

---

2) René Wellek, *Concepts of Criticism*(New Haven: Yale Univ. Press, 1963), pp. 240~41.

3) René Wellek, "Some Principles of Criticism" in *The Critical Moment*(Mc-Graw-Hill, 1963), p. 40.

4) Leon Edel, *The Psychological Novel*(London: Rupert Hart-Davis, 1961), p. 123.

리스틱한 태도의 발로라고 볼 수 없는 것은 아니다. 그러나 웰렉의 정의는 사회 현실을 강조함으로써 이 '내면의 리얼리즘'을 제외하여 대상을 축소시킨다는 강점을 지니고 있다.

우리가 살고 있는 세계와의 유대에 불가피하게 얽혀 있기 때문에 정도의 차이는 있을지언정 모든 예술이 리얼리즘을 지향하고 있고 따라서 리얼리즘을 모든 예술 작품에 내재하는 예술 본능으로 파악하려는 경향도 있다. 그러나 "모든 위대한 작가들은 자기네가 알고 있는 대로의 삶에 대한 엄격하고도 세심한 비판에 참여하고 있기 때문에 리얼리스트라고 할 수 있다"[5]는 의견을 따르면 최상의 예술가는 곧 최상의 리얼리스트라는 동의어 되풀이 놀음에 빠지고 말 것이다. 위의 규정은 이러한 위험성으로부터도 안전하다. 한편 하나의 시대 개념으로 당대 사회 현실의 객관적 묘사로 파악된 리얼리즘은 현실에의 충실을 전제로 하느니만큼 우리는 리얼리즘과 자연주의의 관계에 대해서도 그냥 지나칠 수가 없다. 리얼리즘과 자연주의가 중복되어 이해되거나 동일시되는 경우도 흔히 있기 때문이다. 이것은 양쪽이 모두 예술 모방설에 바탕을 두고 있다는 점에서 부득이한 일인 것처럼 보이기도 한다. 게다가 자연주의의 대표적 작가이자 이론가인 에밀 졸라 같은 이가 리얼리즘과 자연주의를——그리고 때로는 인상주의까지도——대체 가능한 말로 구별 없이 썼다는 사실, 브륀티에르 같은 비평가가 『보바리 부인』을 두고 리얼리즘 소설의 걸작이라고 하는가 하면 다른 자리에서 자연주의의 걸작이라고 하는 따위의 대체적 사용은 양자의 혼동을 유포시키는 데 크게 기여했다.[6] 그러나 비평 내지는 문학사의 용어의 엄밀성을 위해서 일단 양자를 구분할 필요가 있을 것이다. 가령 "리얼리즘이 문학에 있어서의 1789년 혁명과 같은 것

---

5) Harry Levin, *The Gates of Horn*(New York: Oxford University Press, 1963), p. 83.
6) Furst & Skrine, *Naturalism*(London: Methuen, 1971), p. 6.

임에 반해서 자연주의는 1793년의 공포 정치에 맞먹는 것"[7]이라는 비유도 양자를 구별하려는 노력에서 구해낸 설득력 있는 설명이다. 그러나 이러한 비유를 통한 설명은 모든 비유가 그렇듯이 사태를 그릇되게 보일 위험성을 안고 있다. 1793년의 이른바 공포 정치를 담당했던 사람들은 되풀이되는 반혁명의 기도로부터 1789년의 정신을 방위하기 위해서 경화된 정치 실천으로 치달았고 이 점 1793년은 1789년의 불가피한 발전이었다고 할 수 있다. 그러나 리얼리즘과 자연주의 사이에서 우리는 이러한 역동적·필연적 인과 관계를 발견하기가 어렵다. 따라서 당대 사회 현실의 객관적 묘사를 꾀했다는 점에선 리얼리즘과의 유사성을 인정하면서도 자연주의의 고유한 성질에 한정적으로 주목해야 할 것이다. 이때 우리는 자연주의가 하나의 뚜렷한 그리고 의식적인 문학 운동 내지는 유파적 형태로 출발했다는 사실, 자연주의자들이 거의 기계적이기까지 한 결정론적 인간관을 안고 있었다는 사실에 주목하게 된다. 그러므로 인물이 주인공이 아니라 환경이 주인공이 되어 있는 소설이 자연주의적이라는 것을 받아들이고 대체로 과학적·실험적 접근 방법을 꾀했던 에밀 졸라의 이론과 실제 작품, 그리고 졸라의 영향이 압도적이라고 생각되는 작가들로 한정해서 자연주의를 규정하는 것이 타당하다 하겠다.

여기서 우리가 간과하지 말아야 할 것은 리얼리즘이나 자연주의가 공유하고 있는 자연과학의 사상사적 평행 관계이다. 한 예술사가가 1848년 이후의 프랑스의 문학과 회화를 얘기하는 자리에서 서술하고 있는 것은 그가 다루고 있는 '자연주의'의 범위를 떠나 대체로 19세기 리얼리즘 전반에 해당된다고 할 수 있다. 그리고 그것은 위에 적은 웰렉의 정의와도 대체로 일치하고 있다.

자연주의는 개연성을 가늠하는 기준을 거의 자연과학의 경험주

---

7) 앞책, p.8.

의에서 가져온다. 심리적 진실의 개념은 인과율의 원칙에서, 플롯의 적절한 구성은 우연과 기적의 배제에서, 그 환경 묘사는 모든 자연 현상이 제반 조건과 동기의 끝없는 연쇄 작용의 일환이라는 개념에서, 특징적인 디테일의 활용은 아무리 하잘것없는 사실도 흘려버리지 않는 과학적 관찰의 방법에서, 너무 예술적으로 완벽한 구성을 회피하려는 것은 과학적 연구가 언제나 미완성 상태에 있을 수밖에 없다는 사실에서 각기 유래한 것이다.[8]

위와 같은 사실은 실험소설이란 개념을 직접 클로드 베르나르의 저서에 의존하고 있는 졸라와 같이 특수한 경우를 제외하고는 작가들이 자연과학의 방법론을 의식적으로 연구하고 채택했다기보다도 한 시대의 지적 사조의 표현이라고 보아야 할 것이다. 그것은 현실의 문제들을 풀기 위한 노력의 일환으로 실재하지 않는 상상의 세계를 다루는 능력이 '유토피아'로 표현되었던 16세기가 동시에 '가공의 수'라고 처음 불렸던 부수(負數)를 만들어낸 시기이기도 하다는 사실과 마찬가지로 사상사적 평행 관계의 또 하나의 예증이라고 해야 할 것이다.[9]

2

웰렉이 의식했건 안 했건 당대 사회 현실의 객관적 묘사라는 리얼리즘의 개념 규정은 소설이란 문학 장르의 기본적 특징과 그대로 연결되어 있다는 사실에 우리는 주목하게 된다. 여기서의 소설은 18세기초에 영국에서 성장하여 19세기에 와서 수많은 걸작을 보여준 바 있는 근대 소설을 가리킨다. 우리는 앞에

---

8) Arnold Hauser, *The Social History of Art*, 4 Vols, trans. Stanely Godman (New York: Vintage, 1955), Vol. IV, p. 65.

9) Bronowski & Mazlish, *The Western Intellectual Tradition*(Harmondsworth: Penguin Books, 1963), p. 76.

적은 웰렉의 정의가 얼마나 정확히 근대 소설의 기본적 특징과
그대로 얽혀져 있는가를 살펴보기로 하자. 이 점 중산 계급의
성장과 경제적 개인주의, 17세기에 있어서의 철학상의 새 경
향, 산업화와 공장 생산에 따른 여가의 증대와 새 독자층의 대
두, 특히 여성의 사회적 지위에 있어서의 복합적인 변화에서 소
설이란 새 문학 장르 융성의 사회적 기반을 찾고 있는 이안 와
트의 소론은 우리에게 한 출발점이 되어준다.

그는 정의니 선이니 하는 보편 개념이 그러한 것이 발견되는
구체적 대상에서 독립한 채로 실재하고 있다고 믿었던 중세의
개념 실재론 *realism* 을 대치하면서 감각과 지각을 통해서 개인
적으로 현실을 이해할 수 있다고 주장하는 근대의 실재론과의
아날로지를 통해서 소설이란 장르를 리얼리즘 형식으로 파악한
다. 그리고 그는 그 특징으로 여섯 가지를 들고 있다. 그것은
1) 신화·역사·전설에서 따온 것이 아닌 비전통적인 플롯의 채
용, 2) 재래의 문학 컨벤션에 의하여 제약된 환경과 유형적인
인물의 제시가 아니라 구체적인 환경 속에서의 개별화된 작중
인물의 제시, 3) 역사에 나오는 이름이나 배드먼 *badman* 처럼
어떤 특징을 드러내는 이름이 아니라 흔하디흔한 시체(時體)
이름을 작중인물에 부여하기, 4) 시간을 자연계의 중요한 차원
일 뿐만 아니라 개인의 역사나 집단 역사를 막론하고 그 형성력
으로 보는 근대의 시간관에 따라서 작중인물을 시간의 흐름 속
에서 발전시키고 또 과거의 경험이 현재의 행위의 원인이 되는
등 시간을 통한 인과 관계를 중시하는 것, 5) 공간 묘사, 환경
묘사, 또는 주택이나 직장과 같은 장소 묘사의 중요시, 6) 비유
적·장식적인 요소를 경원하고 언어의 지시적 성격에 충실하면
서 산문을 채용한 것 등속으로 요약된다. 이것이 이를테면 소설
의 최소공분모인 리얼리즘 형식의 중요 특성이다.[10]

---

10) Ian Watt, *The Rise of the Novel*(Harmondsworth: Penguin Books, 1963),
pp. 12~31.

우리는 웰렉의 기술과 이안 와트의 서술 사이에서 어떤 평행 관계를 발견하게 되는데, 이것은 문학 연구가 그 중심을 잃고 문화사와 같아지는 것을 우려해 마지않는 입장에 선 연구자와 문학 연구를 문화사나 사회사와의 연관 속에서 파악하려는 입장에 선 연구자, 또 리얼리즘을 하나의 방법으로 파악하면서 그 이론이 궁극적으로는 용렬한 미학이라는 입장에 선 비평가와 리얼리즘 형식으로서의 소설이 이룩한 개성의 탐구와 인간 관계의 탐구에 있어서의 비길 데 없는 섬세함을 높이 평가해 마지않는 비평가 사이의 일이니만큼 흥미로운 바가 있다. 우리는 그 평행 관계를 좀더 구체적으로 살펴보기로 한다.

우선 소설이 비전통적인 플롯을 사용한 데서 그 리얼리즘 형식의 특징을 본 와트의 지적은 그대로 웰렉에 있어서의 당대 현실의 묘사란 부분과 이어진다. 소설 이전의 장르인 서사시나 극시가 그 플롯을 전설·신화·성서 혹은 전대의 문학에 의존하고 있다는 것은 우리가 익히 아는 터이다. 근대 이전의 문학은 대체로 당시의 문화의 일반적 경향을 반영해서 전통적 관습에의 순응을 그 진실의 중요한 척도로 삼았던 것이다. 그리고 고전 시대나 그 후대에 있어서 그리스·로마 시대의 플롯을 습관적으로 답습한 사람들은 자연은 본질적으로 완전하고 변하지 않는 것이기 때문에 그 기록은 성서에 있는 것이든 역사나 전설에 나오는 것이든 인간 경험의 결정적 레퍼토리를 구성하고 있다고 생각했다. 따라서 그들은 새로운 인간 경험의 국면을 제시함으로써 문학 전통에 기여하려는 근대 문학인들이 안고 있는 소망과는 무연한 채 전통적인 것에의 순응이란 단정한 예절을 되풀이 수행하였다. 그들은 독창성이나 개성이라는 근대의 관념에 대체로 생소하였고, 따라서 가령 표절이라는 지적 소유권을 전제하는 관념에도 생소하였다. 이러한 문학상의 전통주의에 정면으로 최초의 철저한 도전을 감행한 것이 근대 소설이다. 다니엘 디포는 자서전적 회고록이란 플롯에 의거하여 『로빈슨 크루소』

와 『몰 플랜더즈』를 썼고 리처드슨은 구애와 그 회피라는 플롯에 의지하여 『파멜라』를 썼다. 이들 작품의 주인공들은 각각 바야흐로 상승 일로에 있는 신흥 계층의 열망을 구현하고 있는 상인(크루소)이거나, 모든 구성원에게 성공과 번영이 균등하게 열려져 있지 않은 사회에서 성공과 번영의 꿈을 부채질해주는 개인주의의 이데올로기가 널리 퍼져 있는 것과 관련된 범죄의 증가——구걸보다는 도둑질이 더 점잖다는 생각을 가진 소매치기와 같은 범법자 계층은 근대 도시 문명에 특유한 부속물이다——를 상징하는 범법자(몰 플랜더즈)이거나 노동의 분업과 산업화의 진행에 따라서 생겨난 여가 증대의 결과 새 독자층의 유력한 구성원으로 등장하게 된 하녀(파멜라)이다. 즉 전통적 플롯을 팽개치고 각자 자기 나름으로 새 플롯을 발명하거나 창안함으로써 근대 소설가들은 당대 현실 묘사의 길을 트고 또 당대의 어떤 전형적인 국면을 구현하고 있는 인물들을 주인공으로 기용함으로써 사회 현실 묘사가 당연한 귀결이 되게끔 한 것이다. 또 와트가 얘기한 구체적인 환경 묘사와 개별화된 작중인물의 제시라는 것도 그대로 사회 현실의 묘사라는 국면과 연결된다. 개별화된 구체적인 인물이란 다시 말해서 사회 현실에 뿌리를 박고 있는 인물이란 뜻이며 웰렉이 얘기하는 환상적인 것, 우의적인 것의 거부와 연결된다. 흔하디흔한 시체 이름을 작중인물에 부여했다는 것도 당대 현실의 묘사라는 것과 그대로 연결된다. 당대 현실을 그리는 것은 불변의 영원한 진실을 추구하지 않고 단지 하루살이 현실을 그리는 것이라는 전통주의자들의 되풀이되는 조롱과 비방을 대개의 근대 소설가들이 감수해야 했다는 것은 우리의 주목에 값한다.

시간에 중요성을 부여했다는 것은 아마도 근대 소설의 가장 중요한 특징이며 동시에 소설의 뒷날의 발전을 예고해주는 국면이기도 하다. 고전 서사시나 극에 있어서 자연계의 한 차원으로서나 혹은 역사 발전 및 개인 성장의 차원으로서의 시간은 그 역할을 정당하게 인정받지 못하였다.

　　호메로스의 주인공들은 성장하고 있는 모습이나 혹은 성장해온 모습이 거의 그려져 있지 않기 때문에 그들 대부분——네스토르, 아가멤논, 아킬레스——은 등장할 당시의 나이로 고정되어 있는 것 같다. 오랜 시간의 흐름과 그사이 일어난 수많은 사건 때문에 성장의 기회가 많았을 터인 오디세우스조차도 그것을 보여주지 않는다. 돌아온 오디세우스는 20년 전 이타카를 떠났던 당시의 오디세우스와 전혀 똑같다.[11]

　　서사시도 서사시이지만 고전 비극에 있어서 3일치의 법칙——이른바 3일치의 법칙이란 아리스토텔레스가 엄격하게 정해놓은 것은 아니다. 르네상스기의 사람들이 그의 『시학』에 주의를 기울이면서 그것이 법칙화된 셈인데 이때 36시간도 허용되었다. 이 법칙이 가장 엄격하게 준수된 것은 프랑스 고전주의 비극에서이고 19세기초의 빅토르 위고에 와서야 비로소 깨어졌다——에 따라 시간이 대충 24시간으로 제한된 것은 인간 생활에 있어서의 시간 차원의 중요성을 인정하지 않았기 때문이었다. 이데아가 시간의 세계의 구체적인 대상 뒤에 있는 궁극적 현실이라는 플라톤의 생각에 깊이 감염된 고전 세계의 세계관에서는 현실 또는 실재란 무시간적 보편 속에 있는 것이기 때문에 존재에 대한 진실은 일생 동안에서와 마찬가지로 하루 동안에도 드러날 수 있다고 생각했던 것이다. 근대 소설에 와서 비로소 작중인물이 시간 속에 뿌리박고 있으며 그렇게 됨으로써 오디세우스처럼 20년 전에나 후에나 변함없는 인물이 아니라 시간의 흐름 속에서 동일성을 유지하면서도 경험에 의해서 타락하고 변모하는 인간이 등장하게 된다. 이것은 작중인물이 비역사적

---

11) Eric Auerbach, *Mimesis: The Representation of Reality in Western Literature*, trans. Willard R. Trask(New Jersey: Princeton Univ. Press, 1953), p.17.

존재에서 역사적 존재로 되었음을 뜻하며 아울러 역사적 존재
가 뿌리박고 있는 공간이 역사적 차원을 얻게 되었음을 뜻한다.
모든 역사적 사실은 동시에 사회적 사실이기 때문에 소설의 역
사성 획득은 사회 현실보다 튼튼한 기반과 구체성을 얻었음을
뜻한다. 뒷날 뛰어난 리얼리스트들이 제가끔 역사가를 자처하게
된 것은 우연이 아니다. 또 시간 차원을 중요시한 소설 장르가
마침내 "그것은 하나의 역사적 소설, 즉 이중의 뜻에서 시간이
그 주인공인 소설이다. 우선 시간은 이 작품에서 작중인물들을
규제하고 그들에게 생명을 부여하는 요소로 등장하고 이어서
그들을 닳아 없애고 부숴버리고 집어삼키고 마는 원칙으로 등
장하는"12) 환멸소설의 극치를 낳고 하나의 파괴적인 힘이란 시
간관을 강요했던 시대의 어둠을 반영했다는 것은 우연이 아니
다. 서사시나 고전 비극의 공간 속에 얼어붙은 정적 시간과는
달리 소설이 발견한 역동적 시간이 사회 현실, 다시 말해서 역
사 현실 묘사에 크게 기여했음은 명백하다.

웰렉이 말한 기적과 초월의 배제도 이러한 시간 차원 및 역사
의 도입과 관련된다. 이 세계를 인과 관계의 연쇄로 파악한다는
것은 그대로 기적과 초월적인 것의 배제를 의미하기 때문이다.
"항시 새롭고 또 새롭게 갱신되는 기적에 의해서 자연이 유지
되고 있다"13)는 전근대적 자연관을 지탱하고 있는 것은 초월적
인 것에의 믿음이다. 그런데 자연과 일월성신의 순조로운 운행
은 언제라도 깨어질 가능성이 있는 기적의 연속이고 또 그 기적
을 보증하고 있는 것이 신의 섭리이자 인간에의 은총이라는 생
각은 이제 파기되어간 것이다. 인간 중심적 *anthropocentric* 인
우주상이 깨어지고 과학적 세계관이 인간적인 것으로부터의 해
방을 지향하는 것과 때를 맞추어 떨친 것이 세속화 과정이고 그
것은 근대 사회의 기고만장한 물질적 진보에 의해서 더욱 촉진

---

12) Hauser, *op. cit.*, pp. 83～84.
13) Bronowski & Mazlish, *op. cit.*, p. 135.

되었다. 기적과 신의 섭리라는 생각이 배제되면서 개인의 지각이나 감각이 보증하지 않는 어떠한 것도 경원받게 되고 이를 반영하여 소설은 인간 상호간의 관계에 관심을 집중하게 되었다. 시간과 공간상으로 조건지어진 개인들이 이 지상에서 중요한 역할을 하고 있다는 비종교적인 관점이 널리 퍼졌기 때문이다. 이 말은 근대 소설이 종교 문제를 다루지 않았다거나 종교에 무관심했다는 뜻이 아니다. 종교적 관점을 버리고 세속화된 사고가 스스로 자기를 형성하고 자기 의사에 따라 제 길을 걸어가는 작중인물을 가능케 했고 그것이 작중인물과 그들의 이력을 흥미있는 것으로 만들 수 있었다는 뜻이다. 소설은 신에게 버림받은 세계의 서사시다라는 명제도 이러한 맥락 속에서 음미될 수 있다.

사회 현실의 객관적 묘사는 이른바 '스타일 분리의 법칙'을 완전히 파기하고 그 정신을 역전시키면서 산문을 배타적으로 채용한 소설의 특성에 그대로 연결된다. 호메로스에서 버지니아 울프에 이르는 유럽 문학에 있어서 현실 묘사의 양상을 다분히 상대주의적인 리얼리즘관으로 다루면서 스타일 분리의 법칙의 소멸에 주목하고 있는 아우어바흐가 호메로스와 구약성서에 관해서 말하고 있는 것은 우리의 논점을 분명히하는 데 도움이 되어준다.

호메로스는 후에 거의 전반적으로 받아들여진 법칙, 즉 일상 생활의 사실적 묘사는 숭고한 것과 상극이며 오직 희극이나 각별히 양식화되어 있는 경우 목가에서나 다루어질 수 있다고 한 저 스타일 분리의 법칙과는 극히 동떨어져 있는 존재다. 그럼에도 불구하고 그는 구약성서보다는 훨씬 이 법칙에 가깝다. 왜냐하면 장엄하고 숭고한 사건은 호메로스의 시에서 거의 지배 계급 사람들 사이에서만 일어나기 때문이다. 〔……〕 항다반사나 일상 생활의 묘사는 호메로스의 경우 안온한 목가의 영역에 머물러 있다. 그런 구약성서의 얘기에서는 숭고한 것, 비극적인 것, 문제적인 것이 평

범한 일상 생활 속에서 나타난다.[14]

이렇게 주제에 따라서 스타일을 다르게 하고 또 장르에 따라서 등장인물의 사회적 신분을 한정하는 스타일 분리의 법칙은 위에서 본 바와 같이 성서나 성서와 관련된 문학에 있어서는 수용되지 않았다. 낮은 신분의 인물들을 진지하게 때로는 숭고하게 다룬 복음서의 전통은 그 후 기적극이나 성자의 생활 얘기 같은 중세 문학 속에 계승되고 그것은 단테의 『신곡』에서 극치에 달한다. 그러다가 르네상스와 반종교 개혁에서 고전 세계의 스타일 분리의 법칙이 되살아나 그것은 17세기 프랑스의 고전주의 비극에서 유례없는 엄격성을 띠고 나타나지만 신교 국가에서는 이 법칙이 권위를 발휘하지 못하였다. 하지만 셰익스피어조차도 이 스타일 분리의 법칙을 부분적으로 추종하고 있다는 것은 지체 높은 작중인물이 양식화된 대화 언어를 나누고 지체 없는 사람들, 미치광이, 주정뱅이가 산문으로 말하고 있다는 사실에서 잘 드러난다.[15]

처음부터 중산 계급의 사회적 열망과 세계관을 반영하면서 중산 계급의 구성원에 의해서 또 새로운 독자층의 유력한 부분을 형성하고 있는 중산 계급의 수요에 호응하면서 출현하고 성장한 근대 소설은 성질상 스타일 분리의 법칙을 뒷받침하고 있는 사회관을 수용할 위치에 있지 않았다. 근대 소설의 개척자들은 셰익스피어가 지체 낮은 사람에게 부여했던 산문만을 채택하고 동시에 평범한 인간의 일상 생활을 정중하게 다룬다는 일에 몰두하게 된다. 그것을 가능케 한 것은 모든 개인을 진지한 문학의 주제로 삼을 수 있을 정도로 높이 평가하고, 또 평범한

---

14) Auerbach, *op. cit.*, p. 22.

15) 하우저는 이집트 그림의 정면성의 원칙 *frontality*, 즉 인체가 어떠한 자세를 취하더라도 가슴의 평면만은 그 전부가 그림을 보는 사람 쪽으로 향하도록 하는 원칙도 스타일 분리 현상과 동일선상에서 설명하고 있다. 앞책 1권, p. 41 참조.

84

인물들이 독자들에게 흥미를 일으킬 정도로 사람들 사이에 신념과 행동의 다양성이 있게 된 근대 시민사회의 발전임은 물론이다. 그러면 이러한 스타일 분리의 법칙을 뒷받침하고 있는 전제가 무너져갔다는 것과 사회 현실 묘사는 어떻게 연관되는 것일까. 평범한 일상 생활을 꼼꼼하고 자상하게 묘사했다 하더라도 그것이 왕후장상의 일상 생활 묘사라면 그대로 사회 현실 묘사로 연결되지는 못했을 것이다. 이 점 중요한 것은 평범한 인물, 그것도 아주 평범한 '비영웅적 주인공'의 기용이다.

근대 소설의 개척자들이 등용한 주인공들은 사회적 신분이 낮다는 점에서는 과연 흔히 볼 수 있는 범인들이요 중인들임에 틀림없다. 그러나 그들의 품성이나 자질까지도 그렇다고는 할 수 없다. 절도에서의 고독을 초인적으로 이겨낸 크루소──그가 절대적 고독을 이겨냈다고 하는 것은 심리적으로도 불가능한 일이라고 많은 비평가들이 이의를 제기해왔다. 그리고 이 작품이 나왔던 당시의 항해담 등은 외딴 섬에서 혼자 살게 된 사람들이 미치광이가 되거나 짐승의 수준으로 떨어지고 말았다는 것을 증언해주고 있다. 그런데 크루소의 변호인은 뜻하지 아니한 시기와 장소에서 나타났다. 그것은 30년의 고독을 버티어낸 일본의 패잔병이다. 아무런 경쟁자도 없는 무인도에 가서 품삯도 주지 않고 유색인을 부려서 개인의 제국을 건설했고 어느 모로는 식민주의의 선구자라 할 수 있는 크루소와 일본 제국 군인의 유사성은 재미있는 현상이라고나 할까──의 창의성과 근면과 끈기, 주인은 유혹을 야무지고 날렵하게 계속 물리침으로써 그를 감동시키고 마는 파멜라의 재치와 꿋꿋함은 희귀한 자질로서 이 때문에 그들은 한 시대의 문화 영웅의 자리로 올라설 수가 있었다. 그러나 그들은 처음부터 범인들 위에 군림하고 있는 사람들이 아니고 범인들이 의지의 힘으로써 도달할 수 있는 경지의 사람들이다. 여기에 그들의 본질적인 평민성이 있다. 평범한 인물의 기용이라는 추세는 여기서 그치지 않고 더욱 발전

하여 월터 스콧에 와서는 이러한 발전 단계의 한 봉우리를 이룬
다. 그의 작품 세계에 왕후장상과 그들의 짝을 이루는 귀부인들
이 등장하는 것은 사실이다. 그러나 그들이 담당하고 있는 것은
매우 초라하고 볼품없는 역할이다. 독자들의 동정과 사랑과
기도는 훨씬 비천한 신분의 사람들로 쏠린다. '농민·병정·무법
자·직공의 시인'으로서 비영웅적 주인공으로 작중인물의 격하
를 극단화시킨 그는 개인적인 자질면에서도 본질적으로 생기
없으며 이렇다 할 결함도 특성도 없는 범용한 인물을 주인공으
로 등장시켜 독자들의 미지근한 공명을 얻게 한다. 사실 여기서
부터 빈민소설로의 거리는 몇 발자국 되지 않는다. 스콧의 이러
한 작중인물의 사회 신분 격하는 그 자체가 내포하고 있는 민주
적 성격이란 면에서도 획기적인 것이지만 사회 현실 묘사란 측
면에서도 특별한 의미를 갖는다. 그것은 소설의 중심에 별 특징
이 없고 본질적으로 재미없는 작중인물을 설정함으로써 사회
현실에 각별한 주의를 집중시킬 수 있었다는 점이다. 스콧이 발
자크나 스탕달 같은 최상의 리얼리즘 작가들에게서 작가로서의
흠모를 받았다는 것은 이 점 뜻깊다.

  낮은 신분의 작중인물을 등장시키는 추세는 사회의 외곽에
서 있거나 사회의 주류에서 떠밀려나간 인물을 통해서 사회를
바라봄으로써 예리한 사회 관찰을 달성하고 훌륭한 리얼리스트
들의 공통적 자질인 모순에 대한 날카로운 감각을 마음껏 구사
할 수 있는 계기를 마련해주었다. 19세기 소설에 미만해 있는
실패자들은——파브리스에서 라스콜리니코프에 이르기까지 그
좌절의 양상은 가지가지이지만——대개 이상주의자거나 고귀한
마음씨의 소유자로 출발하는 경우가 많다. 그들을 좌절로 몰고
가는 여러 계기의 서술은 그대로 사회 현실의 객관적 묘사와 비
판으로 귀착된다. 재산과 상식을 존중하는 사회에서 그 어느 것
도 갖추지 못했거나 그 어느 것도 존중치 않는 사람들을 두고
얘기한 다음과 같은 말은 대체로 근대 소설 전반에 대해서도 확

대 적용할 수 있을 것이다.

> 이들 변두리 인간들의 존재 자체가 그들이 만들지도 않았고 또
> 그들을 끼워주지도 않는 사회를 규탄하고 있다. 이들에게 발언권
> 을 줌으로써 기존 질서에 의해서 이득을 보고 있는 사람들에게 불
> 안감을 넣어주려는 것인지도 모른다. 요컨대 예술가의 목소리는
> 대개의 경우 전리품을 자랑하는 승리자의 목소리가 아니다. 그의
> 목소리는 패배자의 목소리다.[16]

한편 풋나기 시골 청년을 주인공으로 해서 그의 사회로의 항
해——좀더 구체적으로 얘기해서 돈과 힘과 기회의 집산지인 도
시에의 항해——를 정밀하게 추적하고 사회는 어떠한 사람을 우
대하며 어떤 사람을 처벌하는가, 삶이란 노름판에서 따는 비결
은 무엇이며 잃기만 하는 것은 어인 까닭인가, 이상과 현실의
갈등, 나의 요구와 남의 요구 사이의 갈등은 어떻게 처리해야
할 것인가, 거역할 것인가 아니면 체념할 것인가, 이러한 의문
과 해답을 아울러 제시하는 소설, 요컨대 단 한 번이기 때문에
소중하고도 깨지기 쉬운 삶에의 오리엔테이션 강좌이자 이니세
이션인 형성소설이 성질상 사회 현실의 객관적 묘사를 달성한
것은 당연한 일이다. 그 작품이 우수하면 우수할수록 또 그 교
육적 성과가 괄목하면 할수록 당대 사회 현실의 객관적 묘사는
높은 성과를 거두고 있다.

여기서 우리는 소설의 교육적·윤리적 성격을 잠시 검토해보
기로 하자. 문학의 교육적 기능을 얘기할 때 가벼운 반발을 촉
발받는 사람도 적지 않을 것이다. 이것은 부분적으로는 일제 치
하에서 받은 강압적인 군대식 교육 즉 타고난 개성과 가능성을
밋밋하게 뻗어가도록 북돋워주는 것이 아니라 비이성적 규율에

---

16) Leo Lowenthal, *Literature and the Image of Man*(Boston: Beacon
　　Press, 1957), p. 42.

대한 맹목적인 복종의 강요, 스스로 잘 아는 것에서 그치지 않고 남보다 더 잘 알아야 한다는 성취도에 있어서의 영구 팔방 경쟁, 배움의 즐거움을 강제 노동의 고역으로 변모시키고야 마는 입시 준비 공부, 요컨대 온갖 반교육적인 것과 얽혀서 교육이 연상되기 때문이기도 할 것이다. 그러나 모든 진실의 드러냄이 말의 엄격한 의미에서의 교육의 일면이라고 할 때 리얼리즘의 교육적 기능을 얘기해서 틀린 것은 없다. 이 점 초기의 근대 소설이 수행했던 교육적 역할이 하나의 의젓한 문학 장르로 확립되면서부터 소설에서 잊혀져가고 있다는 사실은 주목할 만하다. 흔히 근대 소설의 성장을 가능케 한 것으로 지적되는 새 독자층의 대두, 여가의 증대, 읽기 능력의 확대, 인쇄술 보급에 의한 책값 싸지기, 청교도의 극장 멸시 등이 필요조건이라면 소설의 성격을 결정지어준 충분조건은 삶에의 오리엔테이션을 희구한 독자층의 요구였다. 격심한 사회 변화, 사회 변화에 따른 사회 신분, 거주 공간, 직업에 있어서의 유동성의 증대는 어떻게 살아야 할 것인가 하는 물음을 절실하게 만들어주었다. 이 물음에 대한 설득력 있는 해답을 내려주기에 충분한 권위를 교회는 잃어가고 있었고 그것은 가정의 경우에도 마찬가지였다. 회사에 취직하여 혹은 하녀살이로 도회로 나가는 아들 딸을 위해 도시 경험이 없는 소농의 아버지와 어머니가 몸 성히 잘 있으라는 말 이상으로 무얼 가르쳐줄 수 있겠는가. 사회적 유동이 심한 시기에 소설은 어중간하게 교육받은 사람들에게 세상 돌아가는 일과 세상살이에 관한 교육적 역할을 수행했던 것이다. 초기 근대 소설에 보이는 과도할 정도의 디테일의 묘사는 소설의 리얼리즘이 수행한 교육적 기능의 반영이기도 하다. 자꾸만 변하는 신기한 현실과 인간 관계의 중시, 심리 분석의 경향도 이러한 맥락 속에서 음미될 수 있을 것이다.

3

　위에서 우리는 소설이란 장르의 기본적 특징이 당대 사회 현실의 객관적 묘사인 리얼리즘과 그대로 연결됨을 보아왔다. 적어도 19세기의 위대한 작가들, 예컨대 스탕달, 발자크, 플로베르, 디킨스, 조지 엘리엇, 도스토예프스키, 톨스토이 등이 당대 사회 현실의 객관적인 묘사란 점에서 그 탁월성을 공유하고 있는 것만은 분명하다. 이들이 이룩한 업적은 그것 나름대로 장관이지만 문학 일반의 위세를 크게 떨치게 하고 한편 유례없이 많은 독자를 모으는 데 성공하였다. 그러나 20세기에 들어서면서 사회 현실의 객관적 묘사로서의 리얼리즘은 크게 도전받는다. 20세기 소설의 걸작이라는 프루스트의 『잃어버린 시간을 찾아서』, 토마스 만의 『마의 산』, 카프카의 『고독의 삼부작』, 조이스의 『율리시스』——우리가 많은 것을 빚지고 있는 이안 와트는 이 작품이 리처드슨에서 비롯된 내면성의 탐구가 그 절정에 이른 내면적 리얼리즘의 압권이라고 말하고 있지만——등이 한결같이 사회 현실의 객관적 묘사에 대해서 전면적으로 혹은 부분적으로 도전하거나 그 전제를 부정하고 있다. 그리하여 쇠약한 형태의 리얼리즘이 골즈워디, 드라이저, 도스 패소스 등 어찌 보면 2급의 작가들에 의해서 유지되고 있는 것 같이 보이기도 한다. 이에 따라 '리얼리스틱'하다는 관형사는 '자연주의적'이란 말과 함께 진부한 것을 가리키는 타박의 말로 쓰이는 경우조차 있게 되었다. 이러한 현상은 단순히 예술사에서 보게 되는 양식의 교체 현상이나 낡은 것에 대한 새 취향의 도전이라고 보아넘길 수 없는 국면이 있다. 리얼리즘이 소설이란 장르의 특징과 그대로 연결되어 있다고 생각되기 때문이다. 우리가 모더니즘이라고 일괄해서 부르는 현대 문학의 여러 유파는 사실상 리얼리즘의 반명제라 보아서 틀림이 없다. 따라서 현대 소설의 여러 양상은 리얼리즘의 쇠퇴 현상이라는 기준에서 파악할 수 있을 것이다. 그러면 사회 현실의 객관적 묘사——극복되어야 할 사회 현실의 묘사는 그대로 비판이 된다——가 쇠미해가는 현상을 어떻게 설명할 수 있는 것일까.

리얼리즘의 쇠퇴는 19세기 후반기에 대두한 여러 가지 형태의 반계몽주의에 관련된다. 계몽주의가 믿어 의심치 않았던 인간 이성, 과학과 사회의 진보에 대한 믿음을 포기한 반계몽주의는 허무적·비관론적 세계관을 퍼뜨렸고 문학에 있어서 현실의 객관적 묘사는 쇠퇴하기 시작하였다. 이것을 한마디로 퇴폐적이라고 처리해버리는 견해에 설복당하기는 어려운 일이다. 이 점 대충 세 가지 요인을 들어서 리얼리즘의 쇠퇴를 설명하는 한 비교 문학적 관점의 소유자의 분석은 설득력을 가지고 있다. 첫째, 그것은 중산 계급 사이의 자신의 상실에 연관된다. 민족국가의 정치·경제·산업·문화의 기구가 중산 계급의 통제하에 들어가게 된 시기에 리얼리즘은 새로운 역할을 떠맡게 되었다. 중산 계급의 단순한 변호론자로 떨어지지 않으려면 그들의 위선과 탐욕을 폭로하고 그들의 특권 향유를 정당화하는 신화를 폭로해야 한다. 이러한 객관적·비판적 현실 묘사는 중산 계급의 기성 체제가 안정감을 가지고 있을 때나 허용된다. 그러나 미래에 대한 불안이 팽배해 있던 상황 속에서 작가들은 '면허받은 풍자가'의 구실을 맡기 싫어했고 중산층 독자들도 사회 현실의 객관적 묘사가 불가피하게 불러들이는 빈민굴·공장·촌락 등 사회의 암흑면 그리기를 싫어하게 된다. 그 결과 현실로부터의 상상적 도피를 작가들에게 기대하게 된다. 상징주의에서 퇴폐적인 에로티시즘에 이르는 도피주의는 이러한 작가와 독자 사이의 묵계를 바탕으로 해서 떨치게 된 것이다. 둘째 수법상의 차원에서의 리얼리즘의 목적과 관련되는 것으로서 리얼리스트들이 수행하고 있는 기능이 보다 냉철한 사회학자의 손으로 이루어진다는 생각이 떠오름으로써 리얼리즘의 중요한 자부 사항이 근거를 잃게 된다. 발자크 이후 리얼리스트들은 역사가를 자처하면서 곧잘 '연구'니 '조사'니 하는 부제를 붙이곤 했는데, 사회 현상의 조사와 설명이라는 소임을 훈련받은 사회학자들이 훨씬 착실하게 수행할 수 있다는 것이 분명해지자 사회 현실의 객관적 묘사는 그만큼 그 의미를 잃게 되었다. 리얼리즘이 프랑스에서 쇠퇴하기 시작한 시기는 사회학의 성장기와 일치한다. 거꾸로 디킨스나 발자크가 만약 오늘 살아 있다면 사회학자가 되었을 것이라고 어떤 비평가는 말하고 있다. 셋째, 소설 속에서 진정한 객관성을 이룩할 수 있다는 믿음이 무너졌다. 객관성과 몰개성이야말로 리얼리즘의 판단 기준이라고 생각되었으나 실천은 이에 대한 회의감을 낳게 했고 예술 작품이 현실 복사의 완벽성에 준해서 평가되어야 한다면 가장 귀중한 심미적 경험은 가만히 앉아서 현실 자체를 관조하는 것으로 족하지 않겠느냐는 자의식을 안겨주었다.[17) 이와 같은 문화적 배경, 학문의 분화, 리얼리스트들 자신이 상도하게 된 예술적 딜레마의 의식의 지적은 하나의 개관적 설명으로서 충분한 설득력을 가지고 있다. 그러나 가장 중요한 것은 현실을 어떻게 파악하느냐 하는 현실관의 변화라고 하겠다.

주관성을 배제하고 객관성을 지향함으로써 객관적 현실을 포착하고 묘사할 수 있다는 생각은, 진리의 탐구는 개인의 문제이며 과거의 전통으로부터 벗어남으로써 도달할 수 있다는 근대 합리주의의 연장선상에 있는 것이지만 한편으로는 지각하는 주체의 의식과 관계없이 존재하는 현실에 대한 소박 실재론적 믿음이 암암리에 전제되어 있는 것도 사실이다. 개인의 경험에 충실함으로써 그것이 그대로 타인의 공감으로 이어질 수 있다는 생각에는 인간의 공통성에 근거한 보편성에 대한 믿음이 전제되어 있다. 모든 사람들에게 공인받을 수 있는 객관성의 성취가

---

17) Hemmings et al., *The Age of Realism*(Harmondsworth: Penguin Books, 1974), pp. 360~65.

하나의 목표로 설정될 수 있는 바탕이 여기에 있다. 그러나 현실의 인식 자체가 지각하는 주체에 의해서 규제된다는 것, 인간의 의식이 전혀 수동적으로만 기능하는 것이 아니며 객관적 현실의 중립적인 그림을 제시할 수 있는 것도 아니라는 것, 의식에서 독립한 현실을 알 수가 없고 또 현실에서 독립한 의식도 알 수 없으며 현실은 오직 우리가 의식하는 현실로서만 만날 수 있다는 것, 아니 현실 자체가 지각하는 주체가 만들어내는 것이라는 것, 지각 자체가 벌써 양식화한다는 것을 주장하고 나선 근대 주관주의는 객관적으로 파악될 수 있다고 믿어지는 만인 공유의 현실 자체를 의심스러운 것으로 만들어버렸다. 의식 주체의 긍지를 흐뭇하게 충족시켜주는 주관주의에 감화된 사람들에게 있어서 리얼리즘은 그 지향의 대상과 전제를 잃어버리게 된 것이다.

　이렇게 리얼리즘의 인식론적 기반이 휘청거리게 되는 것과 발맞추어 진행된 사회적 분업의 세분화, 경제적 불평등의 심화와 이에 따른 고르지 못한 희생의 분담, 자기 완성의 기회와 문화·교육·사회적 특권 향유에 있어서의 불균형은 공유 현실에 대한 동의로 이어질 수 있는 절실한 공유 경험의 영역을 몹시 협소하게 만들었다. 이것은 19세기 후반에서 현 세기에 걸친 기술 산업 문명이 해로운 경향을 낳았다는 의미가 아니다. 18세기 리처드슨의 독자나 19세기 전반의 발자크의 독자들은 세기 말의 문학 독자들에 비해서 사회적 신분이나 이해 관계나 문학 향수 태도에 있어서 심한 차이가 없는 비교적 동질적인 독서층으로 구성되어 있었다. 사람들이 늘이 친구들을 선택할 때 그들의 신도 선택하는 것과 마찬가지로 사회적 신분의 동질성은 이해 관계의 동질성을 낳고 이해 관계의 동질성은 동질적인 공유 경험을 낳는다. 그리고 사회적 공유 경험의 영역이 넓어지면 넓어질수록 사람들이 공유하고 공인하는 사회 현실의 폭도 넓어지게 마련이다. 비교적 동질적인 단일한 독자층을 상대로 하는 작가는 그들이 공유하는 사회적 경험이나 현실에 관해서 얘기함으로써 사회 현실의 객관적 묘사를 성취할 수 있다. 그러나 공유 경험의 영역이 몹시 한정된 이질적인 독자층을 상대로 한 작가에겐 그것이 점점 어려워지게 된다. 독자층의 사회적 공동 경험의 폭이 좁아지고 또 공동 경험이라 하더라도 의식의 상대주의적 구조에 따라 그 수용의 양상이 판이하게 달라지면 인간 경험의 교환 가능성은 점점 희박해져가고 그것은 리얼리즘의 기반을 더욱 취약하게 한다. "1920년대와 30년대에 성행한 소설에 있어서의 실험의 물결은 대체로 중요하고 의미있는 것에 대한 공감의 붕괴라는 문제를 해결할 수 있는 방책을 제각기 찾으려는 데서 나온 것이다"[18]라는 말은 이러한 맥락에서 음미될 수 있고 동시에 리얼리즘 쇠퇴의 일면을 지적한 것이라고 읽을 수 있다. 어떠한 경험이 의미있고 중요한 것인가에 대한 의견의 일치를 볼 수 없는 세계에서 사람들은 자기에게 생소한 타인의 경험 세계를 불가해하고 착잡하고 무시무시하기까지 한 것으로 받아들이게 마련이다. 또 누구나가 타인이 넘겨다볼 수 없는 불가해한 경험 세계를 거느린 채 독불장군으로 버티고 있는 갈가리 찢긴 세계의 축자적·객관적인 묘사는 의미도 없고 또 불가능한 것으로 비치게 마련이다. 작가들은 작품이 묘사하는 현실과 작품 사이의 대응 관계를 무한한 디테일로도 나타낼 수 없다고 생각하게 되고 상징이나 신화의 틀로 이를 대신하려 든다. 그리하여 리얼리티를 위해서 리얼리즘을 버린다고 공언하는 작가나, 리얼리즘은 현실의 초라한 변조라고 하는 사람이 나타난다.

소설의 리얼리즘 형식은 그것이 아무리 객관성을 자부해도 필경엔 문학상의 한 관습이 되고 만다. 그것은 상승하는 중산 계급이 상승기에 특유한 낙관주의를 안고서 그들의 열망에 따

---

18) David Daiches, *The Novel and the Modern World*(Chicago: The University of Chicago Press, 1960), p. 6.

라 사회 현실을 만들어가고 탐구하고 묘사하는 과정에서 만들어낸 것이다. 따라서 그것은 발견과 발명의 정신의 소산이었고 사실 독자들에게 사회 현실을 파악하고 지혜로운 삶의 영위를 교시하는 관점을 가르쳐주기도 했다. 그러나 이 발견의 정신은 유산 상속자들의 세대에 가서 사라지고 선인 작가들이 발명한 수법은 단순한 타성으로 반복되었다. 우리가 범용한 사실적 작품이나 통속소설의 사실적 경향에서 발견하는 것은 이러한 관습의 타성적 반복이다.

한편 20세기에 들어와서 현실 인식의 계기로서의 의식에 주어진 중요성, 인간 개념에 대해 혁명적 충격을 가한 정신분석학을 비롯한 심리학의 발달도 리얼리즘의 쇠퇴에 결정적인 역할을 했다. 내면의 리얼리즘을 표방하면서 현대의 심리소설은 사회 현실을 부차적인 것으로 치부하거나 아예 거기에 무관심하려 든다. 사람들 사이의 공동 경험의 폭이 점점 축소되어가고 중요한 경험에 대한 의견의 불일치가 심화되어가는 속에서 고독한 작가와 독자는 자기의 내부로 침잠해들어가면서 내면 세계야말로 가장 리얼하고 소중한 현실이라고 생각한다. 그리고 사회 현실이 기계화되고 추악해지고 견딜 수 없게 되면 될수록 또 그것이 개인의 힘으로 어쩔 수 없는 거대한 괴물로 비치게 되면 될수록 침범할 수 없는 정신의 성역, 그 누구도 넘볼 수 없고 그 누구에게 양도할 수도 없는 무형의 사유 재산으로 내면 세계는 소중시된다. 한편 기억을 통해 과거의 현재성에 탐닉하면서 당대 사회 현실의 현재성을 상대적으로 평가절하하게 된다. 불쾌한 것도 부끄러운 것도 정의롭지 못한 것도 아니 추악한 것까지도 시간이 지나면 충격이 가시고 일종의 순치(馴致)된 합법성을 얻게 된다. 이러한 시간의 순치 작용에 의해서 심리소설의 현실은 대체로 은은하게 합법화되어 있다. 심리소설의 사회적 기반은 "하는 일 없음이 심리학의 시초다"란 니체의 경구가 암시하고 있듯이 인간 상호간의 연대 경험에 접할 기회가

적은 전문적·직업적인 독서인들, 풍요한 여가 향수자들 사이에
서 발견된다. 정신분석학이 거둔 압도적인 호소력은 인간 형성
의 틀이 사실상 갓난이 시절에 형성된다고 주장함으로써 한두
가지 죄의식을 갖게 마련인 어른들에게 도덕적 책임을 면제시
켜준 덕도 크다. 이 말은 부분적으로 심리소설에도 적용될 수
있을 것이다.

리얼리즘의 쇠퇴가 과연 소설 장르 자체의 위기를 예고하는
것인지 또는 모더니즘으로의 발전적인 쇠퇴를 의미하는 것이지
하는 것은 사람에 따라 의견이 다를 것이다. 우리가 확인할 수
있는 것은 리얼리즘에서 떨어져나간 소설이 전세기의 걸작에
비해서 반드시 상승 곡선을 그리고 있지 않다는 것, 리얼리즘을
대치한 모더니즘이 대체로 비인간화 경향을 가고 있다는 것이
다. 그리고 리얼리즘의 쇠퇴가——우리는 이것이 전면적인 추세
라고 생각지는 않는다. 리얼리즘에의 동경은 아직 많은 작가들
의 활력이 되어 있다——문화적 맥락에서 우리의 주목을 끄는
것은 그것이 사람들 사이의 공동 경험의 축소와 공유 경험의 붕
괴 그리고 경험 교환 가능성에 대한 믿음의 상실과 연관되어 있
다는 점이다. 그리고 같은 시대의 역사를 살아가는 사람들 사이
에서 이러한 현상이 빚어진다는 것이 사람들의 행복에도 사회
의 건강에도 기여하지 못하리라는 점이다.

19세기 프랑스 리얼리즘의 양상
——스탕달, 발자크, 플로베르에 관하여

방 미 경

1

　리얼리즘에 대한 논의는 대부분의 경우 이 용어가 정의하기 곤란한 것이라는 언급으로부터 시작하곤 한다. 그래서 처음부터 피하기 위해 어떤 특정한 시기나 지역에서 일어난 유파들 가운데 하나를 선택하여 그 논의의 범위를 한정하기도 하고, 또는 어떤 입장이나 특징을 가리키는 여러 가지 형용사를 이 용어 앞에 덧붙이기도 한다. 협의의 리얼리즘, 광의의 리얼리즘, 형식적 리얼리즘, 환상적 리얼리즘, 심층적 리얼리즘, 양심적 리얼리즘, 의식적 리얼리즘, 사회주의 리얼리즘 등등의 수다한 용어가 바로 그런 예이다.[1] 여러 가지로 리얼리즘을 말할 수 있다는 것은 그것이 그만큼 다양하고 풍부한 면모를 지니고 있다는 뜻이 될 수도 있겠으나, 어떻게 보면 그것은 이 용어가 하나의 특정한 문학이나 예술의 사조를 지칭한다기보다 차라리 문학 자체를 지칭하는 말이 되어버리게 할 수도 있다. 한정사가 많아지

---

1) 이에 대한 일반적 이해를 위해서는, 다미안 그란트(김종운 역), 『리얼리즘』, 서울대 출판부, 1978 참조. 또한 여러 방향의 리얼리즘 논의에 대한 개론적 설명으로는 *Realism*, ed. Lilian R. Furst, New York: Longman, 1992, 서론 부분을 참조할 것.

고 복잡해진다는 것은 이 용어에 내재한 애매성을 말해주고 있는 것이다. 이 애매성은 어디에서 유래하는 것일까? 이는 리얼리즘이 애초부터 서로 다른 혹은 상호 모순되는 여러 주장들을 자기 속에 동시에 품고 있기 때문이 아닐까?

리얼리즘이라는 말이 문학 용어로 자리잡게 된 것은 19세기 중엽의 일이다. 그러나 그보다 훨씬 이전에 이미 철학에서 이 용어로 대변되는 어떤 생각의 흐름이 있어왔다. 우리가 감각적으로 경험하는 개별적이고 특수한 사물들 너머에 영원히 변하지 않는 어떤 보편적 실재가 존재한다는 생각이 바로 그것이었다. 플라톤으로부터 유래하는 이런 생각의 흐름을 총칭하여 부르는 이름이 리얼리즘 즉 실재론이다. 이런 의미의 실재론은 보편자란 단지 이름에 지나지 않을 뿐이라는 노미날리즘 즉 유명론과 대립하고 있다. 이 실재론은 또한, 그 보편적 실재가 반성적 사유의 대상이라는 의미에 강세가 주어지면 아이디얼리즘 즉 관념론이라 불린다. 관념론적 의미에서의 리얼리티란 경험적 현실이 아니라 사변을 통하여 현상하는 관념적 실재를 말한다. 그러므로 후일 19세기 프랑스의 사실주의자들이 낭만주의를 거부하면서 등장할 때 객관적 재현의 대상으로 삼게 되는 이른바 '리얼리티'는 원래 실재론이 지칭하던 의미와는 완전히 전도된 뜻을 갖는다. 플라톤적 의미에서 말하자면 그들은 실재가 아닌 '가상'을 충실한 모방의 대상으로 삼은 셈이다. 이미 여기에서부터 리얼리즘이라는 용어에 내재한 혼동과 애매성의 씨앗이 엿보이고 있다. 무엇을 리얼리티로 생각하느냐에 따라 서로 상반된 태도의 리얼리즘이 나올 수 있기 때문이다.

철학으로부터 빌려온 이 리얼리즘이라는 말이 문학 용어로서 정착하게 되는 것은 프랑스에서 뒤랑티와 샹플뢰리가 『리얼리즘』이라는 잡지를 발간한 1850년대이다.[2] 샹플뢰리를 중심으

---

2) 이에 관한 보다 자세한 설명은, 홍승오, 「사실주의의 발생 과정에 관하여」, 『프

로 한 이 시기의 리얼리즘관에 따르면, 소설가는 개인의 주관적 개입을 최대한 배제하면서 작중 인물의 외양이나 말, 환경 등과 같은 자료를 그대로 옮겨 적어야 한다. 그러므로 작품 창작에서 소설가에게 최고의 원칙이 되는 것은 바로 엄정한 관찰이다. 샹플뢰리 자신이 소설가의 작업을 은판 사진 기술과 비교하고 있기도 하지만, 이러한 리얼리즘관 속에는 현실을 그대로 펜으로 옮겨놓을 수 있다는 소박한 믿음이 전제되어 있다. 이후 이러한 믿음이 좀더 발전하여, 문학의 가장 중요한 목표는 경험적 현실에 대한 단순한 모사에 그치는 것이 아니라 당대의 사회 현실 전체를 객관적으로 표현하는 일이라는 입장이 나타나게 된다. 그리고 이때, 있는 그대로의 현실을 '객관적으로' 그린다는 기치 아래 환상적 요소나 상징적·추상적·장식적 요소 등이 철저히 거부되기에 이른다. 그러나 이러한 요소들을 배제시킨다고 해서 '객관적 현실'이 작품 속에 그대로 옮겨질 수 있는 것인지는 상당히 의심스러운 일이다. 객관적인 것이란 서로 다른 주체의 시각에서 볼 때마다 다르게 생각될 수 있고, 그래서 그 기준이 모호하다. 더욱이 우리는 예술의 본질상 모든 환상적인 것, 상징적인 것 등의 요소를 배제할 수 있다는 주장 자체의 실효성을 의심할 수 있다. 이런 맥락에서, 리얼리즘이 유일한 예술의 방법이라는 생각을 거부하는 르네 웰렉 같은 이론가의 태도를 이해할 수 있을 것이다. 그는 리얼리즘이 다만 뚜렷한 한계와 전통을 가진 하나의 방법일 뿐이며 문학에 있을 수 있는 여러 사조들 중의 어떤 한 사조에 지나지 않음을 강조한다. 그리고 "리얼리즘 이론은 궁극적으로 나쁜 미학"이라고 결론짓는다. 왜냐하면 "모든 예술은 '제작'이며 본질적으로 환상과 상징 형식의 세계이기 때문"이다.[3] 사실 아무리 충실한 현실의 모사를

___

랑스 근대 소설의 이해』(이환 외 편), 민음사, 1984, pp. 29~39; 김치수, 「19세기 사실주의의 몇 가지 개념에 관하여」, 같은 책, pp. 39~52 참조.

3) 르네 웰렉, 「문학 연구에 있어서 리얼리즘의 개념」, 『리얼리즘과 문학』(루카치 외 지음, 최유찬 외 옮김), 지문사, 1985, p. 38.

표방한다 하더라도, 그저 존재하고 있는 현실과 문자로 옮겨진 문학 속의 현실은 결코 동일할 수 없을 것이다. 현실이 그냥 그 자체로 있던 상태에서 언어로 옮겨지는 과정에서는 작가의 선택과 언어 자체의 추상성이 개입할 수밖에 없고, 문학은 그 선택 주체의 감성과 인식이 만들어내는 구성의 형식 속에서 존재할 수밖에 없기 때문이다.

따라서 리얼리즘이 문학에 보다 폭넓게 작용하기 위해서는 그것을 좀더 유연하게 정의할 수밖에 없을 텐데, 가령 다음은 그에 대한 좋은 예이다.

> 예술가의 상상력이 현실의 표면에 멈추어 있지 않고 **표면을 뚫고 들어가 현실의 깊이를 드러낸다**는 점이야말로 예술 작품이 인간성의 풍부화와 삶의 진보에 기여하는 가능성을 보장해준다. 훌륭한 작가는 당대 사회의 역사가일 뿐만 아니라 앞으로 전개될 사회의 예언적 창조자일 수도 있는 것이다. 그러므로 참된 리얼리즘은 시적 환상이나 예언적 비전과 결코 모순되는 것이 아니다. 오히려 시대적 상황에 따라서는 오직 환상만이 현실의 참모습과 미래에의 지향을 진실하게 반영할 수도 있다.[4]

이러한 설명에 따르면, 상상력과 현실은 동떨어진 것이 아니라 서로 부단히 관계맺고 있으며, 따라서 리얼리즘을 도식적이라는 이유로 비판하는 것은 어리석은 생각이다. 하지만 이렇게 리얼리즘을 유연하게 한정할 때에도 마찬가지로 거기에서 대상이 되는 현실은 여전히 모호한 개념으로 남아 있다. 그것이 동시대의 사회 현실을 의미하는 것인지, 실존적 개인의 내면 세계를 말하는 것인지, 아니면 모든 주체의 내면을 이루는 환상으로서의 현실을 말하는 것인지, 또는 차라리 이 모두인지 분명치 않다. 더욱이 현실의 '표면'이란 무엇이고, 그 '표면을 뚫고 들

---

4) 염무웅, 「리얼리즘」, 『문예사조사』(이선영 편), 민음사, 1986, p. 102.

어가'면 발견된다고 하는 '현실의 깊이'란 또 무엇인가? 표면일 때와 깊이일 때 그 현실은 서로 다른 것인가, 아니면 동일한 현실이 표면과 깊이를 다 가지고 있는 것인가? 어느 것을 어떻게 '재현'하는 것이 리얼리즘인가? 이러한 질문은 끝없이 이어질 수 있을 것이다.

루카치와 같은 이론가에 따르면, 리얼리즘 문학에서는 직접적으로 나타나는 현실만을 그대로 재현하는 일보다는 "그러한 현실을 있는 그대로의 상태로 파악하는 일이 중요하다".[5] 그래서 문학 작품의 형상화에서 무엇보다 강조되어야 할 점은 "객관적 총체성"의 추구를 통해 "현상과 본질의 올바른 변증법적 통일성을 인식하는 일"이다.[6] 다시 말해서 작가가 사회적 현실과 인간을 전체적인 연관 관계 속에서 묘사하여 성공적인 형상화를 이루어냈다면, 그 묘사는 작품화된 세계의 외면적 현상과 그 심층의 내면적 본질을 작품 외적 주석 없이도 상호 연관 관계하에 드러내 보여주어야 한다. 객관적 현실의 합법칙성에 따르고, 깊은 곳에 은폐된 사회 현실의 비밀을 전면적으로 이해하여 그 본질을 통찰하는 것이 훌륭한 리얼리스트의 조건이다. 물론 루카치 역시 추상 없이 예술을 생각할 수 없다는 것을 인정한다. 그러나 그 추상이 어떤 일정한 방향을 지니고 있음을 강조한다. 그래서 훌륭한 리얼리스트는 두 가지 과제를 수행해야 하는데, 우선 드러난 현상과 그 속에 감추어져 있는 본질 사이의 관계를 "사상적으로 발견하고 예술적으로 형상화하여" 보여주어야 하며, 그 다음으로는 추상 작업을 통해 가공된 연관 관계들을 예술적으로 수식하는 일, 즉 "추상을 지양하는 일"을 행해야 한다.[7] 이렇게 해서 나타나게 되는 '표면 구조'는 직접적으로 지각될 수 없었던 은폐된 본질을 분명하게 드러내준다.

---

5) 게오르크 루카치 외, 『문제는 리얼리즘이다』(홍승용 옮김), 실천문학사, 1987, p. 78.
6) 같은 책, pp. 78~79.
7) 같은 책, pp. 85~86.

　이러한 입장을 취할 때 자연히 위에서 보았던 르네 웰렉식의 리얼리즘관과는 완전히 대치되는 결론에 이를 수밖에 없다. 즉 위대한 리얼리즘의 작품이란 현실과 인간 사이에 이루어지는 수많은 관계들이 형상화되어 있는 작품이고, 나아가서 이러한 다양성 속에 들어 있는 어떤 불변의 요인을 간파할 수 있도록 인도하는 작품이다. 이 불변의 본질적 요인은 작품이 만들어지는 당시에는 비규정적 상태로 머물러 있을 따름이지만 점차 그 속에 내재된 발전 경향이 인식되기에 이른다. 루카치가 볼 때, 이 경향을 파악하고 작품화하는 것이 바로 전위 문학의 사명이다. 그리고 "단지 중요한 리얼리스트들만이 그러한 전위 문학을 이룰 수 있다"[8]고 그는 말한다. 그러므로 우리가 앞에서 제기했던 질문에 대한 답을 루카치에게서 구해본다면, 리얼리즘 문학을 가능하게 해주는 요인은 표면과 깊이, 현상과 본질의 변증법적 통일성인 것이다. 그러나 이러한 질문과 답을 더 깊이 회의해볼 때, 다시 말해서 대체 무엇이 '현실'이냐는 질문을 던지게 될 때, 루카치의 분명하고 수미일관한 리얼리즘관 또한 여전히 무력해진다. 그것은 다만 어떤 하나의 입장을 보여줄 뿐이다. 현실을 전면적으로 파악한다거나, 실재를 꿰뚫어본다는 것은 다른 맥락의 주장에서도 마찬가지로 유효한 표현이기 때문이다.

　가령 현대 회화를 생각해보면, 리얼리즘과 정반대에 있는 아방가르드 예술 또한 나름대로의 총체성·전면성을 추구하고 있다. 현실의 충실한 모사라는 의미에서의 리얼리즘은 19세기의 뉴턴 물리학과 유클리드 기하학이 지배하던 과학적 세계관을 배경으로 한 것이었다. 그러나 모든 것이 상대적이고 불확실할 뿐이라는 생각이 일반적 통념이 되어버린 시대의 세계관 속에서 유클리드 기하학은 이미 낡은 전통에 지나지 않는다. 이미 실재에 대한 존재론적 이해가 달라져버렸기 때문이다. 그리고

---

8) 같은 책, p.97.

그 과거의 전통과 결별하고자 한 아방가르드 예술은 새롭게 이
해된 실재에 충실하고자 한다는 점에서 여전히 어떤 리얼리즘
이라 할 수 있다. 아방가르드 예술가들이 원근법에 기초했던 과
거의 예술을 극복하려 한 것은 다름아닌 어떤 새로운 리얼리즘
을 향한 추구였다. 그들이 볼 때, 평면이라는 2차원 공간의 캔
버스 위에 원근법에 근거한 3차원의 공간을 만들어낸다는 것은
실재를 왜곡하는 것에 지나지 않는다. 3차원 공간을 평면 위에
투사하는 것은 추상화 작업이며, 원근법이라는 관습적 법칙에
따라 대상을 변형시키는 작업이다. 그러므로 그들에게 실재란
이런 허구적 3차원의 공간이 아니라 화폭이 가진 2차원의 공간
이다. 그들은 단 하나의 원근법의 초점을 선택하여 책상을 사다
리꼴로, 꽃병의 입구를 직선으로 그리는 방식을 거부했는데, 이
는 우리가 현실을 정면으로 마주보고 있는 것이 아니라 그 현실
의 '한가운데에' 있는 것임을 자각했기 때문이다. 고전주의적
관점에서 현실을 재현하는 데에 본질적 요소였던 원근법은 아
방가르드의 이러한 새로운 리얼리즘에 의해 가상으로 전락하게
된다. 나를 둘러싸고 있는 대상들을 '꿰뚫어보고 그대로 그리고
자' 노력한 그들의 열정적 시도는 오히려 리얼리즘 자체를 넘어
섬으로써 리얼리즘이 기획했던 바를 완성하고자 하는 의도에서
나온 셈이다.

이런 예에서 볼 때 현실을 있는 그대로 파악하고 표현한다는
주장은 완전히 상이한 예술적 입장들에서 공통적으로 주장되면
서 그 의미는 입장에 따라 서로 다르게 이해되고 있음을 알 수
있다. 그러므로 리얼리즘의 입장이란 근본적으로 리얼리즘에 내
포된 여러 가지 다양한 입장들 가운데에서 선택된 어떤 하나의
입장일 뿐이라고 할 수 있을 것이다.

사실 언어 체계에 근거한 문학에서 현실을 객관적·절대적으
로 충실하게 재현한다는 믿음은 그 언어 체계 고유의 상징성을
상기하자마자 곧 흔들려버린다. 애초에 상상을 본질로 하는 언

어 예술에서 "어떤 은유나 환유가 다른 것들보다도 객관적으로
더 사실주의적이라고 말할 수 있을"9) 것인가? 뿐만 아니라 리
얼리즘 문학이 주장하는 바와 같이 '현실'이 충실하게 재현되었
다고 하더라도, 그것을 읽어내는 독자의 측면에서 보면 또 다른
층위가 그 문제에 덧붙여진다. 제임스 조이스의 소설이 그 무엇
보다도 더 사실적으로 받아들여지는 사람에게 그 작가는 리얼
리즘에 속하는 사람이 아니라고 아무리 말해보아야 무슨 의미
가 있을까? 작가는 있는 그대로의 현실을 작품 속에 담아내고,
독자는 그것을 그대로 읽어낸다는 일은 처음부터 불가능한 일
인지 모른다. 독자는 다만 언어 체계가 만들어놓은 상징 형식,
암시의 구조 속에서 자신의 경험 세계에 근거하여 텍스트를 풀
어갈 뿐이다. 텍스트 읽기에서 중심축이 되는 것은 바로 상상력
이며, 그런 의미에서 "리얼리즘을 이루는 것은 작품이 행사하
는 일종의 최면술적 효과 때문에 유도되는 '유사 모방적'인 읽
기의 방법"10)이라 할 수 있을 것이다.

　그러나 보다 일반적으로 말하자면 리얼리즘은 리얼리티에 대
한 작가의 태도와 관련하여 생각되는데, 그것은 결국 크게 두
가지 흐름으로 이야기될 수 있겠다. 한편에는 낭만주의에 대항
하여 객관적 현실의 재현을 목표로 했던 작가들이 있고, 또 다
른 한편에는 언어를 매개로 하여 현실을 작품 속에 옮겨놓는다
는 일이 근본적으로 불가능함을 깨닫고 '현실 같은 느낌'을 줄
수 있는 형식을 창조해내기 위해 고심한 작가들이 있다. 이 두
가지 방향의 문학적 입장이 모두 리얼리즘이라는 명칭으로 불
리게 된 것이다. 그러므로 우리는 리얼리즘을 어떤 특정한 시기
의 문예사조로 생각할 수도 있고, 문학의 모든 서술체에서 다양
하게 기능하는 어떤 테크닉으로 볼 수도 있을 것이다. 이 두 가

---

9) 로만 야콥슨, 「예술의 리얼리즘에 대하여」, 『리얼리즘과 문학』, p. 46.
10) 정명환, 「계책으로서의 리얼리즘──리얼리즘의 정의를 위한 한 시도」, 『문학
　　을 찾아서』, 민음사, 1994, p. 310.

지의 의미 모두에서 리얼리즘의 형성과 발전에 중요한 역할을 한 것이 바로 프랑스의 19세기 문학이었다. 그러므로 이제 우리는 지금까지 간략하게 훑어보았던 리얼리즘의 문제가 이 시기의 문학을 대표하는 세 명의 큰 작가에게서 어떻게 이해되고 또 작품화되고 있는지 살펴보기로 하자.

2

19세기 프랑스 문학을 어떤 거대한 산맥이라고 할 때, 그 초입에 자리한 큰 산 하나가 바로 스탕달이다. 우리는 대부분의 경우 산을 오르기 전에 어떤 경로로든 산에 대한 정보를 접하게 된다. 안내 책자를 통해서일 수도 있고 이전에 올라본 사람에게 들어서일 수도 있다. 그리고 그 내용은 산행에 필요한 정보일 수도 있고 아니면 그 산의 생김새나 특징 또는 기억될 만한 장소 등에 대한 이야기일 수도 있을 것이다. 우리의 이야기는 두 번째 경우에 가깝다. 이제부터 『적과 흑』이라는 장소에 많이 머무르면서 스탕달이라는 산의 큰 줄기에 대하여 개괄하려고 하기 때문이다. 우선 스탕달의 문학이 어떤 토대 위에 서 있는지 잘 말해주고 있는 한 유명한 대목을 읽는 것으로부터 시작하자.

소설은 큰 거리에서 왔다갔다하는 거울이다. 이 거울은 때로는 푸르른 하늘을 비추어주기도 하고 때로는 거리의 진흙탕을 비추어주기도 한다. 그런데 당신은 이 거울을 등에 지고 있는 사람에게 비도덕적이라는 비난을 퍼부을 것이 아닌가? 그의 거울은 진창을 비춰서 보여주는 것뿐인데, 당신은 거울만 탓하고 있으니! 차라리 그 진흙창이 있는 큰 길을, 아니 그보다도 물이 고이게 내버려두어서 진창이 생기게 만든 감독관을 비난하시오.![11]

---

11) Stendhal, *Le rouge et le noir*, Garnier, 1960, p. 357.

스탕달에게 소설가의 과제란 이 '거울'에 비치는 온갖 사물과 사건과 사람들, 그들이 엮어내는 관계들을 충실히 묘사하는 일이다. 소설가가 그리는 것은 다만 그것이 거울 앞에 있어서 비친 것일 뿐 그 어떤 판단이나 주관도 개입되어 있지 않다. 그의 소설이 지향하는 이상은 가능한 한 모든 장식을 제거한 진실이다. 거울은 그냥 비출 뿐이다. 그러면 스탕달이 등에 지고 있는 거울에 비친 풍경은 무엇이었는가?

스탕달이 1783년에 태어났다는 것은 벌써 많은 것을 말해준다. 프랑스 대혁명, 왕정 복고기, 1830년의 7월 혁명 등 전복에 전복을 거듭하는 변혁기가 그의 삶의 배경이 되기 때문이다. 그는 그래서 자신의 시대를 "운명적인 시대〔……〕깨어진 약속과 기대의 시대로서, 남아돌아가는 정력과 실망한 재능의 시대로서," 한마디로 "하나의 잔인한 정치극"으로서 체험한다.[12] 자기의 시대에 대해 스탕달이 가지게 된 감정은 근본적으로 환멸이지만, 그러나 그의 환멸은 공격적이며 격정적이다. 스탕달은 플로베르의 경우처럼 부르주아의 승리에 대해 수동적으로 환멸하고 자기 속에 몰입하여 근원적인 허무주의에 침잠하는 것이 아니라, 그 부르주아지의 승리가 배후에 은폐하고 있는 속성들을 격렬히 비판한다. 그런 의미에서 스탕달의 리얼리즘은 "공격적 리얼리즘"[13]이라 할 수 있다.

『적과 흑』은 작가 자신이 그 부제를 "1830년의 연대기"라고 달아놓았듯이, 왕정 복고기하의 프랑스 사회를 우리에게 비춰주는 거울이다. 1830년이라는 시대는 혁명과 반혁명이 거듭되면서 정권의 전복이 계속되었고, 산업 혁명에 따라 경제적으로 대

---

12) A. 하우저, 『문학과 예술의 사회사』 현대편(백낙청·염무웅 옮김), 창작과비평사, 1974, p. 29.

13) Michel Raimond, *Le roman depuis la révolution*, Paris: Armand Colin, 1981, p. 34.

변혁이 일어난 시기였다. 귀족 계급은 산업 사회의 도래와 더불어 더 이상 이 새로운 사회를 주도하는 계급이 되지 못하면서도, 7월 혁명 이전의 불안정한 현상태를 유지하려는 데에 안간힘을 쓰고 있었다. 왕정 복고의 주역들은 대혁명 이후 이제는 다시 돌이킬 수 없는 옛날의 가치들을 그리워하고, 지난날의 자기 계급의 특권을 다시 찾으려는 맹목적 역사관을 보여준다. 스탕달은 자신이 부르주아 계급에 속했으면서도 부르주아지를 몹시 혐오하고 오히려 귀족적 취미를 지닌 사람이었지만, 몰락할 수밖에 없는 귀족 계급의 운명을 예감하고 있었고 역사의 새로운 흐름이 부르주아 계급을 승리로 이끌리라는 것을 의식하고 있었다. 그래서 스탕달은 귀족 계급이 빠져 있던 정신적 무력감과 몰락으로 치달을 수밖에 없던 그들의 운명을 냉철하게 그려낼 수 있었던 것이다.

귀족 계급이 쇠퇴와 몰락을 향해가는 과정은 부르주아 계급이 투쟁 속에서 자기를 정립해가는 과정과 서로 대응한다. 스탕달은 몰락해가는 계급의 반동 정치를 고발함과 동시에 승리해가는 다른 계급의 배후에 놓인 부정적인 면모들을 통렬히 비판하고 있다. 특히 모든 것이 공리주의적 기준으로 판단되고 개인의 감수성이나 자유가 억압되는 부르주아 사회의 특성은 스탕달이 가장 강력히 비판한 것이었다. 따라서 『적과 흑』은 상승하는 계급과 하강하는 계급 모두를 비판하는 "고발장"14)이라 할 수 있다. 그리고 이 이중의 고발을 행하는 역할을 맡은 인물이 바로 쥘리엥 소렐이다. 작가는 불안정한 시대에 세계와 맞서 자신의 가치를 시험하고 자기 나름의 세계관을 세워가야 하는 쥘리엥 소렐과 같은 젊은이의 문제를 그 시대의 핵심적 문제로 인식하였다. 이 인물은 목수의 아들로 태어났지만 교육의 혜택을 받음으로써 출신 계급으로부터 벗어나고 결국은 이룰 수 없는 야심을 품게 된 시골 청년이다. 『적과 흑』이라는 제목이 암

---

14) 같은 곳.

시하고 있듯이, 쥘리엥 소렐이 속한 체제에서 성공을 하려면 두 가지 지배 권력에 복종해야 하는데, 그것은 적이 뜻하는 군대와 흑이 뜻하는 교회의 권력이다. 이 주인공은 자신의 능력과 노력을 통해 사회적으로 상승하려는 욕구에 불탄다. 개인의 능력이 마땅한 보상을 받을 수 있기를 꿈꾸는 이 청년은 나폴레옹을 열렬히 숭배하며 그 시대를 그리워하지만, 이미 시대는 전복되어 있다. 그의 상향 의지는 기득권을 지키려는 귀족 계급에게 위협적인 것이고, 따라서 제거되어야만 하는 처지에 놓인다. 레날 부인을 살해하려 했던 죄로 재판 받는 자리에서 그는 당당한 어조로 다음과 같이 말하고 있다.

배심원 여러분, 저는 여러분의 영예로운 계급에 속하는 사람이 전혀 아닙니다. 여러분은 저를 볼 때 자신의 비천한 운명에 반항한 농부로 보겠지요.
〔……〕 저의 죄는 끔찍한 것이고, 미리 **계획된** 것이었습니다. 그러니 배심원 여러분 저는 죽어 마땅합니다. 하지만 제 죄가 이보다 덜하다 하더라도, 사람들은 아직 젊은데 안됐다는 생각 같은 것은 조금도 하지 않고 저를 단죄하려 한다는 것을 압니다. 그들이 저를 통해 단죄하려는 것은 바로 하층 계급에서 태어나 가난에 짓눌려오다가 훌륭한 교육을 받는 행운을 얻었고, 그리하여 부자들이 거만하게 사교계라 부르는 곳에 감히 끼여든 젊은이들, 이 계급을 완전히 좌절시키려는 것이지요.
바로 이것이 저의 죄입니다. 여러분, 그리고 저는 더욱 심하게 처벌될 것입니다. 사실 저는 저와 같은 계층의 사람들로부터 심판 받는 것이 결코 아니니까 말입니다. 배심원석에는 농부라고는 부자가 된 사람조차 전혀 보이지 않고 다만 분노에 찬 부르주아들 뿐이군요.[15]

쥘리엥은 자신의 상황이 정치적으로 어떤 의미를 띠고 있는

---

15) *Le rouge et le noir*, pp. 482~83.

가를 명확히 인식하고 있다. 이 청년은 나폴레옹이 몰락한 이후의 시대에서 자신의 야심을 성취할 수 없고 자신이 설 자리도 찾을 수 없는 인물이며, 어떤 계급의 가치관과도 일치할 수 없는 인물이다. 출신 계급에 속하지 않을 뿐만 아니라 상승하려 하던 곳에도 이르지 못하는 이 인물은, 죽음을 앞두고 현실의 부당함을 고발하는 이 장면에서 사회에 의해 희생되는 영웅의 모습을 띠게 된다. 쥘리엥은 정치적으로 예민한 현실의 문제와 부딪치며 갈등하는 최초의 소설 주인공이라 할 수 있다. 스탕달의 소설 세계는 그와 동시대의 몇몇 작가들에게까지 이어져내려온 감상적이고 이상주의적인 낭만적 소설의 허위들로부터 벗어나며, 현실과의 갈등이 거의 생략된 세계 속에 주인공을 위치시키는 전통으로부터 아주 멀리 떨어지게 된다. 소설 속의 인물들은 이제 더 이상 현실의 세계와 유리된 허구 속에 존재하는 것이 아니다. 스탕달이 "1789년에 끝난 세기와 1815년경에 시작된 세기 사이의 차이"를 "절제, 집요한 작업, 굳건함, 머릿속에 그 어떤 환상도 없는 것"으로 설명할 때,[16] 그는 분명 새로 시작된 세기 속에 속해 있다. 아우어바흐의 말을 인용하자면, 스탕달은 인간을 "구체적이고 또 항시 진행하고 있는 정치적·사회적·경제적인 현실의 총체성 속에 뿌리박고 있는 것으로" 그려낸 작가이며, 이런 의미에서 현대적 "리얼리즘의 창시자"라 할 수 있다.[17]

＊

자신의 시대를 있는 그대로 충실히 그려내는 일을 최고의 목표로 한다는 점에서 발자크는 스탕달과 같은 입장에 서 있다. 그러나 스탕달이 정치적으로 자유주의적인 입장을 취했던 반면

---

16) "Avant-propos," *Armance*, Editions Garnier Frère, 1962, p. 2.
17) 『미메시스』 근대편(김우창·유종호 옮김), 민음사, 1979, pp. 170~71.

에, 발자크는 스스로 정통주의자임을 공식적으로 선언하는 등 반동적 세계관과 보수적인 정치관을 가지고 있었다. 발자크는 귀족 계급이 구현한 이상을 옹호했고, 현 시대의 혼란을 극복하는 길은 이 귀족 계급이 다시 일어나 바람직한 개방적 질서를 구축해나가는 데 있다고 믿었다. 그러나 중요한 것은 발자크가 이 신념에 맹목적이지 않았고, 현실을 언제나 정직하고 철저하게·관찰했다는 점이다. 발자크는 보수적인 정치적 신념을 지니고 있었으면서도 그 누구보다도 귀족 사회의 타락과 쇠퇴를 정확히 간파하고 묘사해낸 작가이다. 또한 그의 시선은 왕정 복고가 붕괴하고 실질적으로 부르주아지가 사회의 지배적 계급이 되어가는 과정에서 이 계급이 보여주는 유능하면서도 생산적인 면모까지 놓치지 않고 포착한다. 그 스스로는 정통주의자였고 부르주아지가 지배하는 사회에 대해 혐오감을 지니고 있었지만, 소설 작품이라는 결과물을 놓고 볼 대 이 작가는 사적인 정치적 입장을 뛰어넘어 역사의 흐름을 냉철한 시선으로 파악하고 있다. 하우저의 말을 빌리면 발자크가 표명했던 정치적 이데올로기는 그의 현실 감각이 발현되었던 것일 따름이며, 이 작가의 장점은 자신이 심정적으로 어떤 현상이나 주의에 집착하고 있다 하더라도 그와 상관없이 언제나 엄정한 비판적 관점을 견지한다는 점이다.[18] 그래서 발자크는 귀족이 몰락할 수밖에 없었던 역사적 필연성을 명철한 시각으로 그려낼 수 있었다. 엥겔스가 하크네스 양에게 보낸 편지를 보면, 발자크의 이러한 면모가 강조되는 가운데 '리얼리즘의 승리'가 언급되고 있다.

　　지금 내가 얘기하는 리얼리즘은 작가의 관점에 구애받지 않고

---

18) A. 하우저, 『문학과 예술의 사회사』 현대편, p. 48 참조. 하우저는 발자크가 아무리 귀족 계급을 옹호한다 하더라도 그는 귀족이 아니기 때문에 그의 반동적 정치관은 문제가 될 만한 것이 아니라고 말하고, "그의 귀족주의는 사변적 관념의 산물이며, 가슴에서 우러난 것도, 본능적인 것도 아니"라고 주장한다.

나타나는 것입니다. 〔……〕 확실히 발자크는 정치적으로 정통파였습니다. 그의 위대한 작품은 상류 사회의 불가피한 몰락에 보내는 하나의 줄기찬 비가이며, 그의 모든 동정은 사멸하도록 운명지어진 계급에게로 갑니다. 그러나 그럼에도 불구하고, 그가 가장 깊이 동정한 남녀들, 즉 바로 이들 귀족들을 서술할 때보다 그의 풍자가 더 예리해지고 아이러니가 더 신랄해지는 적은 없습니다. 〔……〕 이처럼 발자크가 자신의 계급적 공감 및 정치적 편견과는 반대되는 작품을 쓰지 않을 수 없었다는 것, 그가 좋아하는 귀족들의 멸망의 필연성을 인식하고 그들을 이렇게 멸망해 마땅한 인물로서 묘사했다는 것, 그리고 그가 미래의 참다운 인간들을 당시 현실에서 볼 수 있었던 바로 그 계급내에서 보았다는 것——이것을 나는 리얼리즘의 가장 위대한 승리의 하나로, 그리고 발자크의 가장 위대한 특징 중의 하나로 여기는 바입니다.[19]

발자크에 대한 높은 평가를 표현한 대표적인 글로서 이 편지가 그의 위대한 리얼리스트로서의 면모를 인상적으로 기술하고 있다면, 작가 자신이 본인의 문학관을 상세히 피력하고 있는 중요한 자료는 『인간 희극』의 서문이다. 『인간 희극』은 발자크가 1829년에서 1848년에 이르기까지 긴 세월 동안 집필한 50여 편의 작품을 총칭한 것인데, 그는 여기에 장문의 서문을 달아 자신의 문학적 입장을 밝히고 있다. 서문의 앞부분에서 언급되고 있는 것처럼, 『인간 희극』은 인간의 세계와 동물의 세계를 비교해보는 일에서부터 처음 구상되기 시작했다. 발자크는 동물계에 늑대나 사자, 표범 등의 여러 종이 있는 것만큼 사회는 환경에 따라 여러 종류의 사람을 만들어낸다고 기술하고 있다. 이러한 생각에서부터 인간과 환경이 서로 어떻게 작용하는지 탐구하고, 사회라는 구조 속에 들어 있는 인간의 종류를 연구하려는 계획이 성립한다. 동물학에 비견되는 사회적 인간학 전체를 자신의 작품 속에 실현해보고, 인간과 삶을 대상으로 하는 풍속

---

19) 같은 책, p. 50에서 재인용.

110

의 역사를 쓰겠다는 것이 발자크의 야심찬 의도였던 것이다. 그러나 문제는 방법이며, 그래서 발자크는 이렇게 묻는다. "사회가 제시하는 삼천 혹은 사천 명의 인물로 된 드라마를 어떻게 흥미롭게 만들 수 있을 것인가?"[20] 발자크는 "인간의 심성의 역사"를 쓰고자 했지만, 그것을 어떤 방식으로 해결해나갈 것인지는 한동안 결정하지 못하고 있었다. 그러다가 마침내 월터 스콧으로부터 중요한 생각의 실마리를 얻고서 다음과 같이 말한다.

> 우선 이 인물들은 자신을 탄생시켰던 동시대의 세대들로부터 훨씬 더 오래 지속하고 훨씬 더 본래적인 의미에서 존재하게 되며, 거의 언제나 현재를 반영하는 위대한 이미지가 된다는 조건에서만 살아 있다. 이 인물들이 살아가는 세기의 자궁 속에서 잉태된 인간의 심성 전체는 그들의 허울 밑에서 움직이고 있으며, 거기에는 종종 어떤 철학 전체가 감추어져 있다. 월터 스콧은 그러니까 소설을 철학적 가치를 지닌 역사의 위치로 올려놓은 것이다. 〔……〕 그러나 그는 어떤 체계를 상상하기보다는 열정적인 작업 속에서 혹은 이러한 작업의 논리에 의해서 자신의 방식을 찾았다. 그래서 그는 글의 구성을 서로 연결하여 각 장의 하나의 소설이 될 수 있고, 각 소설이 하나의 시대가 될 수 있는 완전한 이야기를 조직할 생각은 하지 못했다. 이러한 연결의 결함을 발견하고서 〔……〕 나는 내 작품의 집필에 적합한 체계를 발견하였고 또한 그것을 완성할 가능성을 동시에 발견하게 되었다.[21]

이렇게 해서 발자크는 수많은 역사가들이 간과한 '풍속의 역사'를 쓰려는 계획을 세운다. 그리고 그것은 개별 작품들이 이루는 각각의 소우주들이 하나의 통일체 속에 결합되는 형식을

---

20) "Avant-propos," *La comédie humaine*, tome 1, Paris: Gallimard, Bibliothèque de la Pléiade, 1976, p. 10.
21) 같은 책, pp. 10~11.

취한다. 우리가 그의 소설에서 마치 현실을 직면하고 있는 듯한 느낌을 갖게 되는 것은 바로 이 때문이다. 발자크는 한 작품에 등장했던 인물들을 다음 작품 속에 다시 나타나게 함으로써 각각의 작품들이 전체적으로 일정한 연속성을 지니게끔 한다. 작품 하나하나가 전체 속에 통합되어 단일한 통일성을 이루고 있으며, 그 통합은 인위적으로 전개되는 것이 아니라 유기적으로 구성되어 있다. 하나의 작품과 작품, 인간과 역사, 현재와 과거, 이 모두를 유기적으로 연관시키는 일은 발자크가 계획한 풍속의 역사에 있어서 그 서술 방식의 근본이 되는 것이다. 이러한 바탕 위에서 발자크는 자잘한 일상사의 기록 즉 현실 그대로의 삶의 기록을 통해 실제 사건과 역사적 사건을 서로 밀접하게 관련지어 그려보고자 하였다. 이러한 계획하에 집필된 방대한 『인간 희극』 전체를 관장하는 기본 법칙은 그러므로 사회적 인과 관계의 법칙이다. 발자크는 사회와의 관계 속에서만 개인이 존재할 수 있다고 보았다. 또 모든 것은 유형적으로 공식화될 수 있다고 믿었으며, "모든 존재 속에서 상황이 나타나고 전형적 국면이 들어 있다"[22]고 생각했다. 따라서 소설가의 과제란 전형적 가치들이 사회적·도덕적 차원에서 가장 명백하게 나타나는 상황이 어떤 것인지를 탐색하고 정확하게 그려내는 작업이다. 발자크의 인물은 그러므로 어떤 사회적 집단을 대표하는 사람으로서, 또는 서로 엇갈리는 계급 간의 이해 관계의 갈등을 대변하는 사람으로서 등장한다. 이 인물들이 보여주는 서로 다른 정념과 욕망의 충돌 그리고 그 대립적 이해 관계의 투쟁은 곧 근대 프랑스 사회의 역사 자체인 것이다.

　특히 발자크의 대표적 작품 『고리오 영감』 속에서는 『인간 희극』의 세계 전체가 압축되어 드러난다. 보케르 하숙집이라는 공간 속에서 여러 운명이 만나고 서로 얽히면서 그 시대의 단면을 재현하고 있는 것이다. 이 소설은 세 인물을 중심으로 이루

---

22) 같은 책, p. 18.

어져 있는데, 고리오 영감은 부성애를, 보트렝은 반항을, 그리고 라스티냑은 야심이라는 정념을 구현하는 전형적 인물들이다. 이 중에서 라스티냑은 19세기를 사는 젊은이의 운명을 보여준다는 점에서 스탕달의 쥘리엥 소렐과 비교해볼 수 있다. 이 인물에게 초점을 맞출 때, 이 작품은 세계와 자신에 대해 눈떠가는 한 젊은이의 수업 시대를 그리는 소설의 의미를 띠게 된다. 라스티냑은 파리에 올라온 야심찬 시골 청년으로서 쥘리엥 소렐을 그대로 연상시키고 있다. 이 두 인물은 공통적으로 현실의 장애물과 부딪치고 세계와 대결하는 현대적 소설 주인공이다. 작품 속에서 라스티냑은 자신의 야심을 이루기 위해 어떤 길을 걸어야 하는가를 깨달아간다. 그에게 세계는 끔찍하고 무서운 것으로 나타난다. 이 인물을 통하여 작가는 혹독한 현실 세계를, 황금이 지배하는 세계의 배후에 놓인 그 모든 악마적인 것을 드러내보인다. 그래서 그는 귀족주의자였으면서도 자신이 옹호하는 계급의 필연적인 파멸을 정확히 그려낸 작가에만 그치는 것이 아니다. 발자크는 이미 발전의 도상에 서 있는 부르주아지의 역동성과 자본주의의 필연성을 표현하고 있을 뿐만 아니라, 또한 동시에 황금 만능주의가 배태하고 있는 엄청난 참화를 간과하지 않았다. 발자크가 커다란 작가로 남아 있는 이유 가운데 하나는 바로 이러한 배후를 드러내 보여주고 삶의 진실을 말해주는 작가이기 때문일 것이다.

　발자크의 인물들의 운명은 구체적이고 세부적인 사건들로 이루어진 세계 속에서 전개된다. 그러나 단순히 개인의 삶의 역사를 충실하게 기록하기만 하면 풍속의 역사가가 되는 것은 아니다. 이 작업을 훌륭하게 해내기 위해서는 "사회적 결과들의 여러 원인들 또는 근본적 원인을 연구하고, 온갖 인물과 정념과 사건들이 모인 이 거대한 집합 속에 감추어진 의미를 포착해내야만 하는 것"[23]이다. 그리고 사회가 이렇게 묘사되었을 때 그

---

23) 같은 책, p.11.

묘사를 통하여 사회가 어떻게 해서 무엇 때문에 움직이는가를 알 수 있어야 한다. 동시대에 대한 충실한 재현이란 발자크에게 서는 바로 이러한 의미를 지니고 있다. 지배 권력이 빈번히 교체되는 사회의 혼란 속에서, 오랜 세월 동안 준비되어온 부르주아 계급의 승리가 완성되어가는 19세기의 역사적 격변기 속에서, 발자크가 최대의 목표로 삼은 것은 바로 그러한 의미에서 이 사회를 '있는 그대로' 그리는 일이었다.

그것은 당시의 역사의 현실이 그 자체로 극적인 요소와 예측 불허의 반전으로 넘실거리고 있었기 때문이다. 사실 발자크는 『인간 희극』의 서문에서 또 이렇게 적고 있다. "우연은 세상에서 가장 위대한 소설가이다. 그러니까 좋은 작품을 많이 쓰려면 우연을 연구하기만 하면 된다. 프랑스 사회 자체가 빠져든 역사의 격랑과 소용돌이의 한가운데에서, 그것을 '베끼기'만 하는 일로도 벅차고 숨가쁠 것임을 인식하고 있었고, 그러므로 스스로의 역할을 다만 그 역동하는 역사의 '비서'로서 이해하였다. 그 어떤 허구보다도, 그 어떤 소설적 상황보다도 더욱 격정적으로 생동하는 현실, 그 엄청난 사회적 변동 앞에서 발자크 시대의 예술가는 현실 세계의 '비서'가 되어 그것이 부르는 것을 받아 적는 과제를 떠맡을 수밖에 없었을지 모른다. 구석기 시대 동굴 벽화의 동물 그림이 실현하고 있는 그 놀라운 리얼리즘을 설명하기 위하여 사람들은 구석기인들이 수렵과 채취라는 생존 수단을 위해 자연을 정확히 관찰하고 파악해야만 했다는 실제적 필요성에서 그 유래를 찾았다.[25] 마찬가지로 경제적 대변혁과 사회적 지배 계급의 전복이 이루어지는 격동의 19세기에는 현실이 이미 소설보다 더 '소설적'이고 더 극적이었다는 것을 생각할 때, 당시의 문학이 최고의 목표로 삼을 수 있었던 것이 현실의 충실한 재현이었다는 것은 당연한 일인지도 모른다.

---

25) A. 하우저, 『문학과 예술의 사회사』 고대·중세편(백낙청 옮김), 창작과비평사, 1976 참조.

114

　　　　　　　　　　　*****

　스탕달, 발자크와 더불어 플로베르는 19세기 프랑스의 리얼리즘을 대표하는 작가로서 지명되곤 한다. 그들은 분명 어떤 동질성을 지닌 하나의 커다란 흐름 속에 함께 놓여 있다. 그러나 이 세 작가가 살았던 시대가 격동의 시대라는 동일한 성격만을 띠는 것은 아니다. 그 속에서도 어떤 흐름의 시초와 절정과 하강 같은 것이 있어서, 스탕달, 발자크, 플로베르는 이 흐름의 굴곡과 관련된 뚜렷한 차이를 보여준다. 부르주아 계급이 경제권을 바탕으로 사회적 지배권을 장악해가기 시작할 때 그 세계와 부딪쳐야 했던 한 청년의 운명이 쥘리엥 소렐의 운명이라면, 이미 부르주아 계급이 보다 안정된 지배력하에 한창 건설적이고 진보적인 면모를 지닐 때의 또 다른 시골 청년의 운명이 라스티냑의 운명이다. 그리고 플로베르가 탄생시킨 또 하나의 라스티냑 즉 『감정 교육』의 프레데릭 모로는 제 2 공화정 이전에 7월 왕조의 부르주아 계급이 지녔던 자신감이나 건설적이고 야심찬 분위기가 사라져가는 시기에 속하는 인물이다.

　발자크에게서 현대 소설이 시작되었다고 말할 수 있다면, 플로베르는 그러한 특징을 더 극대화시킨 작가이다. 발자크의 소설이 아주 미세한 사실이나 사건 모두를 그대로 그려내는 작업을 토대로 하여 이루어진 것은 분명하지만, 『인간 희극』의 집필 방식은 어떤 뜨거운 열기에 사로잡혀 커다란 상상의 붓으로 휘갈긴 것이라 할 수 있다. 반면에 플로베르에 이르면 발자크 소설의 토대가 되었던 사실주의적 작업 태도가 극단에 이르게 되어 외과 의사의 미세한 칼놀림과 같은 과학적 방법이 도입되고 있다. 이러한 방법상의 차이에서 드러나는 두 작가 사이의 거리만큼 이들의 세계관은 서로 동떨어져 있다. 발자크의 소설에서 보이던 극적인 상황, 그 상황에 맞서는 주인공의 운명적 대결 등은 플로베르의 세계 속에서는 더 이상 나타나지 않는다. 거기에는 이제 그 어느 곳으로도 이를 수 없는 파편화된 일상의 삶만이 편재할 뿐이다. 그래서 플로베르의 작품에서는 어떤 플롯에 의한 절정이거나 위기, 파국과 같은 장치가 최대한 배제되어 있고, 조각난 장면들만이 이어지거나 중첩될 뿐이다. 결정적 사건이란 일어나지 않으며, 세세하거나 별 두드러질 것 없는 여러 상황들이 연속적으로 먼지처럼 일어났다가 가라앉아버린다. 현실에서 그러하듯 작품 속에서도 아무 일도 일어나지 않은 채 다만 일상의 삶만이 단조롭게 흘러가는 느낌을 준다. 그런 의미에서 플로베르의 소설은 현실과 아주 가까이에 있다. 삶은 발자크의 세계에서처럼 물밀듯 밀려와 격정의 회오리가 되는 것이 아니라, 무겁게 가라앉아 눈에 띄지 않은 채 그러나 미세하게 조금씩 우리를 죽음으로 이끌며 흘러간다. 아무것도 일어나지 않고, 아무것도 일어나지 않는다는 사실 자체가 무거운 짓누름이 되어버리는 폐쇄된 삶의 공간, 바로 이것이 그의 소설의 세계를 이루고 있다.

『고리오 영감』이라는 텍스트가 라스티냑의 삶이 출발하는 지점에서 그의 미래를 향해 열려 있다면, 『감정 교육』은 프레데릭이 대표하는 한 세대의 파산과 실패를 말하면서 닫혀진다. 어떤 격정도 야심도 부재하는 세계 속에서, 그 인물은 한 인생이 서서히 와해되어가는 것을 보여줄 뿐이다. 이 소설에는 물론 발자크의 잔영이라 할 수 있을 요소가 포함되어 있지만, 그 유사성은 보다 근본적인 차이로 인해 곧 경미해진다. '무너진 환상'을 보여주는 『감정 교육』의 주인공 프레데릭은 유약한 인물이며, 어디에 도전하여 무엇을 극복하고 쟁취하려는 인물이 아니라 다만 구경하고 권태로워하는 인물이다. 라스티냑이 완강함을 지니고 야심차게 자신의 운명에 도전하던 것과 완전히 대조되는 면모이다. 플로베르의 세계에는 상황에 도전하고 어려움을 타개해가는 인물은 보이지 않는다. 플로베르의 인물은 상황에 휘말리고 그 속에 자신을 내맡겨버린다. 환상과 현실에 동시에 휘말리다가 삶에 그냥 등돌려버리는 엠마 보바리, 인생의 대부분을 어리둥절한 채 보내는 샤를 보바리, 자신도 세계도 구경거리로 바라보는 프레데릭 등, 이 '보잘것없는' 인생들이 보여주는 단조로운 이야기가 플로베르의 세계이다. 이 단조로운 현실과 권태로운 삶이 그 현실과 삶에 그대로 부합하는 형식, 즉 몹시 지루한 형식 속에 그려지고 있기 때문에 『감정 교육』이라는 소설은 지루하다. 그러나 그 형식은 고행에 가까운 작가의 글쓰기 방식을 통해 거의 어떤 극점에 이르러 있으며, 그렇기 때문에 동시에 아름다울 수 있다. 그래서 카프카는 이 작품을 성서처럼 머리맡에 두고 있으면서, 이렇게 아름다운 지루함도 있을 수 있는가라는 감탄에 빠져들었던 것이다.

플로베르 문학에서 아름다움은 그러므로 이른바 그의 리얼리즘 미학의 엄정한 태도와 따로 이야기될 수 있는 것은 아니다. 소설이 삶의 진실을 말하는 것이어야 한다고 믿었던 것과 마찬가지로 플로베르는 무엇보다 미적 가치를 작품 창작의 첫번째 원칙으로 여겼다. 플로베르는 분명 발자크의 방법을 더 극단으로 밀고 나가 세부적인 일상의 묘사를 통해 현실 그대로의 삶을 그리려 한 작가이며, 그런 의미에서 발자크의 후예가 틀림없지만, 동시에 그는 작품의 아름다움에 최고의 우위를 둔다는 점에서 발자크의 후예로 그치지 않는다. 이 점은 플로베르 자신이 리얼리즘이라는 유파에 대해 언급하고 있는 편지를 통해서 잘 드러나고 있다.

제 친구들 이야기를 하셨지요? 그리고는 '유파'라는 말도 덧붙이셨구요. 제가 유파라는 걸 피하느라 지칠 대로 지쳐 있는데 말씀입니다. 무엇보다 우선 저는 모든 유파를 거부합니다. 당신이 지목하신, 제가 자주 보는 그 사람들은 제가 경멸하는 모든 것을 추구하고 있고, 또 제가 참담고심하는 것을 신경조차 쓰지 않습니다. 저는 기술상의 세부적인 사항이나 지역에 대한 정보, 요컨대 사물들의 정확한 역사적 측면이란 것을 아주 부차적인 것으로 봅니다. 제가 그 무엇보다도 최고로 추구하는 것은 **아름다움**입니다. 제 동료들은 거기에는 그다지 신경을 쓰지 않습니다.[26]

플로베르는 스스로 리얼리즘에 대해 누차 강한 거부감을 밝혔고, '사물들의 정확한 역사적 측면'을 부차적인 것으로 본다는 입장도 위와 같이 밝히고 있다. 플로베르에게 최상의 원칙이 되는 것은 바로 아름다움일 뿐이다. 그러나 플로베르는 어느 문학 교과서에서나 리얼리즘이라는 항목하에 속해 있고 또 분명 이런 항목을 대표할 만한 특징을 지니고 있다. 그렇다면 그 자신의 격렬한 거부에도 불구하고 이 작가를 리얼리즘 문학의 최고봉에 위치시키게 만드는 이유는 어디에 있는가? 그것은 우선 작가 자신이 유년기 이래 심취되어 있었던 낭만주의적 세계관을 스스로 물리치려고 많은 노력을 기울였다는 점에서 찾을 수 있다. 플로베르 속에 각인된 낭만성은 유년기와 청년기의 초기작 전체를 통하여 두드러지게 나타나는 특성일 뿐만 아니라, 노년에 이르기까지 전생애에 걸쳐 세 번을 고쳐 쓴 『성 앙투안의 유혹』 같은 작품에서는 그 낭만성이 거침없이 개화되고 있다. 그러나 첫번째 『성 앙투안의 유혹』의 실패 이후 『마담 보바리』를 쓰면서부터 플로베르는 자신의 개인적 기질을 거스르며 철저하게 감정의 분출을 통제하고 주관적 개입을 배제하게 된다. 자신의 젊은 날을 지배했던 낭만주의적 격정으로부터 벗어나는 길을 이러한 방식의 글쓰기에서 찾았던 것이다. 환상에 탐닉하는 프레데릭이나 낭만주의적 이상을 대변하는 엠마를 그리는 가운데 플로베르는 이제 더 이상 낭만주의에 대한 심취자가 아니라 냉정한 분석자이며 신랄한 비판자가 될 수 있었다.

---

26) 「조르주 상드에게 보내는 편지」, 1875년 12월 31일경, Flaubert-Sand, *Correspondance*, Flammarion, 1981, p. 513.

플로베르에게 예술은 청년기의 격정으로부터 그를 보호해주는 울타리와 같은 것이었다. 그리고 그가 점점 더 이 울타리 속에 서만 삶의 원칙을 찾고자 할 때 이 작가의 예술은 어떤 고행승이 추구하는 종교와 같은 것이 되었다.[27] 자신에게 가해지는 고통을 스스로 선택했다는 의미에서, 그리고 그 고통으로부터 희열에 값하는 삶의 의미를 얻는다는 의미에서, 자신 속에 뿌리박은 낭만성과 싸우고 냉정한 관찰자가 되고자 한 플로베르의 노력은 충분히 수도승의 고행에 비유할 수 있는 것이다.

사건과 인물을 냉정하고 정확하게 그리기 위해 플로베르는 곤충학자의 시선을 따른다. 이는 작가가 개인적으로 개입하지 않아야만 작품에 신뢰성이 보장될 수 있다는 믿음 때문이었고, 플로베르는 이 믿음을 철저하게 실천에 옮기고자 노력하였다. 어떤 사건이나 인물을 그릴 때 작가가 해야 하는 일은 개인적 의견이나 판단을 덧붙이는 것이 아니다. 플로베르에 따르면, 작가는 작품을 쓰기 이전에 가능한 한 모든 자료를 수집해야 하고, 이러한 관찰과 자료 수집을 토대로 그 사건과 인물을 완전하게 표현해낼 때 엄정한 삶의 진실을 그려낼 수 있다. 하지만 이 작가의 이 편집증적 자료 수집은 그렇게 단면적인 의미만을 지니는 것이 아니다. 초기 작품들을 쓰던 때에만 해도, 플로베르에게 집필을 위한 자료 수집은 자신의 창조적 에너지의 결핍에 대한 일종의 알리바이 같은 것이었다. 다시 말해서 작가는 자료 수집을 통해 스스로 모자란다고 느끼는 창조력을 메울 수 있었고 무언가에 기댈 수 있었다. 그러나 『마담 보바리』를 쓰는 과정에서 새로운 예술관이 등장하게 된다. 글쓰기를 위해서

---

27) 플로베르가 취한 이러한 삶의 형태나 미학적 태도에 대해 아우어바흐는 이렇게 말하고 있다. "플로베르 자신이 시도한 해결책은 서양의 인간에 의해 취해진 위대한 상징적 태도 중의 하나로 꼽을 만한 것이다. 그것은 문제 삼을 가치가 있는 마지막 형태의 낭만적 인생관──이 형태로 그것이 극복되어 사라지며 이에 이르러 부르주아 지성이 삶을 통어하고 예술을 삶의 도구로 만들 능력이 없음을 스스로 깨닫게 되는 단계의 낭만적 인생관──을 대표하는 것이다"(위의 책, p.78).

는 모든 것을 알아야만 한다는 생각이 바로 그것이다. 자료 수집은 그래서 어떤 보조적인 작업이 아니라 창조의 작업 자체와 맞물리면서 서로를 자극하고 서로에게 양분이 되는 필수불가결한 작업이 된다. 그런데 이 자료 수집벽은 이후로 점차 심해져서 거의 기이할 정도에 이른다. 『감정 교육』의 한 장면을 위해 그 시기 한 카페의 메뉴판까지 구해보았다거나, 어떤 장면의 날씨를 묘사하기 위해 시립 도서관에서 해당 연도와 날짜의 신문을 뒤져 찾아냈다거나 하는 일화는 유명하다. 그러나 우리는 플로베르의 이 자료 수집벽이 직접적 효용성의 범위를 훨씬 뛰어넘는 곳에까지 이르고 있음을 그의 작업 노트 등을 통해 확인할 수 있다. 보다 흥미로운 것은 효용성과 무관한 정보와 지식의 수집 그 자체가 어떤 본능적 욕구를 채워주는 쾌락적 성격을 띠고 나타난다는 점이다. 바로 그런 까닭에, 플로베르의 작업 노트를 모두 정리하여 출간한 어떤 연구자는 그의 문학에 리얼리즘이라는 명칭을 꼭 붙여야 한다면 그것은 "유희적 리얼리즘"[28]이라고 말하고 있다.

플로베르 자신이 표명한 것처럼, 우리는 이 작가를 단순하게 리얼리즘 작가로 분류할 수는 없다. 다만 플로베르는 리얼리즘에 속하는 특징적 방식을 극단화하고 있다는 의미에서 그렇게 말할 수 있을 뿐이다. 플로베르는 "작가는 자신의 작품 속에서 우주 속의 신과 같이 어디에나 있으면서 그 어디에서도 보이지 않아야 한다"[29]고 말했고 이것을 실행하려고 노력하였다. 이

---

28) P.-M. De Biasi, "L'esthétique référentielle. Remarques sur les Cahiers de travail de Gustave Flaubert," in *Flaubert, l'Autre,* Presses Universitaires de Lyon, 1989, p. 23.

29) 「루이즈 콜레에게 보내는 편지」, 1852년 12월 9일, Flaubert, *Correspondance,* Gallimard, Bibliothèque de la Pléiade, tome 2, 1980, p. 204. 플로베르는 이어서 이렇게 말한다: "예술은 제2의 자연이므로, 이 자연의 창조자는 신과 유사한 방식으로 행동해야 한다. 즉 모든 원자 속에서, 모든 양상 속에서, 겉으로 드러나지 않는 무한한 냉정(冷靜)이 감지되어야만 하는 것이다. 그리고 이 예술을 바라보는 사람에게 일어나는 효과는 일종의 경탄 같은 것이어야 한다."

작가가 자신의 작품 전체에 걸쳐 어디에서나 현재하면서, 그러나 동시에 자신의 모습을 철저히 감춘 채 언어화하고 있는 것은 무엇인가? 그것은 바로 삶의 깊숙한 곳에 뿌리내린, 모든 표면의 얼크러짐 아래 도사리고 있는 근본적인 공허이다. 플로베르는 "외치지 않고 움직이지 않고 성찰의 눈길 이외의 아무것도 가지지 않고" 삶의 공허를 언어로 표현한다.[30] 그러므로 플로베르가 당시의 부르주아 문화의 배후에 놓인 공허함에 대해 깊은 통찰을 할 수 있었던 것은 그의 사회적 혹은 역사적 의식 때문이 아니었다. 그것은 오히려 그가 그 현실의 삶으로부터 최대한 멀리 도망치기 위해 예술이라는 울타리 속에 철저히 숨어들었기 때문이다. "삶이란 너무도 끔찍한 것이어서 그것을 견디는 유일한 방법은 삶을 피하는 것이지요. 그리고 삶을 피하는 길은 예술 속에서 사는 것, 아름다움이 가져다주는 진리를 끊임없이 추구하며 사는 것입니다."[31] 이 구절은 플로베르의 문학을 그대로 요약해주고 있다. 예술은 플로베르에게 현실의 삶을 피하는 방법이다. 삶으로부터 도피했을 때 예술가가 사는 방식은 진리를 탐색하는 일 속에 있다. 그러나 그 진리를 진리로서 드러나게 해주는 것은 아름다움 이외에 아무것도 아니다. 순정하고 완전하게 언어화된 것은 아름다우며 그 아름다움으로 인해서 진실할 수 있다. 때문에 "한 단어를 찾아내기 위해서 두 손으로 머리를 감싼 채 그 불쌍한 머리를 쥐어짜면서 하루의 전부를 보내는" 것이 플로베르의 글쓰기 작업이었다. 작가 자신의 표현을 따르자면, 그 스스로 생각할 때 그의 생각은 "아주 가느다란 물줄기"와 같아서 "폭포수가 되려면 엄청난 작업이 필요"하기 때문이었다.[32] 플로베르는 삶으로부터 도망침으로써

---

30) A. 하우저, 위의 책, p. 201.
31) 「마드모아젤 르루아이에 드 샹트피에게 보내는 편지」, 1857년 5월 18일, 위의 책, p. 716.
32) 「조르주 상드에게 보내는 편지」, 1866년 11월 29일, Flaubert-Sand *Correspondance*, p. 100.

자기 시대의 징후를 읽을 수 있었고, 시대의 테두리를 넘어서서 삶 자체의 핵심에는 공허만이 있다는 진리를 심미적 언어로 형상화할 수 있었던 작가이다.

3

　어떤 동질성을 전제로 하고 한 시대의 커다란 흐름 속에서 몇몇 작가를 조명하는 작업은 분명 필요하기도 하고 의미있는 일이기도 할 것이다. 그런 작업으로부터 우리는 그 작가들의 중요한 면모들을 읽어낼 수 있는 초보적 조건을 얻게 마련이다. 그러나 동시에 그런 작업은 시대로 환원되지 않는 그 작가들의 개성을 축소시키거나 가려버리고, 초점이 된 부분의 요소만을 확대시킬 위험을 내포하고 있다. 그러므로 여러 방향의 읽기가 병행될 때, 그래서 그 다양하게 읽는 방식이 대상 작가의 문학을 이해하는 데에 상호 보완적으로 보다 풍부한 작품의 의미를 짚어낼 수 있도록 길잡이의 역할을 할 때에만, 각각의 접근 방식은 의미를 지니게 될 것이다. 우리는 19세기 프랑스의 리얼리즘이라는 큰 흐름 속에서 스탕달, 발자크, 플로베르를 살펴보았다. 하지만 리얼리즘 문학이라는 초점을 버리고 렌즈의 중심을 옮겨놓을 때에도 그들은 마찬가지로 중요한 의미를 지니는 위대한 예술가들로서 모습을 드러낼 것이다. 어떤 유명한 비평가는, 스탕달에 대해 말한다는 것은 아무것도 말하지 않았다는 느낌, 그를 놓쳐버렸다는 느낌, 말해야 할 것이 그대로 모두 남아 있다는 느낌에 빠져버리게 되는 일이라고 고백한 적이 있다. 그것은 발자크나 플로베르에게도 똑같이 유효한 말이다.

상징주의의 본질과 원리

김 기 봉

1. 상징주의로 들어가며

I. 상징주의의 의의

상징주의란 무엇인가. 일반적으로 문예사조 속에서, 특히 프랑스 문학사 속에서 상징주의란 무엇인가. 또 상징주의의 의미의 틀을 짜는 열쇠말인 상징이란 무엇인가. 더 구체적으로는 상징주의 시에 있어서 결국 상징이란 무엇인가.

세계 문학사에서 상징주의*symbolism, symbolisme*가 하나의 확고한 문예사조로 그 독자성을 발휘한 것은 아마도 프랑스 문학사가 으뜸이 아닌가 싶다. 상징주의를 훌륭하고도 체계적인 문예사조로 꽃피운 것은 프랑스 문학사가 독보적일 것이다. 물론 여러 나라의 문학사에도 상징주의라고 하는 문예사조가 존재하기는 할 것이다. 하지만 상징주의의 이념과 그 실제를 선봉에서 훌륭하게 주도해나갔고 여타 국가들에 그 자원을 풍요롭게 대주고 있는 나라가 프랑스라는 것은 정설로 되어 있다. 말하자면 프랑스는 그 이론 정립이나 문학적 업적에 있어서 상징주의의 요람이요 온상이며 보고라 할 수 있다. 그리고 폴 발레리Paul Valéry도 언급한 바와 같이,[1] 프랑스는 상징주의의 시

---

1) 폴 발레리, 「보들레르의 위치Situation de Baudelaire」, 『바리에테 II *Vari-*

조라 할 수 있는 샤를 보들레르Charles Baudelaire에 와서야 비로소 시를 가지고 국경을 초월해 세계 문학사에 그 찬연한 빛을 방사하기 시작했던 것이다.

Ⅱ. 상징주의 기간

그런 보들레르가 불후의 시집 『악의 꽃들 Les fleurs du mal』을 세상에 내놓은 것은 1857년이다. 그렇다면, 그가 프랑스 상징주의 시의 맨 윗자리를 차지하고 있는 시인이라 할 때, 적어도 연대기상으로는 프랑스 상징주의가 1857년부터 비롯되었다고 해야 옳을 것이다. 그러나 당시만 해도 보들레르나 그외 시인들은 보들레르류의 시가 상징주의를 표방했다고는 아무도 생각하지 못하고 있었다. 상징주의가 한 문학 이념으로서 정립되기에는 장 모레아스 Jean Moréas가 「상징주의 선언 Manifeste du symbolisme」[2]을 발표한 1886년까지 기다려야만 했다. 물론 그 이전에도 위대한 상징주의 시인들로 추앙을 받는 베를렌 P. Verlaine, 랭보 A. Rimbaud, 말라르메 S. Mallermé 등이 이미 훌륭한 시 작품을 양산해놓고 있었다. 그러므로 프랑스 상징주의는 좁은 의미로는 선언문이 발표된 1880년대 중반부터 비롯되었다고 하겠지만, 더 넓은 의미에서는 이미 19세기 후반을 들어서면서부터 그 문을 열기 시작했다고 보아야 할 것이다.

반면에 상징주의가 한 문예사조로서 문을 닫은 것이 언제부터였는가 하는 것은 규정짓기가 더욱 어렵다. 대체로 보아서는, 모레아스의 선언 이후 한 십여 년 간 지금은 그 이름조차도 거론되지 않을 정도의 군소 시인들이 상징주의를 표방하고 문학 활동을 했으니, 1880년대 중반부터 19세기말경까지를 상징주의 기간이라 말할 수도 있을 것이다. 그러나 그러기에는 미흡한

été II』 (Gallimard, 1930), pp. 141~42 참조.

2) 이 선언문은 본래 「한 문학 선언 Un manifeste littéraire」이라는 제목으로 1886년 9월 18일자 『르 피가로 Le figaro』지 문학 특집판에 발표되었다.

점이 많다. 왜냐하면 우선은 상징주의를 대체할 만한 문예사조가 곧바로 나타나지 못했기 때문에 19세기말 이후로도 상징주의는 지리멸렬하게 그 명맥을 유지했던 것이고, 그보다 더욱 중요한 점으로는 1920년 이후에도 상징주의 계보의 위대한 시인으로 추앙받는 발레리나 클로델 P. Claudel이 프랑스 시사(詩史)를 빛내고 있기 때문이다. 이렇게 볼 때, 상징주의 기간을 3단계로 구분해 설명하는 귀스타브 랑송 Gustave Lanson의 분류법이 상당한 설득력을 지닌다.[3] 그는 보들레르를 비롯해 베를렌, 랭보, 말라르메 등이 불후의 업적을 남긴 1850년대 후반부터 1880년경까지의 '상징주의 선구자들'의 기간과 모레아스, 앙리 드 레니예 Henri de Régnier, 베르아렌 Verhaeren, 매테를랭크 Maeterlinck, 알베르 사맹 Albert Samain을 비롯한 군소 시인들이 활약한 1880년경부터 1900년경까지의 '제 1 기 상징주의 기간'과 발레리, 클로델의 활약으로 특징지어지는 1900년경 이후의 '제 2 기 상징주의 기간' 등 3단계로 나누어서 상징주의 기간을 정리하고 있다.

이상을 개관해보면, 프랑스 상징주의는 상당히 긴 기간 동안 다소간은 산만스럽고 지리멸렬하게, 그러나 그 이념과 이론만은 괄목할 만한 성과를 거두고서, 그리고 본격적인 상징주의 기간보다는 그것을 전후한 기간에 오히려 혁혁한 문학적 업적을 이룩하면서, 프랑스 문학사 특히 시 문학사에 굵직한 획을 그어놓은 문예사조가 할 수 있다.

III. 상징주의의 성립 근거

그렇다면 상징주의는 어떻게 해서 문학사에 나타나게 되었는가. 어떠한 사회적·문화적·정신적 필요성 때문에 형성되었는가.

---

3) 랑송, 『프랑스 문학사 *Histoire de la littérature française*』(Hachette, 1955), pp. 1117~42, 1215~18 참조.

주지하다시피, 1870년의 보불 전쟁이 있기 전까지 19세기의 프랑스를 지배해온 사회 사상은 주로 사회주의 *socialisme*, 실증주의 *positivisme*, 과학 만능 사상 *scientisme* 등이다. 그리고 문예사조로는 19세기 전반기의 낭만주의 *romantisme*를 거쳐, 중반기에는 사실주의 *réalisme*와 고답파 시 *le Parnasse*가 그 주류를 이루고 있었다. 위의 3대 사회 사상은 1789년 대혁명 이후 프랑스가 많은 정치적·역사적 격변을 겪으면서 축적한 경제 발전, 현세적 행복, 진보적 가치의 개화 등을 누려온 프랑스 사회에 현세적 유토피아의 건설 가능이라는 낙관론적 비전을 안겨주고 있었다. 그리고 문학에서도 사실주의와 고답류(高踏流) 시는 구체적이고도 현실적인 세계의 진실성과 구상미(具象美)의 실현에 중요성을 부여하면서 객관 세계를 파헤치는 일과 그것의 재구성에 역점을 두었다. 그러나 프러시아와의 전쟁에서 참패한 후 프랑스에는 현실 속에 이상향을 건설해주리라 믿었던 사회주의와 실증주의 및 과학 만능 사상에 대한 비판적인 회의가 만연하게 되었다. 즉 위의 사회 사상들이 제시한 당초의 낙관론적 이념에도 불구하고 결국은 현세에서는 영원한 이상을 구현할 수 없다는 스스로의 한계를 드러내고 만 것이다. 문학에 있어서도 구체적인 현실 탐구의 사실주의와 조소미(彫塑美) 탐색의 고답파 시에 대해 그것들이 관념적 이상과 정령주의 *spiritualisme*를 상실하고 있기 때문에 더 이상 기대를 걸지 못하게 되었다. 결과적으로 1870년대 이후 프랑스는 기존 가치 체계의 붕괴에서 오는 정신적 공황을 심각하게 체험하면서 극단의 회의 사상 *scepticisme*, 퇴폐주의 *décadentisme*, 유미주의 *esthétisme*, 정신적 무정부 상태 *anarchisme* 등에 깊이 빠지게 되었다. 이와 같은 사회 풍조와 정신 현상을 바탕에 깔고서 붕괴된 가치 체계를 재정립하기 위한 새로운 모랄과 문학 이념을 제시하고자 한 것이 상징주의이다. 그러므로 상징주의는 반사회적·반현세적 태도를 견지하면서 관념적 이상주의 *idéalisme*와 정령주의를 지향한다.

2. 상징주의란 무엇인가

I. 상징의 의미

상징주의를 본격적으로 논하기 전에 먼저 그것의 주체어가 되는 '상징'이라는 단어에 대해서 다각적으로 검토하기로 하자. 왜냐하면 이 단어의 어원적·민속적·문학적 의미를 소상하게 알아봄으로써 그 결과로 우리는 상징주의나 상징주의 시를 더욱 올바르게 이해할 수 있기 때문이다.

오늘날 '상징'이라 옮기고 있는 영어의 symbol, 프랑스어의 symbole, 독일어의 Symbol은 모두가 인지(認知) 표시라는 의미를 지닌 라틴어의 'symbolus'에서 왔고, 이 라틴어는 역시 같은 뜻을 지닌 그리스어의 'sumbolon'에 그 어원을 두고 있다. 그리고 명사인 'sumbolon'은 동사인 'sumballein'에서 파생되었으며, 이 동사는 '함께 *together, ensemble*'라는 뜻의 접두사 'sum'과 '던지다 *throw, jeter*'라는 뜻의 동사 'ballein'이 합쳐서 된 단어이다. 그러니까 '상징 *symbole*'은 어원상으로는 본래 '함께 던짐'이라는 뜻을 지니고 있었다. 그러던 것이 그 어원적인 의미는 어느새 사라지고 '표(票), 징표, 인지 표시, 결합, 상징' 등의 뜻으로 시대를 따라 달리 사용되었던 것이다.

그리스 사회에서 '표, 징표, 인지 표시' 등의 의미로 통용되었던 '상징'은 더 구체적으로는 한 사람이 그 사람임을 증명하기 위해서 나누어 가졌던, '둘로 쪼개어진 물체의 한 조각 *un fragment d'un objet brisé en deux*'을 뜻했었다. 다시 말하자면, 당시 그리스에서는 손님을 맞아 친숙한 관계를 맺게 된 후 헤어질 때는 후일에도 두 사람이 바로 그 두 사람임을 확인하기 위해서 주인은 한 물체를 둘로 쪼개어 서로 하나씩 나누어 갖는 풍습이 있었는데, 둘로 쪼개어진 그 나무나 기와나 거울 등의 한 조각을 'sumbolon → symbole'이라 했던 것이다. 이때 그 조각은 두 사람의 본인임을 확인하는 '인지 표시'가 되고, 그들의 정체성을 나타내는 '징표'가 된다. 그러므로 이때의 그 두 조각은 단순한 물체가 아니라 이미 어떤 내포된 의미를 부여받고 있는, 이를테면 상징물로서의 가치를 지닌다. 그러나 쪼개어진 그 두 조각이 단독적으로 분리되어 있을 때는 아무런 가치도 발휘하지 못한다. 그 두 조각은 다시 결합되어서 틀림없는 하나가 될 때라야 비로소 가치를 지니는 것이다. 여기서 우리는 '서로 던지다'의 본뜻을 지닌 'sumbolon → symbole' 속에 '해후, 결합'의 의미가 내포된 이유를 짐작하게 되고, 그리고 그것이 '표징'의 한 변형된 형식인 '상징'이라는 의미도 포괄하고 있음을 미루어 알게 된다. 어원상으로든 그리스의 민속적 의미로든 '상징 *sumbolon → symbole*' 현상은 반드시 두 조각, 즉 두 요소로 이루어져 있고, 그 두 조각 즉 두 요소는 반드시 결합될 때라야만 가치를 지니며, 결합될 때는 꼭 들어맞아서 그것의 정체성이 틀림없이 드러나야 하는 세 가지 요인을 갖추어야 한다. 이는 우리가 문학에서 사용하는 상징의 내용과도 일치한다. 비교법으로서의 상징도 반드시 원개념과 보조 개념 또는 기호와 의미의 두 요소로 이루어져 있고, 그 두 요소는 반드시 결합될 때라야만 가치를 지니며, 결합될 때는 유추를 통해서 기호화 의미 사이에 일체성이 확립되어야 하는 것이다.

II. 문학에서의 상징

이제 문학적인 표현 방법으로서의 상징에 대하여 좀더 자세히 알아보기로 하자. 대체로 볼 때, 상징은 "자기 아닌 다른 것을 표현하는 어떤 것"[4] "어떤 유추적인 상호 관계의 힘을 빌려

---

4) 웰렉 Wellek, 워런 Warren, 『문학의 이론 *Theory of Literature*』: 〔……〕
that of something standing for, representing, something else.

서 자기 아닌 다른 것을 표현하는 것"5) "어떤 유추나 유사 관
계를 통해서 정신적인 것을 드러나게 하는 감각적인 표현 방
법"6) "겉으로 드러난 것(통상 물질적인 것에 속하는 것)이 교합
관계의 힘을 빌려서 그 이상의 어떤 것 또는 그 밖의 어떤 것
(통상 비물질적인 것에 속하는 것)을 의미하는 일종의 표현 방
법"7) 등으로 정의를 내릴 수 있다. 다시 말하자면 상징이란 그
것의 형식으로서의 기호 *signe*, 기표 *signifiant*, 구체적인 것
concret, 피상적인 것 *apparent*, 즉 상징하는 것 *symbolisant*이
어떤 필연적인 유추 관계나 상호 교합 관계의 힘을 빌려서 그것의
내용으로서의 의미 *sens*, 기의 *signifié*, 추상적인 것 *abtstrait*,
본질적인 것 *essentiel*, 즉 상징되는 것 *symbolisé*을 환기시키고
표현해내는 문학적·수사학적 비교법이라 하겠다.

이때 상징은 항상 기호 즉 보조 개념으로서의 존재 구조와 의
미 즉 원개념으로서의 본질 구조 등 이중적인 양서(兩價) 체계
로 되어 있으면서 기호적 존재로서의 상징 형식은 늘 의미적 본
질로서의 상징 내용을 특별한 기능 속에서 간직하고 있다. 그
특별한 기능이란 상징 형식과 상징 내용간의 상호 관계가 지시
적 *référentiel*이거나 일의적(一義的)인 것 즉 데노테이션 *deno-
tation*으로 이루어진 것이 아니라 암시적 *suggestif*이거나 다의
적인 것 즉 코노테이션 *connotation*으로 이루어져 있음을 뜻한
다. 그러므로 상징은 항상 애매성이나 모호성을 모면할 길이 없
다. 상징은 형식으로서의 자신의 존재 속에 내용으로서의 자신

---

5) 앙드레 랄랑드 André Lalande, 『철학 사전 *Vocabulaire technique et critique
de la philosoghie*』: 〔……〕 ce qui représente autre chose en vertu d'une
correspondance analogique.

6) 에티엔 수리오 Etienne Souriau, 『미학 용어 사전 *Vocabulaire d'esthétique*』:
celui d'une représentation sensible évoquant par quelque analogie ou
contiguité un être spirituel.

7) 『프린스턴 시와 시학 백과사전 *Princeton Encyclopedia of Poetry and Poe-
tics*』: 〔……〕 a manner of representation in which what is shown(normal-
ly refering to something material) means, by virtue of association, some-
thing more or something else(normally refering to something immateial).

의 본질을 깊이 은폐하고서 그 둘의 관계를 다의성과 모호성으로 덧칠해놓고 있다. 따라서 그 두 요소 즉 상징하는 것과 상징되는 것 사이에 숙명적으로 가로놓여 있는 모호성과 다의성의 장막을 어떤 필연적인 유추 과정을 통해 말끔히 걷어내고 그 속에 은폐되어 있던 상징 내용을 상징 형식에 꼭 들어맞게끔 밝혀내는 일은 상징의 해독자로서의 시인인 우리가 해야 할 일이다.

Ⅲ. 시와 상징주의의 이념

위와 같은 작업을 수행하기 위해서 우리는 시를 쓰기도 하고 또 시를 읽기도 한다. 특히 시를 읽으면서 여러모로 몽상에 잠기기도 하고 분석도 함으로써 그것의 진의를 해독하려고 애쓴다. 시란 그 단어의 생김새를 보아 알 수 있듯이 본시 말의 집이다. 그것도 일정한 틀을 짜놓고 그 틀에 맞추어 쌓아놓은 말의 더미 속에 의미의 구조망을 깔아놓은 집, 더 미학적으로 말하자면 시란 하나의 견고한 건축물로서의 말의 사원이라 할 수 있다.[9] 그 같은 말의 구조물을 건설하는 데에는 특히 중요한 두 가지 기능이 작용해야 한다. 그 두 기능이란 말을 통해서 그 구조물을 탄생케 하는 어떤 창조적 영력(靈力)과 말을 가지고 그 구조물을 이룩해내는 조형적 기량을 의미한다. 그러기에 서양에서도 시를 지칭하는 poetry, poésie나 poem, poème이 모두 그 어원에 창조 행위와 제작 행위라는 두 가지 기능을 동시에 지니고 있다. 우리가 시 정신 쪽에 역점을 두고 사용하는

---

8) 시는 말씀言변에 절寺자가 합쳐 된 단어로, 이때 寺는 '손에 지니다, 일하다, 일하는 곳(마을), 승려의 처소' 등의 뜻이다. 그러므로 시는 '말을 지니는 것, 말을 가지고 일하는 것, 말을 다루는 곳, 말의 사원'과 같은 함축적인 의미를 지니게 된다.

9) 그러기에 동양의 古典에서도 시를 정의하기를, "시란 뜻을 말로 나타내는 것"(詩言志——『書經』), "시는 뜻이다"(詩志也——『說文解字』), "시는 손으로 〔말을〕 지니는 것이다"(詩者持也——『文心雕龍』), "시란 뜻이 행하는 바의 것이다. 마음속에 있는 것이 뜻이요 말로 나타낸 것이 시이다"(詩者志之所之也 在心爲志 發言爲詩——『毛詩』) 했다.

130

‘poésie’는 그리스어 ‘poiêsis’에 어원을 둔 라틴어의 ‘poesis’에서 유래되었고, 시 작품을 일컫는 ‘poème’는 그리스어 ‘poiema’에 어원을 둔 라틴어의 ‘poema’에서 유래된 단어이다. 그리고 그리스어 명사 ‘poiêsis’나 ‘poiema’는 모두 동사 ‘poieîn’에서 파생된 단어로서, ‘poieîn’은 본래 ‘만들다 *make, faire*’라는 뜻이었고 이어서 ‘창조하다 *create, créer*’라는 의미가 덧붙여졌다.[10] 이로 미루어보아 시는 만들어지기도 하고 창조되기도 하며, 또는 창조되면서 만들어지기도 하고 역으로 만들어지면서 창조되기도 한다고 말할 수 있다. 어쨌거나 동서양을 막론하고 시는 반드시 형식 구조와 의미 구조를 지닌 채 말을 가지고 말을 통해서 창조되거나 제작된다는 공통점을 지니고 있다.

이상과 같이 형식망과 의미망의 이중 구조로 되어 있는 시의 건축물을 완성하는 데 있어서 상징주의와 상징주의 시는 무엇보다도 상징의 기능에 특별한 비중을 두고서 그것의 중요성을 강조하게 되었다. 즉 시의 의미 구조를 형성하고 있는 정신 세계를 그것의 형식 구조를 구성하고 있는 말의 조직으로 표출해 내는 데 있어서, 상징주의는 예사로운 방법 요컨대 지시적인 기능에만 머물러 있는 언어 체계를 가지고는 그것에 담겨지는 본질이나 관념의 세계를 올바르게 드러낼 수 없다고 본 것이다. 그러기에 상징주의는 함축적인 기능을 수행하는 상징 형식을 빌려서 관념이면 관념, 본질이면 본질, 영혼의 상태면 영혼의 상태를 말의 구조 속에 암시적으로만 표상하고자 했던 것이다.

다시 정리하자면, 상징주의는 시의 형식 구조를 이루는 낱말들을 하나의 기호 체계 즉 상징 체계로 보고 암시적이거나 함축적인 기능을 수행하는 시어를 사용해서 시의 의미 구조를 이룩

---

10) 이를 종합해 도식화하기로 하자.

詩←言＋寺 〈 志(뜻) －정신－창조→poésie－poiêsis 〉←poieîn 〈 créer
持(행위)－기량－제작→poème－poiema   faire

하는 관념이나 본질을 우회적으로만 표상하고자 했다. 여기에 상징주의의 근본적인 이념과 특징이 있다.

그러는 가운데 상징주의는 그 이념이나 미학에 있어서 어떤 초월적인 상태에서 실현될 수 있는 이상적이고도 영원한 가치가 무엇인가를 탐색하게 되었다. 이를테면 상징주의는 '영혼의 상태 *état d'âme*'와 '절대의 세계 *monde d'absolu*'에서 현현하는 어떤 미적·형이상학적 진실과 실체를 문학 양식 속에 상징적으로 담아내기를 갈망했고, 또 그것의 이론을 체계 세운 문학 이념이라 할 수 있다. 사실 프랑스 상징주의는 시의 순수성·자율성·절대성을 고취하면서 '영혼의 상태'에 대한 형이상학적 갈망을 미의 실체로 파악하고 구현했다는 점에서 세계 문학사상 드물 정도로 이상주의에 맞닿아 있고 정령주의에 투철했던 문예사조이다.

3. 왜 상징주의인가

I. 철학적 이해의 필요성

상징주의라고 하면 일반적으로 그것의 문학적인 측면을 중점적으로 다루어왔지 그것의 철학적인 측면은 소홀히해온 것이 사실이다. 기실 문학을 논하면서 그것의 문학적인 요소에 주된 관심을 기울이는 것은 오히려 정당한 일이기도 하다. 그러므로 여태껏 상징주의가 철학적 탐구의 대상이 아니라 문학적 연구의 대상이 되었던 것도 지극히 자연스러운 일이다. 그러나 모든 학문의 근본이 철학에 있고, 더구나 문학이 본질적으로는 철학을 어머니로 하고 있다는 것 또한 사실이다. 특히 상징주의처럼 그 바탕에 철학이 깊이 뿌리박고 있는 경우에는 더욱 그렇다. 상징주의야말로 어느 문학 유파보다도 철학을 심중에 잉태하고 있으며, 철학적 향훈이 짙게 배어오고 있는 문예사조라고 나는 늘 생각한다. 그런 만큼 상징주의를 더욱 깊이 이해하려면 먼저 그것의 철학적 면모를 살펴보는 것이 필수적일 것이다.

Ⅱ. 철학적 관심

그렇다면 상징주의의 철학적 근거는 어디에 있으며 그것의 철학적 관심은 무엇인가.

철학의 단초가 본시 인식론에 있듯이, 상징주의 철학도 인식의 문제로부터 출발을 하고 있다. 상징주의의 철학적 관심은 우선 객관적 존재로서의 사물 또는 대상에 대한 인식으로부터 비롯되는 것이다. 즉 대상을 어떻게 인식하며, 그리하여 그것들에게 어떠한 가치를 부여하는가 하는 점이 상징주의의 철학을 이해하는 요체가 된다고 하겠다. 요컨대 상징주의는 모든 개체 대상에 대해서 그것들은 무엇이며 어떤 의미와 가치를 지니는가, 인식 대상의 현상적 존재와 관념적 본질과의 관계는 어떠한가, 라는 이를테면 인식 대상의 현상적 가치와 본질적 가치가 어떠하며 그것들 사이에는 어떠한 관계가 이룩되어 있는가라는 철학적 물음을 던짐으로써 시(문학)에서 이미 철학을 본격적으로 다루고 있는 셈이다.

Ⅲ. 현상은 가상

상징주의의 철학상의 특이성은 모든 현상을 가상적인 존재로 인식하는 데 있다. 상징주의는 현상계 즉 모든 인식 대상에 대하여 그것의 참된 존재성에 회의를 느끼면서 부정적인 태도를 취한다. 상징주의에 따르면, 모든 인지 또는 인식 대상은 영원하고도 참된 면모를 지니지 못한 이를테면 허상에 불과하다. 마치 거울에 비친 물체의 이치와 같이, 모든 개체 대상은 그것의 실상은 어디 가고 단지 껍데기로서만 존재하고 있는 허상일 뿐이라는 것이다. 모든 인지 또는 인식 대상은, 후에 설명할 것인바 문학적 입장에서는 그것들은 가치로운 하나의 상징 현상으로 존재하고 있지만, 철학적 입장에서 보면 시간성에 얽매여 있어서 시시로 변하고 궁극적으로는 사라져버리는 것이기 때문에 불변과 영원 속에 존재하는 참의 실체일 수가 없다. 요컨대 모든 개체 대상은 가변성과 가멸성 속에 묶여 있어서 끊임없이 생멸을 거듭하는 가상적 존재에 불과할 뿐, "불생불멸(不生不滅) 불증불감(不增不減)"[11]하는 영원적 존재 즉 실상적 존재가 되지 못한다는 것이 상징주의가 현상계를 보는 기본적인 인시 태도이다.

그렇다면 허상에 불과한 모든 개체 대상은 부정되고 버려져야 마땅한 존재들이다. 그러나 그렇다고 해서 모든 현상 존재가 부정되거나 파기된다면 결국은 무엇이 남게 되고 어떻게 될 것인가. 부정되고 파기된 자리에는 허무밖에는 남는 것이 없을 것이다. 상징주의에 있어서 결국은 허무주의 *nihilisme*가 인식의 전부를 휩싸게 된 요인도 여기에 있다. 그렇다고 해서, 아무리 부정하려 해도 세계는 여전히 거기에 엄존하고 모든 개체 대상도 비록 가상적 존재로서이기는 하지만 거기에 여전히 존재하고 있는데, 상징주의는 계속 철학적 허무에만 빠져버릴 수 있겠는가? 빠져버리고 말 것인가? 아니다. 그렇게 되면 상징주의는 존립할 수가 없을 것이다. 여기에 상징주의의 변증법적인 지양 *Aufheben*이 있게 된다. 상징주의 철학을 하나의 변증법 즉 헤겔적 방법 *hégélianisme*으로 설명하고 이해하고자 한 소이도 여기에 있다.

IV. 인식의 가치 부여 작용

우리가 인지하거나 인식하는 모든 개체 대상은, 자세히 살펴보면, 실은 그것의 존재와 본질 즉 현상적 구조와 의미적 구조 등 복합 체계를 이루고 있다. 그것들은 한결같이 자신의 존재 체계와 의미 체계를 동시에 함유하고 있다. 그것들은 늘 거기에

---

11) 『金剛般若波羅密多心經』 참조.

독립적으로 있는 현상적 존재이면서 동시에 어떤 본질을 내포하고 거기에 있는 의미적 존재이다. 다시 말하자면, 모든 개체 대상은 누구의 어떠한 간섭도 받지 않고 또 누구나 무엇에게도 예속되지도 않고 늘 자족적인 존재로 거기에 있다. 하지만 인식 주체의 인식이 거기에 투여될 때, 그것들은 일순 그 독립적이고도 자족적인 존립성을 박탈당하고 인식의 투망에 걸려들어서 인식에 얽매인 의존적인 존재가 되고 말며, 결국은 인식 주체의 가치 부여 작용 *valorisation*을 받고서 어떠한 양식으로든 의미를 지니는 이를테면 가치로운 존재가 되는 것이다. 결국 한 완전한 가족적 존재로서의 개체 대상은 인식 주체의 가치 부여 작용을 받고 나서야 비로소 의미라고 하는 어떤 본질을 지니는 의미적 존재자가 된다고 하겠다.

V. 실상으로서의 본질

그러니까 상징주의가 모든 현상을 가상 또는 허상으로 인식할 때의 그 대상은 그것의 존재적인 측면을 두고서 본 현상이다. 그것은 본질이 배제된 존재의 피상만을 인식했을 때 밝혀지는 현상의 가상성이다. 그러기에 그것은 상징주의를 허무에 빠지게 했었다. 그럼에도 불구하고 모든 인식 대상은 비록 가상적일지언정 인식 주체 앞에 여전히 항상 엄존하고 있다. 이 같은 개체 대상의 존재 양식, 즉 가상적이면서도 거기에 확실하게 엄존하고 있는 존재의 모순성을 상징주의는 어떻게 극복하고자 했을까. 거기에 있으면서 존재하지 않는, 달리는 거기에 존재하지 않으면서 엄연히 있는 것들에 어떻게 의미와 가치를 부여하고자 했을까.

현상적 존재가 가상인 이상, 상징주의는 그것의 존재 구조 속에 내재해 있는 의미 구조에서 영원불멸하는 어떤 실체로서의 본질을 찾아내고자 했다. 다시 말해서 상징주의는 현상 존재의 가상성을 극복하기 위해서 실상적인 것으로 인식되는 어떤 본질을 대상들에게 부여하고자 했던 것이다. 그 본질이 시간성과 상대성을 극복하고 영원불멸하고 절대적인 것으로 정립이 될 때, 비로소 개체 대상은 가상이 아닌 실상이 될 수 있다고 믿었다. 그렇기 때문에 이때 개체 대상이 실상적인 것으로 지닌 의미 또는 가치 또는 본질은 영원불멸하는 하나의 절대 *absolu*이어야 하고, 더 나아가 전형적인 것 이를테면 플라톤의 '이데아 *idée*'와 같은 것이 되어야 한다. 모든 인식 대상의 본질이 이처럼 절대적인 '관념' 즉 '이데아'가 될 때, 비로소 그것은 가상 아닌 실상이 되는 것이다. 이렇게 보면 상징주의 철학의 궁극적인 목적은 하나의 절대로서의 '관념'의 실현에 있는 듯이 보인다.

VI. 현상과 본질의 합일체인 실상

상징주의의 철학적 관심은 그러나 이에서 머물지 않는다. 이제 상징주의는 지금까지 이원적으로만 보아왔던 현상의 가상적 존재 체계와 실상적 본질 체계와의 모순을 어떻게 해소시킬 수 있을까 하는 데에 관심을 기울이기 시작한다. 즉 가상적 존재와 실상적 본질의 모순되는 이원론 *dualisme*을 극복할 방법을 모색하게 된 것이다.

상징주의는 이 같은 방법을 구체적으로는 시적 성찰을 통해서 찾고자 했다. 기실 현상적 존재로서의 그릇 즉 '기(氣)'가 없는 실상적 본질로서의 의미 즉 '이(理)'란 있을 수 없고, 역으로 실상으로서의 본질을 상실한 가상으로서의 존재도 있을 수 없는 법이다. 설혹 그것들이 서로 모순된다 할지라도, 그 두 항은 늘 이원론적으로 양립해서 존재하거나 희귀한 순간에는 일원론적으로 합일하여 존재하거나 한다. 상징주의가 철학이나 시를 통해서 궁극적으로 실현하고자 했던 것은 어떻게 하면 이처럼 양립하거나 모순되는 두 항을 결합시켜서 하나가 되게 할 수 있는가 하는 점이었다. 다시 말하자면, 모든 개체 대상의 실상인 본질이 그것의 가상인 존재에 무루하게 실려서 합일되기를 상징주의는 바랐던 것이다. 요컨대 본질이 존재에 무루하게 실려서 존재의 가상성을 극복함으로써 양명학(陽明學)이 일컫는 바 '이기합일(理氣合一)'하는 하나의 완벽한 존재가 되기를, 선종이 갈파하는 '색즉시공(色卽是空) 공즉시색(空卽是色)'의 여시(如是)의 세계가 되기를, 즉 존재와 본질이 양립하는 이원 세계가 사라지고 하나의 완벽한 실상의 세계가 건설되기를 꿈꾸었던 것이다.

Ⅶ. 상징주의의 철학적 요소

이상으로 상징주의 철학의 근거와 발전 단계를 살펴보았거니와, 이를 다시 요약하면 다음과 같다.

상징주의는 개체 대상에 대한 인식론으로부터 출발해 모든 현상적인 것이 그 존재 양식에 있어서 가변적이고 가멸적이어서 가상에 불과한 것임을 간파하고, 인식 대상의 가상성을 극복하기 위하여 그것의 실상으로 간주되는 실체적 본질 탐구에 힘을 기울였으며, 이때 그 실체 즉 본질은 시간성을 초월해 영원 불멸하고 절대적인 것이 되어야 하기 때문에 그것이 일종의 '관념 *idée*'에 맞닿아 있어야 함을 알게 되었다. 뿐만 아니라 그 본질이 현상적 존재와 유리되어 있거나 대립되어 있으면 모든 개체 대상이 이원론적 모순에 빠지게 되기 때문에 이의 극복을 위해서, 다시 말하자면 현상적인 존재가 완전한 실상으로 존립할 수 있는 근거를 정립하기 위해서 철학적 탐구와 시적 성찰을 부단히 기울였다. 그 결과 현상의 본질이 되는 그 '관념'이 다시금 현상에 무루하게 실려 틀림없이 완벽한 하나인 것으로 현시됨으로써 존재와 본질간의, 가상과 실상간의, 형식과 내용간의, 요컨대 의미하는 것 *signifiant*과 의미되는 것 *signifié*간의 조화로운 합일을 도모하고 실현했던 것이다.

결과적으로 상징주의는 이원론적 인식론으로부터 출발하여 변증법적 지양을 통해 존재론·본질론을 거쳐 관념론 즉 플라톤적 '이데아 *platonisme*'의 세계를 실현하면서 궁극적으로는 '이기합일'하고 '색즉시공 공즉시색'이 되는 실상론(實相論)에 도달한 것이다.

이상과 같은 상징주의의 철학적 탐색은 시의 이론에서 더욱 두드러지게 그 결실을 맺는바, 소위 '상징 *symbole*'과 '교응(交應) *correspondance*'의 이론이 바로 그것이다.

4. 어떻게 상징주의인가

I. 상징의 이론

일반적으로 문학에서 상징이라고 하면 한 표현 수단으로서의 수사학적인 비교법 즉 그것의 표현상의 쓰임새를 두고 생각하는 것이 통례이다. 그러나 실은 표현 수단으로서의 상징 못지않게 인식 대상이 왜 상징 현상을 띄고 있는가 하는 점을 천착해 보는 것도 역시 중요하다. 그러므로 상징은 특히 상징주의에서는 그 두 측면이 고루 고찰되어야 한다. 그 중에서도 현상은 왜 상징인가, 즉 현상은 왜 상징 형식으로 존재하는가 하는 문제가 앞자리에 놓인다. 따라서 인식 대상을 표상해내는 데 있어서 상징이 어떤 역할을 하는가 하는 문제는 다음 자리를 잇게 된다.

그 첫번째 문제를 우선 살피기로 하자. 앞서 우리는 상징주의가 모든 현상 존재는 가상에 불과하다는 데서 자신의 철학적 출발을 하고 있음을 밝힌 바 있다. 그리고 그 같은 존재의 가상성을 극복하기 위하여 개체 대상의 존재 속에 내재해 있는 실상으로서의 본질을 플라톤의 '이데아'와 같이 영원불멸하고 절대적인 실체로 인식하면서 그에 대한 철학적 탐색을 했음도 이미 언급한 바다. 그러는 가운데 상징주의는 허상과 실상, 존재와 본질이라고 하는 이원론적 사고를 철학적 탐색을 통해서 극복하려 했었다. 그런데 실은 그 같은 이원성의 극복을 상징주의는

138

시적 성찰을 통해서 더욱 적극적으로 타개하고자 했던 것이다. 일컫는 바 상징주의가 자신의 가장 두드러진 독창성이라고 내세우고 있는 '상징'과 '교응'의 이론이 바로 그것이다. 요컨대 본질 또는 실상을 존재 깊숙이 내재하고 있는 모든 개체 대상의 현상적인 존재를 가상적이라고 인식한 것이 상징주의의 철학적 입장이었다면, 그것의 문학적 입장은 그 같은 현상을 존재 깊숙이 본질을 은폐시키고 있는 하나의 상징으로 인식했던 것이다.

상징주의가 철학을 통해서 현상 존재의 실체성을 탐색하는 데 헌신했다면, 문학과 미학을 통해서는 현상계를 하나의 거대한 상징 체계로 보고 그 모든 상징 현상이 우리에게 전언하는 바 그것의 본질 또는 실체가 무엇인가를 밝혀내는 데에 자신을 바쳤다. 그러니까 상징주의에 있어 상징의 이론은 모든 개체 대상이 존재 내면에 본질 또는 실체를 간직하고서 그것을 암시적으로만 드러내고 있는 하나의 상징 현상임을 파악하는 데에 자신의 이론의 근거를 두고 있다. 상징주의의 상징의 이론에 따르면, 모든 인식 대상은 하나의 상징 현상이요 상징적 존재이다. 그것들은 단순히 거기에 가상적이거나 허상적으로만 있는 것이 아니라 한 본질을 내포하고서 우리 앞에 드러난 하나의 전언적 의미체로 존재하고 있다. 그러므로 현상 세계는 추상적인 본질이나 관념을 함축하고서 그것들을 암시적으로만 표상하고 있는 상징 체계라 할 수 있다. 요컨대 이때의 개체 대상은 비로소 가상적인 존재로서의 자신의 존재성을 뛰어넘어 자신의 실체를 암시적으로만 현시하고 있는 가치있는 상징적 존재가 되는 것이다. 그러기에 보들레르도 "이 세계, 그것은 상형 문자 사전,"[12] 즉 해독해야 할 상형 즉 상징으로 이루어진 총합체라고 보면서 "모든 가시적인 세계는 이미지와 기호의 한 창고에

---

12) 보들레르, 「사실주의가 있기에 Puisque réalisme il y a」, 『낭만주의 예술 L'art romantique』: ce monde-ci, dictionnaire hiéroglyphique.

불과하다"[13]라고 단정했을 것이다.

여기서 우리는 상징주의가 철학적 탐색을 하는 가운데 '현상은 곧 가상'이라고 인식했던 바로 그 개체 대상이 문학과 미학의 이론에서는 '현상은 곧 상징'이라고 파악하게 된 이유의 타당성을 얻게 된다.

II. 교응의 이론

상징주의 문학론에서는 상징 못지않게 중요한 것이 교응(또는 상응)의 현론이다. 왜냐하면 상징주의 철학의 한 이론적 기초가 되었던 이원론 즉 존재 체계와 본질 체계간의 이원적 대립을 극복하고 거기에 조화로운 통일의 세계를 건설해주는 것이 교응의 이론이기 때문이다. 그만큼 교응은 모순과 대립 속에 빠져 있는 상징주의의 철학과 문학에게 아름다운 조화와 통일을 가져다주는 이론인 셈이다.

상징주의에 있어서 상징이 모든 개체 대상의 존재의 존재성을 해석하는 이론적 근거가 된다면, 교응은 그 개체 대상들간의 존재의 관계성을 해석하는 이론적 근거가 된다. 상징이 현상의 존재 양식을 밝힘과 동시에 그것의 본질을 규명해서 모든 개체 대상의 실상성(實象性)을 확립시켜주는 이론 체계라면, 교응은 그렇게 실상성을 획득한 개체 대상들의 존재와 본질간의 무루한 통합을 전제로 하여 궁극적으로는 그것들 상호간의 조화로운 통일 양식을 확립해주는 이론 체계이다. 이렇게 상징주의가 상징의 이론과 더불어 교응의 이론을 확립한 것은 상징의 이론을 통해 그 개개의 존재 양식이 밝혀진 대상들에게 교응의 이론을 통해서 조화로운 통일의 질서를 부여함으로써 모순되거나 대립하고 있는 세계를 불식해야 했었기 때문이다.

---

13) 보들레르, 「1859년의 살롱 Salon de 1859」, 『미적 호기심 Curiosités esthétiques』: Tout l'univers visible n'est qu'un magasin d'images et de signes 〔……〕.

상징이 분석과 해독을 시도하는 것과는 달리, 교응은 항상 종합과 조화를 도모한다. 본질을 속에 은폐하고서 상징 형식을 빌려 거기에 있는 모든 개체 대상의 존재와 본질이 우주적인 질서와 조화 속에서 참이고 아름다운 것으로 개시되어 "유암하고도 심원한 통일 *une ténébreuse et profonde unité-Baudelaire*"을 이루기를 교응은 기대한다. 요컨대 교응은 존재와 본질이, 허상과 실상이, 개체와 관념이 분리되어 있거나 대립해 있지 않고 바로 하나인 그것으로 조화롭게 합일되어 있는 그러한 세계를 추구하고 있다. 뿐만 아니라 더 나아가 주체와 객체, 자아와 타자, 또는 현상적 자아와 본질적 자아, 인간과 자연 등 이분법적인 존재 현상이 하나로 융합되는 세계, 즉 '주객합일'의 통일된 세계를 교응의 이론은 도모하고 있다. 요컨대 교응은 세계 내지 현상 일반에 대한 질서와 조화의 미학이요 종합과 통일의 이론이라 할 수 있다.

그렇다면 이러한 교응 현상은 문학 속에서 구체적으로 어떻게 이루어지며 어떠한 형태로 실현되는가. 그리고 어떠한 능력의 소유자가 그 같은 교응의 세계를 체험할 수 있고 시로써 그것을 구현할 수 있는가.

상징주의에 의하면, 그 같은 교응의 세계를 체험할 수 있는 자는 특이한 능력을 지닌 탁월한 시인뿐이다. 또 그 같은 시인이 되려면 일상적·주정적·논리적인 자아'를 탈피해서 자아를 객관 세계와 우주적 범주에 진입시켜 만물과 자아와의 신통스러운 교합을 이룰 수 있어야 한다. 이를테면 이심전심의 묘법을 가지고 자아와 세계, 현상과 현상간의 조화로운 합일을 도모할 수 있는 일종의 각자(覺者) 또는 접신술자가 되어야 하는 것이다. 이러한 능력의 시인을 일컬어 랭보는 견자 *vogant*라 했다. 이때의 견자란 그의 저 유명한 말인 "나는 타자이다 *Je est un autre*"라고 할 때의 '자아 곧 타자'의 특별의 능력을 수행하는 자이다. 그러니까 견자 또는 각자로서의 시인은 자아가 동시에

타자가 되고 타자도 곧 자아가 될 수 있는 무소불위의 신통력을
지닌 자인 것이다. 그래야 비로소 "그(시인)는 바람과 노닐고
구름과 더불어 이야기하는"14) 교응의 시인이 되고, 또 "인생을
굽어보며, 노력 없이도/말없는 꽃과 사물들의 언어를 이해하
는"15) 견자의 시인이 되는 것이다.

위와 같은 견자로서의 시인이 체험하는 교응은 구체적으로는
인식 주체와 인식 대상 즉 자아와 세계 사이에서, 인식 주체의
감각과 감각 사이에서, 인식 대상인 객체와 객체 사이에서, 심
지어는 인식 주체내의 자아와 또 다른 자아 사이에서 조화롭게
이루어진다. 일컬어 교응은 크게 나누어 두 가지 형태로 실현된
다고 본다.

첫째로는, 현상 세계에서 현상 상호간의 감각 교류의 형태로
든가 또는 인식 주체와 인식 대상간에 일체감의 형태로 나타난
다. 보들레르는 위에 인용한 시구에서 시인과 바람이나 구름 사
이에서 이루어지는 주객합일의 세계를 체험했고, 또 "말없는
꽃과 사물들의 언어"를 이해하는 자는 행복하다고 구가하면서
주객 합일의 세계는 물론 인식 대상 상호간에도 이미 비밀스러운
내적 교통 *intercommunication*16)이 행해지고 있음을 실감했다.
그는 또한 유명한 시 「교응」에서 "향기들, 색깔들, 소리들이
화답한다"17)고 했고, 랭보도 보들레르의 「교응」과 더불어 교응
이론의 최상의 시라고 일컬어지는 「모음들 Voyelles」에서

　　A 검은, E 흰, I 붉은, U 초록, O 푸른, 모음들이여,

---

14) 보들레르, 「축복 Bénédiction」의 한 시구: Il joue avec le vent, cause avec
le nuage.

15) 보들레르, 「상승 Elévation」에 나오는 시구: Qui plane sur la vie, et
comprend sans effort/Le langage des fleurs et des choses muettes !

16) 자크 마리탱 Jacques Maritain, 『시와 예술에 있어서의 창조적 직관 *Creative
Intuition in Art and Poetry*』, p. 3 참조.

17) 보들레르, 「교응」: Les parfums, les couleurs et les sons se répondent.

나는 언젠가 너희들의 신비로운 탄생을 말하리라.[18]

라고 모음의 색채화 *colorisation des voyelles* 즉 청각의 시각화 현상을 실현함으로써, 여러 감각간에 이루어지는 교응의 세계를 입증하고 있다. 이와 같이 상징주의는 다른 어느 문학 유파보다도 공감각 *synesthésie*의 세계를 시 이론의 한 중요한 요소로 훌륭하게 정립해놓았다. 이처럼 감각 체계간에 이루어지는 공감각의 세계를 비롯해 주체와 객체 및 현상 세계 사이에서 있게 되는 모든 내적 교류의 상태를 일컬어 수평적 교응 *correspond-ances horizontales*[19]이라 한다.

다음으로 교응의 두번째 형태는 현상과 본질, 물질과 정신, 육체와 영혼, 인간과 신 등 사이에서 이루어지는 경우이다. 상징주의는 물질적 감각적 가시적인 현상 세계와 정신적·관념적·불가시적인 본질 세계에서는 물론, 지상적 존재인 인간과 천상적 존재인 신 사이에서, 또는 육체적·물질적 자아와 정신적·관념적 자아 사이에서도 어떤 내적이고 영적인 합일이 이루어지고 있음을 확인했다. 이 같은 거의 신비롭기까지 한 체험 세계에 대해서는 보들레르가 특히 교응의 미학을 최상으로 확립한 상징주의 이론의 대표적인 시「교응」에서 다음과 같이 노래한 바 있다.

자연은 간간이 살아 있는 기둥들이 어렴풋한 말들을 내보내는 사원, 인간은 친근한 시선으로 자신을 바라보는 상징의 숲을 건너 그리로 들어간다.[20]

---

18) 랭보,「모음들」: A noir, E blanc, I rouge, U vert, O bleu: voyelles, Je dirai quelque jour vos naissances latentes.
19) 이는 모두 앙리 페르 Henri Peyre가 『상징주의란 무엇인가 *Qu'est-ce que le symbolisme*』(PUF., 1974)에서 사용한 용어이다.
20) 보들레르,「교응」: La nature est un temple où de vivants piliers/Laissent parfois sortir de confuses paroles/L'homme y passe à travers des forêts de symboles/Qui l'observent avec des regards familiers.

이 시는 자연과 인간과 사원 즉 신 사이에 이룩되는 어떤 조화롭고도 숭고한 교합 관계, 합일 관계, 교응 관계를 극명하게 보여주고 있다. 다시 말하자면 가시적이고 물질적인 현상으로서의 자연과 불가시적이고 정령적인 실체인 본질이나 관념으로서의 사원이 다름아닌 하나로 결합되어 있고, 또 자연이 암시하고 있는 상징 체계를 바르게 해독해서 그 안에 들어가 동참하게 되면 지상적 존재인 인간도 천상적 존재인 시의 거처 즉 사원으로 들어가 그 안에서 사원 즉 신과 일체가 되는 숭고한 합일의 세계를 실현할 수 있음을 이 시는 보여주고 있는 것이다. 이와 같이 존재와 본질, 물질과 정신, 현상과 실상, 인간과 신 사이 등에서 이루어지는 교응 형태를 일컬어 "수직적 교응 *correspondance verticale*"[19]이라 한다.

결론으로 말해서, 상징주의는 자신의 중요한 이론들을 독창성 있게 추구하는 가운데 상징을 현상의 존재 양식을 해석하는 분석 이론으로 정립했고, 또 교응을 우주의 조화로운 통일을 건설하는 종합 이론으로 확립함으로써, 참이고도 아름다운 일체성의 세계를 꿈꾸고 체험하고 구축하면서, 궁극적으로는 그 같은 세계를 특히 시를 통해서 훌륭하게 실현해보였던 것이다.

Ⅲ. '언어의 연금술사'와 시어

주위가 온통 현상이라고 하는 '상징의 숲'으로 둘러싸여 있고, 그런 속에서 세계를 조화로운 통일체로 건설해야 하는 시인은 어떠한 존재인가. 시인은 견자이기 전에, 그리고 견자로서, 세계와 언어 앞에서 어떠한 기능을 수행해야 하는가. 그럼으로써 궁극적으로 시인은 어떠한 시를 생산해야 하는가.

현상계가 온통 '기호의 창고'요 '현상 곧 상징'이요 또는 '현상 곧 가상'인 세계 앞에서 이제 시인에게는 기호적 존재로서의 현상계 그 내부에 은폐되어 있는 그것의 내용과 실상 또는 본질

을 어떻게 탐색해낼까 하는 것이 가장 중요한 문제로 남게 된
다. 왜냐하면 상징적 존재 양식을 띤 모든 개체 대상은 본래 가
상에 불과하기 때문이고, 개체 대상은 상징 형식을 띠고서 그것
의 진의나 본질로 가는 길잡이 노릇을 하고 있기 때문이고, 그
런 가운데 시인은 현상 존재의 본질이나 실상을 파악하는 것이
궁극적인 목적이 되기 때문이다. 다시 말하자면 시인에게는 상
징 형식으로 우리에게 비쳐지는 인식 대상의 그 상징성이 본질
적으로 무엇을 뜻하고 있는지를 해독해내는 일이 그중 중요한
임무가 되는 것이다. 그러기에 보들레르는 "그러니, 시인이
[……] 번역자요 해독자가 아니라면 무엇이란 말인가?"21)라고
단언하고 있지 않은가. 그러므로 상징주의 시인은 상징의 번역
자로서 무엇보다도 개체 대상의 상징 현상에 대한 해독 작업에
헌신하게 된다. 그러나 그것만으로 완전한 상징주의 시인이 되
었다고는 말할 수 없다. 이에 덧붙여 시인은 또 다른 임무를 수
행해야 한다. 그것은 다름아닌 언어의 연금술사로서의 임무
이다.

　이제야 우리는 앞서서 제기했던 상징의 두번째 문제, 즉 언어
형식을 빌려 인식 대상을 표상하는 한 방법으로서의 상징의 의
미를 고찰하기에 이르렀다.

　우리가 세계를 인식하는 것은 언어를 통해서이다. 대부분의
경우 우리는 언어를 통해서라야만 세계에 대한 인식도, 인식 대
상에 대한 사유도 할 수 있고, 인식된 것과 사유된 것을 문학
형식으로 표상해낼 수도 있다. 이렇듯 인식 및 사유와 언어, 표
현과 언어는 불가분의 관계에 놓여 있다. 따라서 한 편의 시를
생산하는 데도 표현 즉 언어의 문제가 필수적으로 제기된다. 더
구체적으로 말하자면, 상징 현상과 상징 내용의 관계 속에서 시
인이 인식하고 사유한 것을 어떠한 기능을 지닌 언어를 가지고

----

21) 보들레르, 「빅토르 위고 Victor Hugo」, 『낭만주의 예술』: 〔……〕 or, qu'est-
ce qu'un poète 〔……〕, si ce n'est un traducteur, un déchiffreur ?

어떠한 문학 형식에 담아서 어떤 방식으로 표현해낼까 하는 문제가 그것이다. 이는 결국 시인이 상징 체계로 이루어진 현상 세계를 어떻게 해독해낼까 하는 문제와 동시에 해독해낸 그 상징 내용을 어떻게 시로써 표상해낼까 하는 문제로 귀결된다. 이때에 필연적으로 제기되는 또 하나의 문제가 있다. 그것은 상징 해독자로서의 시인이 언어와 시 *poème*를 어떻게 생각하고 있느냐 하는 문제이다. 즉 시인의 언어관과 시관이 그것이다.

결론부터 말하자면, 현상 세계를 하나의 거대한 상징 체계로 보는 상징주의와 상징주의 시인이 그것을 해독해서 그 뜻을 담아내는 도구인 언어와 시도 결국은 하나의 집적된 기호 체계요 상징적 구조물로 간주할 수밖에는 없다는 것이다. 현상이 가상이고 상징이었듯이, 그것을 인식하고 사유하는 도구인 언어도 상징성을 벗어나지 못하고, 그러한 언어의 구조물인 시도 따라서 당연히 하나의 상징체이어야 한다는 것이다. 그러므로 상징주의는, 선가(禪家)에서 진리를 "문자로써 세울 수 없다. 가르침이 아닌 것으로 따로 전한다(不立文字 敎外別傳)"라고 한 것과 마찬가지로, 언어의 일상적인 의미를 가지고서는 그들이 주장하는 진리의 세계를 바르게 표상할 수 없다는 새로운 언어관을 갖게 된다. 요컨대 상징주의에 있어 시인은 시 그것도 자신이 표상하는 본의를 시 형식 속에 은폐시킨 채 암시적으로만 드러내보이고 있는 하나의 상징적 현시체(顯示体)로 창조해내야 한다는 것이다. 그러므로 상징주의 시인은 기본적으로는 세계라고 하는 상징 현상을 해독해내는 '번역자'이면서 동시에 궁극적으로는 특이한 상징적 기능을 지닌 언어를 빚어내는 언어의 연금술사가 되어야 한다. 왜냐하면 현상 속에서 현상의 본질이 직접적으로 드러나는 것이 아니라 상징 형식을 띠고 우회적으로 밝혀지게 되어 있듯이, 시 속에서도 시의 본질 내용은 지시적으로 드러나는 것이 아니라 반드시 상징적으로만 암시되어 드러나게끔 해야 하는 것이 상징주의의 기본적인 문학 태도이기 때

146

문이다. 상징주의는 상징을 통해서 암시적으로만 본질 내용을
표상해야 한다. 요컨대 '현상 곧 상징'이기 때문에 그것을 표상
하는 시도 '시 곧 상징'이 되어야 하는 것이다.

그러기 위해서는 한 편의 시를 직조해내는 언어에게도 특별
한 기능이 부여되어야 한다. 이때의 언어란 랭보가 일컫는 바
소위 '언어의 연금술 *alchimie du verbe*'을 통하여 새롭게 이룩
한 언어 체계로서 상징과 암시의 기능을 십분 발휘하는 것이어
야 한다. 즉 이때의 언어는 하나의 기호 체계 내지 상징 체계로
되어 있어서 일상적이거나 일의적인 의미만을 지닌 지시어가
아니라 함축적이고도 다의적인 의미를 지니고서 암시적인 기능
을 수행하는 상징어가 되어야 하는 것이다.

Ⅳ. 시의 음악성

그러나 이것만으로 또 상징주의의 시적 표현이 모두 충족된
다고는 말할 수 없다. 상징주의가 지향하고 있는 또 하나의 중
요한 요소는 시의 음악성이다. 어떻게 하면 시가 음악의 경지에
도달할 수 있고, 궁극적으로는 음악 그것이 될 수 있을까 하는
문제가 그것이다. "음악의 길과 시의 길은 서로 교차한다"[22]고
한 발레리의 말과 같이, 특히 상징주의에서는 시와 음악이 서로
그 가치를 교환한다. 이렇듯 음악은 상징주의 시를 상징주의 시
이게 하는 가장 중요한 요소 중 하나로 자리를 굳혔다. 그러기
에 베를렌도 "무엇보다도 먼저 음악을 *De la musique avant
toute chose,*" 또는 "여전히 그리고 언제나 음악을! *De la mu-
sique encore et toujours!*"[23]이라고 외치면서 시가 지니는
음악적 요소를 강조했던 것이다.

시가 음악을 동경하고 음악적 요소를 도입할 때의 양상은 대

---

22) 발레리, 「문학 Littérature」(1929): Les routes de musique et de poésie se croisent.
23) 그의 유명한 이론시 「詩法 Art poétique」 참조.

개 세 가지 형태로 나타난다 하겠다.

그 첫째는 시 형식에 외형적으로 작용하는 음악적 효과이다. 즉 시구의 운율적 해조(諧調)로움에서 얻게 되는 시적 효과를 말한다. 어차피 시 *poème*란 반드시 시어의 선택과 그것들의 조합으로 이룩된 시구의 배열에 따라서 모양을 짓기 때문에, 이 점에 있어서 시의 가장 중요한 외형상의 특징은 하나의 미적 구조성을 축조하는 시어의 적절한 선택과 배합이라 할 것이다. 결국 시에서 음악적 효과를 기한다는 것은 음악의 특징들인 율동감이나 리듬감 또는 하모니를 시가 그대로 답습해서 갖가지 수사학적인 방법을 동원해 시나 시구의 해조로움 *cadence*, 낭랑함 *sonorité*, 유려함 *fluidité* 등을 십분 조성함을 뜻한다. 그러기에 극단적으로는 상징주의 시를 "음절과 리듬으로 이루어진 일종의 감동의 음악"[24]이라고까지 말하는 자도 있게 되었다.

다음으로는 음악이 지니는 기화성(氣化性) *vaporisation*, 환기성 *évocation*의 요소가 시에 적용되는 경우이다. 시간 예술인 음악은 본질적으로 실연되자마자 그것의 형태가 소멸해버리고, 설명되기를 거부한 채 단지 감동적인 울림이 있기만을 요구하며, 그렇기 때문에 궁극적으로는 모호하고도 순수한 어떤 상태를 환기시키기만 하는 특성을 지닌다. 음악이 지닌 이 같은 요소는 상징주의 시에도 그대로 적용된다. 물론 시간 예술로서의 시가 본래는 음악과 뿌리를 같이하고 있는 문학 양식이긴 하지만, 상징주의 시는 특히 음악과의 친화력을 돈독히하고 있다. 즉 상징주의 시는 음악과 같은 운율적인 형식 속에 자신의 의미 내용을 회화처럼 고정시켜 선명하게 표상하는 것이 아니라 그것을 형식 내면에 은폐시키거나 음악처럼 기화시켜버려서 이를테면 모호한 '상징의 숲' 속에 머물러 있게 하고, 그럼으로써 그처럼 형식에서 기화되어 사라져버린 자신의 의미 본질의 정

---

24) 위제와 Wyzewa, 『우리의 스승들 *Nos maîtres*』, p. 27: Le poésie, 〔……〕
qui est 'une musique émotionnelle de syllabes et de rythmes.

148

체를 독자에게 단지 암시적으로만 환기시킬 뿐이다. 그러기에 상징주의 시는 늘 의미의 고정화(固定化)와 부각화(浮刻化)를 탈피하면서 어떤 순수성과 추상성 및 관념성을 지닌 채 그 의미 내용이 암시적으로 환기되기만을 기대하는 것이다.

이는 사실은 시가 음악을 동경하는 세번째 요소와 무관하지 않다. 시가 음악적 특징인 기화성과 환기성에 힘입어 어떤 순수한 관념의 세계를 지향한다는 것은 곧 시가 내용상으로도 음악적인 상태를 동경하고 있음을 뜻하기 때문이다. 그리고 이때 음악적인 상태란 다름아닌 일상성·현실성·논리성이 배제된 순수한 추상적·관념적 상태를 일컫기 때문이다. 월터 페이터 Walter Pater도 말했듯이, "모든 예술은 음악의 상태를 동경한다."[25] 상징주의 시가 추구하는 음악적 상태란 더 구체적으로 말하면, 첫째로는 인식되는 세계가 일상성과 구체성을 벗어나 추상화 내지 관념화되어 있는 순수 형태를 일컫는다. 다음으로는 일상적이고 논리적으로는 그 표현이 불가능하여 논리 및 지시 체계로서의 언어의 세계가 단절된 상태 즉 순수 직관의 세계인 언어도단의 상태를 일컫는다. 그리고 마침내는 상징주의가 궁극적으로 도달하고자 했던 '영혼의 상태 *état d'âme*,' 순수와 관념과 일종의 절대로 이루어진 '영혼의 상태'를 말할 것이다. 음악의 상태가 '영혼의 상태'인 까닭은 음악이야말로 근본적으로 반드시 추상성에 머무르면서 어떤 본질이나 관념의 상태를 순수하고도 직관적으로 표상할 수밖에는 없기 때문이다. 그러므로 음악의 상태란 어떤 한 세계가 음이라고 하는 기화성 및 환기성의 실체에 실려 추상화되면서 어떤 한 순수한 관념의 상태, 즉 상징주의가 일컫는 '영혼의 상태'로 환원된 상태라 할 수 있을 것이다.

보들레르와 프랑스 상징주의에 지대한 영향을 끼친 에드가 앨런 포는 위와 같은 시와 음악과의 긴밀한 관계를 통찰하면서

---

25) 월터 페이터, 『르네상스의 역사 연구 *Studies in the history of the Renaissance*』: All art aspires towards the condition of music.

"요컨대, 나는 언어로 된 시를 미(美)의 **운율적 창조**라 정의하고자 한다"[26]고 말함으로써 시의 내용의 궁극적인 대상은 미의 세계이고, 시의 형식의 궁극적인 목표는 음악의 답습에 있음을 확실히하고 있다. 말라르메도 또한 "시란 그것의 본질적인 리듬으로 환원된 인간의 언어를 가지고 모든 존재 양상의 신비로운 의미를 표현한 것이다"[27]라고 정의하면서 음악으로 환원된 시의 본질을 간파한 바 있다.

5. 상징주의 시인들

이미 밝혀졌듯이 상징주의의 선구자는 샤를 보들레르라 해야 할 것이다. 사실 보들레르는 현대판 『신곡 *Divine comédie*』이라 일컬을 만한 『악의 꽃들』과 『소산문 시집——파리의 우울』 등 두 권뿐인 시집을 통해서 문학사적으로는 상징주의의 여러 이론과 미학을 확실하고 훌륭하게 확립해놓은 상징주의의 선구적인 시인이다. 뿐만 아니라 시사상으로는 인간의 영원한 본질이라 할 수 있는 이원성의 문제, 삶과 윤리에 대한 새로운 현대적 해석, 타락한 신의 문제, 생존에 대한 심오하고도 철저한 고뇌, 영원과 죽음의 테마 등을 가혹할 정도로 철저하게 파헤친 참으로 위대한 현대적 시인이다.

상징주의의 흐름은 이러한 보들레르를 정점으로 하여 대개 세 갈래로 갈라져나가고 있다.[28]

그 첫째 줄기는 보들레르의 '감성 *sentiment*'의 세계를 특히

---

26) 에드가 앨런 포, 「시의 원리 The Poetic Principle」: I would define, in brief, the poetry of words as 'the rhythmical creation of beauty.'

27) 말라르메, 「레오 도르페에게 보낸 편지 Lettre à Léo d'Orfer」: La poésie est l'expression, par le langage humain ramené à son rythme essentiel, du sens mystérieux des aspects de l'existence 〔……〕.

28) 이하의 계보 정리는 주로 발레리, 슈미트 A.-M. Schmidt, 랑송 Gustave Lanson, 특히 기 미쇼 Guy Michaud 등의 이론을 종합한 것이다.

답습하면서 시에서의 '완벽한 표현 *parfaite expression*'을 시도하고 음악적 암시에 의한 '순수 서정시 *lyrisme pur*' 즉 '정감의 시 *poésie affective*'를 개척한 폴 베를렌으로 이어지고 있다. 그는 시구의 음악적인 해조로움을 특히 강조하면서 시가 음악을 동경한다는 것의 한 전범을 보여주었고, 거의 감상에 가까운 서정의 세계를 비단결같이 곱게 노래한 시인이다. 베를렌의 시는 이후 퇴폐주의에 크게 영향을 끼쳐 쥘 라포르그, 알베르 사맹과 같은 시인들의 사범이 되었다.

다음 줄기는 보들레르의 '감상 *sensation*'의 세계를 특히 물려받아 '언어의 주술성 *incantation du verbe*' 탐구에 천재성을 발휘하고 초현실성을 환기시키는 듯한 '체계적인 환상 *hallucination systématique*' 상태를 실현하면서 '환상의 시 *poésie fantastique*'를 꽃피운 아르튀르 랭보로 내려간다. 16세경부터 20세까지 한 5년여 간 시를 쓰고 이후로는 완전히 절필했으면서도 『시집 *Poésies*』 『조명 장식집 *Illuminations*』 『지옥의 한 계절 *Une saison en enfer*』 등 두껍지 않은 세 권의 시집을 가지고 현금까지도 '랭보 신화 *mythe de Rimbaud*'를 창출하고 있는 신동인 그는 '**모든 감각의 오래고도 광범위하며 추론적인 해체** *un long, immense et raisonné dérèglement de tous les sens*'를 통해 '체계적인 환각'을 실현하는 소위 '견자'가 되어, "그리고 사람들이 보았다고 믿었던 것을 나는 때로 보았다!"[29]는 초현실적 체험을 하고 '자아 즉 타자'의 경이로움을 섭렵함으로써 세계와 인식 및 언어 체계에 새로운 지평을 열어주었다. 이와 같이 현실 착란과 초현실적인 질서를 새로이 세운 그의 시는 후에 생-폴 루와 프랑스 현대시의 효시라 일컬어지는 기욤 아폴리네르 및 우주적인 시 *poésie cosmique*를 상징주의 수법으로 완성한 폴 클로델 등에게 지대한 영향을 끼쳤으며 드디어 20세

---

29) 랭보, 「취한 배 Bateau ivre」의 한 구절: Et j'ai vu quelque fois ce que l'homme a cru voir !

기 초반기의 초현실주의 *surréalisme*를 탄생시키는 중요한 한 요인이 되었다.

그리고 세번째 줄기는 보들레르가 지닌 지성적 요소 즉 사유와 형식의 '완벽함 *perfection*'과 '시적 순수성 *pureté poétique*'을 물려받고서 '절대의 세계 *monde absolu*'를 지향하면서 '사유의 집중 *concentration*'과 '언어의 순화 *purification de langage*'를 통해 '지성의 시 *poésie intellectuelle*'를 완성시킨 스테판 말라르메에게로 이어진다. 반반한 시집으로는 『시집』 한 권과 특이한 장시집 『주사위 굴리기는 절대로 우연을 폐기하지 못하리라 *Un coup de dés jamais n'abolira le hasard*』를 가지고 상징주의 시의 절정을 이룬 말라르메. 그는 순교자와도 같은 태도를 가지고 삶·인간·우주의 본질에 대한 철학적인 사색을 하면서 사유의 관념화와 언어의 결정화 및 시의 순수화라는 노고의 과정을 거쳐서 참으로 시가 어떠한 것이고 시의 상징적 표현이 어떠한 것인가를 극단하게 보여준 시인이다. 그리고 말라르메는 상징주의 시인을 많이 길러냈다. 그를 전적으로 또는 한때나마 추종했던 시인으로는 장 모레아스 Jean Moréas, 매테르랭크 Maeterlinck, 앙리 드 레니에 Henri de Régnier, 베르아렌 Verhaeren, 프랑시스 잠 Francis Jammes, 폴 포르 Paul Fort 및 위대한 폴 발레리 등이 있다.

프랑스 최고의 지성이며 '순수시 *poésie pure*'의 완성자라 일컬어지는 발레리 역시 얄팍한 세 권의 시집 『옛 시 모음집 *Album des vers anciens*』『젊은 파르크 *Le jeune Parque*』『매혹 *Charmes*』을 가지고 인간과 삶의 순수한 본질이 무엇인가를 투명하게 사유하면서 고도한 순수 지성의 세계를 이미지의 결정화와 감성적 표현으로 조화롭게 추구한 프랑스의 대표 시인이다. 발레리는 특히 시의 의미 *sens*와 소리 *son*, 즉 내용과 형식이 똑같이 중요하며 그것들이 마치 세계추의 양극과 같이 서로 균형을 이루면서 하나가 될 때 훌륭한 시가 탄생된다고 보았다. 그러기 위해서 발레리는 시의 창조 이론과 제작 이론을 치우침 없이 똑같이 중요시했다. 발레리 시의 특이성은 관념적이고 순수한 이념의 세계를 고도하게 정제된 감각적 이미지를 가지고 주옥 같은 어휘들의 순수한 집합으로 표현해냈다는 데 있을 것이다.

　이상과 같이 상징주의 시의 계보를 정리하면서 얻게 된 결론은 상징주의 이념과 미학을 충실히 따르면서 훌륭한 업적을 남긴 시인으로는 역시 보들레르를 비롯 베를렌, 랭보, 말라르메, 발레리 등 5대 거장을 꼽을 수 있다는 점이다. 이들은 다같이 상징주의 이론을 따르면서도 제각기 고유한 시세계를 독창적으로 완성시켰다. 그리고 이들에게 공통된 것으로는, 좀 뒤처진다고 보여지는 베를렌을 제외하면, 네 시인 모두가 두세 권의 시집과 백 내지 이백여 편의 많지 않은 시를 가지고서도 제각기 프랑스 시의 거봉, 아니 세계 시의 거봉을 차지했다는 점이다. 이로 미루어보면 훌륭한 시인일수록 시적 재능을 남용하지 않고 한 편의 시라도 거기에 온 정성과 재능과 노고를 남김없이 바쳐야 하는가보다. 이런 점에서 말라르메를 두고 '시의 종교'를 신봉한 시인이라 말한 사람이 있지만, 사실 시인이란 시를 종교처럼 여기고 시를 위해서 일생을 남김없이 사르는 미의 순교자라야 그네들처럼 훌륭한 시인이 될 것이다.

표현주의와 리얼리즘

반 성 완

20세기 현대 독문학사의 가장 중요한 사건 중의 하나는 아마 1930년대에 있었던 이른바 '사회주의 리얼리즘'을 둘러싼 일련의 논쟁일 것이다. 우리는 이 논쟁을 간단히 '리얼리즘 논쟁'이라고도 하고, 이 논쟁의 주역을 담당하였던 두 사람의 이름을 따라 '루카치-브레히트 논쟁'이라 부르기도 한다. 이 논쟁은 오늘날에도 커다란 현실적 의의를 지니고 있는데, 그 이유는 여기서 논의된 문제점들이 60년대 후반을 전후하여 독일에서 다시 본격화된 리얼리즘 논쟁의 새로운 출발점이 되고 있기 때문이다. 이 글에서는 30년대 리얼리즘 논쟁이 지니는 이러한 현실적 의미를 고려하면서, 이 논쟁의 역사적 배경과 성격, 그리고 이 논쟁을 주도하였던 루카치와 브레히트의 리얼리즘에 관한 문학적 이론의 구체적 내용과 그 차이점을 규명해보고자 한다.

30년대 독일에서의 리얼리즘 논쟁을 이해하는 데 우선 전제되어야 할 것은 이 문학 논쟁이 전개되고 있던 30년대를 전후한 유럽과 독일의 정치적 상황에 대한 일반적 이해이다. 이 시기에는 한편에서는 러시아의 사회주의 정권이 이미 그들의 체제와 권력을 굳혀가고 있었고, 다른 한편에서는 서구(특히 독

154

일)의 파쇼적 정치 세력이 그들의 정치적 영향력을 계속 강화하고 있었다. 이로 인한 사회주의 진영과 파쇼 진영 사이의 증대하는 정치적 긴장과 대립은 이 시기 유럽 정치의 주요 내용을 이룬다. 자유주의적 정치 세력의 대부분을 포함한 파쇼 진영의 최대의 정치적 목표가 볼셰비즘 정치 권력의 확대를 저지시키는 것이었다면, 러시아를 위시한 서구의 사회주의적 진영은 진보적 부르주아지 계급과 연합전선을 구축함으로써 무엇보다도 파쇼 정권의 대두를 막고자 하였다. 히틀러가 정권을 장악하는 시기를 전후한 독일 공산당 DKP 의 기본적인 정치 노선은 코민테른의 '인민 전선 정책 *Volksfrontpolitik*'에 의하여 지배되었다 (이 정책은 실제에 있어서는 독일 공산당 내부의 모순과 대립에 의하여 관철되지 못하였다). 러시아 공산당이 이른바 일국 사회주의의 권력 강화와 안정에 주로 역점을 두었다면, 독일 공산당은 독일 국내의 정치적 사정을 고려한 정책을 수립하지 않을 수가 없었다. 다시 말하면 독일 공산당은 한편으로는 부르주아지 정치 세력과 구별되는 정치 노선, 즉 프롤레타리아트의 독재 정권을 목표로 하는 정치 노선을 관철시키려 하였고, 다른 한편으로는 시민층의 정치 세력(특히 독일 사회민주당)과 손을 맞잡고 반파쇼의 공동전선을 구축해야 하는 '역사적 필요성'에 부응해야만 했다. 이러한 정치적 모순은 독일 공산당의 문화 정책에도 그대로 반영된다. 즉 당의 일부에서는 시민층의 문화에 완전히 대립되는 독자적인 문화 정책을 수립하려고 한 반면에 또 다른 일부에서는 시대적 요구에 상응해서 광범위한 시민 계층을 포함하는 포괄적 문화 정책을 세우려고 하였다. 그러나 프롤레타리아트의 독자적 문화 정책을 수립하려는 노력은 실제에서는 많은 어려움을 동반하였는데, 그 이유는 당시 독일의 정치적 상황이 그러한 계급적 문화 정책을 실현시킬 수 있는 여건을 구비하지 않고 있었기 때문이다. 20년대의 사회주의에로의 이행 과정에서 일어난 러시아에서의 사회주의 문화 정책을 에워싼 일련의 논쟁과 30년대를 전후한 독일에서의 문화적·문학적 논쟁은 이러한 정치적 어려움을 배경으로 하여 일어났던 것이다.

트로츠키가 문화(문학)와 정치를 완전히 분리한 것은 이러한 어려움을 해결하기 위한 노력의 전형적 예이다. 그는 정치적 혁명이 계속되는 동안에는 문화적 혁명은 불가능하며, 프롤레타리아트의 새로운 문화는 노동 계급이 그들의 정치적 혁명을 완수하고 난 후에라야 비로소 가능하다고 주장하였다. 따라서 트로츠키에 의하면, 사회주의로의 이행 과정에는 불가피하게 프롤레타리아트의 정치와 부르주아지의 문화가 공존하게 마련인 것이다. 레닌과 스탈린은 트로츠키의 이러한 정치와 문화의 엄격한 분리에 정면 반대하면서 전통적 문화와의 유기적 관련과 진보적 문화 전통의 비판적 수용에 바탕한 문화 정책을 수립하고자 하였다. 레닌과 스탈린의 이러한 생각은 20년대는 물론 50년대까지 계속되는 스탈린 시대의 러시아 문화 정책의 기본 노선이 될 뿐만 아니라 30년대 독일 공산당의 문화 정책과 문화 정책을 둘러싼 논쟁에 결정적 영향을 미친다. 20년대말 독일에서 결성된 '프롤레타리아트 작가 동맹'과 그 기관지 『링크스쿠르베 *Linkskurve*』를 중심으로 시작해서 30년대말의 정치 망명까지 계속된 사회주의 리얼리즘을 위시한 일련의 문학 논쟁도 이러한 일반적인 정치적·문화적 풍토 속에서 전개되는 것이다.

30년대 독일의 리얼리즘 논쟁에서도 20년대의 러시아와 코민테른 내부의 문학적 논쟁이 지녔던 기본적 성격이 그대로 반영되고 있다. 브레히트를 선두로 하는 일군의 작가들은 그들의 창작 체험을 바탕으로 하여 전통적 부르주아지 문학에 완전히 대립되는 새로운 차원의 프롤레타리아트의 문학론을 전개한 반면에 루카치를 중심으로 하는 일련의 이론가 그룹은 혁명적이고 실험적인 예술 형식과 이론에 반대하고 그 대신 진보적 문학 전통에 입각한 사회주의 문학론을 정립하려고 하였다. 그런데 이 그룹 사이의 논쟁이 대체로 전자보다는 후자에 더 유리한 방향으로 전개되고 또 브레히트의 이론보다는 루카치의 이론이 결과적으로 당 내부에서 보다 더 큰 지지와 옹호(그것이 비록 적극적 성격을 띤 것은 아니지만)를 받게 된 것은, 무엇보다도 루카치의 이론적 입장이 코민테른의 기본적 정치 노선과 스탈린의 문화 정책에 보다 더 부합되었기 때문이다. 루카치의 미학 이론이 주로 반파시즘의 정치 계열에 서 있던 서구의 진보적 시민 지식인 계층에서 그 영향력을 획득하였고, 또 그의 이론이 동구에서는 스탈린주의와 반파시즘 정책이 정치의 기본 노선이 되고 있던 50년대말(1956년의 헝가리 혁명을 전후한 시기)까지만 그 영향력을 행사할 수 있었다는 사실은 반파시즘 정책과 결부된 루카치 이론의 정치적 성격과 시대적 제약성을 말해주는 것이다.

이러한 시대적 배경과 병행하여 30년대 독일의 리얼리즘 논쟁을 이해하는 데 고려되어야 할 점은 이 논쟁에서 가장 큰 역할을 담당하였다고 할 수 있는 루카치의 개인적 배경에 대한 고찰이다. 지금까지 독일에서 이루어진 리얼리즘 논쟁에 관한 연구의 대부분은 단지 30년대의 리얼리즘 논쟁 자체에만 그 초점을 맞추면서 주로 루카치 리얼리즘론의 시민 계급적 요소를 지적하거나 아니면 루카치의 이론에 대비되는 브레히트 리얼리즘론의 장점과 우월성을 강조하는 데 그치고 있을 뿐, 루카치 미학 체계의 근본적 분석을 토대로 한 이 논쟁의 종합적 평가를 내리고 있지는 않다. 루카치 예술 이론의 발전사적 배경을 이 논쟁의 연구에 포함시켜야 하는 가장 큰 이유는, 이 논쟁이 일어나고 있을 당시의 루카치의 이론은(예컨대 브레히트와는 달리) 이미 어느 정도의 철학적·미학적 체계를 완성하고 난 후이고, 그렇기 때문에 그의 이러한 이론적 체계의 이해가 전제되지 않고서는 좀처럼 루카치 리얼리즘론의 본질에 접근할 수가 없기 때문이다. 이 논쟁에서 브레히트가 루카치 리얼리즘론의 이상주의적·형이상학적·유토피아적 성격을 비난하고 그의 고지식할 정도의 태도에 대해 끊임없이 불평을 하고 있지만, 그러나 그는 루카치 이론의 이러한 면이 과연 어디에서 오는지에 대해서는 근원적인 해명을 하지 못했던 것이다.

　루카치의 철학적·미학적 체계가 형성되는 이론적 발전 과정——1910년을 전후한 『영혼과 형식』에서 시작해서 1915년의 『소설의 이론』을 거쳐 그의 정치적 좌경 후에 씌어진 1920년대 초반의 『역사와 계급 의식』까지를 일컫는다——에서 가장 중요한 역할을 했던 것은 현실 *Realität* 이라는 개념을 파악하려는 그의 노력이었다. 『소설의 이론』에서 그는 이미 『영혼과 형식』에서 개념적으로 파악할 수 없다고 선언한 현실을 헤겔의 역사철학과 미학을 빌려 개념화하려고 하고 있다. 여기에서 그는 오늘날의 현실을 헤겔적인 의미에서의 '산문적 역사 상황'으로 간주하면서, 산문적 역사 상황에 처해 있는 현실의 특징으로 우선 현실과 이상, 존재와 당위의 간극과 분열로 규정될 수 있는 현실의 이원성(二元性)을 들고 있다. 그러나 루카치의 이러한 현실 개념은 다른 한편으로는 이러한 현실의 이원성을 지양하고 호메로스의 문학 세계에 나타나는 이른바 '서사시적 총체성' 내지 '시적 총체성'을 다시 획득하려는 내면적·역사 철학적 지향성을 가지고 있다. 여기에서 루카치는 소설이라는 형식을 산문적 역사 상황 속에서도 총체성의 세계(현실)를 획득하려는 현대 인간(부르주아지)의 내면적 동경과 역사 철학적 지향성의 표현이라고 정의하고 있다. 그리고 루카치는 이러한 현대 인간의 본질적인 내면 추구가 실제적인 부르주아지 사회의 현실에서 어떻게 나타나고 있는가에 따라 이상주의적 소설, 낭만주의적 소설, 그리고 이 소설 유형들을 지양·종합하는 소설 형식으로 독일 고전주의의 소설을 들면서, 괴테의 교양소설인 『빌헤름 마이스터의 수업 시대』와 『……편력 시대』를 오늘날의 제한된 역사적 상황에 가장 공정하고 가장 사실적 *realistisch* 인 소설이라고 말하고 있다. 다시 말하면 루카치가 괴테의 교양소설을 그의 미학 이론의 모범적 원형으로 삼는 이유는, 이 소설의 주인공이 비록 현실의 실체적 이원성을 극복할 수는 없지만, 그러나 총체성의 현실과 휴머니즘의 이상(총체적 인간상)을 실현하려는 미학적 이념을 끝까지 추구하고 있다고 그가 생각하기 때문이다. 1차 세계 대전을 전후하여 정치적으로 좌경한 루카치는 『소설의 이론』에 표현된 이원적 현실상을 극복하고 총체성의 현실을 추구하는 미학적 동경과 이념을 실제로 실현시킬 수 있는 가능성을 마르크시즘과 프롤레타리아트의 실제에서 찾는다. 『계급과 역사 의식』의 기본 테제는 마르크시즘의 변증법적 방법론에 의해서 현실과 역사를 총체적으로 파악하는 통일적 원리를 찾는 데 있고, 나아가서는 프롤레타리아트의 실천에 의해서 그의 미학적 이념을 실현하려는 데 있었다. 이러한 의미에서는 루카치의 마르크시즘 해석은 총체성이라는 미학적 이념의 이데올로기화이자 정치화라고 할 수 있을 것이다.

루카치의 리얼리즘 개념 *Realismusbegriff*의 근저에는 『소설의 이론』의 미학적 이념이 추구하는 총체적 현실상과 인간상, 그리고 『계급과 역사 의식』의 마르크시즘에서 이미 파악되고 실현되어진 총체적 현실 개념 *Realitätsbegriff*과 역사관이 바탕이 되고 있다. 다시 말하면 루카치의 리얼리즘론은 이미 독일 고전주의의 총체성의 예술 이상과 마르크시즘의 총체성의 사회(현실) 이상을 전제로 하고 있다. 루카치의 리얼리즘 개념이 처음부터 체계적이고 객관주의적이며 정적(靜的)이고 조화적 성격을 띠게 되는 것은 그것이 이 같은 이론 발전사적 배경을 갖고 있기 때문인 것이다. 루카치 리얼리즘 개념의 이러한 성격을 가장 예리하게 통찰한 사람은 아마 에른스트 블로흐 Ernst Bloch 일 것이다. 그는 표현주의를 둘러싼 문학 논쟁에서 루카치 이론의 핵심을 다음과 같이 지적하고 있다.

　　루카치는 어디에서나 서로 관련성을 지니는 하나의 통일된 현실

을 이미 전제로 하고 있다. 그의 이러한 통일된 현실은 비록 이상
주의의 주관적 요소가 들어설 수 없는 현실이긴 하지만, 동시에
이상주의적 이론 체계나 고전주의적 독일 철학의 체계에서 가장
잘 번성할 수 있는 끊임없는 총체성이다. 이러한 면에서 본다면
루카치 리얼리즘 개념 자체가 아직도 고전주의적·체계적 특징을
가지고 있는지도 모른다.

독일 관념 철학과의 관계에서 결코 루카치에 뒤지지 않는 이
론가 블로흐가 이처럼 루카치 이론의 정곡을 파악했다는 사실
은 결코 우연한 일만은 아닐 것이다. 브레히트가 루카치의 리얼
리즘 개념을 비판하면서, '객관적 *objektiv*'인 사실적 표현 방식
과 '객관주의적 *objektivistisch*'인 사실적 표현 방식을 구분하고,
루카치의 마르크스적 분석을 "엄청난 정리벽을 가지고 마치 책
상 서랍에 물건을 하나하나 분류해서 차근차근 정리해두는 것
같다"고 비꼬고 있는 것도 루카치 리얼리즘론이 지니는 객관주
의적·체계적 성격을 두고 한 말일 것이다.
　루카치의 표현주의 문학에 대한 비판적 입장도('리얼리즘 논
쟁'은 표현주의의 평가를 둘러싼 논쟁에서 본격화되었다) 바로 이
러한 객관주의적 현실 개념과 고전주의의 예술 개념 및 이에 바
탕한 현대 예술의 이데올로기 비판에 근거하고 있다. 루카치에
의하면 20세기의 표현주의 문학 운동은 무엇보다도 현대 후기
자본주의의 제국주의적 단계에서 나타나는 부르주아지의 퇴폐
적 의식의 표현이다. 따라서 루카치의 표현주의 비판은 현대 시
민사회의 퇴폐주의(퇴폐주의의 기본 특징은 루카치에 의하면 총체
적 의식의 결여이다)에 대한 이데올로기적 비판의 성격을 띠고
있다. 루카치에 있어서는 표현주의 문학은 현대 부르주아지가
퇴폐적·실증적인 자본주의적 현실이나 이러한 현실의 반사 작
용으로 주관에 투영된 주관적 의식을 마치 '현실의 본질'이나
'존재론적 요소'로 절대화하고, 현실의 총체성을 내면적 독백,

르포르타주나 몽타주와 같은 주관적이고 기계적 수법을 동원하여 인위적으로 다시 복원하려고 시도하고 있다는 점에서 20세기 퇴폐주의 *Dekadenz*의 극단 표현인 것이다. 따라서 이러한 표현주의 문학의 형식을 지배하는 기본 원리는 현실의 총체성을 유기적으로 연결하는 고전주의적 '형상화의 원칙 *Gestaltungsprinzip*'이 아니라 현실의 제요소를 기계적으로 조직하는 표현주의적 '구성 원칙 *Konstruktionsprinzip*'이다. 형상화 원칙이 현실의 제요소를 총체적·변증법적으로 지배·연결함으로써 세계와 인간의 총체성을 형상화하는 하나의 형식 원리라면, 현실의 요소를 부분적·기계적으로 연결하는 구성 원칙은 루카치 리얼리즘의 형식 원칙과는 근본적으로 양립할 수 없는 것이다. 이와 결부하여 루카치가 표현주의 문학에 신랄한 비판을 가하는 또 하나의 이유는 표현주의 문학이 표방하고 있는 반부르주아지적 성격이 표면적·허위적인 것이고 표현주의가 주장하는 휴머니즘이라는 것이 근본적으로 독일 고전주의의 휴머니즘 이상에 반하는 일종의 '가짜 휴머니즘'이라고 생각하기 때문이다. 물론 루카치는 표현주의가 반시민적·반자본주의적 요소를 지니고 있고, 또 그것이 1차 세계 대전 후 서구 부르주아 지식인들의 평화주의적 운동의 일부라는 사실을 인정하고 있다. 하지만 그는 표현주의의 성격은 본질적으로 보헤미안적·낭만적인 것이고, 그것의 혁명적 파토스는 결과적으로 하나의 반항적 제스처에 불과하며, 그렇기 때문에 표현주의의 반시민 계급적 태도는 '시민성(부르주아성)의 완전한 청산'과는 아무런 관계가 없다고 주장하면서, 표현주의 문학을 비사실적 문학이라고 거부하고 있다.

표현주의 문학과는 반대로 진정한 의미에서의 '시민성의 비판적 청산'이 이루어지고 있는 리얼리즘 문학의 대표적인 예를 루카치는 토마스 만의 문학에서 본다. 루카치 개인의 발전 과정에서 보면 그는 확실히 표현주의의 영향을 비교적 적게 받은 부르주아 지식인의 한 사람에 속한다. 물론 초기 저서에는 표현주의적 요소, 예컨대 다분히 감정적인 반자본주의적 반감, 과도한 혁명적 파토스와 유토피아적 기대 등이 없는 바는 아니지만, 그의 기본적 정신 세계는 독일의 이상주의 철학(특히 헤겔 철학)과 독일 고전주의 문학에 의거하여 전개·형성되었다. 이러한 면에서는 토마스 만의 문학 세계도 루카치와 비슷한 발전 경향을 보여준다. 그는 표현주의를 처음부터 '원색적인 영혼의 부르짖음'이라고 거부하고 그의 주된 예술적·정신적 근거를 독일 고전주의의 예술 이념(교양 이념과 휴머니즘 이상)에서 구하고 있다. 이러한 면에서는 루카치가 1차 세계 대전 후의 토마스 만의 시민 계급과 시민적 가치에 대한 태도가 표현주의자들의 무비판적·감정적 반항이 아니라 실질적인 의미에서의 시민성의 비판적 청산을 뜻하고, 토마스 만의 문학이 구현하고 있는 시민성은 표현주의 문학의 '세련된 시민성'과는 엄격히 구별된다고 주장하면서 토마스 만의 문학을 리얼리즘 문학의 본보기로 삼고 있는 것은 결코 우연한 일이 아닌 것이다. 루카치가 토마스 만의 문학을 리얼리즘 문학으로 간주하고 있는 가장 큰 이유는, 토마스 만의 문학이 표현주의 문학과는 반대로 독일 고전주의의 예술 이념에 근거하고 있기 때문에 시민사회의 총체성과 인간의 총체성(즉 진정한 의미의 휴머니즘)을 형상화할 수 있다고 보기 때문이다. 루카치는 그의 「표현주의 문학론」에서 토마스 만에 관하여 다음과 같이 말하고 있다.

작가는 현실을 추상적이고 과학적인 사회 분석이라는 의미에서는 알 필요가 없는 것이다. 이 점에서 토마스 만은 그의 선임자인 발자크나 디킨스, 혹은 톨스토이처럼 잘못된 견해를 가질 수도 있다. 하지만 그는 창조하는 리얼리스트라는 의미에서는 현실을 잘 알고 있다. 즉 그는 사고와 감성이 어떻게 해서 사회적 존재로부터 생겨나고 체험과 감정이 어떻게 해서 총체적 현실의 일부가 되고 있는가를 알고 있는 것이다.

루카치의 이러한 표현 속에서 우리가 느끼는 최대의 이문점은, '창조하는 한 사람의 리얼리스트'로서의 작가가 과연 어떻게 해서 그의 이론적·정치적 인식의 잘못에도 불구하고 현실과 인생을 총체적으로 알 수 있는가 하는 문제이다. 여기에서 루카치는 그의 리얼리즘론의 기준이 무엇인가를 암시하고 있는 것이다.

우선 여기에서 확인할 수 있는 것은, 미학적 인식은 과학적·정치적 인식과는 차원을 달리하며, 미학적 형식은 여타의 다른 형식에 비해 질적으로 다른 인식론적 가능성을 지니고 있다는 루카치의 생각이다. 토마스 만 문학의 경우 특히 이러한 미학적 인식이 가능한 것은, 현실을 묘사하는 주체로서의 작가가 항상 현실과 인간의 총체성을 형상화하려 하기 때문이고, 또 총체성을 형상화하고 있는 그의 문학 형식은 물신화(物神化) *feti-schisiert* 되고 사물화(事物化) *verdinglicht* 된 자본주의적 의식 형태(일체의 부르주아 학문과 현실적 정치관 등이 여기에 속한다)를 벗어나서 현실의 본질에 침투할 수 있는 인식론적 능력을 가지고 있기 때문이다. 루카치에 의하면 자본주의적 의식의 보편적 특징은 인간과 인간의 관계가 물건(상품)의 관계로 나타나는 데 있다. 상품 생산에 의한 자본주의적 관계가 인간의 생활을 지배함에 따라 인간의 의식은 점점 더 사물화의 경향을 띠게 되고, 사물화된 의식의 결과로서의 부르주아 철학과 학문은 '반변증법적 사고'를 낳게 된다. 리얼리즘의 예술 형식이 지니는 '인식론적 성질'은 그러니까 이러한 예술 형식이 인간의 총체성을 형상화하려는 고전주의적 형식 원천에 힘입어 소외되고 사물화된 자본주의적 인간 관계를 순수한 인간 관계로 지양·발전시킴으로써 생겨나고, 또 이를 통해 '반변증법적 사고'를 극복할 수 있기 때문에 가능한 것이다. 바꾸어 말하면 총체성의 예술 원칙에 입각한 예술 형식(리얼리즘)만이 예술의 '변증법적 성질'을 낳을 수 있는 것이다. 루카치가 토마스 만 문학이 반변증법적 인식 형태(부르주아 학문과 정치관)를 초월한 변증법적 인식을 가질 수 있고, 그렇기 때문에 그의 문학이 리얼리즘 문학의 전범이 된다고 주장하고 있는 것은 그의 리얼리즘론이 독일 고전주의의 예술 이념에 근거하고 있기 때문이다. 여기에 루카치 리얼리즘론의 가장 중요한 기준인 총체성의 원칙과 형상화의 원칙이 그 뚜렷한 윤곽을 보여주고 있는 것이다. 루카치의 현대 예술론에 의하면, 일체의 현대적 예술 형식, 즉 기술적·과학적 수단으로서 총체성의 세계를 인위적으로 구성하려는 표현주의를 위시한 모든 실험적·전위적 현대 예술 형식은 예술의 근본 원칙에 위배될 뿐 아니라 그것은 또한 총체성이 파괴된 20세기 부르주아지의 퇴폐주의의 산물이기 때문에 본질적으로 반리얼리즘적인 것이다.

총체성의 원칙과 함께 루카치 리얼리즘론의 중요한 기준은 이른바 예술적 당성(黨性) *Parteilichkeit*이라는 개념이다. 예술적 당성이란 루카치에 있어서는 작가의 주관적 입장이나 현실 정치에 대한 작가의 직접적 견해 표명과는 구별된다. 루카치에 의하면 문학이 어느 특정한 정치 노선에 편을 드는 것은 자본주의적 이해 관계와 결부된 부르주아지의 정치 의식의 반영이고, 또 근본적으로는 부르주아지의 이해와 목적에 영합하려는 태도라고 말하면서, 이러한 문학을 '경향 문학 *Tendenzliteratur*'으로 규정한다. 그러니까 경향 문학은 본질적으로 주관적인 부르주아지의 현실 의식과 역사 의식의 표현인 것이다. 이에 반해 루카치가 주장하는 리얼리즘문학의 당성이란 현실의 객관성과 역사의 필연성, 즉 리얼리즘의 예술 형식이 구현하고 있는 객관적인 현실의 총체성과 목적론적인 역사관(역사가 절대 이념이나 총체성과 같은 하나의 목적을 위하여 나아간다는 견해)의 표현이어야 한다. 그러니까 예술의 당성이란 루카치에 의하면 작가의 주관적인 개입이나 정치적 견해 표명을 통해서 이루어지는 것이 아니라, 예술 형식의 내재적 원칙에 의해서 스스로 형상화되어야 할 미학적 총체성의 유기적이고 객관적인 하나의 요소인 것이다. 이러한 관점에서 루카치는 작가가 작품의 전면에 나서서 주관적 입장(그것이 정치적 견해 표명이든, 아니면 이론적 코멘트이든간에)을 취하는 것을 극구 반대한다. 리얼리즘의 당성이란 루카치에 있어서는 그것이 예술 형식의 내재적 법칙성이나 형식 원칙 자체에서 나오기 때문에 본질적으로 주관적 현실 의식이나 계급적 의식을 초월하는 것이다. 루카치 리얼리즘론이 지니는 이른바 '초계급적 성격'은 바로 이러한 근거에서 나오는 것이다. 발자크와 토마스 만 문학은 루카치에 있어서는 리얼리즘 문학이 지니는 특유한 당성 즉 초계급적 당성의 본보기이다. 엥겔스의 발자크론을 인용하면서 루카치는 발자크의 주관적·직접적 정치 태도는 "앙시앵 레짐의 몰락하는 귀족 계급에 대한 찬양"이었지만, 예술 작품의 실제에서는 자신의 계급적 동정과 정치적 선입관과는 정반대로 당시의 시대상을 올바르고 정확하게 형상화하지 않을 수 없었다고 말하고 있다. 루카치는 여기서 엥겔스의 이른바 '리얼리즘의 승리'를 주관적인 작가의 정치 의식에 대한 객관적인 예술 형식의 인식 능력과 초계급적인 예술적 당성의 승리로 재해석하고 있는 셈이다. 토마스 만이 그의 주관적인 정치적 견해 표명에서는 모순되고 통일성이 없으면서도 그의 문학적 실제에서는 하나의 통일적인 정치적 성격을 보여주고 있을 뿐 아니라, 종국적으로 부르주아지적 한계성을 극복하고 사회주의적 정치 전망을 제시하고 있다는 루카치의 주장은 리얼리즘 문학의 예술적 당성에 대한 그의 확신에 근거하고 있다. 한 작가의 작품은 절대로 그의 주관적·이론적인 견해에 의해서 해석되어서는 안 된다는 루카치의 거듭되는 주장 역시 이러한 관점에서 이해되어야 할 것이다.

  예술이 지니는 당성과 결부하여 루카치는 그의 리얼리즘론의 세번째 중요한 기준으로 전망(遠近法) *persektiv*이라는 개념을 들고 있다. 예술적 전망이란 루카치에 있어서는 예술적 당성처럼 총체적 현실과 역사의 유기적인 구성 요소이다. 따라서 전망이란 리얼리즘의 형식 원칙에 내재해 있는 요소이며, 그것은 결코 작가의 주관적 개입이나 예술 외적인 목표 설정에 의해서 작품 속에 끼여들어서는 안 되는 것이다. 이러한 이유에서 루카치는 정치적 전망(예컨대 사회주의)에 의해서 '비판적·시민적 리얼리즘'과 '사회주의적 리얼리즘'을 구분하는 것을 반대한다. 따라서 루카치는 이 둘 사이에는 엄격히 구별되는 경계선이 없을 뿐 아니라, 심지어 변증법적인 질적 변화도 존재하지 않는다고 주장하고 있다. 미학적 형식이 내재적으로 구현하고 있는 객관적인 예술적 전망의 대표적인 예를 그는 또다시 토마스 만의 문학에서 찾고 있다. 루카치는 그의 토마스 만론(루카치의 토마스 만론은 그의 미학적 이론의 핵심을 이해하는 가장 주요한 열쇠가 된다)에서 되풀이하여 그의 문학은 부르주아지의 현실을 가장 정직하게, 그리고 마지막까지 묘사했기 때문에 종국적으로는 역사 발전의 객관적인 인식(사회주의적 전망)에 도달할 수밖에 없었다고 말하면서, 그의 문학은 비판적·시민적 리얼리즘으로부터 사회주의적 리얼리즘으로 나아가는 이행 과정에서 교량의 역할을 하였다고 주장하고 있다.

루카치는 그의 리얼리즘론이 제시한 이러한 미학적 기준을 '미학적 반영ästhetisch Wiederspiegelung'이라는 하나의 카테고리에 의해서 포괄적으로 설명하려 하고 있다. 1960년대에 발표된 『미학』에 가서야 비로소 명확한 윤곽을 드러낼 미학적 반영론은 간단히 말하면 그의 마르크스적인 객관주의적·통일적 현실 개념에 근거하고 있다. 즉 현실 반영의 한 특수 형식으로서의 미학적 반영은 이미 주어진 모범적 현실상(총체적 현실상)을 전제로 하고 있다. 따라서 루카치의 미학적 반영론은 그의 리얼리즘 개념에서처럼 처음부터 정적이고 소극적이며 조화적인 성격을 띠고 있다. 루카치의 미학적 반영론은 작가에게 끊임없이 변화하는 현실과 적극적으로 논쟁을 벌일 수 있고, 또 사회적 모순과 대립의 극복을 위하여 스스로 참가할 수 있는 여지를 남겨놓고 있지 않다. 다시 말하면 미학적 반영의 주체로서의 작가에게 중요한 것은 이미 주어진 객관적 총체성의 세계를 그대로 인식·표현하는 것이지 미학적 반영을 통한 작가의 주관적·적극적 개입이 아닌 것이다. 미학적 반영의 중요한 기능은 한편으로 현실과 인간의 총체성을 표현하는 것이고——루카치는 이를 표현 미학 *Darstellungsästhetik*이라고 부른다——다른 한편으로는 이러한 총체적 표현을 수용자에게 전달해줌으로써 수용자가 그의 비변증법적인 현실 인식을 넘어 총체성의 현실을 예술적으로 체험하고 인식하는——루카치는 이를 수용 미학 *Rezeptionsästhetik* 내지 기능 미학 *Funktionsästhetik*이라고 부른다——것이다. 루카치 미학에서 표현 문학은 기능 미학과 다른 차원에서 이루어진다. 바꾸어 말하면 미학적 반영은 한편으로는 작가에게 하나의 일정한 표현 방식을 제시하고 다른 한편으로 관객(독자)의 특수한 미학적 수용 태도를 전제하고 있다. 루카치에 있어서 예술의 가장 중요한 기능은 예술 수용자 그의 예술 체험을 통하여 소외된 자본주의 실제에 대한 개별적이고 퇴폐적인 부르주아지의 의식을 극복하고 그의 인간적 총체성과 도덕적 총체성을 다시 획득하는 데 있다. 예술의 주된 사회적 기능이 예술적 체험을 통하여 일상 생활의 개별적 의식을 변화시키고, '진정한 시민'의 도덕적 완성에 기여한다는 점에서는 루카치의 미학적 기능은 소극적이고 간접적인 성격을 띠고 있다고 할 수 있다. 이러한 의미에서는 루카치가 30년대 독일의 프롤레타리아트 작가의 소설과 브레히트의 연극을 예술적으로 '너무 직접적인 것'이라고 거부하고 후기의 미학 이론에서도 계속 카타르시스에서 예술의 핵심적 기능을 찾고 있는 것은 너무나 당연한 일인 것이다.

이상에서 우리는 독일 고전주의의 예술 이념과 형식 원칙에서 비롯하는 루카치 리얼리즘론의 기본적 성격을 살펴보았다. 브레히트 리얼리즘론의 기본 특징은 루카치의 리얼리즘론에서 보는 바와 같이 일종의 모델적 성격을 지닌 현실상, 즉 이론적으로 이미 고정된 현실 개념을 전제로 하고 있지 않다는 데 있다. 루카치의 리얼리즘론이 미학적·역사 철학적 현실 개념으로부터 구체적인 현실로 나아간다면, 브레히트의 리얼리즘 테제는 이와는 정반대로 구체적 현실로부터 접근하는 것을 확인할 수 있다. 브레히트에서는 루카치에서와 같은 절대적이고 이상적인 현실 개념이 전혀 존재하지 않고, 다만 미학적으로 표현되어지고 미학적 수단에 의해서 정복·쟁취되어져야 할 구체적 현실만이 존재한다. 그러니까 브레히트가 생각하는 현실은 루카치에서처럼 하나의 개념이나 체계에 구속되어 있지 않다. 따라서 그의 현실 개념은 개방적이고 투쟁적인 성격을 띠고 있다. 루카치를 겨냥하고 있다고 생각되는 그의 『작업 노트』의 일부에서 브레히트는 다음과 같이 말하고 있다.

리얼리스트와 이상주의자는 다 같이 현실과 생각을 모사(模寫)한다. 그러나 이상주의자가 하나의 미 이상 *Schönheitsideal* 내지 예술 이상에서 출발한다면 리얼리스트는 언제나 그의 이상을 현실이라는 척도에 기준해서 가늠하며, 또 그의 생각을 현실에 의하여 교정한다. 리얼리즘은 이상주의와 정반대의 입장에 서 있을 뿐만 아니라, 또한 이상주의에 대한 투쟁을 의미하는 것이다. 리얼리즘은 단지 현실만을 표현하는 것이 아니라 현실을 이상화하려는 경향에 대항해서 현실 그 자체를 관철시키려는 것이다. 리얼리즘도 이상주의처럼 양식적 요소를 개발하고 신념을 펴야 한다. 하지만 리얼리즘은 동시에 현실이 상실되어가는 양식화 *Stilisierung* 에는 반대하며 이러한 양식화의 반대가 리얼리즘의 본질을 이룬다. 또 현실을 견강부회하는 신념에도 반대하는 것이다. 리얼리즘

은 상대주의의 요소를 내포하고 있는데, 왜냐하면 리얼리즘의 현
실 묘사는 그것이 독자에게 이해되어야만 비로소 현실의 핵심에
도달할 수 있기 때문이다. 이러한 의미에서 리얼리즘은 상대적으
로 사실적일 뿐이다.

『작업 노트』의 다른 일부에서 그는 추상적이고 관념적이며
비투쟁적인 루카치의 리얼리즘론에 대한 그의 경멸을 다음과
같이 표현하고 있다.

　　루카치라는 작자는 이데올로기의 몰락이라는 문제에 마력적인
흥미를 가지고 있다. 그것은 그가 가지고 있는 독자적이고도 본질
적인 문제이다. 마르크스적 카테고리는 한 사람의 칸트주의자에
의하여 그 논리를 전혀 알아볼 수 없을 정도로 관념화되고 있다.
여기서는 계급 투쟁이란 알맹이가 없는 빈 껍데기일 뿐 아니라,
착취당하고 악용된 하나의 개념으로 전락하고 있다. 그리고 그것
은 형체를 알아볼 수 없을 정도로 추상화되어 있다.

리얼리즘은 브레히트에 있어서는 현실이 사회적 기능의 상관
관계, 즉 작자와 독자, 표현과 수용의 과정을 통해서만 비로소
그 완전한 의미를 획득한다는 점에서 하나의 상대적 개념이다.
여기서 우리는 브레히트의 리얼리즘론이 이미 사회적 기능과
실천을 강조하고 있다는 점을 알 수 있다. 루카치에서 우리가
‘표현 미학’과 ‘기능 미학’ 사이의 분리 현상을 확인할 수 있었
다면 브레히트에서 예술은 표현과 수용의 상호 관계에 의해서
만, 또 사회적 실천의 입장에서만 비로소 그 의미를 획득하는
것이다. 루카치가 그의 리얼리즘론에서 계속 예술의 총체성과
독자성을 강조하고 있다면, 브레히트는 이와 반대로 예술의 자
율성을 부인하고 예술을 사회적 실천의 한 부분으로 간주한다.
브레히트에 의하면 예술은 비록 “그 나름의 특수성과 독자적인
역사”를 가지고 있지만 동시에 “다른 사회적 실제 중의 하나이

며 또한 여타의 사회적 실제와 깊은 연관을 맺고 있는 것"이다.
루카치 리얼리즘론에 대한 브레히트의 비판은 무엇보다도 그
의 고전주의적 예술 이념과 형식 원칙을 겨냥하고 있다. 루카치
가 변호하는 시민적 리얼리즘의 예술 형식은 브레히트에 의하
면 시민사회의 실질적 내용과 그리고 이와 결부된 예술의 시대
적·계급적 기능과 깊은 관계를 맺고 있다. 여기서 브레히트는
시민적 리얼리즘의 실질적 내용이 무엇인가를 묻고 있고, 나아
가서는 초기 시민사회에서 형성된 시민적 리얼리즘의 사회적
기능이 20세기의 변화된 사회 현실에서 아직도 그 타당성을 지
닐 수 있는가 하는 문제에 의문을 제기하고 있다. 브레히트는
시민적 리얼리즘의 실질적 내용이 휴머니즘의 이상과 개인주의
의 이상만이 아니라 이러한 이상을 낳게 한 보다 본질적인 내
용, 예컨대 시민적 소유 관계나 시민적 계급 이익을 내포하고
있다고 주장하면서 시민 계급의 예술 이상과 시민 사회의 소유
개념 사이의 상관 관계를 밝히려 하고 있다. 그는 루카치가 그
의 리얼리즘론에서 '휴머니즘을 위해서'라는 부르주아지적 구호
를 그 실질적인 내용에 대한 아무런 검토 없이 그대로 받아들여
이를 절대화하고 있다고 비난하고 있다. 또 그는 루카치의 휴머
니즘 개념이 지니는 추상적·일반적 성격을 지적하면서, 자기
나름의 새로운 휴머니즘 개념을 정립하려고 노력하고 있다.

> 자본주의의 원시림 시대〔발자크 시대의 초기 자본주의 단계를
> 말함: 필자 주〕에서의 개인은, 개인에 대해서는 물론이고 집단과
> 사회 전체를 상대로 하여 싸우는 것이다. 바로 이러한 상황이 초
> 기 시민 계급의 개인주의와 개성의 본질을 이루는 것이다.

브레히트는 계속해서 새로운 사회적 상황에서는 질적으로 다
른 개인주의가 생겨날 것이라고 상정하면서 다음과 같이 말하
고 있다.

　새로운 생산 관계에 의한 사회적 경쟁 방식은 다른 방식으로 개인을 만들어내며 또 다른 타입의 인간상을 창조할 것이다. 그렇다면 새로운 사회적 상황 속에서 생겨난 개인은 부르주아적 개인이 지니는 바의 개인주의적 성격을 계속 띠게 될지는 의문이다. 어느 의미에서 우리의 비평가들 속에서는 초기 자본주의적 개인주의에 바탕을 둔 숙명적 구호, 즉 "너 자신을 부유하게 하라"는 구호가 울려퍼지고 있다.

　브레히트의 이러한 표현은 새로운 휴머니즘의 이상을 정립하려는 노력(비록 그것이 불충분한 것이긴 하지만)인 동시에 또한 시민(부르주아)적 예술 이상의 근저에 놓여 있는 시민적 개인주의에 대한 뛰어난 인식이며, 나아가서는 시민적 리얼리즘의 주요 내용을 이루는 시민적 교양 이상에 대한 유물적 비판(물질적인 면에서뿐만 아니라 정신적인 면에서도 지식과 교양을 축적한다는 사실의 지적)인 것이다.

　시민적 예술의 기능은 브레히트에 의하면 바로 이러한 시민적 개인주의와 교양 이상에 근거하고 있다. 그러니까 부르주아 예술은 관객으로 하여금 "단지 주인공의 내면적 세계에만 참가하게 함으로써" 개인적 내면 세계의 확대와 조화를 획득하는 데 그 주된 목적이 있다. 쾌락과 관조, 자기 중심적인 현실 이해가 시민적 예술 개념의 주요 기능이다. 브레히트는 루카치의 리얼리즘론과 그의 예술 개념을 이와 같이 내용적·기능적 측면에서 분석하면서 루카치적 의미의 전통적인 시민적 예술 개념은 오늘날에 와서는 더 이상 사회적 실용성을 지닐 수 없고, 시민적 리얼리즘의 형식 역시 새로운 사회적 내용과 목적을 위해서는 더 이상 충분한 역할을 할 수 없다고 결론을 맺고 있다. 브레히트는 루카치의 예술 개념에 대한 그의 비판을 바탕으로 하여 자기 나름의 새로운 예술 형식과 예술 개념을 그의 창작 실제와 이론적 작업에서 정립하려고 시도하고 있다.

"예술은 인간적 교류의 한 형식이다. 따라서 예술은 인간적 교류를 일반적으로 규정하는 요소들에 의해 종속되어 있다. 바로 이러한 요소들이 전통적 예술 개념에 혁명적 변화를 일으키게 하는 것이다"라고 말하면서 브레히트는 전통적 예술 형식에 혁명적 변화를 일으키는 결정적 요인의 하나로 예술과 새로운 생산성 사이에 일어난 새로운 관계 양상과 이를 통해 생겨나는 일반적인 지각 구조의 변화를 들고 있다.

　　예술가는 각 시대에 따라 사물을 보는 시각을 달리한다. 그들의 시각은 그들 자신의 개인적 특성에 의해서도 결정되지만, 또한 그들의 시대가 사물에 대해 알고 있는 바와 일반적 지각이나 인식에도 종속되어 있는 것이다. 오늘날의 시대가 가지는 요구는, 사물이 스스로 변화할 뿐 아니라 다른 사물과 상황에 의해서 끊임없이 변화되어지고, 또 앞으로도 계속 변화되어질 수 있다는, 말하자면 사물을 그것의 발전 과정 속에서 바라보는 시각을 가져야 한다는 데 있다. 이러한 시각을 우리는 오늘날의 과학에서는 물론 예술에서도 찾아볼 수가 있다.

여기서 브레히트는 두 가지의 중요한 사실을 지적하고 있는데, 그 중 하나는 학문적 수준과 기술적 발전의 수준에 의해서 결정되는 인간의 지각 구조가 역사적 성격을 띠고 있다는 사실이고, 다른 하나는 이러한 지각 구조의 변화가 각 시대 인간의 모든 정신 생활을 규정하기 때문에 예술과 과학, 예술과 기술 사이에는 불가피하게 상관 관계가 성립할 수밖에 없다는 사실이다. 이를 바꾸어 표현하면 현대 예술가의 일반적 지각은 현대라는 '기술적·과학적 시대'의 일반적 지각과 밀접한 관련을 맺고 있으며, 또 현대 예술은 현대의 과학적 인식과 현대의 기술적 수단에 의존하게 마련이라는 것이다. 이러한 이유 때문에 브레히트에 있어서는 현대 예술이 과학적 인식이나 기술적 수단을 이용한다는 것은 자명한 일일 뿐만 아니라 또한 당연한 일인 것이다. 브레히트에게서 단지 문제가 되는 것은 어떻게 해서 이러한 현대적 인식과 기술을 미학적으로 수단화하고 기능화하느냐 하는 것이다. 그러니까 브레히트에 있어서는 과학적·기술적 수단을 예술 형식에 응용한다는 것은 예술의 본질적 문제라기보다는 오히려 예술의 기술적·방법론적 문제에 불과하다. 이와 같이 예술을 기술적·기능적으로 생각하는 브레히트의 예술 이론은 루카치에 있어서는——그는 발터 벤야민Walter Benjamin을 비판하면서 이러한 미학적 사고를 20세기의 '기본 실수' 중의 하나라고 규정하고 있는데——그의 예술 원칙에 대한 본질적 침해이고 그의 예술 개념에 대한 정면 공격을 뜻하는 것이다. 기술 자체를 두고 보면 루카치는 결코 기술에 대한 부정적인 레드를 취하지 않는다. 그는 하이데거의 철학을 근본적으로 '기술 적대적인 사고'라고 말하면서, 이러한 사고는 낭만적 반자본주의의 이데올로기적 산물이라고 비난까지 하고 있다. 하지만 기술적 수단의 예술적 응용에 관한 한 그는 확연히 반대의 입장을 취한다. 물론 루카치는 일반적 지각 구조의 변화가 지니는 역사성과 현대 기술이 지각에 미치는 영향을 완전히 부인하지는 않는다. 그러나 지각의 변화와 기술의 영향력은 그의 예술 개념이 본질로 삼고 있는 예술적 내용과는 아무런 관계가 없는 것이다. 루카치에게서 중요한 것은 지각이나 지각의 변화 그 자체가 아니라 지각된 바의 내용을 어떻게 형상화하느냐 하는 문제인 것이다. 루카치에 의하면 예술은 총체성의 진리를 형상화하는 하나의 특수한 형식 원칙이기 때문에, 그것은 기술이나 과학을 통한 진리의 수단화 내지 자기화와는 원칙적으로 구분되어야 한다. "인간의 형상화는 결코 기술의 문제가 아니라 문학이라는 영역에서의 변증법을 구체화하는 하나의 인식 방법"이라는 루카치의 주장은 예술의 형식이 지니는 '인식론적 성질'과 예술 형식의 자율성에 대한 그의 신념을 다시 말해주는 데 불과하다. 브레히트에게는 물론 루카치적인 의미에서의 예술적 인식과 예술적 자율성이라는 개념은 전혀 생소한 것이다. 예술적 진리란 그에게는 독자적·절대적 성격을 띠고 있는 것이 아니라, 다만 사회적 실천과 사회적 기능의 차원에서만 그 의미를 가지는 것이다. "진리의 인식이란 작자와 독자 사이의 공동 과정 내지 공동 작업"이라고 말하면서 브레히트는 예술의 '구체적 진리'와 리얼리즘의 '실용적 정의'를 요구하고 있다.

브레히트의 이러한 미학적 사고가 구체적 표현을 얻는 것은 그의 예술적 실제에서이다. 그의 '서사극'은 '극장'이라는 제도를 기능적으로 다시 규정하고 아리스토텔레스 연극론에 입각한 전통적 연극을 새로운 사회적 요구에 맞게 개혁하려는 노력이다. 브레히트의 서사극 이론에 의하면 전통적 무대 연극의 특징은 관객을 주인공의 행동과 일치시키도록 만들고, 또 그들을 현실과 다른 세계로 끌고 가서는 종국적으로 카타르시스를 체험하게 하는 데 있다. 그러니까 전통적 극장은 관객의 수동적 태도와 하나의 통일적 예술 효과——이러한 예술 효과는 근본적으로 종교적·의식적(儀式的) 성격을 띤다——를 전제로 하고 있다. 브레히트는 그의 서사극을 통하여 무엇보다도 관객과 무대의 전통적 관계를 새로이 규정하려 하고 관객의 수동적 태도를 능동적 태도로 바꾸려 하며 나아가서는 의식적 예술 효과인 카타르시스를 새로운 차원의 예술 효과로 대치시키려고 한다. 아리스토텔레스적 연극이 관객들에게 사건의 전진행 과정을 카타르시스라는 연극 효과만을 겨냥해서 하나의 연속적이고 통일적인 전체로서 받아들이도록 한다면, 브레히트의 반아리스토텔레스적 연극은 관객들에게 연속적인 사건 진행이 각 사건의 인과관계와 논리에 맞는가의 여부를 비교·검토해가면서 추적하도록 만들고, 또 이를 실제적 현실과 대결시키기 위해서 가끔 사건의 연속적 흐름을 중단시키는 것이다. 이를 통해 브레히트의 반아리스토텔레스적 연극은 주인공의 행동과 사건의 진행에 몰입함으로써 관객이 갖게 되는 소극적·단일적 수용 태도 대신에, 사건의 전진행 과정을 항상 감시·검토하는 일련의 '제동 수단' 내지 '통제 수단'을 사용함으로써 관객의 전통적인 예술 수용 태도에 변화를 일으키고자 한다. 브레히트는 이러한 '통제 수단 *Kontrol-Maßnahmen*'을 통하여 얻게 되는 예술 효과를 '소격 효과 *Verfremdungseffekt*'라고 부른다.

소격 효과를 얻기 위해서 배우는 자신을 작중인물과 완전히 일치시키고 자신을 완전히 **작중인물화**하는 태도를 포기해야 한다. 또 그는 작중인물을 **보여주어야** 하고, 사건의 내용을 **인용해야** 하며, 하나의 실제적인 진행 과정을 **반복해야** 한다.

그러니까 '보여주고' '인용하며' '반복하는' 것들이 브레히트 연극의 서사적 성격의 내용을 이루고 있는 셈이다. 브레히트의 서사극과 소격 효과가 노리는 근본 의도는 관객의 현실에 대한 인식의 흥미를 자극하고, 관객의 비판적 의식을 일깨움으로써 연극이 종국적으로 사회의 변혁에 기여하고자 하는 데 있다. 루카치가 인간의 총체성을 강조함으로써 사회적 모순을 전면에 부각시키지 않고 관객들에게 주로 총체성을 체험시키려고 하였다면, 브레히트에게 중요한 것은 사회적 모순을 전체적 과정 속에서 묘사하고, '한 주인공의 전형과 그의 행동 방식'을 사회적 관련 속에서 보여주는 것이다. 루카치의 리얼리즘론에 의할 때 현실이 그의 모순과 함께 총체성을 구현하고 있는 인간상을 통하여 묘사되어야 한다면, 브레히트에게서는 이와 반대로 인간(개인, 전형)의 행동과 운명은 '사회적 현상의 일부'로서 사회의 전체 문맥 속에서 묘사되어야 하는 것이다. 루카치에게 종국적으로 통일적 인간상의 형상화가 중요한 것이라면 브레히트에게는 개인과 현실의 인과적 관계를 보여주는 것이 가장 중요한 의미를 갖는다. 말하자면 두 사람의 차이는 제각기 어느 한 면만을 강조함으로써 생긴다고 할 수 있다. 즉 전자가 개인과 그의 총체성을 강조한다면 후자는 사회적 제요소의 인과 관계를 강조하는 것이다. 루카치는 브레히트의 서사극을 거부하고 있다. 그 주된 이유는 브레히트의 서사극이 예술적 관점에서 볼 때 "너무나 이념적으로 수용자에게 미치려 하고" 또 실제적·현실적 목적에 직접 관여하려는 작가의 주관적 의도가 너무 두드러진다고 생각되기 때문이다.

루카치는 만년에 이르러 브레히트의 소격 효과에서 궁정적인 면을 보고 있기는 하다. 그는 브레히트의 서사극과 소격 효과가 근본적으로 부르주아지의 허위 의식을 변화시키려는 데 그 주된 의도가 있었다고 주장하면서, 이러한 면에서 브레히트는 '허위 의식'에 사로잡혀 있는 부르주아 작가와는 구별된다고 말하고 있다. 그러나 루카치는 원칙적으로는 한 번도 서사극을 인정하지 않고 있는데, 왜냐하면 브레히트의 서사극에서 드러난다고 생각되는 이념적·알레고리적 요소와 주관적인 정치적 의도가 고전주의적 예술 개념에 근거하고 있는 그의 형상적·상징적 리얼리즘 개념과 일치하지 않기 때문이다. 그러나 서사극이 너무 합리적이고 논리적·과학적이며 또 예술 특유의 감정적 효과를 소홀히하고 있다는 일반적 비난에 대해서 브레히트는 서사극은 감정적·감각적인 것이며 충분한 예술 효과를 내고 있을 뿐 아니라, 감정 *emotio*과 이성 *ratio* 사이에는 근본적으로 경계선이 그어져서는 안 된다고("왜냐하면 지적 세계는 감정적 세계에 대체로 대응하기 때문이다") 주장하면서 그의 서사극을 적극 변호하고 있다. 그리고 그는 소격 효과를 통하여 획득하고자 하는 관객의 인식론적 태도, 즉 "경탄의 마음을 가지고 무언가를 찾으려는 비판적 태도"는 '과학적 시대의 예술'에 근본적으로 맞을 뿐 아니라 예술적 성격에도 부합하는 것으로 생각한다. 심지어 그는 연극을 통한 관객의 이러한 태도가 과학적 태도보다도 더 포괄적이고 더 실용적이며 더 기본적인 것이라고 주장하기까지

한다.

　물론 브레히트의 서사극은 극중 환상에 몰입하는 태도 *Einfühlungsakt*와 카타르시스적 연극 효과를 완전히 배제하고자 하는 것은 아니다. 소재와 목적에 따라서는 이러한 전통적 예술 수단이 매우 효과적일 수도 있다고 말한다. 이러한 하나의 예로서 그는 그의 후기 작품의 하나인『갈릴레이의 생애』에서 사용한 전통적 수법을 들고 있다. 이러한 면에서 루카치가 만년에 가서 브레히트를 긍정적으로 평가한 것은 그 나름대로의 일관성을 가지고 있는 것으로 보인다. 왜냐하면 루카치는 이론가로서의 브레히트는 계속 거부하고 있지만 작가로서의 브레히트의 예술적 실제에서는 그의 리얼리즘론에 상응하는 발전이 이루어지고 있다고 보기 때문이다. 만년에 씌어진 브레히트론에서 그는 "브레히트의 후기 작품에는 초기 작품이 보여준 단선적인 사회적 해방 대신에 선과 악의 다면적인 변증법이 들어서고 있다. 사회적인 것은 이제 다면적이고 모순적인 인간 문제로 나타나고 있는 것이다. 지난날의 알레고리적 의미성은 감각화되고, 또 감각화된 상징적 이미지로 변화하여 하나의 드라마적 전형을 이루고 있다"고 주장하고 있다. 브레히트의 이 같은 발전이 과연 루카치적인 의미에서 이루어졌는지의 여부에 대해서는 여기서 상세히 논의될 수가 없을 것이다. 하지만 우리가 우선 확실히 말할 수 있는 것은, 루카치가 생각하는 바의 브레히트 초기 작품의 관념적이고 알레고리적인 요소가, 망명 기간중에 씌어진 브레히트 작품의 '긍정적' 발전, 즉 도덕적·인간적 문제의 감각화와 상징화를 통하여 극복되었고 이를 통해 브레히트의 문학이 자신의 리얼리즘론에 가까워졌다고 생각하고 있다는 사실이다. 우리가 루카치 리얼리즘론이 강조하는 핵심적 요소, 즉 도덕적·인간적 총체성을 염두에 두고 본다면, 루카치가 망명 기간에 씌어진 몇 편의 브레히트의 시에 대해 끝없는 경탄과 존경을 보내고 브레히트를 20세기 유럽 문학사에서 가장 영향력이 큰 극작가라고 찬양한 루카치의 브레히트 평가는 정직한 것이라 생각해도 좋을 것이다. 이러한 면에서 우리는, 루카치가 그의 근본적인 확신에 반하면서까지 브레히트를 리얼리스트로서 추켜세웠고 루카치 만년의 브레히트에 대한 긍정적 평가는 그의 리얼리즘론에 모순되는 것이라고 주장하는 일부 루카치 해석자의 견해에는 동조할 수 없는 것이다. 그리고 루카치의 '그릇된 미학적 입장'은 근본적론으로는 '그릇된 정치적 견해' 때문이고, 또 그의 역사철학적 견해를 미학적 견해에 그대로 옮겨놓은 데서 기인한다는 해석도 수정되어야 한다. 물론 루카치의 미학적 입장이 그의 정치적·역사 철학적 견해와 깊은 상관관계를 맺고 있는 것은 부인할 수 없는 사실이다. 하지만 루카치의 전체 사고를 지배하는 가장 중요한 요소는 미학적 요소, 즉 독일 고전주의의 예술 이념이다. 루카치의 정치적·역사 철학적 견해는 바로 이러한 그의 예술 이념에서 비롯하는 것이지, 결코 그 반대는 아닌 것이다.

작가로서의 브레히트에 대한 그의 긍정적 평가에도 불구하고——이것이 리얼리즘 논쟁에 대한 우리의 결론이다——고전주의의 예술 원칙에 대한 루카치의 거의 교조주의적인 신념은 브레히트의 예술 이론적·예술 실제적 기본 테제, 즉 초기 시민 사회의 역사적 단계에서 형성된 고전주의적 예술 원칙은 '새로운 현실을 정복'하는 데 더 이상 적합하지 않고, 그렇기 때문에 '사회적 투쟁의 새로운 여건에 상응하는' 새로운 예술 개념과 예술 형식이 모색되어야만 한다는 기본 테제를 이해할 수 없도록 만들었다. 브레히트의 말을 다시 인용하면, 이러한 리얼리즘 논쟁은 리얼리즘이라는 이론 자체만의 논쟁이 아니라 시민 계급 문학 전통 전체의 평가에 관한 논쟁이다. 그리고 그것은 미학적 논쟁인 동시에 정치적 논쟁인 것이다.

루카치가 주로 독일 고전주의의 문학 전통과 이에 준한 19, 20세기의 시민적 문학 전통을 그의 미학적 규범으로 삼고 이러한 규범에 벗어나는 현대 문학을 퇴폐적이라고 일축하였다면, 브레히트는 문학적 전통과 현대 문학의 평가에 있어서 훨씬 더 큰 다양성과 보다 철저하게 기능적·변증법적·유물론적으로 사고하는 그의 지적 능력을 보여준다. 예컨대, 그는 자연주의 문학 운동을 그것이 '현실을 정복'하기 위해서 새로운 예술의 사회적 기능을 추구하였다는 점에서는 사회주의 리얼리즘의 선구자라고 간주하기도 한다. 또 그는 표현주의 문학 운동이 비록 "문법에서만 해방되고 자본주의에서는 해방되지 않은" 부르주아 지식인의 문학 운동이라고 규정하면서도, 다른 한편으로는 1차 세계 대전 후의 시민 계급 지식인을 포괄하는 운동으로서의 표현주의는 그 후에 긍정적 발전을 하는 일군의 진보적 예술가와 지식인을 배출하였다는 사실을 지적하고 있다. 루카치가 고전주의적 예술 원칙의 입장에 서서 낭만주의를 일방적으로 거부하고 있다면 브레히트는 독일 낭만주의에도 긍정적인 면(예컨대 낭만주의자들의 민요 수집과 초기 낭만주의가 이룩한 '뛰어난 예술적 업적')이 있음을 간과하지 않는다. 독일 고전주의 평가에 있어서도 브레히트는 괴테의 예술적 위대성을 인정하면서도, 루카치와는 정반대로 괴테가 정치적 해방이 아닌 사적(私的) 해방을, 집단의 해방이 아닌 개인의 해방에 주로 관심을 두었다면서 괴테 문학의 이데올로기적 약점을 비판하고 있다. 이러한 관점에서 그는 괴테의 문학보다 실러의 문학에 더 큰 현실적 의미를 부여하고 있다. 동시에 그는 유럽 계몽주의 문학과 레싱 시대의 초기 독일 고전주의 문학도 이데올로기적 관점에서 고찰하면서 부르주아지의 정치적 해방을 위한 투쟁 속에서 생겨난 초기 유럽 시민 문학의 이념적 순수성과 정치적 파토스를 전성기 고전주의의 순응주의적이고 세련된 이데올로기보다 높이 평가하고 있다.

　모든 미학적 문제에 대한 이와 같은 루카치와 브레히트의 상이한 이론적 입장은 근본적으로 상이한 그들의 일반적인 지적 능력 및 정치적 능력과 밀접하게 관련을 맺고 있다. 이러한 근본적 차이는 그 중의 한 사람이 철저한 이론가이고 다른 한 사람이 타고난 작가라는 사실에서 기인하는 것만은 아니다(물론 이러한 차이가 리얼리즘 논쟁에서 커다란 역할을 한 것은 사실이지만). 또는 이러한 차이가 세대의 차이에서 오는 것만도 아닐 것이다(1885년생인 루카치가 19세기적인 전통에 깊이 뿌리박고 있다면 세기말에 출생한 브레히트는 20세기의 시대 정신에 투철하다. 이러한 차이가 가장 잘 나타나는 것은 아마도 루카치가 19세기적 전통에서 나온 작가 토마스 만과 불가분의 관계를 맺고 있는 반면에, 브레히트는 그의 동년배인 예술 이론가 발터 벤야민에 깊은 관심과 애정을 보이고 있다는 사실에서일 것이다). 우리는 이 두 지식인의 근본적인 차이가 무엇보다도 독일의 전통적 시민 계급과 전통적 시민 문화에 대한 그들의 상이한 관계와 이와 결부된 시민적 가치에 대한 그들의 상이한 정치적 평가에서 비롯한다는 사실을 알아야 할 것이다. 그들은 모두 대부르주아지 출신이었고, 또한 다 같이 그들의 계급적 입장을 포기하였다. 하지만 루카치의 정치 발전은 브레히트와는 다른 차원에서 이루어졌다. 루카치가 그의 정치적 이행 과정에서 긍정적인 시민적 가치('문학적 시민 계급'과 씨뚜아엥 *citoyen*의 이상)와 부정적인 시민적 실제('경제적 시민 계급'과 부르주아지의 현실)를 완전히 분리시키면서 긍정적인 시민적 가치의 실현을 위하여 그의 정치적 입장을 바꾸었다면, 브레히트는 그의 출발부터 문화적 가치를 포함한 일체의 부르주아적 가치에 근본적 의문을 제기하면서, 초기의 '허무주의적 단계'를 거쳐 시민 계급과는 완전히 결별을 고하는 것이다. 사회주의 정치의 현장에 빠져들어간 교양 시민 루카치의 주된 관심사가 시민적 문화 가치와 예술 이상을 사회주의의 정치 속에서 실현하는 것이었다면, 마르크스주의자가 된 예술가 브레히트의 근본 의도는 부르주아지의 사회 질서를 변혁함으로써 새로운 인간 관계와 새로운 인간상을 정립하고, 또 새로운 문화 가치를 창조하려는 것이다.

여기서 우리는 왕년의 정치가 루카치가 현실과 정치에 대해서 근본적으로 미학적 태도를 취한 반면에, 예술가 브레히트가 모든 문제에 시종일관 정치적 태도를 견지했다는 사실을 확인하고 넘어가야 할 것이다. 브레히트가 예술이 가질 수밖에 없는 매우 소박한 사회적·정치적 역할에 만족하였다면 루카치는 예술에 거의 세계사적이고 종교적인 의미를 부여하고 있는 것이다. 이러한 그들의 근본적으로 상이한 정신적·정치적 입장이 가장 잘 나타나고 있는 것은 파시즘에 대한 그들의 상이한 정치적 판단에서이다. 루카치가 파시즘에 대한 전독일 시민 계급의 정치적 책임을 논하면서 '선량한'(건강한) 독일 시민 계급을 파시즘에 대한 책임으로부터 제외시키고, 파시즘의 원인을 주로 독일 고전주의 이후의 독일 시민 문화의 '비합리적'인 이데올로기적 발전에서 찾으려 하고 있다면, 브레히트는 파시즘에 대한 책임을 모든 독일 시민 계급이 함께 져야 한다고 주장하면서 그들의 정치적 무능력과 좌절에 가차없는 비판을 가하고 있는 것이다. 그는 자본주의와 파시즘의 경제적·정치적 상관 관계를 논하면서 부르주아적 이데올로기와 자본주의적 소유 관계의 연관성을 명백히하고 있다. 또 그는 정치적 어려움을 타결하기 위해 부르주아지에 의해 의도적·정책적으로 조작된 나치즘의 국수주의적 감정과 반유태주의적 감정 사이의 상호 관련성과 부르주아지의 정치적 이용 수단이 되고 있는 나치즘 아래서의 독일 소시민 계층의 사회적·정치적 성격을 깊이 인식하고 있다.

동시대 시민층 지식인들에 대한 브레히트의 반감은 바로 독일 시민 계급에 대한 그의 이러한 비판적 평가에 근거하고 있다(예컨대 그는 토마스 만의 대하소설 『요셉과 그의 형제들』을 '속물 교양 시민의 백과사전'이라고 혹평하고 프랑크푸르트사회연구소의 멤버들을 '유물론이라는 이념의 사심 없는 경탄자'라고 비꼬고 있다). 브레히트의 지적 위대성은 그가 루카치와는 정반대로 지식

인으로서의 그의 사회적 역할을 정확하게 평가할 수 있는 지적
능력을 가지고 있었고, 전통적 서구 시민층 지식인의 '고지식한
독자성'을 교정·극복하려는 노력을 끊임없이 계속하였다는 데
있을 것이다. 브레히트가 유럽 중심적인 서구의 부르주아 지식
인들과는 달리 아시아의 문화 전통, 특히 아시아의 서사극적 연
극 전통에 보여준 지대한 관심과 현대 아시아의 역사 발전에 보
여준 깊은 통찰력은 바로 이러한 그의 지적 능력의 한 표현인
것이다.

실존주의 문학과 실존 철학

박 이 문

1. 실존주의 문학의 개념

모든 문학 작품은 오로지 개별적으로만 존재한다. 어떤 문학 작품도 다른 문학 작품과 완전히 동일한 예는 있을 수 없다. 그러나 문학사를 이해하거나 구체적 문학 작품 그리고 문학의 본질을 연구함에 있어서 다양한 문학 작품들을 어떤 범주 속에 나누어 묶을 필요가 생긴다. 유럽 특히 프랑스의 문학사적 맥락에서 가령 근대 이후 문학 작품들은 관례적으로 고전 문학, 낭만주의 문학, 사실주의 문학, 자연주의 문학, 상징주의 문학 등의 범주로 분류해서 서술되어왔다. 실존주의 문학도 위와 같은 문학사적 맥락에서 분류된, 한 흐름의 문학 작품의 범주를 지칭한다.

문학 작품의 위와 같은 분류는 역사적, 즉 통시적 관점과 성격 면에서 달리 이루어질 수 있다. 불문학의 맥락에서 볼 때 가령 고전 문학은 라신, 몰리에르 등으로 대표하는 17세기의 대표적 작품들을, 낭만주의 문학은 샤토브리앙이나 라마르틴의 작품들로 대표되는 19세기 초엽의 작품들을, 사실주의 문학은 주로 플로베르나 발자크의 소설들로 대표되는 다음 세대의 문학 작품들을, 자연주의 문학은 졸라의 문학 작품으로 나타난 19세기 말엽의 대표적 작품들을, 상징주의 문학은 보들레르와 말라르메가 대표하는 19세기 말엽의 시 작품들을, 그리고 실존주의 문학은 사르트르나 카뮈의 작품들로 대표되는 2차 대전 직후의 문학들을 각기 시대적으로 지칭한다고 볼 수 있다. 그렇다면 고전 문학이란 무엇인가? 낭만주의 문학이란 무엇인가? 사실주의 문학이란 무엇인가? 자연주의 문학이란 무엇인가? 상징주의 문학이란 무엇인가? 라는 물음에 대한 대답은 각기 라신/몰리에르의 문학 작품, 샤토브리앙/라마르틴의 문학 작품, 플로베르/발자크의 문학 작품, 졸라의 문학 작품, 보들레르/말라르메의 문학 작품, 사르트르/카뮈의 문학 작품을 가려내는 것으로 만족될 듯싶다. 그러나 어떠한 문학사가나 어떠한 문학 연구가도 위와 같은 대답에 만족하지 못한다. 고전주의/낭만주의/사실주의/자연주의/상징주의/실존주의 문학이란 무엇인가? 라는 물음은 각기 자신의 범주에 속하는 문학 작품의 제목이나 그 저자들의 이름에 대한 물음이 아니라 그러한 문학적 범주에 속하는 문학 작품의 특성과 그것의 문학/예술적 그리고 더 나아가서 문화적 의의에 대한 탈역사적 물음이다. 고전 문학, 낭만주의 문학, 사실주의 문학, 자연주의 문학, 상징주의 문학 그리고 실존주의 문학이 각기 무엇인가? 라는 물음이 단순히 작가·작품의 이름이나 제목과 시대적 구분에 대한 물음 이상이라는 사실은 바로 위와 같은 문학 작품의 범주가 '역사적' 개념이 아니라 어떤 특별한 속성을 지칭하는 개념이라는 것으로 대뜸 알 수 있다. 위와 같은 문학이 각기 무엇인가에 대한 대답은 위와 같은 문학 범주의 개념을 밝히는 일로 귀착되는 것이다.

　그렇다면 가령 '낭만주의 문학' 혹은 '실존주의 문학'의 속성은 어떻게 결정/정의될 수 있는가? 여기서 우리는 어떤 개념을 정의함에 있어 생기는 논리적 악순환의 문제에 부딪힌다. 낭만주의 문학과 실존주의 문학의 전형적 예를 각기 샤토브리앙/라마르틴의 문학 작품과 사르트르/카뮈의 문학 작품에서 찾아볼 수 있다면 그러한 문학들의 각기 다른 속성은 그러한 문학 작품들을 분석함으로써 발견될 수 있을 것이다. 그러나 이러한 접근에는 문제가 있다. 도대체 어째서 그러한 작품들에 각기 '낭만주의'와 '실존주의'라는 이름이 붙여질 수 있었던가의 물음이 생긴다. 이러한 물음은 결국 각기 '낭만주의'와 '실존주의'라는 개념의 정의에 대한 물음이다. 그렇다면 낭만주의나 실존주의 문학에 대한 정의는 그러한 개념들에 대한 정의를 이미 전제하는 논리의 순환적 오류를 범하게 된다.

거꾸로 낭만주의 문학과 실존주의 문학의 개념이 이미 규정되고 그러한 정의에 의한 범주에 따라 샤토브리앙/라마르틴과 사르트르/카뮈의 문학 작품들이 각기 낭만주의 문학과 실존주의 문학으로 소속되었다고 볼 수 있는가? 만약에 그렇다면 우리의 물음과 문제는 사뭇 더 복잡해진다. 우리가 문학에 대한 물음의 성격을 위와 같이 이해할 때 가령 낭만주의 혹은 실존주의 문학의 구체적 작품의 예는 사뭇 달라질 수 있다. 위와 같은 문학 작품의 분류의 관점에서 볼 때 가령 낭만주의 문학은 낭만주의적 속성을 담은 모든 문학 작품을 포함해야 하는 까닭이다. 그리고 그러한 속성을 지닌 문학 작품은 특정한 시기인 19세기 전반 특정한 지역인 프랑스에서 생산된 작품에서만 발견될 수 있는 것이 아니라 중세기 혹은 20세기 후반의 미국이나 한국 작가들의 어떤 작품 속에서도 그러한 요소는 발견될 가능성이 많은 것이다. 따라서 우리의 구체적 문제인 실존주의 문학의 특수한 속성을 찾는 문제는 더욱 복잡해진다.

다행히도 역사적 사실은 그렇지 않다. 고전주의·낭만주의 등을 비롯한 문학 분류의 여러 개념은 각기 그러한 범주 속에 분류되는 작품들이 생산되기 이전부터 있었던 것이 아니라 그러한 작품들이 창작된 후에 그러한 작품들의 특성을 기술하기 위해 고안된 개념이라는 사실에 주목해야 한다. 그렇다면 가령

"실존주의 문학이란 무엇인가?" 라는 물음에 대한 대답을 찾기 위한 가장 적절한 방법은 다른 종류의 문학과 구별하여 '실존주의 문학'이라 부르게 한 결정적 계기로 작용한 대표적 작가의 대표적 작품들의 특성을 찾고 설명함에 있을 것이다. 이러한 작업은 구체적으로 어떤 것일까? 그것은 어떤 작품들이 관례적으로 실존주의 문학에 분류된다면 그것은 어떤 이유에서 그처럼 '실존주의적'이라고 불릴 수 있는가? 라는 물음과 어쩌면 동어 반복적/순환적 해답에 지나지 않을 것이다. 그러나 모든 순환적 논리가 다 같이 공허한 것만은 아니다. 순환적 사고 속에서 두 가지 이상의 개념은 상호적으로 조명되고 두 가지 이상의 문제들은 서로 변증법적으로 해결될 수 있다. 다시 말해서 이미 상징주의 문학으로 분류된 전형적 작품들을 분석함으로써 비로소 상징주의 문학의 특성이 보다 정확히 정의/규정되며, 그러한 정의/규정에 비춰 상징주의 문학은 어떤 작품을 보다 깊은 측면에서 이해/평가하거나 어떤 작품들을 상징주의 문학의 범주 속에 새로이 포함시킬 수도 있고, 역으로 그로부터 제거할 수도 있다. 아무튼 "어떤/어떤 문학은 무엇인가?" 라는 물음에 대한 탐구의 출발점은 그렇게 이미 분류된 즉 이미 "어떤/어떤 문학이다"라고 통칭되는 구체적 문학 작품들의 분석과 이해일 수밖에 없다. 이러한 사실은 "실존주의 문학은 무엇인가?" 라는 우리의 물음에도 마찬가지로 해당된다.

2. 실존주의 문학 작품

어떤 작품이 '실존주의적'이라고 불리는 이유는 그것이 '실존주의적' 속성을 갖고 있다는 데 있다. 그렇다면 앞서 든 두 작가들의 작품이 아니더라도 '실존주의적' 속성을 가진 모든 작품들은 그것이 누구에 의해서 언제 어디서 씌어진 것일지라도 다

같이 실존주의 문학의 범주에 포함되어야 할 것이다. 사르트르나 카뮈나 보부아르의 작품 외에도 말로, 아누이, 베케트, 카프카, A. 밀러, 포크너, 케루액 등의 비트 제너레이션의 현대 작가들은 물론 헤세, 도스토예프스키 그리고 더 나아가서는 셰익스피어의 어떤 작품들이나 소포클레스의 비극/희곡까지 실존주의 문학으로 흔히 취급되는 이유도 바로 위와 같은 근거에서이다. 이러한 관례는 '실존주의'라는 철학적 분류 개념이 2차 대전 이후 사르트르의 철학적 이론과 때를 같이해서 생겼음에도 불구하고 과거의 수많은 철학자나 사상가들, 예컨대 하이데거, 키에르케고르, 니체, 파스칼 등을 다 같이 실존주의자로 부르는 사례와 논리적 유사성을 갖는다.

이와 같은 문학 혹은 철학사에서 볼 수 있는 관례에 근거가 전혀 없는 것은 아니나 거기에는 적어도 두 가지 문제가 뒤따른다. 첫째는 논리적 문제이다. 어떤 개념을 너무 확대해서 적용할 때 그 개념의 의미는 상대적으로 애매모호해질 수밖에 없다. 너무나 많은 철학자를 다 같이 실존주의자로 호칭한다면 사르트르나 카뮈의 실존주의 철학의 특색은 그만큼 그 진가를 상실할 수밖에 없으며, 그와 마찬가지로 어떤 면에서는 너무나 다색 다양한 작품들을 통틀어 실존주의 문학이라 이름붙인다면 명실공히 실존주의 철학자로 알려진 사르트르나 카뮈의 문학 작품의 특징은 드러나지 않는다. 둘째는 실질적 문제이다. 다수의 다양한 철학자들의 철학을 일괄적으로 표상하는 작업은 소수의 철학자의 철학을 통일해서 서술하는 작업보다 더 어려운 것은 논리적으로 당연하다. 그러므로 실존주의 철학을 분명히 규정하고 이해하기 위해서는 가능하면 가장 적은 수의 대표적 실존주의 철학자를 골라 그들의 철학적 특성을 규명하는 방법이 전략적으로 적절하다. 실존주의 문학을 가장 분명히 규정하고 이해하려면 가능한 적은 수의 가장 대표적 작품을 골라 그것의 특색을 도출해내는 작업이 방법적으로 가장 효율적이다.

어떤 작가의 어떤 작품들이 실존주의 문학을 대표할 수 있는가? 실존주의 작가를 대표하는 것은 아무래도 사르트르와 카뮈이며 전형적 실존주의 문학 작품들의 예로는 사르트르의 소설 『구토』『자유의 길』및 희곡「닫힌 문」「파리떼」와 카뮈의 소설 『이방인』『페스트』, 희곡「칼리굴라」등을 들 수 있다. 이러한 데에는 그럴 만한 이유가 있다. 여기서 우선 우리는 실존주의는 문학적 개념으로 전용되기 이전에 철학적 개념이라는 사실을 염두에 두어야 한다. 이러한 사실은 실존주의 문학이 다른 문학의 경우와는 달리 그 특색이 무엇보다도 먼저 그것의 철학적 측면에서 조명되어야 함을 뜻한다. 실존주의 철학은 사르트르의 방대한 철학적 논술『존재와 무』및 카뮈의 짤막한 철학적 에세이『시시포스의 신화』의 출판과 함께 실질적으로 탄생했다고 할 수 있다. 이 두 실존주의 철학자들은 철학적 저술과 병행해서 그들의 철학적 표현 방법으로서 문학 작품도 창작해냈다. 좁은 의미에서 실존주의 문학은 바로 이 두 실존 철학자들이 그들의 철학적 사상을 표상하기 위해 위에서 언급한 바와 같이 문학적 작품을 창작해냄으로써 비롯된다.

오늘날 뒤돌아볼 때 사르트르나 카뮈말고도 수많은 철학자들이 실존주의자에 속하며, 위에서 예로 든 이 두 실존주의 철학자의 문학 작품말고도 수많은 문학 작품들이 실존주의 문학에 속한다. 그러나 그러한 실존주의자들이나 그러한 실존주의 문학 작품은 우선 사르트르나 카뮈의 실존주의 철학과 그들의 실존주의 문학 작품에 비추어봤을 때만 비로소 의미를 갖고 이해될 수 있다. 따라서 이 두 실존주의 철학자 외의 다른 이들의 실존주의 철학의 이해나 이들 두 실존주의 작가들에 의한 실존주의 작품들 외의 다른 작가들에 의한 실존주의 문학 작품들을 설명할 경우라도 사르트르와 카뮈라는 두 실존 철학자와 그들의 실존주의적 문학 작품에 대한 이해와 설명이 우선적으로 선행될 수밖에 없다. 그러므로 그들의 실존주의 철학과 그들의 실존주의 문학은 실존주의 철학과 실존주의 문학을 이해하는 데 절대로 빼놓을 수 없는 근본적 바탕이 된다. 뒤집어 말해서 사르트르와 카뮈의 실존주의를 이해했을 때 실존주의 일반은 거의 다 이해된 셈이며, 그들의 대표적 실존주의 문학 작품을 설명할 수 있을 때 실존주의 문학 일반은 대체로 이해된 것으로 봐도 좋다.

3. 실존 철학과 문학

실존주의 문학은 무엇인가? 여기서 우선 실존주의 문학이라고 할 때의 '실존주의'라는 개념이 철학적 개념임을 다시 한번 강조할 필요가 있다. 이런 점에서 실존주의 문학의 특색은 다른 분류의 문학, 예컨대 고전 문학, 낭만주의 문학, 사실주의 문학, 자연주의 문학, 상징주의 문학 등의 문학적 특징과 그 성격이 퍽 다르다는 점에 유의해야 한다. 다른 범주에 속하는 문학과는 달리 실존주의 문학은 각별히 뗄 수 없이 밀접한 관계로 얽혀 있다.

실존주의 문학만이 아니라 모든 문학은 넓은 의미로서 철학과 언제나 뗄 수 없는 관계를 맺고 있다. 문학은 인간의 삶이 빚어내는 말하기 어려운 도덕적 갈등, 개념적으로 투명한 언어로 표현할 수 없는 여러 가지 놀라운 인간의 체험, 체계적 논리에 따라 설명할 수 없는 놀랍고 새로운 지각과 인식, 달리는 표현할 수 없는 인간적 소원, 펴고 싶은 의지, 죽음이나 영원한 존재와 세계에 대한 관점과 삶에 대한 궁극적 태도 등의 문제에 대한 탐구·성찰, 그리고 그러한 것의 표현을 목적으로 한다. 이러한 문제·관점·태도·욕망 및 견해는 넓은 의미로서 철학이다. 그렇기에 문학은 예외 없이 직접·간접으로 혹은 명백하게 또는 희미하게 철학과 관계하고 철학으로부터 떼어 생각할 수 없다. 오랫동안 여러 문화권에서는 문학과 철학을 명백하게 구별하지 않았다.

이와는 달리 서구에서는 빠르게 고대 소크라테스부터, 아무리 늦어도 근대 이후, 그리고 동양에서는 어쩌면 서구 문명이 수입되면서부터 철학과 문학은 분명히 다른 개념으로 사용되어왔다. 그럼에도 불구하고 그러한 서구 전통 안에서도 철학과 문학의 전통적 구별이 의심받기 시작했고 널리 의심받고 있다. 니체 이**후 철학과 문학의 경계선은 무너져가고 있는 것 같았으며**, 최근 포스트모더니즘을 주장하는 철학자들이나 문학 이론가들은 철학과 문학의 엄격한 구별을 부정하고 그러한 입장에 철학적 뒷받침을 제공하려 한다.

그러나 문학과 철학은 역시 혼동되지 않는다. 비록 문학 텍스트와 철학 텍스트가 가시적으로 구별되지 않더라도 그러한 다른 두 개념이 통용되는 이상 그것들은 논리적으로 어떤 구별이 있음을 전제한다. 철학적 텍스트가 어떤 객관적 언급 대상을 갖고 있는 데 반해 문학적 텍스트는 그러한 대상을 갖지 않고 허구적이라는 것이다. 철학적 텍스트가 그에 대한 진/위의 판단 가능성을 전제로 하는 반면 문학적 텍스트는 그렇지 않다. 이러한 구별은 두 가지 텍스트를 우리가 실제로 어떻게 다루고 있는가를 분석해보면 드러난다. 그것들간의 차이는 사실적 차이가 아니라 언어/사회적 **약속**에 근거한 양상(樣相)적 차이다.[1] 어떤 텍스트를 문학으로 보는가 아니면 철학으로 봐야 하는가는 언어적 약속에 의한 그것을 대하는 우리의 태도/양상에 달려 있다. 이러한 사실은 문학적 텍스트와 철학적 텍스트 사이에는 뛰어넘을 수 없는 논리적 차이가 있음을 말해준다.

문학적 텍스트가 철학적 텍스트와 엄연히 구별된다면, 문학적

---

1) 박이문, 「철학적 허구와 문학적 진실: 텍스트 양상론」, 『철학전후』(문학과지성사, 1993); Ynhui Park, "The Ontological Modality of Art work," in *Contemporary Philosophy*(Boulder, 1986). 모든 인용문은 필자의 원문 번역이다.

텍스트는 '문학으로서' 읽히고 해석되며 평가되어야 한다. 이러한 작업이 정확히 무엇인가를 이 시점에서 결정하기는 쉽지 않더라도 문학적 텍스트를 순전히 '철학으로서'만 읽고, 해석하고 평가할 수 없으며, 그렇게 해서는 안 된다는 것이다. 이러한 사실은 문학 작품을 구분하는 문학사적 범주의 개념들에서도 드러난다. 문학사나 문학 평론의 맥락에서 어떤 종류의 문학을 고전주의·낭만주의·사실주의·상징주의 혹은 자연주의 등의 범주로 묶을 때 이러한 명칭들은 그 어느 하나 철학적 개념으로 사용되고 있지 않다. '고전적'이라 할 때 그 말은 어떤 작품의 **긍정적인 가치 평가적** 의미를 내포하고 있으며, 낭만주의 문학이라 할 때 '낭만적'이라는 개념은 이성의 통제로부터 해방되려는 **심성**을 지칭하는 심리적 개념이며, 사실주의/리얼리즘은 작품이 다룬 **대상 및 자각**의 관심에 관계된 개념으로 서민/민중의 구체적 삶에 대한 관심을 중요시하는 입장을 지칭한다. '자연주의'라는 낱말은 주로 문학적 **방법/형식**에 관한 개념으로서 문학적 진실은 자연과학에서와 유사한 객관적 방법으로 민중들의 생활을 묘사하는 문학적 표현 방법으로서 그러한 방법에 의한 그러한 문학적 중요성을 강조하는 하나의 주장을 가리킨다. 위의 모든 개념들이 문학적 특성을 서술하기 위해 동원된 것이지만 그 어느 것 하나에도 철학적 뜻을 찾아볼 수 없다. 문학 작품의 문학사조적 분류의 예들은 문학 작품이 반드시 철학적으로 서술되고 평가될 필요가 없음을 말해준다. 철학적 요소는 문학의 충분조건이 아님은 물론 필요조건도 되지 않는다는 사실이다. 만약 한 문학 작품의 특징이나 가치가 철학적 시각에서 이루어진다면 그것은 오히려 본질적인 것이 아니거나 예외적인 경우이다. 철학적 요소는 모든 문학 작품의 필연적 조건이 아니다. 실존주의 문학이라 할 때의 '실존주의'는 어디까지나 철학적 개념으로 하나의 철학적 입장을 지칭하는 개념이다. 그렇다면 어떤 문학 작품은 다른 어느 시각에서보다도 그것의 철학적 측면에서 그것의 특성이 가장 잘 서술될 수 있음을 뜻하고, 그렇다면 오로지 철학적 시각에서 평가될 수 있음을 암시한다. 달리 말해서 어떤 문학 작품에서는 철학과 문학의 만남이 뚜렷하며 철학은 그 작품에서 빼낼 수 없는 적어도 하나의 필요조건임을 말해준다. 그럼에도 불구하고 실존주의 문학에서 철학과 문학의 뗄 수 없는 관계는 문학 일반의 본질을 보여주는 사례이기보다는 문학의 한 특수한 부류에서 나타난 하나의 특징을 보여줄 뿐이다.

그러나 적지 않은 문학 작품이 넓은 의미에서 철학적 문제를 직접 혹은 간접적으로 다루고 있고, 문학 작품이 그 속에 담겨 있는 철학에 의해서 감상되거나 평가되는 경우도 적지 않다. 사실은 대부분의 문학 작품에서 철학적 문제가 단편적으로나마 제기되고 검토되고 있다. 대부분의 위대한 작품들은 직접·간접적으로 중요한 철학적 문제를 제기하며, 바로 그러한 철학적 문제야말로 그것들의 위대성에서 빼낼 수 없는 구성 요소로서 작용한다. 그리스의 비극들은 인간의 운명에 대한 영원한 철학적 문제를 제기하고, 『햄릿』은 진/위 판단의 영원한 불확실성에 관한 철학적 문제를 제기하며, 도스토예프스키의 『죄와 벌』은 선/악 판단의 어려운 철학적 문제를 제기한다. 이러한 사실은 설사 철학이 문학의 필수 조건이 아니며, 그것들의 관계가 내재적이 아니라 외재적인 것이긴 하더라도 한 작품의 철학적 문제 제기와 그 깊이는 한 문학 작품의 격과 그 가치를 결정하는 데 거의 뺄 수 없는 중요 요소임을 보여준다. 문학과 철학 즉 문학 텍스트와 철학 텍스트가 그것들간의 물리적/지각적 유사성에도 불구하고 논리적으로 서로 다른 기능을 하고 있지만 문학적 동기나 철학적 동기가 단순한 사물 현상의 표상 기술에 있지 않고, 그러한 것들이 삶에 대한 깊은 경험과 숙고에서 시발된 것임을 인정할 때 바로 그 점에서 그것들은 다 같이 '과학적'이거나 '경제적'이 아니라 '철학적'이다. 이런 측면에서 문학과 철학은 어쩌면 현실적으로는 거의 뗄 수 없는 밀접한 관계를 맺고 있는 것으로 봐도 좋을 것이다. 그렇다면 '실존주의 문학'이라는 개념에서 볼 수 있듯이 실존주의라는 하나의 철학과 문학이 접목된다 해도 그것은 놀랄 만한 논리적/지적 스캔들은 아니다.

포스트모더니스트 특히 해체주의자들의 목청 높은 주장에도 불구하고 철학과 문학의 기능, 철학적 텍스트와 문학적 텍스트의 의미는 논리적으로 혼동될 수 없다. 그럼에도 불구하고 또 하나 부정할 수 없는 것은 그것들간에는 실제로 거의 대부분의 경우 때로는 깊게 혹은 때로는 얕게 뗄 수 없는 관계를 맺고 있다는 사실이다. 그렇다면 그 관계는 어떻게 분석될 수 있으며, '실존주의 문학'에서 철학과 문학간의 관계는 어떻게 설명될 수 있는가?

모든 것들간의 관계는 내재적인 것과 외재적인 것으로 구분될 수 있다. 우리는 앞서 철학과 문학은 서로 그 기능상 **양상론**적으로 서로 구별되어야 한다고 전제했다. 철학은 진/위의 규준에 의해서 판단될 수 있는 명제를 찾아내지만 문학은 참신/고루 혹은 적절/부적절 혹은 세련/미숙이라는 규범들로만 판단될 수 있는 세계를 제안해낸다는 기능을 각기 맡고 있다는 말이다. 그것들이 실제로 서로 얽혀 있을 경우에도 그러한 관계는 내재적인 것이 아니란 외재적 즉 우연적이라는 뜻이다. 그렇지만 실존주의 문학을 전략적 차원에서 철학과 문학의 관계를 외재적 및 내재적으로 나누어 같이 고찰/분석해볼 수 있다.

문학은 그 자체가 철학이 아니며 철학은 그 자체가 문학이 아니다. 그러면서도 철학은 문학과 다음과 같은 두 가지 양식으로 외재적 관계를 가질 수 있다. 첫째 한 문학 작품 **전체**가 어떤 철학 내용을 전달하는 수단이거나 그러한 철학을 비판하는 도구로 사용되는 경우가 있다. 철학과 문학의 이러한 외재적 관계를 대표하는 작품의 한 예가 볼테르의 소설 『캉디드』다. 볼테르의 작품은 현재 우리가 알 수 있는 세상은 가능한 세계들 가

운데서 최선의 것이라는 라이프니츠의 철학적 주장을 조롱하려
는 목적으로 쓰인 것으로 봐서 틀림없다. 이와는 달리 어떤 철
학적 문제가 한 문학 작품 내부에서 서술·토론·검토될 수 있
다. 이 경우 문학은 하나의 철학적 담론들의 장소로서 기능한
다. 문학이 모든 측면에서의 인간 경험에 대한 성찰과 반성인
이상, 그리고 철학적 문제는 그것이 특히 도덕과 관련될 때 거
의 모든 사람들의 중요하고 심각한 관심거리가 되지 않을 수 없
는 이상, 문학 속에서 고찰되는 철학적 문제는 그 자체로서 그
문학 작품을 읽는 이들의 중요한 관심사가 되지 않을 수 없으며
그와 아울러 그만큼 독자들의 지적 감수성을 자극하는 데 중요
한 요소로 작용하지 않을 수 없게 된다. 도스토예프스키의 소설
『카라마조프가의 형제들』이 독자들의 가슴에 깊은 감동을 남길
수 있는 중요한 요인의 하나는 우리가 그 작품 속에서 '영혼'
'신' '영원한 초월적 세계' 등에 대한 철학적 문제와 절박하고
강렬한 대면을 할 수 있기 때문이다. 그런가 하면 철학이 작품
을 만드는 데 하나의 요소로서 동원됐을 때 철학은 문학과 외재
적 관계를 맺고 있다고 말할 수 있다.

　대부분의 문학 작품의 경우 철학과 문학의 관계는 대체로 위
와 같은 외재적 관계를 맺고 있으며 그것은 두 경우 중의 하나,
특히 후자의 경우와 같은 예가 절대적으로 대부분이다. 철학과
문학이 이와 같은 외재적 관계를 갖고 있는 한 한 작품의 문학
적 가치는 그 속에 담겨 있는 철학적 입장이나 논지의 가치와
전혀 상관없이 평가되어야 하며 꼭 그래야만 타당하다. 볼테르
의 소설 『캉디드』의 가치는 라이프니츠의 형이상학적 주장의
잘잘못이나 볼테르의 그런 형이상학에 대한 비판의 타당성과는
상관없이 평가된다. 도스토예프스키가의 소설 『카라마조프가의
형제들』의 경우도 마찬가지다. 이 작품의 가치는 그 속에서 취
해진 철학적 주제, 입장의 진/위나 그런 것을 위해 취해진 논지
의 타당성과는 거의 상관없이, 그리고 그것이 작가 도스토예프

194

스키에 의해서 취해진 것이든 아니면 순전히 작품 속의 가상적 인물들에 의해서 취해진 것이든 상관없이 측정될 수 있으며, 실제 그렇게 측정되며 또 꼭 그렇게 측정되어야 한다. 다만 '실존주의 문학'을 제외한 고전주의 문학, 낭만주의 문학, 사실주의 문학, 자연주의 문학 그리고 상징주의 문학 등의 모든 경우 철학과 문학의 관계는 위와 같이 두 가지 방식으로 오직 외재적 관계만을 맺고 있다.

그러나 철학과 문학은 내재적 관계로도 얽혀질 수 있다. 어떤 것들 사이의 내재적 관계란 논리적으로 서로 분리될 수 없는 관계를 지칭한다. 이런 관계의 예로 인간과 동물의 관계를 들 수 있다. 인간이라는 개념은 동물이라는 개념을 떠나서는 이해될 수 없다. 이런 점에서 **동물**은 인간과 내재적 관계를 갖고 있다. 이와 마찬가지로 철학이 문학과 내재적 관계를 가질 수 있는 경우를 생각해볼 수 있을 것인가? 실존주의 문학의 개념은 그러한 경우의 예이다.

실존주의 문학의 입장에서 볼 때 철학과 문학은 두 가지 측면에서 내재적 관계를 갖고 있다. 첫째 실존주의 문학은 실존주의 철학자들에 의해서 씌어졌고 그래야만 한다는 의미가 내포되어 있다는 점에서 철학은 문학과 내재적으로 얽혀 있다. 즉 문학작품은 발생학적으로 철학적이다. 실존주의 철학자에 의해서 씌어진 작품만이 실존주의 문학이라는 것이다. 둘째 더 일반적으로 철학적 의미를 갖지 않는 문학은 의미를 갖지 않는다. 문학은 자율적으로 존재할 수 없고 철학으로서만 그 의미를 갖고 존재할 수 있다는 것이다. 다시 말해서 문학 텍스트와 철학 텍스트의 차이는 똑같은 철학의 서로 다른 표현 방식이라는 것이다.

철학과 문학의 내재적 관계에 대한 입장은 어떤 특수한 작품들을 실존주의 문학이라고 분류하게 된 이유와 그러한 문학사적 관계를 반성해보거나, 대표적 실존주의 작가들인 사르트르나 카뮈의 문학 이론 및 그들의 철학적 텍스트와 문학적 텍스트간의 관계를 검토 분석할 때 밝혀진다. 한편으로 앞서 말했듯이 실존주의 작가는 원래 실존주의 철학자인 사르트르나 카뮈 외의 많은 작가를 지칭하고 실존주의 문학 작품은 이 두 실존주의 철학가들의 문학 작품 외의 허다한 작품들을 포함해서 광의로 사용되는 경우가 많다. 그러나 좁은, 그리고 원래의 의미로 볼 때 실존주의 작가는 실존주의 철학을 주장하는 철학자, 특히 사르트르나 카뮈 등을 지칭하고, 실존주의 문학 작품은 그들의 대표적 작품들, 즉 앞서 예로 든 사르트르의 『구토』 「닫힌 문」 「파리떼」나 까뮈의 『이방인』 「칼리굴라」 『페스트』 등 비교적 적은 수의 작품만을 지칭한다. 다른 한편으로 다른 작가들의 경우와는 달리 사르트르와 카뮈는 우선 '실존주의'라고 호칭되게 된 철학 체계를 갖고 그러한 것을 대표적으로 각기 『존재와 무』와 『시시포의 신화』라는 철학적 저서에서 주장했고, 그러한 철학적 사상을 표현하는 또 하나의 방법으로 각기 『구토』 등과 『이방인』 등의 문학 작품을 발표하게 됐던 것이다. 이러한 사실들은 그들의 문학적 의도와 철학적 사고와 거의 인과적이라고까지 말할 수 있는 관계를 나타낸다.

실존주의 철학과 문학 사이에 위와 같은 이유에서 내재적 관계가 있다고 할 수 있다는 것은 모든 철학이 다 똑같이 문학과 그러한 내재적 관계를 갖고 있다는 주장은 아니다. 만약 사르트르나 카뮈의 철학이 실존주의가 아니고 플라톤주의, 데카르트주의, 흄주의, 칸트주의, 헤겔주의였다면 사정은 전혀 달라졌을 것이다. 후자의 경우 그들은 자신들의 철학을 표현하기 위해서 문학적 양식을 차용하기보다는 오히려 그것을 가능한 회피하거나 극복하려고 노력했을 것이다. 플라톤, 데카르트, 흄, 칸트, 헤겔이 철학자로서 문학적 작품을 쓰려는 생각을 할 수 있었으리라는 것은 상상하기 어렵다. 만약 그들한테서 철학과 문학의 관계를 발견할 수 있다면 그것은 오직 외재적으로만 존재할 수 있다.

196

그러나 실존주의 철학과 실존주의 철학자의 경우만 예외인
이유는 철학으로서 실존주의의 성격에 있다. 실존주의는 다른
철학과 그것이 갖는 관심 및 그것이 취한 입장이라는 측면에서
그외의 철학적 관심 및 입장과 다르며, 바로 이런 점에서 실존
주의는 문학과 뗄 수 없는 밀접한 관계를 갖게 된다. 그렇다면
실존주의는 어떤 철학인가?

4. 실존주의 철학

실존주의는 하나의 철학이다. 철학으로서 실존주의는 존재와
경험에 관련된 기본적 문제에 대해 가장 일반적 명제를 찾아내
려 한다. 철학적 문제는 수없이 다양하다. 실존주의 철학의 핵
심적 관심사는 '인간으로서의 존재'이다. 그러한 존재를 실존
주의는 '실존 *l'existence*'이라 호칭하며 인간 외의 모든 존재
*l'etre*와 존재론적으로 부별한다. 인간의 특수한 존재 양식을
가장 기초적이며 본질적 탐구 대상으로 삼는다는 점에서 실존
주의는 하나의 철학적 인간학이다.

2차 대전 후 얼마 동안 프랑스의 철학을 대표했던 사르트르
외에도 당대의 프랑스를 비롯한 다른 나라의 철학자들만이 아
니라 파스칼, 키에르케고르 등 다른 시대의 사상가들을 다 같이
실존주의자들이라고 부르는 경우가 있다. 그러나 이러한 사례는
실존주의 문학을 규정할 때와 똑같다. 좁은 의미로서 실존주의
문학이 사르트르와 카뮈 등의 작품만을 지칭하고 말로, 아무이,
카프카, 베케트, A. 밀러, 도스토예프스키 등의 작품까지를 지
칭하지 않듯이, 협의로 사용될 때 실존주의 철학은 주로 사르트
르, 보부아르 그리고 카뮈의 철학적 저서에서 전개된 사상만을
지칭한다. 이들 가운데서도 실존주의 철학이 가장 체계적이고
심도 있고 명백하게 표현된 것은 사르트르의 『존재와 무』에서

이다. 결국 실존주의는 사르트르의 이 저서에 담긴 사상이라 해도 틀리지 않는다. '실존주의 철학'이라는 개념이 사르트르의 위 저서가 출판된 뒤 처음으로 만들어져 그것에 부쳐졌다는 것은 우연이 아니다.

사르트르에 의하면 모든 철학적 문제는 방법론적으로 개개인의 구체적 경험에서 출발해야 한다. 철학적 문제와 그에 대한 대답은 인간의 인식과 뗄 수 없다. 개·산·영혼·신 그리고 세계 등의 객관적 존재가 무엇인가에 대한 답을 찾는 것이 철학적 의도라면 그에 대한 대답은 그러한 것들이 우리들에게 어떻게 인식되었는가의 대답에 지나지 않는다. 왜냐하면 인간에게 인식/의식되지 않은 어떤 존재를 주장한다는 것은 논리적으로 불가능하기 때문이다. 그렇다면 우리가 말하고 알고 믿을 있는 개·산·영혼·신 그리고 세계 등 객관적 존재는 곧 우리들이 믿고 즉 우리들의 의식에 의해 관념화된 개·산·영혼·신·세계에 지나지 않는다. 이런 점에서 사르트르의 실존주의는 관념주의적 입장에 머물러 있고 바로 그런 점에서 데카르트 철학의 전통에 들어 있으며, 데카르트가 **초경험적인** 투명한 이성만 의존한 데 반해 구체적 경험의 세밀한 서술에 바탕을 둔 개·산·영혼·신 그리고 세계의 파악이어야 한다는 점에서 사르트르의 인식론적 방법은 후설의 방법론과 동일하다. 바로 이런 점에서 사르트르는 그의 철학적 방법을 현상학적이라 호칭했으며, "실존은 본질에 선행한다"라는 그의 가장 유명한 실존주의 철학의 첫 명제도 바로 위와 같은 맥락에서 그 뜻이 이해된다.

여기서 '실존'은 인간의 존재 양식을 지칭하며 '본질'은 우리에 의해 인식된 대상의 특성을 지칭한다. 실존/인간이 본질/대상을 선행한다면 그러한 대상은 인간의 존재 양식에 의해 크게 결정될 것이다. 이 점에서 사르트르는 또한 극히 칸트적이다. 칸트 인식론의 가장 혁명적 요소는 우리가 믿고 있는 객관적 존재들은 인간의 의식/인식 구조에 필연적으로 의존되어 있으므로 인간 의식 구조에 상대적이라는 점을 밝혀낸 데 있다. 그렇다면 객관적 모든 현상이 어떤 것인가 하는 물음은 인식 주체로서의 인간, 즉 '실존'의 존재 양식/구조에 대한 이해를 필연적으로 전제한다.

실존과 본질의 관계 즉 인간과 그 인식 대상으로서 객관적 세계의 관계를 위와 같다고 인정할 때 인식 주체로서 의식과 그 대상은 결코 하나로 통일될 수 없다. 의식과 그 대상은 그 어느 것도 다른 것으로 흡수될 수 없다는 것이다. 왜냐하면 의식을 떠난 대상을 생각할 수 없고 대상이 없는 의식은 있을 수 없기 때문이다. 그러므로 세계는 의식으로서 존재와 그의 대상인 모든 존재로 양분될 수 있는 두 가지 별도의 존재로 구성되어 있다고 봐야 한다. 사르트르의 실존주의는 데카르트의 경우와 마찬가지로 명확한 이원론적 존재론에 기초한다. 인식자로서 의식은 필연적으로 반성적인데 그러한 의식은 오로지 인간에게서만 나타난다. 인간이 다른 모든 존재와 구별될 수 있다면 그것은 바로 그러한 의식을 갖고 있는 한에서이다. 그러므로 존재론적 분류에 따르면 모든 존재는 인간과 그외의 모든 것들로 양분된다.

우리가 경험할 수 있는 존재는 언제나 구체적이며 구체적 존재는 일정한 공간을 떠나서는 상상할 수 없다. 그러나 의식만은 그러한 공간적 범주로는 파악되지 않는다. 그럼에도 불구하고 우리에게 가장 확실한 사실은 우리의 의식이다. 즉 의식은 의심할 수 없이 존재한다. 바로 이러한 이유에서 사르트르는 의식이 '존재하지 않고 존재하는 존재,' 즉 '무'라는 이름을 붙이고 그냥 '존재'라는 이름을 붙인 존재와 대립시킨다. 인간의 유일한 특징이 의식적인 존재라는 데 있고 의식의 본질이 '무'라고 서술될 수 있는 존재 양식을 가졌다면 인간의 본질은 '무'로서 존재 구조의 특수성을 의미할 것이고 인간 외의 모든 것들은 '존재'로서 존재 구조의 특징을 지칭하게 될 것이다.

사르트르는 이 두 가지 존재 즉 의식과 그외의 모든 것의 양식의 특징을 나타내기 위해서 그것들을 각기 대자 *l'etre-pour-soi*와 즉자 *l'etre-en-soi*라고 부른다. 이 두 가지 존재들의 차이는 두 가지 측면에서 각기 서술할 수 있다. 첫째 즉자적으로 존재하는 인간 외의 모든 존재들은 그것 자체로 충만되어 있다. 돌·나무·개·산은 그냥 그것으로 있지 무엇인가를 요청하지 않는다. 그것은 언제나 결핍을 모른 채 충만되어 있다. 이와 대조해서 존재하지 않은 존재 즉 '무'로서의 대자는 언제나 무엇인가로 채워질 필요가 요청되는 존재 즉 '결핍'으로서만 존재한다. 인간은 누구이건간에 그리고 어디서 어느 경우이건간에 결코 완전히 만족된 상황에 놓여지지 않는다. 그의 본질은 '결핍/부족'이다. 둘째 인간 외의 모든 존재 즉 즉자가 물리적 인과 법칙에 의해 서로 기계적으로 얽혀 있어 그것들의 현상은 인과 법칙에 비추어 설명될 수 있는 것과 대조해서, 인간 즉 대자는 그러한 결정론적 인과 법칙에서 해방되어 있음을 의미한다.

이와 같은 사실은 대자 즉 인간이 '자유로울 수밖에 없음'을 말해주고, 인간이 자유로울 수밖에 없다는 것은 그가 정적인 상태에서 관조적 인식자로서가 아니고 부단히 어떤 목적을 선택해야만 하는 행위자로 존재함을 뜻한다. 자유가 선택을 함의한다면 선택은 책임을 함의하고, 한걸음 더 나아가서 행위에 대한 책임은 불안을 함축한다. 이와 같은 상황에서 인간은 불안으로부터의 탈출구를 모색하게 된다. 인간의 불안이 그의 '대자'적 존재 구조 때문이라면 그러한 불안의 근본적인 해결은 그가 또 다른 존재 구조인 '즉자'로 전환될 때만 가능하다. 그러나 대자는 결코 즉자로 전환될 때 대자 원래의 목적은 무산된다. 왜냐하면 그러한 전환은 의식의 완전한 상실을 의미하게 되며 그러한 상황에서 어떠한 경험도 있을 수 없게 되는데, 이러한 조건에서는 '불안을 모르는 만족'을 경험할 수 없게 되기 때문이다.

그러므로 인간으로 존재한다는 것이 아무리 고통스럽더라도 인간에게는 도피구가 없다. 그럼에도 불구하고 인간은 자신의 행동, 자신의 삶에 의미를 찾고자 한다. 그러나 사르트르에 의하면 부여된 의미 외에는 아무 의미도 없으며, 인간 외의 모든 것들에게 인간이 의미를 부여할 수 있다. 그러나 의미는 인간에 의해서만 부여될 수 있으므로 인간 자신은 '의미의 근거'가 되지만 그 자신은 아무 의미 즉 정당성이 없다. 인간, 아니 각기 '나'의 존재는 우연적인 것으로 '잉여적 존재' 즉 없어도 좋을 존재에 불과하다는 것이다. 그럼에도 불구하고 우리는 그러한 방식으로 존재하며 따라서 삶의 고통을 겪으면서 아무런 궁극적 의미나 희망도 없이 살아가야 한다는 것이다. "인간은 소용없는 고통이다"라는 사르트르의 유명한 말이나 카뮈가 즐겨 썼던 '부조리 *l'absurde*'라는 개념은 바로 위와 같은 인간 실존의 보편적 상황 즉 '의미 없음'의 상태를 지적해서 사용된 표현에 지나지 않는다.

우리가 살아 있는 한 우리는 부단히 행동을 회피할 수 없다. 우리는 절망에 빠져 자살을 택하지 않는 한 어떤 행동을 선택해야 할 것인가? 어떻게 살아야 하는가? 삶의 가장 바람직한 의미는 어떻게 부여될 수 있는가? 사르트르는 '자기 정직성 *authenticité*' 속에서만 무의미와 절망이 극복될 수 있다고 주장하며 카뮈는 '부조리에 대한 반항 *revolte*'을 통해서만 삶의 부조리가 극복될 수 있다고 주장한다.

철학과 문학은 그것들의 외형적/스타일상의 차이에도 불구하고 사물 현상과 인간에 대한 진리를 밝히고자 한다는 점에서 동일한 것을 지향한다고 전통적으로 믿어왔다. 이러한 전통적/상식적 생각은 최근 이른바 해체주의자/포스트모더니스트들에 의해서 철학적으로 뒷받침되고 있다. 사실 구체적 텍스트를 놓고 볼 때 그것들을 엄밀히 구별할 수 없는 경우가 더러 있다. 그럼에도 불구하고 앞서 말했듯이 두 가지 기능은 양상론적으로 엄밀한 존재론적 차이를 드러낸다. 백 보를 양보해서 전통적 그리고 포스트모더니스트적 주장대로 그것들이 다 같이 세계와 인간에 대한 진리를 추구하고 서술하며 따라서 그것들간의 근본적 차이가 없다고 양보하더라도 철학과 문학은 다음과 같은 점에서 적어도 피상적인 구별이 가능하다. 철학이 어디까지나 논증적인 데 반해서 문학은 서술적이다. 다시 말해서 철학이 그가 발견한 진리를 논리적으로 체계화하여 **증명**하고자 하는 데 반해서 문학은 그가 경험한 진리를 **서술**하여 **표상**코자 한다. 철학과 문학에서 볼 수 있는 이러한 차이는 진리와 그것을 표현하는 언어간의 관계에 대한 두 가지 다른 철학적 입장에 근거한다. 철학은 진리는 언어에 의해서 투명하게 개념적으로 기술되고 논증될 수 있음을 전제한다. 이와는 달리 문학은 그가 표상코자 하는 진리는 완전히 개념화되거나 논증될 수 있는 것이 아니라 오로지 직관적으로만 경험될 수 있다는 것이다. 따라서 철학적 언어는 추상적이며 논증적이고자 하는 데 반해 문학적 언어는 구체적이며 서술적이고자 한다.

실존 철학이 밝히고자 하는 인간의 실존은 그러한 인간의 경험은 어떠한 개념으로 하나의 투명한 체계 속에 보편적으로 설명되거나 서술될 수 없다는 것이다. 실존주의 철학의 진리는 비개념적, 즉 감각적으로, 비체계적, 즉 서술적 이야기 형태로 보다 잘 표현될 수 있다는 것이다. 따라서 위와 같은 실존주의 철학은 전통적 철학 체계의 논증에 따라 개념적으로 설명될 수 있기보다는 보다 개별적이며 구체적 경험의 문학적, 즉 감각/감성적 서술을 통해서 보다 절실히 즉 생생히 피부로 체험될 수 있다. 철학적 사고가 투명한 개념과 논리에 호소한다면 문학적 경험은 감각과 정서적 서술에 의존한다. 그러므로 적어도 실존주의에 있어서 그 성격상 문학적 표현과 철학적 사고는 서로를 구별할 수 없을 만큼 얽히게 된다. 바로 이러한 이유에서 다른 종류의 철학과는 달리 실존주의 철학은 문학과 밀접하게 만나고 자연스럽게 문학적 표현을 찾게 된다. 가령 철학과 문학이

'플라톤주의 문학' '칸트주의 문학'이나 '경험주의 문학' '합리주의 문학' 개념으로 묶일 수 없음에도 불구하고 '실존주의 문학'이라는 개념이 전혀 어색하지 않은 이유도 바로 여기에 있다. 이와 같이 볼 때 사르트르의 『구토』「닫힌 문」「파리떼」 등의 문학 텍스트나 카뮈의 『이방인』「칼리굴라」『페스트』 등의 문학 텍스트는 어쩌면 『존재와 무』나 『시시포스의 신화』 이상으로 철학적 텍스트로 볼 수 있다. 요컨대 실존주의 문학의 가장 중요한 특징은 문학의 근본적 기능을 철학적 사상을 구체적으로 그리고 가장 절실한 표현으로 볼 수 있다는 데 있다.

그렇다면 사르트르나 카뮈의 실존주의 철학이 그들의 문학 텍스트에 어떻게 접목되어 있는가? "실존주의 문학은 무엇인가?"라는 물음은 대표적 실존주의 문학 텍스트로 알려진 위와 같은 몇 개의 작품들을 검토/분석함으로써 보다 구체적 대답을 실존적으로 즉 체험적으로 얻을 수 있을 것이다. 이 글의 맥락에서 볼 때 검토/분석의 대상을 사르트르의 『구토』「닫힌 문」과 카뮈의 『이방인』「칼리굴라」로 압축시키는 것이 전략적으로 바람직할 뿐만 아니라 어쩔 수 없는 절차이다.

5. 실존주의 작품 분석

'실존주의'라는 철학적 개념이 1943년 사르트르의 방대한 체계를 갖춘 철학적 저서, 『존재와 무』의 출판으로 생겨난 말이라면, 그에 앞서 실존주의 문학은 1938년 출판된 그의 일기체 소설 『구토』와 더불어 탄생했다고 볼 수 있다. 사르트르가 철학적 저서와 문학적 작품을 동시에 썼다는 사실은 적어도 '실존주의'의 경우 철학과 문학이 뗄 수 없이 깊은 관계를 가짐을 시사한다. 실존주의에 있어 철학과 문학의 이러한 관계는 카뮈의 경우에도 똑같이 해당된다. 카뮈는 '실존주의적'이라고밖에 규정할 수 없는 철학적 관심과 입장을 밝힌 철학적 에세이 『시시 포스의 신화』와 아울러 일인칭 소설 『이방인』을 1942년 동시 에 출판했다. 전자 속에 전개된 실존주의의 철학적 사상을 후자 의 작품 속에서 읽어볼 수 있고 후자에서 서술된 이야기의 실존 철학적 의미를 전자의 철학으로 쉽게 풀이할 수 있다. 이와 같 이 볼 때 적어도 위의 두 실존주의자의 경우 문학 작품은 철학 의 문학적 표현으로 볼 수 있고 철학은 문학적 경험의 철학적 표상으로 볼 수 있다. 그렇다면 실존주의 문학은 실존 철학에 비추어서만 그것의 본질적 의미를 파악할 수 있을 것이다.

I. 사르트르의 『구토』와 「닫힌 문」

소설 『구토』는 18세기 한 역사적 인물에 대한 연구에 종사 하고 있던 로캉탱이라는 이름의 젊은 독신자가 어느 날 한 공원 의 마로니에나무 옆에서 인간의 '실존성'을 하나의 계시처럼 경 험하는 전후 과정의 일기체적 기록이다. 언뜻 보기에 『구토』는 소설 같지 않다. 통상적으로 소설은 한 인물 혹은 몇 인물들이 겪는 이야기를 담고 있다. 그러한 이야기는 인간에 대한 도덕적 문제를 비롯한 다양한 문제들에 대한 철학적 사유를 자극하거 나 그 속에 은근한 철학적 주장을 담을 수 있다. 그러나 그러한 철학적 내용은 그 자체로서 의미를 갖지 않고 그것이 소설 전체 의 문학적 효과에 기여하는 비중에 따라 그것의 문학적 의미를 띤다. 그러나 『구토』는 별다른 사건도 없고 이야기도 없다. 그 것은 다음과 같은 예에서 볼 수 있는 것처럼 서투르고 두서 없 는 철학적 담론/독백으로 가득 차 있다.

소설 주인공 로캉탱은 인간 존재, 아니 모든 존재의 무의미성 이라는 철학적 발견을 다음과 같이 서술한다.

　　지난 며칠 전까지 나는 '실존한다'는 말이 무엇을 의미하는가를 예감한 적은 한번도 없었다. 나는 다른 사람들, 해변을 산책하는

204

사람들과 다를 바 없었다. 〔……〕

우리는 우리들 자신의 존재에 거북함을 느끼고 불편스러운 한 무더기 존재물이었다. 우리들은 너나 할 것 없이 거기에 존재할 아무런 이유도 없었다. 각기 존재하는 것은 혼돈된 상태에서 그리고 막연한 불안 속에서 달리 존재하는 것들에 비추어볼 때 **드 트로** *de trop*로 느끼곤 했다. **드 트로,** 이것이야말로 내가 이 나무들, 이 철창들, 이 자갈들 사이에서 찾을 수 있는 관계였다. 〔……〕

나 역시 **드 트로**였다. 〔……〕 나는 적어도 하나의 피상적 존재를 무화하고자 나 자신을 말소시키겠다는 막연한 꿈을 꾸고 있었다. 그러나 나의 죽음 자체도 역시 드 트로가 아니겠는가…… 나는 영원히 드 트로였다.

여기서 **드 트로**라는 말은 잉여적인 것, 즉 없어도 좋은 것, 따라서 형이상학적으로 정당화되지 않은 존재성, 결국 내재적 가치/의미가 없는 상황을 뜻한다. 위의 글에서 사르트르는 가장 본질적인 실존주의적 명제를 제시하는 것이다. 어떤 한 존재도 그것이 꼭 있을 필요성 즉 의미가 없다는 것이다. 만일 그것들의 존재에 의미가 있다면 인간이 그것들에 대한 그러한 의미를 부여하기 때문이라는 것이다. 사물 현상들이 인간에 의해 의미가 부여되더라도 인간 자체는 아무런 의미도 가질 수 없다고 사르트르는 주장한다. 왜냐하면 인간은 의미의 원초적 근거가 되지만 그러한 인간이 자기 자신에게 의미를 부여한다는 것은 논리적으로 불가능하기 때문이라는 것이다. 실존주의가 보여주고자 하는 명제의 하나는 인간 자신을 포함해서 모든 존재는 궁극적으로 의미가 없다는 것이다. 인간은 그 이유가 어디 있건 자기의 행동, 자신의 삶에 반드시 어떤 의미를 부여하고자 하는 형이상학적 욕망을 벗어날 수 없다. 즉 인간은 심리적으로 형이상학적 허무주의를 그대로 수용하기가 어렵다는 것이다. 이런 상황에서 그러한 허무주의를 극복할 수 없다면 그때의 우리의 심리적 상황은 무엇으로 표현할 수 있을 것인가? 소설의 제목 『구토』는 형이상학적 허무주의를 극복하지 못할 때 우리가 느낄 수 있는 가장 부정적 태도의 물리적 표현이다. 다시 말해서 '구토'는 가장 추상적 철학 관념의 가장 생리학적, 즉 구상적 표상이다.

인간 외의 모든 존재, 가령 돌·풀·개 들은 그들 존재의 궁극적 의미를 발견하지 못하더라도 구토를 느끼지 않는다. 그것들은 그것들 자신으로서 충만해 있다. 그들은 그냥 **존재**한다. 오직 인간만이 구토를 느낀다. 그 이유는 인간의 존재 방식이 유일하게 다르기 때문이다. 즉 인간은 그냥 존재하지 않고 '실존'한다. 즉 그 구조상 자체적으로 충족될 수 없는 대자로서 존재한다. 인간 자신이 존재의 의미 부재에 직면하면서 그 앞에서 생리적으로 구토를 느낀다면 그것은 인간은 '존재하지 않는 존재' 즉 그 본질이 '결핍'/'무'로 정의될 수밖에 없는 존재 구조를 갖고 있기 때문이다. '실존'이란 바로 이러한 인간 존재 양식을 지칭하는 말에 지나지 않는다. 그렇다면 자신의 존재에서 느끼는 구토를 극복하는 길은 인간으로 '실존'하기를 그치고 다른 사물 현상들처럼 그냥 '존재' 즉 즉자로서 스스로를 변모함으로써 가능할 것이다. 『구토』의 끝머리에서 로캉탱의 다음과 같은 일종의 철학적 독백은 바로 위와 같은 사르트르의 철학을 문학적으로 기술한 것에 지나지 않는다.

그리고 나 또한 '그냥 존재'하고 싶었다. 그것이 내가 원하는 전부이다. 서로 아무 연관도 없어 보였던 모든 시도들의 밑바닥에서 나는 동일한 욕망을 발견한다. 그것은 '실존'을 내부로부터 쫓아내고…… 나를 순수하며 딱딱한 존재로 만들어 마침내는 날카롭고 정확한 섹스폰 음정 소리를 들려주는 것이다.

여기서 '존재 *etre*'는 즉자로서의 존재함을 뜻하며, '실존

exister'은 대자로서의 존재함을 지칭하며, 섹스폰의 음정은 그냥 존재의 한 예로 볼 때 위의 문학적 기술은 결국 사르트르의 철학적 입장의 일면을 설명해주는 데 그 목적이 있었음이 분명해진다. 이처럼 『구토』라는 소설은 사르트르의 철학을 설명/표상해주며, 소설의 목적은 철학적 사상을 밝히려는 하나의 방법에 지나지 않았던 것으로 추해도 전혀 잘못이 아니다. 문학 작품은 철학적 사상을 전달하는 하나의 수단이다.

사르트르에 있어 위와 같은 철학과 문학의 관계는 그의 희곡 「닫힌 문」에서 쉽게 그 예를 찾을 수 있다. 사르트르 철학의 중요한 하나의 독창성은 '의식을 상징하는 시선 *le regard*'의 의미에 대한 철학적 해석에서 그 예를 볼 수 있다. 그의 '시선'에 대한 이른바 '현상학적' 서술은 정말 놀랍게 신선하고도 탁월하다. 그에 의하면 시선은 의식을 상징/의미하고 의식은 자율적 주체성을 상징한다. 그러나 주체/의식은 그의 대상을 필연적으로 동반할 뿐만 아니라 그것들은 서로 대립된다. 내가 남을 바라볼 때 남은 나의 의식 대상으로 존재하며 따라서 그것은 주체/자율성을 상실한다. 그렇다면 남의 입장에서 볼 때 나의 시선은 그의 자율/주체성을 말살하여 그냥 물건으로 존재한다. 그렇다면 이러한 관계는 역으로 봐도 마찬가지다. 남의 시선은 나의 자율/주체성을 박탈하여 나를 물건으로 타락시키려는 존재이다. 바로 이런 시각에서 "화형에 쓰는 철판이 필요하지 않다. 지옥, 그것은 타인이다"라는 사르트르의 「닫힌 문」 안의 유명한 말이 이해된다. 타인이 지옥이라면 우리는 타인을 필요로 하지 않는다. 그러나 문제는 훨씬 복잡하다. 나의 자율적 주체로서 나의 존재를 확인하기 위해서 나는 타인의 눈/의식을 필요로 한다. 왜냐하면 내가 자유적 존재임이 타인에 의해 인정될 필요성을 나는 느끼고 있기 때문이다. 그러므로 사르트르는 「닫힌 문」에서 "나는 계속 존속하기 위해서 타인의 고통이 필요하다”라고 외친다. 그러므로 인간 간의 관계는「닫힌 문」안에 갇혀 있는 채 “서로가 서로를 고문한다”는 철학적 주장을 하게 되는 것이다.「닫힌 문」역시 사르트르의 철학에 비추어서만 그 이야기의 내용과 그 안의 대화의 의미가 이해된다.

『구토』가 인간 존재의 우연성/무의미성에 대한 철학적 사상을,「닫힌 문」이 ‘시성’의 의미와 철학적 의미와 인간 관계에 대한 사르트르의 철학을 해설한 것으로 볼 수 있다면, 그의 후기 작품「파리떼」는 각자가 갖고 있는 자유를 책임 있게 행사함으로써 어떻게 사람답게 즉 의미있게 살 수 있는가에 대한 그의 철학적 사상의 한 면을 보여주는 작품이다. 사르트르에 의하면 인간은 언제나 절대의 적을 갖는다. 그 결과가 아무리 괴로워도 그것을 도피할 길은 없다. “자유가 일단 인간의 영혼 속에서 폭발할 때, 바로 그러한 인간에 대항해서 신들이 할 수 있는 것은 아무것도 없다”라고 이 작품 속에 썼을 때 사르트르는 자신의 실존주의 사상의 핵심을 보여주고자 했던 것이다.

Ⅱ. 카뮈의 『이방인』과 「칼리굴라」

철학과 문학의 관계를 사르트르의 경우 위와 같이 설명할 수 있다면 이제 카뮈의 경우는 어떻게 설명될 수 있는가?『이방인』은 카뮈가 실존주의에서 강조하는 인간 존재의 ‘부조리성’이라는 철학적 명제를 문학의 형식을 빌려 상징적으로 표상한 것으로 알려져 있다. 사르트르의『구토』의 경우와는 달리『이방인』속에서는 철학적 명제나 철학적 담론을 전혀 찾아볼 수 없다. 그러면서도 카뮈는 뫼르소라는 한 인물의 며칠 간의 생활 서술을 통해서 그의 철학을 상징적으로 나타내고자 한다. 이런 점에서『이방인』은 철학적 문학이다.

이 짤막한 소설은 주인공 뫼르소라는 극히 평범한 한 젊은이가 홀어머니의 장사를 치른 후부터 며칠 간에 겪은 경험과 그가 사형을 받을 직전까지의 사건을 일인칭적으로 기록한 이야기의 형식을 갖추고 있다. 뫼르소는 극히 평범한 사무원이다. 그의 생활은 대부분의 현대 직업인의 생활이 그러하듯이 극히 기계적이며 단조롭다. 그뿐 아니라 그는 특별한 생각이나 야심 없이 극히 제한된 세계내에서 극히 원초적 욕망에 따라 그날그날을 기계적으로 살아간다. 그는 특별한 도덕적 규범이나 생활 철학을 갖고 있지 않다. 그에게는 특별히 좋고 나쁜 규준이 없다. 어떻게 행동하든 그리고 어떻게 살든 별로 다를 바가 없다고 생각한다. 이러한 그의 삶에 대한 태도는 어떤 철학적 결론으로 생긴 것이 아니다. 그는 처음부터 철학적 문제 자체에도 무관심하다. 그는 그저 자신이나 남의 삶에 대해 아무 의미도 부여하지 않고 그날그날을 살아간다.

어느 날 그는 양로원에 있던 홀어머니가 죽었다는 소식을 듣고 그곳에 가서 관례에 따라 모든 절차를 기계적으로 밟고 장사를 치른다. 그러나 그는 남들이 생각했던 대로 그리고 자식으로서 그래야 한다는 관례적 생각과는 달리 어머니의 죽음에 대해 깊은 슬픔을 겉으로 나타내지 않는다. 물론 그가 슬픔을 느끼지 않았으랴. 그러나 날씨가 몹시 더워 힘이 들었고, 그 때문에 그는 그렇게 슬픔을 느낄 생리적 여유도 없었다. 그는 그가 느끼지 않은 슬픔을 남들에게 슬픈 척 가장해보이려는 생각을 하지 않았다. 장사를 지낸 다음날 그는 애인을 만나 해수욕을 하고 영화관에 가서 희극 영화를 구경한다. 이리하여 그는 원래의 생활 패턴을 다시 반복하게 되는데 어느 날 친구 몇 명과 해수욕장에서 놀다가 여자 관계로 몇 명의 아랍계 사람과 싸움이 붙은 친구와 얽히게 되며 북새통에 권총을 잘못 쏘게 되어 한 아랍인을 죽이게 된다. 그는 살인죄로 재판을 받게 되고 사형 선고를 받게 되는데 그 이유는 그가 의도적 살인자여서라기보다는 그가 그의 어머니의 죽음 후 보인 태도가 도덕적으로 규탄되어야 한다고 판단됐기 때문이다. 사형 집행을 받기 직전 신부가 내세를 위해서 죽기 전 개종하라고 종용했을 때 그는 자신은 하나님을 믿지 않으니 물러서라고 고함을 친다. 카뮈는 이 야릇한 즉 '이방인'의 마지막 몇 시간의 한 토막 삶을 다음과 같이 묘사함으로써 자신의 종교관/무신론적 세계관을 이 주인공 뫼르소의 입을 빌려 간접적으로 진술한다.

그(사제/신부)는 아직도 하나님에 대한 얘기를 내게 하려 했다. 그러나 나는 그의 앞으로 다가가서 내게 별로 남은 시간이 없다는 것을 마지막으로 설명하려 했다. 나는 하나님 때문에 시간 낭비를 하고 싶지 않았다.

그리고 카뮈는 감옥 안에서 얼굴에 별을 받고 잠을 깬 뫼르소의 느낌을 다음과 같이 묘사함으로써 그의 실존주의적 인생관을 서정적으로 피력한다.

들에 잠들어 있는 이 여름의 희한한 평화가 마치 조수처럼 내 가슴속으로 들어오고 있었다. 〔……〕 이 크나큰 분노가 나를 악으로부터 정화하고 나에게서 희망을 비추게 했듯이, 여러 징조가 별들로 가득 찬 이 밤 앞에서 나는 처음으로 나 자신을 이 세상의 부드러운 무관심에 문을 열어놓고 있었다. 이 세상이 그렇게도 나와 같고 그렇게도 형제와 같음을 의식함으로써 나는 내가 행복했고 아직도 행복하다는 것을 느꼈다.

이야기의 줄거리를 이러한 묘사로 끝을 맺는 문학 작품 『이방인』은 어떻게 실존주의 철학, 더 정확히 말해서 카뮈의 철학을 반영한다고 할 수 있는가? 카뮈의 실존주의 철학 사상은 다름아닌 바로 소설 제목 자체가 집약적으로 표현해준다. 주인공 뫼르소는 '이방인'이다. 여기서 '이방인'은 국적/지역을 지칭하는 법률적 개념으로 쓰인 것이 아니다. 법률적인 것과는 상관없는 철학적/세계관적 의미만을 갖는다. 뫼르소는 보통 사람들과 **다른** 사람이다. 그의 다른 점은 국적이 아니라 철학/세계관에 있다. 대체로 우리는 의식적이든 무의식적이든 어떤 세계관을 갖고 살아간다. 우리가 일반적으로 갖고 있는 세계관은 선/악을 비롯한 여러 가지 도덕적·사회적 규범 및 인생과 세계 일반에 대한 어떤 형이상학적 가치 체계를 내포한다. 그리고 우리는 이러한 사회적 규범과 세계관에 맞추어 살아간다. 만일 그렇지 않은 이가 있다면 그는 그러한 규범이나 세계관에 비추어서만 '이방인'이다. 뫼르소는 바로 그러한 이방인이다. 이방인은 기존의 세계관/인생관에 대한 비판 및 부정적 시각을 상징한다. 따라서 그것은 그만큼 신선하다. 그의 삶을 통해서 우리는 우리가 믿고 있던 세계를 보다 정직히 개관적으로 새롭게 볼 수 있게 된다.

우리가 지금까지 믿고 또한 적응해 살았던 세계관은 세계와 우리들의 삶에 어떤 의미를 부여해주었다. 뫼르소는 홀어머니를 잃은 아들로서 도덕적 규범에 어긋나는 행동을 했다. 그는 깊은 슬픔을 표시하지 않았고, 장례 다음날 애인과 해수욕을 했고, 하나님을 믿지 않고 따라서 내세를 부정하면서도 사형을 받게 된 전야 감옥의 창문 밖으로 반짝이는 밤하늘을 내다보면서 행복했다고 느낀다. 뫼르소는 관습적 세계관의 허구 속에 사는 우리들과는 분명히 다른 '이방인'이다.

'부조리 *l'absurde*'의 개념은 카뮈의 실존주의적 철학 사상의 핵심을 이룬다. 카뮈의 철학에서 '부조리'는 모든 것의 궁극적 이해와 의미의 부재를 지칭한다. 작품 『이방인』은 이러한 부조리의 철학적 사상을 이중적으로 보여준다. 첫째, 주인공 뫼르소의 눈에는 세계와 인생의 궁극적 존재 이유가 보이지 않는다. 바로 이런 의미에서 소설의 뫼르소는 그 자체로서 부조리의 철학을 구현한다. 둘째, 『이방인』은 뫼르소가 얼마만큼 부조리한 즉 이해할 수 없는 이유로 살인을 하게 되고, 살인죄로 몰려 사형을 받게 되는가를 서술함으로써 작가 카뮈는 객관적 세계만이 아니라 우리들이 하는 행위도 이성으로 파악될 수 없음을 보여준다.

작품 『이방인』은 주인공 뫼르소에게 일어난 사건들을 통해서 세계와 인생의 부조리를 보여주지만 뫼르소 그 자신은 그러한 철학적 사상을 의식하지 않는다. 그러나 카뮈의 부조리의 철학이 옳다는 것을 의식하고 인정할 때 우리에게 어떠한 태도가 가능한가? 그의 희곡 「칼리굴라」는 바로 그러한 물음에 대한 철학적 대답을 문학적으로 표현한다. 절대 권력을 가진 로마의 황제 칼리굴라는 자신이 사랑하는 여인이 죽음을 당하자 세계가 '부조리함'을 절실히 의식한다. 그는 "사람들이 죽어야 하고 따라서 살인마들이 행복하지 않다"는 것을 확인한다. 그러나 그는 이러한 객관적 세상이 이해될 수 없다는, 즉 '부조리'하다는 것이다. 그리고 그는 "현재 있는 그대로의 이 세상을 견디어낼 수 없다"고 선언한다. 그것은 칼리굴라가 세계의 형이상학적 부조리, 즉 의미의 부재에 저항하고 그것에 도전하고 나섰음을 의미한다. 그리하여 그는 모든 규칙/규범을 무시하고 신들과 경쟁하는 자세로 "그들(신들)의 바보스럽고 이해 불가능한 얼굴"을 쥐어잡음으로써 자기 자신이 신들 못지않게 이해할 수 없고, 잔인하고 또 비도덕적임을 보여주겠다고 나선다. 칼리굴라의 상식적으로 이해할 수 없는 광기 그리고 그의 잔인한 폭군으로서의 행동은 바로 이러한 철학적 신념에 근거한다.

소설 『이방인』이 세계의 형이상학적 부조리를 가시화해주고, 희곡 「칼리굴라」가 부정적 차원에서 그러한 부조리에 대한 철학적 저항과 도전의 의미를 구상했다면, 소설 『페스트』는 부조리한 세계에서 어떠한 긍정적 삶의 자세가 가능한가를 철학적으로 보여주는 작품이다. 『페스트』는 프랑스 식민지였던 알제리의 한 가상적 도시 오랑에서의 한 사건을 다룬다. 그것은 무서운 전염병인 페스트에 뜻하지 않게 포위된 이 도시 안에서 의사 리외, 신문기자 랑베르, 지식인 타루, 신부 파느루 등이 페스트와 싸워가는 얼마 동안의 이야기이다. 여기서 페스트는 악·고통·불의 등으로 상징되는 세계의 '부조리' 혹은 무의미라는 철학적 관념의 구체적 예들이다. 한마디로 페스트라는 병은 세계의 형이상학적 부조리를 상징한다. 그것은 바로 카뮈의 실존주의적 철학, 즉 있는 그대로의 세계는 궁극적으로 무의미하다는 굳은 신념을 대변한다. 이런 점에서 신부를 제외한다면 이 소설 속의 인물들은 모두가 카뮈와 같이 이 세계는 궁극적으로 무의미하다고 믿는 무신론자들이다. 그러면서도 그들은 함께 사신들의 행복은 물론 목숨까지도 희생하면서 페스트의 전염병과 싸우기를 택한다.

이런 이야기를 통해서 카뮈가 말하고자 했던 것은 세계와 인생에 궁극적 의미가 없다고 해도 인간으로서 살아가는 의미가 충분히 있을 수 있다는 실존주의적 신념이다. 카뮈는 이른바 '신 없는 성자'의 가능성과 그러한 인간으로서 사는 삶의 의미를 긍정하고 있는 것이다. 『독일 친구에게의 편지』라는 책에서 카뮈가 "나는 아직도 이 세상은 아무 형이상학적 의미도 없다고 믿는다. 그러나 이 사상 안의 무엇인가는 의미를 갖고 있음을 나는 알고 있다. 그런 의미가 있는 그 무엇은 바로 인간이다. 인간만이 그러한 의미를 요청하는 유일한 존재이기 때문이다"라고 썼다. 소설 『페스트』는 바로 이와 같은 카뮈의 철학을 문학을 빌려 표현한 것이다. 『이방인』에서 문학적으로 표현된 카뮈의 초기 부조리 철학이 『시시포스의 신화』로 설명됐듯이, 『페스트』에서 보여준 그의 후기 실존적 인생 철학은 그의 저서 『반항적 인간』에서 보다 체계적으로 전개됐다.

6. 실존주의 문학의 평가

실존주의 문학 작품에서 철학과 문학과의 관계는 위에서 간

략히 본 대로 사르트르와 카뮈의 각기 두 작품들에서 대표적으로 입증될 수 있다고 본다. 각기 위의 두 쌍의 작품들이야말로 '실존주의 문학'을 대표할 수 있는 것이기 때문이다. 그러나 위의 두 작가의 경우에 한정해서 볼 때 실존 철학과 문학 작품의 밀접한 관계는 사르트르의 경우, 「파리떼」 「악마의 신」 『자유의 길』 등의 작품과 카뮈의 경우, 『페스트』 『전락』 『오해』 『정의로운 사람들』 등의 작품에서는 물론 사르트르, 카뮈 외에 넓은 의미로서 '실존주의적' 작가들의 작품들에서도 허다한 실례를 찾아낼 수 있다는 것을 환기할 필요가 있다. 그럼에도 불구하고 좀더 정확한 의미로서 실존주의 작가는 사르트르, 카뮈, 보부아르 등으로 대표되고, 가장 확실하고 대표적인 실존 문학 작품은 아무래도 위에서 검토한 몇 가지 작품들에 제한되는 것으로 봐야 그 의미가 더 분명해질 것으로 여겨진다. 이러한 작품들에서 실존주의 철학과 문학과의 관계가 가장 명료하게 밝혀질 수 있기 때문이다. 실존주의 문학을 위와 같은 식으로 정의하고 해석한다면 그것은 어떻게 평가될 것인가? 이 물음은 실존주의 문학 작품을 어떤 시각에서 해석해야 함을 전제한다. 그러나 이러한 방식의 질문은 막연하다. 어떤 평가는 평가의 관점과 기준에 따라 달라지기 때문이다. 실존주의 문학이 다른 문학과 구별될 수 있는 중요한 척도의 하나는 그것이 실존주의 사상을 의식적으로 전달함에 있다는 사실이다. 그렇다면 실존주의 문학 작품은 철학적으로 해석되어야 하고 그것의 가치는 얼마만큼 정확하고 절실하게 실존주의 철학을 독자에게 전달할 수 있는가의 기준에 따라 평가되어야 할 것이다.

그러나 이러한 방식에 의한 작품의 해석과 평가는 만족스럽지 않다. 만일 『구토』나 『이방인』을 읽는 이유가 그 속에서 실존주의 철학을 추출해내는 데 있다면, 이미 실존주의 철학의 내용을 알고 있는 사람에게는 전혀 무의미한 시간 낭비다. 사르트르나 카뮈의 실존주의 사상을 잘 알고 있으면서도 위와 같은 작품을 읽을 가치가 있다면 그 작품들의 가치는 그것들이 담고 있는 철학적 내용과 동일할 수 없음을 말해준다. 이러한 주장은 이 작품들이 담고 있는 철학적 내용이 중요하지 않다는 말이 아니고 철학적 내용이 작품의 의미와 가치를 결정하는 데 중요한 요소는 될 수 있어도 그런 것의 전부는 아니라는 뜻이다. 아무리 철학적 의도를 담고 있더라도 실존주의 문학 작품은 다른 문학 작품들과 마찬가지로 심리학적, 언어/수사학적, 정치/사회적 등등의 입장에서 해석되며 평가될 수 있다는 것이다. 그렇다고 한 문학 작품의 가치가 철학적 관점과는 다른 위의 여러 가지 관점 가운데 하나의 관점으로서만 해석/평가되어야 한다는 것은 아니다. 우리의 문제가 문학 작품을 문학 작품으로서 읽고 평가하는 데 있다면 그러한 관점은 도대체 무엇일 수 있는가? 어떻게 읽고 어떤 시각을 택해야 『구토』나 『이방인』으로 대표되는 실존주의 문학 작품들은 다른 관점, 다른 척도와는 달리 문학적 관점과 문학적 척도에 의해 평가될 수 있겠는가? 이러한 물음은 만일 위의 작품들이 문학사에서 중요하다면 그 이유는 무엇일 수 있겠는가? 이 물음은 문학의 본질/특수한 기능에 대한 원론적 문제로 우리를 이끌고 간다. 그럼에도 무한히 길어질 수 있는 논증을 생략하고 다음과 같이 축소하여 간소하게 결론적인 대답을 시도할 수 있다.

형식상으로 보거나 내용상으로 고찰할 때 실존주의 문학을 대표하는 『구토』와 『이방인』은 물론 더 일반적으로 말해서 수많은 작가의 수많은 작품으로 다양하게 나타난 실존주의 문학 운동도 중요하다. 『구토』 『이방인』은 그것의 문체나 이야기나 논리의 흐름으로 볼 때 각기 독창적이며, 그것들이 담고 있는 철학적 내용은 과거 어느 시대와도 다른 현대의 정신적 상황을 반영하는 만큼 보다 '리얼'하고 절실하다. 바로 그러한 철학적 사상은 작품의 문체의 톤과 잘 맞물려 작품 전체에 깊이를 마련하고 독자에게 밀도 있는 긴장감을 제공한다. 그리고 실존주의 문학 운동은 문학에 철학성을 크게 강조함으로써 문학이 갖고 있는 예술성/밀도와 긴장감과 깊이를 실존주의 문학 이전의 문학에서 볼 수 있는 것과 색다르게 가져왔다.

실존주의 문학 작품에 대한 우리의 위와 같은 해석과 평가에는 문학의 고유한 기능과 문학 작품의 그리고 더 일반적으로 예술 작품의 평가 기준에 대한 우리의 신념을 전제로 하고 있다. 첫째의 신념을 생각해보자. 실존주의 문학을 창조한 사르트르는 문학의 궁극적 가치를 그것의 정치/사회성에 두고 있다. 문학은 일종의 사회 참여 양식이다. 그의 입장에서 볼 때 모든 문학은 필연적으로 참여 문학이다. 따라서 문학의 기능은 사회를 변화시키는 데 그 궁극적 목적이 있고 따라서 한 문학적 가치도 그에 따라 측정되어야 한다. 사르트르는 문학을 통해서 실존주의적 진리를 대중에게 전달하고 그에 따라 사회와 각 개인의 삶을 해방코자 했다. 그러나 앞서 언급했듯이 문학은 철학적 기능은 물론 사회/정치적 및 그 밖의 여러 가지 기능도 할 수 있으나 문학의 문학으로서의 고유한 기능은 그 어느 한 가지 기능으로도 환원할 수 없다. 모든 예술 작품이 그러하듯이 예술로서의 문학의 고유한 기능은 세계의 진리를 계시하는 데 있거나 아니면 마르크스의 말대로 세계를 바꾸는 데 있는 것도 아니다. 그것의 고유한 기능은 세계와 인생을 새롭게 볼 수 있는 하나의 가능성을 하나의 패러다임으로서 제안함에 있다. 『구토』와 『이방인』을 비롯하여 적지 않은 실존주의 문학 작품들은 바로 그러한 패러다임들의 예로 볼 수 있다.

『구토』와 『이방인』과 그외의 실존주의 문학 운동에 대한 우리의 관점과 평가에 전제된 두번째 신념은 문학사의 중요성에 대한 것이다. 문학 작품 및 그 밖의 모든 예술 작품들은 그것이 창조된 자신의 역사적 맥락을 떠나서는 제대로 평가될 수 없을 뿐만 아니라 읽히고 이해될 수도 없다.

이런 점에서 볼 때 실존주의 문학 작품 일반, 특히 『이방인』,

더 각별히는 『구토』는 그것이 철학적이라는 성격 때문에 지나치게 사변적이라는 부정과 반발을 자극하면서도 문학적으로 성공했고 큰 가치를 지니고 있다. 즉 그것은 한 시대의 사상과 감수성의 소산이기는 하지만 시대적 경계를 넘어 보편적 의미를 갖고 문학사에서 사라지지 않게 될 것임을 보여주는 것이다.

누보 로망의 논리

김 치 수

1

1953년 알랭 로브-그리예가 『고무 *Les gommes*』를 발표한 것을 계기로 갑자기 프랑스 문단에 새로운 소설 양식이 대두되기 시작한 이래, 우리나라에서도 1960년을 전후하여 '앙티 로망' 혹은 '누보 로망'이 소개된 일이 있다. 『사상계』를 비롯한 몇몇 종합지에 소개된 바 있는 누보 로망은 그뒤 거의 우리 잡지나 문학계의 관심으로부터 멀어져가는 경향이 있는 데 반하여 프랑스에서는 그것에 관한 연구는 물론 이 계통의 작품이 계속해서 나왔기 때문에 이제 또다시 그것을 다루어볼 필요성이 높아진 것으로 보인다. 그 이유는 첫째 1970년대에 누보 로망에 대한 정의가 보다 분명해졌고, 둘째 누보 로망의 이념이 뚜렷해졌으며, 셋째 이제는 누보 로망이 하나의 일시적 현상이 아니라 문학적 전통 속에 깊이 뿌리박게 되었고, 넷째 프랑스의 각 대학에서 여기에 대한 강의 및 연구가 광범위하게 진행되고 있고, 다섯째 여기에 대한 토론회를 비롯하여 많은 연구 서적이 출판되고 있기 때문에 '누보 로망'에 대한 평가를 찾아볼 수 있다. 여기에서 특히 주목되는 것은 1971년 7월 20일부터 30일까지 프랑스의 스리지 라 살에서 '누보 로망, 어제와 오늘'이라는 제목으로 국제 문화 센터 주최로 누보 로망 전반 및 누보 로망 작가에 관한 공개 토론회가 열렸다는 사실이다. 이 토론회에는 누보 로망 작가는 물론 이 분야의 연구가들인 장 알테르 J. Alter, 레이몽 장 R. Jean, 자크 레엔아르트 J. Leenhardt, 미셸 망쉬 M. Mansuy, 장 리카르두 J. Ricardou, 프랑수아즈 반 로셈 기용 F. van Rossum-Guyon, 조르주 라이아르 G. Raillard, 브리스 모리세트 B. Morrissette 등 50여 명이 참가하여 지금까지 있었던 어떤 토론회보다 큰 규모로 진행되었다. 그리고 여기에서 발표된 논문 및 토론 내용이 10×18판으로 『누보 로망의 어제와 오늘』이란 제하에 두 권으로 1972년말에 출판되었다. 이 토론회를 계기로 1973년에는 미셸 뷔토르 M. Butor에 관한 토론회가, 1974년에는 클로드 시몽 Claude Simon에 관한 토론회가, 1975년에는 알랭 로브-그리예에 관한 토론회가 계속적으로 개최되었고, 뒤이어 이 토론회에서 발표된 강연과 토론이 각각 단행본으로 출판되었다. 그뿐만 아니라 1973년에는 장 리카르두가 『누보 로망, 그 자신으로』라는 저서를 발간하여 지금까지의 총결산을 시도하고, 1960년대 이후에 나온 문학사에서는 누보 로망을 중요하게 다루고 있다.

2

'누보 로망'이란 무엇인가? 우선 이 말이 맨 먼저 쓰인 것을 보면, 1947년 나탈리 사로트 N. Sarraute가 『미지인의 초상』을 발표했을 때, 사르트르가 그 책의 서문에서 '앙티 로망'이라는 이름을 부른 데서 시작되었다. 그 후 신문과 잡지에서는 앙티 로망 외에 누보 로망 혹은 '시선 학파 *L'école de regard*' 등의 이름으로 일련의 작가들의 작품을 일컫게 되었다. 이들 일련의 작가들을 그룹으로 보느냐 학파로 보느냐 하는 문제는 이들 작가들의 동질성이 어디에서 찾아지느냐 하는 것과 상관되는 것으로서 초현실주의 운동을 생각한 데서 연유한다. 그러나 초현실주의가 일정한 작가·화가 들을 중심으로 그 구성 인원이 정해져 있고 공동 선언을 발표한 데 반하여 누보 로망은 공동 선언을 낸 일도 없을 뿐만 아니라 구성 멤버조차 불분명한 처지에 있고, 작가들 자신이 누보 로망 작가라고 스스로 규정짓는 일이 거의 없다. 그런 의미에서 누보 로망을 그룹 운동이라고 볼 수도 없고 '학파' 운동이라고 볼 수도 없다. 누보 로망의 이론가로 널리 알려진 장 리카르두가 "이건 하나의 그룹도 아니고 하나의 에콜〔학파〕도 아니다. 거기에는 두목도 없고 집단도 없고 전문지도 없고 공동 선언도 없다"고 이야기한 것도 그 때문이다. 그래서 수많은 비평가들이 일련의 작가군을 '누보 로망시에'라고 부르는 것은 그들의 자유에 속하는 문제로 그 한계가 불분명한, 막연한 호칭이라고 생각할 수 있다. 그러나 그들이 누보 로망의 구성을 염두에 두고 있는 한, 작가들에 대한 그들의 규정이 어디에 근거를 두고 있는지 밝혀보는 것이 그 명칭 사용의 타당성을 발견하게 하는 일이 될 수 있을 것이다.

누보 로망의 작가 리스트를 맨 처음 작성한 것은 잡지 『에스프리』로서 미셸 푸코는 1958년 7, 8월호에서 누보 로망 특집을 주관하면서 사무엘 베케트, 미셸 뷔토르, 장 케이롤, 마르그리트 뒤라스, 장 라그롤레, 로베르 펭제, 알랭 로브-그리예, 나탈리 사로트, 클로드 시몽, 카텝 야신 등을 포함시키고 있다. 그런데 두번째 리스트라 할 수 있는 1972년에 출판된 『누보 로망』(보르다스판)에서 저자 프랑수아즈 바케는 베케트, 뷔토르, 케이롤, 클로드 올리에, 펭제, 로브-그리예, 사로트, 시몽 등을 들고 있다. 여기에서 야신, 라그롤레가 빠진 것은 이미 이들의 작품 활동이 중단된 상태이기 때문이고, 올리에가 추가된 것은 1958년 이후에 데뷔된 때문이며, 뒤라스가 빠진 것은 그녀 자신이 누보 로망 명칭 속에 들어가기를 거부했기 때문이다. 그러나 이러한 멤버 구성에는 아무런 기준이 없음을 의미한다. 『에스프리』지는 "주어진 사실이 이 선택을 가능하게 했다. 이 10명의 작가 하나하나는 여러 비평가들과 조급하면서도 그럴듯한 신문들이 '소설의 새로운 학파' 혹은 '새로운 리얼리즘' 혹은 '앙티 로망'이라고 부르는 데에 자주 인용되는 사람이다"라고 규정하고 있다. 그러나 프랑수아즈 바케는 이런 규정을 거부하고 있다. "조금만 거리를 두고 보면, 누보 로망이란 단순히 그 꼬리표 밑의 비평에 오르내리는 사람으로 제한되는 것이 아니라, 누보 로망의 대부분의 특색이, 다소간 확산된 것이기는 하지만 대부분의 현대 작가들에게서 발견되는 바로 그러한 작가들로 제한되는 것이다"라고 규정한다. 그러나 이 두 기준이 절대적인 것은 될 수 없다. 『에스프리』지의 기준을 더 읽어보자. "우선 왜 이 10명의 소설가인가? 그들 각자는 다소간 차이는 있지만, 소설의 전통적 형식과 결별하고 소설 문학의 방법과 내용을 개선하려고 노력한다는 것이 다음에 엮은 글들에서 나타나고 있다." 이 같은 『에스프리』지의 기준은 많은 소설가들이 이런 성격에 들어맞는다는 점에서(예를 들면 모리스 블랑쇼, 루이 르네 데포레 등) 확실한 것이 못 된다. 반면에 바케의 기준은 누보 로망의 작가들 대부분이 미뉘 출판사에서 출판한 사실에 근거를 두고 있다. 그래서 그들 사이에 다른 점이 있음에도 불구하고 그들의 이름이 독자들의 머릿속에 같은 무리로 연상된다는 것이다. 그러나 장 케이롤은 그들과 같은 출판사에서 책을 출판하지 않았으면서도 그의 리스트에 들어 있고, 마르그리트 뒤라스는 두 권의 소설을 미뉘 출판사에서 출간했는데도 빠져 있는 사실로 보면, 바케의 기준도 정확하지 않다는 것을 알 것이다. 실제로 누보 로망의 작가들의 범위를 넓혀보면, 위에서 든 이름 외에도 르 클레지오, 장 피에르 파이, 클로드 모리아크, 필립 솔레르스, 레이몽 장, 망디아르그 등 50여 명의 작가를 헤아리게 된다.

그런데 이렇게 비평가나 신문 쪽에서 붙여준 꼬리표에서 출발한 누보 로망이 1971년 '누보 로망, 어제와 오늘'이라는 토론회를 갖게 되면서 작가들 스스로 '누보 로망시에'의 정의에 나섬으로써 좁은 의미의 구성 작가가 정해졌다. 말하자면 누보 로망이라는 이름으로 불리는 작가가 미셸 뷔토르, 클로드 올리에, 로베르 펭제, 장 리카르두, 알랭 로브-그리예, 나탈리 사로트, 클로드 시몽으로 스스로 정해짐으로써 '이름' 때문에 있었던 혼란을 피할 수 있게 된 것이다. 즉 이 토론회를 계기로 그 동안 누보 로망이라는 이름으로 불렸던 모든 작가에게 토론회에 참가할 것을 요구하고 누보 로망 작가로 불리는 것을 받아들이는지 거부하는지 앙케트를 낸 결과, 이상의 일곱 작가가 응했던 것이다. 따라서 『누보 로망, 어제와 오늘』 두 권에서 작가별로 연구 논문과 토론회가 발표될 때, 이 일곱 명만이 문제가 되어 있고, 『누보 로망 그 자신으로』에서도 일곱 명의 작가를 다루고 있다. 그렇다고 해서 이들을 일반적으로 공통적인 작가, 혹은 같은 수법의 작가라고는 할 수가 없기 때문에(그러기에는 그들 사이의 소설 형식의 차이가 너무나 크다) 누보 로망을 하나의 에콜이나 그룹으로 보기에는 어렵다. 그러나 그들의 소설에 대한 태도나 문학 이념적 측면은 같으므로 누보 로망 작가로 보는데는 아무런 불편이 없는 것이다.

몇 개의 예외를 제하고는 이들의 작품들이 대부분 미뉘 출판사와 갈리마르 출판사에서 출판되었다는 사실은 누보 로망의 대두에 두 출판사의 편집자의 역할이 대단히 크다는 것을 의미한다. 즉 뷔토르, 펭제, 리카르두 등은 갈리마르와 미뉘에서, 사로트는 갈리마르에서 각각 그들의 작품이 출판되었다.

그 다음으로 살펴볼 수 있는 것은 이들 일곱 작가들과 각종 문학상과의 관계다. 문학에 있어서 상이란 그 의미 자체가 대단히 한정된 것이고, 또 누보 로망의 이념으로 볼 때 그렇게 바람직한 것이 못 된다. 그러나 작가와 편집자의 관계가 누보 로망의 문화사적·사회적 측면을 아는 데 도움이 되는 것처럼 문학상과 누보 로망의 관계는 바로 독자층과 연관되는 것이기 때문에 이것 역시 누보 로망의 문화사적·사회적 측면을 드러내주는 것이다. 1954년 로브-그리예의 『고무』가 페네옹 상을 받은 이후, 1955년 그의 『변태 성욕자』가 비평가상을, 1957년 뷔토르의 『변경』이 르노도 상을, 『시간의 사용』이 같은 해 페네옹 상을 수상했고, 1958년 올리에의 『연출』이 메디시 상을, 1960년 시몽의 『플랑드르로 가는 길』이 엑스프레스 상을, 1963년 사로트의 『황금의 과일』이 엥테르나쇼날 드 리테라튀르 상을, 펭제의 『수색』이 비평가 상을, 1965년 펭제의 『어느 누구』가 페미나 상을, 1966년 리카르두의 『콘스탄티노플의 점령』이 페네옹 상을, 1967년 시몽의 『이야기』가 메디시 상을 각각 수상했다. 여기서 주목할 수 있는 것은 콩쿠르 상과 아카데미 상이 그 성격의 보수성으로 누보 로망에 수여되지 못했었는데, 1985년 클로드 시몽이 노벨 문학상을 수상했다는 사실이다. 또 일간지 『르 몽드』 『피가로』, 주간지 『렉스프레스』 『누벨 옵세르바퇴르』 등 프랑스 언론계의 중추적 신문 잡지들은 이따금 누보 로망 일반이나 어떤 작가의 특집을 마련하고 있고 각 대학에서는 이 분야 강의가 계속되고 있다. 특히 1971년 스트라스부르 대학에서 행한 '현대 소설에 대한 찬성과 반대'의 심포지엄은 대학에서의 관심을 가장 잘 반영해준 것 중의 하나라 하겠다.

3

그렇다면 누보 로망이란 무엇인가? 역사적인 전통으로서 누보 로망은 플로베르, 카프카, 조이스, 프루스트, 지드 그리고 사르트르에서 찾아지고 있다. 즉 플로베르는 1860년대의 누보 로망을, 프루스트와 카프카는 1910년대의, 조이스와 지드는 1920년대의, 사르트르는 1930년대의 누보 로망을 썼다는 것이다. 이 경우, 누보 로망이 어떤 고정된 소설 개념이 아니라는 것을 쉽게 알 수 있다. 그래서 로브-그리예 자신의 다음과 같은 말이 이해될 수 있다. "작가는 영원한 걸작이라는 것이 없고 오직 역사 속의 작품들만이 있다는 것을 앎으로써 그리고 작품들이란 그것 뒤에 과거를 남기고 미래를 예고해주는 것을 앎으로써 작가 자신의 시대를 소유한다는 사실에 자부심을 갖고 받아들여야만 한다." 이 말은 누보 로망에서 특히 주장되고 있는 '여기, 지금'이라는 공간과 시간의 축에 의한 작가의 자기 자신의 파악에 관련된 것이다. 다시 말해서 영원한 누보 로망이란 존재하지 않고 오직 시간과 공간 속에서만 누보 로망이 존재한다는 것을 의미한다. 그렇기 때문에 누보 로망이 "같은 방향에서 작업을 하고 있는 작가들로 구성되거나 정의된 어떤 에콜이나 어떤 그룹을 지적하는 것이 될 수 없는 것"은 당연한 것으로 보인다. "인간과 세계와의 새로운 관계를 표현할 수 있는 (혹은 창조할 수 있는) 새로운 소설 형식을 찾으려고 하는 모든 작가들" "소설을 발견하기로, 즉 인간을 발견하기로 결심한 작가들"이 누보 로망 작가라고 규정한 로브-그리예의 정의가 한편으로는 막연한 것 같으면서도 한편으로는 가장 정확한 것이 될 수 있는 것이다.

그러면 '새로운 소설 형식' '새로운 관계'란 어째서 요구되는 것일까? 여기에 대한 가장 적절한 대답은 뷔토르에게서 찾아진다. 뷔토르는 조르주 샤르보니에와의 대담과 그의 비평서 『목록』에서 사람이 글을 쓴다는 것은 지금까지 있어온 모든 글에서 무엇인가가 결핍되어 있는 것을 느끼고 그 '빈틈'을 메우고 싶은 욕망을 실현시키는 노력의 결정이라고 말하고 있다. 뷔토르는 작가란 타인의 작품을 읽은 사람이고, 바로 그러한 독서의 과정에서 "이것뿐만이 아니다"라는 생각을 한 사람이라고 이야기하고 있다. 이 말은 소설이 궁극적으로는 우리의 삶의 정체를 밝혀내는 것이고 '우주'의 새로운 인식에 도달하는 것이라는 문학의 본질에 관련된 말이다. 그런데 왜 지금까지 있어온 작품에서 '빈틈'을 느끼게 되는 것일까? 그것은 문학이 '삶의 정체'를 완전히 밝히지 못했기 때문이고 우주의 새로운 인식에 도달하지 못했기 때문일 것이다. 말을 바꾸면 문학의 역사와 전통이 그렇게 오래된 것임에도 불구하고, 인간의 삶의 조건은 그렇게 개선되지 못했다는 '현실' 인식에서 비롯되고 있다. 사실 프랑스에서는 산업 혁명과 프랑스 혁명 이후 물질적 발전과 '체제의 발전'이 크게 이루어졌고 바로 그 때문에 삶의 조건도 크게 개선된 것처럼 착각을 하고 있는 경향이 있지만 근본적으로 보다 면밀히 관찰할 때 삶의 조건은 개선된 것이 아니라 갈수록 악화되고 있다는 것을 반성하고 있는 것이다. 그렇기 때문에 모든 문화 현상에 대한 재검토가 1950년대부터 시작된 것이고, 바로 이러한 일련의 움직임이 소설에 있어서 누보 로망으로 나타난 것이다. 삶의 조건이 개선되지 않았다는 것은 인간을 억압하는 것이 갈수록 많아지고 있고 그 힘이 갈수록 커지고 있다는 데 근거를 두고 있다. 그랬을 때 문학의 반성은, 가령 라신의 비극과 궁정의 귀족 문화의 개화 사이에는, 그리고 발자크의 소설과 부르주아 문화 사이에는 그처럼 밀접한 관계가 있다는 사실을 목격하는 데서 착안하고 있다. 그렇기 때문에 문학이 바로 그러한 억압으로부터 인간을 해방시키는 것을 노리게 되는 것은 당연한 일이지만 그렇다고 해서 어떤 정치적 이념에 귀속되는 것은 경계하게 된다. 누보 로망 작가들이 특히 '앙가주망' 이론의 새로운 전개를 내세우는 것은 인간의 역사적 경험으로서의 정치적 이념이란, 어느 것이든간에 또 다른 억압 세력을 낳는다는 실증을 갖고 있기 때문이다. 그 예로서 사회주의 리얼리즘의 새로운 귀족주의의 도발, 스탈린의 반문화주의, 그리고 전위 개념의 체제화 등을 들면서, 문학 이념이 정치적 체제와 상관될 때에는 반드시 '수렴'당할 수밖에 없는 문학의 비극적 속성을 깨달은 것이다. 그런 의미에서 문학 운동과 정치 운동의 근본적인 차이를 주장하고 있는 로브-그리예의 다음과 같은 주장은 주목할 필요가 있다. 즉 "우리로서는 우리의 투쟁이 같은 것이 아니라는 것, 그리고 언제나와 마찬가지로 이 두 관점 사이에는 직접적인 적대 관계가 있다는 사실을 정직하게 그리고 명확하게 인정해야만 된다." 이것은 정치나 경제의 도구인 군대나 공장이나 경운기 등이 효과면에서 직접적인 데 반해서 문학의 도구나 회화의 도구인 언어와 물감이 간접적이고 즉각적이 아니라는 차이에서도 비롯된다. 그렇기 때문에 누보 로망에 있어서 작가의 '참여'는 언어 자체의 문제로 환원되고 따라서 '참여'라는 이름의 수많은 문학 논쟁을 백지로 만들어버리게 된다. "작가에게 있어서 참여란, 정치적 성격을 갖는 대신에 작가 자신의 언어의 현재적 문제들에 대해서 충만한 의식을 갖는 것이고 그 문제들의 극도의 중요성에 대해 확신을 갖는 것이고 그 문제들을 문학 내부에서 해결하려는 의지 그 자체인 것이다." 말을 바꾸면 언어의 속성에 대한 지금까지의 묵계들은 언어 하나하나가 지금까지 쓰인 역사적 경로로 보아서, 부르주아 문화나 사회주의적 새로운 귀족주의 문화에 대해서 공헌하거나 수렴당했기 때문에, 묵계 자체를 해체시키는 방향으로 가지 않는 한, '삶' 혹은 '나'와 '기술(記述)' 사이에서 발견되는 '빈틈'을 메우는 데 도움을 주지 못하게 되어 있다는 것이다. 그런 의미에서 누보 로망의 이념은 가장 비정치적이고자 하면서 근본적으로는 영원히 정치적이고가 하는, 얼핏 보기에 모순된 것 같은 속성을 띠게 되는데, 이때 정치적이라고 하는 말은 인간의 모든 문화적 행위를 사회적 의미로 확대하여 사용한 것이다. 이와 같이 누보 로망은 문학에 대한 문학 자체의 반성의 일환으로 출발하고 진행되어오고 있기 때문에 '소설의 소설'이라고 불리기도 한다.

1957년에 발표된 알랭 로브-그리예의 '시대에 뒤진 몇 가지 개념'이라는 글을 읽게 되면, 누보 로망에서 거부하고자 하는 개념들이 무엇인지 알 수 있다. 우리가 흔히 어떤 소설 작품에 관해서 이야기할 때 듣게 되는 표현들은 '인물' '소설의 분위기' '소설의 내용' '작가가 하고 싶어하는 말' '작가의 이야기꾼으로서의 재능' 등등이다. 이러한 표현들은 소설에서 일종의 '거미줄'처럼 우리를 사로잡게 되어서 그러한 표현들을 초월한 소설 인식을 방해하게 되고 따라서 소설에 대한 하나의 관념을 형성해준다. 즉 "소설이란 이러한 것이다"라고 하는 이미 만들어진 개념, 그러므로 소설이 무엇인지 토론할 수 있는 여지를 배제해버리는 개념이 이미 존재하고 있기 때문에 소설의 성격은 그 속에 갇혀 있는 것이다. 그랬을 경우 소설이란 이미 주어진 조건 속에서만 어떤 변화가 가능한 것이고 따라서 소설이 자기 자신과 세계, 혹은 우주와의 관계를 드러내는 것이라는 전제를 인정하게 되더라도 그 새로운 인식이란 언제나 주어진 범주를 넘어서는 생각할 수 없다. 예를 들면 기독교적 질서의 범주 속에서만 모든 사유가 허용된 중세 사회에서 지구가 평평하다는 전제를 받아들이지 않고는 우주의 인식이 불가능했던 것처럼 소설에서 '인물'과 '이야기'를 떠나서는 그 개념조차 생각할 수 없었던 것이다. 그리고 이러한 개념은 지금까지 있었던 소설의 양식을 종합한 결과로서 이루어진 것이다. 그렇다면 소설의 변화나 소설이라는 개념의 변화는 필연적으로 '이미 존재했던' 테두리 안에서만 가능한 것인가, 그리고 그 경우에 소설의 근본으로부터의 변화란 가능한 것인가 하는 질문을 상정해볼 수 있다.

5

이와 같은 질문법을 가지고 소설의 변화 과정을 더듬어보는 것은 흥미있는 일이다. 가령 발자크의 소설에서 '인물'이란 부르주아 사회가 그 융성기에 접어들었을 때 그 사회의 전형적 인물을 대변하고 있다. 그러니까 소설 속에 나타난 인물은 그러한 몇 가지 전형들에 부합했던 것이다. 이때 인물의 전형이란 그 인물이 소속된 집단을 전제로 한 '개인 *individu*'이다. 이러한 '개인'으로서의 인물은 그 집단이 가지고 있는 여러 가지 속성을 벗어나지 못하면서 그 안에서 여러 가지 시도를 행하게 되는데 그렇다고 해서 그 시도를 통해서 다른 집단의 개인으로 변모하는 것을 의미하는 것은 아니다. 따라서 발자크의 인물은 아무리 다양한 노력을 해도 자기가 소속된 집단의 개인으로서 갖게 되는 운명을 벗어날 수 없었다. 다시 말하면 발자크의 인물은 자신이 소속된 집단의 대변인이었으며 그의 운명은 그 집단의 운명과 상통했다. 이와 같이 발자크에게서 개인＝집단이라는 등식의 성립은 그 집단의 흥망성쇠와 사회적 위치를 설명하고 드러내주는 데 좋은 본보기를 보여준다. 그러나 이와 같은 인물의 인식 방법은 곧 그것이 그 전시대의 사고 유물이 잔재로 남아 있음을 깨닫게 한다. 공화국 체제가 들어서기 전의 상태인 왕국 체제에서는 왕이 곧 국가였다. 따라서 왕이 거동을 한다는 것은 곧 국가라는 집단의 거동을 의미하였으며, 기록으로 남아 있는 역사의 기술에서도 "왕이 스페인으로 거동했다"는 표현 대신에 "프랑스가 스페인으로 거동했다"는 표현을 썼으며, 오늘날에도 "대통령은 다음과 같은 사실을 결정했다"는 표현 대신에 "프랑스는 다음과 같은 사실을 결정했다"고 쓰고 있는 것이다. 이와 같은 표현들이 갖고 있는 근본적인 정신은 개인＝집단이라는 사고 양식에 다름아닌 것이다.

발자크와 달리 플로베르에게 있어서 인물의 개념은 발자크적인 성격 외에 다른 것을 갖게 된다. 즉 플로베르의 인물은 개인적 성격을 소유하게 된다. 개인적인 성격의 소유는 그 이전까지의 '인물'로 보았을 때 인물의 혁명이라고 말해질 수 있다. 왜냐하면 인물=개인, 개인=집단이라는 등식으로부터 인물=집단이라는 등식이 유발되지 않기 때문이다. 여기에서는 이미 '인물'이 집단 속에 소속된 개인이면서 동시에 그 집단과는 상관없는 '존재자 être'의 모습을 보여주고 있다. 그렇기 때문에 플로베르의 인물은 발자크의 인물보다 더욱 자유로운 '자아 moi'로서의 삶을 갖게 되고 따라서 그 삶 속에 예측할 수 없는 요소가 더욱 많이 개재되어 있다. 이런 인물의 변화가 프루스트에 오면 더욱 심화되고 있음을 발견하게 된다. 즉 프루스트에게 있어서 개인=집단은 소설의 표면에서 사라지고 그 배경을 이루고 있을 뿐이며 오히려 인물=자아가 그 전체의 표면을 장식하고 있다. 따라서 프루스트에게 있어서 '인물'의 개념은 발자크의 그것과 완전히 달라지는 것을 알 수 있다. 그리고 이와 같이 인물이 달라짐과 동시에 필연적으로 소설 양식이 달라지는 것을 볼 수 있다. 그러나 그렇다고 해서 플로베르나 프루스트에게 왜 발자크와 같은 인물을 내세우지 않느냐고 비난할 수 있을까? 여기에서 우리는 첫번째 문제를 얻게 된다. 소설의 인물은 이미 존재한 것을 의미하지 않는다는 것이다.

두번째로 생각해볼 수 있는 것은 이들 작가들이 진정한 소설가라고 했을 때 그 근본적인 특색이 '인물을 창조'하는 데 있다는 것이다. 일반적으로 소설가란 자신의 인물을 창조하고 있음은 위에서 본 대로이다. 따라서 발자크는 우리에게 고리오 영감을 남겨주었고 도스토예프스키는 카라마조프 형제들을 남겨주었고 플로베르는 보바리 부인을, 프루스트는 마르셀이라는 인물을 남겨줌으로써 소설을 쓴다는 것은 '인물'을 남겨주는 것이 되었다. 그러나 여기에서 생각해볼 것은 소설 속의 인물이란 특정의 인물이라는 것이다. 로브-그리예는 다음과 같이 말하고 있다. "하나의 인물이란 고유한 이름, 가능하면 이중의 이름, 즉 성과 이름을 가져야만 한다. 그 인물은 부모도 있고 유산도 있다. 또 직업도 있다. 만약 재산이 있다면 더 좋을 뿐이다. 마지막으로 그는 '하나의 성격,' 자신을 반영하는 얼굴, 이 사람 저 사람에게서 본딴 과거를 가지고 있어야만 한다. 그의 성격이 그의 행동을 명하고 그로 하여금 사건이 있을 때마다 정해진 방식으로 반응하게 한다. 그의 성격은 독자로 하여금 그를 평가하고 사랑하고 미워하게 해준다. 바로 이 성격 덕택으로 그 인물은 훗날 자기의 이름을 인간의 전형에 물려주게 된다." 이러한 말이 의미하고 있는 것은 인물이란 한편으로는 독창적인 것이어야 하고 동시에 다른 한편으로는 하나의 범주를 설정해주어야 한다는 것이다. 독창적이라는 것은 다른 인물로 대치될 수 없는 특수성을 갖고 있다는 것이고 범주를 설정해준다는 것은 일반화될 수 있는 보편성을 갖고 있다는 말이다.

그러나 이러한 인물의 개념도 최근에 와서는 또 달라지고 있다. 가령 사르트르의 『구토』나 카뮈의 『이방인』에서 주인공의 이름이 그 이전 소설의 그것만큼 중요하지 않다는 사실을 비롯해서 베케트가 한 편의 소설 속에서 주인공의 이름을 바꾸고 있는 사실, 그리고 포크너가 두 인물에 같은 이름을 쓰고 있는 사실, 카프카의 『성』에서는 주인공의 이름이 K라는 두음 문자만을 사용할 뿐 가족도 과거도 없다는 사실 등을 보게 되면 이미 주인공이란 누구여도 상관없고 무명이어도 상관없으며 반투명 상태로도 있을 수 있다는 사실을 보여주게 된다. 이러한 사실을 로브-그리예는 "이름을 갖는다는 것이 발자크적인 부르주아 시대에는 아마 대단히 중요했을 것이다. 그리고 성격이 백병전의 무기였고 성공의 희망이었고 지배의 실습이었을 경우, 그만큼 더 중요했을 것이다"라고 말한다. 말하자면 이름을 남긴다는 것이 어떤 시대의 어떤 체제에 있어서 성공할 수 있다는 희

망을 갖고 그 희망이 달성되면 남을 지배한다는 사고 방식의 소
산임을 예리하게 지적하고 있다. 만약 주인공이 미천한 집단 출
신이면서 온갖 어려움을 극복하여 성공하게 된다고 한다면 그
것은 곧 인간이라는 베일 속에 현실의 온갖 모순을 감추면서 그
모순과의 타협을 이루었거나 자신의 피지배적 상황을 지배적
상황으로 바꾸었음을 의미하며 이러한 희망을 갖게 하는 것은
현실과 대결할 수 있는 힘을 다른 현실의 전제 밑에서 사용하게
함으로써 일종의 자리바꿈 혹은 지위 바꿈을 노리게 되는 것이
지 결코 그 모순 자체의 파괴를 기도하는 것이 아닌 것이다.
더구나 오늘의 세계가 개인을 그 집단의 도구로 사용함으로써
자아는 언제나 무수한 억압을 받고 있다. 말하자면 자아가 존재
할 수 있는 땅이 마련되어 있지 않은 지금의 현실로 본다면 개
인이란 거대한 현실 속에서 하나의 상품으로 전락해버린 것이
다. 아무도 현실 전체를 바라볼 수도 없거니와 그 현실을 볼 수
있다고 하더라도 개인으로서 어떻게 할 수 없는 상황 속에서 개
인이란 팽창 경제의 체제 속에서 생산이나 관리를 담당하는 월
급 얼마의 상품에 지나지 않는다. 이 경우 개인에게 창조적 능
력이 있는 ‘인간적’ 호소를 하는 것은 아직도 우리가 살고 있는
현실에 희망이 있음을 가르치는 것이 되며 따라서 그 현실이 지
향하고 있는 방향에 순응하게 만드는 것이 된다. 반면에 현실이
인간적이라는 신화를 벗기는 단계에서는 개인이 하나의 상품
이상의 가치를 가질 수 없다는 비극적 인식을 가능하게 해주며
동시에 그러한 절망을 더욱 크게 자각하도록 밀고 가면 거기에
서 결과하는 것은 그 모순의 자연적 폭발일 수 있고 이때 상품
으로서의 개인은 그런 상황으로부터 빠져나와 그 폭발의 원동
력이 될 수 있다. 소설이 현실의 보이지 않는 혹은 감추어진 구
조를 드러내게 한다는 것은 보다 고상하고 인간적인 인물의 창
조에 있는 것이 아니라 눈에 띄지 않게 인간을 사물화시켜버린
현실의 내면을 드러나게 하는 것이며 따라서 우리 모두가 스스

로를 상당한 힘과 자유와 기회를 갖고 있는 존재로 생각하며 ‘인간’이라는 표현에 연연함으로써 인간으로서의 대우를 희망으로 간직하는 것이야말로 우리가 스스로를 구속하는 행위가 되는 것이다. 문제는 인간으로서의 대우를 희망하는 데 있는 것이 아니라 그 희망을 어디에서 찾느냐 하는 데 있다. 다시 말하면 인간을 지금의 상품화로 만들어버린 체제 쪽에서 그것을 요구한다면 그것은 이미 역사 자체가 이야기하는 것처럼 불가능한 것이다. 따라서 인간 개개인이 그러한 자신을 자각해서 자신을 억압하고 있는 모든 것의 정체를 드러나게 하고 그 모든 것이 더 강화되지 않게 하고 그리고 자신의 자각의 힘이 억압의 존재를 파괴하는 상태로 가야 한다. 만약 이러한 상태를 가정한다면 사물화된 인간을 다룸으로써 그 자각 능력을, 비록 괴롭고 피곤한 일일지라도, 기르지 않을 수 없다.

6

소설이란 대부분의 경우 하나의 ‘이야기’를 의미하기 때문에 진정한 소설가란 ‘이야기를 할 줄 아는 사람’이라고 할 수 있다. 그렇다면 소설가는 어떤 이야기를 할 수 있을까? 앞에서 이야기한 주인공을 상정하지 않고는 이야기란 있을 수 없다. 그렇기 때문에 소설이란 인물의 이야기라고 할 수 있을 텐데, 이 인물의 이야기란 그 인물을 중심으로 일어나는 유위변전(有爲變轉)의 자초지종을 보고하는 것이 된다. 따라서 『잃어버린 환상(幻像)』이란 소설에서는 뤼방프레를 중심으로 한 어느 집단 사회의 유위변전을 이야기하는 것이며 『보바리 부인』이란 소설은 엠마 보바리의 인간적 모험과 고통과 생애를 이야기해준다. 이때 소설은 그럴듯한 유위변전을 만들어내는 것이다. 여기에서 작가는 그 모험들이 실제로 존재하는 사람들에게 일어난 것처

232

럼 만들지 않으면 안 되고 작가는 그 사건의 증인이었음을 나타
내주어야 한다. 그럼으로써 독자와 작가 사이에는 하나의 묵계
가 성립한다. 즉 작가는 자신이 이야기한 것이 사실이라고 믿는
척하게 되고 독자는 모든 것이 꾸며낸 것임을 잊을 것이다. 이
렇게 되면 이야기를 잘한다는 것(즉 좋은 작품을 쓴다는 것)은
흔히 통용되고 있는 미리 주어진 도식에다 맞추어 쓰는 것이다.
즉 현실에 대해서 이미 갖고 있는 기존 관념에 맞춘다는 것이
다. 그렇게 되면 어떤 상황이나 어떤 사고가 뜻밖에 발생할 경
우에도 소설이란 그 도식에 따라 유려하게 진행될 수밖에 없다.
이처럼 막히지 않고 이야기가 흘러간다는 것은 작가가 모든 것
을 다 알고 있다는 것이고, 따라서 독자는 작가가 제시하는 이
러한 이야기들을 기분 전환이나 여가 선용의 수단으로 삼게 된
다. 그런데 문제는 소설이 진지한 독자에게는 기분 전환이나 여
가 선용 이상의 의미를 갖게 된다는 데 있다. 그것은 소설이 현
실 인식의 수단이라는 끝없는 목적으로 사용될 때 작가가 이처
럼 다 알고 있는 이야기로써 충분할 수 있는가 하는 질문을 제
기하게 만든다. 더구나 현실이라는 것이 우리 눈앞에 제시될 때
소설에서처럼 어떤 질서감을 갖고 있는 것이 아닐진대, 이처럼
질서 정연하게 제시된 소설을 그럴듯하게 생각하고 현실과 유
사하다고 생각하는 독자의 사고 방식은 어디에서 기인하는 것
인가? 이것을 알랭 로브-그리예는 하나의 조직적이고 합리적인
체계에 관계된 것이라고 말하며 이러한 체계는 곧 부르주아
계급에 의해 장악된 권력 체계에 상응하는 것으로 파악하고 있
다. 왜냐하면 소설의 기술적인 요소들이라고 이름하게 되는 발
자크 소설에서 볼 수 있는 것들이란 3인칭의 사용, 사건의 연
대순으로의 배열, 단선적 줄거리, 열정들의 규칙적인 기복, 에
피소드 하나하나의 종말을 향한 지향 등등인데, 그런데 이 모든
것이 사실은, 안정되고 일관성 있고 연속되고 단의적이고 그리
고 완전히 판독해낼 수 있는 세계의 모습을 독자에게 강요할 것

을 목적으로 삼고 있기 때문이다. 말을 바꾸면 개인이 살고 있는 세계란 이처럼 안정된 세계도 아니고 이처럼 일관성 있는 세계도 아니고 이처럼 연속되고 또 단의적인 세계도 아니며 언제나 완벽하게 읽어낼 수 있을 만큼 쉽고 명확한 세계도 아닌 것이다. 그런데도 독자들(비평가를 포함해서)이 그러한 소설을 요구한다면 그것은 바로 괴롭고 힘든 현실을 자각하고자 하는 것도 아니고 독서하는 동안이라도 다른 세계, 즉 영웅이 있는 세계로 들어가서 자신의 투쟁 능력을 기르고자 하는 것도 아니다. 그것은 오히려 현실을 잊고자 하는 일종의 도피 현상이며 더 나아가서는 자신의 현실을 소설의 현실에 일치시킴으로써 안심하는 현상인 것이다. 그렇기 때문에 체제 쪽에서는 그러한 소설의 인물들이 갖는 이야기가 잘 정돈된 것이기를 원하게 되고 그러한 소설들이란 작가의 본의와는 달리 체제에 협조하는 쪽으로 기울어지게 된다. 독자들이 자기 자신을 스스로 고통스런 현실로부터 소외시키도록 하는 이러한 소설의 이야기들이란 얼핏 보면 독자들의 최소한의 행복을 보장해주고 있는 것 같지만, 사실은 현실에 대한 독자들의 무관심과 따라서 기분 전환으로서의 문학 인식을 돕게 되는 것이며 그것은 곧 독자로 하여금 일종의 허위 의식에 사로잡히게 하는 것이다. 그러므로 이러한 의식에 사로잡힌 작가에게 있어서 '이야기를 한다'는 것은 불가능하게 된다. 그러나 이야기를 한다는 것이 불가능하다고 해서 소설 속에서 아무것도 일어나지 않는 것은 아니다. 다시 말하면 자신의 생애를 가진 전통적인 인물이 사라졌다고 해서 인물 자체가 소설 속에 존재하지 않는다고 결론을 내서는 안 된다. 소설 속에 인물이 존재하는 양식이 달라졌을 뿐이지 인물이 없는 소설이 존재할 수 있다는 것은 아니다. 이와 마찬가지로 모든 사건과 모든 모험을 제거하려고 시도하는 것이 누보 로망이 아니라 이야기의 '새로운 구조'의 탐구가 바로 누보 로망인 것이다. 누보 로망의 선구자들 가운데 가령 프루스트와 포크너의 작품들을 예로 들 경우, 그들의 작품도 사실은 수많은 이야기들이 들어 있다. 그러나 그 이야기들은 발자크의 이야기들처럼 연대순으로 적혀 있는 것이 아니다. 프루스트에게 있어서 이야기들은 해체 되었다가 "시간의 정신적 건축"을 위해 재구성되고 있다. 그리 고 포크너에게서 "주제들의 전개와 여러 가지 결합들은 작품 자체가 드러내보이는 것을 그때마다 다시 감추고 파묻어버릴 정도로 모든 연대 순서를 뒤엎어놓고 있다." 또 베케트의 소설 에서도 비슷한 현상이 일어난다. 즉 베케트 소설에도 여러 가지 사건이 있기는 하지만 그 사건들은 끊임없이 부인되고 의심 속 에 빠지고 스스로 파괴되고 있다. 그러니까 이들 소설에 일화가 없는 것은 아니다. 이 일화들이 있기는 하지만 그것들의 확실한 성격, 그처럼 안정된 상태, 그처럼 순진무구한 상태로 존재할 수 없다는 것이다. 그런 면에서 누보 로망도 마찬가지다. 사건 이 없는 소설이란 없는 것이기 때문에 어떤 사건이 있긴 하지만 그것은 끊임없이 불확실한 상태로 빠지게 되고 앞에서 있었던 사건과 인과 관계로 맺어지는 것이 아니라 언제나 예측 불허의 상태로 대치되고 있으며 따라서 이야기 자체가 '흐른다'기보다 는 단절된 상태로 지속되고 있어 독자로 하여금 언제나 '마음 놓고' 읽을 수 없게 하고 항상 불안한 상태에 빠지게 한다. 그 럼으로써 독자로 하여금 작품 속으로의 편안한 도피를 할 수 없 게 하고 동시에 현실로부터 자기 소외를 하게 만들지 않고 자신 의 현실로 끊임없이 되돌아오게 만든다.

그렇다면 누보 로망에서의 줄거리는 현실과 아무런 상관이 없는 꾸며낸 에피소드의 편린들을 순서 없이 배열한 것에 지나 지 않는가? 얼핏 보기에 그러한 착각을 주고 있는 누보 로망은 사실에 있어서 우리가 끊임없이 하나의 이야기 체계를 부여하 고 있는 우리의 삶을 '지금, 여기에 *ici, maintenant*'라는 관점의 도입을 통해서 뒤집어놓고 있는 것이다. 다시 말하면 우리의 삶 에서 일어나는 여러 가지 일화들을 전통적인 소설에서는 어떤 의도에 의해 서로 선후가 되고 계기가 되고 인과 관계가 되도록 엮어놓음으로써 일화 하나하나를 연관시키게 되고 따라서 그 이야기의 줄을 따라 줄거리가 **흐르게** 되어 있는 것이다. 바로 이러한 **흐름**의 조작을 통해서 소설가는 '그럴듯함 *vraisemblance*'을 만들어내게 되고 독자는 바로 '그럴듯함'에 의존하여 소설의 이야기를 실제로 일어나고 있는 것과 같은 착각도 하고 그 이야기에 자신의 삶을 대입시키는 소외 과정을 겪기도 한다. 그러나 누보 로망에서 바라보는 현실의 여러 일화들이란, 이처럼 이로 정연하게 선후 관계가 분명한 것이 아니며 하나의 일화가 다른 하나의 일화의 원인이 되고 결과가 되는지는 아무도 모른다는 것이다. 말하자면, 전통 소설에서처럼 일화들을 실에 구슬 꿰듯 엮어놓는 작업은 한편으로 현실을 왜곡시키는 작업인데, 그러한 왜곡도 '무구한 *innocent*' 상태로 이루어지는 것이 아니라 어떤 의도에 의해 불순하게 왜곡된 것이다. 그 의도란 현실을 평온한 것으로 혹은 안락한 것으로 혹은 질서 정연한 것으로 보게 만드는 것이다. 그러나 소설을 떠난 현실이란, 다시 말하면 우리가 살고 있는 현실이란 사실은 그처럼 평온하거나 안락하거나 이로 정연한 것이 아닌 것이다. 더구나 오늘날처럼 복잡한 고도의 산업 구조 속에 갇힌 우리로서는 과연 현실이란 무엇이다라고 이야기하는 것 자체가 틀린 것이다. 왜냐하면 이제 현실이란 아무도 무엇인지 알 수 없는 것이기 때문이다. 그러므로 우리가 삶에서 보는 일화 하나하나는 이어져 있는 것이 아니라 어떻게 이어져 있는지는 모르지만 그냥 '여기' '지금' 있는 것이다. 따라서 '여기' '지금' 있는 일화 하나하나를 있는 그대로 그렸을 경우, 그것 하나하나의 연관 관계가 보일 수 없는 것은 당연하다.

그러나 이처럼 전혀 현실과 동떨어진 것같이 묘사된 것이 사실은 현실에 더욱 가깝다는 것이다. 즉 여러 일화들을 서로 계기되는 것으로 이어놓는 것은 필연적으로 그 일화들을 바라보는 사람의 주관의 개입을 초래하게 되고 그렇게 되면 또다시 심리(누보 로망 작가들이 그처럼 매도하고 있는!)의 작용이 일화의 본래적 성격을 완전히 뒤틀리게 만든다는 것이다. 그렇게 되면 소설은 비인간화된 상황에서 또다시 대문자로 쓴 인간의 허위에 찬 이야기로 되돌아갈 수밖에 없다는 것이다. 그러므로 그 일화들을 바라보는 사람의 주관이 개입되지 않은 상태의 일화들이 그대로 묘사될 수만 있다면 그것 이상으로 현실에 가까운 것일 수가 없다. 그것은 곧 일화들을 있는 그대로 묘사하는 것이 과연 가능하느냐 하는 문제로 귀착하게 된다. 여기에서 누보 로망은 여러 가지 시도를 하게 되는데 그 가운데 롤랑 바르트가 이야기하는 객관적 문학, 혹은 대물 렌즈의 문학과 비연속적인 것으로서의 문학이라는 두 가지 현상은 그러한 누보 로망의 대표적 측면이라 할 수 있다.

7

그렇다면 '인물'이 자신의 과거를 갖고 있지 않고, 따라서 그 인물들이 가지고 있는 에피소드들이 하나의 실에 꿰듯이 연속적으로 이어지지 않는다고 하는 내용으로 요약될 수 있는 누보 로망에 있어서 사물화 현상이란 어떻게 설명될 수 있는 것인가? 과연 누보 로망은 소설이라는 일종의 예술 양식을 완전히 내던져버린 것인가, 그리하여 문학을 하지 말자는 것인가? 이러한 회의에 대한 현재까지로서의 대답은 '아니다'라고 할 수 있다. 말하자면 회화에 있어서 그 개념 자체가 끊임없이 변화해오고 있으면서도 색과 공간의 활용이라는 회화의 재료를 떠날 수 없었던 것과 마찬가지로(가령 여기에 움직임 *mouvement* 의 개념이 들어갔다고 할지라도), 문학에 있어서 소설의 개념은 달라지고 있지만 소설이 재료로 삼고 있는 언어와 인물과 일화들을 떠날 수는 없다. 달라진 것이 있다면 인간의 의사 전달의 매체라고 할 수 있는 언어(실체로서의 언어 자체도 끊임없이 변하고 있다)에 대한 태도가 달라진 것이고 이야기라는 언어의 수레를 이끌고 있는 견인차인 인물의 절대적인 힘이 약화된 것이며 따라서 그 인물들이 낳은 일화들이 옛날처럼 일관성 있게 하나의 방향으로 '흐르지' 않는다는 것이다. 그러니까 인물이 자신의 이어진 생애를 소설 속에서 갖지 못한다는 것은 바로 신화 시대 이후에 있어서 점차로 인간이 현실 속에서 자신의 의지에 의한 삶을 갖고 있지 못하고 있는 사실과 상통하게 된다. 상품화된 인간이란 그가 살고 있는 체제 속에서 자신의 의지로 사는 삶의 분량보다도 체제가 부여한 삶의 분량을 압도적으로 많이 살게 되기 때문에 인간이 곧 사물이라는 상태에 있음을 이야기하게 된다. 이때 인간은 어느 백화점에서 '연말 대매출'이라는 상품 광고의 네온사인이 지시하는 사물의 상태와 별로 다르지 않다. 소설 속에서의 이러한 인물의 묘사는 현실 속에서의 인간의 **자연적인** 모습에 다름아니다.

그런데 일반적으로 자연적인 모습은 자신의 의지와 재능으로 모든 난관을 극복해서 마지막에 영웅적 승리(그것이 장엄한 비극적 죽음으로 끝나거나 문자 그대로 승리를 거두거나)에 도달하는 데 있는 것으로 착각을 하고 있다. 이러한 인간의 모습은 결국, 그 인간이 살고 있는 체제의 힘에 의해 상품화된 인간의 모습을 왜곡시켜서 만들어진 것임을 깨닫게 되면, 자연스런 것이 아님을 알게 된다. 그렇기 때문에 상품화된 인간은 자신의 월급이 많아지면 많아질수록 체제 자체가 조작해놓은 방향에서 남이 갖지 못한 상품들(예를 들면 남보다 큰 아파트, 호화로운 집, 혹은 자동차 등)을 구입함으로써 자신의 인간적 힘의 확대에 도달한 것 같은 착각에 빠지게 된다. 물론 여기에서 주의해야 할 것은 상품화된 인간을 그 사람의 책임만으로 쉽게 돌려버리는 것과 같은 어리석음을 범하지 않아야 한다. 문제는 인간을 상품화하

고 있는 체제 그 자체에 있는 것이기 때문이다. 이러한 현실에
도 불구하고 소설 속의 인물을 '인간답게' 그리기를 요구한다고
하는 것은 가령 피카소에게 왜 인간의 모습을 인간답지 않게 그
리느냐고 힐책하는 것과 다를 바 없다. 그렇기 때문에 소설 속
에 나타난 인물이 이제 누보 로망에서 사물과 다름없이 등장하
게 되는 것은, 많은 사람들이 자신의 상품화 현상을 자각하지
못하고 있는 상태로부터 자각하게 하는 것이라고 이야기할 수
있다. 하이데거가 베케트의 『고도를 기다리며』를 평하면서 "인
간의 조건, 그것은 바로 '여기에' 있다는 것이다"라고 했는데
로브-그리예는 바로 이 구절을 상기시킨 적이 있다. 이 말에서
'여기에 있다'는 것은 '다른 곳'에 있는 것이 아니라 '여기에'
있음을 이야기한다. 누보 로망에서는 전통적 인물이란 '여기에'
있는 인물이 아니라 '다른 곳'에 있는, 아니 이제는 어쩌면 어
느 곳에도 있지 않게 된 인물이라는 것이다. 반면에 누보 로망
의 사물화된 인물이란 '여기에 있는' 인물이다. 로브-그리예에
의하면 작가의 모든 기술 *tout l'art de l'auteur*은 대상에게 '여
기 있음'을 부여하는 것이고 동시에 대상으로부터 '어떤 것'이
라는 인상을 떼어내는 것이다. 여기에서 '어떤 것이라는 인상'
은 이미 사물을 왜곡시킨 상태를 이야기하는 일종의 수렴 단계
라고 생각하면 된다. 누보 로망에서 대상으로 삼고 있는 사물화
된 인물들이란 모두 '여기 있기' 위해서 이루어진 인물이다. 이
경우 인물들은 그들의 전통적인 성격에 비추어 거의 균형이 잡
히지 않은 것처럼 묘사되고 있거나(우선 그 인물의 직업·가문·
생애의 분량이 너무 적다는 점에서) 그렇지 않으면 무의미한 것처
럼 묘사된다. 그러나 그러한 묘사들은 적어도 '어느 순간'에
'어느 장소'에서 관찰된 대상의 가장 충실한 모습이 된다. 왜냐
하면 '어느 순간' '어느 장소'에서 관찰된 대상이 어떻게 직업과
가문과 생애를 한꺼번에 보여주는 것일 수 있을까 하는 질문을
던져보면 알 수 있기 때문이다. 생애로부터 어느 순간, 어느 장

소에 의해 떼어낸 인물들의 묘사의 연속이란 무의미하게 보일 수 있다. 그러나 사실은 이러한 인물의 묘사가 소설이라는 하나의 거대한 체계 속에서 때로는 하나의 구조적 단위를 형성하고 때로는 하나의 참고 표지가 됨으로써 기능적인 역할을 하게 된다. 그렇기 때문에 롤랑 바르트가 "인물이 없는 이야기란 이 세상에 한 편도 없다"고 하면서 "만약 현대 문학의 일부에서 인물을 공격한다고 할 경우에도 그것은 인물을 파괴하기 위한 것이 아니라 인물을 탈인격화하기 *dépersonnaliser* 위한 것이다"라고 말하고 있다. 이러한 현상은 사물에 대한 우리의 인식 태도에서도 뚜렷하게 나타나고 있다. 바르트가 분명히 밝히고 있는 것처럼 사실상 모든 사물은 조작적인 힘에 의해 파악되고 있다. 사물이란 그 사물이 쓰이고 있는 기술적 성격이 언제나 즉각적인 외양으로 부각된다는 것이다. 예를 들면 곰탕이란 먹는 음식이고, 로브-그리예의 소설 제목이기도 한 '고무'란 지우개인 것이고, 다리란 건너야 하는 물건이다. 그렇게 되면 사물이란 전혀 엉뚱한(다시 말하면 예기치 못한) 구석이 없는 것이 되며, 따라서 그 사물의 명백한 기능에 따라 사물은 일상 생활의, 혹은 도시의 장식품에 속하게 되어버리는 것이다. 그러나 작가가 그 사물을 묘사하는 경우에는 그러한 사물의 성격 이상을 보고자 한다. 사물이 도구로서의 성격을 벗어나는 순간까지 밀고 가게 되면 묘사는 도구를 공간으로 변형시키게 된다. 이 상태에 도달하게 되면 사물의 기능이란 환상에 지나지 않았다는 것을 알게 되고, 따라서 환상적이 아닌 현실적인 것은 그러한 사물을 관찰하는 인간의 시각적 움직임뿐이라는 것을 알게 된다. 다시 말하면 사물을 관찰하는 사람의 진정한 인간성은 사물의 사용이라는 관점을 넘어서야 시작된다. 결국 사물 자체를 그 본질로서 파악하는 묘사와, 그 묘사를 통해서 한편으로는 이미 하나의 방향으로만 하게 된 사물의 인식(다시 말하면 사물의 용도에 따라서만 사물을 인식하게 하는 제도화된 관점)을 벗어나고, 다른 한편으로는 그러한 묘사를 통해서 인간이 자신의 객관적 모습을 발견하게 되는 과정을 누보 로망, 특히 로브-그리예의 사물관에서 발견하게 된다. 이처럼 사물을 용도에 의해서 바라보는 태도는 레비-스트로스가 '원시 사회'와 '서구 사회'의 문명 비교에서 명확하게 지적해냄으로써 비단 소설이나 문학에 국한된 맹점이 아니라 문화 전체를 바라보는 태도와 관련을 맺고 있는 지배 이념의 소산으로 드러난다.

이와 같은 관점에서 보면 소설의 일화들을 하나의 실에 꿰지 않는 것과 같은 누보 로망의 비연속적 줄거리 문제도 마찬가지이다. 전통적인 관점에서 보면 글을 쓴다는 것은 '내용'이라고 하는 대범주 속에서 말들을 서로 흐르게 하는 것이었고 바로 여기에서 형성되는 내용이 이야기가 되는 것이다. 그러므로 모든 문학은 그것이 인상적인 글이거나 지적인 글이거나를 막론하고 하나의 '이야기'인 것이다. 말을 바꾸면 '이야기'란 하나의 사건이나 하나의 사상을 설명하기 위한 말들의 유창한 흐름을 의미하게 되는데 이 경우 말의 흐름이란 그 대단원이나 결론을 향한 진행을 의미하게 된다. 그러나 앞에서도 언급한 것처럼 하나의 일화를 보고하는 경우에 있어서도 일반적으로 그 용도에 따라 일화는 왜곡될 수밖에 없는 것이다. 누보 로망에서는 전후 관계에서 떼어낸 어느 순간의 일화, 어느 장소에서의 일화(왜냐하면 우리가 관찰할 수 있는 것은 그 일화의 이전 이야기나 이후 이야기가 아니기 때문이다)들을 관찰하는 사람의 주관적 해석이나 강요된 해석을 붙이지 않고 보고하는 것을 노리게 된다. 그것은 그 일화를 '있는 그대로' 보고하는 유일한 방법이 될 것이다. 이 경우 일화들은 사물과 같은 존재의 상태를 취하게 된다. 그러나 이처럼 무의미한 것과 같은 일화 하나하나가 소설 속에 자리잡게 되면 그것이 소설이라는 큰 체계 속에서 구조적 단위를 형성하기도 하고 혹은 '정보적 기능'을 수행하기도 한다. 따라서 이러한 누보 로망을 읽게 되면 이야기가 여러 개의 일화들에 의해 조직되어 있음을 깨닫게 된다. 가령 미셸 뷔토르의 『모빌』이라는 작품(일반적으로 뷔토르의 소설은 두 계열로 구분하고 있는데, 하나는 전통적인 방법으로도 독서가 가능한 쪽이고 다른 하나는 그것이 불가능한 쪽이다. 『모빌』은 후자에 속한다)에서 미국의 묘사가 완전히 여러 개의 조각들을 붙여놓은 것 같은 인상을 준다. 레비-스트로스의 표현을 빌리면 '뜯어 맞추기 *bricolage*'에 의해 이루어져 있는 이 작품은 일화 하나하나의 조각들을 관찰자의 주관적 해석에 의하지 않은 채 알파벳 순서라는 '중성적' 방법으로 뜯어 맞추고 있다. 그래서 일화 하나하나를 독립적으로 해석할 수 없도록 되어 있는데 이러한 일화들이 책이라는 하나의 거대한 구조 속에 들어옴으로써 그 일화들 사이에서 '의미'가 태어나게 하고 있다. 사물의 상태에 있는 일화의 편린들이 하나의 체계를 이룩하게 됨으로써 의미를 낳는다. 이러한 실험은 이른바 문학 작품이라고 하는 문화의 일면에 대한, 더 구체적으로 말하면 우리가 첫 페이지부터 열어서 읽게 되는 책 자체에 대한 깊은 성찰의 결과라는 것을 알려준다. 이와 같은 사물화 현상은 오늘의 조직 사회가 노리고 있는 인간 의식의 '사물화 *réification*'를 가장 정확하게 표현하고 있다.

그렇다고 해서 소설 문학이 이러한 사물화를 조장하기 위한 것이라고 이야기하는 것은 누보 로망의 근본적인 정신이나 이념에서 볼 때, 틀린 것이다. 작품 안에서 사물화된 인간, 사물화된 일화를 객관적으로 묘사하려고 하는 것은, 지금까지의 전통적인 작품이 사물화되어가는 인간의 현실을 외면한 채 고상하고 인간다운 현실로 미화시켜옴으로 인하여 그 작품의 현실을 독자들로 하여금 의식하지 못하게 하였던 것에 대한 반성으로부터 결과한 것이다. 독자는 그처럼 미화된 현실을 읽음으로써 자신의 사물화에 눈을 감고 자신의 사물화를 묵인함으로써 체제가 요구하는 방향에 본의 아니게 기여해왔다. 이러한 기여는 작가의 편에서도 마찬가지라 할 수 있을 것이다. 그러므로 오늘의 누보 로망에서 인간 현실의 사물화 현상이 일어나고 있는 것은 인간의 의식의 사물화를 위한 것이 아니라, 바로 인간 의식의 사물화를 자각하게 하기 위한 것이다. 이러한 현실의 진정한 자각은 한편으로 미화된 소설적 재미의 요체를 이루었던 인물과 줄거리의 성격을 바꿔놓음으로써 독자들의 자기 소외의 여지를 제거하는 데서 가능하다는 것이다. 독자들은 이처럼 사물화된 인물과 줄거리에서 전통적인 재미를 찾는 것이 아니라 자신의 삶의 어떤 모델과 상관되는 구조를 찾는 방향으로 가게 되고 그렇게 되면 자신의 고통스런 현실, 즉 사물화된 모습을 소설을 통해 자각하기에 이른다는 것이다. 이러한 자각에 도달한 독자는 자신의 투쟁의 대상을 놓치거나 그것에 무관심해지는 것이 아니라 그것과 대결할 수 있는 방법을 모색할 것이다. 그렇기 때문에 누보 로망은 언제나 새로운 사물의 인식 방향을 찾게 될 것이고, 따라서 누보 로망에 있어서 사물화 현상은 고정된 요소로 남은 것이 아니라 새로운 변모의 가능성을 끝없이 내포하고 있다. 따라서 누보 로망이란 하나의 소설 개념을 고정시키는 작업이 아니라 개념 자체를 영원히 변화시키고자 하는 정신이라고 말할 수 있다.

이상과 같은 누보 로망의 문제 제기는, 예술이 결국 세계의 가능성이라는 진지한 질문 자체라는 사실을 깨닫게 한다.

8

누보 로망 작가들에 대한 평가는 가령 사르트르가 뷔토르를 전후 최대의 소설가로 보고 있는 점, 골드만이 로브-그리예를 현실의 발견자로 보고 있는 점, 장 리카르두가 시몽에게서 세계의 재구성을 발견한 점, 미셸 푸코가 클로드 올리에에게서 공간의 언어를 찾아낸 점, 사르트르가 사로트의 소설에서 부정의 문학의 가능성을 발견한 점, 롤랑 바르트가 로브-그리예에게서 객관적 문학의 가능성과 뷔토르에게서 단절적 문학 형태에 주목한 점 등에서 찾아볼 수 있다. 게다가 누보 로망의 작업이 제라르 주네트, 장 리카르두, 토도로프, 러시아 형식주의자들의 새로운 시학 이론의 정립에 일치하는 요소들을 너무나 많이 갖고 있다는 사실, 바르트, 루세, 푸코, 레비-스트로스 등의 이론들에 접근하고 있다는 사실 등에서, 하나의 지나가는 사조로 혹은 일시적 현상으로 볼 수 없는 확증을 얻을 수 있다.

특히 누보 로망이 에콜도 그룹도 아니면서 벌써 30년 이상의 시간을 지탱해오고 있다는 것은 작가들 사이에 방법적인 편차가 있음에도 불구하고 그 이념적 측면이 강하기 때문이라는 사실을 알 수 있을 것이다. 그들에게는 소설에 대한 반성이 있지만 '소설이 이래야 한다'는 법규는 갖고 있지 않기 때문에, 아니 오히려 더 강하게 갖고 있기 때문에 이제는 그들 자신의 초기의 소설들에 대한 반성도 하게 되어서, 1972년 『누보 로망, 어제와 오늘』이 발간되면서부터 이제는 '누보 누보 로망(新新小說)'에 관한 이야기까지 하고 있다. 단순한 말장난 같은 이같은 명칭들이 그러나 그들의 작업이 계속되는 한, 우리의 삶의 조건이 개선되지 않는 한, 그리고 문학의 영토가 위협당하는 한, 가장 근본적이고 중요한 의미를 잃지 않게 될 것이다.

자동기술과 초현실주의적 이미지

오 생 근

1

자동기술 *l'écriture automatique*은 초현실주의 운동의 가장 중요한 활동이나 성과로 평가되어, 오늘날 초현실주의적이란 말은 바로 자동기술적이란 말과 거의 동의어처럼 인식되기도 한다. 그만큼 초현실주의 활동은 자동기술의 개념을 중심으로 전개되었다고 해도 과언이 아닌데, 「초현실주의 선언문」에서 밝힌 사전적인 정의로서도 초현실주의는 "말로서건, 글로서건 그 어떤 방법으로서건간에, 사유의 실제적 작용을 표현하려는 것을 목표로 삼는 순수한 심리적 자동현상"이며, 또한 "이성에 의한 어떤 감시도 받지 않고, 심미적이거나 도덕적인 모든 관심을 벗어난 곳에서 이루어지는 사유의 받아쓰기"[1]로 규정되어 있는 것이 사실이다. 브르통이 이 이론을 착안하여 발전시켰으며 시인과 화가를 포함한 대부분의 1920년대 초현실주의자들이 실행에 옮겼던 이러한 자동기술에 대해 브르통은 그것이 실패할 수밖에 없었음을 인정하고, "초현실주의에서 자동기술의 역사는 계속적인 불운의 역사"[2]였음을 말한 바 있다. 그러나 그의 말

---

1) A. Breton, *Manifestes du surréalisme*, Jean-Jacques Pauvert, 1972, p. 35.
2) A. Breton, "Le message automatique," *Point du jour*, Gallimard, Collec-

처럼 그것이 실패였다 하더라도, 그것은 여러 가지 관점에서 의미있는 실패로 볼 수 있을 터이고, 무엇보다 글쓰기의 차원에서 보자면 오히려 긍정적인 성과를 더 많이 보인 것이라고 말할 수 있을 것이다.

브르통을 포함한 초현실주의자들이 자동기술에서 기대한 것은 무엇이었을까? 잘 알려져 있듯이, 자동기술은 반수면의 최면 상태에서 이성의 통제 아래 가려져 있었던 무의식과 욕망이 전하는 전언, 그 '속삭이는 소리 *le murmure*'에 귀를 기울여 받아쓴 내용이다. 가능한 한 이성이나 비판적 정신이 개입될 여지 없이 그 전언을 충실히 받아쓰려는 이들의 작업은, 적어도 자동기술의 행위를 실천하는 그 단계에서만은, 전통적으로 재능 있는 시인의 시쓰는 행위와는 완전히 구별되는 작업이었다. 그 당시 브르통은 인위적으로 만든 문학 텍스트의 언어란 생명력을 갖지 못하고 또한 무엇보다 중요한 욕망의 자연스러운 힘을 표현하는 데 한계를 지닌 것으로 보았다. 무의식이나 욕망의 표현을 중시하는 자동기술의 시도는 그런 점에서 문학 텍스트의 우월한 종래의 가치 기준을 전복시키려 했음은 물론, 문학 텍스트가 소수의 재능 있는 작가에 의해 만들어진다는 인식을 타파하려고 했다. 그러나 초현실주의에 가담한 대부분의 시인들이 재능 있는 사람들이었고, 브르통이 자동기술의 실험을 하기 전까지만 해도, 말라르메나 랭보, 발레리의 문학적 성취에 깊은 영향을 받았던 시인이었다는 점, 자동기술이 아닌 그의 시 중에서도 얼마든지 시적 가치와 생명력이 넘치는 시를 이끌어낼 수 있다는 점을 감안할 때, 그의 위와 같은 주장이나 견해는 어느 정도 모순된 것임을 곧 알 수 있다. 그리하여 초현실주의에서는 시를 잘 쓰는 것이 문제가 아니라, 존재의 심층이나 '세계의 신비스러움'과 일치되고 소통되는 방법으로서, 그리고 현실적 세계에 종속되지 않는 방법으로서 '시를 실천하는 일'이 아무리

---

tion 'Idées,' p. 171.

중요한 것으로 강조되어 있다 하더라도, 우리는 그러한 강조가 시의 정신을 그만큼 중시하고 그 의미를 되새겨볼 필요를 그만큼 역설한다는 것이지, 결코 초현실주의와 시를 잘 쓰는 행위가 별개의 것이라고 이해하지는 않는다. 물론 이 경우에, 시를 잘 쓴다는 것이 무엇을 뜻하며, 어떤 기준에서 하는 말인지가 우선적인 논의의 대상이 되어야 할 것이다.

우리는 자동기술의 의미와 성과, 혹은 그것의 실험 조건과 실현 과정을 살펴보면서, 그것이 무엇보다 '글쓰기'의 행위와 관련해서 어떤 중요성을 갖는지를 알아보려 한다. 이러한 작업은 결국 초현실주의적 이미지의 성격과 의미를 파악하려는 작업과 병행하게 될 것이다. 「초현실주의 선언문」에서도 자동기술과 초현실주의적 이미지의 논의가 연속적으로 전개되었듯이, 말의 힘을 믿고 말을 문제시하고, 말을 해방하며 결국 인간과 세계의 변화를 추구하려는 의도에서 자동기술과 초현실주의적 이미지의 목적은 분리될 수 없을 것이다. 그러므로 그러한 두 주제의 상호 관련성을 인정하고 그것들 사이의 공통된 초현실주의 시학의 실마리를 찾아보려는 것이 이 글의 목적이 된다.

2

자동기술의 이론을 세우고, 그것을 실행했던 브르통이 1924년 「초현실주의 선언문」을 통해 그 방법과 의미를 설명하고 널리 공표했던 것은 잘 알려진 사실이다. 그러나 그가 자동기술에 대한 착상과 실험을 하게 된 것은 초현실주의 선언문이 발표되기 훨씬 전이었다. 사란 알렉상드리앙은 자동기술에 대한 브르통의 계획이 결심으로 굳혀진 것은 1919년 무렵이었음을 말하고, 브르통이 차라에게 보낸 편지를 인용하여 그 근거를 밝힌다. "나는 지금 세계를 전복할 만한 계획을 궁리하면서 이 편지를 쓰고 있습니다. 유치한 짓이라거나 터무니없는 망상이라고 생각하지는 마십시오. 그러나 이러한 쿠데타를 준비하는 데 몇 년이 필요할 것입니다. 당신에게 그 내용을 알려주고 싶은 생각이 간절하지만, 아직은 당신을 그만큼 잘 알고 있지는 못하지요.”3) 알렉상드리앙은 이 편지에서 브르통이 말하는 계획이 바로 자동기술로 작품을 쓰겠다는 의도이며, 그가 충격을 가한다는 세계는 바로 시와 예술, 윤리의 세계임을 상기시키면서, 이러한 계획을 세운 그의 심리적 정황은 아마도 그에게 영향을 준 랭보와 말라르메를 종합하려는 어떤 시적 탐험이 벽에 부딪혔기 때문일 것이라고 추측해본다. 자동기술을 생각해낸 브르통의 심리적 동기가 무엇인지는 명확하지 않지만, 논리나 문법의 틀에서 벗어난 말의 자유로움을 생각해본다는 것은 당시의 아방가르드 문학인들의 입장에서 볼 때 그렇게 의외의 발상은 아니었다. 이미 미래주의의 마리네티는 물론 다다의 피카비아, 트리스탄 차라 등이 말의 자유 혹은 무의미의 언어를 구사하여 전통적 시학과는 다른 새로운 시의 반시적 경향을 예고한 바 있었기 때문이다. 이들의 공통된 태도는 의미를 지향하는 시가 아닌, 의미를 거부하는 시를 통해서 전통적인 시적 창조의 관행을 무시하려는 경향을 보이는 점이었다.

의식적이고 의미 지향적인 작시법 대신에 무의식적이고 반미학적인 언어의 표현을 모색하려던 브르통의 계획은 우연한 체험의 계기를 통해 구체화된다. 그는 이 체험을 「매개물의 등장 Entrée des médiums」과 「초현실주의 선언문」에서 두 번에 걸쳐 이야기하고 있다.

1919년, 완전히 혼자인 상태에서, 잠이 들 무렵, 내 정신에 인지되는 다소 불완전한 말들에 주의를 기울이게 되었는데, 그 말에서 어떤 선결적인 요소들은 전혀 찾을 수 없었다. 그 문장들은 통

---

3) S. Alexandrian, *Le surréalisme et le rêve*, Gallimard, p. 91.

사적으로 정확하고 이미지가 뚜렷한 것으로서 나에게는 아주 뛰어
난 시적 요소처럼 보였다.[4]

그런데 어느 날 밤 잠들기 전에 말 한마디도 바꿔놓을 수 없을
정도로 분명하게 발음된, 그러나 온갖 잡음으로 뒤섞여 정신 집중
이 되지 않는, 대단히 이상스러운 구절이 떠오르게 되었다. 내 의
식에 기억되는 바로, 그 구절은 그 당시 내가 관계하고 있었던 여
러 가지 외부 사건과 관련된 내용이 아니라 갑자기 머릿속에 떠오
른 것으로서, 말하자면 그 말은 **유리창에 부딪히듯이** 강렬히 느껴
진 것이다. 나는 그 말에 대해 생각해보고 계속 주의를 기울이고
싶었는데 문득 그 말의 유기적 성격이 나를 사로잡았다. 그 말이
나를 놀라게 한 것은 사실인데 유감스럽게도 나는 지금까지 그것
을 기억하지는 못하고 있다. "창문에 의해 둘로 절단된 한 남자가
있다." 이 문장에는 애매모호한 점이 없었다. 왜냐하면, 이 문장
에는 몸의 중심축에 수직으로 세워진 창에 의해 몸 한가운데가 절
단된 채 걷고 있는 한 사람의 모습이 어렴풋이 눈앞에 보였기 때
문이다. 의심할 나위 없이 문제는 창문에 쏠려 있는 그 사람을 공
간적으로 바로 일으켜세우는 일이었다. 그러나 창문이 그 사람의
움직임에 따라붙어서 이동하였으므로 나는 곧 매우 희귀한 유형의
이미지를 보고 있음을 깨닫고, 그 이미지를 나의 시적 구성의 자
료로 삼을 생각을 하게 되었다. 그리하여 내가 이 이미지에 대하
여 믿음을 갖게 되자마자 그 이미지에 뒤이어 나를 계속 놀라게
만들고 또한 어떤 무상성의 느낌을 갖게 하는 일련의 문장들이 거
의 연속적으로 이어진 것이다. 그러한 느낌은 그때까지 내가 자신
에 대해 지니고 있었던 자제력을 허망한 것으로 생각하게 하였고,
나의 내면에서 이루어지는 끊임없는 갈등을 끝내버리고 싶다는 생
각만을 불러일으켰다.[5]

---

4) A. Breton, "Entrée des médiums," *Les pas perdus*, Gallimard, Collection
   'Idées,' p. 124.
5) A. Breton, *Manifestes du surréalisme*, Jean-Jacques Pauvert, 1972, pp.
   31~32.

자동기술의 착상에 출발점이 되는 이러한 체험을 통해서 "유리창에 부딪히듯이" 떠오른 말과 그 말에 연속적으로 떠오른 일련의 특이한 이미지들은 분명히 시인의 무의식에서 떠오른 표현들이다. 이 표현들이 어떤 현실적 필요성이나 의미있는 사건과는 관련도 없이 그야말로 '무상성'으로 떠올랐다는 점에서 브르통은 그것에 대해 반수면의 상태에서 관심을 집중하고 그 목소리에 귀를 기울이게 된 것이다. 그리하여 위의 첫번째 예에서 알 수 있었듯이, 그 문장과 이미지들은 의식적인 상태에서라면 결코 만들어질 수 없는 것이면서 동시에 아주 훌륭한 시적 효과를 이루어냈다는 점이 주목된다. 그는 일어나자마자 곧 이러한 언어의 이미지, 즉 그림과 같은 시각적 이미지가 제시한 것보다 더 풍부한 환각의 이미지로 나타난 내면의 언어를 그대로 옮겨 쓰면서, 그것이 표현하는 풍부한 이미지들을 기술적으로 완전히 드러내는 방법을 모색한 것이다. 자유 연상 기법은 바로 그러한 모색의 결과이다. 그는 그러한 방법에 의존하여 누구나 펜을 손에 들고 환각적인 흐름을 따르기만 하면 시인이 될 수 있다는 생각을 하게 되었고 그 결과 '초현실주의적 마술의 비밀'이라고 말한 자동기술의 실행 방법은 다음과 같은 것이다.

　　가능한 한 정신을 집중시키기에 적합한 장소에 자리잡은 후, 글쓰기에 필요한 도구를 갖고 있도록 하라. 가능한 한 가장 수동적이거나 수용적인 상태에 있도록 하라. 자신의 천분이나 재능, 또는 다른 사람들의 재능을 염두에 두지 말라. 문학은 그 무엇과도 통할 수 있는 보잘것없는 길 중의 하나임을 명심하라. 주제를 미리 생각하지 말고 빨리 쓰도록 하라. 기억에 남지 않도록 또는 다시 읽고 싶은 충동이 들지 않도록 빠르게 쓰도록 하라. 첫 구절은 저절로 씌어질 것이다. 물론 객관화되기만을 바라는 우리의 의식적 사고와는 다른 구절들이 시시각각으로 떠오를 것은 분명하다. 다음에 어떤 구절이 떠오를 것인지 미리 알기는 어렵다. 왜냐하면 이미 첫 구절을 썼다는 사실이 최소한의 지각을 자극한다고 인정

하더라도 다음에 씌어질 구절은 우리들의 의식적인 활동과 동시에 무의식적인 활동에 속해 있기 때문이다.[6]

이러한 상태는 주체가 마치 녹음기의 기능처럼 비판 의식이 제거된 상태에서 완전히 수동성을 취하면서, 어떤 외부적 요소도 개입하지 않도록 그야말로 말의 속도와 일치하는 담화를 기록해두려는 데 목적을 둔 것이다. 그러니까 이 행위에서 일단 말하고 기술한 것은 완전히 잊어버릴 수 있도록 가능한 한 빠르게 진행해야 한다. 만일 그 흐름이 중단되었을 경우, 계속되는 언술은 중단되기 전의 텍스트 내용의 의식으로부터 구속되지 않도록 한다. 그리하여 그 언술이 완전하게 표현되기 위해서는 결국 씌어진 언술의 의미가 기억되지 않도록 가능한 한 자동기술의 작업 속도를 가속화시키는 일이다. 그렇게 표현된 내용이 바로 "말하여진 사고 *la pensée parlée*"[7]일 것이다.

이러한 방법으로 브르통이 수포와 함께 쓴「자장 Les champs magnétiques」은 그야말로 최초의 초현실주의적 작품 *le premier ouvrage purement surréaliste*일 것이다. 브르통이 혼자서 이러한 시도를 하지 않은 것은 무의식의 심연을 탐색하는 모험의 위험한 도정에서 동반자가 필요했기 때문이며, 그 동반자로서 필립 수포를 택한 것은 그의 사고가 다른 누구보다도 경직되지 않은 유연성이나 자유로움을 보였기 때문이라고 한다. 이 두 사람은 문학적인 견지에서 어떤 가치가 있을까 하는 문제를 전혀 무시하고 또한 일단 적어놓은 것에 대해서는 전혀 수정을 하지 않기로 합의한 후, 곧 작업으로 들어가게 된다. 일회의 작업은 8시간에서 10시간까지 지속되었고 모두 2주일이 소요되었다고 하는데 흥미로운 점은 두 사람이 쓴 원고를 서로 읽고 비교해보았을 때, 그 결과가 놀랍도록 비슷했다는 것이다.

---

6) *Ibid.*, p. 39.
7) *Ibid.*, p. 33.

이를테면 똑같은 구성상의 결함, 비슷한 과오, 특이한 표현에 대한 지나친 기대, 많은 감동의 표현, 우리들 모두가 오래 전부터 한번도 생각하지 못했던 많은 훌륭한 이미지들의 채택, 생동감이 넘치는 표현, 여러 군데서 드러난 날카로운 해학성의 몇 가지 명제.[8]

이러한 공통점 외에 물론 두 사람의 성격상의 차이를 드러내는 점도 있었는데, 결국 위의 실험을 통해서 확인되는 기질적인 차이보다도 어떤 속도로 썼느냐의 차이가 더 중요한 발견이었음을 브르통은 말한다. 그는 자동기술적 글쓰기의 속도를 V, V^I, V^I, V^{III}, V^{IIII} 등 5단계로 구분하여, 첫번째 V의 속도를 정상시의 글쓰기 속도보다는 훨씬 빠르지만 초현실주의적 글쓰기의 속도로는 중간의 단계로 기준 삼아서, 가장 느린 속도를 V^I, 가장 빠른 속도를 V^{II}라고 구분했다. 또한 V^{III}는 중간 속도와 극단적인 속도 사이의 중간 상태이며, V^{IIII}는 처음에는 V와 V^{III} 사이에 해당하다가 점차적으로 빠른 어조로 전개되어 최종적으로는 V와 V^{II} 사이에 놓여지는 가장 가속화된 속도로 보았다. 최대한의 속도는 결국 V^{II}인데, 이 단계는 정신의 현실 인식적 기능이 마비되는, 고통스러운 환각적 도취 상태에 가까운 단계라고 한다. 가령 다음과 같은 내용이 이러한 상태에서 씌어진 것이다.

유출 대성당 고등 척추 동물
그 이론의 마지막 추종자들은 문을 닫는
카페 앞 언덕 위에 자리잡는다.
타이아 비로드천의 다리[9]

이 글의 흐름은 거의 환각적 상태의 표현처럼 보인다. 다른

---

8) *Ibid.*, p. 33.
9) A. Breton et P. Soupault, *Les champs magnétiques*, Gallimard, 1968, p. 46.

시에서와는 달리 완전한 문장으로 구성되어 있지 않고, 이미지들이 단속적이다. 그리하여 『자장』에 실린 여러 텍스트를 속도와 관련시켜 설명한 바에 의하면 「유리 칸막이 La glace sans tain: V」「계절들 Saisons: Vⁱ」「사라지는 빛들 Eclipses: Vⁱⁱ」「80일 간 En 80 jours: Vⁱⁱⁱ」「장벽들 Barrières: V」,「흰 장갑들 Gants blancs: Vⁱⁱⁱ」「소라게 속의 이야기 I Le pagure dit I: Vⁱⁱⁱ」「소라게 속의 이야기 Ⅱ: Vⁱⁱ」 등을 알 수 있다.[10] 또한 가장 느린 속도로 씌어진 것이 어린 시절의 회상을 기술한 '계절들'이었으며, 가장 빠른 속도로 씌어진 것은 수포가 쓴 것으로 「소라게 속의 이야기 Ⅱ」이다. 이처럼 텍스트마다 속도의 차이를 보였음은 물론, 한 텍스트 안에서도 시작하는 부분과 끝부분, 혹은 중간 부분이 동일한 속도로 씌어지지 않았다는 것도 자동기술의 편차를 보여주는 내용이었다. 속도가 빠를수록 환각적 상태에 가까웠음을 브르통은 이렇게 말한다: "「자장」은 일주일 동안에 씌어졌다. 여하간 더 이상을 쓰기는 어려웠다. 환각 상태에 놓였기 때문이다. 더 이상 아무것도 계속할 수 없었다고 말하는 것은 과장이 아니다. Vⁱⁱ보다 때로는 더 빠르게 Vⁱⁱⁱ로 몇 장을 더 계속 썼다면 아마도 나는 지금 이렇게 텍스트를 검토해볼 상태에 있지도 못했을 것이다."[11] 이러한 위험을 동반한 자동기술의 결과가 어떤 문학적 성과를 겨냥한 것이 아니었다 하더라도, 자동기술의 담화를 통해 어떤 전통적인 문학적 기준에 의거해 씌어진 시적 성취와는 다른 의미에서 새로운 문학적 의미를 추출할 수 있다. 물론 자동기술의 중요한 의도가, 이성적 인간이 자신의 내면 속에서 형성되고 있는 무의식적 흐름을 깨닫게 되는 경험을 보여준다거나, 이 경험을 통해서 이성

---

10) 이 산문시들의 어떤 부분이 브르통이 쓴 것이고, 어떤 부분이 수포가 쓴 것인지 알기는 어렵다. 다만 마지막의 「소라게 속의 이야기」가 두 편으로 되어 있는데, 첫번째는 브르통이 썼으며 두번째를 수포가 썼다는 정도는 밝혀지게 되었다.

11) S. Alexandrian, *op. cit.,* p.6에서 재인용.

적 인간의 자기 인식이 어떤 한계를 갖고 있었는지를 깨닫게 하
는 것일 수 있다. 또한 자동기술이 단순히 무의식을 표현하는
수단이 아니라 인간의 근원이라고 볼 수 있는 무궁무진한 이미
지들의 보고이자, 사고와 언어를 발생시키는 유동적이고 순수한
근원적 요소, 즉 무의식의 풍요로운 자원성을 표현할 수 있었다
는 점도 중시될 수 있다.[12] 그러나 무엇보다도 자동기술 역시
글쓰기의 한 방식으로서 그것이 언어와 주체, 언어와 사회 사이
의 관계를 새롭게 생각해보는 계기를 마련했으며, 세계의 이미
지를 변화시킬 가능성의 문을 열었다는 점이 중시되어야 한다.
다시 말해서 그것은 글쓰기의 한 시도로서 가치 있게 평가되는
것이지 무의식이나 심리 분석의 자료로서 의미를 갖는 것이 아
니다. 그것이 부조리의 논리를 보여주고 낯선 이미지로 구성되
어 있다거나 유추적인 비약의 서술로 구성되어 있을지라도, 그
것은 의식적인 글쓰기 작업에 비해 결코 열등한 작업의 산물이
아니며, 현실적인 법칙과 논리를 따르는 의사 소통의 실용적 담
화가 갖는 한계를 넘어서는 글쓰기임을 이해해야 한다.

3

　　브르통의 자동기술적 방법은 프로이트가 정신분석적 치료의
수단으로서 무의식을 밝히는 데 이용한 자유 연상의 방법과 어
느 정도 일치한다. 사실상 브르통의 자동기술은 프로이트의 자
유 연상의 방법에서 그 착상을 이끌어온 것으로 볼 수 있는데,
그런 점에서 양자간에 일치하는 것은 비판 의식의 제거, 자기
자신에 대한 정신 집중, 외부 세계에 대한 망각, 결과를 고려하

---

12) 자동기술을 통해 무의식의 내용을 알게 된 것보다, 무의식의 풍요로운 자원성
　　을 알게 된 것이 더 중요한 점이었음을 설명한 알렉상드리앙은 "초현실주의
　　시인은 물고기를 잡는 것으로 만족하지 않고 물을 같이 낚아올리는 낚시꾼"
　　으로 적절히 비유한 바 있다(*Ibid.*, pp. 97~98).

는 사전 계획의 배제 등의 방법에 의한 자유로운 구술이라는 점
이다. 그러나 그 여러 유사성에도 불구하고 브르통의 의도와 프
로이트의 동기는 결코 같은 것일 수 없다. 자유 연상의 방법은
정신분석적 치료의 목적을 위해서 환자의 무의식, 억압된 욕망
을 찾기 위한 것이고, 결국 정신적인 장애 요인을 제거하여 그
환자가 회복하여 현실에 보다 잘 적응할 수 있도록 하는 의사의
입장을 중심으로 한 것이어서, 바로 그러한 의사의 목적과 관심
이 자유 연상에 대해 의식적 통제의 역할을 수행하게 할 수 있
다. 그러나 브르통의 자동기술은 해석이나 치료의 문제는 관심
밖의 것이며, 앞에서 보았듯이 오히려 환각적 장애를 초래할 만
큼의 위험 부담을 각오하는 것이다. 물론 브르통이나 수포가 그
위험에 빠져들 만큼 완전한 자기 통제력을 상실하지는 않았다
하더라도, 그들이 현실적인 논리를 중시하거나 어떤 목적에 구
애되어 있지 않은 것은 분명했다.

　자동기술은 말이나 대상을 관습적인 틀로부터 벗어나게 함으
로써 주체를 완전히 해방하는 데 목적을 둔 것이다. 말은 인간
의 잃어버린 힘을 되찾게 하고 인간을 변화시키는 데 기여한다.
자동기술의 언어는 그런 점에서 어떤 시적 표현을 만들어내기
위해 고안된 방법이 아니라, 인간 본래의 전체적 모습을 회복시
키고 인습적 언어로 왜곡된 모든 굴레에서 인간을 자유롭게 해
방시킨다는 인식과 실천의 방법으로 채택된 것이다. 브르통은
자동기술의 실험을 통해 자신의 무의식의 목소리에 귀를 기울
이려고 했을 뿐, 그 목소리가 자기를 어디로 이끌어갈지 혹은 무
엇을 보여줄 수 있는지의 문제는 전혀 고려하지 않았다고 한다.
또한 그 상태에서 강렬한 감동이나 해방감과 같은 흥분을 체험
하게 되었는데, 그 체험은 그가 깨어 있는 상태에서 시를 쓰고
고치면서 겪었던 힘든 고역과는 현저히 다른 것이었음을 말한다.
그리하여 그 실험에 들어가기 전에도 그랬듯이, 이러한 체험은
전통적인 문학적 가치를 무시하고 문학의 기능을 완전히 재검

토하게 만든 계기가 된다. 「초현실주의 선언문」에서 정의를 내렸던 것처럼 "모든 심미적이고 도덕적인 관심을 떠나, 이성에 의해 이루어지는 모든 통제가 사라진 상태에서"13) "사유의 받아쓰기 *la dictée de la pensée*"란 감춰진 욕망을 일깨우고 인간으로 하여금 인습과 체념으로부터 벗어나게 하고, 현실에 대한 다른 인식, 다른 세계관의 체험을 가능하게 만든다. 더욱이 그러한 표현이 어떤 특별한 시적 재능을 소유한 사람들에게만 가능한 것이 아니라 모든 사람들에게 개방될 수 있다고 믿었던 점에서 그 기대가 커지는 것은 당연했다. 물론 이러한 기대는, 나중에 자동기술의 성과가 누구에게나 가능한 것이 아니라 어느 정도의 교양을 갖춘 사람들에게서만 가능하다는 종합적 판단 때문에 어긋나고 말지만, 브르통이 자동기술의 보편성을 확신했을 당시는 이렇게 그 특성을 자신있게 정리하여 말할 수 있었을 것이다. "초현실주의의 특성은 잠재 의식의 메시지 앞에서 모든 인간의 완전한 평등성을 선언했다는 점과 그 메시지가 공동의 유산을 이루어 사람들 저마다 그 중에서 자신의 몫을 요구할 수 있는 것이지 어느 경우에도 몇몇 개인들의 소유물로만 취급되어서는 안 된다는 것을 한결같이 주장했다는 점에 있다."14) 이처럼 자동기술의 가능성을 믿었을 때의 글쓰기는 재능 있는 작가들에게서 특이한 영감이 뮤즈의 여신처럼 떠오르는 글쓰기가 아니라, 누구나 자신의 잠재 의식에 귀를 기울이면 그 어떤 의식적 창조 작업의 결과보다 더 풍요로운 상상력의 창조성을 획득할 수 있으리라는 믿음의 글쓰기였다. 이러한 글쓰기의 의도는 우리가 현실이라고 부르는 삶의 좁고 빈약한 세계, 그리고 그 세계와 우주와의 관계를 뛰어넘어 우리가 그 동안 알지 못했던 보다 풍부한 세계를 경험하게 할 뿐 아니라 우리 자신의 삶도 그만큼 자유롭게 확산될 수 있으리라는 믿음에 토대를 둔 것

---

13) *Manifestes du surréalisme*, p. 35.
14) "Le message automatique," *op. cit.*, p. 182.

이었다. 이것은 그만큼 말의 힘을 믿는다는 것인데, 이 점에 대해서는 수잔 베르나르의 설명이 유익해 보인다. 베르나르에 의하면 초현실주의자들의 언어에 대한 믿음은 중세의 카발리스트들 *Kabbalistes*이 그랬듯이, "인식의 수단"과 "창조의 수단"[15]이라는 이중의 역할을 통해서이다. 인식의 수단이라는 점과 관련하여서는, 언어의 구조와 세계의 구조 사이의 상동 관계가 있다는 전제 아래 말이 바로 비의를 일깨워주는 *initiatique* 가치를 갖고 말에 대한 성찰은 바로 세계를 이해하는 방법이라는 논리가 된다. 그러나 또한 언어의 창조적 힘이라는 측면에서 볼 때, 말의 신비로운 힘을 믿는 시인으로서는 합리주의에 의해서 상실된 본래적 말의 힘을 회복하여 인간과 삶을 동시에 변화시키려 한다는 것이다. 이러한 인식과 창조의 힘에 대한 믿음이 있었기 때문에 자동기술을 수행한 것이고, 또한 초현실주의를 한낱 문학적 운동의 범주에 묶어두지 않으려고 했던 것이다.

그러나 여기서 자동기술에 관한 초현실주의의 모순과 한계를 짚어봐야 할 필요를 느낀다. 자동기술의 의도가 이성이나 논리적 속박으로부터 벗어나 직접적인 삶 *la vie immédiate*에서의 존재를 포착하거나 혹은 무의식의 흐름을 왜곡되지 않은 상태에서 그대로 떠담으려 하면서 동시에 그것이 언어로 된 매개적 메시지를 옮겨놓는 일은 과연 얼마나 동시적으로 완벽하게 이루어질 수 있는 것일까? 블랑쇼 같은 비평가는 엘뤼아르의 시집 제목을 예로 들어서 '내가 괴롭다'는 느낌과 그것의 언어적 표현이 완전히 일치할 수 있기를 바라는 것이 자동기술을 통한 브르통의 희망이라고 말하면서, 그것의 두 가지 측면을 이렇게 말한다 : "자동기술을 통해서 자유롭게 되는 것은 엄밀한 의미에서 말이 아니라 말과 나의 자유가 일체를 이루는 일이다. 나는 말 속으로 들어가고, 말은 나의 흔적을 간직하며 그것은 나

---

15) S. Bernard, *Le poème en prose depuis Baudelaire jusqu'à nos jours*, Nizet, 1959, p. 664.

의 인쇄된 현실이자 나의 자유성 *non-adhérence*에 동조하는 것이 된다. 그것은 하나의 측면이다. 그러나 다른 한편으로, 말의 자유는 말이 스스로 자유롭게 된다는 것을 뜻한다. 다시 말해서 말은 더 이상 그것이 표현하는 사물에만 완전히 좌우되지 않고, 독자적으로 작용하고 유희를 즐기며, 브르통이 말하듯이 **사랑을 한다.**"16) 다시 말해 첫번째 양상은 초현실주의 선언문에 명시되어 있는 '사유의 실제적 기능 *le fonctionnement réel de la pensée*'과 존재의 심층에서 전개되는 현상의 인식을 가져다주며, 그것은 결국 문학에 대한 거부에 이르게 된다. 여기서 어떤 문학적·시적 의도나 예술적 재능은 전혀 중시되지 않을 것이다. 그러나 다른 한편, 두번째 측면에서 말의 독자적인 자유를 추구하고 말의 힘을 믿는 태도야말로 초현실주의가 또 다른 의미에서 글쓰기의 수사학임을 말하는 것이 된다. 초현실주의자들이 의지의 개입 없는 언어의 유희를 통해 혹은 말의 생명력을 믿고 그것에 귀를 기울임으로써 초현실주의적 이미지의 효과를 만들어내는 방법은 설사 그것이 문학적 성과를 겨냥한 것이 아니었다 하더라도 결국 문학적 의도 이상의 새로운 시적 의미를 유출하는 결과에 이른다.

브르통은 자동기술에 대한 희망과 그 이론의 정당성, 실천의 성과를 강조하면서도 그 시도가 실패할 수밖에 없었음을 인정한다. 그것이 실패라는 것은 브르통이 자동기술을 통해서 모든 문학적 관심이나 시적 표현을 배제하려 했는데, 결국 그것이 철저히 수행되지 못했다는 점과 관련이 있을 것이다. 그뿐 아니라 자동기술이 인간의 자유와 무의식의 해방을 가져온다는 것은 어디까지나 순간의 상태일 뿐, 지속적이고 실천적인 방법으로 정신의 해방을 가져올 수 있으리라는 기대가 회의적일 수밖에 없다는 점도 고려되었을 것이다. 또한 브르통이 앞서 고백했듯이,

---

16) Blanchot, "Réflexions sur le surréalisme," *La part du feu*, Gallimard, 1949, p. 95.

그것의 실천이 어느 단계에서 멈추지 않으면, 정신분열의 위험을 초래할 수 있다는 점도 한계점으로 논의될 수 있다. 그는 자동기술이 본래 지향하고자 한 인식과 계시의 목적에 충실하지 않았던 동료 시인들을 공격하면서, 그들이 "자동기술을 통해 새로운 효과를 노리는 문학적 기법만을 보고 싶어했으며, 자신의 사소한 개인적 창작을 위해 필요에 따라 맞추려는 일에만 급급했던"17) 점을 비난한다. 그가 여기서 비판의 대상으로 삼는 사람들은 아라공, 엘뤼아르, 수포 등이다. 그가 보기에, 이들은 자동기술의 언어를 통해 다소 의식적인 전개 과정으로 풍부한 시적 표현을 얻으려는 어중간한 방법 *une demi-mesure* 을 취한다. 브르통에게 자동기술은, 기존의 문학적 규범과는 상관없이, 그것 자체로 시일 수 있는데, 다른 초현실주의자들은 자동기술을 통해 그것의 복합적이고 내밀한 여러 심리 현상의 요소들로 인위적인 시를 풍부하게 만드는 수단으로 삼았던 것이다. 이러한 차이는 자동기술에 대한 인식의 차이라고 볼 수 있는 것이지, 자동기술의 시도에 철저하거나 불철저했다고 평가할 수 있는 진지성의 차이가 아니다. 엘뤼아르는 한 책의 서문에서 "이 책에 실린 여러 가지 글들——즉 꿈, 초현실주의적 텍스트, 시——을 혼동하지 않는 것이 바람직한 일이다"18)라고 말함으로써, 초현실주의적 텍스트 즉 자동기술적 텍스트와 시를 구별지었다. 이런 점에서 그에게 순수한 자동기술은 시가 아니었다. 아라공 역시 "초현실주의는 문체와 대립되는 안전 지대가 아니다"19)라고 말함으로써 초현실주의적 글쓰기, 즉 자동기술이 일반적인 문체의 문제 속에서 벗어날 수 없음을 강조하기도 했다.

완전한 자동기술은 가능한가? 완전한 자동기술만이 의미가 있는 것일까? 완전한 자동기술과 불완전한 자동기술의 차이는

---

17) "Le message automatique," *op. cit.*, p. 172.
18) Eluard, "Prière d'insérer," *Les Dessous d'une vie*, 1926.
19) Aragon, *Traité du style*, Gallimard, 1928, p. 189.

무엇이며 그것은 어떻게 구별지을 수 있는가? 브르통은 다른 동료들이 만든 자동기술적 텍스트의 형태와 내용에서 많은 특징적 결함, 즉 초현실주의적 표현의 상투성, 아름답게 보이는 몽환적 요소들의 의도적인 삽입 등을 확인하고, 이러한 결함이 자동기술을 실천하는 사람들의 태만함이나 불철저성에 기인한 것으로 본다. 그러나 완전하고 철저한 자동기술일수록 상투성을 완전히 벗어날 수 있다는 주장의 과학적 근거는 없다. 또한 자동기술이 완전하게 이루어졌다 해서 시적 표현 혹은 문학적 감각을 완전히 배제한다고 볼 수도 없다. 가령 브르통과 수포가 함께 쓴 「자장 Les champs magnétiques」은 시적·예술적 관심으로부터 해방된 것이라고 보기는 어렵고, 오히려 랭보적인 환상성의 세계 혹은 부조리성의 분위기와 초현실주의적 이미지의 전개로 충분히 일관된 시적 골격을 갖춘 것으로 보아도 상관없을 정도이다. 또한 의사 소통적인 일상의 언어와는 달리 구성되어 있는 것처럼 보이면서, 그것은 상당히 일상적인 언어 구조에 의존해 있기도 하다. 그리하여 "가장 진정한 의미에서 자동기술적인 것이라 하여 일상적인 언어 사용과 가장 거리가 먼 것이고 보이지는 않는다. 오히려 문장의 완전한 와해는 검열을 배제하려는 지나친 의도에 따라 좌우될 수 있는 받아쓰기의 왜곡화 *la falsification de la dictée*에서 생긴 결과일 뿐이다"[20]라는 추론도 충분히 가능한 것이다. 그런 점에서 가장 자동기술적인 표현으로 보이는 것이 사실은 가장 의도적이고 의식적인 행위의 결과일 수 있는 아이러니가 얼마든지 가능하다. 그와 반대되는 경우라도 그것을 진정한 자동기술이 아니라고 단정지을 수도 없다. 자동기술에 관한 어떤 특별한 규칙이나 원칙이 있지 않는 한, 그것의 결과를 분석해서 어떤 공통된 규칙을 찾을 수 있을 뿐이지, 그 규칙에 맞아야만 자동기술적 표현의 정당성이 입증된다는 논리는 성립되기 어렵다. 이러한 논리가 자동기술의

---

20) G. Durozoi et B. Rechherbonnier, *Le surréalisme*, Larousse, 1972, p. 103.

의미와 관심을 일거에 무화시켜버리는 근거로 작용할 수는 없겠지만, 무엇보다 자동기술에 대한 지나친 기대와 환상을 재검토하게 만드는 한 동기가 될 것이다. 중요한 것은 자동기술이 의식적인 시와 완전히 구별되는 별개의 이질적 논리와 구조로 만들어져 있다는 선입견을 버리고, 그것 역시 글쓰기의 한 방법이며, 시적 영역 확대에 보탬이 되는 시의 기술이라고 생각되는 일이다. 이런 점에서 라캉이 말했듯이 무의식은 언어로 구성되어 있으며, 무의식도 무의식의 논리성을 갖고 있다는 인식이 필요하다. 그리하여 자동기술의 시적 논리성을 찾고 그것의 가치를 인정하는 작업이 수반되어야 한다.

자동기술을 통해 글쓴이의 심층적 심리 현상을 찾기보다 그것이 글쓰기의 한 형태로서 그것의 쓰기와 읽기는 문화적인 전통의 범주 밖에서 이루어지는 것이 아님을 역설한 아바스타도는 자동기술에 관한 한 논문의 결론에서 이렇게 말한다 : "브르통은 자동기술적 텍스트를 해석하는 데 있어서 글쓰기의 행위를 무시하고, 담화 밖에 있는 심리적 실체를 알려고 함으로써 실패를 기록할 수밖에 없었다. 자동기술의 진정한 문제는 자동현상이 아니라 글쓰기이다. 텍스트 안에서 읽을 수 있는 것은 글쓰기 이전의 주체성의 모습이 아니라 글쓰는 행위 속에서 규정되는 주체의 모습이다. 글쓰기의 주체 이론은 주체와 글쓰기를 분리해서 생각할 수 없게 만든다."[21] 그런 점에서 자동기술의 텍스트를 이해할 때, 누가 말하는가의 문제보다 무엇이 진술되는가, 그것은 어떻게 말하여지는가가 보다 중요한 문제가 된다. 그리하여 텍스트 생산으로서의 글쓰기와 의미의 생산으로서의 읽기의 문제가 동시에 요청되는 분석 작업이 실행되어야 할 것이다.

---

21) C. Abastado, "Ecriture automatique et instance du sujet," *Revue des sciences humaines*, n° 184, 1981, p. 74.

4

자동기술적 시가 본질적으로 의식의 통제를 떠난 무의식의 언어로 기술되는 시이며, 어떤 수정 작업도 허용되지 않는 자연 발생적인 시라는 점에서, 그것은 인위적이거나 이성적인 말의 결합과는 다른 형태로 전개된다. 다시 말해 그것은 이성적이고 논리적인 문장과는 달리 모든 것이 유추적으로 결합되는 비논리의 흐름을 따른다. 그 흐름 속에서 말은 자유롭게 결합하고, 말을 통해서 보여지는 풍경이나 표상도 그만큼 거침없이 펼쳐진다. 브르통이 레몽 루셀에 대해서 말했듯이, "새로운 표상의 세계가 나타나도록 하기 위해서는 하나의 명사와 또 다른 하나의 명사가 그 무엇에 한정될 필요없이 결합되도록 할"[22] 수 있는 것이다. 그런 점에서 초현실주의자들이 이미지에 대해서, 특히 자의적인 이미지에 대해서 얼마나 많은 중요성을 부여했는지를 기억할 필요가 있다. 자동기술적 텍스트인 「자장」과 「용해되는 물고기 Poisson soluble」의 시적 풍부성이 대부분 풍요로운 이미지들의 다양한 전개에 의존해 있다는 것은 잘 알려진 사실이다. 다음의 두 예를 들어보자.

1) 어느 날, 거대한 두 날개가 하늘을 어둡게 덮고, 사방에는 사향 냄새 가득하여 질식해버릴 날이 오리라. 우리는 얼마나 종소리를 듣고 두려운 마음이 생기는 것을 지겨워하고 있는지! 우리들 두 눈에 담긴 진짜 별들이여, 우리의 머리 주위로 한바퀴 회전하는 시간은 언제인가? 그대들은 곡마장 안으로 들어가지 않고 있었고, 태양은 경멸의 빛으로 만년설을 녹인다.[23] (「유리 칸막이」)

---

22) A. Breton, *L'amour four*, Gallimard, 1937, pp. 116~17.

23) *Les champs magnétiques*, p. 32.

2) 비와 나 사이에는 현란한 계약이 지나갔다. 그 계약을 기억
하며 해가 떠 있을 때 종종 비가 온다.[24] (「용해되는 물고기」)

「자장」에 실린 1)에서는 기독교적인 주제를 담고 있는 듯,
'날개' '하늘' '종소리' '별' 등의 어휘들과 함께 불길한 이미지
가 제시된다. '어둡게 덮다 *obscurcir*' '질식시킨다 *étouffer*' 등
의 어둡고 부정적인 동사들은 나쁜 징조를 나타내는 새의 날개
와 같은 표현으로 그 색깔에 부정적 의미를 동반한다. 기독교의
종말론을 짐작할 수 있는 그날은 "질식할" 수밖에 없는 상태가
되겠지만, 진술자는 그 상태를 예견하며 신앙심을 표현하기보다
반항적인 어조로 "우리는 얼마나 〔……〕 지겨워하고 있는지"
로 말한다. "진짜 별"은 인간의 눈이고, 그만큼 하늘이 중요한
것이 아니라 인간이 중요하다는 인식을 엿볼 수 있다. 그러나
이러한 단정적 표현을 하고 나자 슬며시 불안감이 생긴다. 그래
서 "머리 주위에 한바퀴 회전"을 물어본다. 머리와 눈이 분리
되어 있는 느낌, 즉 분열의 의식과 동시에 세계와의 조화로움을
상실한 소외 의식의 표현이 등장한다. "곡마장 안으로 들어가
지 않고 있었다"는 그러한 이탈과 소외감의 연속일 것이며, 그
처럼 유배된 자의 의식에는 우주적인 조화로움과 통일성이 와
해되어 "태양이 만년설을 녹이는" 상태가 도래되는 것이 아닐
까? 2)에서는 '비'와 '나' 사이의 이상한 일체감으로, 해가 떠
있을 때도 비가 오는 기묘한 풍경을 보게 된다. 이러한 낯선 이
미지들은 놀랍고 엉뚱한 세계를 보여주는 방법에 의존해, 혹은
그러한 방법을 애호함으로써, 초현실주의는 이미지에 관한 한
이렇게 정의될 정도에 이른다.

초현실주의라고 불리는 악은 깜짝 놀랄 만한 이미지의 무절제하
고 정열적인 사용이거나, 이미지 자체를 위해서 혹은 예측할 수

---

24) *Manifestes du surréalisme*, p. 85.

없는 혼란과 변형의 표상 세계 안에서 그 이미지가 초래하는 대상을 위해 이미지의 무한정한 도발을 정열적으로 구사하는 일이다.[25]

"감짝 놀랄 만한 이미지 *stupéfiant image*"의 사용으로 초현실주의의 이미지를 특징적으로 설명하려 한 이 글에서 이미지란 말은 사실상 모호하다. 심리학이나 미학의 범주에서도 함께 사용되는 이 말은 지각이나 미학과 관련된 심리적 내용을 가리키는 것일 수 있기 때문이다. 다시 말해서 그것은 심리적 표상이기도 하고 언어적 표현이기도 한 것이다. 또한 그것은 환각적인 형태를 가리키기도 하고 현실에서 관계없는 요소들이 언어의 결합을 통해서 제시되는 것일 수도 있다. 그러나 초현실주의에서 말의 이미지라고 했을 때는 이미지에 관한 여러 의미가 엄격히 구별되지 않고, 환각적 이미지와 시적 표현으로 이루어지는 이미지가 포괄적으로 사용되는 것임을 알게 된다. 초현실주의자들이 그러한 이미지의 시학을 형성하는 데 있어서 영향을 받은 시인들은 로트레아몽, 랭보, 아폴리네르 등이며, 그들의 이론적 골격을 빌려온 것은 주로 르베르디를 통해서이다. 그렇다면 초현실주의적 이미지의 논의에서 자주 언급되는 르베르디의 입장은 무엇일까?

「초현실주의 선언문」에서 르베르디의 이미지론은 두 번 나타나고 있는데, 그 논의의 문맥은 자동기술과 초현실주의를 정의내리고 있는 부분을 전후해서이다. 그만큼 르베르디의 이미지론은 초현실주의의 논의와 밀접한 관련성을 보여주고 있는 셈인데, 브르통이 르베르디의 이미지에 대한 정의에 어떤 태도를 보이는가의 문제를 떠나서, 그만큼 그것의 영향과 중요성은 주목을 요한다. 르베르디가 인용되는 첫번째 내용은 널리 알려진 대로 다음과 같다.

---

25) Aragon, *Le paysan de Paris*, 1926, rééd. Gallimard, 'Le livre de poche,' 1966, p. 83.

이미지는 정신의 순수한 창조물이다. 그것은 다소 멀리 떨어져 있는 두 현실의 비교에서 생겨나는 것이 아니라, 그 현실의 접근에서 생겨난다.

접근된 두 현실의 관계가 멀고 정확한 *juste* 것일수록, 그 이미지는 더 강렬해지고, 더 많은 감동력과 시적 현실성을 갖게 될 것이다.[26]

이 정의에 대한 브르통이 취한 입장을 논의하기에 앞서서 르베르디의 정의를 자세히 파악해볼 필요가 있다. 르베르디가 이미지는 정신의 창조물이라고 말했을 때, 그 이미지는 수사학적 비유(문학적 기법으로서의 직유와 같은 것)나 시적 언어의 이론과 관련되는 기법처럼 한정된 것은 아니었다. 그 이미지는 "귀납적인 것이 아니라 선험적인 *a priori* 것"[27]으로서, 어떤 기법이나 의식적인 탐구 과정에 의해서 만들어진 결과가 아닌, 언어 속에서, 머릿속에서, 예측할 수 없이 불쑥 솟구쳐오른 형태와 같다는 것이다. 그러나 브르통은 르베르디의 미학을 '귀납적'이라고 단정지으며, 결과를 원인으로 생각한 논리임을 말한다. 또한 르베르디에게서 이미지가 왜 정신에 의해 만들어지는가 하는 점을 문제삼는다. 비판적인 측면에서 보자면, 이미지는 정신의 능동적 활동에서 생겨나는 것이 아니라, 시적인 수용 상태에 있는 인간에게 계시처럼 떠오를 수 있는 것이다. 그 이미지는 자연스럽게 전격적으로 떠오른다. 따라서 그러한 이미지의 출현에 정신이 개입할 여지는 없다고 보는 것이다. 나중에 브르통이 반박한 견해가 바로 이런 점인데, 이것은 정신이 두 현실의 관계를 접근하고 포착한다고 보는 르베르디의 입장과 상충되는 것이라 볼 수 있다. 르베르디는 그만큼 이미지 형성에 있어서

---

26) *Manifestes du surréalisme*, p. 30.
27) P. Caminade, *Image et métaphore*, Bordas, 1970, p. 13.

정신의 능동적 역할을 강조하지만, 여기서 사실상 '정신'을 이
성적 사유에 가까운 것이라고 단정짓기도 어렵다. 그것은 때로
는 '몽상 *rêve*'과 같은 의미로 쓰여지기도 하기 때문이다.[28] 그
러나 이러한 측면을 이해하지 않고, '정신'을 '몽상'과 대립적인
것으로 파악한 것은 결국 브르통이 르베르디를, 적어도 이미지
론에 관한 한 넉넉하게 수용하려는 의도가 없었을 뿐 아니라,
이미지와 비이성적 상상력의 밀접한 관련성을 그만큼 강조하여
말하고 싶었던 것임을 알 수 있다.

　르베르디는 여하간 이미지 형성에 있어서 정신의 능동적 역할
을 강조한다. 그리하여 "다소 멀리 떨어져 있는 두 현실의 접근"
에서 이미지가 발생한다고 본 것이다. 왜 '비교'가 아니라 '접
근'이라고 했을까? 가령, 보들레르의 「상응 Correspondances」
에서처럼 "어린아이의 살처럼 싱싱하고, 오보에처럼 부드럽고,
목장처럼 푸른 냄새"라는 비교의 표현은 이미지가 아니라는 것
일까? 그렇지는 않다. 르베르디는 '…… 처럼'과 같은 비교의
의미를 그의 주장에서 완전히 배제한 것은 아니기 때문이다.[29]
그러나 이 문맥에서 이해될 수 있는 '두 현실의 접근'이란
comme보다 전치사 à나 de, 혹은 être나 avoir 동사와 함께
결합된 표현들로 보는 것이 옳다. "고양이 암놈 머리 모양의
이슬방울 *la rosée à tête de chatte*"이라거나, "고사리의 머리
카락 *cheveux de fougère*"이 그러한 예들이다. 이것들은 대립
된 두 현실의 정체성을 그대로 간직하면서 결합된 예이다. 문제
는 그 다음의 "접근된 두 현실의 관계가 멀고 정확한 것일수
록……"이다. 끊임없는 논란을 불러일으킬 수 있는 요소는 결

---

28) "La pensée c'est l'esprit qui pénétre, le rêve l'esprit qui se laisse péné-
trer"(Nord-sud, self defence et autres écrits sur l'art et la poésie[1917~
1926]), Flammarion, 1975, p.106 참조.

29) P. Caminade, "Le mot comme peut servir à rapprocher deux réalités et
laisser libre l'esprit qui constate ce repprochement"(Self Defence, 1919),
op. cit., p.15에서 재인용.

국 '멀고 정당한' 것의 기준이 무엇인가 하는 점이다. 르베르디는 이것에 대해 정확한 규명을 내리지는 않았지만, "장미의 손가락을 지닌 새벽 *l'aurore aux doigts de rose*"과 같은 표현이 예가 될 수 있을 것이다. 여기서 '새벽' '장미' '손가락'은 멀리 떨어진 현실들에 해당되는 요소들로 간주되기 때문이다. 그러나 그 현실들이 멀리 떨어진 것이라고 보는 견해는 어느 정도 의도성이 담긴 주관적인 것이 아닐까? 현실의 요소들이 별개의 것이라거나, 거리가 있다고 말할 수 있는 근거가 객관적으로 확인된다 하더라도, 그 거리의 멀고 가까움이나 정확한 관계를 측정하는 기준은 다분히 주관적일 수 있는 것이다.

브르통은 「초현실주의 선언문」에서 르베르디의 이미지 정의가 대단히 계시적 *de très forts révélateurs*이었음을 밝히는 한편, 그러나 그의 미학이 귀납적이고 결과를 원인으로 생각한 점 때문에 그것에 동조할 수 없음을 말한다. 그는 르베르디식으로 이미지를 생각하면, 우발적으로 떠오른 이미지들을 기존의 어떤 문학적 기준에 따라 분류하게 되지 않을까 하는 우려를 표현한다. 분류한다는 것은 그만큼 가치 판단이 전제된다는 것을 뜻하기 때문이다. 그는 또한 멀리 떨어진 두 현실을 접근시키는 데 관여하는 의지의 역할을 문제시하기도 한다. 자동기술을 발견한 브르통으로서는 이미지 형성에 있어서 의지의 역할을 거부할 뿐 아니라, 그 이미지를 이루는 두 현실의 관계를 포착하는 정신의 역할에 대해 동의할 수 없었을 것이다. 그런 점 때문에 그는 르베르디에게서 중요한 '정확함'이란 개념 대신에 '임의성이나 자유로움'을 더 강조한다.

「선언문」에서 두번째로 르베르디가 언급·논의되는 대목은 그 선언문의 결론을 말하는 4개의 주장 가운데 첫번째 주장에서이고, 그것의 요지는 결국 초현실주의적 이미지가 무엇이고 초현실주의적 이미지를 어떻게 만드는가의 문제이다. 브르통은 초현실주의가 "몇몇 사람의 소유물이 될 수 없는 새로운 악으

로 나타나고 있음"을 말하고, 초현실주의적 이미지는 "자연발
생적으로 또는 강제적으로 떠오르는 아편의 이미지와도 같은
것"30)임을 강조한다.

　　이미 인용한 르베르디의 정의에 만족한다면, 그가 이른바 "거리
가 먼 두 개의 현실"이라고 명명한 것을 자발적으로 접근시킬 수
있으리라고는 느껴지지 않는다. 그 접근이 이루어지는가, 혹은 이
루어지지 않는가 하는 것만이 문제일 뿐이다. 나로서는 다음과 같
은 이미지들, 즉
　　냇물 속에 흐르는 노래가 있다
　　혹은
　　햇빛은 하얀 식탁보처럼 펼쳐졌다
　　혹은
　　세계가 가방 속으로 다시 들어간다
와 같은 이미지들이 르베르디에게 있어서 조금이라도 숙고된 것이
라고 생각한다면, 이것을 단호히 부정하고자 한다. 내 생각으로
"정신이 현존하는 두 현실의 관계를 포착했다"는 주장은 거짓이
다. 정신은 처음부터 그 아무것도 의식적으로 포착하지 못했다.
우리가 지극히 민감히 느끼는 한 줄기의 특수한 빛, 이미지의 빛
이 솟구쳐오르는 것은 말하자면 두 단어의 우연적 접근을 통해서
이다. 이미지의 가치는 이렇게 해서 얻어진 불꽃의 아름다움에 의
하여 좌우되는 것이며, 그것은 두 개의 전도체 사이에서 발생되는
전위차(電位差)에 따라 결정된다. 그 차이가 비교에서처럼 거의
존재하지 않게 될 때, 불꽃은 일어나지 않는다.31)

　　브르통이 이렇게 표현하는 이미지의 기능은 그것의 충격적
효과를 통해 불러일으킬 수 있는 혼란의 힘과 감동의 폭을 크게
부각하는 데 있다. 그것들은 이미지가 즉각적으로 발휘하는 계
시적 성격과 결부되는 것이어서 그러한 이미지의 특징을 효과

---

30) *Manifestes du surréalisme*, p. 45.
31) *Ibid.*, p. 45.

적으로 설명하기 위해 브르통은 방전 *la décharge électronique*
과 같은 어휘로 갑작스럽게 전류나 전광이 들어오는 현상에 비
유한 것이다. 여기서 이미지란 결코 직유나 은유·환유와 같은
수사학적 차원에서의 수식이 아님은 물론이다. 사실상 시적인
의미에서 이미지의 효과 문제는 적어도 「초현실주의 선언문」을
쓴 당시의 브르통의 관심사는 아니었다. 브르통은 르베르디의
이미지에 관한 정신의 의지적 측면을 비판함으로써 시적 상상
력에 있어서 의지적인 개입의 요소를 단호히 인정하지 않으려
했다. 이미지를 창조하는 데 있어서거나 시적 상상력의 차원에
서 능동적이고 의지적인 측면의 배제는 「선언문」에서 눈에 띄
게 강조하는 요소이지만, 그러한 주장이 완전한 것은 아니다.
가령 브르통이 예를 든 것 중에서 "성장의 성향이 분자의 양에
비례하지 않는 성인들에게서 심장의 발육 정지 법칙처럼 아름
다운"[32](로트레아몽)이라는 표현을 생각해볼 경우, 그렇게 표현
하려는 의식적 노력 없이 그러한 표현이 가능했으리라고는 믿
기 어렵다. 또한 브르통의 유명한 시, 물론 자동기술의 시기가
끝난 다음에 씌어진 시이긴 하지만, 「자유로운 결합 l'union
libre」에서 '나의 아내'의 계속되는 반복적 표현과 육체의 부분
들에 대한 꼼꼼하고 다채로운 변화의 이미지들이 어떤 시적인
의도의 결과라 하여 무조건, 그것의 한계와 결함을 말할 수 없
다. 그 이미지가 의식적으로 만든 것이냐 아니냐가 중요한 것
이 아니라 그것이 어떤 효과와 의미에서 힘이 있고 강렬한 이미
지인가를 설명하는 것이 더 중요할 것인데, 브르통은 임의성
*l'arbitraire*의 정도가 높은 이미지가 강렬하다는 것을 강조하고
싶어한다. 그 임의성이 높을 때, 모순적인 관계의 요소들이 거
침없이 결합되고, 의식적인 효과나 결과에 대한 기대와 예측을
완전히 벗어나며, 추상적인 것과 구체적인 것의 결합, 혹은 터
무니없는 역설, 환각적 연상 등 모든 것이 더 용이할 수 있으리

---

32) *Ibid.*, p. 47.

라고 생각한 것이다.

브르통은 「선언문」에서 상이한 두 현실을 자유롭게 결합시켜 이루어진 특징적인 이미지들을 열거하는데, 여기서 그러한 이미지들 중 특히 주목되는 특징을 두 가지로 정의해보자. 첫째는 두 개의 현실의 접근 방법이 반드시 de, à, comme, être와 같은 문법적인 수단의 존재를 함축하지는 않는다는 것이다. 가령 비트락 Vitrac의 시에서 "불탄 숲에는/사자들이 생기 있었다"[33]와 같은 구절을 예로 들어보면, 두 가지 모순된 요소들이 어떤 전치사의 연결 없이도 잘 결합되어 있음을 알 수 있다. 여기서 '불과 생기' 사이에는 유추적인 연결이 가능하더라도 의미상의 대립이 있고, 문맥의 현실적인 논리로 보아도 쉽게 결합될 수 없는 것이다. 또한 대립되거나 모순된 요소들이 그 어떤 문법적 수단에 의존하지 않고도 결합되는 경우와 달리, 장소를 뜻하는 보어의 도움으로, 그러나 현실적인 장소가 아닌 기표적인 언어 공간을 통해서 두 현실이 접근되는 경우가 있다. 그것이 바로 "로즈 셀라비 Rose Sêlavy의 잠에는 밤이 되면 빵을 먹으러 오는 우물가에서 나온 난쟁이가 있다"[34]와 같은 예일 것이다. 이처럼 두 개의 현실은 미리 존재하는 것이 아니라 그 접근의 갑작스럽고 자연 발생적인 행위를 통해서 이루어진다. 두번째로 de로 연결되는 이미지의 인습적인 골격, 즉 두 개의 항목이나 관계가 그대로 유지되더라도 그 연결 관계의 존재가 그대로 관계의 안정성과 관계 형성을 보장해주지는 않는다는 점이다. 가령 "샴페인의 루비 le rubis du champagne"[35]라는 표현은 양자 사이의 관계가 색깔이나 광채로 연결되어 쉽게 이해할 수 있는 것이라 하더라도, 앞에서 예를 들었던 로트레아몽의 시에서처럼 "성장의 성향이 분자의 양에 비례하지 않는 성인들에게서 심장

---

33) *Ibid.*, p. 47.
34) *Ibid.*, p. 47.
35) *Ibid.*, p. 47.

의 발육 정치 법칙처럼 아름다운"이라는 표현은 그야말로 그것
의 구체적 표상은 떠올리기가 불가능할 정도이다. 그리하여 '처
럼'이라는 연결사가 있더라도 그것은 비유하는 것과의 연결 관
계를 뚜렷이하기보다 오히려 더 모호하게 만드는 경우가 된다.

두 개의 현실이 결합되는 시적 방식은 다양한 것일 수 있다.
어떤 것은 언어의 의미론적이거나 음성학적인 연결 관계로 나
타날 수도 있고, 어떤 것은 사물의 유사성에 착안하여 그것을
토대로 혹은 그것을 왜곡시켜 만들어지는 것일 수도 있다. 「선
언문」에서는 이러한 내용이 상세히 검토되어 있지는 않지만,
결국 이러한 이미지는 어떤 대상을 표현하는 것이 아니라, 그것
자체가 대상이 되는 이미지, 즉 상상적인 것이 현실화되는 창조
적 이미지가 초현실주의적 이미지의 한 특징임을 알 수 있다.

5

「초현실주의 선언문」이 발표되기 몇 달 앞서서 쓴 「미세한 현
실에 대한 서설 Introduction au discours sur le peu de réalité」
에서, 브르통은 이 세계의 범용성이나 협소함은 세계에 대해 우
리들이 갖고 있는 언술의 힘 *le pouvoir d'énonciation*이 그만큼
빈약하기 때문이며,[36] 시적 이미지의 현실성은 일상적 세계의
현실성보다 열등한 것이 아니라는 것을 말하고 있다. 여기서 언
급되는 진술의 힘이나 시적 이미지의 현실성은 거의 등가적인
것으로 보인다. 그러므로 시적 이미지의 현실성이 강하면 강할
수록 진술의 힘은 커지고, 그것은 관습적 현실의 틀을 넘어서는
한편, 그만큼 세계를 풍요롭고 확대시켜 인식하고 받아들이는
방법이 될 것이다. 언어를 통해 그러한 이미지를 만들어낼 때,
언어는 이성적 혹은 실증주의적 해석에 의해 부정되었던 욕망

---

36) *Point du jour*, p. 22.

의 힘을 해방시킬 수 있고, 또한 직접적인 현실의 필요성이나 여러 속박의 틀로부터 정신을 해방시킬 수 있다. 초현실주의적 이미지는 일상적 세계의 한계를 파열하고, 그 영역을 확대함으로써, 결국 합리적 사고의 틀과 일치하는, 말로 표현되는 세계와 이해할 수 있는 세계의 한계를 넘어서서 그야말로 새로운 세계를 창조하는 방법이 된다. 이러한 방법과 관련된 해방의 힘은 인간을 현실의 예속된 상태에서 분산되거나 분리된 개인이 아닌, 완전한 인간을 회복하고 지향하는 것이며 또한 이 세계의 전체적 변혁의 필요성을 강조하는 것이 되기도 한다. 그런 점에서, 초현실주의적 이미지의 작용은 상상력의 기능처럼, 주어진 세계를 거부하고 자유롭게 의미를 구성하는 방법으로서 이해될 수 있는 것이다.

브르통이 시도한 자동기술의 실험이 시적 창조의 관심에서 먼 것이었고, 또한 그 의도가 브르통의 관점에서 완전히 실현되지 못하여 실패한 것으로 정리된다 하더라도, 자동기술이 무엇보다 풍부한 이미지를 만들어낼 수 있었다는 것은 부인할 수 없다. 초현실주의적 이미지는 결국 무정부주의적 시의 자유로움을 통해 모든 대립이 소멸되어 현실적인 것과 상상적인 것이 모순되게 인지되지 않는 세계를 창조하려는 점에서 그 의미를 찾을 수 있을 것이다. 물론 그 이미지는 그 어떤 정태적 결정을 떠나서 글쓰기의 행위 속에서 태어나는 것이며, 또한 주관적인 독서 행위 속에서 생동하는 것이 된다. 다시 말해서 그것은 물질을 역동화시키고, 사고를 물질화시키면서 인간과 세계를 자유롭게 해방시키는 체험의 토대를 이룬다. 초현실주의적 이미지의 폭발적 힘이야말로 새로운 세계를 창출하는 시적 가치에 다름아닌 것이다.

포스트모더니즘: 모더니즘의 계승과 대안

김 욱 동

흔히 '20세기 예술의 찬란한 성좌'라고 부르는 모더니즘은 무엇보다도 기성 전통이나 인습으로부터의 단절을 그 출발점으로 삼는다. 모더니즘을 하나의 전통으로 본다면 그것은 바로 '비전통의 전통'이라고 할 수 있다. 모더니즘은 19세기 리얼리즘의 문학 전통은 말할 것도 없거니와 이 무렵 부르주아 사회가 굳게 믿던 사회적·경제적·도덕적·철학적 전통과 인습을 배격한다. 많은 모더니스트들은 19세기의 전통적인 가치관이 이제 더 이상 20세기 현대인들에게는 걸맞지 않는 것으로 생각하였다. 어빙 하우의 말대로 모더니스트들의 입장에서 보면 "일상적인 도덕성은 위선으로, 취향은 점잖은 도락으로, 그리고 전통은 거추장스런 구속"으로 느껴질 따름이다.[1] 많은 모더니스트들은 제임스 조이스처럼 "역사란 몸부림치도록 깨어나고 싶은 악몽"이라고 굳게 믿게 되었다. 그리하여 모더니스트들은 이러한 역사적 단절을 통하여 생존 가능한 새로운 가치관을 찾으려고 하였던 것이다.

모더니즘이 맞서는 가장 대표적인 기성 전통과 인습은 바로

---

1) Irving Howe, "Introduction," in *The Idea of Modern*, ed. Irving Howe (New York: Horizon Press, 1967), p. 14.

19세기 중엽부터 유럽을 휩쓴 예술 전통이다. 19세기 중엽 유럽을 휩쓴 예술 전통이라면 다름아닌 리얼리즘이다. 플라톤과 아리스토텔레스의 모방설에 이론적 배경을 두고 있는 리얼리즘은 우주나 자연 또는 삶의 실재를 '있는 그대로' 모방하거나 재현하는 것을 예술의 지상 목표로 삼았다. 리얼리즘 문학 이론에서 거울의 비유가 자주 쓰이는 것도 바로 그 때문이다. 그러나 모더니즘은 리얼리즘의 이러한 원칙에 정면으로 반기를 든다. 본질적으로 다원적이고 상대적인 관점을 지니는 모더니즘은 우주나 자연 또는 실재에 대하여 리얼리즘과는 전혀 다른 태도를 보인다. 리얼리즘이 삶의 실재를 객관적이고 확고불변한 것으로 보려고 하는 반면, 모더니즘은 그것을 어디까지나 주관적이며 상대적인 것으로 보려고 한다. 모더니즘의 대모(代母) 격인 버지니어 울프는 작중 인물을 사실적으로 그려내었느냐에 따라 소설의 성패가 달려 있다는 아놀드 베닛의 주장을 공박하면서 모더니즘의 태도를 다음과 같이 밝힌다.

> 실재란 과연 무엇인가? 하고 나는 스스로에게 물어본다. 그리고 도대체 누가 이 실재를 판단할 수 있다는 말인가? 어느 한 작중인물은 베닛 씨에게는 사실적으로 보일지 모르지만, 나에게는 전혀 그렇게 보이지 않을 수도 있다. 예를 들어 베닛 씨는 이 글에서 『셜록 홈스』에 등장하는 왓슨 박사가 사실적으로 그려졌다고 말하고 있지만, 나에게 왓슨 박사는 밀짚을 가득 채워넣은 부대·마네킨·익살꾼으로밖에는 보이지 않는다.[2]

모더니즘은 리얼리즘 문학이 내세우고 있는 예술적 태도를 거부할 뿐만 아니라, 더 나아가 리얼리즘 문학이 내세우고 있는 도덕적·윤리적 태도를 거부한다. 19세기 리얼리즘 문학이 표

---

2) Virginia Woolf, "Mr. Bennett and Mrs. Brown," in *Collected Essays* (New York: Harcourt Brace Jovanovich, 1967), p. 325.

방하고 있던 태도와 입장 가운데에서 가장 두드러진 것은 역시 문학의 사회적 기능이었다. 이 무렵 영국에서는 그 동안 종교가 맡던 기능을 문학이 대신 떠맡아야 한다는 생각이 널리 펴져 있었다. 그리하여 앨프리드 테니슨과 로버트 브라우닝 같은 빅토리아 시대의 시인들, 그리고 조지 엘리엇이나 윌리엄 메이크피스 새커리 같은 빅토리아 시대 소설가들은 문학을 독자들에게 윤리적·도덕적 비전을 제시해주는 수단으로 삼았던 것이다.

그러나 모더니즘은 리얼리즘 문학이 표방하고 나선 이러한 태도에 정면으로 맞선다. 모더니즘의 입장은 이른바 '예술을 위한 예술'의 기치를 높이 내세운 유미주의에 의하여 이론적 뒷받침을 받는다. 월터 페이터가 『르네상스』(1873)에서 예술가를 도덕적 대변자로 타락시킨 빅토리아 시대 문학을 개탄한 것은 잘 알려진 사실이다. 예술가가 사회 문제에 깊이 개입하는 태도를 아주 못마땅하게 생각한 에즈러 파운드는 그 동안 예술가들이 너무나 오랫동안 인류에게 영양분을 공급해준 탓에 이제 예술은 빈사 상태에 놓여 있게 되었다고 말한 적이 있다. 리얼리즘에서 모더니즘으로 넘어오는 과정에서 징검다리 같은 구실을 한 헨리 제임스는 빅토리아 시대 소설에서 흔히 볼 수 있는 작가의 개입을 두고 '가공할 만한 범죄'와 다름없다고 말한다. 작가는 독자와 허물없이 잡담을 나누어서는 안 되고, 오직 진리의 전달자로서의 '신성한' 임무를 다하여야 한다는 것이다.

그런데 이렇게 전통과 인습에 맞서 혁신적 태도를 보이던 모더니즘은 아이러니컬하게도 시간이 흐름에 따라 점차 그 자체로서 비판적 기능을 잃어버리는 운명을 맞이하였다. 모든 혁명이 으레 그러하듯이 모더니즘도 일종의 전통으로 굳어져버리는 결과를 낳았다. 처음에는 가히 우상 파괴적이라고 할 만한 모더니즘 미술이나 조각 작품들이 박물관에 소장되고, 난해한 모더니즘 문학 작품들이 대학 정규 강좌 과목으로 채택되어 강의실에서 가르치거나 연구 대상이 되어버렸던 것이다. 다시 말해서 모더니즘은 전통에 대한 비판력을 거의 모두 잃어버린 채 관객이나 독자가 소비하는 상품으로 그 위치가 떨어지고 말았던 것이다.

이러한 상황에서 나타난 사조요 이론이 바로 포스트모더니즘이다. 모더니즘에 대한 반성과 비판이 일어나기 시작한 것은 20세기 중엽, 그러니까 줄잡아 제2차 세계 대전을 겪고 나서의 일이다. 이 무렵부터 문학가들을 비롯한 예술가들은 모더니즘의 한계를 느끼고 그것을 극복할 만한 대안을 찾기 시작하였다. 그러나 어떤 의미에서 포스트모더니즘은 모더니즘에 대한 대안에 못지않게 그 안에서의 궤도 수정이요 극복이라고 볼 수도 있다. 적지 않은 이론가들이 포스트모더니즘을 이웃간의 싸움이라기보다는 집안 싸움으로 보려는 까닭이 바로 여기에 있다. 어찌 되었든 포스트모더니즘은 모더니즘과는 뗄래야 뗄 수 없을 만큼 아주 깊이 연관되어 있다. 그것은 마치 포스트구조주의를 구조주의, 포스트식민주의를 식민주의와 따로 떼어서 생각할 수 없는 것과 같다.

1. 모더니즘과 포스트모더니즘

포스트모더니즘이 모더니즘과 맺고 있는 관계는 '포스트모더니즘'이라는 용어만 보더라도 쉽게 알 수 있다. 이 용어는 무엇보다도 모더니즘이라는 의미소(意味素)를 떠나서는 제대로 이해할 수 없다. '포스트모더니즘'은 두말할 나위 없이 '포스트'라는 접두어와 '모더니즘'이라는 말이 합쳐져 만들어진 말이다. 그러니까 이 용어는 적어도 의미상으로 본다면 일단 '모더니즘 다음에 오는' 현상을 뜻한다. 그러므로 그것은 시간적 구분을 뜻할 뿐 어떤 가치 평가가 개입된 개념이라고 할 수 없다. 즉 그것은 어디까지나 후시성(後時性)을 가리키는 표현에 지나지 않는다. '프리모던'이란 용어가 '전근대'나 '전현대'를 가리키는 것과 마찬가지로 '포스트모던'이라는 용어는 단순히 '후근대'나 '후현대'를 가리키는 표현이다.

그렇다고 하여 포스트모더니즘이 단순히 '모더니즘 다음에 오는 현상'만을 가리키는 것은 물론 아니다. 왜냐하면 이 용어는 양적인 개념이라기보다는 질적인 개념이기 때문이다. 포스트모더니즘은 20세기 후반에 나타난 예술 또는 문화 현상을 두루 가리키는 용어이다. 그러나 이 무렵 활약한 작가들이나 예술가들을 모두 다 포스트모더니스트로 범주화할 수 없음은 두말할 나위가 없다. 바꾸어 말해서 동시대의 작가들과 예술가들 가운데에서도 포스트모더니스트들로 볼 수 없는 사람들이 얼마든지 있다. 그러므로 '포스트모던'이나 '포스트모더니스트'라는 꼬리표는 오직 20세기 후반부터 작품 활동을 해온 일부 작가들과 예술가들에게만 붙이지 않으면 안 된다.

포스트모더니즘과 모더니즘의 관계는 단순히 연속이나 단절의 관점에서 파악될 수 없다. 포스트모더니즘은 한편으로는 모더니즘을 논리적으로 계승하는 반면, 다른 한편으로는 모더니즘으로부터의 단절을 꾀하고 있기 때문이다. 모더니즘과 포스트모더니즘과의 상호 관련성은 1) 계승적 관계, 2) 발전적 관계, 3) 대립적 관계, 그리고 4) 적대적 관계 등 모두 네 갈래로 나누어 살펴보는 편이 좋을 것 같다.

먼저 실존적 위기 의식과 소외감이나 고립감 같은 주제에서 본다면 포스트모더니즘은 모더니즘과 크게 다르지 않다. 인류 역사상 그 유래를 찾아볼 수 없는 제1차 세계 대전을 겪은 후 많은 사람들은 극도의 위기 의식과 비극적 상실감을 느꼈으며, 이러한 위기 의식이나 상실감은 사실상 제2차 세계 대전 이후에 이르러 한결 더 첨예하게 드러났다. 적어도 주제적 측면에서 볼 때에 포스트모더니즘은 바로 앞서 일어난 모더니즘 전통을 거의 그대로 이어받고 있는 셈이다. 따라서 포스트모더니즘과 모더니즘 사이에는 이렇다 할 만한 차이를 찾아보기 어렵다. 바로 이 점에서 포스트모더니즘은 모더니즘과 계승적 관계를 맺고 있다.

한편 과거의 전통이나 인습에서 벗어나 새로운 것을 만들어 내려고 하는 문학적 급진주의라는 형식의 관점에서 본다면 포스트모더니즘은 모더니즘 전통을 상당 부분 발전시킨다. 초기 모더니즘을 이끈 에즈러 파운드가 말한 "모든 것을 새롭게 하라"는 모더니즘의 슬로건은 실제로 포스트모더니즘에서도 거의 마찬가지로 찾아볼 수 있다. 물론 네오-리얼리즘적 경향 또한 포스트모더니즘을 규정하는 데에 있어 결코 가볍게 볼 수 없는 중요한 요소이다. 그러나 이러한 복고주의적인 성향에 못지않게 전위적인 실험성은 포스트모더니즘을 특징짓는 가장 중요한 요소 가운데 하나이다. 넓은 의미에서 가브리엘 가르시아 마르케스 같은 라틴 아메리카 작가들과 이탈로 칼비노 같은 이탈리아 작가들이 시도해온 '마술적 리얼리즘'이나 프랑스의 누보 로망, 또는 미국의 소설가 레이먼드 페더먼이 주창한 '서픽션(초소설)' 따위는 어떤 의미에서는 모더니즘의 실험성을 한 단계 발전시킨 것과 다름없다.

그러나 유기적 구성이나 형식 또는 예술의 자기 목적성이라는 관점에서 본다면 포스트모더니즘은 모더니즘과는 대립적인 관계를 맺고 있다. 예술 작품을 흔히 '잘 빚어진 항아리'나 '언어적 성상(聖像)'에 견주는 모더니즘 계열의 작가들이나 이론가들과는 달리, 포스트모더니즘 작가들은 문학 작품의 유기적 통일성을 받아들이지 않는다. 이러한 통일성이나 일관성보다는 오히려 편린성이나 임의성 또는 유희성을 좀더 설득력 있는 예술 원리로 받아들인다. 그들의 관점에서 보면 문학 작품은 '잘 빚어진 항아리'보다는 '산산조각으로 깨어진 항아리' '언어적 성상'이라기보다는 '언어적 미로'에 해당한다. 뿐만 아니라 포스트모더니스트들은 모더니스트들과는 달리 예술의 자기 목적성이나 창조성에 깊은 회의를 보인다. 포스트모더니스트들은 예술에 더 이상 새로운 것은 없다고 말한다. 예술적 소재의 고갈이나 소진을 누구보다도 첨예하게 깨닫고 있는 그들은 과거에 이미 존재해 있던 소재를 다시 활용하고자 할 뿐 자신들의 작품에서 어떤 독창성이나 창조성 같은 것은 아예 기대하지 않는다. 포스트모더니즘과 관련하여 흔히 언급되고 있는 '작가의 죽음'이니 '문학의 죽음'이니 또는 '휴머니즘의 죽음'이니 하는 문제는 어디까지나 이러한 현상을 가리키는 말에 지나지 않는다.

이번에는 이른바 '억압된 것들의 복귀'라는 관점에서 본다면 포스트모더니즘은 모더니즘과 적대적인 관계를 맺고 있다. 그동안 가부장적인 모더니즘의 권위 밑에서 억압되었거나 무시되어 온 것들이 포스트모더니즘에 이르러 그 의미와 가치를 새롭게 인정받으면서 중심부로 옮아오기 시작하였다. 예를 들어 기성 문화에 반기를 드는 청년 문화를 비롯한 반문화, 고답적이고 엘리트주의적인 고급 문화에 맞서는 대중 문화, 제 1 세계나 제 2 세계의 문학에 도전하는 제 3 세계의 문학, 가부장적 남성 중심주의 문학에 맞서는 페미니즘 문학 따위가 바로 그것이다. 궁극적으로는 탈중심화 또는 탈정전화(脫正典化) 현상에서 비롯하는 이 현상은 포스트모더니즘에 이르러 가장 두드러지게 드러나기 시작하였던 것이다.

한마디로 포스트모더니즘은 모더니즘의 논리적인 연장이요 계승인 동시에 모더니즘에 대한 반작용이요 단절이다. 한편으로 포스트모더니즘은 아방가르드 예술 운동을 포함한 모더니즘의 기본 원리를 논리적으로 이어받아 그것을 극단적으로 발전시킨다. 다른 한편으로 포스트모더니즘은 모더니즘이 안고 있는 한계와 모순을 극복함으로써 새로운 대안을 제시하려고 한다. 포스트모더니즘이 지니고 있는 역동성은 바로 후기적 특성과 단절적 특성 사이의 긴장이나 갈등에서 비롯한다고 하여도 그다지 틀린 말이 아닐 것이다.

　후기 러시아 형식주의자인 유리 티니야노프가 처음 펼치고 로만 야콥슨이 좀더 체계적으로 만든 '지배소(支配素)'의 개념은 포스트모더니즘의 특성을 밝히는 데에 아주 편리한 출발점이 된다. 그는 1935년에 발표한 한 논문에서 지배소를 두고 "예술 작품의 나머지 구성 요소들을 지배하고 결정하고 변형시키는 핵심적 구성 요소"라고 정의내린다. 야콥슨에 따르면 "구성의 통일성을 보장해주는 것은 바로 이 지배소이다. 〔……〕 어느 한 시 작품은 조직화된 체계이며 질서 정연한 일련의 계급 조직적인 예술적 장치이다. 시의 발전은 이러한 계급 조직의 변화이다."3) 그렇다면 이러한 지배소의 변화를 기술하는 것은 곧 문학사의 변화를 기술하는 것과 조금도 다를 바 없다. 야콥슨은 이러한 경우를 보여주는 좋은 본보기를 르네상스 시대의 시와 낭만주의 시 그리고 리얼리즘 문학에서 찾는다. 그에 따르면 르네상스 시에서는 시각 예술이, 낭만주의 시에서는 음악이, 그리고 리얼리즘 예술에서는 언어가 가장 핵심적인 지배소로 쓰였던 것이다.

　야콥슨의 지배소 개념은 모더니즘과 관련하여 포스트모더니즘의 개념과 본질을 논의하는 데에 큰 도움이 된다. 그 동안 모더니즘에서 부분적으로밖에는 주의를 기울이지 않았거나, 소홀히 취급하였거나 또는 거의 무시해오다시피 한 것들이 포스트모더니즘에 이르러서 핵심적인 지배소로 그 모습을 드러내게 되었다. 이와는 반대로 모더니즘에서는 핵심적인 지배소로서의 구실을 하던 것들이 포스트모더니즘에 이르러서는 주변적인 위치로 떨어지기도 하였다. 이렇게 포스트모더니즘에 이르러 핵심적인 지배소로 떠오른 요소 가운데에서도 1) 상호 텍스트성, 2) 탈장르화나 장르 확산, 3) 자기 반영성, 그리고 4) 대중 문화

---

3) Roman Jakobson, "The Dominant," in *Language in Literature*, eds. Krystyna Pomorska and Stephen Rudy (Cambridge, Mass.: Harvard University Press, 1987), p. 41.

280

에 대한 관심은 특히 눈여겨볼 만하다. 실제로 이 네 가지야말로 포스트모더니즘을 모더니즘과 뚜렷히 구별할 수 있는 중요한 개념이요 특징이라고 할 수 있다.

2. 상호 텍스트성

포스트모더니즘과 관련하여 상호 텍스트성의 개념을 맨 처음으로 펼친 사람은 1960년대 프랑스 '텔 켈' 그룹의 대표적 멤버인 쥘리아 크리스테바이다. 그녀는 어느 한 발화가 화자(작가)나 청자(독자) 또는 다른 발화(문학 작품)와 맺고 있는 상호 관계를 '수평적' 관계와 '수직적' 관계의 두 갈래으로 나누었다. 여기에서 수평적 관계란 발화가 화자나 청자와 맺는 관계를 가리키고, 수직적 관계란 발화가 그 이전 또는 동시대의 다른 발화와 맺는 관계를 가리킨다. 그런데 크리스테바는 바로 발화의 수직적 관계를 가리키기 위하여 이 상호 텍스트성이라는 용어를 썼던 것이다. 크리스테바에 따르면 "모든 텍스트(발화)는 마치 모자이크와 같아서 여러 인용문들로 이루어져 있다. 모든 텍스트는 어디까지나 다른 텍스트들을 흡수하고 그것들을 변형시킨 것에 지나지 않는다."4)

그런데 상호 텍스트성의 뿌리를 거슬러 올라가보면 러시아의 사상가이며 문예 이론가인 미하일 바흐친을 만나게 된다. 실제로 크리스테바의 이론은 바흐친의 대화주의 또는 다성성(多聲性)의 개념을 새롭게 해석한 것에 지나지 않는다. 방금 앞에서 크리스테바의 말을 인용하였지만 위 논문에서 그녀는 바흐친의 말을 거의 그대로 옮겨놓고 있다. 중세 문학이 고대 로마 문학

---

4) Julia Kristeva, "Words, Dialogue, and the Novel," in *Desire in Language: A Semiotic Approach to Literature and Art*, ed. Leon S. Roudiez, trans. Thomas Gora, Alice Jardine, and Leon S. Roudiez (New York: Columbia University Press, 1980), p. 66.

과 맺고 있는 관련성과 관련하여 바흐친은 「소설적 언술의 선사 시대로부터」(1940; 1961)라는 논문에서 "다른 사람의 말과 우리 자신의 말 사이의 경계선은 가변적이고 애매모호하며 때로는 의도적으로 왜곡되어 있다. 어떤 유형의 텍스트들은 마치 모자이크처럼 다른 사람의 텍스트들로 이루어져 있다"[5]고 말하였다.

이렇게 바흐친이 처음 펼치고 크리스테바가 문학 개념으로 널리 퍼뜨린 상호 텍스트성의 개념은 그 동안 많은 이론가들에 의하여 좀더 체계적으로 발전되었다. 구조주의 문학 이론가들을 비롯하여 해체주의자들과 포스트구조주의자들은 그 동안 이 문제에 깊은 관심을 보여왔다. 그러나 많은 이론가들이 텍스트성의 개념에 서로 다른 입장을 보이고 있기 때문에 이 개념은 겉으로 보이는 것과는 달리 사실 매우 복잡하고 미묘하다. 가장 일반적인 의미에서 상호 텍스트성이란 주어진 어느 한 텍스트가 다른 텍스트와 맺고 있는 상호 관계를 뜻하지만 그 상호 관계라는 것이 여간 넓은 스펙트럼을 차지하는 것이 아니다.

가장 좁은 의미에서의 상호 텍스트성은 주어진 텍스트 안에 다른 텍스트가 인용문이나 언급의 형태로 분명히 드러나 있는 현상을 말한다. 이 경우 어느 정도 문학적 지식을 갖추고 있는 독자라면 누구나 쉽게 한 텍스트가 어떤 다른 텍스트에 기대고 있는지 곧 알아차릴 수 있다. 상호 텍스트성에 대한 연구는 주로 이러한 인용문이나 언급을 분석함으로써 이루지게 마련이다. 그렇기 때문에 이렇게 좁은 의미의 상호 텍스트성은 영향 관계나 기원 또는 인유(引喩) 따위를 주로 연구하는 전통적인 문학 이론과 크게 다르지 않다.

한편 가장 넓은 의미에서의 상호 텍스트성이란 텍스트와 텍

---

5) Mikhail Bakhtin, "From the Prehistory of Novelistic Discourse," in *The Dialogic Imagination: Four Essays*, ed. Michael Holquist, trans. Caryl Emerson and Michael Holquist (Austin: University of Texas Press, 1981), p. 69.

스트, 주체와 주체 사이에서 일어나는 모든 지식의 총체를 가리킨다. 이 경우 주어진 텍스트는 단순히 다른 문학 텍스트뿐만 아니라 다른 기호 체계, 더 나아가서는 문화 일반까지 포함하게 마련이다. 앞에서 말한 크리스테바는 주로 기호 체계의 관점에서 상호 텍스트성을 보려는 대표적인 이론가이다. 그녀는 이 개념을 텍스트의 의미를 가능하게 해주는 지식의 집합으로 파악한다. 즉 그녀는 한 문학 체계에서 다른 문학 체계로뿐만 아니라, 더 나아가 비문학 체계에서 문학 체계로 옮겨오는 기호 과정의 일부로 보려는 것이다. 크리스테바는 사실 주체의 안정성에 대하여 깊은 의문을 던지는 심리 분석 이론의 일부로 상호 텍스트성을 파악한다. 그리하여 그녀는 아예 "모든 의미 행위는 다양한 의미 체계의 전위(轉位)의 장(場)에 지나지 않는다"[6]고 말한다. 이렇듯 크리스테바는 '상호 텍스트성'이라는 말 대신에 '전위'라는 말을 쓰기를 더 좋아한다. 왜냐하면 상호 텍스트성이라는 말은 자칫 '기원 연구'라는 진부한 의미로 이해할 여지가 많기 때문이다. 한편 조너선 컬러는 주어진 텍스트가 속해 있는 문화의 맥락에서 상호 텍스트의 개념을 보려고 한다. 상호 텍스트성의 개념을 언어학의 화용론에서 자주 쓰는 전제의 개념과 관련시키는 그는, 어느 한 텍스트가 이해되는 '일반적 추론 공간'으로 파악하고 있다.

포스트모더니즘의 관점에서 보면 태양 아래에 새로운 것이 없듯이 모든 텍스트는 어디까지나 그 이전에 이미 씌어진 텍스트를 다시 배열하고 결합해놓은 것에 지나지 않는다. 대부분의 포스트모더니스트들은 낭만주의나 모더니즘 전통에 속하는 작가들처럼 그들의 작품에서 독창성이나 창조성을 강조하지 않는다. 오히려 그들은 선배 작가들이나 동료 작가들의 작품에 자유롭게 기대어 작품을 쓰는 것을 창작적 원리로 삼고 있다. "전통

---

6) Kristeva, *The Revolution in Poetic Language*, trans. Margaret Waller (New York: Columbia University Press, 1984), p. 60.

적으로 작가들은 제프리 초서가 그의 이야기를 남에게서 훔쳐 왔듯이 그들의 이야기를 남에게서 훔쳐왔다. 또는 그 이야기들 은 어느 한 문화나 공동 사회의 공유 재산으로 생각되었다"[7]는 미국 소설가 윌리엄 H. 개스의 말은 바로 이 점을 잘 지적한 것 이다. 미셸 푸코가 문학 작품이나 예술 작품을 일종의 '기록 보 관소'로 보려는 것도 작품이 지니는 상호 텍스트적 특성 때문이 다. 그러므로 에드워드 사이드의 말대로 이제 포스모더니즘에 이르러 "작가들은 점점 독창적으로 글을 쓴다고 생각하는 대신 에 남의 글을 다시 고쳐 쓴다고 생각한다. 글쓰기는 이제 독창 적으로 비석에 글을 새긴다는 이미지에서 남의 글을 단순히 옮 겨 적는다는 필경사의 이미지로 바뀌어간다."[8]

움베르코 에코의 『장미의 이름』(1983)은 상호 텍스트성을 가 장 잘 보여주는 작품으로 흔히 손꼽힌다. 출간되자마자 전세계 를 통하여 날개 돋친 듯히 팔려나간 이 소설은 대중적인 베스트 셀러로서뿐만 아니라 예술적으로도 크게 성공을 거둔 작품으로 평가받는다. 상호 텍스트성과 관련하여 이 작품에 대하여 에코 는 "나는 작가들이 이제까지 항상 알고 있었던 것을 알게 되었 다. 책들은 항상 다른 책들에 대하여 말하고 있으며, 모든 이야 기는 이미 행해진 이야기를 다시 되풀이하고 있을 따름이다"라 고 말한 적이 있다. 그런가 하면 그는 이 작품을 두고 "다른 텍 스트들로 짜여진 직물, 여러 인용문의 '추리 소설,' 여러 책으로 만들어놓은 책"[9]이라고 말하기도 하였다.

그런데 에코가 『장미의 이름』에서 '다시 되풀이하고' 있는 작품들은 가히 백과사전적이라고 할 만큼 그 폭이 아주 넓다.

---

7) William H. Gass, *Habitations of the Word* (New York: Simon and Shuster, 1985), p. 147.
8) Edward Said, *The World, the Text, and the Critic* (Cambridge, Mass.: Harvard University Press, 1983), p. 135.
9) Umberto Eco, *Postscript to The Name of the Rose*, trans. William Weaver (New York: Harcourt Brace Jovanovich, 1984), p. 20.

이 소설에서 그는 사실 서구 문화 전통을 거의 대부분 끌어들이다시피 한다. 이를테면 윌리엄 셰익스피어를 비롯하여 토마스 만, 제임스 조이스, T. S. 엘리엇, 호르헤 루이스 보르헤스 같은 문학가들의 작품들과 직접 또는 간접으로 연관되어 있다. 그런가 하면 영국의 스콜라 철학자이며 과학자인 로저 베이컨, 그리고 베이컨과 함께 회의주의를 주창한 오컴의 윌리엄의 작품과도 깊이 관련되어 있다.

에코의 『장미의 이름』에서 잘 드러나 있듯이 몇몇 포스트모더니스트들의 작품에서는 상호 텍스트성을 보여주는 좋은 메타포로서 도서관이 자주 나온다. 인류의 모든 문화와 문명이 한곳에 집대성되어 있는 도서관이야말로 다양한 시대와 다양한 문화 그리고 다양한 언술의 텍스트들이 물리적으로 서로 만나는 공간이기 때문이다. 『장미의 이름』에는 서구 세계에서 가장 큰 도서관인 '에드피시움'이 나오며, 이 작품에서 일어나는 갖가지 살인 행위와 이 사건과 관련한 수사는 모두 이 도서관을 중심으로 이루어지는 것은 결코 우연한 일이 아니다.

3. 자기 반영성과 메타픽션

포스트모더니즘은 리얼리즘과 재현성에 비판적인 태도를 보인다는 점에서 모더니즘과 매우 비슷하다. 어떤 의미에서 모더니즘은 리얼리즘의 재현성에 대한 비판에서 시작되었다고 볼 수 있다. 리얼리즘의 여러 특징 가운데에서도 특히 모방 이론에 뿌리를 두고 있는 재현성은 모더니즘을 리얼리즘과 구별짓는 가장 중요한 특성 가운데 하나일 것이다. 낭만주의 작품을 '아름다운 거짓말'이라고 부르는 리얼리즘의 작가들은 우주나 자연 또는 삶의 실재를 있는 그대로 그리고 객관적으로 모방하거나 반영하는 것을 가장 중요한 예술적 목표로 삼았다. 그들은 마치 거울이 사물을 비추어내듯이 그렇게 삶의 모습을 고스란히 모방하거나 재현시키고자 하였던 것이다. 그러나 모더니스트들의 입장에서 보면 리얼리스트들의 이러한 태도야말로 그지없이 순진하기 이를 데 없다. 왜냐하면 삶의 모습은 결코 고정불변한 실체가 아닐 뿐더러 예술가의 주관성에 따라 얼마든지 굴절되고 변형되기 때문이다. 그런데 이러한 재현성에 대한 회의는 포스트모더니즘에 이르러 모더니즘보다 한결 더 두드러지게 드러나기 시작하였다. 모더니즘은 재현성에 대한 믿음을 완전히 떨쳐버리지 못한 채 여전히 재현성에 기대고 있었던 것이다.

누보 로망의 기수로 잘 알려진 알랭 로브-그리예는 일찍이 『누보 로망을 위하여』(1963)에서 흔히 프랑스 리얼리즘 소설의 최고봉으로 일컫는 오노레 드 발자크가 쓰던 소설이 이제 생존력을 완전히 잃어버렸다고 말한 적이 있다. 로브-그리예에 따르면 발자크류의 소설은 "이제 내용이 없는 텅 빈 공식(公式)과 조금도 다를 바 없으며, 오직 지루한 패러디를 위한 자료로서밖에는 아무런 쓸모가 없다."[10] 최근에 들어 자크 데리다도 "재현성은 그릇된 것"[11]이라고 아예 못박는다. 그런데 로브-그리예와 데리다의 말은 포스트모더니스트들의 입장을 잘 대변해 준다. 그들은 한결같이 리얼리스트들이 그렇게도 굳게 믿던 문학의 재현성을 부정한다.

포스트모더니스트들은 리얼리스트들이나 모더니스트들과는 달리 자연이나 우주 또는 삶의 실재에 그렇게 확고한 믿음을 갖고 있지 않다. 실제 세계보다는 오히려 창조된 세계를 더 높이 여기는 그들은 실재가 예술 창조 행위에 있어 오히려 방해가 된다고 생각한다. 예를 들어 존 바스는 한 인터뷰에서 "실재는 어쩌다 방문하기에는 좋은 장소일지 모르지만 어느 누구도 그곳에

---

10) Alain Robbe-Grillet, *For a New Novel: Essays on Fiction*, trans. Richard Howard (New York: Grove Press, 1965), p. 7.

11) Jacques Derrida, "Sending: On Representation," *Social Research* 49 (1982), p. 304.

서 살고 싶어하지는 않을 것이다. 그리고 어느 문학도 결코 그
곳에서 오랫동안 산 적이 없었다. 〔……〕 실재는 일종의 장애
물이다"12)라고 말한 적이 있다. 그런데 바스의 이러한 태도는
레이먼드 페더먼에게서 한결 구체적으로 드러난다. 그는 최근
미국 소설의 특성을 바로 반실재성·반리얼리즘·반재현성에서
찾는다.

> 소설의 일차적 목적은 그 자체의 허구성의 가면을 벗어버리고 그
> 자체의 기만성의 메타포를 폭로하며 이제 더 이상 실재나 진리 또
> 는 아름다움을 전달하는 것으로 자처하지 않는 것이 될 것이다.
> 결과적으로 소설은 이제 더 이상 삶의 거울, 의(擬)사실주의적
> 문서로 간주되지 않을 것이다. 그것은 또한 사회적·도덕적·심리
> 적·형이상학적·상업적 가치 또는 그 밖의 다른 어떤 가치를 근거
> 로 평가받지도 않을 것이다. 소설은 오직 그 자체의 위치에 따라
> 그리고 타고난 권리에 따른 자율적 예술 형식으로서의 역할에 따
> 라서만 평가받게 될 것이다.13)

그런데 여기에서 페더먼이 말하는 '소설'이란 좁게는 그가 주
창하는 '서픽션(초소설),' 넓게는 포스트모더니즘 소설 일반을
가리킨다고 보아도 크게 틀리지 않는다. 페더먼의 서픽션은 글
자 그대로 일반적 의미의 소설, 즉 리얼리즘 전통에 서 있는 소
설을 뛰어넘는 특수한 소설을 말한다. 페더먼은 이 소설이야말
로 20세기 후반의 복잡하고 다양한 삶의 모습을 가장 효과적으
로 표현할 수 있다고 말한다.
　포스트모더니즘이 보여주는 반리얼리즘적 태도와 비재현성은

12) John Barth, "Interview," in *The Contemporary Writers: Interviews
　　with Sixteen Novelists and Poets,* eds. L.S. Dembo and Cyrena N.
　　Pondrom (Madison: University of Wisconsin Press, 1972), p. 26.
13) Raymond Federman, "Surfiction: Four Propositions in Form of an In-
　　troduction," in *Surfiction: Fiction Now and Tomorrow*, ed. Raymond
　　Federman (Chicago: Swallow Press, 1975), pp. 8~9.

무엇보다도 자기 반영성, 그리고 그것에 뿌리를 두고 있는 메타 픽션에서 가장 잘 나타난다. 물론 자기 반영성은 포스트모더니 즘에 이르러 처음으로 나타나는 현상은 아니다. 어떤 의미에서 그것은 소설의 역사와 더불어 시작되었다고 할 수 있다. 다시 말해서 '자기 반영성'이나 메타픽션은 최근 들어 만들어진 용어 이긴 하지만 그것이 씌어진 것은 소설의 탄생에 못지않게 꽤 오 래되었다. 몇몇 이론가들이 문학적 자의식을 반영하는 메타픽션 을 '모든 소설에 내재하는 경향이나 기능'으로 보려는 것은 바 로 그 때문이다. 이러한 특성은 일찍이 미겔 데 세르반테스의 『동 키호테』나, 로렌스 스턴의 『트리스트럼 섄디』 같은 작품에 서 엿볼 수 있다.

그러나 자기 반영성과 메타픽션이 핵심적인 지배소로 떠오른 것은 역시 포스트모더니즘에 이르러서이다. 리얼리즘이 객관적 인 외부 현실의 반영에 주로 관심이 있었다면, 포스트모더니즘 은 주로 자기 반영성에 주의를 기울인다. 여기에서 자기 반영성 이란 글자 그대로 어느 한 문학 텍스트가 텍스트 밖에 존재해 있는 다른 세계를 반영하거나 재현시키는 것이 아니라 텍스트 그 자체의 메커니즘을 반영하는 것을 말한다. 쉽게 말하면 자기 반영적 소설은 그것이 창작되는 과정 그 자체를 중요한 주제로 삼는 소설을 가리킨다. 만약 리얼리즘 소설가들이 자연이라는 외부 세계를 향하여 거울을 쳐들고 있다면, 포스트모더니즘 소 설가들은 자연을 향하여 쳐들고 있는 거울을 향하여 또 다른 거 울을 쳐들고 있다고 할 수 있다. 그리고 자기 반영성을 두드러 지게 보여주는 소설은 흔히 메타픽션이라고 부른다. 퍼트리샤 워의 말대로 "메타픽션이란 허구와 실재 사이의 관련성에 물음 을 던지기 위하여 자의식적으로 그리고 체계적으로 인공품으로 서의 그 위치에 주의를 환기시키는 허구적 작품을 말한다."[14]

포스트모더니스트들은 자기 반영적 메타픽션을 매우 중요한

---

14) 앞의 책, p. 2.

장르로 여긴다. 윌리엄 개스의 말대로 그것은 이제 '궁핍한 시대에서의 시의 옹호'에 해당한다. 많은 작가들 가운데에서도 존바스나 노먼 메일러를 비롯하여 호르헤 루이스 보르헤스와 블라디미르 나보코프 등은 메타픽션에 깊은 관심을 갖고 있는 대표적인 작가들로 손꼽힌다. 프랑스 누보 로망 계열의 작가 나탈리 사로트의 소설 『황금 열매』(1963)를 한 본보기로 들어보자. 이 소설을 처음 읽기 시작한 독자들은 이 작품이 제목 그대로 현실 세계나 가상의 세계에 존재하는 어떤 '황금 열매'에 관한 작품일 것으로 생각할는지도 모른다. 그러나 이 소설을 계속 읽어가면서 독자들은 처음 생각하였던 것과는 크게 다르다는 것을 곧 느끼게 될 것이다. 왜냐하면 이 작품에는 황금 열매가 전혀 나오지 않기 때문이다. 이 소설은 작품 속에 등장하는 독자들이 '황금 열매'라는 소설을 읽어가는 내용으로 되어 있다.

그런데 자기 반영성과 메타픽션은 단순히 소설 장르를 비롯한 문학에만 머물지 않는다. 사실 그것은 문학에 못지않게 다른 예술 분야에서도 중요하게 다루어지고 있다. 가령 비교적 최근 들어 장-뤽 고다르, 알랭 레스네, 미켈란젤로 안토니오니, 그리고 페데리코 펠리니 등과 같은 영화 예술가들 또한 영화에서 사로트와 비슷한 일을 하고 있다. 그들 역시 외부 현실 세계를 반영하기보다는 오히려 '영화 만들기' 그 자체를 영화의 중요한 주제로 다루었다. 몇몇 누보 로망 작가들이 소설에 못지않게 영화에도 적지 않은 관심을 보여왔다는 사실은 우연의 일만은 아닌 듯하다.

물론 그렇다고 자기 반영적 실험성이 모든 작가들에게 환영을 받는 것은 아니다. 실제로 그것은 많은 이론가들이나 비평가들한테서 칭찬보다는 오히려 비난을 받아왔다. 로버트 올터는 이러한 이론가들 가운데에서도 가장 대표적인 비평가라고 할 수 있다. 그는 『부분적인 마술』(1975)에서 메타픽션을 신랄히 비판한다. 그에 따르면 '불모의 연습'과 '무분별한 창안'이라는 두 관점에서 메타픽션은 큰 한계를 지닌다. 그는 포스트모더니즘의 극도의 실험성이 '자유'가 아니라 오히려 '방종'에 가깝다고 말한다. 그리하여 그는 포스트모더니스트들의 이러한 행위를 일종의 예술적 자위 행위라고 부른다.

4. 탈장르 또는 장르 확산

모더니즘에서는 문학 장르 사이에 마치 군대의 계급 조직이나 천사의 계급 조직처럼 서로 엄격히 구분되어 있었다. 소설과 희곡 그리고 비평 사이에는 깊은 심연이 가로놓여 있었다. 그러나 포스트모더니즘에 이르러 장르와 장르 사이에 놓여 있던 높은 장벽이 마치 베를린 장벽처럼 허물어져버리기 시작하였다. 말하자면 레슬리 피들러가 말하는 '경계선을 넘고 간격을 좁히는' 작업이 활발히 이루어졌던 것이다. 이제 한 문학 장르를 다른 문학 장르와 서로 엄격히 나누는 것은 거의 불가능한 일이 되었다. 흔히 '탈장르화'이니 '장르 확산'이니 또는 '장르 파괴'는 바로 이러한 현상을 두고 일컫는 용어이다.

포스트모더니즘에 이르러 소설 장르와 시 장르 사이에 놓여 있던 경계선이 전보다 훨씬 유동적인 상태로 되었다. 블라디미르 나보코프의 소설 『창백한 불꽃』(1962)은 아마 이러한 경우를 보여주는 좋은 본보기일 것이다. 흔히 '금세기에 씌어진 가장 훌륭한 작품 가운데 하나'로 손꼽히는 이 소설은 마치 인어처럼 반은 시의 형태로, 반은 산문의 형태로 되어 있다. 이 소설은 맨 처음에 학구적 연구 저서를 떠올리게 하는 '서문'으로 시작한다. 찰스 킨보우트라는 학자가 집필한 것으로 되어 있는 이 서문에서는 「창백한 불꽃」이라는 시 작품의 원고를 입수하게 된 경위와 그것을 단행본으로 출판하기까지의 역사를 자세히 다룬다. 모두 999행으로 구성된 네 개의 칸토, 그리고 약강

오보(弱强五步) 영웅시격(英雄詩格)으로 되어 있는 장시「창백한 불꽃」은 이 소설의 두번째 부분을 이루고 있다. 이 시는 존 프랜시스 셰이드라는 시인이 자신의 경험을 기초로 쓴 자서전적 작품이다. '코멘터리'라는 제목이 붙어 있는 세번째 부분은 킨보우트가 이 시에 자세히 설명을 덧붙인 현학적인 주석의 형태를 취하고 있다. 그리고 맨 마지막에는 맨 처음 부분과 마찬가지로 마치 학술 저서를 방불하게 하는 색인이 붙어 있다.

장르의 경계선이 애매모호해지기는 장편소설과 단편소설의 경우에도 마찬가지이다. 이제까지 이 두 장르는 단순히 길이라는 양적 측면에서뿐만 아니라 플롯이나 구성 또는 성격 형성과 같은 질적 측면에서도 서로 큰 차이가 있었다. 그러나 대략 1960년대 이후부터 이 두 소설 사이의 장르 구별이 별다른 의미를 지니지 않게 되었다. 예를 들어 존 바스의 『미로에서 길 잃어』(1968)는 장편소설로 분류하여야 좋을지, 아니면 단편 작품들을 한데 모아놓은 단편집으로 분류하여야 좋을지 그 경계가 매우 불분명하다. 이 작품은 얼핏 보면 아무런 통일성이 없이 여느 다른 단편집처럼 여러 편의 단편 작품들을 한데 모아놓은 것 같다. 그러나 작가 자신은「작가 노트」에서 "이것은 단편 작품들을 모두 모아놓은 것도 아니고 그렇다고 그것들을 선별하여 뽑아놓은 것도 아닌 일종의 시리즈이다. 〔……〕 그러므로 이 작품은 '한꺼번에' 그리고 원래 배열해놓은 순서에 따라 읽지 않으면 안 된다"15)고 말한다.

장르의 붕괴 현상은 시 장르에서도 쉽게 찾아볼 수 있다. 최근 들어 시인들 역시 소설가들과 마찬가지로 전통적인 시 장르의 테두리에서 벗어나 작품을 쓰는데, 가령 적지 않은 시인들은 좀더 산문에 가까운 시를 쓰는데, 이것이 바로 '시의 산문화'라고 부르는 현상이다. 또한 어떤 시인들은 연극 장르와 서로 결합하기도 한다. 그런가 하면 몇몇 시인들은 굳이 시와 일상 대

---

15) Barth, *Lost in the Funhouse* (New York: Bantam Books, 1969), p. ix.

화를 구별하지 않고 시를 일상 행위의 일부로 여기기도 한다. 데이빗 앤틴의 '말하는 시'는 이러한 현상을 보여주는 좋은 본보기가 될 것이다.

　장르 붕괴 현상은 창작과 비평에서도 크게 다르지 않다. 모더니즘에서는 창작과 비평을 서로 엄격히 나누었지만 포스트모더니즘에 와서는 이러한 구분은 더 이상 의미를 지니지 않게 되었다. 요즈음 들어 '창조적 비평'이니 '제 2 의 창작'이니 하는 말을 심심치 않게 자주 듣는다. 포스트구조주의자들, 그 가운데에서도 특히 해체주의자들이 이 문제에 깊은 관심을 갖는다. 그들은 비평을 뜻하는 '크리티시즘 *criticism*'과 창작을 뜻하는 '픽션 *fiction*'을 서로 묶어 '크리티픽션 *critifiction*'이라는 신조어를 만들어낼 만큼 비평에 창조성을 부여하였던 것이다.

　창조적 비평은 자크 데리다의 해체주의를 문학 이론으로 만든 미국 해체주의자들한테서 훨씬 뚜렷이 드러난다. 가령 제프리 하트먼은 그 동안 창조적 비평을 주창해온 대표적인 이론가 가운데 한 사람으로 꼽힌다. 하트먼과 함께 같은 예일 학파의 멤버로 활약하는 해럴드 블룸은 『영향의 불안』(1973)에서 "해석은 존재하지 않고 오직 그릇된 해석만이 존재할 따름이며, 그리하여 모든 비평은 산문시에 해당한다"[16]고 분명히 밝히고 있다. 그 동안 포스트모더니즘 이론을 소개하는 데에 남다른 관심을 보여온 이합 하산이 말하는 '패러크리티시즘'도 따지고 보면 창조적 비평과 그렇게 거리가 멀지 않다.

　비평이 문학 창작을 모방한다면 이번에는 문학 작품이 비평을 모방하기도 한다. 미국 작가 로널드 슈케닉은 아마 이러한 입장을 보여주는 가장 대표적인 작가일 것이다. 그는 첫소설 『업』(1968)을 비롯하여 단편집 『소설의 죽음과 기타 단편』(1970), 『아웃』(1973), 『98. 6』(1976) 같은 작품에서 허구와 비

---

16) Harold Bloom, *The Anxiety of Influence: A Theory of Poetry* (New York: Oxford University Press, 1973), p.95.

평의 경계선을 무너뜨린다. 그러니까 이 작품들에서 슈케닉은 작가·서술자·비평가·주인공의 네 가지 역할을 동시에 떠맡고 있다.

　이러한 현상은 단순히 문학 장르나 예술 장르에만 그치지 않고 다른 학문 분야에서도 마찬가지로 나타난다. 그 동안 학문과 학문 사이에 놓여 있던 높은 장벽이 포스트모던 시대에 이르러 점차 허물어지기 시작하였다. 다시 말해서 학제간(學際間)의 교류가 그 어느 때보다 활발하게 진행되었다. 아리스토텔레스 이후 서로 엄격히 구분되던 문학과 역사, 문학과 철학의 경계선이 점차 허물어졌다. 이제 더 이상 허구성과 사실성의 관점에서 문학과 역사를 나눌 수 없게 되었으며, 마찬가지로 명제성과 제시성이라는 관점에서 문학과 철학을 나눌 수도 없게 되었다.

　흔히 '논픽션 소설'이나 '뉴 저널리즘'이라고 부르는 장르는 허구와 실제, 소설과 현실의 경계를 무너뜨리는 대표적인 예이다. 1960년대 중엽에 들어오면서부터 이 장르는 주로 미국에서 크게 유행하기 시작하였다. 많은 작가들은 이제 허구에 기대는 대신 실제 세계에서 일어나는 사건을 직접 보고하고 기록하는 동시에 작가 자신의 코멘트를 가하는 새로운 장르를 만들어 내었다. 따라서 상상력의 산물인 허구 세계와 일상적 실제 생활에서 일어나는 사실 세계 사이에 명확한 경계를 긋는다는 것이 이제 더 이상 불가능하게 되었다. 그리하여 몇몇 이론가들은 허구와 사실의 유동적인 관계를 지적하기 위하여 사실을 뜻하는 '팩트 *fact*'와 허구를 뜻하는 '픽션 *fiction*'을 한데 묶어 '팩션 *faction*'이라는 말을 새로 만들어내기도 하였다.

　노먼 메일러는 논픽션 소설을 발전시킨 가장 대표적인 작가 가운데 한 사람이다. 그의 작품 『밤의 군대』(1968)는 '소설로서의 역사, 역사로서의 소설'이라는 부제에서도 잘 드러나 있듯이 객관적 사실에 근거를 둔 역사와 상상력의 산물인 소설의 경계를 모두 허물어버린다. 메일러의 작품보다 조금 앞서 나온 트

루먼 카포티의 『냉혈』(1966) 또한 전형적인 논픽션 소설에 속한다. 이 밖에도 헌터 톰슨의 연작소설 『공포와 증오』(1967)나 커트 보니거트의 『제 5 호 도살장』(1968)도 넓은 의미에서 논픽션 소설로 보아서 크게 틀리지 않을 것 같다. 1960년대부터 심심치 않게 논의되어온 '소설의 죽음' 문제도 이와 결코 무관하지 않은 듯하다.

한편 전통적인 저널리즘의 개념에서 크게 벗어나는 뉴 저널리즘은 톰 울프와 같은 저널리스트들의 작품에서 잘 나타난다. 그의 『캔디 색깔의 탄지르 오렌지 조각 유선형 어린아이』(1965)와 『펌프장의 패거리』(1968), 그리고 『일렉트릭 쿨-에이드 애시드 테스트』(1969) 같은 작품은 흔히 가장 대표적인 뉴 저널리즘 작품으로 손꼽힌다. 그는 앞의 두 작품에서는 1960년대의 미국 생활을 기록하고 있고, 마지막 작품에서는 소설가 켄 키지가 미국 대륙을 횡단하며 겪은 경험을 다루고 있다. 울프 말고도 헌터 톰슨, 존 맥피, 조운 디디온, 로버트 퍼시그 같은 미국 작가들을 비롯하여 페터 한트케, 맥신 홍 킹스턴, V.S. 나이폴, 밀란 쿤데라와 같은 비미국계 문화권의 작가들 역시 대표적인 뉴 저널리스트들에 속한다.

1970년대 말엽과 1980년대 초엽을 분수령으로 뉴 저널리즘은 새로운 국면을 맞는다. 이제까지 뉴 저널리스트들은 비록 상상력에 크게 기대고 있으면서도 여전히 현실 세계에서 실제로 일어난 사건을 보도하려고 하였다. 그러나 이제 몇몇 저널리스트들은 객관적 기술과 보도에 깊은 회의와 불신을 보여주기 시작하였다. 객관적 기술과 보도를 오히려 미신이나 신화로 여기는 그들은 아예 실제 사건이나 상황과는 아무런 관련 없이 완전히 날조된, '새로운 뉴 저널리즘'을 만들어내었던 것이다.

예를 들어 재닛 쿡은 1981년 봄 미국의 저명한 신문 워싱턴 포스트에 여덟 살 난 헤로인 중독자를 다룬 「지미의 세계」라는 글을 발표하였다. 이 기사로 이 신문은 미국에서 가장 권위 있는 풀리처상을 받았을 뿐만 아니라, 이 기사를 쓴 기자 또한 그 공로를 인정 받아 신문사에서 융숭한 대접을 받았다. 그러나 이 기사는 얼마 후 실제 사실에 기초한 객관적 보도가 아니라 기자가 일부러 꾸며낸 거짓 기사로 판명되었다. 한편 칼럼니스트인 마이클 데일리는 역시 저명한 신문 뉴욕 데일리 뉴스에 「빌파스트의 거리에서, 어린이들의 전쟁」이라는 칼럼을 쓴 적이 있다. 컬럼비아 대학은 그에게 뉴욕 시에 관한 훌륭한 뉴스 기사를 쓴 언론인에게 주는 메이어 버거 상을 주었다. 그러나 런던의 데일리 메일지는 데일리의 칼럼이 완전히 날조된 '거짓말투성이'라고 폭로하였고, 그는 곧 신문사를 그만두지 않으면 안 되었다. 이와는 약간 다른 맥락이지만 미국의 유수 잡지 『에스콰이어』지에 실려 한때 그야말로 선풍적인 인기를 누린 바 있는, 마이클 허의 월남전에 관한 글 역시 실제와는 꽤 거리가 먼 허구로 판명되어 물의를 빚기도 하였다.

그렇다면 1960년대에 이르러 왜 갑자기 뉴 저널리즘이 생겨나게 되었을까? 여기에는 여러 가지 까닭이 있겠지만 무엇보다도 그것은 공식적인 언술에 대한 불신에서 비롯한다고 볼 수 있다. 존 F. 케네디 대통령이 재임하던 시대까지만 하더라도 공식적 언술은 그런대로 진실을 말하는 것으로 받아들여졌다. 그러나 그의 암살 이후 사태는 전혀 달라지게 되었다. 린든 B. 존슨 행정부의 실수와 리처드 닉슨 행정부의 조작과 거짓말, 그리고 월남전과 워터게이트 사건 따위로 말미암아 이제 매스 미디어들은 점차 환상과 낙관주의의 깊은 잠에서 깨어나기 시작하였다. 그리하여 말로 표현되건 글로 기록되건 또는 텔레비전을 통한 영상으로 표현되건 모든 공식적 언술에 대하여 깊은 불신을 나타내었다. 만약 대중 매체가 역사의 내용을 마음대로 조작하고 텔레비전과 신문이 역사적 사실을 왜곡하고 오도한다면, 사실적인 것과 비사실적인 것, 사실과 허구 사이에 경계선을 긋는다는 것은 이제 더 이상 아무런 의미가 없게 마련이다.

5. '억압된 것의 복귀'와 대중 문화

포스트모더니즘이 그 동안 장르와 장르 사이의 '경계선을 넘는' 작업에 큰 관심을 보여왔다면, 그것은 또한 고급 문화와 대중 문화 사이의 '간격을 좁히는' 작업도 게을리하지 않았다. 사실 포스트모더니즘의 개념이 처음으로 구체화되기 시작한 것은 다름아닌 대중 문화와의 관련성에서였으며 지금까지도 포스트모더니즘은 여전히 대중 문화와 깊은 관계를 맺고 있다. 포스트모더니즘을 모더니즘과 구별짓는 중요한 특성 가운데 하나는 바로 고급 문화와 대중 문화 사이의 높다란 장벽을 허물어버린 데에 있다. 그 동안 고급 문화와 저급 문화, 엘리트 문화와 대중 문화 사이에는 마치 베를린 장벽처럼 높다란 장벽이 가로놓여 있었다. 그러나 포스트모더니즘에 이르러 지그문트 프로이트가 말하던 '억압된 것의 복귀' 또는 힐턴 크래머가 말하는 '속물들의 복수' 현상이 본격적으로 고개를 쳐들기 시작하였다. 그 동안 모더니즘의 엘리트주의와 고답주의의 그늘 밑에 가리워진 채 제대로 빛을 보지 못하던 대중 문화가 새롭게 그 존재 이유를 부여받게 되었던 것이다.

이러한 '억압된 것의 복귀' 현상은 그 동안 무시되어왔거나 소홀히 취급받아온 장르들이 새롭게 그 가치를 인정받는 데에서 잘 드러난다. 예를 들어 미술에서는 일부 특권층만을 위한 난해한 추상 표현주의 미술보다는 좀더 대중적인 팝 아트가 훨씬 더 각광을 받기 시작하였다. 그 동안 기껏하여야 주변적인 위치밖에는 차지하지 못하던 공상과학소설이나 서부개척소설 또는 탐정소설 따위가 중심적인 문학 장르로 새롭게 떠올랐다. 사실 이러한 현상은 미술이나 문학에 그치지 않고 댄스나 음악 또는 영화 같은 다른 예술 분야에서도 마찬가지로 쉽게 찾아볼 수 있다.

레슬리 피들러는 대중 문화의 관점에서 포스트모더니즘을 처음 논의한 가장 대표적인 이론가 가운데 한 사람이다. 「새로운 돌연변종」(1965)과 「경계선을 넘고 간격을 좁혀라」(1970) 같은 논문들에서 그는 대중 문화에 대한 관심을 포스트모더니즘을 특징짓는 가장 중요한 요소로 꼽는다. 그는 순수 예술에 맞서 '반예술적'이고 '진지성에 반대하는' 대중 예술의 출현을 열렬히 환영한다. 두번째 논문에서 그는 "엘리트 문화와 대중 문화 사이의 차이를 좁히는 것이 바로 오늘날의 소설이 맡아야 할 역할"[17]이라고 밝힌다.

포스트모던 대중 문화를 특징짓는 첫번째 문학 장르는 서부 개척소설이다. 서부개척소설이란 문자 그대로 미국 서부 지방이 개척되던 무렵 그곳의 삶의 모습을 그리는 문학 장르를 말한다. 좀더 구체적으로 말해서 그것은 대략 남북 전쟁이 일어난 무렵에서 1890년대 후반에 이르기까지 흔히 '와일드 웨스트'로 알려진 서부 지방의 삶을 다루는 문학을 가리킨다. 미주리 강으로부터 태평양 해안에 걸쳐 펼쳐져 있는 광활한 초원의 목장 지대와 험준한 산맥 그리고 사막들은 모험적인 작품을 쓰는 작가들에게 더할 나위 없이 좋은 소재가 되었다. 특히 소떼를 돌보거나 소를 팔려고 먼 거리를 여행하는 카우보이, 이 무렵 한창 활기를 띠기 시작한 광업 업자, 그리고 불량배들과 범법자들과 싸우는 보안관들의 삶은 문학 소재로서는 그야말로 안성맞춤이었다.

카우보이와 보안관이 중심 인물로 등장하는 서부개척소설은 19세기 중엽에 걸쳐 쏟아져나온 이른바 '다임소설'(십전소설)이라는 싸구려 대중소설에서 그 기원을 찾을 수 있다. 이 소설에서는 능수능란하게 주먹과 총을 다루는 카우보이들이나 보안관들이 인디언 원주민들이나 가축 도둑들 또는 그 밖의 다른 범법자들을 용감하게 물리치는 영웅적이고 전설적인 내용이 멜로드

---

17) Leslie Fiedler, "Cross the Border——Close the Gap," in *Fiedler Reader* (New York: Stein and Day, 1977), p. 270.

라마풍으로 묘사되어 있다. 이렇게 어린이들을 위한 통속적인 오락물로밖에는 인정을 받지 못하던 서부개척소설은 비로소 포스트모더니즘에 이르러 중요한 장르로 평가받기 시작한다. 적지 않은 포스트모더니스트들이 이제까지 이 장르에 깊은 관심을 보여왔으며 이 전통을 좀더 세련된 문학 형태로 발전시켰다. 예를 들어 존 바스는 한편으로는 메타픽션 같은 실험성을 극한점에까지 밀고 나가고, 다른 한편으로는 서부개척소설 같은 대중소설에 깊은 관심을 보여왔다.

외설소설은 서부개척소설과 함께 포스트모던 대중 문화를 특징짓는 두번째 문학 장르로 꼽힌다. 레슬리 피들러는 일찍이 외설 문학을 중요한 포스트모더니즘의 특징으로 파악한 바 있다. 피들러와 마찬가지로 그 동안 외설 미학에 큰 관심을 보여온 수전 손탁은 이 장르에 이론적으로 뒷받침을 해준 대표적인 비평가이다. 그녀는 1960년대 미국의 반문화 운동과 관련하여 새로운 자발성과 새로운 감수성에 주목한다. 더구나 외설 문학은 이번에는 이 장르의 책을 전문으로 간행하는 출판사가 생겨나면서 훨씬 더 활기를 띠게 되었다.

손탁의 이론적 뒷받침과 출판사의 후원을 받은 몇몇 작가들은 그 동안 지하에 숨어 있었던 것과 거의 다름없던 외설 문학을 되살려내는 데에 앞장섰다. 블라디미르 나보코프와 노먼 메일러는 외설 문학을 발전시킨 대표적인 작가들이다. 나보코프는 『롤리타』(1955)에서 근친상간같이 문학에서 그 동안 금기시되어온 주제를 과감하게 다룬다. 외설 문학에 관한 한 노먼 메일러 역시 나보코프에 결코 뒤지지 않는다. 그 동안 정치적 문제에 관심을 갖고 있던 메일러는 점차 외설 문학에 큰 관심을 보이기 시작하였다.

포스트모던 대중 문화와 관련한 세번째 문학 장르는 흔히 공상과학소설로 잘 알려진 소설이다. 공상과학소설이란 쉽게 말해서 시간과 공간을 뛰어넘는 문학 장르를 말한다. 그것은 현세보다는 내세, 인간이 현재 살고 있는 지구보다는 외계에 더 큰 관심을 갖는다. 공상과학소설을 '부재의 문학'이니 '불가능성의 문학'이니 하고 부르는 까닭이 바로 여기에 있다. '공상'이라는 말이 함축하고 있듯이 여기에서는 무엇보다도 인간의 상상력이 매우 중요한 지배소로 작용한다. 웰치 D. 에버먼의 말대로 이 장르는 말하자면 '종이 위의 세계'에 해당한다. 이러한 상상력이 빚어낸 텍스트는 오직 책 속의 언어로서만 존재하는 세계를 다루는 까닭이다. 또한 '과학'이라는 말이 뜻하듯이 소설 장르는 과학이나 유사 과학에 크게 기대어 플롯을 설정한다.

1960년대부터 공상과학소설은 종래의 그것과는 큰 차이를 보인다. 이제까지 과학소설은 비록 공상적이기는 하지만 어디까지나 리얼리즘의 테두리에서 크게 벗어나지 않았다. 그러나 이 무렵부터 그것은 점차 자기 반영적인 특성을 띠기 시작하였다. 이것이 바로 많은 비평가들이 흔히 '뉴 웨이브'라고 부르는 소설이다. '뉴 웨이브' 과학소설이란 한편으로는 전통적인 과학소설의 테두리에 속해 있으면서 다른 한편으로는 그 테두리를 벗어나 전혀 새로운 소설을 창안해내는 장르를 말한다. 즉 그것은 다른 문학 장르에서 발전한 새로운 기교를 사용함으로써 그 자체의 언어적 구성에 관심을 갖고 허구성을 폭로하려고 한다. 새뮤얼 R. 딜러니, 토머스 M. 디쉬, 로저 질래즈니, 마이클 무어콕 등은 이 전통에 속하는 가장 대표적인 작가들이다. 이 밖에도 도리스 레싱, 조셉 맥엘로이, 레이먼드 페더먼, 커트 보니거트, 이탈로 칼비노, 스타니슬로 렘은 공상과학소설의 위상을 한 단계 높이는 데에 크게 이바지한 작가들이다.

포스트모던 공상과학소설은 무엇보다도 패러디적 성격을 지닌다. 적지 않은 작가들은 단순히 공상과학에 관한 작품을 쓸 뿐만 아니라, 더 나아가 공상과학소설 그 자체에 관한 작품을 쓴다. 더구나 포스트모던 공상과학소설에는 상호 텍스트적인 성격이 비교적 강하게 드러난다. 바꾸어 말해서 그것은 과거에 이미 존재해 있던 텍스트들을 모델로 삼아 플롯을 다시 구성함으로써 이른바 '문학에 대한 문학'을 만들어내는 것이다. 가령 새뮤얼 R. 딜러니는『노바』(1969)에서 중세부터 전해내려온 성배 추구의 기독교 전설을, 토머스 M. 디쉬는『집단 수용소』(1980)에서 자신의 영혼을 팔아서까지 지식을 추구한 파우스트 신화를 각각 상호 텍스트로 삼고 있다. 그런가 하면 로저 질래즈니는『이 불멸의 인간』(1966)에서 골고다 언덕으로 향하는 예수 그리스도를 모욕하였다는 이유로 최후 심판의 날까지 영원히 이 세상을 떠돌도록 저주받은 아하수에루스를 중요한 모델로 삼고 있다.

그러나 무엇보다도 포스트모던 대중 문화를 규정짓는 가장 전형적인 장르라고 한다면 역시 탐정소설이다. 마이클 홀퀴스트의 말대로 모더니즘 문학이 주로 제임스 조지 프레이저와 지그문트 프로이트로 각각 대변되는 신화와 심층 심리학에 기대고 있다면, 포스트모더니즘은 주로 탐정소설을 지배적인 모티프로 삼는다. 물론 탐정소설은 그 이전에도 이미 크게 유행한 적이 있지만 순수 문학 장르에 눌려 그 동안 제대로 빛을 보지 못하였다. 그러나 제2차 세계 대전 이후 포스트모더니즘의 거센 기류를 타고 비로소 본격적인 문학 장르로 각광을 받기 시작하였다.

20세기에 들어와 탐정소설은 크게 두 전통에서 발전해왔다. 하나는 '화이트 글로브' 탐정소설로 알려진 전통이고, 다른 하나는 '하드 보일드' 탐정소설로 알려진 전통이다. 주로 영국에서 발전한 전자의 탐정소설은 좀더 문학적인 성격을 지닌다. 물론 종래의 탐정소설과 마찬가지로 살인 같은 범죄가 중요하게 취급되고 있기는 하지만 이 갈래의 탐정소설에서는 살인 행위가 고도의 문학적인 분위기 속에서 일어나기 일쑤이다. 뿐만 아니라 저명한 대학교수나 학자가 직접 미스터리를 해결하는 탐정으로 등장하기도 한다. 한편 미국에서 주로 발전한 '하드 보일드' 탐정소설은 '화이트 글로브' 탐정소설과는 본질적인 면에서 다르다. 흔히 반문학적인 입장을 취하는 이 갈래 소설은 엘리트적인 고급 문화를 거부하고 좀더 대중 문화 쪽에 주의를 기울인다. '하드 보일드' 탐정소설의 대변자 가운데 한 사람인 레이먼드 챈들러는 미국의 탐정소설이 영국의 그것과는 달리 좀더 구체적이고 일상적인 경험을 다룬다는 점을 지적한 적이 있다.

이 두 전통의 탐정소설보다 뒤에 발전한 세번째 전통은 흔히 '형이상학적' 탐정소설로 알려진 전통이다. 이 '형이상학적' 탐정소설이라는 용어는 하워드 헤이크래프트가 『즐거움을 위한 살인』(1941)이라는 책에서 영국 소설가 G.K. 체스터턴의 작품을 기술하기 위하여 맨 처음으로 쓴 것으로, 포스트모더니즘과 관련하여 주로 논의되는 탐정소설은 바로 이 갈래에 속한다. '형이상학적' 탐정소설에서는 전통적인 탐정소설에서 흔히 볼 수 있는 패턴을 의도적으로 깨뜨린다. 여기에서는 전통적 의미의 플롯을 별로 찾기 어려울 뿐더러 결과보다는 오히려 과정을 더 중요하게 여긴다.

흔히 포스트모더니스트로 볼 수 있는 작가들은 거의 대부분이 '형이상학적' 탐정소설에 깊은 관심을 보여왔다. 포스트모더니스트치고 이 장르를 직접 또는 간접적으로 시도해보지 않은 작가는 거의 없다고 하여도 그렇게 틀린 말이 아닐 것이다. 예를 들어 앞에서 언급한 움베르코 에코의 『장미의 이름』을 비롯하여 이탈로 칼비노의 『어느 겨울 밤 나그네가』(1979), D.M. 토머스의 『하얀 호텔』(1981), 마누엘 푸이그의 『스파이더우먼의 키스』(1978) 따위는 가장 대표적인 형이상학적 탐정소설로 손꼽힌다. 그런데 여기에서 한 가지 눈여겨볼 것은 형이상학적 탐정소설에서는 상호 텍스트성이 무엇보다도 중요한 지배소로 작용한다는 점이다.

요컨대 포스트모더니즘은 단순히 모더니즘의 논리적 계승이나 발전으로 볼 수 없고, 마찬가지로 단순히 모더니즘에 대한 비판이나 거부라고도 볼 수 없다. 한마디로 포스트모더니즘은 모더니즘의 논리적 계승이며 발전인 동시에 그것에 대한 비판적 반작용이며 단절이다. 이러한 이중적인 양면성을 지나친 채 포스트모더니즘을 올바로 이해하기란 무척 어렵다. 이 가운데에서 유독 어느 한쪽만에 무게를 싣는 것은 포스트모더니즘은 말할 것도 없고 모더니즘의 개념과 본질마저도 그릇되게 파악할 위험이 있다.

19세기를 마감하는 분수령에서 영국의 비평가 매슈 아놀드는 "한 세계는 이미 사멸해버리고 다른 세계는 아직 새로 태어나기에는 무력한" 두 세계 사이에 살고 있다고 말한 적이 있다. 20세기를 마감하고 21세기를 바로 눈앞에 두고 있는 지금 우리도 아놀드가 느꼈던 것과 꼭 같이 느낀다. 포스트모더니즘은 바로 이러한 역사의 전환점에서 나온 사조요 이론이다. 역사적 전환점에서 나온 사조와 이론이 으레 그러하듯이 포스트모더니즘도 그 형식에 있어서는 급진적이고 그 내용에 있어서는 비판적인 성격을 지닌다. 그리고 이러한 급진성과 비판적 성격은 시간이 흐름에 따라 전통으로 뻣뻣하게 굳어질 운명을 맞게 될 것이다.

제2 부
문예사조와 한국 문학

신문학 초기의 계몽 사상과 근대적 자아[*]

김 붕 구

　서구의 근대적 자아가 우선 중세적 기독교 교권의 억압, 그 초인간적·초세속적인 절대 권위 밑에 정신 활동에 있어서나 실생활면에 있어서나 완전히 매몰되고 상실되었던 개아(個我)를 재발견하고, 영(靈)의 세계에 흡수되었던 지상의 자아를 되찾아 해방시키려는 데서 싹텄거니와(르네상스기), 프랑스 계몽 사상의 선구자들 역시 데카르트의 방법론을 역이용하여(데카르트는 학리면〔學理面〕에서는 철저히 합리주의의 방법을 밀고 나가되 종교와 실천 윤리면에서는 기성 권위를 옹호), 이성이라는 무기로 강화된 비판 정신으로 이번에는 외부적 공격이나 해방의 부르짖음이 아니고 과학적으로 종교 자체의 내부 즉 그 교리로 침투하여 이를 검증하며 부조리한 일체의 권위를 무너뜨림으로써 계몽 사상의 길을 개척했다. 이와 마찬가지로 우리나라의 계몽 사상이 그리고 춘원의 출발점이 몇백 년 간 쌓이고 굳어버린 유교적 가치관 및 윤리와 인습의 질곡을 쳐부수고 개아를 얽어매는 올가미를 끊어버림으로써 자아를 해방하려는 '나'의 '자유와 자율'을 부르짖은 것은 당연한 순서라 하겠다. 그리하여 그는 초기 문장의 최초의 논설(1910년 2월)에서,

---

[*] 이 글은 편집자가 전면적으로 재편집했음.

　　現時 吾人 狀態를 관찰하건대 上下 貴賤은 물론하고 소위 義務
라 道德이라 하여 一時 社會의 제재와 公衆 면목에 左右한 바가
되어 거의 塞責的 又는 表面的으로 苟且히 行動할 뿐이요, 능히
自動自進으로 **自由自在**하여 **自己心理**를 **不欺**하고 道德範圍內에
活動하는 자가 無하고, 社會制裁의 奴隸가 되어 **獨立的** 道德으로
행동을 **自律**치 못하니 〔……〕 (전집 1,「今日 我韓靑年과 情育」,
p. 474)

라고 개탄하며, 자동·자진·자유자재·자기·자율을 부르짖는다
(이 순박하고 짤막한 글에 나타난 ‘자〔自〕’자의 빈도에 주목). 한걸
음 나아가 그는 루소 투로 사회 문명 제도의 핍박을 고발하여,
“오호(嗚呼)라 인류를 위하여 조직한 사회·국가가 도리어 인
(人)에게 고통을 여(與)하는 기계(機械)를 작(作)하며, 인(人)
을 위하여 성립한 법률·도덕이 도리어 인(人)을 오(誤)하는
망(網)과 천(穿)을 작(作)하였나니”(같은 책)라고 개탄한다.
당연한 순서로 ‘자유·자율’의 자아 의식은 ‘개인의 인격’과 ‘평
등’의 주장, 즉 개인주의적 인권을 주장하는 반항으로 전개된
다. 조선 가족 제도의 가장전제(家長專制)를 고발한 글에서,
“대저 개인의 인격을 존중함은 현대 문명의 특징이라. 고석(古
昔)에는 삼천지죄(三天之罪)에 불효가 최대하다 하였거니와 현
대에 재(在)하여 최대한 죄악은 타인의 인격을 무시하고 인권
을 침해함이니”(같은 책,「조선 가정의 개혁」, p. 491) 하였으며,
이 같은 생각은 다시 ‘개인 의식’과 ‘인권’ ‘평등’ 사상에서 일
종 ‘자아 중심’론으로까지 격화된다. 그것이 곧 당대의 ‘폭탄 선
언’인「자녀 중심론」이다.

　　生物學이 가르치는 바와 같이 人類의 目的이 個體의 保全과 種
族의 保全에 있다 하면 **天下**의 중심은 **自己**요 다음에 重한 것은
子孫일 것이니, 他人을 爲하여 自己를 희생하는 것은 특수한 경우

를 除한 外에는 惡이라. 〔……〕 女子는 自己便으로 보면 獨立한 個體니 子女는 實로 子女 自身을 爲하여 난 것이요 父祖를 爲하여 난 것이 아니니 〔……〕 (전집 17, p. 42)

먼저 가족 제도에 관한 고발을 보았거니와, 모랄리스트 춘원이 이 문제에 관하여 당시 우리 사회의 세태 누습(陋習)을 들어 꼬집지 않을 수 없는 일이다. 그리하여 혼인 문제에 논급하여, "조선인은 혼인을 경(輕)히 여깁니다. 우마의 매매보다도 경히 여깁니다"라고 비판하면서 "대저 혼인은 청년된 남녀의 자의로 할 계약 행위외다"라는 충격적 주장을 한다.

지금 읽어보아 아무 신기할 것 없는 이야기지만, 전기 「자녀 중심론」이나 이러한 「혼인론」이 당대에는 얼마나 충격적인 선언이었던가를 짐작할 수 있다. 이러한 사상이 곧 그의 초기 대작 『무정』 『개척자』의 중심 사상을 이루고 있음은 두말할 나위 없는 일이다. 그것이 소설에서는 주로 결혼에 있어서의 연애 지상이라는 명제로 표현된다. 서로 존경하는 사이인 남녀 '형식'과 '선형'의 다음과 같은 문답을 보라(부모의 적극적인 허락으로 약혼한 사이다).

"만일 선형씨가 나를 사랑하시지 아니하면?"
"벌써 약혼을 했는데두?"
"약혼이 중한 것이 아니지요."
"그러면 무엇이 중합니까?"
"사랑이지요."
"만일 사랑이 없다면?"
"약혼은 무효지요." (전집 1, 『無情』, p. 251)

신교육을 받은 부잣집 딸 선형이가 이 말을 듣고 깜짝 놀랄 만큼 당시에는 새롭고 충격적인 선언이다. 한편 어려서 헤어진 형식을 홀로 사모하며 시골서 단신 상경하여 기생이 되어 만인의 총애를 받으면서도 끝내 수절을 해오다가 강제로 정조를 빼앗긴 후 자살을 결심한 영채(妓名 桂明花)에게, 동경 유학에서 돌아오는 여학생이 차중에서 사귀어 그 사연을 듣고, "그러면 지금도 그 형식을 사랑하시오?" 하고 묻는다. 그리고 사랑이란 '그리워한다' '정답다' '반갑다' 등과도 다른 무엇이라는 것을 암시한다. 사모하는 사람을 위하여 수절하던 정조를 빼앗긴 것만으로 자살하려던 영채에게 부르짖는다. "나는 그것이 죽을 이유라고는 생각하지 아니합니다"(같은 책, p. 229)라고.

역시 당시로는 '깜짝 놀라' 마땅한 선언이다. 계속하여, 동경서 돌아오는 여학생의 입을 빌어 다음과 같은 자아 중심의 경종을 울리는 것이다.

"영채씨도 이러한 낡은 사상의 종이 되어서 지금껏 속절없는 괴로움을 맛보셨읍니다. 그 속막을 끊으십시오. 그 꿈을 깨십시오. **저를 위하여 사는 사람이 되십시오. 자유를 얻읍시오.**" (같은 책, p. 231)

『개척자』(1918)는 불과 1년을 격한 작품이건만 『무정』의 사랑에 대한 각성과 예찬에서 일보 전진하여 심리 분석과 모랄리스트로서의 예리한 관찰이 심화되고, 사랑을 계기로 하는 자아의식은 더욱 두드러지게 강조된다. 이때까지 기울어져가는 가운을 돌보지 않고 과학 연구에만 몰두하는 오빠 '성재'를 지극히 사랑하며 시중들어주고, 어머니를 모시고 지내오던 정숙한 '성순'은 자기 의사에 반하여 어떤 부유한 후원자와 결혼시키려 할 때, 새삼스레 '민'에 대한 사랑의 열도(熱度)를 자각하고 사랑을 위한 탈출을 결심한다.

그때까지 성순은 어떤 專制王國의 一臣民에 불과하였으나, 그때부터 성순은 이미 至尊의 女王이다. 만사를 자기의 지혜대로, 情

意대로 처결하여야 할 君主다. 그러니까 그는 분명히 자기의 사랑과 목적을 검사하여볼 필요가 있다. (전집 1, 『開拓者』, p.402)

이렇게 자주 자율권을 구가한다. 이어 여주인공 '성순'의 각성은 다음과 같이 역시 자아 중심으로 격(激)하여진다.

그러나 한 사람은 결코 다른 사람(비록 그가 부모나 형제라도)의 체면이나 명예의 희생이 될 것이 아니다. 나는 내다. 내 사람이다. 母親의 성순도 아니요, 성재(오빠)의 성순도 아니요, 오직 성순의 성순이다. (같은 책, p.404)

이러한 새로운 자아·자유·자립의 '나'의 각성은 필연적으로 일체의 침체한 것, 고루한 것에 대한 반항에 불타는 '우리들' 새 세대 의식을 불러일으킨다. 춘원의 그것이 얼마나 투쟁적이며 과격한 것인가는 「자녀 중심론」에 여실히 나타나고 있거니와, 처음에 인용한 그의 최초의 논설 「금일(今日) 아한 청년(我韓靑年)과 정육(情育)」(소위 「情育論」, 1910년 2월)과, 같은 해 6월에 『소년』지에 발표된 「금일 아한 청년(我韓靑年)의 경우」에서 벌써 과거의 일체를 거부하고 무에서 출발하는 새 세대의 기개와 각오를 선언하고 있다. 이 '새 세대' 의식은 문학론과 창작〔小說〕에서도 동궤이지만, 그의 사상 전개의 좀더 깊은 계기를 살펴보면 '새 세대' 의식을 끝까지 이끌고 나가지 못하고 3·1 운동 이후 역시 거의 좌절되고 만다는 점에서, 역시 같은 시기부터 변질되기 시작하는 민족 의식의 중간 의식——즉 첫머리에서 지적한 우리나라 개화·계몽 사상의 특수상에서 수긍할 수 있듯이——새로 자각된 자아 의식이 동시에 자각된 민족 의식 속에 차츰(민족 수난이 극도에 달함에 따라) 흡수 매몰되는 중간 의식 구실밖에 하지 못한 것이다. 여하간 이 강렬한 '새 세대' 의식이야말로 개화 사상에 따르는 매우 특징적인 현상이므로 따로 살펴보기로 한다.

춘원 최초의 논설 「정육론(情育論)」에서 우리는 자율·자립·자유를 표방하는, 개성과 개아에 눈뜬 자아의 부르짖음을 보았다. 이 새로운 '나'의 발견은 곧 이를 억누르고 짓밟아온 거대하고도 뿌리깊은 사면의 적, 즉 낡은 가치관과 권위와 풍습·인심 그리고 이를 묵수하려거나 혹은 사로잡힌 구세대에 대한 새 세대인 '우리'들의 자각으로 전개됨은 당연한 일이다. 개화기에, 그것도 일본이나 한국의 그것처럼 하루아침 별안간에 미몽에서 깨듯이 외부 자극에 의하여 몇백 년 묵어온 후진성을 깨닫고 거기서 탈출하려고 몸부림치는 급격한 전환기에서만 볼 수 있는 극적이며 철두철미한 신구 세대의 대립의 한 전형적 예를 여기서 볼 수 있다. 서양의 르네상스도 학술·문예에서 비롯하여 사상·종교로 서서히 진행되었고, 프랑스의 계몽 사상 역시 문예상으로 '신구파 논쟁'을 거쳤고 5, 60년 후에 신구 세대의 충돌을 다룬 디드로 Diderot 의 희극 「가장 Le père de famille」 (1758)이 있지마는, 어디까지나 문예에 관한 것일 뿐더러, 연계적인 역사적 진전이어서, 우리나라의 개화기처럼 문예는 물론이고 사상·제도·풍습·세태·복장에 이르기까지 급격하고 단절적이며 폭발적인 대립을 찾아볼 수 없다. 춘원의 가장 초기의 글 중에서 이러한 자각을 여실히 볼 수 있다.

他國이나 他時代의 靑年으로 말하면 그 先祖와 父老에 의하여 놓은 것을 繼承하여, 保全 發達함이 그 직분이려니와, **우리들 청년**으로 말하면 놓은 것 없는 空漠한 곳에 各種을 創造함이 職分이라. 〔……〕 우리들을 教導할 만한 社會가 있는가, 先覺者나 있는가, 學校나 있는가. 〔……〕 **우리들 청년**은 被教育者 되는 同時에 教育者 되어야 할지며 〔……〕

같은 해에 쓴 「조선 사람인 청년에게」에서도 역시 무에서 새 출발한 새 세대의 중책과 그만큼 큰 포부를 지닌 고귀한 사명을 역설하고 나서, 일보 전진하여 새 세대의 새로운 논리의 기준은

오직 '생'이라는 새 세대의 가치관을 내세우고,

> 此에 反하여 '生'에 沒交涉한 것을 생각하고 行하면 이는 惡이
> 고 不義니라. 〔……〕 그런 것들은 마땅히 살아 있을 자격이 없으
> 니, 國家의, 나아가서는 社會의 公敵으로 하여 의례히 撲殺하여야
> 할지라. (그들에게) 어찌 '朝鮮 사람인 靑年'이란 귀중한 이름을
> 주리오. 萬一 억지로 이름을 주려 할진댄 때려죽일 놈, 짐승 같은
> 놈, 똥 먹일 놈 등의 이름으로써 하겠도다. 이러니 廢物만 있고
> 보면 새 世上 만들긴커녕 滅亡이 있을 뿐이리라. (같은 책, p.
> 188)

이처럼 춘원으로서는 생애에 예 없는 과격하고 흥분된 욕설
까지 퍼붓고 있다. "새 세상 만들"려는 새 세대 의식이 얼마나
강렬하고 의기충천했던가를 짐작할 수 있다. 새 세대 의식은 작
품 『무정』 『개척자』 등의 도처에서 혹은 신구의 충돌로 혹은
새 세대의 자각·포부로 나타난다.

> 이리하여 소위 **新舊 사상의 충돌**이라는 新文明 들어올 때에 의
> 례히 있는 비극이 일어나는 것이다. 자기가 생각하지 못하던 바를
> 생각함은 낡은 사람이 보기에 異端 같지마는 기실은 낡은 사람들
> 이 모르던 새 진리를 안 것이다. (전집 1, 『無情』, p. 206)

『무정』의 마지막 유명한 대목, 유학 가는 도중에 홍수 피해
민 구제 자선 음악회를 열어 동포를 구하는 약간 멜로 드라마식
의 흥분 뒤에 전개되는 그들 새 세대의 대화를 들어보라.

> "조선 사람에게 무엇보다도 먼저 科學을 주어야 하겠어요, 지식
> 을 주어야 하겠어요."
> 하고 주먹을 불끈 쥐며 자리에서 일어나 방안으로 거닌다.
> "여러분은 오늘 그 광경을 보고 어떻게 생각하십니까?"

〔⋯⋯⋯〕
“힘을 주어야죠! 文明을 주어야지요.”
“그리하려면?”
 형식은 한번 더,
“그것을 누가 하나요?” 하였다.
“우리가 하지요!”
하는 대답이 기약하지 아니하고 세 처녀의 입에서 떨어진다.
 네 사람의 눈앞에 불길이 번쩍 하는 듯했다. (같은 책 1, pp. 310~12).

 여기서 춘원의, 그리고 우리나라의 개화·계몽을 담당한 ‘새 세대’ 의식과 그 사명감과 그 발현의 특수 조건이 남김없이 표현되고 있다. “새로운 문명을 주자”——‘과학’ ‘지식’을 배워서——물론 현대 서구 문명이다. 그것을 ‘우리가’ 해야 한다. 그리하여 불쌍하고 가난한 동포를, ‘조선을’ 구하자. 즉 개화 계몽 운동은 처음부터 민족주의적 구국 운동과 동궤쌍륜(同軌雙輪)을 이루고 있는 것이다. 그리고 그 방법은? “교육으로, 실행으로!” 여기서 우리나라 개화 계몽 운동에서 비장하리만큼 강조되고 또 앙양된 교육열을 엿볼 수 있거니와, 구문명의 미몽에서 눈을 비비고 깨어났을 때는 이미 까마득히 뒤떨어져 있었고, 뿐만 아니라 한걸음 먼저 배우고 개화한 일본에게 어느덧 꼼짝없이 먹혀 버리는 울화가 터지는 비극을 겪은 터이며, 더구나 열한 살 때부터 이미 동학(東學)에 입당하여 “철로와 화륜선(火輪船) 부리는 재주를 배우자”라는 구호의 개화 구국 운동 속에서 자란 춘원으로서는 망국의 회한이 온통 교육에 대한 일루의 기대로 기울어짐은 당연한 일이리라. 여기서 한 가지 덧붙여 주목할 만한 것은, 3·1 운동 이후의 춘원의 사상을 특징짓는 ‘실천주의’가 이미 싹트고 있음을 볼 수 있다는 점이다. 과거를 일체 부정하는 춘원의 초기 계몽 사상에서 볼 수 있는 전통 부정과 실천주의의 혼합——이것이 바로 춘원의 사상가로서의 한계를 예고

하는 하나의 복선이며, 나아가서는 '춘원의 비극'을 푸는 실마리가 되리라. 하여간 아직은 과거를 일체 부정하는 철저한 '새 세대' 의식이 모든 것을 누르고 압도적으로 드러난다. 1920년 이후의 춘원을 알고 있는 우리로서는 놀라우리만큼 과격한 과거 전통 일체 부정의 '새 세대' 의식은 문학론에서도 예외가 아니다.

> 一言以蔽之하면 과연 朝鮮人의 文學이라 할 만한 朝鮮文學이 있었을까. 〔……〕 적어도 李氏 朝鮮 오백 년 간에는 吾人은 '우리 것'이라 할 만한 哲學·宗教·文學·藝術을 가지지 못하였다. 〔……〕 詩와 小說에는 中國의 模造品이라도 있었거니와 劇에 이르러서는 그것조차 없었다. 〔……〕 즉, 朝鮮人에게는 詩도 없고 小說도 없고 劇도 없고, 즉 文藝라 할 만한 文藝가 없고, 즉 朝鮮人에게는 精神的 生活이 없었다. (전집 17, 「復活의 曙光」, pp. 27~29)

이렇게 뚝 잘라 단정하고, 문학 역시 '전무(全無)'에서 새 출발하여야 하는 '새 세대'의 사명임을 선언한다. 이러한 '새 세대' 의식은 그 집약적인 선언문인 「자녀 중심론」에서, 드디어 절정에 달하여 다음의 약언(約言) 속에 유감없이 요약된다.

> 一家의 傳統에 끌림은 우리의 取할 바 아니니 그것이 '필요하거든' 幣履와 같이 집어던지고 自己가 一家의 始祖가 되리라는 氣魄이 있어야 한다. 〔……〕 우리는 先祖도 없는 사람, 父母도 없는 사람(어떤 의미로는)으로 今日 今時에 天上으로서 吾土에 降臨한 新種族으로 自處하여야 한다. (전집 17, pp. 46~47)

이렇듯 내가 곧 '일가(一家)의 시조(始祖)'요, '우리'는 이 땅에 처음 '강림한 신종족'으로 자처하기에 이르는 철저한 자아 중심과 '새 세대' 의식은 그 과격·교만함이 계몽가로서의 후기

(1921년 이후 약 10년)와 그 후 만년(晚年)에 이르기까지의 온건·점진·실천적 경향과 성실·신의로 일관한 구도자적 성격과는 너무나 판이한 대조를 보여주고 있다. 이러한 상반된 이중 성격(驕激과 겸허)은 성격상으로도 재론할 문제이지만, 우선 첫째 그의 계몽 사상 자체의 허점을 드러내는 1921년 이후의 대전환, 둘째 문학·사상 양면으로 개척자·선각자를 자부하는 그 자신이 전무에서의 새 출발을, 즉 '전통의 단절'을 선언했다는 점은 신문학사뿐만 아니라 우리나라 정신사의 한 특징을 보여주는 것으로 주목할 만하다.

우선 이러한 자아의 각성과 거기에 따르는 새 세대 의식은 필연적으로 이를 억압하는 낡은 전통과 정신적 가치·윤리 및 세태·인심·인습 등(뫼르스 *moeurs*)에 대한 반항·비판으로 윤리적 자세를 가다듬지 않을 수 없다. 우선 부정·파괴의 일면이다.

새로 눈뜬 자아가 정신적인 질곡일 뿐만 아니라 몇백 년을 두고 제도 속에 혹은 세태 인심(뫼르스) 속에 혹은 일상 거취 속에, 행주좌와(行住座臥)·하시하처(何時何處)를 막론코 꼼짝달싹할 수 없이 굳어버린 비정의 장벽으로 느껴지는(「情育論」도 실은 이에 대한 반항의 한 표현) 유교 사상 및 인습에 대한 반항·비판으로 들어간다(여기서 우리는 전환기에 처한 한국 정신사상 진정한 의미의 역사적·사회적 '신구 세대의 대립'을 찾아볼 수 있을 게다).

제1기의 춘원의 낡은 사상, 낡은 인습에 대한 공격·비판은 참으로 철저하고 통쾌무비하며 또 그 영향이 일세를 뒤흔들었고, 여기서 논객으로서의 춘원의 면모가 약동함을 볼 수 있다. 그의 고발의 대상은 도교·불교 심지어는 한국에 들어온 기독교의 일면까지도 그 예외는 아니지만 시종일관 용서할 수 없는 적이 유교였다. 여기서 또한 모랄리스트·휴머니스트의 면모도 약여하거니와, 또한 '새 세대'의 사상적 거점으로 마땅히 골라잡아야 할 적을 포착한 것이라 하겠다. 우선 유교는 전술한 '자아

의식' '개아 의식'을 억압 말살하는 적으로서 규탄된다.

> 儒敎는 〔……〕 庶民으로 하여금 無意識的으로 服從케 하는 것
> 이니 '可使由之不可知之'라 함이 此를 이름이외다. 그러므로 儒敎
> 道德은 個人意識의 沒却이 思想의 發達을 沮害함이 多大하외다.
> (전집 17, 「耶蘇敎의 朝鮮에 준 恩惠」, p.19)

그 반면 기독교가 한국에 들어오자 그러한 유교적 풍토에 동화하여 빗나가고 있는 점을 지적하여, '계급적'이며 '교회 지상주의'적이며, 맹목적 믿음을 환영하여 "지식은 오히려 믿음을 약화한다"는 고루한 태도, '비현세적' '비산업적'이며, '미신적'임을 들어 반성을 촉구하고 있다(같은 책, 「今日 朝鮮 耶蘇敎會의 缺點」, pp.20~26). 그리고 그는 이러한 비판·반항의 정신을 다음과 같이 고취한다. "모든 진보는 전습(傳襲)을 비판하는 데서 생기는 것이니 **구투(舊套)에 반항한다** 함은 비판하였음을 의미함이요, 비판한다 함도 정신적 자각이 생하였음을 의미함이라"(같은 책, 『復活의 曙光』, p.37)고. 또한 「자녀 중심론」에 이르러는 유교 논리의 근본인 '효'가 조선에 들어와서는 거의 망국의 폐를 끼칠 만큼 자아를 상실케 하여 물심양면으로 무기력하고 비생산적으로 만들었음을 통박하여,

> 舊朝鮮의 子女는 오직 父祖를 爲하여서만 살았고, 일하였고 죽
> 었다. 父祖의 뜻이 곧 그네의 뜻이요, 父祖의 目的이 곧 그네의
> 目的이었다. 〔……〕 最近 3백여 년의 朝鮮人의 倫理 敎科書 되는
> 小學은 實로 孝에서 始하여 孝에서 終하였다 할이만큼 子女를 父
> 祖의 奴隸로 만들고야 말려는 孝의 思想을 鼓吹하였다. (같은 책,
> pp.40~01)

라고 통렬히 고발하고 나서 '효' 관념을 자율적·진취적으로 전

환하기를 호소한다. 그는,

> 父母의 命을 順從함이 물론 美德이지만 옳지 아니한 命까지 順從함은 도리어 不孝라. 三諫而不聽則 號泣而隨之라 하였으나, 3을 3倍나 하여 諫하기를 여러 번 하다가 그래도 不聽하시거든 自由로 行함이 좋다. 〔……〕 死者는 死者로 하여금 葬케 하고 生者는 生한 者 또는 生할 者를 위하여 生하게 하여야 되겠다. 〔……〕 必要하거든 祖先의 墳墓도 헐고 父母의 血肉도 우리 糧食을 삼아야 하겠다. (같은 책, p. 49)

라고까지 극언한다. 당시의 폭탄 선언이다.

소설 『무정』 『개척자』에서도 으레 사랑으로 눈뜨는 자아·개아 의식의 안티테제로 유교 윤리와 그 인습을 규탄하고 있다. 위에서 인용한바, 『무정』의 여주인공 영채가 어린 시절에 헤어진 형식에 대한 수절이 깨지자 자살을 결심한 데 대하여, 신교육을 받은 여학생은 과연 자주적인 자기 의사로 그 남자에게 마음을 허하고 이때껏 수절해왔는가를 묻는다.

> "그거야 물론 아버지께서 許하신 게지요."
> "그러면 부친 말씀 한 마디로 영채씨의 一生을 작정한 것이오그려."
> "그렇지요, 그것이 **三從之道**가 아닙니까."
> "흥, 그 三從之道가 여러 千년 여러 千萬 女子를 죽이고 또 여러 千萬 男子를 불행하게 하였어요. 그 원수의 글자 몇 字가, 흥," (전집 1, 『無情』, p. 231)

이렇게 내뱉는 것이다. 그 다음 유교식 교육 내용의 공리(空理)·허례를 통렬히 고발하여,

> 〔……〕 余는 朝鮮衰退의 原因을 오직 敎育의 根本 思想인 實生

活을 무시한 儒敎 敎育의 害毒에 歸하는 者로다. 〔……〕更히 朝
鮮에서는 禮書에만 偏하게 되고 禮에도 虛禮虛文만 是崇하게 되니
李朝 5百年史는 實로 禮史라. 東西南北等 諸黨이 禮로 由하여 生
하고 朝鮮의 頹廢가 此黨으로 由하여 生하니 朝鮮을 亡한 者——
禮라. (전집 17,「敎育家 諸氏에게」, p. 66)

이렇게 조선에 전래된 유교가 망국의 가르침이었다고 단죄하
고 나서 조선 문학과 정신사의 침체의 원인까지도 유교의 용서
할 수 없는 죄악에 있음을 규탄하여,

　言念及此에 儒學에 對하여 **切齒扼腕**(몹시 분하여 이를 갈고 팔
을 걷어붙임) 아니할 수가 없다.〔……〕儒學이, 그 중에도 朱子
學派의 儒學이 朝鮮을 鴆毒한 것은 여러 가지 있거니와 朝鮮 文學
의 發達을 沮害(차라리 禁止)한 罪는 永遠히〔……〕(전집 17,
「復活의 曙光」, p. 31)

하고 그야말로 이를 갈며 통분해하고 있다. 그 밖의 논설·창작
의 도처에서 한결같이 이를 규탄하고 있다. 3·1 운동 실패와
상해 임정 시기 직후부터 그의 계몽 사상이나 민족 의식이 차츰
변질되고 있거니와(후술), 유학에 대한 공격만은 여전히 변함없
음을 보아, 춘원의 대 유교 태도가 얼마나 철저한가를 엿볼 수
있다. 1929년, 당시 경성제대 조선 문학 교재로 일인 모 주임
교수가 『격몽요결(擊蒙要訣)』을 채택하고 있음을 통격(痛擊),
한문으로 된 그것이 문학이라면 차라리 순 우리말로 된 '무당의
타령'이 조선 문학에 가깝다고 논단, 덧붙여 사대주의 유가들이
조선 문학의 싹을 짓밟았음을 규탄하여, "세종 때에 정음(正
音)도 생기고 세종 자신도 「용비어천가」 같은 장편 시를 지으
셨으니, 참 의미의 조선 문학이 발달할 조건도 구비되었건만,
그 주릴할 한학에 짐독(鴆毒)되어〔……〕조선의 문학은 조선
의 민족혼과 함께 말라버리고 말았다"(전집 16,「朝鮮 文學의 槪

念」, p. 177)라고 분노하고 있다.

세태 인심과 습속 등을 총괄하는 용어로서 편의상 프랑스 문예에서 자주 사용되는 '뫼르스*moeurs*'라는 말을 이미 누차 써 왔다. 춘원의 작품과 논설 등을 통하여 낡은 것에 대한 비판 중에도 가장 현저한 것이 뫼르스에 관한 것이고 그 중에도 전항에서 살펴본 유교로 말미암아 몇백 년 간 쌓이고 쌓인 누습에 관한 것이 단연 압도적이다. 모랄리스트 춘원의 면모가 약여하며, 그것도 개화기의 모랄리스트의 대표적인 모습이라 하겠다. 그는 조선 가족 제도의 폐를 논한 글에서, "조선의 가장은 흡사히 전제군주의 관(觀)이 유(有)하니"로 시작하여 가장의 횡포를 고발한 뒤, 남존여비의 누습을 신랄하게 규탄하며, "총(總)히 여차한 남존여비의 사상은 중국의 유독(流毒)이니 삼종지의(三從之義)라 하며, 칠거지악이라 하며, 불언외(不言外)라 하며, 불경이부(不更二夫)라 함이 5, 6백 년 간 조선 여자로 하여금 금수노예의 참독(慘毒)한 고통을 수(受)케 한 주문이라" 하고 통박한다. 또 유가의 헛된 위엄과 예절에 구속되어 한 가족간에도 계급이 엄하여 자연스러운 애정의 흐름을 억제하는 기현상을 꼬집은 후, 이어 형제·부부간도 그렇거니와, 한집에서 일생을 보내면서도 원수처럼 말 한마디 건네지 못하는 동방예의지국의 시숙간의 해괴한 내외 풍습을 지적하고 결론하여,

> 舊習을 破할지어다. 傳襲한 千重萬重의 心衣와 道袍를 脫去하고 赤裸裸한 天然하는 生生한 人生에 反할(돌아갈)지어다. 〔……〕 女子가 사랑스럽거든 안고 입맞출지어다. 悲하거든 실컷 哭하고…… 快하거든 실컷 笑하고…… 시원하게 發表하는 情의 自由를 得할지어다. (전집 1, 「朝鮮 家庭의 改革」, pp. 490～95)

라고 주장한다. 같은 글에서 매우 주목할 만한 또 하나의 발언

은 양반들의 기생(寄生) 생활의 인습에서 오는 노동의 천시와 무위도식의 습성을 통박하고 직업과 근로의 신성을 고취한 점이다. 즉 그는 "양반이 직업을 어찌 구하리오 하는 비견(鄙見)을 타파함이니 차(此)는 과거의 사상이다. 지금은 상인이 양반이오, 공장(工匠)이 양반이오, 농업자가 양반이오, 제일 '상놈'은 유민(遊民)일 줄 알지어다"(같은 책, pp. 496~98) 하고 통절히 갈파한다. 이러한 춘원의 노동 숭상과 무위도식에 대한 증오 또한 전후기를 통하여 변치 않은 계몽 사상의 하나이다.

그 다음 개화기의 모랄리스트의 면모를 두드러지게 나타내는 것으로 결혼·여권(女權)에 관한 일련의 구습 비판과 설교가 있다. 우선 결혼에 관해서는 개인적으로 또는 사회적으로 극히 상식적이며 합리적인 조건을 열거하고, "인정을 무시한 유교 도덕에 천여 년 간 물든 자"들의 강제·조혼의 누습에 대하여 "연애야말로 혼인의 근본 조건"임을 역설하고, 지금 우리들의 눈으로 보면 매우 순진하고 극히 상식적인 일장의 연애론을 피력한다(전집 17, 「婚姻에 對한 管見」, pp. 53~57). 이 문제를 당시의 매우 통절한 사회 문제로 느꼈던지, 그는 다음해에 또 한 번 「혼인론」을 초하여 타율적 부모 위주의 강제 부부 조작의 폐를 통렬히 규탄하여, "청루(靑樓)에 일야(一夜)의 환(歡)을 탐할 때에도 자기의 마음에 드는 창기를 고르거든, 일생을 같이 할 처를 정할 때에 어찌 그 선택을 타인에게만 의뢰할 것입니까"(같은 책, 「婚姻論」, pp. 141~42)라고 반문하고 나서, 조혼의 개인적·가정적·사회적 해독을 역설하고, 끝으로 생리적 견지에서도 망국적 현상임을 대담하게 설파한다. 당시 춘원의 설득력이 매우 큰 영향을 주었을 것을 가히 짐작할 수 있다.

그 밖의 '여권 존중'에 관하여는 "여자는 처나 모가 되기 전에 우선 사람이 되어야" 한다고 부르짖고, 여사한 동등한 인간적 결합, 즉 '사람과 사람과의 결합'이 아닌 남녀의 결합은 "다만 남녀 생식기의 결합에 불과"하니 "부부와 매음과의 차이가 어디 있나"라고 통박하고, "우리나라의 부부 관계는 실로 영원히 계약한 야합 관계"라고까지 극언하여 마지않는다. 그러면서 동등한 여자 교육에 의한 여성 지위의 향상과 건전하고 합리적인 부부 관계를 논한다.

이어 '정조'가 여자만의 '편무적(偏務的) 의무'라는 불합리를 지적하여 '일종 종교적 미신'이라 단정하고(전게, 「婚姻에 對한 管見」) '불경이부(不更二夫)'라는 '수절'관의 허망됨을 찔러 "생시에 내외간에 다정하게 말 한마디도 아니 하다가 그 부가 죽은 후에는 일생을 독신으로 지낸다"는 식의, 사랑도 없고 진정에서 우러나오지도 않는 수절이라는 '악습관'이 타인의 불행은 물론이고, "부조리하고 사회·국가에 대해(大害)를 끼치는 것"이라고 단언한다.

그런데 사상적인 면에서는 아무리 과격하고 강경할 때에도 그 근거는 일반론·상식론을 넘지 못하는 춘원이 뫼르스면에서는 철저하게 합리주의를 내걸고 뿌리깊은 낡은 관습과 정면으로 대결하고 있음은 주목할 만하며 역시 개화 계몽기의 모랄리스트의 면모를 여실히 드러내고 있다. 그리하여 '정조·수절'관에 있어서도, "혼인은 일종 계약이외다. 계약은 그 원인이나 당사자의 일방이 소멸함에 따라 당연히 소멸할 것"이며, "부부 쌍방이 생존하는 동안에 논할 바이오, 일방이 사거(死去)하거나 이혼한 후에는 논할 바 아니다"고 명쾌하게 결론한다(같은 책, pp.60~61).

이상 논설을 통해본 혼인·연애·부부·여권·정조관 등을 낡은 뫼르스에 대한 고발·반항·비판으로 대중적 공감에 호소하여 선풍을 일으켰고 지대한 영향을 준 것이 작품 『무정』『개척자』임은 두말할 나위 없는 일이다. 그리고 이 두 작품 중에서 인용하려면 거의 전작품의 모든 주요한 대목을 옮기는 일이 될 터인즉, 새삼 인용의 필요도 없으리라.

  우리나라 개화 계몽 운동은 자주 독립을 표방하는 민족주의 구국 운동과 더불어 일어났고, 그것들은 같은 한덩어리의 운동의 양면이다. 이미 비극으로 끝난 선배들의 뒤를 이어 주권을 잃은 민족 수난기의 계몽 운동을 담당한 이광수가 철두철미 민족주의적이었음은 당연한 일이다. 이 점은 앞에서도 언급한 바와 같이 '작가냐, 논객이냐'가 논의될 만큼 민족주의적 계몽가로서의 면모가 두드러지고, 또 그 자신의 「여(余)의 작가적 태도」(1931)나 자서 회고록인 『나의 고백』에서 "나는 문사(文士)가 아니다" "내가 쓴 소설은 민족 정신 밀수입의 포장"에 불과하다고 잘라 말하고 있다. 평가(評家)들이 그의 작가로서의 결점으로 지적할 만큼 작품 속에서 번번이 설교를 퍼붓는 것 역시 그의 민족주의로 귀결된다. 이런 설교는 대개 작중인물들의 입을 통해서 행해지지만, 초기 작품 『무정』『개척자』에서 현저하게 작자가 직접 독자 앞에 나타나서 의견을 말하는 '작자 개입 interventionisme'이 많다는 점도 그만큼 계몽 의욕이 강하고 민족의 비분과 염원이 억누를 수 없이 터져나오는 그 강도를 나타내는 것으로 볼 수 있다.

  '작자 개입'도 웬만한 것은 애교로 볼 수도 있지만 특히 『개척자』의 13장의 1, 2절을 송두리째 그리고 작자가 아무 분장 없이 무대 위에 뛰어올라와서 영탄과 설교를 늘어놓는 대목으로 만들고 있는 것은 현대의 독자들에게는 가히 어리둥절할 만한 일이다. '작자 개입'의 일품(?)이라 할 만하되, 그의 상기한 계몽 기질과 열정을 유감없이 발휘하고 있다. "제군은 이것을 다만 성재의 화학 실험으로만 알아선 못 쓴다. 만일 제군이 총명할진대 시험관이 끓어 나는 소리 중에서 새 생명의 심장의 고동을 들어야 하고"(전집 1, pp. 292~96)" 이 이상 인용하기가 좀 거북스러울 정도로 작자 개입치고는 아주 노골적이고 철저한 예이지만, 여하간 등장인물들의 입을 빌리는 것으로는 성에 차지 않아 참다 못해 직접 무대 위에 뛰어오르는 그의 정열만은 여기서 여실히 드러난다. 춘원의 민족주의는 그의 모든 논설과 창작을 통하여 또는 온갖 주장과 행동의 공분모 구실을 하고 있으므로 새삼스레 인용할 필요조차 없을 줄 안다. 다만 춘원의 독특한 점과 이 소론의 핵심적인 문제에 관계되는 몇 가지만 살펴보기로 한다.

민족주의가 그의 작가적 태도나 창작 모티프의 원동력이 되고 있음은 상술한 바이며 대체로 평가들의 일치된 견해이거니와, 춘원 자신의 경우를 떠나 문학 일반의 문제를 이론적으로 다룬 문학론이나 문학 비평에서도 민족주의는 여전히 선명한 기치로 내걸려 있다.

그의 최초의 문학론인 「문학의 가치」에서 그는 '문학'의 정의 및 그 '보편적 가치'를 상식적인 범위에서 소개하고 나서, "이하 부론(附論)같이 아한(我韓)의 현장과 문학과의 관계를 잠언하겠노라" 하고, 서양 역사상의 문학의 공과 그 영향력의 실례를 몇 가지 들고 나서 결론하여 "일국의 흥망성쇠와 부강빈약은 전혀 그 국민의 이상과 사상 여하에 재(在)하나니, 그 이상과 사상을 지배하는 자〔……〕하(何)오. 왈, 문학이니라" (전집 1, p.506, 1910)라고 단언, 이미 명실공히 망국의 막바지에 처한 나라의 문학도로서의 민족적 자각을 촉구하고 있다. 바로 한일합방이라는 미명하에 일제 침략의 야욕이 완전히 성취되기 몇 달 전에 씌어진 글이다. 그 다음 6년 후에 쓴 「문학이란 하(何)오」라는 역시 극히 상식적인 개론에서는 특히 '문학과 민족성'이라는 1장을 베풀고, "중국 사상의 침입이 실로 조선사상을 절멸하였음이니" 하고 개탄하며 "서양 신문화"를 섭취하여 중국 사상을 탈각하고 새로운 "조선인의 사상 감정을 발표하여서 후대에 전할 제1차의 유산을 작하여야" 할 것이라고 결론짓고 있다(같은 책, p.512).

춘원의 생애 중에 현대화·서구화를 목표로 하는 계몽 사상이 가장 강렬하고 두드러졌던 3·1 운동 이전의 문학론에서도 위에서 본 바와 같거니와, 상해에서 돌아온 1921년 이후부터는 뚜렷이 이미 그는 본질적인 계몽 사상(서구 신문명·과학·자유·자아 중심·개인주의 등을 내걸던)의 논객으로서의 모습을 상실하고, 그 대신 민족 개조 내지 교육을 목표로 하는 이른바 춘원의 민족주의가 그의 모든 활동을 지배하고 있다. 이러한 그의 변모 내지 전환은 다시 살펴보겠거니와 1921년 이후의 춘원을 그대로 계몽 사상가(또는 논객)로 부른다면, 그것은 민족주의 계몽 사상이라고 불러야 옳을 것이다. 첫머리에서 지적한 바와 같이 우리나라 계몽 운동이 민족주의 구국 운동을 동반하여 일어났다는 특수 사정을 인정한다면 수긍할 수 있는 일이며, 결국 1921년 이후 1930년경까지 계속된 춘원의 계몽 사상은 쌍륜(雙輪) 중의 일륜을 잃고 민족주의만을 끌고 나간 것으로 보아 무방하다. 그런데 이 시기에 쓴 모든 논설·작품 들도 통틀어 민족주의가 공분모 구실을 하고 있음은 전술한 바와 마찬가지여서 재론할 필요도 없다. 특기할 만한 것은 문학에 관한 논설·비평에서도 예외 없이 민족주의를 중심으로 삼고 그 내용은 문학이 한민족에게 끼치는 실효성·영향력·민족 개조 내지 교육의 관점에서 다루고 있다는 점이다.

> 오랜 惰眠을 깨뜨리고 새로운 文化를 建設할 만한 活氣 있는 精神力을 民族에 注入 혹은 강렬한 자극으로써 民族의 精神 중에서 啓發하는 가장 큰 힘은 文藝라 할 수 있습니다. (전집 16, 「文士와 修養」, p.17)

그런데 우리나라에는, 만약 문예에 어떤 사상적인 독소가 들어 있다 하더라도 이를 "중화할 과학·철학 기타의 사상이 없고, 마치 독삼탕(獨蔘湯)·대황탕(大黃蕩) 모양으로 문예 하나밖에 다른 것이 없는 처지인즉," 그 독소는 "전민족에 대하여 무서운 해를 끼칠 것"이며, 따라서 문학도는 "사상가의 직(職),

교육가의 직을 겸하였다”하여 무방하다는 것이다(같은 책, p. 19).

이어 그는 수양 없는 문사(文士)를 무식하고 경솔한 의사에 견주어 “의사는 수인·수십인을 살(殺)함에 불과하지만, 문사는 일사회·일국가를 살(殺)할 가능성을 가진 것”이라 경고하고, 우선 공부와 수양이 앞서야 한다고 타이른다. 이러한 춘원의 문학관이 퇴폐·찰나주의를 사갈시함은 너무나 당연한 일이다. 그런데 놀라운 일은 불과 몇 해 전에 문학의 전무 상태를 통탄했고, 자아 중심 사상을 부르짖은 그가, 그리고 신문학의 첫 작품으로 자타 공인하는 『무정』을 쓴 지 불과 4년 후에, 벌써 문단에는 문사들의 퇴폐적 풍습과 데카당 풍조를 개탄하고 규탄하게 될 만큼 문예 조류가 일시에 혼류하여 들어온 그 급속도와 춘원 자신의 묘한 위치의 전환이다. 이미 그는 선구·전위가 아니고 견제자·훈계자의 위치에 서게 된 것이다. 여하간 당시 문단 풍조와 문사들의 퇴폐적 경향도 가히 짐작이 가거니와 그의 반데카당 비판은 철저하고 단호하며 여러 논설에서 누차 되풀이되고 있다. “우리 문단에는 ‘데카당스’의 망국 정조가 풍미하여 마치 아편 모양으로 독주 모양으로 청년 문사 자신과 및 순결한 그네의 독자(讀者)인 청년 남녀의 정신을 미혹합니다”(같은 책, p. 23). 물론 “일민족의 입각지(立脚地)로 보아”“매독균과 결핵균과 한가지로 민족의 적”이 되기 때문에 증오한다는 것이다. 민족에 대한 해독을 증오하는 나머지 일종 ‘군자의 문학’ ‘인격자의 문학’ ‘수양의 문학’ ‘목민(牧民)의 성직(聖職)’론으로 굳어버리고 좁혀들어가는 흠은 다시 언급키로 하되, “오늘날 우리의 처지는 수백 년 간 썩고 썩어 그 썩음의 극도에 달한 인심과 사회에 불과 물의 세례를 주어 신생명을” 불어넣음을 문사의 사명으로 삼는 그의 민족주의 문학의 신념은 열화와 같이 불타고 있다. 차라리 당시 도도한 ‘새로운’ 풍조에 정면으로 항거한 그의 강직한 용기를 인정해야 할 것이다.

민족의 교화라는 입장에서 상징주의 역시 그 비대중성·난해성으로 하여 배척된다(전집 16,「藝術과 人生」, p.42 ;「朝鮮文壇의 現狀과 將來」, p.95). 요컨대 오늘날 "한국 민족에게 필요한 문학"은 그런 것이 아니라는 것이다.

　　지금 우리 朝鮮人은 重病을 앓고 난 사람과 같다. 肉體的으로도 허약하거니와 精神的으로도 허약하다.〔……〕그에게는 劇藥보다도 술보다도, 珈琲茶보다도 新鮮한 飮食과 空氣와 日光과 過擊하지 아니한 動作이 필요하다. (「中庸과 徹底」, p.150)

　　文藝도 만일 個人의, 특히 우리 民族의 生에 害를 주는 者면 마땅히 두드려 부술 것이외다. (「文士의 修養」, p.19)

그의 민족주의에 관하여서는 이 이상 인용할 필요도 없으리라. 그러나 여기서 한 가지 의문이 일어난다. 자아 의식과 새 세대 의식에 있어서 그렇게도 교격(驕激)하리만큼 과감하고 맹렬하던 춘원이, 전생애를 통하여 일관하는 민족주의에 이르러는 어찌하여 그렇게도 소극적이며 현실 타협적이었을까(글로 표현된 것에 한하여)? 합방 이후 3·1 운동까지는 일제의 탄압 정책과 검열 때문에 그러려니와, 바로 합방 직전에 쓴 우국(憂國)의 글 속에도 이미 결정적 침략을 강행하는 적에 대한 반항의 문구를 찾아볼 수 없다. 적의 침략을 받고도 적에 대한 반항 없는 민족주의란 무엇일까? 항일은 행동과 실천으로 하던 시기이기 때문일까? 그럴지도 모른다. 3·1 운동의 선봉이 된 유명한 2·8 독립 선언서의 기초(起草)와 행동으로서의 독립 투쟁(상해 임정 성립 전후)이 있다. 여하간 문인으로서 그가 발표한 문장을 통해서 보는 한은 개화와 민족 운동을 겸한 그의 초기 계몽 운동기에 있어서는 개화 의욕이 우세한 반면, 가장 정세가 절박하고 민족 수난이 그 절정에 이른 이 시기의 춘원의 민족주의가 논설에 있어서나 작품에 있어서나 정면의 적인 일본에 대한 반항과 투쟁을 고취하거나 혹은 작품을 빌려 암시하고 선동한 구절을 거의 찾아볼 수 없고, 그의 반항은 차라리 자민족(自民族)에 대한 거의 자학적인 채찍질로 표현되고 있다. 탄압·검열의 무자비함이라든가 기타 어떠한 사정을 들어 변명할 필요도 없고, 그 반대로 이를 춘원의 인간적인 약점으로 돌려 시비하거나 그에게 자폭적 용기를 요구할 권리는 더군다나 우리에게 없다. 다만 사정 여하를 불문하고 그러한 정세 아래 일월처럼 뚜렷한 정면의 적에 대한 반항 없는 민족주의였다는 사실을 지적할 뿐이다. 그리고 그러한 상황 속에 그러한 민족주의도 있을 수 있다는 사실에 새삼 놀라움과 춘원의 경우에 대한 어떤 예징까지도 느끼지 않을 수 없다.

과연 1921년 상해에서 귀국 후 그의 민족주의에도 뚜렷한 전환 또는 자세의 정착이 나타나고 있다. 일제에 대한 직접적 반항을 고취하지 않았다 하더라도 자민족에 대한 교격한 채찍질에서 혹은 3·1 운동 전후의 행동으로서의 독립 운동에서(그것도 세계 대전 후의 국제 정국이 고무적이었고 호기를 제공하였음을 무시할 수는 없지만), 적어도 그때까지는 아직도 그가 일제에서의 해방에 희망을 걸고 있음을 짐작할 수 있다는 점에서 1921년 이후의 그의 민족주의는 방향 전환이라 하겠고, 반항보다는 민족 개조 내지 교육과 실력 배양을 뚜렷이 내걸었다는 점에서는 전기의 민족주의의 경향(오산중학교 교사 시절의 실천 운동이 그 일례)이 확고한 자세로 정착된 것이라 하겠다.

전기의 격렬한 '새 세대' 의식의 낡은 것에 대한 통렬한 비판에 대신하여 이번에는 그에 못지않게 후기의 전작품과 논설을 통하여 현저하게 나타나는 것이 자민족에 대한 거의 자학에 가까운 비판과 절망에 가까운 민족성의 결함에 대한 자학과 고발이다. 이러한 경향은 3·1 운동의 좌절에서 오는 환멸, 도처에서 그가 목도한 뼈저린 경험에서 굳어지기 시작한다. 그가 1914년

오산학교에서 중상과 모략에 얽혀 결국은 몇 해 동안 온 정열을 기울인 노력을 포기하고 만주·상해·시베리아 각지를 방랑하던 시절을 회고한 글 중에 다음과 같은 구절이 있다.

> 나는 西間島에도 가보고 北間道에도 가보고, 奉天·上海·北京·東京·大阪·海蔘威, 海外 우리 동포가 많이 사는 곳을 대개 돌아보았거니와, 어디를 가도 共通한 것은 가난(貧)이었다. 그 위에 또 共通된 것이 있다고 하면, 서로 미워하는 것이라고 할까. (전집 13, 『나의 告白』, p. 225)

비록 1948년에 집필한 회고록이라 할지라도, 필경 방랑 당시에 몸소 겪고 뼈에 사무치게 통감하던 감회였을 것이다. 그 후 그는 망명 항일 독립 운동에서조차 분파상잔(分派相殘)의 추악상과 상해 임정 창설을 전후한 파쟁을 경험한 것이다. 물론 전기의 작품이나 논설의 뢰르스 비판에도 가끔 언급되는 수도 있었지만, 후기에 이르러서는 작품은 물론 정치·사회·제도·풍습에 관한 방대한 논설과 심지어는 문학론이나 문예 비평에 이르기까지 '파쟁' '공리공론과 허장허세' '중상모략' '무기력' '나태' '퇴폐' '의타심' 등 민족성의 결함을 통렬히 규탄하지 않은 글이 거의 없을 정도다. 그는 역연히 자민족에 대한 환멸과 비관으로 기울어지기 시작한다. 그것이 얼마나 집념처럼 그의 머리를 떠나지 않았던가를 보기 위하여 문학에 관한 논설문에서만 인용키로 한다.

> 우리 朝鮮 사람같이 幸福을 가지지 못한 백성은 드물 것입니다. 제일 못나고, 제일 가난하고, 山川도 남만 못하게 되고, 市街도 〔……〕 家屋도, 衣服도 〔……〕 科學도 發明도 哲學도 藝術도 없고 일을 할 줄도 모르거니와 일할 자리도 없고 〔……〕 (전집 16, 「藝術과 人生」, p. 29)

朝鮮의 生活은 純然히 營營汲汲한 勞役이나 낮잠자는 懶惰의 生活이요, 精神生活이 없읍니다. 〔……〕 死의 王國이외다. 朝鮮人의 靈은 말랐읍니다. (같은 책, p. 41)

（評論이 旺盛치 못하는 理由의） 하나는 朝鮮人에게 뒷공론의 惡習이 發達된 대신에 公正한 評論의 精神이 缺乏한 것과 〔……〕 (같은 책, 「朝鮮文壇의 現況과 將來」. p. 93)

그 다음 가장 신랄하게 강조되고 가장 많이 고발된 결함은 '허위' 근성——즉, '유명무실' '허장성세' '권모술수'(사기·농락·수단부림·벌제위명) 등과, '나태' 근성——즉, '공론' '공상' '유의유식(遊衣遊食)' '사행심' '의타성' 등이다. 그 중에도 '유명무실' '허장성세' '탁상공론'에 대한 증오는 골수에 사무친 듯하다. "조선 민족의 쇠퇴의 원인은 도덕적 원인이 근본"이라고 단정한 「민족 개조론」에서도 그렇거니와 특히 「소년에게」 (1921)에서는 우리 민족의 전면적 파산 상태를 신랄하게 논고하고 있으며, 그 중에서도 '도덕적 파산'이라는 1장에서는 실례를 들어 속속들이 파헤치고 있다.

過去만 그러냐 하면 現在도 그러합니다. 近 20年來 떠든 結果로 이루어놓은 것이 무엇입니까? 〔……〕 가론 敎育의 振興, 가론 産業의 發達, 가론 團結, 그러나 그네가 〔……〕 一哩의 鐵道나 一條의 電線을 敷設한 일이 있으며, 1雙의 汽船을 〔……〕 水道나 電燈을 〔……〕 圖書館 하나 大學 하나를 設立한 일이 있읍니까? 〔……〕

왜 그런가요? 그네는 懶惰합니다. 곧 實行이 없읍니다. 〔……〕 그리고 懶怠한 者의 本色으로 空想과 空論만 좋아합니다. (전집 17, 「少年에게」, p. 232)

그의 화살은 항일 투쟁을 한다는 '애국자'들에게까지 향해진다. 심지어 해외에서 상업을 하건 무엇을 하건 남을 "속이기로 장기를 삼아" 결국 "안으로는 자기네끼리도 서로 믿지 못하고, 밖으로는 이민족간에도 신용을 잃어"버렸음을 지적하고,

> 이렇게 個人으로나 民族으로 **信用이 없는** 데다가 모두 空想과 空論뿐이요, 實地로 行하는 것이 없기 때문에 아무 이루어놓은 일이 없습니다. 〔……〕 우리는 數十人의 名望 높은 愛國者들을 가졌거니와 그네의 名望의 기초가 무엇인지를 찾아보면 참으로 虛無합니다. 다 그렇다고 하는 것은 아니나, 大部分은 虛名입니다. 그네의 名望의 唯一한 기초는 떠드는 것과 監獄에 들어갔다가 나오는 것과 海外에 漂泊하는 것인 듯합니다. 〔……〕
> 愛國者들뿐이 아니라, 지금 社會에 名士라는 칭호를 듣는 이들로 보더라도…… (같은 책, 「민족 개조론」, p. 205)

이렇게까지 극언하고 있다. 춘원의 이러한 비판에 근거가 없는 것도 아니며 확실히 아픈 곳을 찌르고 있고, 또 그가 말하듯이 "우리 결함을 분명히 앎으로써 다시 살아날 길을 분명히 찾아내기" 위하여, 결함을 솔직히 인정하고 자각하여야만 할 것이다. 그리고 일제 침략 전이나 혹은 해방 이후라면 이러한 경고와 자각에서 출발하는 정직성과 용기가 높이 평가되어 마땅하다. 그러나 악랄한 일제 식민지, 그처럼 철저히 주권을 빼앗기고 각 분야에 걸쳐 대소를 불문하고 그처럼 철저히 자주성을 박탈당한 민족 수난기의 민족주의가 정면의 적에 대한 반항·고발은 거의 없는 반면(타의건 자의건 간에), 이처럼 자학에 가까우리만큼 각 분야의 파산을 선고하고, 그 책임 추궁의 화살을 자민족 결함으로만 집중시켰다는 것은 아무래도 석연치 않은 경향이다.

과연 3·1 운동을 전후한 독립 투쟁과 참여 뒤의 환멸, 식민지하의 반항 없는(또는 반항을 포기한) 민족주의, 자민족의 결함에 집중된 비판 등은 바로 「민족 개조론」과 「민족적 경륜」에

서 분명히 밝혀진 현실 타협적·무저항주의적·도덕적 민족성 개조를 지향하는 민족주의로 낙착될 수밖에 없다. 결국 '무실역행(懋實力行)'의 인격 도야와 실천 운동으로 요약되는 민족주의다. '무실(懋實)'이란 "거짓말을 말자, 속이는 일을 말자, 말이나 일에 오직 참되기를 힘쓰자 함이요," '역행'이라 함은 "공상을 말자, 공론을 말자, 옳은 일이라고, 하여야 할 일이라고 생각하였거든, 곧 행하기를 힘쓰자 함"(「민족 개조론」)이다. 그러니, 같은 글에서 그가 밝혀 말했듯이, "**절대적으로 정치와 시사에 관계함이 없고 오직 각개인의 수양과 문화 사업에만 종사함으로써 정부의 해산을 당할 염려가 없는**"(같은 책, p.199) 민족주의 운동이다. 그의 방법은 어디까지나 교도적 수양 단체 운동으로, 추론·비평 태도는 실천적 태도로 뒷받침되고 있음을 알 수 있다. 같은 시기에 쓴 것으로 추측되는 「상쟁(相爭)의 세계에서 상애(相愛)의 세계에」라는 글에서는 간디의 무저항주의를 높이 찬양하고, "폭력을 근거로 하는 정치는 과거의 유물이외다. 소멸할 운명을 가진 것이외다. 진리와 애(愛)를 기초로 한 무저항! 이것이야말로 오는 세기를 지배할 혁명 원리요, 또 인류 구제의 정로(正路)외다"(같은 책, p.256). 이렇게 단정하고는, 간디는 물론 석가·그리스도의 종교에서 한걸음 전진(?)하여, "인류를 쟁투의 고(苦)에서 구제할 것은 오직 사랑의 원리"이며, 그것을 피안이 아니고 이 지상에 건설하기 위한 단결과 단체(조직) 행동을 강조하는 원대한 포부와 철학(?)으로서 그의 민족주의 사상을 뒷받침하고 있다. 그리하여 그의 「민족적 경륜」(1924)은 "조선내에서, 허(許)하는 범위내에서," 정치·경제·교육 3대 부문의 결사 운동을 제안하는 것이다.

이러한 춘원의 민족주의와 일제하의 자치주의 혹은 민족의 행복을 위하여 일제와 동화하자는 '내선일체'론과의 거리는 얼마나 되는 것일까?

위에서도 여러 각도에서 춘원의 계몽 사상이 전후기 간에 크게 변모되었음을 지적했거니와, 총괄적으로 말하여, 서구 현대 문명 섭취라는 고유한 의미의 개화 계몽 사상은 이미 전기(前期)로 끝나고, 우리나라의 계몽 운동의 특수 형태로 나타난 구국·민족주의 운동만이 지속되었으며, 후자마저 춘원에 있어서는 전항에서 본 바와 같이 상당히 변질되어감을 볼 수 있었다.

그런데 전자 즉 좁은 의미로의 개화 계몽 사상에 있어서 춘원의 위치의 전환은 참으로 놀라우리만큼 대척적인 현상을 드러내고 있다. 여기서 우리는 춘원 개인의 문제뿐만 아니라 우리 사회에 특유한 여러 가지 조건과 기현상을 역력히 볼 수 있다. 우리가 앞에서 보아온 춘원의 개화 계몽 사상의 여러 가지 내용이, 유학에 대한 공격·비판을 제외하고는 거의 모든 면에서, 그는 이미 "내가 새로운 조선(祖先)"이며 우리가 곧 "이 땅에 새로 강림한 신종족"이라고까지 외친, 전무에서 새출발하는 기개충천하고 교격만장한 '전위'가 아니고, 오히려 무모한 전위들의 위험과 타락을 교도·만류·조절하는 위치로 후퇴하고 있는 것이다. 그것이 불과 3, 4년을 임하여 일어난 현상이다. 이러한 입장의 변화는 특히 춘원의 뫼르스평에서 강렬·신랄하게 표현되어 이런 면에서도 '모랄리스트 춘원'의 면모를 여실히 볼 수 있다. 그리고 이러한 뫼르스 비판을 뒷받침하는 것이 그의 일관된 교도·실천적 비평 태도(후에 재론)임을 발견할 수 있다.

신문학의 첫 작품으로 공인된 『무정』을 쓴 것이 1917년이다. 그리고 1918년까지도, 조선인에게는 "시도 없고 소설도 없고 극도 없고, 즉 문예라 할 만한 문예가 없고, 즉 조선인에게는 정신적 생활이 없었다"고 단정하고(「부활의 서광」), "금일금시(今日今時)에 천상으로서 오토(吾土)에 강림한 신종족으로 자처"(「자녀 중심론」)하는 전위의 기개를 터뜨리고 있음을 보았다. 그런데 3년 후에는 벌써, 문예만이 "독삼탕(獨蔘湯)·대황탕(大黃湯) 모양으로" 파행적으로 성행할 뿐더러, "데카당스의 망국 정조가 풍미하여" 문사들은 퇴폐와 타락을 자랑으로 삼는가 하면, 다음 해에는 "근래에 꽤 성행하는 상징파의 문예"
(「예술과 인생」)를 비판하고 있으며 1925년에 이르러는 벌써
"상징주의적 경향은 차차 벗어지고" "묘사법에 있어서는 사실
주의" "구상에 있어서는 자연주의"라는 우리나라의 독특한 절
충식 양식이 나오는가 하면(전집 16, 「조선 문단의 현장과 장래」,
p. 95), "예술 지상주의 또는 탐미주의〔……〕악마주의"(같은
책, 「우리 문예의 방향」, p. 141) 등, 서구에서 1세기 반에 걸쳐
변증법적인 역사적 전개로 교체된 온갖 사조와 주의가 불과 4,
5년 사이에 일시에 혼류 혼재하는 기관(奇觀)을 보여주고 있
다. 그 밖에 춘원은 언급하고 있지 않지만 1922년대에 등장한
낭만주의, 1924년부터 대두한 프로 문학, 심지어는 "아나키즘
문학" "극히 단편적으로 다다이즘·쉬르레알리슴 등의 소개"
(백철, 『국문학 전사』 제2편, '현대 문학,' p. 331 참조)까지 실로
백화요란(百花燎亂)의 성황(?)을 보이고 있다. 그런데 이에 대
하여 춘원은 한결같이 "문사란〔……〕목민의 성직"(「문사(文
士)와 수양」)이라는 신념하에 거의 모든 문학론 내지 평론에서
'건전한 예술' '평범한 문학' '민중의 문학'을 권장하고, 보편적
인 항구적 '인성의 깊은 흐름'을 내세워 고전주의적 '중용의 문
학'을 주장하여(같은 책, 「중용과 철저——양주동씨의 '철저와 중
용'을 읽고」, pp. 141~57), 그는 이미 과격과 불건전한 일체의
선봉적인 움직임에 대한 견제자, 중용의 조절자의 위치로 물러
앉고 있다. 특히 '민족을 위한 문학' '인생을 위한 문학'의 신조
아래, 문단의 퇴폐적 경향이나 '데카당스 풍조' 또는 예술 지상
주의에 대한 비판은 매우 신랄하다.

　　근래에는 文士라 하면 '學校를 졸업하지 말 것' '묽은 술, 붉은
　　술에 耽溺할 것' '반드시 戀愛를 談할 것' '頭髮과 衣冠을 야릇이
　　할 것' '神經衰弱性·貧血性容貌를 가질 것' '不規則·不合理한 生
　　活을 할 것' 등의 속성을 가진 인물을 의미하게 되었읍니다. (같

은 책, 「文士와 修養」, p. 22)

문사(文士)의 업을 '목민(牧民)의 성직(聖職)'으로 알고, 문
사의 자격이 "사회가 무엇을 요구하느냐"(「문학에 뜻을 두는 이
에게」 참조), "조선은 지금 무엇을 요구하는가"(거의 모든 문학
평론에서 강조됨)가 지상의 가치 기준이며 지상 명령이었던 그
로서는 '망국 정조'에 대한 분노는 당연한 일이어서, 도처에서
이를 지적·규탄하고 있거니와, 당시 빗나간 문단 풍조가 어느
정도에 이르렀던가도 가히 짐작할 수 있으며, 그 묘사에 있어서
'모랄리스트 춘원'의 일면이 약여함을 볼 수 있다.
　위에서 말한 몇 가지 점(사회 풍조의 급격한 변화와 혼류, 춘원
의 전위, 교도적·실천적 태도, 모랄리스트 춘원의 면모 등)을 더욱
두드러지게 보여주는 것은 『무정』『개척자』 등의 전기 작품과
후기 최초의 본격적 장편인 『재생』(1924)과의 놀라우리만큼 대
척적인 변화에서다. 우선 세태 인심(뫼르스)의 변화가 어찌도
그리 급격하고 무상한가. 몇 해 전에 그가 부르짖던 '자아' 의
식——그것이 이번에는 철저한 이기주의와 방종의 바람에 휩쓸
려 왕년의 개화 계몽의 기수를 개탄케 한다.

　독립 운동이 지나가고 사람들의 마음이 모두 식어서 나라나 백
성을 위하여 일생을 바친다는 생각이 적어지고 **저마다 저 한 몸**
편안히 살아갈 도리만 하게 된 바람은 〔……〕 그래서 그때 원통
에 울고 불고 경찰서와 감옥에 들어가기를 영광으로 알던 계집애
들도 점점 그때 일을 웃음거리로 삼아서 이야기할 뿐이요, 인제는
어찌하면 잘 시집을 갈까, 어찌하면 미국을 다녀와서 남이 추앙하
는 여자가 될까, 이러한 생각들만 많이 하게 되었다. (전집 2,
『재생』, p. 68)

　열화 같은 민족애와 신문명 수입의 계몽 사상을 품고서 청운

의 꿈을 안고 유학을 떠나던 『무정』의 청년 남녀들, 형식·병욱·영채·선형 등이 들으면 기절할 이야기다. 한때 애인 봉구와 함께 3·1 운동에 헌신하던 여학생 순영은 이렇게 타락의 길로 한걸음 내디디기 시작한다. "그까진 공부는 해서 무엇하나, 미국 유학은 해서 무엇하나, 꽃 같은 청춘을 30이 넘도록 기숙사 구석에서 보낸다면 거기서 얻는 것이 무엇일까"(같은 책, p. 66) 유교적 인습인 허례와 관념적 윤리의 적폐를 규탄하고 "필요하거든 조상의 무덤이라도 파헤치라"고 외치던 새 세대의 자아 중심주의와 일종의 현세적 물질주의의 선언(「자녀 중심론」 및 「교육가 제씨에게」)이 천하를 놀라게 한 몇 해 후에, 그는 무엇을 보았던가?——황금 만능주의와 이기주의!

> '연애와 돈' 이것이 그들의 정신을 지배하는 종교다. 〔……〕 해가 가고 달이 갈수록 〔……〕 마음이 풀어져서 모두 이기적 개인주의자가 되고 말았다. 〔……〕
> "人生은 돈이다!"
> "오직 나 하나의 快樂만 생각하라!"
> "나라나 종교나 社會에 대한 의무나 이런 것은 모두 허깨비다!"
> 이것이 그때의 조선의 젊은 아들딸들의 생활을 지배한 원리였었다. (같은 책, p. 260)

'연애와 혼인'은, '연애 지상주의'는 또 어찌 되었던가. 여자의 일방적 정조 강요의 규탄? 여권 신장? '불경이부(不更二夫)'의 수절관 타파? 다음 대목을 보라. 참으로 상전벽해의 변화라 하겠다. 봉구와의 사랑과 부호 백가(白哥)의 유혹의 틈바구니에서 갈피를 잃은 순영에게 '신여성'(여류 음악가) 선주는 딱 잘라 말하는 것이다.

> "두 손에 떡을 들었는데 어느 떡을 먹을지 망설이는 게야. 〔……〕

그러면 두 손의 떡을 다 먹구료. 이 떡 한 입 먹고 저 떡 한 입 먹고 그러면 안 좋은가. 하나만 먹으면 물리지 않우? 지금 세상에 누구는 안 그런답디까. 흥, 그렇지 않으면 烈女旌門 내리우——烈女도 죽으면 썩어지지. 그렇게 망설일 게 무엇이오?"
"그럼 안 그래? 나는 그렇게 사니까 좋기만 하던데, 나뿐인가? 모두야요."
'모두' 하고 자기의 말에 더욱 힘을 주는 듯이…… (같은 책, p. 99)

결국 오른손의 떡은 '남편'이라 부르고 왼손의 떡은 '친구' 또는 '오빠'라고 부르는 모양이다. 이 선주라는 여성은 40년 후인 오늘날로 끌어와도 '전후파'나 '젊은 세대'가 무색해질 정도이다. 이 '신여성'의 '설교'를 좀더 들어보아 그리 권태롭지 않으리라.

"그러면 貞操란 아무 상관 없어요?"(선형의 반문)
"貞操? 뉘 집 애 이름인가. 아직 내 말을 못 깨닫는구료. 사내들은 사내들 제 욕심 채우노라 우리를 따라오는데, 우리가 그 사람들에게 무슨 의무가 있수? 〔……〕 홍, 貞操! 貞操!"
〔………〕
"그래도 良心에 찔리는 것을 어찌해요. 정조란 반드시 利害關係만은 아니겠지요" 하는 순영의 말은 가엾이 들렸다.
"良心, 그것이 사람의 마음속에 만들어놓은 먼지가 켜켜 앉은 귀신 그릇입니다. 그 속에 빈대도 들어가고 쥐며느리도 들어가서 가끔 꼭꼭 찌르기도 하고 서물서물하기도 합니다. 그놈의 귀신 오쟁이를 번쩍 들어내어요. 내다가 혹 불어세란 말이야. 그러면 아주 마음이 깨끗합니다. 그놈의 오쟁이를 끼고 다니는 사람은 밤낮 우는 소리만 하여서 人生을 슬프게 만들어놓지요. 당신도 당장에 그놈의 먼지 앉은 양심오쟁이를 내어던지어요"

이쯤 철저해지면 가히 통달의 경지에 이르렀다고나 할까. 어쨌든 이러한 뫼르스 묘사에 발휘되는 춘원의 필력은 거의 그 본의를 의심케 할 만큼 독자를 어리둥절케 하는 역량을 발휘한다. 그리고 『무정』『개척자』 시기보다 좀더 원숙해진 작가 춘원은 주인공 봉구, 지사 순홍(순영 오빠)의 비분을 빌려 이러한 풍조를 간접적으로 비판하거나, 순영의 말로(비참한 몰락과 자살)로써 작가의 모랄을 암시함에 그치고 전기(前期)처럼 노골적으로 직접 개입하거나, 등장인물을 빌려 설교하는 흥분과 지나친 정열도 보이지 않는다. 작품 속에서 가끔 암시하듯이 『재생』의 인물들이 젊은 시절의 혈기와 순진을 차츰 잃게 되고, "인생은 학교 기숙사에서 생각하던 것과는 다른 듯〔……〕일찍 몽상도 못 하던 인생의 한 장면을 본 듯하여" 멀미가 나는 듯한 순영처럼(같은 책, p. 63), 후기의 '새 세대'나 춘원 자신까지 어떤 면으로는 세파를 겪고 난 성인의 모습으로 변한 것이다. 여하간 한때의 '새 세대'였을 신여성 선주는 "사랑두 먹구 나서 사랑이지" 하고는,

    "알 수 있오? 사람의 일을 알 수 있오? 나는 **윷가락을 내던지는 셈으로 내 몸뚱이를 내던지었지요.** 그 윷가락이 떨어지어서 모가 될는지 도가 될는지 내가 알아요? 될 대로 되라지. 또 누구는 그밖에 별 수 있나?"(같은 책, p. 63)

이렇게 몸을 내던지는 것이다. 한때 "숨어다니며 태극기도 만들고 비밀 통신도 하고, 비밀 출판도 하다가 혹 경찰서 유치장에도 가고 그 중 몇 사람은 징역까지 치르고" 나온 여자들이 지금은 "좋게 말하면 여자 중의 귀족이요, 좋지 못하게 말하자면 여자 부랑자들"이 된 것이다(같은 책, p. 259). 남녀 할 것 없이 이러한 경박한 세태의 변화는 수없이 묘사되었거니와, 순정파인 주인공 봉구조차 3·1 운동 후 옥살이를 하며, "나는 조선을 사랑한다——순영이를 낳아서 길러준 조선이니 사랑한다.

만일 순영이가 없다면 무슨 까닭에 조선을 사랑할까?”(같은 책,
p. 21) 이렇게 독백하는 것이다. 민족주의? 마침내 선주는 이렇
게 내뱉는다.

“세상이 어떻게 되어? 저 될 대로 되지. 왜 世上에 무슨 큰 變이
나 생긴답니까——제일 큰 변이 있읍니다——그것은 내나 당신이
나 병이 나는 것하고 돈 없어지는 것하고 〔……〕 **다른 놈들이야
죽거나 살거나 내게 무슨 상관이오?** 그놈들이 우리 생각해준답니
까——제 생각뿐이지. 저마다 제 생각만 하는 세상에 남 생각하는
놈 다 어리석은 놈입니다.”(같은 책, p. 99)

『무정』『개척자』의 청년 남녀들이 들으면 기절을 할 말들이
다. 아직도 전기의 민족주의적 애국자가 남아 있다면, 순흥뿐이
지만, 그의 투쟁적 행동은 상해에서 밀파된 ○○단(그도 그 정
체를 모르는 채)에 포섭되어 움직이다가, 결국 구식 부인인 정숙
한 아내의 희생(민족 운동이 아니라 남편 대신 자기를 죽이는)으
로 끝나고 그 자신은 입산 불문(佛門)에 귀의하였으며, 한편
○○단에 가맹하여 항일 투쟁을 하는 경홍으로 하여금 주의(主
義)를 위하여 또는 영웅주의에 사로잡혀 친부 살해라는 패륜을
저지르게 함도 심상치 않은 복선이 아닐까?
전항에서 본 바 그의 민족주의가 차츰 환멸과 자민족 결함의
통렬한 고발로 기울어지며 결국은 현실 타협적 교도, 실천적 민
족 개조 운동으로 변모·정착함을 보았거니와, 그것이 여기서
우리가 그의 문학 평론과 소설『재생』에서 보아온 온갖 세태
인심(뫼르스)의 퇴폐에 대한 신랄한 묘사, 그리고 이에 따르는
춘원 자신의 위치 전환(선구→전위에서 중용→견제→조절자→수
호자로)과 표리 일체를 이루고 있을 뿐더러 양자간에 필연적인
연관까지도 확인할 수 있다. 그리하여 이 시기에 읊은 절망의
노래가 한결 더 절실한 실감을 전해준다.

조선을 버리자

조선을 버리자
내 힘으로 못 救할 것을
아아 차라리 버리고 갈까
못 한다!
네 힘껏은 해보렴 음
죽기까지는 네 의무인 것을
그러나 여보
이 백성을 어이한단 말요?
헛것만 쫓는 것을
갈까나 갈까
조선이 안 뵈는 곳에 가서
울고 잊고 세상을 마칠까나.

그러나 주인공 봉구의 민족주의는 새로운 방향과 탈출구를 발견한다──그것이 춘원 자신의 그것과 일맥상부함은 두말할 필요도 없다.

"조선의 모든 백성이 다 안락을 누릴 때까지 내 몸에 안락이 없으리라! 다 한가히 놀 수 있을 때까지 내게 한가함이 없으리라.
〔⋯⋯⋯〕
가자, 우리 님에게로 가자! 거기서 그들과 같이 땀 흘리고 그들과 같이 늙고 같이 죽어 그들과 같이 공동묘지에 묻히자." (같은 책 p. 339)

농촌으로, '흙'으로라는 새로운 방향(차라리 탈출구) 이외에, 인생 무상──인생의 슬픔이라고 할 만한 슬픔──과 불교에 대한 관심의 표시(具處士를 방문하는 대목, 같은 책, pp. 113~15)와, 보편적인 인간애에 도달한 휴머니즘에의 동경 내지 일종의 신앙 고백에 처음으로 뚜렷한 표현을 이 작품에서 보여주고 있다

(같은 책, pp. 212, 225~28, 230)

　우리는 처음부터 우리나라의 역사적 특수 조건으로 하여, 개화 운동과 민족주의·구국 운동을 포괄하는 정신적 추진력으로서의 계몽 사상——이를테면 한국적 계몽 사상——이라는 틀 안에서 춘원의 그것을 살펴보았다. 따라서 그에게서 형이상학적인 어떤 사변 철학 같은 것을 찾는다면 그것은 필요 이상의 요구일 것이다. 그러나 그처럼 사회 만반에 걸쳐 논필을 들어 비판하고 계몽하고, 시류와 민중을 움직여 어떤 방향으로 이끌어가려는 선도자——그것을 바로 계몽 사상가라 부른다——를 자처한다면, 적어도 자기 나름의 인생관·세계관·윤리관·사관 등이 있어야 할 터이고, 설사 그런 것을 이론화하고 체계화할 겨를과 흥미가 없다손 치더라도, 그 모든 영역으로 전개될 수 있는 중심, 즉 확고한 입장에서 하나의 방향으로 통일시킬 만한 가치관 내지 가치 판단의 규준만은 있어야 할 터이고, 추론·판단의 방법과 원리(넓은 의미의 비평 원리)가 이에 따르고, 올바른 역사 의식에 의하여 방향지어져야 할 것이다. 거개의 사상가(혹은 철학자까지도)가 그러하듯이, 설사 그것이 독창적인 것이 아니고 선인들(우리나라의 경우 서구)에서 빌려온 것일지라도, 하나의 자아 속에 새로운 구심점과 새로운 구조로 통일서정(統一序整)되고, 그 주체가 투입된 역사적·사회적 상황 속에서 방향지어진다면 그것은 훌륭히 자기 철학, 자기 사상이라 불러 무방하리라.

　실은 프랑스의 계몽 철학자(내지 사상가)들도 모두 그 예외가 아니다. 여기서 춘원과 대치된 퐁트넬은 자타가 공인하는 데카르트파 *Cartésien* 이어서 데카르트의 방법론을 자기 나름으로 조술(祖述) 적용하였고, 그 후의 모든 계몽 사상가들의 모든 사상의 선구자를 퐁트넬에서 볼 수 있다.

　이러한 '철학'이란 결코 난해한 이론이나 전문 술어로 가득 찬 논문에서만 찾아볼 수 있는 그것이 아니다. 모든 계몽적인 언설·비평이나 수상 잡문에 이르기까지 도처에서 발견되는 것이다. 그런데 춘원의 그 방대한 양의 논설 속에서 계몽 사상가로 부를 만한 최소한도의 철학을 찾는 데도 매우 곤혹함을 느끼지 않을 수 없다. 아니 오히려 그것을 찾아보려는 것이 가혹한 느낌이 들 정도로 곤란하다. 계몽 사상가가 아니고 그저 사회 운동이나 민족 운동에 참여한 한 지도적 작가 내지 지성인으로서도 매우 난처한 일이다. 이것 역시 '춘원의 비극'에 무시할 수 없는 커다란 요인이리라. 우선 이러한 그의 지성의 일면을 밝혀보기 전에 그 근본적인 특성을 성격짓기 위하여, 바로 퐁트넬의 다음과 같은 경묘하고 재치 있는 표현을 원용함이 편리할 듯하다.

무릇 哲學이란 오로지 다음 두 가지 事實 위에 세워지는 것입니다——즉 인간이 好奇心을 가지고 있다는 점과 눈이 좋지 못하다는 점 말입니다. 〔……〕 그런데 사람이란 자기가 보고 아는 以上을 알아내려고 하니 이게 곤란한 일이죠. 만약에 우리가 보는 것을 올바르게 본다며는 우리가 알아내는 것도 항상 그 정도뿐일 테죠. 그런데 우리는 사실과는 전혀 다르게 보게 마련이거든요. 그러기에 진정한 철학자들은 한평생을 자기네가 보는 것을 믿지 않고 전혀 보이지 않는 것을 알아내려고 애쓰는 데 세월을 보낸답니다. (Fontenelle. "Entretiens sur la pluralité des mondes," *Oeuvres choisies*, Classique Larousse, 1689, p. 38)

농담 같은 말이지만 실은 모든 학문의 출발점과 철학자의 태도를 쉽게 설명한 명언이다. 너무 작아도 못 보고, 너무 커도 제대로 못 보는 인간의 눈의 불완전성, 그것을 자각하고 자기 감각을 믿지 않고(회의) 그 이상을 알아내려는 호기심(탐구 의욕)으로 하여 추리를 하고 현미경·망원경을 발명해내고 실험을 하고, 숨은 뜻과 법칙을 찾아내려고 모색하는 것이다. 자기 '눈' (감각)을 과신하거나, 대상 뒤에 가려져 숨겨진 것을 알아내려는 '호기심'(탐구욕)이 결여된 지성(시각형이라고나 할까)은 그 사색이 표면적·평면적임을 면할 수 없으며 거기서는 보이지 않는 앞날을 투기하고 방향 잡는 역사 의식도 기대할 수 없으리라. 춘원의 지성은 이 시각형(視覺型)에 가깝다──적어도 회의·탐구형은 아니다. 전후기를 통하여 항상 단호하고, 때로는 교격하고 설교적인 그 자신. 그 스스로도 고백했고(「일기」, 1908년 12월 23일, 1909년 1월 2일) 세인들도 흔히 지적한 소위 춘원의 '교만'을 필자는 그의 논설에서 번번이 볼 수 있는 '……하외다'라는 종지사(終止辭), 그 겸허 뒤에 숨은 단호한 자신을 느끼게 하는 독특한 어감에서 항상 느끼지 않을 수 없었다. 그런데 아무리 자신만만하고 단호하고 설교적이라도 그것은 항상 표면적인 관찰 혹은 현실 위주의 판단이나 상식론에 그칠 뿐, 독자로 하여금 깊이 파고들어 스스로 사색하게 하는 여지를 남겨주지 않는다. 간혹 철학적 사고와 추론을 강요당하는 문제를 다룬다 치더라도, 혼합적 절충론으로 얼버무리든가 아니면 자가당착을 노정하는 것이다.

가령 그의 숱한 논설 중에서 그의 계몽 사상의 철학적 근거가 될 만한 구절을 찾아보기로 한다. 우선 인생관 내지 윤리관의 중심이라 할 만한 것으로,

> 昔日의 倫理는 昔日의 倫理니라. 今日에 와서는 沒價値니라. 今日에는 不得已 今日의 倫理가 있어야 할지니라. 〔……〕
>
> 倫理라는 것은 사람을 위하여 있는 것이니 〔……〕 依例히 **살기 爲한 倫理**일 것이며 〔……〕
>
> 그런 故로 標準으로 할 것은 〔……〕 오직 '生'일지니라. 〔……〕 此에 反하여 '生에 沒交涉한 것을 생각하고 行하면 이는 惡이며, 不義니라. 善惡도 둘이 없고 正義 不義도 둘이 없나니 〔……〕 (전집 1, 「朝鮮 사람인 靑年에게」, pp. 487~88)

'생의 보지(保持) 발전'을 내걸고 개인에 있어서나 민족에 있어서나 이를 지상의 가치 기준으로 삼고 있다. 이것은 아주 초기의 글이지만 6년 후에 다시 「교육가 제씨에게」라는 글에서 다시 강조하여, 만약 동물들이 "생식(生殖)만 하고 생활할 방법을 불교(不敎)하면 피족(彼族)은 일조(一朝)에 멸망하고 말"지니,

> 實로 敎育의 目的은 生活하는 方法을 敎함에 在하다. (전집 17, p. 65)

> 今日 文明人類의 共通한 思想은 現世的·肉體的·物質的의 榮光스러운 生活에 在하고 〔……〕
> 生活의 內容은 卽 健康과 幸福과 繁殖이니…… (같은 책, p. 74)

라는 '현재적·육체적·물질적'인 '생의 보지 발전'으로 연결된다. 그뿐더러 후기에 들어가서도,

> 敎育이란 '避敵捕餌術'을 主로 할 것이다. (같은 책, 「民族的經綸」, p. 277)

라고까지 극언하여 일관하고 있다. 그것은 또한 그의 민족 개조론의 중심 내용으로 도처에서 강조되고 되풀이된 공리·공론 배격과 무실역행(懋實力行)·일기습득(一技習得)·명인필유생업(名人必有生業) 등의 실천주의와도 부합한다 하겠다. 그것은 마치 지드, 사르트르, 카뮈를 한데 혼합한 듯한 묘한 부합을 보이는 그의 인생관이 뒷받침해주고 있다. 그는 현대 문명의 근원이 인간의 자기 '힘에 대한 자신(自信)'에 있음을 말하고,

> 나의 不幸한 境遇를 變하여 幸福된 境遇를 造出할 수 있다. 나

342

의 境遇는 내가 만드는 것이요, 決코 第三者가 나를 爲하여 決定
하여주는 것이 아니다 하는 自信〔……〕(같은 책,「宿命論的 人
生關에서 自力論的 人生觀에」, p. 63)

이라 하여 사르트르의 실존주의적 휴머니즘을 앞지르고 있는가
하면, 바로 몇 줄 다음에는 "천국은 누가 이 세상에 보내어줄
것이 아니요, 오직 우리의 손으로 만들 것이외다. 하나님이 누
구뇨, 우리의 '손'이외다. 우리의 손이야말로 우주 만물의 창조
주요 섭리자외다" 하여, 지드가 만년에 도달한 '인간 — 신'의
개념을 앞지르고, 또 같은 글에서 한국에 전래된 기독교까지도
한국의 숙명론적 요소가 강조됨을 지적하여,

　　우리 耶蘇敎人은 걸핏하면 '하나님의 뜻'이라 하여 모든 것을
斷念하오.
　　가령 子女가 요절하면 '하나님의 뜻'이라 하오.〔……〕子女가
요절함이 과연 '하나님의 뜻'일까요. 婚姻, 夫婦의 衛生, 胎中의
衛生, 子女 출생 후의 양육, 子女病示의 치료 등은 전혀 고려치
아니하고〔……〕

이것은 곧 카뮈의「페스트」의 주인공의 휴머니즘과도 상통한
다. 여하간 이상 산견(散見)되는 단편적 관념을 연결시켜보면
그의 '생의 보지 발전'을 위한 거의 무신론적인 '현세적·물질
적' 인간 중심 철학(?)이라고 부를 만한 사상의 줄거리가 갖추
어진다. 그러나 그것은 같은 시기에 쓴 숱한 글들, 때로는 같은
글 속에 노정되는 숱한 자가당착의 모순적인 관념들을 묵살해
야만 겨우 구문이 통하는 사상의 줄거리다. 우선 흔히 평가(評
家)들이 말하는 그의 '인도주의' '이상주의'와는 어떻게 연결이
되는 것일까?

　　人生을 幸福되게 하는 길은, 첫째는 예수의 가르침대로 '人生을

道德化하라,’ 타고르의 ‘人生을 藝術化하라’ 함에 있다 합니다.
(전집 16. 「藝術과 人生」, p. 30)

　　人生은 幸福될 수 있는 것이요, 幸福되는 것이 當然합니다. 다
만 人生 自身의 **心的 態度 如何**와 努力 如何에 달렸읍니다.
〔……〕 **맘씨 如何**로 同一한 對象에 대하여 快·不快 兩樣의 感情
을 發할 수가 있는 것이외다. 〔……〕 우리는 隨意로, 즉 **心的 態
度 如何**로 一生을 花園中으로 갈 수도 있고, 一生을 曠野中으로
갈 수도 있는 것이외다. (같은 책, pp. 32~33)

　　그렇지마는 心的 態度 如何로 아무러한 職業이라도 〔……〕 그
勞役에 快樂을 얻을 수 있음. (같은 책, p. 36)

　　네 職業을 네 藝術로 알아라. (같은 책)

이 엄청난 관념론, ‘인생의 고해’도 ‘심적 태도 여하’라는 이
철저한 유심론과 ‘생의 보지’ ‘피적포이술(避敵捕餌術)’이라는
교육 이념, ‘건강·행복·번식’ 등과는 어떤 관계에 놓이는 것일
까? 그뿐이 아니다. 바로 같은 글에서, 수양 여하에 따라서는
옥중의 “복역 생활에 일종의 흥미가 있더라”는 실례를 들어,
역시 “그 속에서도 **심적 태도 여하**로는 자유와 행복을 넉넉히
찾을 수 있다” 함을 또 한번 강조하고 나서(전기 사르트르나 카
뮈 같으면 이러한 모랄을 ‘쌀로’의 설교라고 할 것이다), 이번에는
엉뚱하게도 현대 사회 조직이 “피용자는 소수 자본주의 계급
의” ‘노예’로 전락시켰음을 지적하고, 우선 “경제 조직을 중심
으로 한 사회 조직을 개조하여, 각인이 자유로운 직업을 위하여
예술적 창조의 노역을 얻는 사회가 되게 하여야”(같은 책, p. 39)
한다고 관념론적 이상주의와 유물론을 뒤범벅으로 하여 유토피
아를 그리고(작품 중에서 이에 해당하는 것이 1923년작 『허생전』
일 게다), 그 방법론으로 들어가서는 다시 ‘심적 태도’로 돌아가

‘마음의 관습’ ‘사랑과 도덕으로서……’ 유심론으로 돌아가고, “우리를 신세계로 인도해줄 자는 종교와 철학과 과학과 예술이 외다. 정치나 경제는 이런 것을 응용한 것에 불과한 것이니 개조의 완성을 의미하는 것이지마는 순서로는 후(後)외다”(같은 책, p. 39)라며 다시 철저한 관념론으로 돌입하는 것이다.

이러한 본질적으로 상반된 가치관에 입각한 명제의 절충·혼합과 추론의 전기 모순 당착은 후기의 거의 모든 주요 논문에서 볼 수 있는 것이어서, 이 이상 인용하는 것은 가혹한 느낌이 들어 참고삼아 예거에 그친다. 「팔자설(八字說)의 기초로 한 조선인의 인생관」(1921)에서는 전술한 그의 윤리의 표준 ‘생의 보지’ ‘피적포이술(避敵捕餌術)’의 교육 이념을 뒷받침하는 것으로, 철저한 “과학 교육, 그 중에도 자연과학의 교육”을 강조하며, “민족적 근본 사상을 새로” 주기 위하여 “앵글로 색슨족의 인생 철학의 정신,” 즉 “공리주의, 그것을 더 철학화한 실용주의(프래그머티즘)”를 내걸어 철학적 근거로 삼는 듯하고(전집 17, p. 168), 같은 해의 「소년에게」와 유명한 「민족 개혁론」(1922)에서는 “조선 민족의 쇠퇴의 원인은 도덕적 원인이 근본”이라고 누차 강조하고, 따라서 ‘도덕적 개조’라야만 한다. 그 개조의 내용은 예의 무실역행(懋實力行)의 실천주의를 내거는가 하면, 「상쟁의 세계에서 상애의 세계에」 이르러는 “인류를 쟁투의 고(苦)에서 구제할 것은 오직 사랑의 원리외다”라고 갈파(?), 서구의 권리 사상이라는 ‘악마적 사상’을 단죄하고 나서, 우리 조선에서 바로 이 인류의 역사적 비극을 구제할 ‘사람의 단결’과 행동에 의한 ‘천국 건설’이 이루어지리라고, 실로 어안이 벙벙해질 만큼 인권 사상을 저주하며 순박한 관념론적 이상주의로 비상하는 것이다. 여기서 계몽가 춘원은 반서구 계몽 사상의 위치로까지 역전해버리고 있다. 이러한 혼란이 사회주의 사상과 프로 문학이 대두됨에 따라 더욱 심해짐을 볼 수 있다는 것은 첫머리에서 말한 철학의 빈곤을 여지없이 증명해준다.

가령 프로 문학 대두(1925) 이후 쓴 그의 모든 문학에 관한 논설을 일별해보라. 「문예 쇄담」(瑣淡)(1925) 「우리 문학의 방향」에서는 민족주의(건전·교화)·인도주의·신이상주의 등의 혼합으로 프로 문학에 대하여 소극적·방어적 부정을 표시하는 반면, 예술 지상주의나 상징주의 혹은 '데카당스 경향'에 대하여는 단호한 공격을 취하는가 하면, 「중용과 철저」(1926) 논쟁에 이르러는 '평범·건전한 문학' '인성의 항구성'을 내걸고, 혁명 문학에 대하여는 타협적·절충적 '중용'(후술하겠거니와 이 점이 카뮈의 '절도' '정오의 사상'과는 근본적으로 다르다)으로 대하고, 정면으로 '프로 문학'을 다룬 「문학과 부르와 프로」 「예술 평가의 표준」에서는 논지의 초점과 결론이 애매모호하게 회피되었고, 몇 해 후에 쓴 「문학에 대한 소견」(1929) 역시 건전·평범·인성의 보편 항구성을 들어 대 프로에는 절충적이며 대예술 지상주의에는 단호한 반격을 가한다. 그러나 「여(余)의 작가적 태도」에서 민족주의자로서의 자기 신념을 토로하는 마당에 이르러서는(역시 이론적으로는 절충 타협적이면서도) 단호히 반대 입장을 선명하고 있다.

결국 앞에서 살펴본바, 일단 그의 계몽 사상의 철학적 근거로 추출해본 윤리적 가치관과 이에 따르는 인생관·교육 이념·민족주의 등이 제법 일관한 철학적 전개를 이루는 듯하지만, 필자의 그러한 추출 연결 작업이 실은 춘원 자신의 수습할 수 없는 전후 모순 당착과 조략한 절충·혼합에 의하여 여지없이 무너지는 것을 보았다. 그것도 흔히 볼 수 있는 단계적 변모가 아니고 동시에 혼재하는 혼란인 것이다. 결국 그에게서 철학을 찾는 것은 무리한 요구랄 수밖에 없다. 사관에 이르러는 그저 당시의 교과서적인 상식을 넘지 못하며, 선구적 사색인에게 가장 중요한 비평 원리에 이르러는 거의 찾아볼 수가 없다.

그러나 이러한 혼란도 그때그때 춘원 앞에 드러나는 현실적인 적에 대하여 춘원의 유일한 척도, 즉 "지금 우리 민족이 필

요로 하는"(사상·문학·교육·덕목 등) 것이 무엇이냐 하는 관점
으로 조준을 맞출 때 비로소 석연히(일관한 사상 체계나 전개가
아니고 하나하나가 독립적으로 어떤 구체적인 현실적 대상에 대치되
어) 풀려지는 것이다. 이 점을 주요한씨는 다음과 같이 지적하
고 있다.

> 춘원의 啓蒙主義가 신앙의 자유라든가 정치적 인권 사상, 철학
> 상의 합리주의 등에까지 번져가지 않고, 主로 실제적인 문제, 特
> 히 가족 제도의 혁신에 중점을 둔 것은 그만큼 通俗哲學的인 部類
> 에 속하는 것이요, 철학상 流派로 規定한다면 차라리 功利主義 내
> 지 實際主義(프래그머티즘)에 가깝다. (전집 17, 「해설」, p. 561)

그러나 우리가 위에서 본 바로는 그의 잡다한 관념의 혼란은
'철학상의' 어떤 주의로 통일하고 하나의 세계로 서정(序整)하
기에는 너무나 철학적인 근거와 맥락이 서지를 않는다.
여기서 첫머리에서 인용한 퐁트넬의 약언을 상기하자. 요컨대
그는 '시각형'의 지성인이다. 따라서 항상 그때그때의 당면의
문제를 표면적이고 평면적으로 볼 뿐더러 항상 단호하고 확신
에 차 있다. 자기 '눈'에 대한 회의가 없기 때문이다(적어도 불
교에 기울어지기 이전의 계몽가 춘원의 경우는 그렇다). 자기의(또
는 인간의) 눈을 의심하고 그것을 넘어 뒤를 넘겨보려는 근원적
인 회의가 없는 곳에 철학이 싹틀 수 없고, 따라서, 그는 항상
'신념의 인간' '실천인'이지 탐구 모색의 인간은 아니다. 여기서
또한 계몽 사상가로서는 치명적인 결함, 즉 평면적·표면적인
육안의 시야를 넘어 미래를 투시하는 방향 감각과 이에 따르는
추진 의지, 즉 역사 의식의 결여를 엿볼 수 있다.

염상섭과 에밀 졸라

정 명 환

1

어느 작가가 청년기에 있어서 자기의 입장을 주장한다는 것은 그 이전의 문학적 유산이나 관례를 넘어서는 독자성을 정립하기 위한 것이다. 이 점에서 졸라와 염상섭의 지향은 동일하다. 졸라에 있어서 가장 절실한 문제가 위고와 발자크를 어떻게 넘어서느냐는 데에 있었던 한편, 염상섭은 이광수에 의해서 대표되던 교훈적·이상주의적 문학을 지향할 수 있는 새로운 문학의 가능성을 찾아나섰다. 그리고 염상섭의 경우에는 이 반이광수 운동의 과정에서, 일본을 매개로 한 자연주의를 발견하고, 그럼으로써 매우 간접적으로 졸라의 어떤 개념이 그의 문학론에 반영된 결과가 생겼다. 그러나 선대의 지배적 작가의 작풍에 대해서 반항함으로써 자기 정립을 기도했다는 양자의 형식적 유사성을 넘어서서, 그들이 각각 누구에 대해서 반항했느냐는 구체적 현상을 살피고 이 반항이 가져온 결과를 따질 때, 졸라와 염상섭은 자연주의의 개념에 있어서 부동(不同)할 뿐 아니라 문학관 그 자체에 있어서 다르다는 것을 알게 될 것이다.

그것은 결국 '여지(餘地)의 문제'로 귀착된다. 졸라의 경우에

는 그에게 남겨진 여지는 매우 좁은 것으로 의식되었다. 그는
앞서 말한 두 작가로부터 이중의 압력을 받는다. 첫째로 그는
사실을 꿈의 세계로 전환시키고, 현실적·유한적 사물에 대하여
초월적이며 무한적인 의미를 부여하는 시의 작업이 위고에 의
해서 완성되었다고 생각한다.[1] 그런데 졸라의 초기 평론을 읽
으면 위고를 위시한 낭만파의 시인 작가에 대한 평가가 매우 애
매하다는 사실이 눈에 띈다. 그는 그들이 끼치는 마력에서 벗어
날 수 없다는 것을 고백하는 동시에, 그들로부터의 해방이 없는
이상 새로운 의미를 지니는 작가로서 자기 정립을 할 수도 없다
는 것을 강렬히 자각한다. 따라서 졸라의 과제는 자신의 감수성
을 배격하면서까지 추진되어야 할 의식적 탈낭만화의 작업으로
수렴된다. 그리고 바로 이 단계에서 그가 발견한 것이 발자크이
다. 그의 눈에는 발자크야말로 위고의 마술로부터 풀려날 수 있
는 길을 지시해주는 진정한 모범으로 보였다. 한 사회의 드라마
를 그 전체적 구조에 있어서 파악하고 문학을 다시금 현실 세계
에 대한 분석의 기능으로 복귀시킨 발자크의 존재가 위고를 뜻
없는 고립적 현상으로 만들어버렸다고 하면서 졸라는 이렇게
말하는 것이다.

그들은 두 가지의 다른 세계를 탄생시켰다. 발자크는 위고의 날
개 돋친 듯한 시구의 귀력을 가지고 있지는 않다. 그러나 그의 작
업은 후일 더욱 엄격하게 수행되어나갔다. 『인간 희극』의 작가는
하나의 형식을 창조했다. 모든 현대 문학은 그로부터 비롯된다.

---

1) "우리들 시인과 소설가의 세계는 인간이 창조해낸 세계이다. 대상과 우리의 눈
   사이에는, 아무리 얇더라도 하나의 막이 개재하는 것이다. 그리고 우리는 오직
   이 막을 통해서만 대상을 그린다. 바로 그렇기 때문에 우리의 독자성이 있고
   예술 전체가 있는 것이다. 한데 위고의 막은 빛으로 짜여져 있으며, 그는 모든
   사물에 후광을 던진다. 〔……〕 가지각색의 사물이 시인의 눈에 들어오지만 그
   것들은 시인으로부터 머리로 가는 과정에서 야릇한 변용을 겪는다. 어떤 것은
   커지고 또 어떤 것은 작아지면서 모두를 독특하게 달라진다. 그래서 시로 표현
   된 풍경은 이미 현실의 풍경이 아니며 꿈은 진실과 다르게 된다"(*Oeuvres
   complètes de Zola* X, Cercle du Livre Précieux, 1969, p. 84).

위고는 하나의 영광으로서, 하나의 고립된 등대로서 남을 것이다. 그러나 이 분석적 소설가는 아직도 우리 문학에서 발전 과정에 있는 위대한 과학적 운동을 결정지은 것이라고 말할 수 있다.[2]

그러나 이와 같이 위고를 넘어서는 길이 일단 발자크에 의해서 제시되었다는 졸라의 발언은 그의 기쁨과 동시에 초조한 고심을 내포하는 것이다. 왜냐하면 이번에는 발자크를 선구자로 인정하면서도 그를 전적으로 닮지 않은 방법을 마련해야 했기 때문이다. 그것은 두 가지의 국면에서 이루어진다. 첫째로는 제재에 있어서이다. 졸라는 발자크가 다룬 1830년대의 부르주아 형성기의 전체상 대신에 1850년 이후의 그 난열기와 해체기의 양상을 파악하려고 한다. 둘째로는 방법론에 있어서이다. 발자크를 과학적·분석적 정신을 지닌 작가의 비조로 보는 졸라는 발자크가 미처 의식적으로 적용하지 못한 과학적 개념을 소설 창작의 원리로 도입함으로써 그를 계승하는 동시에 넘어서려는 것이다. 그리고 인과 관계에 의한 인간적·사회적 현실의 해명이라는 이 목적을 위해서 졸라가 수용하려던 것이 텐느 Taine 의 환경론, 뤼카스 Lucas 의 유전학, 베르나르 Bernard 의 실험 의학 방법론인 것은 주지의 사실이며, 이러한 의식적 노력이 고유의 의미에 있어서의 자연주의를 형성하는 것이다.

이렇게 볼 때 오늘날 알려져 있는 졸라의 군색한 편견은 결국 거대한 선행 문학 표현의 압력에 몰린 사람이 독창성의 획득을 위해서 자기의 가능성을 스스로 좁혀나간 결과이다. 위고에 의해서 시인으로 성장할 가능성을 박탈당하고, 그렇다고 해서 발자크의 뒤를 따른다는 것이 그를 모방하는 것을 의미해서는 안 된다는 의식[3]은, 졸라로 하여금 당시의 사상계를 지배했던 실

---

2) *Ibid.*, p. 952.

3) 졸라가 발자크에 대해서 자기의 독특한 입장을 표명한 문헌 중에서 대표적인 것으로는 "Différence entre Balzac et moi" 참조(*Les Rougon-Macquart*, V, Pléiade, pp. 1736~37).

증주의적 사고 방식을 전적으로 받아들이게 하고 지나치게 편협한 문학 이론의 형성으로 유도했던 것이다. 한데 염상섭의 경우는 졸라의 체험과는 정반대의 현상을 보여준다. 오직 이광수만이 그의 혼돈된 문학관과 사상을 가지고 교훈 작업을 이어나가고 있던 무렵[4]에 동경의 문단을 알게 된 염상섭의 앞에는 무한한 가능성과 넓디넓은 공간이 전개된 것이다. 그가 처음으로 일본으로 건너간 1910년대부터 접촉하기 시작한 일본 문학은 사회와 예술에 있어서의 자아의 문제를 중심으로 백가쟁명(百家爭鳴)의 양상을 보여준다. 단지 문학의 교훈적 목적을 배격한다는 공통점을 지닐 뿐, 자아의 이름 아래서 전개된 그 모든 주의 주장(자연주의·반자연주의·낭만주의·상징주의……)이 염상섭에게는 그 나름대로 모두 새롭게 비쳤다. 그리고 그 무한한 가능성 앞에서 비판적 지성을 발동하는 대신에 그것들을 한꺼번에 수용했다는 증거를 우리는 1922년에 발표된 「개성과 예술」에서 찾아볼 수가 있다. 한국 문학에 있어서의 최초의 자연주의 선언이라고 말해지는 이 텍스트를 대할 때, 우리는 가령 졸라의 『실험소설론』이 주는 편파적이며 좁디좁은 공간으로부터 광대무변한 공간으로 뛰쳐나온 듯한 인상을 받게 된다. 그러나 이 광대무변한 공간은 어떠한 표점(標點)도 없는 원시림이며, 그 속에서 위치를 확인하고 길을 찾으려는 우리의 모든 노력을 거부하는 성질의 것이다. 규정되지 않은 제개념들이 상호 관련 없이 무성해 있는 그 수풀에서 우리는 당혹과 불안을 느낄 따름이다.

이 글은 개성이라는 단어의 의미를 최대한으로 확산시켜서 사용한 환상곡과 같은 것이다. 제1장에 있어서는 낭만적 이상주의에서 벗어난 과학적 검증 대상으로서의 개성이 강조되어 있다. 이 경우 작가가 자주 쓰는 자아·개성·개체·개인이라는 용어가 실지로 의미하는 것은 아마도 신학적 합목적성이나 사

<hr>

4) 『한불 연구』 제1집, 「이광수의 계몽 사상」, 1974 참조.

회적 계층 구조나 또는 낭만적 완전 가능성의 신화로부터 해방
된 본연적 인간성이리라. 우리가 이와 같은 용어 해석을 적용하
면 이 제 1 장은 그런 대로 읽혀나갈 수 있는 글이며, 막연한 형
태로나마 자연주의의 선언서로서 받아들여질 수 있을 것이다.
우리는 그의 착잡한 언어의 밀림을 다음과 같이 좀더 알기 쉬운
말로 정리해볼 수가 있다. "오늘날의 문학은 개개의 인간이 보
편적으로 지니고 있는 인간성을 검증하는 데 주안을 두고 있다.
이러한 태도는 인간이 자기 자신을 알아야겠다는 근대적 각성
에 연유한다. 한데 이 목적의 달성을 위해서는 일체의 권위와
우상과 꿈에서 해방되어, 과학적 방법에 의해서 인간의 현실을
관찰 해부해나가야 한다. 그리고 이 객관적 검증의 결과로 우리
는 삶의 현실이 추악하다는 것을 알게 되고 그 대표적인 경우가
모파상의 『여자의 일생』을 통해서 보는 바와 같은 성적 인간의
양상인데, 이것은 우리로 하여금 현실 폭로의 비애를 느끼게
한다."

　이렇게 요약될 수 있을 제 1 장은 우리가 개성이라는 말에 지
나치게 홀리지만 않는다면 자연주의적인 태도 표명이라고 보아
도 좋다. 물론 우리는 오늘날 염상섭의 서양 문예 사상의 이해
에 있어서의 결함이나 또는 논지의 설득성의 결핍을 지적할 수
있기는 하다. 가령 인간의 본연성을 추악한 것으로 수렴하려는
근거는 무엇이냐는 기본적인 질문으로부터, 현실 폭로의 비애를
느끼는 한 작가가 자기 회복을 하는 길은 과연 있을 것이며, 만
일 있다면 무엇이냐는 실존적 문제와 관련된 질문에 이르기까
지 우리는 여러 가지 의심을 제기할 수 있을 것이다. 그러나 우
리는 이 제 1 장을 대할 때 그 비논증적인 언어와 부족한 성찰을
지적하기보다는, 그것이 지니는 매우 중요한 문학사적인 의의를
우선 강조해두자. 왜냐하면 거기에는 비록 개성의 이름 아래서
일망정 한국에 있어서 최초로 자연주의가 선언되어 있으며, 또
비록 개념적·추상적일망정 그 방향으로 논지가 응집되고 있으

니 말이다.

따라서 우리는 제 2 장에 있어서는 제 1 장에서 막연한 서문적 형태로 선언된 자연주의에 대해 좀더 세밀한 전개가 있기를 기대하게 된다. 그러나 실지에 있어서는 이 기대는 어긋나고, 제 2 장은 우리를 매우 당혹케 하는 진술로 가득 차 있다. 왜냐하면 거기에서는 무한히 발전하여가는 인간의 독특한 정신력과 생명력을 개성의 뜻으로 취하고 있기 때문이다. 그렇다면 그것은 제 1 장에서 피력된 자연주의와는 어떻게 관련되는 것일까? 염상섭은 제 1 장에서의 강조에도 불구하고 자연주의가 그리는 인간의 혼을 부정하려는 것일까, 혹은 현실을 폭로한 작가는 그가 결과적으로 느끼는 비애에도 불구하고 바로 그 폭로적 묘사를 통해서 ‘독이적(獨異的) 생명’을 표현한다는 것일까? 제 1 장과의 관련을 암시하는 듯한 단 한 줄의 글도 없는 이 장에서 우리는 전혀 그 대답을 찾아볼 수가 없다. 우리가 알 수 있는 것은 다만 개성이라는 말이 전혀 다른 차원의 의미로 사용되어 있다는 것이다. 제 1 장에서 개성은 비판 분석되어야 할 현실적 인간상의 의미였지만, 여기서는 적극적으로 주장되어야 할 이상적 가치로서의 생명이라는 뜻을 띠는 것이다. 그렇기에 개성의 이름 아래서 “지정의(知情意)의 활약 있는 생명적 비약” “독이적 생명의 유로” “무한히 발전할 수 있는 정신 생활” “이상과 가치의 본체, 즉 진선미” “위대한 영혼” 등의 거창한 표현이 쏟아져나오고 문학과의 관련하에서는 다만 “인생은 짧고 예술은 유구하다”는 진부한 말이 마치 당연한 명증처럼 이 장의 결미에 나타나는 것이다. 그러니까 이 제 2 장은 개성이라는 말에 주어진 전혀 다른 의미로 보나 또 논리적 연맥(聯脈)의 전적인 결핍으로 보나 제 1 장과는 아무런 상관없는 별개의 논문이라고 생각될 수밖에는 없다.[5]

---

5) 그렇기 때문에 ‘개성과 예술’이 자연주의의 표현이라고 보는 통상적 견해에 대해서, 그것을 낭만주의적 표현이라고 규정하는 견해가 맞설 수 있는 것이다.

　　그렇다면 제 2 장에서 염상섭은 이 두 가지의 상반되기까지 하는 개성론에 대해서 종합적 견해 또는 선택적 견해를 표명하고 있는 것일까? 그렇지가 않다. 제 3 장은 단순히 제 2 장의 연장선상에 있다. 거기에서는 제 2 장에서 전개시킨 일반적 개성론을 예술에 보다 가깝게 접근시킨 동시에 개성이라는 말에 민족적 개성이라는 의미를 부여하고 있다. 그것은 이 글이 3·1 운동의 충격이 아직도 생생한 1922년에 씌어졌다는 사정과 무관하지 않을 것이다. 제 2 장에서 전개시킨 일반적인 개성론을 한편으로는 민족적 개성론으로 확대시키고 또 한편으로는 예술적 구상과 결부시킴으로써 염상섭은 서양적인 것과 문학적 자아와 민족적 요청의 삼자를 한 덩어리로 연결시키려고 했음이 틀림없다. 이와 같이 한 개인으로서의 작가가 서양의 자극하에 훌륭한 예술적 작품을 창조한다는 행위는 동시에 한국 민족의 독특한 생명력의 표현이 된다는 신념, 다시 말하면 문학적 행위의 정통성에 대한 변론이 가령 다음과 같은 구절에 반영되어 있다. "이 존엄하고 숭고한 민족적 개성이 직세완연(織細蜿蜒)한 일조곡선(一條曲線)에 탁(托)하여 표현될 때에, 일개의 토귀에 영원한 예술적 가치를 부여하며 창조적 생명의 영원한 생장과 발전과 활약이 있는 것이다. 〔……〕 요컨대 그 곡선의 내부에는 작가 자신의 개성이 표현된 동시에 민족적 개성이 표현되고 민족적으로 독이(獨異)한 생명이 체류하고 활약함으로써 예술적 가치가 생긴 것이라 함이다."

　　그렇다면 염상섭은 문학적 자아의 표현이 동시에 민족적 개성의 표현이 되는 예술성을 구체적으로 어디에서 찾으려는 것일까? 어떠한 예술적 형식과 내용이 그런 이중적 표현을 통한 생명의 유로를 보장해주는 것일까? 이 방법의 탐구에 있어서

그러나 특히 근대 문학 초기의 작가들을 연구할 때 중요한 것은 서양 문학의 문예사조 분류 방식에 따라 한 작가를 어느 한 주의자로 수렴하는 것이 아니라, 그의 작품이 나타내는 사상의 잡거성(雜居性) 그 자체에 주목하는 것이다.

제1장에서 피력된 근대 문학의 자연주의적 추세는 어떠한 의
미를 지니는 것일까? 이러한 질문에 대한 염상섭의 대답으로서
는 매우 추상적인 일 절밖에는 찾아낼 수가 없다.

> 예술은 모방을 배(排)하고 독창을 요구하는지라 거기에 하등의
> 범주나 규약과 제한이 없을 것은 물론이다. 생명의 향상 발전의
> 경지가 확대 무애함과 같이 예술의 세계도 무변제(無邊際)요. 예
> 술의 세계의 무변무애(無邊無涯)는 개성과 발전과 표현의 자유를
> 의미하는 것이다. 이리하여 우리의 정신 생활의 내용은 더욱더욱
> 풍부하며 충실할 것이요 영혼은 나날이 빛나질 것이다.

이 텍스트를 보면 염상섭이 독창성의 획득을 위한 구체적 방
법론을 제시하는 대신에 개성과 자유의 이름 아래서 모든 표현
을 무차별하게 포옹하려는 것임을 알 수 있다. 그것은 졸라의
경우와는 대척적이다. 그가 지배적이며 거대한 유산의 압력을
겪어 자기의 가능성을 좁혀나간 반면에 전통의 중압을 모르는
염상섭은 무한한 가능성 앞에서 흥분한다. 그러나 무한한 가능
성에 대한 기대는 작가의 입장과의 관련에서 두 가지 의미를 띨
수가 있다. 첫째로 자신의 일정한 세계관과 방법(가령 자연주
의)에 입각해서 창조 행위를 해나가는 한편, 여러 가지의 상이
한 시도가 한국 문학에서 다양하게 전개되기를 희구한다는 뜻
이 될 수가 있다. 그 경우에는, "우리의 정신 생활의 내용은 더
욱더욱 풍부하며 충실할 것이요 영혼은 나날이 빛날 것이다"라
는 말은 개적(個的) 작가들의 독특하고도 제한된 활동의 총화
에 의해서 이루어질 매우 바람직한 상태를 의미할 것이다. 둘째
로는 그 넓디넓은 공간의 인식이 도리어 작가의 방황과 방법론
의 전적(全的) 결핍의 원인이 되고 진실로 새로운 문학의 창조
에 이바지하지 못하는 결과를 초래할 수도 있다. 이 경우에는
전적 가능성은 전적 불가능성과 동의어가 된다. 작가는 자기의

생산물의 의미를 평가할 상대적 척도를 자국이나 자문화권에서 갖지 못하기 때문에 도리어 뜻있는 전통을 형성하지 못하는 함정에 빠지게 될 것이다. 그렇다면 「개성과 예술」에서 창작의 방법론을 아직도 설정하지 못한 염상섭은 과연 실작(實作)에 있어서 어떠한 방법으로 나간 것인가? 우리는 그 문제를 살피기 위해서 다시 한번 졸라의 경우를 대비점으로 삼아서 그에게 있어서 이론과 실작의 관계가 어떤 것인지 잠시 생각해보기로 하자.

2

오늘날 졸라를 다소라도 아는 사람이면 누구나 지적하듯이, 『실험소설론』에 의해서 대표되는 그의 인간관은 매우 편협한 것이며 과학적 인식 방법을 소설 창조에 적용하려는 태도는 그대로 유지되기 어려운 것이다. 인간은 아무리 강요된 상황하에서라도 주체적 선택을 할 수 있는 자유체이며 문학의 언어는 과학적 언어의 피안에 있다는 것을 여기에서 길게 늘어놓을 필요는 없을 것이다. 이러한 졸라에 대한 비평은 벌써 『실험소설론』이 출간된 당시부터 여러 사람들에 의해서 가해져온 것이다.

그러나 이 논문에 의해서 대표되는 졸라의 과학적 방법이 문학적 창조 행위에 대해서 전혀 무관했다거나 혹은 역기능을 했다고만은 결코 말할 수 없다. 우리는 그것을 세 가지 점에서 확인할 수가 있다. 첫째로는 인간을 전적으로 자유로운 존재로만 보아오던 종래의 편견에 대한 도전이다. 유전과 환경을 인간 형성의 가장 중요한 두 요소로 보려는 그의 입장은 문학 사상사적으로 볼 때, 낭만주의에 대한 가장 두드러진 안티테제로서의 의미를 띨 뿐 아니라, 장 로스탕 Jean Rostand 이 지적하듯 기본적

으로 정당한 것이다.[6] 더구나 졸라는 많은 경우에 있어서 그런
사실을 객관적으로 검증하는 데 그치는 것이 아니라 그것을 문
제로 제기하고, 유전과 환경의 인위적 교정을 통한 구제의 가능
성을 짙게 암시하는 것이다. 이리하여 과학적 결정론은 숙명론
이 아니라는 그의 주장이 이해될 수 있으며, 그 결정론은 인간
의 완전 가능성과 무한한 진보를 믿던 당시의 신화와 표리일체
가 되어 있다.

둘째로 졸라의 이론은 그의 상상력과의 관계에 있어서 매우
깊은 뜻을 갖는다. 유전과 환경이라는 두 개념은 그의 본래의
낭만적 기질이 가져올지도 모르는 상상의 비약을 통제하고 일
정한 테두리 속에서 그의 사상력이 작용하는 체크 포인트로서
의 역할을 하며, 또한 『루공 마카르 *Les Rougon-Macquart*』에
등장하는 제인물에 대해서 전체적 통일성을 부여하는 기능을
한 것이다.[7] 그러나 셋째로 우리가 지적해야 할 것은 과학적 방
법의 유효성의 증명과 그것을 통한 사상 작용의 정서화(整序
化)의 노력에도 불구하고, 그의 이론은 일관적으로 지켜지지 않
았다는 모순된 사실이다. 그는 미슐레 Michelet 나 위고에 의해
서 형성된 시적 비전으로부터 결코 자유로울 수 없었으며, 『루
공 마카르』는 제1권부터 졸라의 자기 통제와 시적 상상력 사
이의 충돌·병렬 또는 모순의 현상을 노정하고 있다. 여기에서
그의 소설의 풍요한 애매성이 비롯된다. 그리고 졸라의 작품은
후기로 갈수록 시적 상상력에 의해서 과학적·실증적 정신이 병

---

6) "생체(生體)의 특질의 전승은 졸라가 생각했던 것보다 한결 복잡한 곡절로 이
   루어진다는 것을 우리는 오늘날 알고 있다. 또한 극히 제한된 경우를 제외하고
   는 선조와 자손 사이의 상이성에 관해서 정확한 예측을 할 수 없다는 것도 사
   실이다. 그러나 졸라가 내세우는 일반적 개념은 여전히 유효한 것이다. 유전과
   환경, 다시 말해서 자연과 음식, 부자와 상황, 기원과 역사 〔……〕 이것이 인
   간을 만드는 두 가지 요소이며, 나는 그 이외로 다른 것을 알지 못한다"
   ("Zola et Science," in *Présence de Zola*, p. 155).
7) 이 점에서 관해서는 출저 『『루공 마카르』에 나타난 애매성에 대한 연구』,
   pp. 66~69를 참조.

탄되어가는 현상을 보여준다. 독창성의 획득을 위하여 자신의 근원적 기질이나 세계관과 대척되는 과학적 개념을 스스로 도입한 졸라는 그 갑갑한 공간 속에서 자기 정립을 이룬 대신에 자신과의 드라마를 연출한 것이다. 다시 말하면 유전과 환경에 의해서 인간을 설명코자 한 그의 의식적 태도는 그것을 넘어서서 생성되는 영원한 생명의 신화를 긍정하려는 그의 시적 비전과 드라마를 형성하기 위한 일항으로서의 기능을 하고 후자의 의미를 대조적으로 드러내는 역할을 하는 것이다.

우리는 그의 과학적 이론이 실제적 창작에 있어서 작용한 이 세 가지 국면의 실례로서 그의 성관(性觀)을 들 수가 있다. 제 1 의 국면에서는 성은 파괴적·해체적 양상 아래서 파악된다. 그리고 그 난맥상은 개인의 책임으로서 제시되기보다는 유전과 환경의 소산이라는 점이 강조되어 있다. 가령 『나나』의 여주인공을 통해서 졸라가 증명하려는 것은 유전적 결함을 지니고 잡거잡혼(雜居雜婚) 상태하에서 성장한 젊은 여성이 파리 교외의 하층 사회에 내던져졌을 때에 초래될 성적 방종의 필연성이다. 그리고 이 인물이 창부로서 상류 사회와 접촉할 때, 성을 통한 그 상류 사회의 해체가 촉진된다. 이와 같은 유전과 환경의 조합에 의한 성의 파괴적 기능은 중산층의 생태를 묘사한 『살림 Pot-bouille』에서도, 또 노동자의 세계를 다룬 『제르미날 Germinal』에서도 동일한 양태로 나타난다. 그러나 졸라는 바로 이러한 제시를 통해서 문제를 던지는 것이며, 문제에 대한 자각이 그 해결의 실마리가 되기를 기대한다. 그렇기 때문에 졸라에게 있어서는 검증하는 행위가 현실 폭로의 비애로 귀착되지 않고 사회적·윤리적 고발이라는 적극적 의미를 띠는 것이다.

둘째로 이론의 테두리 속에 스스로 자기 자신을 가두어 통일성을 획득하려는 기도는, 유전과 환경의 작용 여하에 입각해서 각 인물의 성적 경향과 태도를 설명하려는 노력을 통해서 나타난다. 가령 우리는 『루공 마카르』의 제 6 권에 등장하는 외젠

루공 Eugène Rougon이라는 인물의 경우를 그 대표적인 예로서 생각해보아도 좋을 것이다. 이 인물은 앞서 말한 성적 해체를 나타내는 인물들과는 대조적으로 성적 극기를 통해서 자기 실현을 해나가는 긍정적 측면을 상징한다. 그는 극단적인 정결 (貞潔)이 위대한 과업의 수행을 보장한다는 작가 자신의 신념이 투영된 경우인데, 모든 성적 유감을 극복해나가는 그의 의지와 행동을 상징하고 조형함에 있어서도 졸라는 『나나』의 경우와 마찬가지로 유전과 환경의 작용에서 그 지점을 구하고 있다. 또한 그 여주인공 나나와도 다르고 외젠과도 다른 제5권 『무레 신부의 실수 La faute de l'abbé Mouret』의 데지레에 있어서도 같은 원리가 적용된다. 그녀는 성적 인간이면서도 동시에 긍정적 측면을 지니고 있다. 그녀의 경우에는, 성 본능이 강하게 작용하지만 그것은 생산성 즉 생명 창조의 목적과 결부되어 있는데, 졸라는 이 현상을 "유전에 의한 지적 열등성이 가져온 동물성＋그녀의 생장 환경으로 작용한 자연의 섭리"로 설명한다. 이와 같이 성과 관련된 행동의 여러 가지 변종을 제시하면서도 졸라는 언제나 그것을 동일한 원리에 귀착시키고 그럼으로써 그 모든 상상력의 표현에 대해서 객관성과 필연성의 외양을 부여하려는 것이다.

그러나 그의 상상력이 마침내 테두리를 넘어서서 분출하고, 거기에 과학적 근거를 주려는 기도가 도리어 풍요한 애매성을 드러내게 되는 셋째 국면이 성에 관한 그의 견해에서도 확인된다. 그 전형적인 예의 하나가 방금 언급한 데지레라는 인물의 경우이다. 그녀를 묘사함에 있어서 졸라는 결코 과학적·설명적 차원에 머무르지 않는다. 유전과 환경에 의해서 그녀의 성적인 충동과 표현을 설명하려는 작가의 시도는, 그것이 갖는 의미를 삶의 원리로서 강조하려는 그의 정열보다 한결 중요성이 없는 것이다. 졸라는 여기에서 분명히 과학적 설명을 넘어서며, 그 언어는 서정적이 되고 그 비전은 신비적이 된다. 그는 죽음을 넘어서면서 영원히 이어져나갈 삶의 변증법을 그 어떤 낭만주의자 이상으로 낭만적으로 노래하는 것이다. 그리고 이것은 졸라의 일시적인 방황이 아니다. 『루공 마카르』는 권을 거듭할수록 미래로 뻗어가는 생명의 힘을 구가하며, 그 힘을 상징하고 또 생산하는 성적 행위의 의미를 더욱 두드러지게 드러낸다. 그렇다면 이러한 시적·낭만적 경향은 그가 표방한 과학적 정신과 어떠한 관계가 있는 것일까? 그것은 분명히 모순된 현상이며, 과학적 설명에 의해 그런 비전을 정당화하려는 최종권 『의사 파스칼 Le docteur Pascal』의 의식적 기도는 도리어 그의 이원성이 낳은 이 모순을 더욱 두드러지게 나타내는 아이러니컬한 결과만을 가져오는 것 같다. 그러나 또 한편으로 보면 그가 과학의 이름 아래서 자신을 가둔 갑갑한 공간 때문에 그의 시적 비전은 더욱 세차게 분출할 수 있었다. 다시 말하면 여기에는 작용과 반작용의 운동이 있고 테제와 안티테제의 관계가 있는 것이다. 우리는 이 점에 있어서 대립과 지양의 계기로서의 역할을 한 졸라의 좁은 공간의 의미도 역시 도외시할 수 없는 것이다.

3

이와 같이 졸라가 스스로 설정한 좁은 공간은 삶의 현실을 살피고 창조 행위의 통일성을 기하는 원리로 작용하는 동시에 더욱 넓은 공간으로 탈출하는 계기가 된 데 반해서, 염상섭은 그 역의 궤적을 보여준다. 「개성과 예술」이 나타내는 무한히 넓은 공간은 창조의 원리로 작용할 수 있는 성질의 것이 아니며, 또 그는 그 이후로는 보다 구체적인 창작 방법론을 제시하고 있지도 않다. 따라서 우리는 그의 실제적 창작 활동을 통해서만 이 넓은 공간으로부터 자신의 가능성을 좁혀나간 과정을 살필 수밖에 없다. 여기서도 우리는 성찰의 표점으로서 성에 대한 작가의 입장에 치중하려고 한다.

염상섭이 성에 대한 관심을 최초로 표명한 작품으로서 우리는 「암야(闇夜)」(1919)와 「제야(除夜)」(1922)의 두 작품을 가지고 있다. 「암야」는 기존의 위선적 질서에 대한 청년다운 반항의 소산이며, 성의 문제는 그 관련하에서 간접적으로만 언급되어 있다. 결혼을 '간음적 최후 결단'으로 보는 주인공은 희극적 외피가 벗겨진 절대적 성실성의 경지를 찾는 낭만적 심정의 소유자이다. 그는 성적 인간이라는 현실을 부정하는 것은 아니지만 성이 진실한 사랑의 한 표현이 되기를 바란다. "우리가 한 번이라도 [……] 인생의 아름답고 순결한 정서를 발로하는 연애를 위하여 심심한 심령의 심각하고 영원한 고뇌를 위하여 사생의 문제다! 라고 부르짖은 일이 있었나! ……자기 기만, 자기 우롱…… 그 이외에 무엇이 있었는가"라고 외치는 이 주인공을 통해서 염상섭은 근대 한국 문학사상 최초로 삶의 현실의 깊은 뜻을 반성적으로 밝히려는 자세를 보인 것이다. 그것은 편견과의 투쟁을 의미한다. 그렇다면 이 매우 중요한 기도를 수행하기 위해서 어떤 길이 있었을까? 그것을 우리는 두 가지로 생각해볼 수가 있다. 첫째로는 사회 관습에 의해서 위장되거나 혹은 당연한 것으로 받아들여져 있는 현실의 진상을 객관적으로 검증 규명하는 이른바 리얼리스트로서의 입장에 서는 것이다. 둘째로는 사회 관례가 강요하는 사고의 규칙에 반항하면서 성실성의 이름 아래서 강렬한 자기 주장을 시도하는 낭만주의자로서의 길을 걸어나가는 것이다. 성과의 관련하에서 이 문제를 살필 때 우리의 주목을 끄는 것은 중편 「제야」이다.

이 작품은 「암야」의 연속선상에 있으면서도 새로운 면을 보여준다. 자유 연애와 강제 결혼의 사이에 낀 신여성이라는, 당시로서는 새로운 주제를 조상(俎上)에 올려놓고 있는 이 소설에서, 작가는 이번에는 여주인공의 입을 빌려 「암야」에서와 마찬가지로 위선과 자기 기만을 고발한다. 그뿐 아니라 한걸음 더 나아가 자아 실현을 위한 강렬한 주장이 내세워져 있다. 생이란 무엇이냐는 총괄적 질문의 일환으로서 그녀는 사랑과 성에 대한 고찰을 하고 진정한 자아를 위한 사회적 편견으로부터의 해방을 부르짖는다. 사랑 없는 결혼의 질곡에서 벗어나서 이른바 불륜 행위를 한 자신의 정당성을 이렇게 열정적으로 주장하는 것이다.

대체 돌을 던질 자가 누구냐? 무엇이 죄냐. 추락! 그것은 자유 연애를 갈망하는 어린 처녀에게만 씌우는 교수대 위의 사형수의 복면건을 이름이냐?

이리하여 그녀는 "자기 자신에 대한 복수, 한 남자에게 대한 복수적 성공, 그리고 이 사회를 향한 반항, 도전, 복수"를 자기의 사명으로 자각한다. 이런 구절을 보면 분명히 작가가 낭만주의적인 입장에서 자아의 권리를 주장하고, 이 점에 있어서 동년에 발표된 「개성과 예술」의 어떤 부분, 가령 "근대인이 자아를 각성함으로써 각개의 개성을 발견 확립하고 그 위대함과 존엄을 자각하며 주장함도 또한 생명적 용약이 아니면 안 될 것이다"라는 발언과 어느 정도 일치하는 것이라고 볼 수가 있다. 더구나 이 소설에서는 논문에 나타난 그런 발언이 진일보되어, 자아의 발견과 확립을 위한 근대인의 노력은 필연적으로 지배적인 사회 관례와 충돌한다는 일반적 공식으로 발전하고, 작가는 1920년대의 한국이라는 상황 아래 전개될 이 충돌의 비극성과 깊은 뜻을 성을 중심으로 제시할 자세를 보이는 듯하다. 그러나 우리가 「제야」의 시초에서 품을 수 있는 이 기대는 무너지고, 이번에는 염상섭의 리얼리스트로서의 측면이 나타난다. 그는 여주인공의 성적 방종의 의미를 방금 언급한 각도에서 살펴나가는 대신에 그것의 연유를 설명한다. 염상섭이 다소라도 졸라의

영향을 받았다고 추측할 수 있다면 그것은 바로 이 대목에서이
다. 왜냐하면 그는 여주인공의 성적 이상성(異常性)이 유전과
환경의 소산임을 밝히고 있기 때문이다. 그녀의 불륜의 원인으
로 "육(肉)의 저주(詛呪)를 받은 인과(因果)의 자(子)"라는
유전적 소질과 또 한편으로는 "소위 아즈머님 일단의 소견(消
遣)터이었고 젊은 아저씨의 밤 출입처," 즉 "각자의 일종 병적
환락을 무조건으로 보장하는" 환경이 제시되어 있는 것이다.
그러나 졸라와 염상섭은 똑같이 유전과 환경에서 행위의 원인
을 찾아보고 있음에도 불구하고, 그 개념이 소설에서 갖는 의미
는 다르다. 졸라의 소설에서는 『의사 파스칼』의 경우를 제외하
고는 그 양자에 대한 언급이 작가의 외부적·객관적 시점에서
이루어져 있는 데 반하여, 염상섭의 이 소설에 있어서는 주인공
스스로가 자신에게 가해지는 양자의 작용을 인식하는 것으로
되어 있다. 다시 말해서 졸라의 설명적 언어가 이 소설에서는
주체적 체험의 언어로 변모한 것이다. 따라서 그녀에게는 다음
과 같은 극적인 문제가 제기되어야 했을 터이다. "나는 내게 있
어서의 성의 이중적 의미를 자각한다. 그것은 자기 해방의 표현
으로서 사회적 관례에 반하여 주장되어야 할 것인 동시에, 내가
숙명적으로 겪고 있는 저주이기도 하다. 나는 이 양자 사이에서
어떻게 나 자신을 선택해나가야 할 것인가?"
　그러나 실제에 있어서는 문제는 이렇게 제기되지 않는다. 유
전과 환경에 대한 언급을 계기로 해서 이 소설은 급격한 변조를
보인다. 성적 자유를 자기 실현의 기능으로 삼으려는 태도는 이
때부터 전적으로 사라지고, 여주인공은 성적 방종으로 끌려들어
간 자신의 처지를 한탄하기만 한다. 그리고 이 한탄 속에는 유
전과 환경에 의해서 불가피하게 숙명을 겪는 인간의 이른바 '실
현 폭로의 비애'만이 담겨 있는 것이 아니다. 그녀는 자아 해방
의 욕구로부터 급선회해서 자기의 행위에 대한 윤리적 고발을
한다. 남의 아이를 배고 친정으로 쫓겨온 그녀는 허영에 들떠서

저지른 성의 행각을 돌아보며 후회와 절망에 싸이고 남편에 대한 충실을 혼자서 맹세한다. 이것은 결국 전통적 여성상의 복권을 의미하는 것이다.

지금까지 비교적 자세하게 분석한 여주인공의 궤적을 통해서 볼 때 이 소설의 주제는 반항적 자아 의식으로부터 과학적 설명을 거쳐 보수적 윤리관의 수용으로 미끄러져나갔다고 말할 수 있다. 그리고 결코 좌절의 궤적이라고는 규정할 수 없는(왜냐하면 좌절이란, 끝끝내 추구된 어떤 기도가 무너지고 말 때에 생기는 비극을 의미하는 것이기 때문에) 이 편향의 과정을 그림에 있어서 염상섭은 그의 보수성을 드러내고 있는 것이다. 그는 이 여주인공을 통해서 성적 방종이 갖는 새로운 의미를 줄기차게 추구하지 못했다. 또 성을 중심으로 전개된 이른바 신여성과 전통적 여성 사이의 가치관의 충돌을 강조하지도 않았다. 심지어는 유전과 환경의 개념의 도입에도 불구하고 성적 양상에 대한 과학적·객관적 설명에 충실했던 것도 아니다. 그가 여기에서 이루어놓은 것은 그 세 가지의 어렴풋한 혼유(混淆)이며(이 점에서 우리는 '개성과 예술'이 지니고 있는 제개념의 잡거성을 연상하게 된다) 이 혼유에 대한 그의 최후적 선택은 보수적 윤리관이다. 전통적 규범에 위배되는 성적 표현은 마침내 단순한 악으로서 간주된 것이다.

「암야」에서 두드러지게 나타났던 낭만적 자기 주장은 「여야」에 이르러서는 이와 같이 축소되고, 그 대신 유전과 환경의 개념이 들어섬과 아울러 악으로서의 성이 강조된다. 한데 그보다 6년 후(1928)에 발표된 『이심(二心)』에서는 성은 오직 환경과 도덕적 의지의 결핍이 자아낸 악으로서만 취급된다. 이 장편의 여주인공 춘경을 성적 타락의 길로 몰아넣은 것은 경제적 곤궁과 성적 본능이다. 그 점에서는 졸라의 여주인공들, 가령 『선술집 L'assommoir』의 제르베즈나 나나의 경우와 유사한다. 다만 염상섭은, 제르베즈를 통해서 빈민 계급의 문제를 제기한다거나 혹은 나나를 통해서 사회 전반에 걸친 부패를 제시하려는 졸라의 기도와는 달리, 그는 여주인공의 행동의 국면을 엄격하게 개인적인 것으로 축소시키고 있다. 그녀의 타락은 한 사회의 상징이 되거나 사회적 컨텍스트하에서 고찰되거나 또는 인간의 내면적 문제와 관련되어 있지 않은 예외적 현상에 지나지 않는다. 그리고 작가는 금전과 허영과 성적 본능 때문에 한 가정을 파멸로 이끄는 이 여주인공의 예외적 행위와 그 행위의 결과를 되도록 그로테스크하고 추하게 그려나감으로써 부덕이라는 전통적 가치에 묶여 있는 대부분의 여성에게 위안을 주고 이 가치의 중요성을 강조하는 것이다. 이 작품에서 성의 피안에 서 있는 듯한 영애를 등장시켜 그녀의 헌신적이며 덕스러운 행동을 춘경의 타락과 대조적으로 그리고 있는 것은 그런 이유 때문이다.

이와 같이 성을 악의 표현으로 수렴하려는 염상섭의 보수적 가치관은 『이심』에 뒤이어 나온 「광농(狂弄)」에서도 마찬가지이다. "이제 인생의 큰 문제의 하나인 성욕 문제를 중심으로 하여 인생의 한 구절을 그려보려 한다"[8]는 그의 포부에도 불구하고 그 소설에서 성은 그것이 차지하는 비중이 별로 크지 않을 뿐 아니라 권선징악을 위한 비난의 대상이 되어 있을 따름이다. 또한 『삼대』의 경우에도 성은 남봉이라는 각도에서(조상훈의 경우), 또는 경제적 이유 때문에 당하는 괴로움으로서(경애의 경우)만 제시되고 있을 뿐, 그 새로운 양상이나 문제가 추구되어 있지는 않다. 이렇듯 성에 대한 새로운 관점이 없다는 것은 덕기와 필순 또는 경애의 관계나, 병화와 그녀들의 관계에서도 한결같이 확인된다. 그 두 남성은 비록 사상적으로는 상반되는 입장에 서 있지만 결혼을 전제로 하지 않은 어떠한 성적 교섭도 부도덕하다는 전통적 윤리를 지키는 규범적 청년으로 등장하는 것이다.

---

8) 조선일보, 1929. 10. 2; 김종균, 『염상섭 연구』, p.144에서 재인용.

4

　이상의 고찰로부터 우리가 끌어낼 수 있는 결론은 다음과 같은 것이다.

　성의 문제를 중심으로 생각해볼 때 염상섭은 「개성과 예술」에서 보여주고 있는 터무니없이 넓은 공간으로부터 매우 좁고 보수적인 공간으로 자신을 좁혀나갔다. 이것은 성적 난맥상을 사회적 견지에서 고발하고 그 표출 양상에 대하여 과학적 설명을 시도하다가, 마침내는 그런 사회적·과학적 입장을 넘어서는 영원한 생명의 신화 속으로 성의 모든 문제를 승화시킨 졸라의 궤적[9]과는 대조적인 것이다. 이러한 염상섭의 작품의 특질은 다음과 같은 의미를 지니는 것으로 생각된다.

　첫째로 그것은 전통의 중압이 없고 따라서 방법론의 전취(戰取)를 위한 내적 필연성이 느껴지지 않았던 1920년대의 한국 문학의 상황과 깊은 관계가 있다. 교훈적 문학을 대표하던 이광수를 닮지만 않는다면 모든 것이 새로운 가치로서 주장될 수 있었던 그 시대, 더구나 3·1 운동의 결과로서 표현의 자유가 다소나마 넓어졌던 그 시대에 있어서 작가는 행복하면서도 불행했다고 할 수가 있다. 그들은 일본 문학 또는 일본 문학을 통해서 들어온 서양 문학의 극히 피상적 표현들(가령 무한에 대한 향수와 단절된 낭만주의, 사소설화된 자연주의 또는 권태의 표현으로 수렴된 보들레르)을 순수 문학의 이름 밑에서 맞이했다. 그것들은 작가의 실존적 요구와 관련되지 않고 또한 그 본래의 정신에서 소외된 것이기 때문에 새롭고 혁명적인 도전 내지는 비전으로서 뿌리를 내리지 못했다. 그렇기 때문에 대부분의 경우에는 다감한 청년기의 소란과 흥분이 지나가면, 지양되지 못한 전통

---

9) 심지어 초기에 있어서 고발의 대상이 되었던 혼외 정사조차도, 그것이 생명의 창조를 위한 행위라는 각도에서 정당화된다(*La terre, L'argeni* 참조).

적 가치관이 더욱 노골적으로 나타난다. 김동인·현진건 또는 김억에 있어서 한결같이 인정될 수 있을 이러한 전통적 가치관의 줄기찬 잔존을 우리는 염상섭의 성관(性觀)에 있어서도 확인할 수 있는 것이다.

둘째로 그가 도달한 보수적 성관은 이른바 신여성에 의해서 대표되는 새로운 가치의 내습에 대한 대응 방식을 나타낸다. 자아 해방에 의해서 특징지어지는 이 새로운 가치의 주장 앞에서 염상섭은 근본적으로는 보수적인 입장에 서서 타협을 시도한다. 그는 강제 결혼에 반대하고 또 연애에 대해서도 일률적으로 부정적은 아니지만, 그런 남녀간의 관계가 기존 질서의 틀 속에서 유지되기를 바란다. 따라서 이미 이렇게 가치 판단이 이루어진 바탕 위에서 소설이 씌어지는 이상 가령 신여성과 구질서간의 충돌이라든가 또는 성과 사람의 불일치와 같은 드라마가 줄기찬 테마로서 나타날 수는 없고, 그의 소설을 결국 정숙성과 가정의 가치를 옹호하기 위한 멜로드라마의 성격을 띠는 것이다.

마지막으로 우리는 대부분의 한국 작가의 경우와 마찬가지로 염상섭에 있어서도 형이상학적 절대에 대한 관심의 결여를 지적할 수가 있다. 인간에게 생존의 근거를 주는 것은 무엇인가, 우리의 궁극적 구원은 어디에 있는 것인가 하는 따위의 질문은 신문학 이전부터 우리에게는 이질적인 것이며 그 이후에도 제기된 일이 별로 없다. 따라서 성에 대한 고찰에 있어서도 졸라가 우주적 생성의 일환으로서의 그 의미에 도달한 반면에 염상섭은 다만 사회적 차원에 있어서의 선악의 문제로 귀착되어 있다.

그렇다면 우리가 지금까지 졸라와의 대비하에서 보아온 염상섭의 성관에 나타난 사고의 특성은 그가 주력을 경주한 사회 묘사에 있어서도 지적될 수 있는 것이 아닐까? 그의 최고 걸작이라고 공인된 『삼대』를 위시하여 많은 장편들이 결국은 세태 묘사의 범위를 크게 넘어서지 못하는 이유는 바로 전통의 중압의 결핍이 가져온 방법론의 불비와 보수적 입장에서의 가치 판단과 절대의 탐구를 모르는 문학적 관례에 있는 것이 아닐까? 이 소고(小考)를 끝냄에 있어서 우리에게는 이런 의심이 남아도는 것이다. 그러나 우리의 고찰이나 의심은 결코 한국 문학 사상에 있어서의 염상섭의 의미를 부정하는 것은 결코 아니다. 왜냐하면 그는 기존 질서에 입각한 교훈을 베푸는 과정에서일망정 사회적 현실에 대한 성찰을 시도한 최초의 작가의 한 사람이며, 지양되어야 할 대상으로서의 그의 지대한 작품이 있었기에 오늘날 일군의 젊은 작가들이 더욱 내면적으로 자아의 문제를 다루거나, 또는 더욱 심층적으로 사회 현상을 살필 수 있게 되었기 때문이다.

1920년대 초기시의
낭만적 상상력과 그 역사적 성격

김 홍 규

1. 문제 제기

1920년대 초기는 한국 문학의 현대적 전개 과정을 이해하는 데에 각별히 중요한 시기이다. 흔히 논의되어온 것처럼 한국 문학이 서구의 새로운 문예사조를 받아들여 비로소 '본격적인 현대 문학'을 이룩한 것이 바로 이때라는 식의 접근 방법을 회의한다 하더라도 1920년대 초기 문학의 중요성은 간과할 수 없다. 1920년대 중엽 이후의 다양한 변모와 분파 그리고 이 여러 지향들 사이의 갈등을 바탕으로 전개된 20세기 전반기의 한국 문학이 지닌 몇 가지 기본적 문제들은 1920년대초의 상황에서 그 모습을 뚜렷하게 드러내었기 때문이다. 이 논문은 이러한 입장에서 1920년대 초기 문학의 문학사적 중요성에 대한 이와의 강조를 긍정하면서, 그러나 이 시기 문학의 성격이나 의의에 대해서는 새로운 파악이 요망된다는 전제에서 출발하여, 1920년대 초기 한국 시의 지배적 조류가 지닌 상상력의 구조와 그 역사적 성격을 밝히고자 한다.”

이와 같은 입장에서 본고는 1920년대 초기시가 지닌 지배적 조류를 확인하고 특질을 분석한 다음 그것이 어떠한 역사적 근거에 맺어져 있는 것인가를 규명하고자 한다. 여기에서 이루어지는 성과는 1920년대 초기시가 1924년경부터 겪게 되는 일련의 해체·변모 요인과 그 의미 그리고 이후의 한국 시가 드러내는 지속적 문제들에 대해 보다 깊은 이해의 전망을 여는 데에도 기여하리라 생각한다.

2. 낭만적 상상력의 전개

Ⅰ. 개인과 사회의 분열

1920년대 초기시의 주류를 낭만주의적인 것이라고 할 때 그 상상력과 논리의 구조를 지탱한 출발점은 무엇인가? 이것은 실상 간단히 답하기 어려운 물음이다. 어떤 경우에도 그러하듯이, 이 시기의 문학에서도 각기의 시인들은 얼마만큼씩 독자적인 특질을 가지고 각자의 세계를 지향해나아갔으며, 이들 사이의 공통성이란 일정한 단순화 내지 추상을 통해서만 얻어질 것이기 때문이다. 그럼에도 불구하고 이들이 지닌 공통의 기반은 실제적 근거를 존중하면서 찾아져야 하고 또 찾아질 수 있다. 그 실마리는 이들이 생각하였던 가치의 구극적(究極的) 근거를 살핌으로써 발견되리라 믿는다. 그러나 또 하나의 문제는 이들이 스스로의 구극적 가치가 근거하는 바를 직설적으로 말한 일이 별로 없다는 점이다. 이들은 지향하는 바 긍정적 세계를 노래하기보다는 그것을 불가능하게 하는 제약과 이로 인한 절망을 보다 많이 노래하였기 때문이다. 따라서 우리의 검토도 불가피하게 우회적인 과정을 거치지 않을 수 없다. 우선 다음과 같은 사례에 유의하자.

아아날이저믄다, 서편하늘에, 외로운강물우에, 스러져가는 분홍
빛 놀…… 아아 해가저믈면, 날마다 살구나무 그늘에 혼자우는밤

이 쏘오것마는, 오늘은사월이라 패일날 큰길을물밀어가는 사람소
리는 듯기만하여도 홍성시러운거슬 웨나만혼자 가슴에 눈물을 참
을 수 업는고? [1]

> 고독은내영(靈)의월세계(月世界),
> 나는그우의사막에깃드려잇다.
> 나는그우에한적은장미촌을세우려한다,
> 그리하여나는스사로그촌(村)의왕이되려한다.
> 아아나는고독에도라왓슬쌔, 비로서
> 나의우지(愚智)가눈쓸을알(認識)엇다.
> 고독은고통이아니고, 나의 혜지(智)에의
> 즐겁은여명(黎明) 일다. [2]

우리의 소위 양심이라는 것이 무엇임니가. 그는 반드시 모든 허위
의 인습이 집합한 결정체가 안임니가. 거기에 구속된 우리들은 항상
우리의 개성의 하고져 하는 바를 차단치 안이하면 안이되는 운명을
가젓슴니다. 내가 지금 나의 냉담한 가정으로 도라가여야 한다는 것
이 역시 나를 포위한 허위의 인습이 날로 하여금 집으로 도라가게
하는 것에서 지내지 못하겟슴니다. [3]

위의 인용한 자료들 전체에 흐르는 공통의 주제는 '개체'와
그를 둘러싼 '세계' 사이의 분열이다. 물론 이 주제를 처리하는
방식은 한결같지 않다. 첫째 작품에서는 개체와 외부 세계 사이
의 분열을 괴로워하여 영탄하는 목소리가 두드러지는 반면에
둘째 작품은 분열을 용인할 뿐 아니라 오히려 적극적으로 선택
함으로써 참다운 삶의 바탕이라고 찬미하는 것을 보게 된다. 셋

---

1) 주요한, 「불노리」 일부, 『창조』 1호(1919), p. 1. 작품 인용에 있어서는 한자
   를 괄호 안에 넣는 외에는 원문 그대로 하고, 산문 자료는 현대식 띄어쓰기를
   해서 인용한다. 또한 산문 자료에 나오는 한자 중 한글로 표기해도 지장이 없
   으리라 여겨지는 것은 한글로 바꿨다.
2) 황석우, 「장미촌의 향연」 일부, 『장미촌』 1호(1921), p. 2.
3) 김찬영, 「K兄의게」, 『폐허』 1호(1920), p. 29.

째 자료에서는 개체의 자유로운 생명을 수단화하고 그 존엄성을 침해하는 인습적 질서에 대한 항의가 제출되고 있다. 그러나 개별적 차이에 주목하기에 앞서서 우리는 각기 다르게 변주(變奏)된 이들 주제가 1920년대 초기 문학의 전체적 흐름에서 압도적 비중을 가진 '분열된 개인'이라는 문제의 일부임에 유의할 필요가 있다.

스스로가 살고 있는 사회로부터 물리적 또는 심리적으로 자신이 격리되어 있다고 느끼고 괴로워했던 사람들의 예와 그 문학적 표현은 물론 1920년대초에 들어와서 비로소 나타난 현상이 아니다. 그러나 한 시대의 문학인들 전체가 자신들을 고립된 개체로 느낀다든가, 고립의 요인을 현실의 우발적인 모순이나 간섭자의 악의 때문이 아니라 사회 및 인습 자체의 억압성 탓으로 생각하는 일은 일찍이 없었던 것이고, 1920년대 초기에 들어와서 비로소 나타난 주제라고 할 수 있다. 여기에 1920년대 초기 문학이 지닌 정신사적 심각성이 들어 있다. 그러면 이와 같은 고립의 주제는 어떠한 의식의 기초에서 나오는 것인가?

한마디로 말해서, 그것은 1920년대 초기 문학에 압도적 영향을 행사한바, 모든 가치의 근거를 '개체'의 자유에서 구하는 가치관에 관련된다. 위에 인용한 셋째 자료가 이 문제를 생각하는 데 긴요한 단서를 제공한다. 『폐허』 동인의 한 사람인 김찬영(金瓚永)이 부모와 가족들이 있는 가정으로 내려가면서 자신의 심경을 K라는 친지에게 전하는 형식으로 된 이 글에서 우리는 소박한 대로 1920년대 초기의 지식인들이 가졌던 가치 의식의 번민과 그 방향을 엿볼 수 있다. 이 글에서 그가 말하는 가치의 최종적 근거이자 목표는 '개성' '본능적 생명'이라는 것에 있다. 전체의 문맥이 시사하는바, 이 '개성' '본능적 생명'이란 어떠한 외적 속박에도 규제되지 아니하고 스스로의 자연스러운 욕망과 충동에 의하여 움직일 때 최상의 행보을 누리게 된다. 이상적인 세계란, 그의 논리에 따르면, 사람이 만든 모든 제도와 규범이 이의 실현에 봉사하는 세계일 것이다. 그러나 자신이 딛고 있는 현실이 그러한 이상으로부터 터무니없이 멀리 떨어져 있다고 느끼는 데서 김찬영의 고민이 드러난다. 사회는 가장 인간적인 최소 단위인 가정에서부터 개체의 존엄과 행복을 억압하고 그 자유로운 실현을 가로막으며 다만 타자의 이익을 위해 악용할 뿐인 인습으로 이루어져 있다고 그는 느낀다. 이러한 인습은 자유로운 생명에 대하여 죄악을 가할 뿐이므로 허위이며, 인습이 내면화한 결과인 양심이라는 것 또한 진정한 자기와는 거리가 먼 억압의 굴레에 불과하다는 것이다. 따라서 인습이 타파되지 않는 한 개체는 영원히 불행할 수밖에 없고, 진정한 행복이란 인습의 철저한 부정을 그 전제로서 요구한다는 논리이다.

가치의 최종적 근거를 이처럼 개체 또는 개체의 본능적 생명에 두는 논리는 1910년대의 이광수에게서 앞선 흐름을 찾아볼 수 있다. "인(人)은 실로 정적(情的) 동물이라, 정이 발(發)한 곳에는 권위가 무(無)하고, 의리가 무하고, 지식이 무하고, 도덕·건강·명예·수치·사생(死生)이 무하나니, 오호라 정의 위(威)요, 정의 역(力)이여, 인류의 최상 권력을 악(握)하였도다"[4] 라고 이광수가 부르짖으면서, 가부장적 권위와 유교적 인습으로 이루어진 전통적 가정 도덕을 공격하고(「조선 가정의 개혁」, 1916), 조혼의 폐습을 비판하며(「조혼의 악습」, 1916), 어떠한 외부적 금제(禁制)로도 억누를 수 없는 개인의 존엄성과 자연적 충동(이광수의 용어로 情)의 가치를 역설한 것은 전통적 권위에 대항하여 개인의 자유로운 생에 새로운 가치의 표준을 두려는 지향을 보여준다. 1920년대 초기 지식인들의 논리는 기본적으로 이의 연장선상에 있음이 분명하다.

그러나 그 연속성을 인정하면서 또한 둘 사이에 중요한 차이가 있다는 점도 우리는 주목해야 한다. 그것을 두 가지로 나누

---

4) 이광수, 「금일 아한(我韓) 청년과 정육(情育)」, 『이광수 전집』 1(삼중당, 1973), p. 526.

어 지적할 수 있다.

첫째, 1910년대의 논리가 개체의 자유와 창조적 가능성에 대해 소박한 신뢰를 표현하면서 이에 기초한 미래를 낙관적으로 내다보았던 데 비해 1920년대초의 논조는 전반적으로 절망적이라는 점이다. 이 점은 위에 예로 든 김찬영의 글에서만이 아니라 이 시기의 문학 작품이나 수필 기타의 문장 곳곳에서 발견되는 현상이다.[5] 1920년대의 개성론은 전통적 도덕과 인습의 억압성에 대해 거센 반발을 보인다는 점에서는 앞시대의 논조에 대체로 일치하나, 전통적 인습이 과연 손쉽게 분쇄될 수 있을 것인가의 문제나, 그것이 분쇄되고 나면 이상적 질서가 넓게 열릴 수 있을 것인가의 문제에서 매우 어두운 전망을 가진, 그리하여 다분히 신경질적이고도 우울한 양상을 보여준다. 이광수가 「문사(文士)와 수양(修養)」[6]에서 개탄하였던 바 1920년대 초기 문학인들의 난잡한 몸가짐과 생활 태도 그리고 퇴폐적 포즈는 이러한 사정의 한 표현이다.

둘째, 1910년대의 개성론이 전통적 인습에 거세게 반발하면서도 그것을 사회 전반의 문제로 일반화하거나 또는 개체의 자유로운 생존과 사회 기구 사이의 본질적인 모순이라는 문제에까지는 나아가지 않았던 데 비해, 1920년대 초기의 그 후계자들은 인습에의 반역이라는 주제에 더하여 사회 자체의 억압성 내지 개인과 사회 사이의 본질적 적대성이라는 문제까지 생각하고 있다는 점이다. 1910년대의 낙관성이 1920년대초의 우울함으로 바뀐 사정의 내적 이유는 여기에서 찾을 수 있을 듯하다. 이처럼 개인의 자유로운 생명적 요구와 그것을 둘러싼 사회와의 관계를 적대적인 것으로 파악하면서 1920년대초의 문학인들은 개성의 가치를 절대화하여, 이제는 그것을 억압적인 사회

---

5) 염상섭, 「개성과 예술」(『개벽』 22, 1922. 4)은 '개성의 자각'과 이에 따른 '환멸의 비애'의 불가피함을 역설한 점에서 이 문제에 특히 중요한 문헌이다.

6) 『창조』 8호(1921. 1).

의 개량을 위해 옹호하여야 할 요소로서 보기보다 모든 가치가
이로부터 나오는 절대적 근거이자 외적인 사회 과정 속에서는
왜곡될 수밖에 없는 실체로 인식하게 되었다.

이러한 논리의 구도 속에서 일상적 생존이란 불가피하게 일
종의 타협 내지 기만의 과정으로 된다. 따라서 자아와 개성의
가치를 절대화하고 사회를 이에 대해 적대적인 것으로 보는
1920년대초의 개성론은 현실 부정적으로 결과함이 불가피하다.

> 어둠에 싸힌 소름끼치는 저주의 호곡(號哭)을 들을 쌔에 백일
> (白日)에 춤추는 음탕한 고혹(蠱惑)의 무도(舞蹈)를 볼 쌔에 모
> 든 진리여 스러지거라 모든 생이여 겨구러지거라 인간의 행복이란
> 다 무엇이뇨 희망의 유열(愉悅)이란 다 무엇이뇨 지옥의 문에 넘
> 어진 것이 일은바 곳 생이요 염라의 입에 든 것이 곳 불상한 가엽
> 슨 사람의 삶이 안이냐 하는 눈물 석긴 반역자의 불으지즘을 부르
> 지지 안을 수 업다. 인생은 모다 녹슨 영혼의 찬가를 부르는 퇴폐
> 의 제단에 나아가 닷처진 행복의 문을 열어 주소서 하는 불상한
> 어리석은 인생이다. 이곳에 무슨 진리가 잇스랴 무슨 광휘가 잇스
> 랴. 이것쑨만으로 인생이라 하면 이것을 작구 되다시 뒤집어 노혼
> 긴 역사가 인생의 생명을 단장식힌 빗이라 하면 그것이 무엇이랴
> 그것이 참삶에 무슨 효능이 잇스랴. 가도 쏘한 가도 아무 참 빗이
> 업고 참 우름이 업다 하면 생이란 우리의 요구하는 숭엄한 생이란
> 다만 빗 업고 소리 업는 사(死)의 나라의 동경을 쑴꾸는 영원의
> 승방(僧房)의 쑴이 될 쑨이로다.[7]

현실적 삶이 얼마간의 쾌락과 즐거움을 주기는 하나 그것은
기만과 허위에 기초한 일시적 환각에 불과하고, 진정한 생명과
기쁨의 삶이란 사람 사람이 얽힌 현실적 과정의 안에서 이루어
질 수 없다는 절망이 위의 글을 가득 채우고 있다.

이와 같은 자아·개성론의 절대화에 뿌리를 둔 절망과 영탄이

---

7) 박종화, 「영원의 승방몽(僧房夢)」, 『백조』 1 호 (1922), p. 57.

1920년대 초기시의 기본적 주제를 형성한다. 그것은 극단화된 개인주의의 주제이며 또한 현실 세계의 과정과 결합하거나 타협할 수 없는 절대적 가치의 장려함 앞에 모든 일상적 가치를 포기하고 이상화된 다른 세계를 추구하기로 한 낭만주의의 주제이다.

Ⅱ. 전적 생명과 속악한 세계

이 주제 속에서 일상 생활은 허위의 연속, 고통스러운 자기 방기의 과정으로 인식되고, 개개인은 절대적 세계의 안에 고립된 채 이루어지지 않는 가치를 안고 방황하는 자이다. 이 가치의 근본이 '전적(全的) 생명'이다. 아무것에도 얽매이거나 가로막히지 않으며 무한하게 뻗어나아가면서 스스로의 잠재적 가능성을 실현하는 내적 실체로서의 생명——여기에 진정한 삶의 가치가 놓인다. 그러나 그들의 희구가 이미 예상하는바, 전적 생명이란 현실의 사회 과정에서는 결코 실현될 수 없는 이상이다. 절대적 자유, 절대적 선, 절대적 행복 등 모든 절대적 이상을 유일한 가치의 형태로 상정할 때 불완전한 현실은 이 절대적 이상을 향한 운동으로 인식되기보다는 오히려 장애와 타락의 집합체에 불과하고 다만 속악한 전락의 터전이 된다. 이에 따라 꿈과 현실, 진실과 허위, 자유와 속박, 빛과 어둠, 순수한 생명과 타락한 삶, 완전과 불완전 등의 낭만적 양분법이 성립하고, 이것이 작품 세계의 기본 구조를 형성한다. 다음의 선언은 이와 같은 양분법 위에서 한 편을 선택하기로 결의한 1920년대 초기 낭만적 상상력의 자기 표명이다.

우리들은 인간으로의 참된 고뇌의 촌에 들어왔다, 우리들의 밟어 나가는 길은 고독의 끗업시 묘막(渺漠)한 큰 설원(雪原)일다. 우리는 이곳을 개척하여 우리의 영(靈)의 영원한 평화와 안식을 엇을 촌, 장미의 향훈 놉흔 신과 인간과의 경하로운 화혼(華婚)

의 향연의 열니는 촌을 세우려 한다. 우리는 이곳을 다못 우리들
의 젊은 영의 열탕(熱盪)갓치 쓰거운 괴로운 쌈과 쏘는 철화(鐵
火) 갓흔 고도의 정(情)한 정열노써 개척하여 나갈 쑨일다. 장
미, 장미, 우리들의 손에 의하여 싹나고, 길니고, 쏘한 쏫피려는
장미.[8]

위의 선언은 현실의 세계가 철저한 어둠의 영역일 수밖에 없
으며 속악한 것이므로 거부되어야 한다는 의식에 근거해 있다.
참다운 가치는 이로부터 격리된 '장미촌'에서만이 실현이 가능
한데, 이곳이 바로 "장미의 향훈 놉흔 신과 인간과의 경하로운
화혼의 향연"이 있는 전적 생명의 영토이다. 이러한 양분법의
설정과 속악한 세계로부터의 퇴각은 1920년대 초기시에서 흔히
발견되는 발상법이다.

달먹는거리에 피리소래갓흔
저 젊은이들의
질거운우슴소리가,
그것이 참삶의노래릿가,
퍼런 곰팡내나는 낡은무덤속에
썩은 해골과갓흔
거리거리마다 즐비하게 느러슨 그것이,
삶의질겁이 흐르는곳이릿가
아아 나는 도라가다, 캄캄한 내 밀실(密室)로 도라가다.
………
오오 검이여 참삶을주소서,
그것이 만일 이 세상에 엇을수업다하거든
열쇠를주소서
죽음나라의열쇠를주소서,
참 '삶'의 잇는곳을 차지랴하야

---

8) 『장미촌』, 표지의 말.

명부(冥府)의 순례자──되겟나이다.[9]

현실에서 이루어지는 세속적 생존은 "퍼런 곰팡내 나는 낡은 무덤 속에/썩은 해골"과도 같으며, 이 세계의 기쁨이란 허위에 불과하다는 것이 이 시의 출발점이다. 이로부터 가능한 선택은 "캄캄한 내 밀실"일 수밖에 없고, 밀실에서의 고독과 절망 즉 철저한 현실 부정을 통해서만이 '참삶'과 '진리'를 얻을 수 있다는 절망적 양분법이 전체의 시상을 지배한다. 세계는 개조될 수 있는 역사적 실체도 불가결한 토대도 아니며 마땅히 버려야 할 더러운 속박의 땅이다.

이러한 절망의 주관적 절실성에도 불구하고 그들의 고뇌는 당대 사회에서 진정하게 받아들여지지 않을 뿐 아니라 오히려 무관심한 속인(俗人)들에 의해 오해되거나 조롱받는다는 의식, 그리고 자신들은 불가피하게 고독한 예외자요 냉대받는 선각자이자 속악한 세계에서 유일하게 깨어 있는 영혼이라는 의식이 여기에 동반한다. 오상순(吳相淳)의 다음 글은 아마도 이러한 의식을 가장 단적으로 표현한 시대적 문헌일 것이다.

우리의 시대는 말할 수 업는 오뇌(懊惱)를 가지고 잇다. 그는 결코 생활난의 고생이나, 허영심에 뜬 초조나, 속적(俗的) 성공열에 달뜬 불만과는 비교를 불허하는 엄숙한 오뇌일다. 진자기(眞自己)도 희생함을 요구하야 가차(假借)치 안토록 잔인하고 필연적인 고민일다. 이 시대의 고민 오뇌는 가장 진실한 청년남녀에게만 이해되고 체험되며, 또 가장 처참하게 심각하게 오뇌된다. 차종(此種)의 청년은 실로 시대요구에 제일 충실하고 무구(無垢)한 희생자일다. 뎌이들은 영원한 침묵리(沈默裡)에 파뭇처가는 비애를 가지고 잇는 희생자일다. 오늘날 생각 잇고 진실한 우리 청년들은 모두 이러한 상태에 잇다.[10]

---

9) 박종화, 「밀실로 도라가다」, 『백조』 1 호, pp. 12～14.
10) 오상순, 「시대고와 그 희생」, 『폐허』 1 호, pp. 59～61.

일찍이 이 글에 주목했던 논자들은 여기에서 거듭 강조된 '시대고'라는 것이 3·1 운동의 실패라는 역사적 요인에서 나온 절망의 표현이라고 해석하고자 했다. 위의 절망적 감정이 3·1 운동 이후의 침체된 분위기와 관계 있음은 사실일 것이다. 그러나 그렇다고 해도 오상순이 격앙된 어조로 강조한 바 고뇌의 정체가 3·1 운동으로 표현된 민족적 저항과 좌절이라는 문제에 직접 연결되어 있는 것은 아니다. 그가 말하는 고뇌가 그러한 것이었다면 "이 시대의 고민 오뇌는 가장 진실한 청년남녀에게만 이해되고 체험되며, 또 가장 처참하게 심각하게 오뇌된다"고는 할 수 없었을 것이다. 그들이 가진 것은 시대 사람들은 저희들의 시대적 고뇌를 상상할 수도 없다는 종류의 고뇌로서, 역사적 경험을 통해 확인된 집단적 유대 속의 고뇌와는 구별되는 것이다. 그것은 기존의 인습·도덕 및 속악한 사회 질서에 안주할 수 없다는 의식에서 일체의 세속적 세계를 부정하고 단숨에 비약하여 절대적인 생명과 진리라는 추상적 실체를 꿈꾸었던 젊은이들의 낭만화된 고뇌이다. 이 고뇌는 당대의 사회에서 이해되지 않으므로 그들만의 것이고, 그것을 가진 까닭으로 겪게 되는 국외자적 고립성을 그들은, 역설적이게도, 결코 이해될 수 없는 진실성이 스스로에게 있다는 보증으로 받아들인다. 그들이 속악한 세계에 가담하기를 거부하고 오히려 더욱더 그것을 매도하고 일주(逸走)함으로써 자신들만의 세계를 노래하였던 것은, 그러므로 낭만적 양분법의 당연한 논리적 귀결이다. 여기에 영원한 나라, 절대의 세계, 완전의 이상향이라는 지표가 성립하고, 이를 향한 낭만적 도주의 추구가 1920년대 초기시의 특징적 현상으로 나타난다.

Ⅲ. 낭만적 도주와 실패

꿈속에잠긴 외로운잠이
현실을쩌난 '빗의고개'를넘으랴할째
비에문어진 잠의 님업는집은
가엽시 집히집히문어지도다

〔⋯⋯⋯〕

'빗의고개'를내게주소서
술 흐르는제단(祭壇)에서내가울면서
'꿈의나라'를내게주소서
누른향기피우면서내가빌도다[11]

　여기서 박영희(朴英熙)가 노래한 '빗의 고개'나 '꿈의 나라'
는 다른 시인들에게도 흡사한 모습으로 나타남을 볼 수 있다.
박종화(朴鍾和)의 '밀실,' 이상화의 '나의 침실,' 황석우(黃錫
禹)의 '장미촌' 등이 그것이다. 이들은 1920년대 초기 시인들
이 지닌 양분법 속에서 일상적 생존의 세계에 대립하는 반세계
(反世界)의 상으로 제시된다. 그러나 우리는 낭만적 도주의 목
표가 되는 이들 세계가 1920년대 초기의 시인들 전반에 걸쳐
어떤 통일된 상을 형성하지 못할 뿐 아니라, 그것을 지속적으로
노래한 시인들에게 있어서조차도 최소한의 관념적 확실성이 보
이지 않는다는 점에 주목할 필요가 있다. 다시 말해서, 이들 낭
만적 도주의 지향점은 속악한 현실을 벗어나고자 하는 갈망의
표현이라는 문맥에서 의미를 지닐 뿐 그 자체의 구체적 자질이
드러나지는 않는다는 사실이다. 이 점은 서구의 낭만주의와 비
교하여볼 때 매우 특이한 점이며, 1920년대 초기시의 낭만적

---

11) 박영희, 「쑴의 나라로」 전문, 『백조』 2호(1923), pp. 23～24.

상상력이 지닌 성격을 규명하는 데 중요한 단서이다.

서구 문학의 경험을 토대로 관찰할 때, 낭만주의는 일반적으로 일상적 현실의 불모성과 속악함을 거부하면서 이에 대립하는 반세계의 상을 설정하고 그 안에서의 화해로운 삶을 노래한다고 말하여진다.[12] 물론 반세계의 상은 일정하지 않아서, 당대의 상황이나 정신적 유산에 따라 다르게 나타난다. 그리하여 인간적 허위가 개입하지 않은 화해로운 세계로서의 자연과 무구한 삶이 노래되거나, 타락하지 않은 과거의 이상적 세계가 추구되고, 경우에 따라서는, 어디에도 존재하지 않는 유토피아가 그려지기도 한다. 그러나 1920년대 초기의 한국 시에는 이들 중 어떤 형태의 이상적 세계도 시적 형상으로 정착되지 못했다. 가장 확실한 모습을 띤 것처럼 보이는 황석우의 '장미촌'조차도 "신과 인간과의 경하로운 향연"이라는 비전을 지탱할 만한 종교적·정신적 배경을 가지지 못했다는 점에서 그 지속이나 확장은 불가능했다. 다만 확실하게 거듭 나타나는 사실은 허위에 찬 현실의 질곡과 고통으로부터 달아나려는 필사적 갈망이다.

이러한 사실은 1920년대 초기의 한국 시의 낭만주의가 부정적 현실에 대립하는 낭만적 비전조차도 가질 수 없을 만큼 철저한 회의와 좌절에 빠져 있었음을 말하는 것이다. 주요한이 자처했던 이상주의조차도 예외는 아니었다. 그의 이상주의란 어떤 확실한 비전에 기초한 낭만주의가 아니라 막연한 동경과 밝음에의 기대에 지나지 않았다. 그런 의미에서 1920년대 초기시의 낭만주의는 낭만적 도주를 지향하면서도 그 불가능함과 이로 인한 괴로움의 토로에 핵심적인 모습이 있다 하겠다. 위에 인용한 박영희의 작품부터가 그러한 예의 하나이다. 이 작품의 셋째 연——"허터진 내 가슴, 문어진 잠의 집은/쑴나라로 다라난 잠을 차지러/굿게 다든 쑴성을 두다릴 째에/붉은 비는 쏘다져

---

12) A. Hauser, *The Social History of Art* (London: Routledge & Kegan Paul, 1962), Vol. 3. pp. 155~64 참조.

쑴길을 막도다"에서 단적으로 드러나듯이, 꿈의 세계에서 해답을 찾으려는 노력은 그 절실함에도 불구하고 쉽사리 성취되지 않으며, '붉은 비'로 표현되는 악몽의 개인과 간섭으로 인해 좌절의 고통을 겪는다. "아! 내가 만든 황금탑은 다 쩌나가고/밤 조수의 출렁거리는 물결만/내 마음 황금탑까지 쩌나가게 하엿도다,/아! 쩌나가는 탑우에 안즌 나의 애인이여!"13)의 경우도 이와 같다. 시인 자신의 투영인 작중 화자(作中話者)는 스스로의 낭만적 도주가 지향하는 바가 '환영(幻影)'임을 알면서 그것을 추구하고, '환영의 황금탑'과 '애인'이 허망하게 물결에 밀려 떠나가버릴 수밖에 없는 데 대해 절망한다. 속악한 세계에서의 삶만이 고통이 아니라 이로부터 벗어나 구원을 얻으려는 낭만적 도주의 기도 또한 악몽의 시련 속에서 좌절을 거듭하는 것이다.

앞서 인용한 박종화의 작품(「밀실로 도라가다」)에서도 이 점은 동일하다. 그가 노래하는 '밀실'이란 최종적 해답이 주어지는 이상적 세계가 아니라, 낭만적 도주의 기도가 불가능한 비약을 꿈꾸는 터전이다. 이 밀실에서 "어둔 밤 별 아래 쩌드러진 시체에/영원의 '참'이 잇다 하면/나는 쮜여가 죽엄을 안어/'참'의 동무가 되려 한다"는 결의는 그 과정된 어조에도 불구하고 '영원한 참'을 어디에서도 얻을 수 없다는 절망을 확실히 한다.

홍사용(洪思容)의 「나는 왕(王)이로소이다」14)는 삶이 그 출발에서부터 괴로운 것이며 어떤 곳에도 구원은 없고 끊임없는 공포와 비애만이 세상에 가득하다는 낭만적 독백의 전형이다. 그 마지막 행 "이 세상 어느 곳에든지 설움 잇는 땅은 모다 왕의 나라"라는 고백은 어느 곳에도 설음이 없는 땅을 찾을 수는 없다는 의미로 뒤집어 이해해도 좋은 것이다.

---

13) 박영희, 「환영의 황금탑」 일부, 『백조』 1호, p. 53.

14) 『백조』 3호(1923), pp. 129~31.

　그리하여 1920년대 초기시는 전반적으로 좌절의 노래가 되며, 현실을 벗어나서 구제의 길을 찾으려는 지속적 노력에도 불구하고 얻어질 수 없는 초극이라는 참담한 주제를 반복한다. 이것은 당대의 상황에서 그들의 낭만적 양분법이 도달하지 않을 수 없었던 귀결이라고 여겨진다. 서구의 낭만주의에 흔히 보이는, 과거에의 회귀는 기본적으로 중세적 세계가 고전적 조화와 안정의 전형이었다고 받아들일 때 가능한 것인데, 20세기 초기의 상황에서 널리 유포되어 있었던, 지난 시대의 사회와 문화에 대한 부정·비판은 이를 근본에서 차단했다. 또한 기독교적 세계관이나 플라톤적 이원론(二元論)의 전통 대신 유교와 불교의 현세 중심적 사유(思惟)의 문화 속에서 성장한 한국의 시인들로서는 블레이크 등에서 볼 수 있는 바와 같은 '신과 인간의 행복한 축제'가 이루어지는 별개의 세계에로의 상상적 비약도 용이하게 열려 있는 길은 아니었다. 아울러 식민지 상황 아래서 이들 중산층 지식인들이 느꼈던 무력감은 미래적 세계로서의 유토피아를 꿈꾸는 데에도 결정적인 제약을 가했던 것으로 보인다. 이에 따라 속악한 현실을 초극하는 구원의 세계는 어느 곳에도 존재하지 않는다는 절망적 확인이 불가피하게 되고, 확실한 것은, 이루어지지 않는 갈구와 끊임없는 도주의 기도 그리고 좌절이 된다. 스스로의 낭만적 열정이 지닌 격렬함에도 불구하고 그들은 자신이 아무런 세속적 가치도 초월적 희망도 얻지 못한 채 불안에 떠는 고립자라는 느낌을 떨쳐버릴 수 없었던 것이다. 이 우울한 자기 인식은 절대와 완전의 세계를 향해 소리 높여 노래할 때에도 그들의 내면에 담겨 있었고, 때로는 다음의 예와 같이 절망적으로 표현되기도 하였다.

　병상에 누어
　우연히 싀름업시
　여윈손에

썰며서
철(鐵)붓을 잡어
　　사자(獅子),
　　사자,
　　사자!
라써보고
눈물지어──── 15)

Ⅳ. 죽음의 찬미

　속악한 세계 속의 생존의 아무런 가치도 없을 뿐 아니라, 그
것을 해결할 어떠한 초월적 세계나 이념도 없다는 절망적 인식
이 극단에 이를 때 남는 선택의 길은 무엇일까? 유일한 대답은
'죽음'일 것이다. 1920년대 초기의 시인들은 실제로 그러한 상
상적 선택을 보여준다.

　물론 그들이 노래한 죽음이란 모든 생존의 마지막 내지 더 이
상의 아무것도 가능할 수 없는 최종적 결말로서의 죽음은 아니
었다. 적어도, 그들의 상상력이 제시한 표면의 구도에서는 그렇
지 않았다. 그들은 오히려 죽음을 더할 수 없이 아름답고 황홀
한 비약의 성취, 초월의 달성으로 노래하였고, 가능한 한 죽음
자체나 죽음에의 결의를 화려하게 장식하고자 노력하였다. 박종
화는 과장된 어조로 다음과 같이 부르짖었다.

보라!
째아니라, 지금은 그째아니라.
그러나 보라!
살과 혼, 화려한 오색의빗으로 얽어서 짜노흔
훈향(薰香)내 놉픈
환상의쑴터를 넘어서
검은옷을 해골(骸骨)우에걸고

───────
15) 오상순, 「힘의 숭배」 전문, 『폐허』 2호, p.79.

384

말업시 주토(朱土)빗 흙을밟는 무리를 보라,
이곳에 생명이잇나니
이곳에 참이잇나니
장엄한 칠흑(漆黑)의하늘 경건(敬虔)한주토(朱土)의거리!
해골! 무언(無言)!
번적어리는 진리는 이곳에잇지아니하냐.
아! 그러타 영겁(永劫)우에[16]

　"장엄한 칠흑의 하늘 경건한 주토의 거리!"는 되돌아갈 이상적 과거도, 전원(田園)도, 유토피아도 없는 상황에서 유일한 낭만적 도주의 영역이다. 그러나 죽음의 세계야말로 '진리'가 있는 곳이라는 선언을 절망만이 유일한 가능성이라는 믿음의 수사적 표현에 다름아니다. 그러므로 1920년대 초기에 성행한 죽음의 찬미는 실상 죽음 자체의 가치에 대한 확신에 기초한 것은 아니다. 그것은 하나의 몸짓으로서 절대적 가치만이 필요하다고 주장하면서 불완전한 세계를 버리기로 작정한 낭만주의자들의 주관적 갈망과 그것이 도저히 실현될 수 없다는 데 대한 좌절감의 과장된 표현이다. 그런 의미에서, 이들의 극단적 절망의 포즈는 전혀 상반되는 것처럼 보이는 주요한의 낭만적 감격에 비교해볼 때 표면에 드러나는 차이만큼 다르다고는 할 수 없다. 그들 사이의 차이는 피상적인 것에 불과하고, 그 배후에 일상적 세계로부터의 탈출을 향한 낭만적 열광이 자리잡고 있다는 점은 기본적으로 동일하다. 다만 한편에서는 이루어질 수 없는 낭만적 갈구의 괴로움을 노래한 데 비해, 다른 한편에서는 철저한 절망의 극단까지 나아가지 않고 스스로의 열정에 도취하였다는 점이 다를 뿐이다.

　저어라, 배를 멀리서 잠자는 능라도(陵羅島)까지, 물살빠른대

동강을 저어오르라. 거긔 너의 애인(愛人)이 맨발로서서기다리리
는언덕으로 곳추 너의뱃머리를돌니라, 물결ㅅ테서 니러나는 추운
바람도 무어시리오, 괴이(怪異)한 우슴소리도 무어시리오, 사랑
일흔청년의 어두운가슴속도 너의게야무어시리오, 기름자업시는
'발금'도 이슬수업는거슬——. 오오다만 네 확실한 오늘을 노치지
말라. 오오 사르라, 사르라! 오늘밤! 너의발간횃불을, 발간입셜
을, 눈동자를, 쏘한너의 발간 눈물을······17)

이러한 절망에서 달아나는 길은, 낭만적 양분법을 포기하지
않는 한, 자기를 내버린 철저한 도취 또는 죽음뿐일 것이다. 이
중에서 전자는 본질적으로 순간적인 것이므로 완전한 해답이
되지 못한다. 주요한이 「불노리」에서 열렬한 목소리로 노래한
'오늘의 불사름'이란 곧 깨어날 수밖에 없는 격정으로서, 도취
의 오늘이 영원히 지속될 수는 없기 때문이다. 영원한 해답일
수 있는 것은 죽음뿐이다. 그리하여 1920년대 초기의 시인들
특히 『백조』 동인들은 죽음을 유일한 해답으로 여기면서 가능
한 한 그것을 화려하게 장식하고 영원한 도취의 형태로 낭만화
하는데, 이 점에서 가장 성공적인 상상력을 보여준 예는 널리
알려진 바 이상화의 「나의 침실로」이다. 이 한 편의 시야말로
1920년대 초기의 온갖 주제가 한데 결합한 전형이라고 할 만하
다. 여기에는 어떠한 외적 금제(禁制)로도 다스려질 수 없는 생
명의 강렬한 욕망과 호흡이 있고, 억압적인 인습에의 공공연한
반역·도전이 있으며, 이 모두를 포용하는 낭만적 도주의 상징
이자 죽음의 다른 표현인 '침실'이 등장한다.
　이 작품의 촛점인 '나의 침실'의 의미는 이중적이다. 그것은
관능적 쾌락과 도취의 장소인 동시에 죽음의 장소이다. 작품의
전반부(구체적으로는 제6련까지)에서는 전자의 의미가 강하게
부각된다. '수밀도의 네 가슴' '이슬' '몸' '나의 아씨' 등 감각

---

17) 주요한, 「불노리」 일부, 『창조』 1호, p. 2.

적으로도 신선한 이미지의 도움을 얻어, 그리고 '마돈나'를 부르는 간절한 호흡과 '침실'이라는 말이 주는 연상에 힘입어 이 관능적 도취와 쾌락의 의미는 전반부에서 행을 거듭할수록 강화된다. 제7련의 "네 손이 내 목을 안어라"는 이 상승 과정의 한 절정이다. 많은 논자들이 이해해온 「나의 침실로」의 주된 의미는 이것이다. 그러나 이러한 의미만을 강조하는 것은 완전히 틀린 해석은 아닐지라도 매우 편파적인 것이고 작품 전체의 의미를 온당하게 파악하기에는 상당한 거리가 있다. 관능적 쾌락과 도취의 장소로서의 '나의 침실'은 작품의 후반에서 다른 의미로 전환되며, 이 두 가닥 의미의 복합에 진정한 주제가 있기 때문이다. 유의되어야 할 최초의 명시적 단서는 제7련의 '오랜 나라'에 있다. 이 단서는 작품의 서두에 붙여진 '내 말' 속의 "아름답고 오랜"에 이미 숨겨져 있었던 것이지만, 여기에 와서 그 심상치 않은 의미를 드러낸다. 이 부분에서 '나의 침실'은 '오랜 나라'와 같은 것 또는 그 안에 있는 것임이 밝혀지고, 따라서 단순한 침실이 아니라 어떤 숨겨진 의미의 표현임이 암시된다. 보다 뚜렷한 단서는 그 다음 연의 구절 "뉘우침과 두려움의 외나무다리 건너 잇는 내 침실"이다. 이로써 분명해지는바, '나의 침실'은 지상적 번민과 집착의 저편에 있으며, 그곳에 가기 위해서는 비상한 결단이 요구되는, 그리고 한번 가고 나면 어느 누구도 문을 열 수 없는 장소이다. 제10련에 와서 이러한 의미는 최종적으로 명료해진다. 거듭 가자고 부르는 '나의 침실'이란 언젠들 안 갈 수 없는 곳, 누구라도 끌려가야만 하는 곳이다. 그곳은 어디인가? 죽음이다. 이 작품은 그 열정적 어조나 관능적 암시에도 불구하고 실은 죽음에의 초대를 노래하는 것이다.

그러나 이미 언급한 바와 같이, 이상화가 노래한 것은 모든 생의 종말로서의 단순한 죽음은 아니었다. 그것은 낭만화된 죽음이다. "내 침실의 부활의 동굴"이라는 구절에서 이 점이 분명해진다. 그는 죽음을 생의 종결이 아니라 진정한 사람의 시작, 속악한 세계를 넘어선 참 가치의 영역으로 들어가기 위해 필요한 건너뜀으로 노래하였던 것이다. '나의 침실로'의 근본 의미 그리고 1920년대 초기시의 상상력이 만들어낸 구극적(究極的) 비전이 여기 있다. 죽음은 "어린애 가슴처럼 세월 모르는 나의 침실"이며 "아름답고 오랜" 곳으로서 유일한 구원의 장소, 생의 혼미와 번민을 벗어나서 진정한 가치를 보존할 수 있는 세계이다. 그리고 이 세계로 건너뛰는 것은 내키지 않는 비통한 결단이 아니라 '수밀도'의 가슴을 가진 '나의 아씨'의 손이 목을 안고 황홀하게 비상하는 도취의 체험이 된다.

이상화의 목소리를 빌어 특히 아름답게 노래된 이 주제는 『백조』 동인들에게서 유사한 반복을 볼 수 있을 뿐 아니라 1920년대 초기시의 지배적 흐름을 결산하는 의미까지도 띤다는 점에서 하나의 시대적 전형이다. 자아의 개성 그리고 절대화된 전적 생명의 희구는 속악한 세계에의 절망과 낭만적 이상향을 찾으려는 갈구의 실패를 거쳐서 결국 이러한 죽음에의 동경으로 귀착된 셈인데, 그런 의미에서도 「나의 침실로」는 1920년대 초기시의 낭만적 상상력과 유미주의(唯美主義)의 극한에 선다고 하겠다.

3. 낭만적 허위

Ⅰ. 감상의 자기 취약

위에서 논한 낭만적 상상력과 열정은 1920년대초의 상황에서 극단화된 시선을 통해 억압적 인습과 식민지의 불모성 속에서의 괴로움을 표현한 것이라 하겠으나, 우리는 시가 내포한 낭만적 허위의 양상에도 또한 주목하고자 한다. 그들의 고민이 1920년대 이후의 문학과 정신사를 이해하는 데 간과할 수 없는 의의를 지니는 것처럼, 그들에게서 배태되고 깊이 뿌리내려진 모순이나 기만도 가볍게 넘겨버릴 수 없는 문제를 내포하기 때문이다. 이에 대한 검토는 앞부분의 논의에 얼마간 포함되어 있다. 낭만적 열정과 낭만적 허위가 반드시 일치하지는 않는다 하더라도 혼합될 가능성은 언제나 동반하는 것이므로 이 점은 불가피하다고 생각한다. 그러나 보다 주목할 만한 낭만적 허위의 양상은 낭만적 상상력의 구조와 구별해서 논할 수 있다. 우리는 이 점을 1920년대 초기시의 주요 특질의 하나인 감상(感傷)에의 탐닉이라는 것을 중심으로 살피고자 한다.

절망은 감상과 구별된다. 불완전한 것들로 이루어진 사람의 생활 속에서 절망은 희망에 못지않게 일반적이며 중요한 경험이다. 획득되어야 할 가치가 그 절실함에도 불구하고 어떤 심각한 장애로 인해 나의 삶 또는 이 세계 안에 성취될 수 없을 때 절망의 계기가 성립한다. 그러므로 진정한 절망은 진정한 용기나 소망에 못지않게 삶에의 강한 열정에서 오며 그것 자체로서 이미 하나의 자기 확인이고, 나아가서는 소박한 낙관주의가 내어줄 수 없는 깊이의 투시를 가능하게 하는 정신적 하강의 경험이 되기도 한다. 영원하고도 절대적인 절망은 아무런 가치도 생산할 수 없다고 말할 수 있으나, 그것조차도 두려워하지 않는 탐구의 정신이 없이는 어떤 확실한 진보도 성취되기 어렵다.

그러나 이러한 성취는 절망 자체의 어두운 안온함에 머무르거나 도치되지 않고 자신을 지탱할 때 가능하다는 점에 유의할 필요가 있다. 그렇지 않고 절망의 경험에서 오는 비애나 번민을 스스로의 양식으로 삼아 슬픔이 일종의 자기 위안적 경험으로, 나아가서는 자기 현시적(顯示的) 삶의 방식으로 변질할 때 절망은 타락하여 감상으로 화한다. 감상은 그러므로 진정한 가치에의 추구를 포기하고 스스로의 번민이나 심적 태세를 쾌락의 질료로 삼는 감정의 타락이다. 감상주의자들은 이러한 도취를 위해 흔히 자신의 감정을 과장하고 일정한 감정과 절망적 몸짓을 관습화한다. 그리하여 타락한 감정으로서의 감상은 진정한 가치에의 열정에서 독립하여 경험 일반을 관습화된 감정의 도식에 적합한 것으로 왜곡하고 추상한다. 낭만주의가 지닌 '강렬한 감정'의 추구, 극단적 비애와 절망이 불건강하다는 관찰은 이러한 각도에서 생각할 때 정당하지 않다. 불건강한 것은 이들 감정이나 그것을 초래하는 열정이 아니라 이를 왜곡하는 감상주의적 기만이다.

우리는 1920년대 초기시에서 이러한 감상주의적 기만과 그 관습화를 본다. 이 시기의 시적 조류를 가리켜 '병적인 낭만주의'라고 할 수 있다면, 그 이유는 이들이 절망과 비애를 노래하였다는 사실에서가 아니라 절망의 참모습에서 달아나 감상의 탐닉에 만족하게 되었다는 데에서 구해져야 한다. 이들의 감상적 탐닉을 가장 짙게 보여주는 인물은 노자영(盧子泳)이다. 소설 「표박(漂泊)」(『백조』 1, 2호)과 수필에서 그리고 시에서 그가 드러내는 감상주의는 속악한 세계에 대한 진정한 부정적 열정이나 절망과는 유리되어 다만 감정의 과장과 장식에 골몰하는 전형적 사례이다. 그러나 감상에의 탐닉이 단지 노자영의 것만은 아니었다. 정도와 양상의 차이는 있으나, 그것은 가깝게는 『백조』 동인들 전부, 넓게는 1920년대 초기의 동인 문학지를 바탕으로 활동한 일종의 시인들 전반의 성향이었다.

적(笛)여! 적의 곡(曲)이여!
놉흔언덕 넓은 대양(大洋)
씃모르는 천애(天涯)까지
눈물에젓(濕)게하는 아람다운 비곡(悲曲)을
크게크게 울이면서가라!

〔………〕

아! 나의 마음을애달도다!
무르녹은월색(月色)에흐르는적(笛)의비곡(悲曲)!
나는어나곳에머무를까?
애인이여영원히오지안이하려냐?
그러나나는영원히기다리겠노라
아! 적(笛)의 비곡(悲曲)이여[18]

　이 작품에서 볼 수 있는 것처럼, 감상적 탐닉 속에서의 절망은 이미 절망으로서의 중량을 가지지 않는다. 대신에 과장된 어주와 장식적인 수사에 쌓여 절망은 하나의 자기 현시, 비애의 숙련된 포즈가 된다. 이 국면에서 문제가 되는 것은 절망을 초래하는 거대한 장벽이나 실현되어야만 하는 소중한 가치가 아니다. 이들은 오히려 뒤로 물러나고 그것에 대한 정서적 반응이 독립된 심미적 가치를 지닌 경험의 양식으로 전면에 부각된다. 고통은 희미해지고 절망의 포즈만이 남는 것이다.
　"무르녹는 월색에 흐르는 적(笛)의 비곡!"이라는 극도의 탐미적 수사에서 이 점이 잘 드러난다. 이 순간에 '적의 비곡'은 단순히 슬프기만 한 노래가 아니다. 그것은 '무르녹은 월색'이라는 장식적 상황 속에서 구슬픔조차도 감미롭고 아름답게 떠오른 심미적 경험의 표현이다. 이러한 감수성 안에서 절망은 극복되어야 할 경험이라기보다는 감미롭게 요리하여 즐길 만한, 나아가서는 그것 없이는 비장한 분위기 속에서 도취를 맛볼 수 없는 경험이 된다. "애인이여 영원히 오지 안이하려나?/그러나 나는 영원히기다리겠노라"라는 구절도 이 점에서 비슷하다. 이 두 행에서의 '영원히'라는 어휘는 구체적 행위의 가능성과는 관련을 맺지 않는다. 그것은 하나의 과장된 심리적 태도를 확인하는 선언일 뿐이다. 보다 자세하게 말한다면, 이 작품 속의 '나'는 '애인'이 오리라는 데 대해 아무런 희망이나 기대도 가지고

---

18) 박영희, 「적의 비곡」 일부, 『장미촌』 1호, p.13.

있지 않다. 그의 '애인'이란 영원히 획득될 수 없는 가능성의 의인화이며, 그럼에도 불구하고, 그를 기다린다는 것은 기다림의 보람 없음을 알면서도 오히려 불가능에의 집착을 짐짓 가장함으로써 장대한, 절망의 몸짓을 취해보는 일에 다름아니다. 그것은 쓸모 없는 일이지만, 쓸모 없는 일에 전념한다는 것만큼 낭만적 과장과 자기 현시에 알맞는 주제가 있을 것인가?

감정이 본래적 맥락에서 이탈하여 구체적 삶의 계기 안에 움직이는 심리적 활동이기를 그치고 자기 순환적 재생산에 의해 증대·과장됨으로써 정서적 자기 기만으로 변하는 일은 절망·비애·슬픔 등의 경우에 특히 많이 나타나지만, 반드시 이에 국한되지는 않는다. 이와는 전혀 상반되는 감정의 영역에서도 비슷한 일이 일어날 수 있다. 주요한의 「해의 시절」에서 그러한 예가 발견된다.

> 오! 이러한 날에나의생명은 저긔 쓸토다,
> 저긔산우에 거러가리라, ──나무껍질을 흐르는
> 향긔잇는 송진냄새와, 햇비체 피여난
> 빗독(毒)한 꼿의길을, 더욱 벌겅흙의 길을.
> 거기서 나는 쉬리라. ──숨쉬는 풀미테,
> 거긔서 나는 쉬리라! ──수근거리는 나무그늘,
> 아! 마치 즐거운 쓸에 잇는것가치
> 나는 취하엿도다. ──쌍배인쌍을, 동편에서 부러오는 더운 바람을,
> 써단니는 구름을, 소낙비를, 넘치는 홍수를,
> 나는 사랑한다, 나는 마음껏 쪄안는다──흙에무친시절을, 흙에서 퓌어난 이시졀을.
> 이삭 닉어가는 벌판에서, 소사오른 산 꼿닥이에서,
> 마음은 춤추며, 마음은 쑴뛴다.[19]

이미 「불노리」(1919)에서 들끓어오르는 감정의 소용돌이와

────────────
19) 주요한, 「해의 시절」 일부, 『창조』 2호, p. 31

격한 열정을 보여준 주요한은 1920년대 초기의 시들이 일반적으로 빠져들어갔던 우울함과는 대조적으로 힘찬 긍정의 노래를 썼다는 점에서 이채로운 인물이라고도 할 수 있다. 그러나 그의 이채로움은 작품이 지닌 색채에서 『백조』 동인들의 것과 다르다는 점이 인정될 수는 있을지언정 기본적 구도까지 판이한 것이라고는 보기 어렵다. 주요한의 시에서 볼 수 있는 열정은 어떤 궁극적 가치나 새로운 세계의 실현을 향해 스스로를 던지려는 지향을 분명하게 지니고 있지 않다. 그의 열정은 차라리 열정 그 자체를 위한 열정이다. 그의 밝은 감정이란 절망이 어떤 실제적 비전이나 의지에 의해 극복된 결과가 아니라 다만 병적인 색체를 피하고 밝은 것을 그릴 필요가 있다는 심정적 동기에 근거한다.

그렇다고 해서 주요한이 노래한 열정과 환희의 삶이 당대의 어두운 현실에 대한 낭만적 항의이자 통렬한 비판적 비전으로서의 의의를 지니고 있었는가 하면 이 점도 역시 의문으로 보인다. 위의 인용에서 볼 수 있듯이 그의 시는 태양의 품 안에서 이루어질 수 있는 생명의 아름다움과 힘에 관해 열정적으로 노래하였으나, 이 소박한 참미의 열정은 그 배후에 강한 도덕적 지향을 가지지 못했다. 따라서 동시대의 시인들 대다수가 절망적 영탄에 탐닉하여 자기를 기만했던 것과 같이 그의 '밝은 정열' 또한 막연하게 생명의 기쁨을 노래하고 스스로의 노래가 지닌 열정적 어조에 도취하는 감정적 자기 기만 즉 일종의 감상이었다고 생각된다.

민중에게 가까이 가기 위해 노력해왔다는 고백에도 불구하고 민중들의 참모습이나 문제와는 동떨어진 경험을 그리는 데 그치고 만 작품들이 이 점을 보다 뚜렷하게 방증한다. 그가 비판하는 당대의 '민중시'들이 다만 공허한 관념으로 민중을 노래하는 것이었다든가 참다운 감동의 창조에 이르지 못했다는 지적은 대체로 정당하다. 진정한 '민중시'란 그가 말한 것처럼 "반드시 거긔 담긴 사상과 정서와 말이 민중의 마음과 가치 울리는 것"이라야 할 것이다. 그러나 생각의 올바름과 달리 그가 민중에게 가까이가고자 한 소산이라고 한 「나무색이」「고향생각」 등의 시편들이 담은 것은 어디에도 존재하지 않는 환상의 민중이었고, 사상과 감정의 실체 대신에 막연한 공상의 윤곽만을 지닌 생활이었다.

이러한 감상주의의 성행과 양식화는 결국 절망적 우울함이나 희망적 열정이 본래의 맥락에서 떠나 그것 자체의 독자적 태도로 변질함을 뜻하는 것으로서, 낭만적 상상력의 기치인 진정한 부정적 열정의 포기라는 결과에 귀착한다. 그것은 낭만적 상상력을 낳은 충동 자체의 왜곡이며, 스스로가 거부하고자 했던 속악한 세계의 논리와 병행하는 또 하나의 기만이자 낭만주의의 자기 부정적 굴절이라고 하겠다.

Ⅱ. 자기 기만의 이념과 유미주의

지금까지 논해온 낭만적 허위는 주로 1920년대 초기 동인 집단 시인들의 가치 의식과 작품 세계에서 볼 수 있는 현상에 관련된 것이다. 그러나 낭만적 허위는 이러한 일련의 양상을 드러내는 것으로 그치지 않고 한걸음 더 나아가 절망이나 번민을 위장된 방법으로 처리하면서 스스로와 타인들을 설득할 수 있는 일정한 태도의 체계화를 이루고자 시도한다. 인생에 대한 예술의 우월성을 주장하며 마침내는 인생과 절연된 독자적 세계로서의 예술을 내세우기에 이르는 이념화가 그것이다.

오상순은 인생의 불가피한 불완전성과 고뇌를 강조하면서 이로부터 비상하여 자유와 생명의 충족을 얻을 수 있게 해주는 것으로 종교와 예술을 들고, 다음과 같이 이 문제를 논하였다.

인생 하고(何故)로 불행이 충만함은 막론하고 우환(憂患)이 번(繁)하고 한사(恨事)가 다(多)한 현상대로의 현재의 세계에서 능히 속박 중에 자유를 현출(現出)하고 모순 중에 조화를 발견하고 준엄(峻嚴)한 중에 쾌활(快濶)을 미(味)하고 분투중에 위안을 포(捕)하는 도(道), 예술의 여(與)하는 미의 열락(悅樂)을 치지(置之)하고 과연 나변(那邊)에 구(求)함을 득(得)할가. 실로 예술은 제2의 조화옹(造化翁)이라, 불여의(不如意)하고 불완전한 현상인 인생중에 재(在)하야 자유 완전의 별천별지(別天別地)를 창조하며 또 기(其) 별천지에 유유자적함은 시(是) 기(豈) 예술의 여(與)하는 인생 해탈의 소식이 안이랴. 무시(無是)면 세상은 여하히 황료소조(荒寥蕭條)한 사막이랴. 흡연(洽然)히 잠아(蠶兒)가 자기의 조(造)한 견중(繭中)에 안주하며 우화(羽化)하야 소생함과 여(如)히 인(人)은 예술의 세계에서 차세(此世)에서의 일개 낙원을 발견함을 엇지 아니하는가. 연(然)하다. 그리고 여사(如斯)한 신천신지(新天新地)는 역시 종료가 오인(吾人)에게 여(與)하는 천국의 풍광(風光)이 안이고 무엇이뇨.[20]

이러한 입론의 출발점은 쾌락주의이다. 인생의 요구는 단순한 생존이 아니라 즐거운 생활이라는 것이다. 물론 여기서 말하는 쾌락이란 다만 감각적 쾌락만을 뜻하지는 않는다. 그것은 대체로 말해서, 낭만적 명제의 핵심인 자유로운 생명의 현현·충족과 같은 것이라고 할 수 있다. 그러나 이 목표는 세계 안에서 성취되지 않는다. 현실은 불완전하며 개체의 의지에 쉽게 굴복하지 않는 완강성을 지니기 때문이다. 유미주의자들은 이러한 상황에서 현실을 포기하고 예술이라는 가공적 완전의 세계를 택하는 자들이다. 현실 세계 안에서는 어떠한 진정한 가치도 이루어질 수 없다고 믿기 때문에 그들은 예술에서 자유 완전의 별천지를 구한다. 낭만적 양분법을 구성하는 두 항——'불완전하고 속악한 세계'와 '영원하고도 완전한 이상의 세계'라는 도식에서 후자는 실제로 실현될 수 없고 오로지 예술 안에서만이 가

---

20) 오상순, 「종교와 예술」, 『폐허』 2호, p. 2.

능하다고 여겨지는 것이다. 이들에게 있어서 예술이란 성취되지 않는 낭만적 이상의 자리를 대신하는 일종의 현세적 구원이다.

이처럼 현실적 삶의 가능성에 대한 절망에서 출발하여 마침내는 삶 자체의 부정에 이르는 세계관이 스스로를 정당화하기 위해서는 비논리적 비약을 필요로 하며, 역설과 냉소주의를 동반하지 않을 수 없다. 다음의 글은 그 예의 하나이다.

> 생(生)은 추상적이요 비개성적인 고(故)로 감상키 난(難)함. 생은 예술가에게 조말(粗末)한 재료에 불과하다.
> 시인의 자연에 대한 탄미적(嘆美的) 문구는 자기의 정서가 얼마나 우아하고 섬부(贍富)하다는 자기칭찬에 불과하다.
> 희곡은 인생보다도 더 실재성(實在性)을 가졌다.
> 인생은 예술을 모방하다가 언제던지 실패한다.
> 예술가는 모든 것을 미화(美化)할 수가 잇다.
> 〔………〕
> 성공과 소유에는 후회 권태가 잇다.
> 이 세상에 지금 제일 중대하게 볼 두(二) 시대가 잇다. 하나는 〔……〕 예술이 경탄할 만한 기적을 행할 째요 또 하나는 인생이 예술을 완전히 모방하게 될 째 곳 예술이 현실의 대신으로 전세계를 지배할 것.
> 예술은 언제던지 인생을 노종에서 구제한다.[21]

불완전하고 번뇌에 싸인 인생기에 예술이라는 별천지에서 낙원을 발견하고 위로를 얻자는 논리에서 한걸음 더 나아간 자리에 "희곡은 인생보다도 더 실재성을 가졌다"는 역설이 도입된다. 위의 문맥 속에서 이 명제는 문학 작품이 현실의 사소한 세부를 사상(捨象)하고 삶은 그 전형적 모습으로 보여주기에 인생보다 더 실재성을 가진다고 하는 것은 아니다. 그것은 짐짓 삶의 진성성을 부정하고 예술이라는 허구를 더 실재적이라고

---

21) 임노월, 「이단자의 경구」, 『개벽』 9호(1921. 3), p.64.

함으로써 현실 안에서의 삶을 환영에 불과한 것으로 돌리려는 기도이다. 이러한 논리에 철저할 때 세속적인 기획이나 영위는 다만 '조말한 재료'에 불과하다. 위의 글 끝부분에서 "이 세상에 지금 제일 중대하게 볼" 시대로서 "예술이 경탈할 만한 기적을 행할 때"와 "인생이 예술을 완전히 모방하게 될 때"를 말하는 것은, 그러므로 다만 하나의 태도 즉 예술은 완전하고도 순수하나 생은 누추하고 불완전하다는 신조의 표현에 다름아니다. 이 논리 속에는 예술이 완각에 머무르지 않고 삶의 문제에로 돌아갈 가능성이 배제되어 있으며, 따라서 아무런 가치 추구의 진정성도 존재하지 않는다. "예술은 언제던지 인생을 노동에서 구제한다"는 말도 동일하다. 이들의 논리 안에서 예술은 인생을 노동에서 구제하는 것이 아니라 노동의 연속으로 이루어지는 나날의 삶으로부터 환상적인 만족의 세계를 찾아 떠남으로써 거짓 위안의 기만을 주는 것일 따름이다.[22]

이렇게 예술과 생을 대립적인 것을 보고 예술만이 가치있는 삶을 가능하게 하는 유일한 행위의 형태라고 주장하는 것은 결과적으로 예술이 현실적 생활의 문제들을 다루지 않으며 다룰 수도 없다는 이념의 옹호에 이른다. '예술을 위한 예술'이라는 명제에 결부된 이러한 논리는 다음 항에서 논할 1920년대 초기 문학인들의 사회적·정신적 상황과 긴밀한 관계가 있다. 즉 도덕적 급진주의와 정치적 무력감의 결합으로서 나타나는 그들의 개인주의·자유주의가 반사회적 고립의 이념에 귀착하였듯이,

---

22) 이와 흡사한 논리가 1920년대초에 널리 성행하였음은 물론이다. 하나의 예로 변영로의 글을 인용한다. "우리는 상징적으로 살자! 어쨌든 우리의 일생은 짜르다! 짜른 그 일생(7, 80년 동안의)만을 산다는 것을 넘우나 야속한 일이다. 그러면 어써케 하여야 상징적으로 살까? 도취하여야 한다! '생의 성배'를 마시고 쉿업시 도취하여야 한단 말이다. 도취하지 안은 생활은 건조, 평범, 단조, 지난(支難), 환멸, 사악(邪惡)의 생활이다! 벗들이여! 시에 취하고 애(愛)에 취하며 진리와 놉흔 이상에 취하야 하로에 억년(億年)을 사는 상징적인 생활을 살자! 여긔에 비롯오 '인간 구제'가 있다!"(변영로, 「상징적으로 살자」, 『개벽』 30호〔1922. 12〕, p. 31).

1920년대 초기시의 낭만적 상상력과 그 역사적 성격　397

이들의 예술 지상주의 또한 관습적 도덕과 질서에 대해 반항적인 양상을 띠면서 한편으로는 사회적 현실의 문제에 철저하게 그들의 관심 영역에서 배제함으로써 정치적 무력성에 미학적 논리를 부여했던 것이다.

그들 자신은 아마도 이러한 논리적 전개를 당연하게 생각하였을 것이다. 그러나 바로 이 당연성의 표면 아래 은밀한 논리적 탈출과 자기 기만이 숨어 있다. 이 점은 예술적 완전성의 동경이 현실의 속악함에 대한 절망에서 온 것임을 주목할 때 용이하게 간파될 수 있다. 현실의 불완전성과 속악함에 괴로워하였다는 점에서 그들은 일단 이 세계 안에서 가치있는 삶의 가능성을 찾고자 하였던 것이라고 여겨진다. 그러나 그것이 불가능하다고 생각되었을 때 그들은 예술의 세계로 달아났다. 이 경우 예술이란 현실이 내어줄 수 없는 위안과 만족을 구하는 '대상적(代償的) 삶'의 양식이라고 할 수밖에 없다. 그러나 스스로가 추구하는 가치가 거짓 또는 환상적 대치물이라고 믿는 한 진정한 만족은 불가능하다. 여기에서 삶을 오히려 환상적인 것 비실재적인 것으로 보고, 도리어 예술이야말로 진정한 실재라는 논리의 도착이 꾀하여진다. 말하자면, 그들은 환상의 만족을 추구하면서 스스로의 만족을 보호하기 위해 환상과 현실의 자리를 뒤바꿔놓는 기만을 감행했던 것이다.

4. 역사적 성격

그러면 1920년대 초기에 성행하였던 낭만적 상상력과 그 굴절은 대체 어떠한 성격을 지니는 것인가? 무엇이 이러한 집단적 흐름을 한 시대의 풍조로 형성되게 하였는가?

이 문제에 대해 우리는 먼저 1920년대 초기에 성행한 주제인 '전적(全的) 생명'과 '자유'의 문제가 1910년대에 어느 정도 준비되어 있음에 유의해야 한다. 1910년대의 동경 유학생들 사이에 상당히 널리 퍼져 있었던 것으로 생각되는 정신적 방황과 자유에의 낭만적 동경을 보여주는 자료의 하나로 다음과 같은 글이 역시 『학지광』에 실려 있다.

> Free! Free! 모든 것을 초월하엿다 하는 사람이라는 놈들은 불평과 욕망과 기갈(飢渴)과 고통에 뭇쳐서 구구하게 부르지질 쑨이다. 사람은 서로 사홈을 긋치지 안는다. 쌔앗기고 우는 자, 쌔앗고 치는 자, 배곱하 우는 자, 도적질하는 자, 쏘 그것을 형벌하는 자, 그 모든 죄악 덩어리가 죽고, 나고, 나고 죽어서, 우주에 순환을 한갓 불평(不平)으로 불휴(不休)하다. 조고마한 하루사리(蜉蝣) 한 놈이 나라오더니, 만물의 영장 되는 사람의 코(鼻) 끗헤 안저서, 태연히 불결한 추물(醜物) 한덩어리를 부처 노코 다러난다. 사람은 무심히 보고 잇다. 만물의 영(靈)되는 자는 모모 것의 추물(醜物)이나 밧고, 모든 것의 육식(肉食)이나 되고, 동족이나 쇠이고, 서로 치고 쌔앗는 것이 그 본의(本意)인가? 나는 모르노라, 저이의 불평을, 저이의 진리를, 저이의 자유를![23]

이 글을 쓴 C.K. 생이 누구인가는 확인하기 어렵다. 그러나 위의 글에 드러난 번민이 당대의 유학생 사회에서 성행하였던 주제의 하나임은 분명하다. 이 글을 통해 나타나는바, 세속적 삶의 세계는 허위와 기만 그리고 죄악으로 가득 차 있을 뿐이며 이로부터의 초월은 끊임없이 실패하게 마련이라는 인식은 상당한 정도로 1920년대 초기의 낭만적 양분법 및 절망적 세계관에 일치한다. 생에는 아무런 구원의 가능성이나 가치도 없고 오직 죽음만이 모든 지상적 고통을 잊게 하는 출구라고 보는 것도 1920년대 초기시의 죽음 예찬과 상통하는 점이다.

더욱 주목할 일은 유미적 예술론 역시 1910년대 중반에 대체적인 윤곽을 보였다는 사실이다. 김억의 「예술적 생활」이라는

---

23) C.K. 생, 「프리!」, 『학지광』 4호(1915. 2), p.45.

글이 그것이다. 여기에서 김억은 인생과 예술의 서로 떠날 수
없는 관계를 강조하면서 논의를 시작하는데, 다음과 같이 말하
는 순간에 그는 오히려 유미주의적 논리를 거부하는 것처럼 보
이기도 한다.

> 예술은 예술 자신을 위하야의 예술이오 단연코 인생을 위하야의
> 예술은 아니라고 *art is for its own sake, but not for the life's
> sake* 주장하는 사람의 말을 나는 자조 듯는다. 나는 한마디로 대
> 답하려 하나니 갈온——아즉 속적(俗的)의 정견(井見)을 못 벗어
> 서, 진인생(眞人生)의 이상(理想)에 상응하는 예술이 그 사람의
> 중심 생명으로 되지 아니하엿슴을 표현함이며, 딸아서, 그 사람의
> 생활은 생활과 상응하는 바의 예술을 중심으로 하지 아니한 것을
> 자백함이 아니고 무엇이랴, 또 예술이 인생에 대하야 아모 의미할
> 바가 업다면 왜 예술을 요구하며, 또는 인생과 셔난 예술 해서는
> 무엇에 쓰랴. 내의 요구하는 바 예술은 인생으로 향상, 창조, 발전
> 식이는 이 점에 잇나니 웨 그러냐 하면 예술은 개혁자이며, 모방
> 자인 까닥으로.[24]

그러나 이러한 견해는 예술이 현실 또는 인생의 문제를 탐구
하고 드러내는 것이어야 한다는 입장과는 다른 근원에서 나오
는 것으로서, 위의 글에 이어지는 대목에서 이 점이 밝혀진다.

> 예술의 향상은 전(全)생활의 향상이며, 딸아서, 전생활의 향상
> 은 예술의 향상 아니여서는 아니됨과 갓치 인생의 향상은 예술의
> 향상이며 예술의 향상은 인생의 향상 아니여서는 아니된다고. 말
> 하자면 인생의 모든 것은 예술적 되려고 노력하는 것이다. 인생의
> 최고 목적은 예술적 되는 그것에 잇다. ——이는 이리하고 다시 나
> 아가, 예술의 의미는 생명을 전긍정(全肯定)함에 잇서 불완전한
> 실재를 향상식이며, 창조식이며, 발전식이며 온전한 곳으로 잇쓰

---

24) 김억, 「예술적 생활」, 『학지광』 6호(1915. 7), p.61.

는 힘——생명의 단편을 모아 완전케 하는 것이 아니여서는 아니
된다.[25]

여기서는 분명히 드러나는 바와 같이, 예술과 인생이 떠날 수
없는 관계에 있다는 말은 인생이 예술을 통해서만 완성될 수 있
으며, 가치있는 삶이란 예술적 삶이라는, '예술적 인생'의 찬미
에 다름아니다. 그것은 스스로 거부한 '예술을 위한 예술'이라
는 명제 아래 성행한 유미주의적 예술론과 조금의 차이도 가지
지 않는다.
　그러면 예술은 어떻게 해서 인생을 향상시키고 창조적이게
할 수 있는가? 이 물음에 답할 만한 구체적 논리를 김억은 가
지고 있지 않았던 것 같다. 다시 말해서 불완전하고 속악한 삶
과 완전하고 아름다운 예술이라는 양극을 연결할 수 있는 변증
법 내지는 논리적 중간항이 존재하지 않았던 것이다. "개인의
중심적 생활을 예술적 되게 하여라, 그러면 사회적 생활도 예술
적 되리라"고 하는 주장은 표면상 그러한 논리를 마련한 것으
로 보이기도 한다. 그러나 이 소박한 예술주의의 낙관론은 '예
술적'이라는 것의 가치에 대한 찬사만을 지닐 뿐, 어떻게 해서
개인의 중심적 생활이 예술적이 될 수 있으며, 그것은 또 어떻
게 사회 생활을 예술적인 것으로 만들 수 있는가에 대해 무력하
다. 그것은 하나의 낭만적 공상이다. 1920년대 초기의 유미주
의자들이 부패한 현실로부터 탈주하여 예술의 세계에서 불가능
의 대상을 구하였던 것처럼, 이미 1910년대 중엽에 김억은 현
실적 삶과 역사의 문제들이 가하는 압력으로부터 도주하여 예
술이라는 낭만적 밀실에서 모든 것의 화해로운 해결을 구하는
노력의 전사(前史)를 보였던 것이다.
　이상의 검증을 통해 우리는 1920년대 초기시의 경향이 3·1
운동 실패 이후의 암담한 분위기와 절망감에 기인한 것이라는

25) 위의 책, pp. 61~62.

설명이 너무나도 단순한 사회 반영론의 소산이라는 점을 확인
하게 된다. 그러면 1920년대 초기시의 제양상과 낭만적 상상력
의 구조를 낳은 역사적 기초 및 그 성격은 무엇인가? 요점부터
지적한다면, 그것은 전진적 역사 주체로서의 역할이 소거된 식
민지 중산층 지식인들의 방황과 무력감 그리고 고독한 개인주
의의 자기 표현이라고 본다. 이 점을 보다 상세히 논하기 위해
우리는 먼저 당시 문학인들이 살고 생각하였던 사회적 바탕을
살필 필요가 있다. 정밀한 통계적 조사가 나와 있지는 않으나,
1920년대 초기의 동인지 중심 문학 활동에 참여했던 이들의 배
경을 살펴보면 이들은 거의 모두가 중산층 가정에서 자라나 동
경 유학을 경험한 것으로 요약된다.[26]

　이들 중산층 출신 유학생 문학인들의 공통된 문제 의식과 고
민을 파악하는 데는 그들의 시적(詩的) 사유를 지배한 기본 도
식인 낭만적 양분법의 성격을 해명하는 일이 관건이다. 이미 논
한 바와 같이 그들의 낭만적 양분법을 구성하는 두 항목은 '개
체의 생명·욕구·자유'와 '억압적인 외부 세계'이다. 개체는 그
생명이 요구하는 바 본능적 충동과 욕구의 실현을 위해 일체의,
속박을 거부하고 자유로이 움직이고자 하며, 사회는 이에 대해
끊임없이 억압을 행사하면서 다만 허위의 질서와 거짓 기쁨만
을 주는 타락한 체계라는 것이 그 요지이다. 이러한 발상의 핵

---

26) 이상화의 집안은 대구의 영리(營吏), 염상섭 집안은 약방, 현진건 집안은 역
　관 및 한말 관료, 김동인은 평양의 대지주, 박종화 집안은 궁교(宮校), 나도
　향 집안은 한의로서 상당한 재산가, 홍사용 집안은 한말 군인이며 안동 대지
　주, 주요한 부친은 목사 등이었다(단, 궁교는 중인 신분 이하였다고 한다).
　이 부분은 앞으로 더 면밀한 고증과 연구가 필요하다. 본고가 사용하는 '중산
　층'이라는 용어 또한 엄밀한 사회학적 분석에 기초한 술어로 받아들여지기에
　는 거리가 있으며, 다만 대체로 이들이 조선조의 전통적인 사회 체제와 문화
　에 별로 애착을 가지지 않은 중인층 출신이자, 당시로서는 안정된 생활 기반
　을 소유한 자산가로서의 공통점을 가졌다는 사실에 주목하여 일단 동질적인
　계층성을 띤다고 본 것이다. 따라서 본고에서 말하는 중산층이란 사회 계층적
　분포에서 상·중·하 중 중간에 위치한 이른바 'middle class'와 정확하게 일
　치하는 용어는 아니다.

심적 문제는 양분법을 형성하는 두 항목 중에서 부정의 대상인 '사회'(외부 세계)라는 것이 과연 구체적으로 어떤 역사적 사실을 겨냥한 것인가 하는 점이다. 무릇 유토피아는 그것이 거부할 대상을 규정하는 각도에 따라 기본 성격이 결정되기 때문이다.

이러한 각도에서 그들의 논리를 검토할 때 가장 두드러지게 눈에 띄는 것은 '인습'의 억압성에 대한 항의이다. 김찬영의 글에서 보았듯이 당시의 지식인들은 이미 무너져버린 시대의 고루한 질서와 관습이 개인적 생활의 영역에서는 아직도 완강하게 그들을 구속하고 있다는 사실에 대해 참을 수 없는 반발을 느꼈다. 염상섭의 소설 「만세전」(1923)은 이 시대적 정황을 무엇보다도 극명하게 보여주는 예일 것이다. 암담하게 무너져내린 식민지의 현실에서 사람들은 아직도 완강한 인습의 질곡으로부터 헤어나지 못하고 있을 뿐 아니라, 젊은 지식인들의 삶마저도 그 안에 다스려넣으려 한다는 것이 이 소설에 제시된 하나의 시대적 고민이다. 이 고민은 일찍이 1910년대의 이광수도 가졌던 것이지만 1920년대 초기의 그것은 전에 볼 수 없었던 심각성과 우울함을 띤 점에서 주목될 만하다. 단적으로 말해서, 이광수는 전통적 윤리의 허위성을 공격하면서 극복의 가능성이나, 극복되고 난 뒤의 행복한 삶에 대해서 별로 회의적인 생각을 가지지 않았다. 개혁은, 이광수에게 있어서 역사적 필연으로서 밝게 열려 있는 가능성이었고 그것이 이루어진 다음에는 개체의 생명·감정의 자유와 조화로운 사회의 성립이 자명하게 성취되리라는 희망이 있었다. 이 점에서 1910년대의 이광수는 급진적인 개혁을 믿는 반역아이면서 소박한 낙관주의자였다. 그러나 한 단계 뒤의 경험 속에서 생각한 1920년대 초기의 중산층 지식인들에게는 문제가 그렇게 자명하지 않았던 것으로 보인다. 급격히 변화하는 시대적 추이 속에서도 그들을 길러낸 세계는 근본적으로 봉건적 인습의 굴레를 버리지 않았고, 그들 자신은 새로이 섭취하고 경험한 세계의 가치관과 인습적 질곡과의 사이에서 삶은 영위하도록 강요되었다.

이처럼 화석화한 인습에의 반역과 개인적 자유의 추구는 새로운 세계의 건설을 향한 충동으로 이어짐으로써 단순한 파괴의 운동을 넘어선다. 즉, 지난 시대의 인습을 거부할 뿐 아니라 그것을 지탱하는 낡은 질서와 제도 및 사회·정치적 구조까지를 부정하는 이념에로 확장될 때, 개인의 자유와 인습에의 반역이라는 주제는 전직적 개혁의 동력으로 구체화된다. 중세적 질서의 해체와 시민사회의 형성을 위한 일련의 역사적 운동이 활발하게 벌어지고 있던 근대적 변혁기의 영국·프랑스 낭만주의에서 우리는 이러한 사례를 본다.[27] 이들의 경우, 개체의 자유와 행복이라는 문제는 단순히 개인적 삶의 문제가 아니라 그것을 억압하는 사회의 변혁 및 재구성이라는 역사적 과제의 일부였으며, 낭만적 양분법은 이에 따라 혁명적 변화를 요구하는 전망으로서의 의미를 띠기도 했다.

그러나 1920년대 초기시의 낭만적 양분법은 인습에의 항거라는 주제가 곧 사회적 변혁의 이념으로 이어질 수 없다는 특징을 가졌음이 주목된다. 그 이유는 무엇이었던가? 우리는 이 시대가 식민지 시대였다는 점을 여기에서 새삼 주목하게 된다. 낭만주의가 전진적 사회 개조의 흐름에 일치했던 시대에 있어서는 그 시대를 얽어맨 도덕적·인습적 굴레와 사회·정치적 질곡 사이에 긴밀한 연속성이 존재하였다. 따라서 이들 중의 어느 일부에 대한 항거는 이에 연속된 다른 것에의 도전으로 연결되는 것이 가능하였고 또 자연스러운 일이었다. 그러나 어느 식민지에서도 그러하겠지만, 1920년대 초기의 상황에서 이 문제는 기본적으로 양상을 달리했다. 단적으로 말해서, 젊은 중산층 지식인들이 참을 수 없는 질곡으로 느꼈던 전통적 세계의 인습과 당대를 지배한 정치·사회적 억압 즉 식민지 지배와의 사이에는 어떠한 유기적 연쇄도 존재하지 않았던 것이다. 오히려 둘 사이에

---

27) A. Hauser, 위의 책, pp. 143～44 참조.

는 상호 갈등의 관계가 있었다고 말하는 것이 정당할는지도 모른다. 1920년대의 한국 사회에 잔존해 있었던 전통적 관습과 생활 양식은 바로 일제의 식민지 장악에 의해 원래의 지배적 위치에서 밀려나 단지 개인적 생활의 세계에 국한된 문화였기 때문이다. 인습에의 반역이라는 주제는 이러한 사정으로 인해 1920년대초의 상황에서 사회의 현상적 질서 전체를 거부하면서 개혁을 추구하는 전진적 이념으로 자연스럽게 연장되기 어려운 특수성을 가졌다고 하겠다.

여기에서 1920년대 초기 시인들이 지닌 낭만적 양분법의 기묘한 난관이 드러난다. 그들은 전통적 인습이 개인의 자유와 개성을 억압하는 질곡이라고 느끼고 그것에 항거함으로써 개인주의에로의 탈출을 꾀하였으나, 이 탈출은 식민지적 세계의 억압으로부터의 해방과는 자명하게 연결될 수 없는 것이었다. 오히려 그들은 스스로가 자라온 세계의 무력함과 갱신될 수 없는 노후성을 강조함으로써 식민지 지배자들이 원하는 구질서의 신속한 자기 해체에 도움을 준 측면도 무시할 수 없다. 그들은 전통적 가치와 결별함으로써 자유로운 개인을 추구하였으나, 이 결별에도 불구하고 여전히 자유롭지 못한 식민지의 개인에 지나지 않았다. 그리고 식민지라는 특수한 상황 속에서 고립된 개인이란, 개인성이 강조되면 될수록 자신의 정치적 왜소함과 무력함을 절실히 느끼지 않을 수 없었기에, 그들의 개인주의는 도덕적 급진성의 한편에 정치적 무력감이라는 동반항(同伴項)을 가지게 되었다. 식민지 지배란 본질적으로 한 집단에 대한 다른 집단의 지배이므로 그것에 대한 저항은 어떤 집단적 유대 내지 일체성의 확인이 없이는 불가능하다. 1920년대 초기의 개인주의는 인습과 싸우면서 개인의 독립과 자유를 옹호함으로써, 그들이 원하는 바는 아니었다 할지라도 이러한 집단적 유대의 가능성을 일단 부정하는 결과에 도달하였고, 이에 따라 원자화된 개인이 피할 수 없는 정치적 무력화의 결과를 스스로 당면하게 되었던 것이다. 이 점에서 1920년대 초기 식민지 조선의 낭만적 논리는 서구의 시민사회 성립기에 나타난 진취적 의식과 손쉽게 동일시할 수 없는 독특한 역사적 난제를 지녔다.

도적적 급진주의와 정치적 무력감이 하나의 논리 안에 공존하였다는 점을 고려할 때 비로소 우리는 1920년대 초기의 낭만적 상상력이 왜 반사회적 개인주의와 낭만적 도주에 젖어들고 마침내는 내면의 밀실만을 자유의 유일한 터전으로 생각하게 되었는지 이해할 수 있다. 물론 이미 지적했듯이, 밀실조차 안온한 도피처가 아님을 그들 자신도 절실히 느낀 사실이었다. 그러나 어느 곳에도 해결의 길은 없고, 삶이란 종국적으로 파멸이 불가피한 여행으로 그들의 상상 안에 부각되었다.

이러한 절망이나 낭만적 양분법의 극단화를 한꺼번에 비판 또는 부정하기는 불가능하다. 비록 낭만적 과장과 왜곡을 지니기는 하였으나, 그들은 식민지적 상황 안에서 스스로의 위치와 난관이 무엇인가를 파악하는 일에 최소한도의 정직성은 가지고 있었다. 그들의 우울함은 이 정직성의 소산으로서, 이광수의 낙관주의가 내포한 기만성과는 구별된다. 그러나 허위의 낙관주의에 만족하지 않고 자신의 상황이 지닌 고민을 직시하도록 한 정직성이 반드시 낭만적 도주와 감상의 탐닉으로 이어질 수밖에 없었던가는 아직 문제로 남는다.

위에서 논한 바 중산층 지식인들의 개인주의·지유주의가 결국 개인의 무력함과 불가피한 패배의 승인으로 귀결된 배후에는 식민적 양극 분해와 중산층의 자기 신원(自己身元) 상실이라는 사회적 요인이 작용한 것으로 생각된다.

본래 중산층이란 새로이 형성되는 시민사회 건설의 역사적 주역이고 일단 시민사회가 이루어진 뒤에는 확보된 이익을 완강하게 수호하고 재생산하는 계층이라고 말하여진다. 이 점은 서구 사회에 국한하는 한 타당한 설명인 것 같다. 그러나 자기 사회 안의 성숙의 계기에 의해 제반 사회 구조의 재체제화(再體

制化)가 행해진 국가들과 달리, 식민지에 있어서의 중산층은 매우 특수하고도 어려운 정황에 놓이지 않을 수 없다. 식민 본국은 그것이 지배하는 사회에서 중산층의 역할이 스스로의 역사적 변혁과 전진을 위한 동력으로 되기를 바라지 않기 때문이다. 바꿔 말해서, 식민지에서 중산층은 주체적 발전의 길을 차단당하고 단지 일정한 재산과 계층적 이익만을 소유한 처지로 밀려난다. 이와 함께 지배자들에 의해 촉진되는 것은 식민지 사회를 양극으로 분해하는 일이다. 즉 식민지 지배에 협력하고 이에 기생하여 자신의 이익을 증대해나아가는 일부 집단의 형성과, 다른 한편으로는 억압·착취의 대상인 피지배 민중으로 사회를 분해하는 일련의 작용이 일어나는 것이다. 이러한 양극 분해는 고전적 의미의 중산층을 소거(消去)하는 과정이 될 수밖에 없다. 중산층의 일부는 식민지 지배 세력에 협조·기생하는 집단으로 편입되고 다른 일부는 점차 몰락하여갈 운명에 놓인다. 그 대신, 식민지 지배가 뿌리를 깊이 내림에 따라 새로운 중간층——식민지 지배 체제를 유지해나아가는 데 필요한 지식·기능 및 기타의 역할을 담당하는 사회 계층이 형성된다.

이러한 변화의 논리에 유의할 때, 주체적 근대화 과정에서와 달리 식민지 사회에 있어서의 중산층은 특수한 선택의 기로에 놓임을 볼 수 있다. 그들은 식민지 질서를 받아들여서 새로운 식민지적 중산층으로 전신하든가 또는 스스로의 계층적 이익을 포기하고 억압받는 민중들과 일치하는 역사적 흐름 안에 자신을 놓든가 하는 선택의 문제에 당면하게 되는 것이다.

3·1 운동은 이 역사적 선택의 필연성을 보다 확실하게 하는 데 중요한 역할을 담당한 사건이었다고 생각된다. 그러나 당시까지만 해도 식민지 조선의 중산층은 아직 선택의 불가피성을 절실하게 깨달을 만한 국면에 도달하지 못하였던 것 같다. 식민지적 조건 아래서 중산층이 역사적 변혁의 주역이 될 수 없음은 거의 확실하게 드러났지만, 스스로의 이익과 제반 사회문화적

소유를 포기하면서 피압박 민중들과 같은 처지에서 자기를 이해하기에는 아직 중산층의 몰락·해체가 절박하지 않았던 것이다. 따라서 그들은 진행중인 식민지적 양극화 과정에서 스스로의 정체와 사명이 무엇인가를 확인하지 못한 '사회적 부동성(浮動性)'을 지녔고, 이에 따른 혼란을 얼마간 의식하지 않을 수 없었다.

이 점에 남달리 민감했던 젊은 지식인·문학인 들의 무력감은 따라서 필연적이었으리라 생각된다. 더욱이 그들은 식민 본국에서 서구 근대 사회와 그 일본화의 산물인 근대적 교양과 가치관을 얼마간 습득한 터였으나, 그들이 공부한 문학이나 자유주의는 식민지적 상황에서 촉진되는 사회의 양극 분해와 전반적인 몰락에 대해 별다른 쓸모를 발휘할 수 없었다. 그들은 식민지 지배자들에게 기생하여 스스로를 팔아넘기고 존명(存命)할 만한 탐욕도 기능도 가지지 않았던 반면에, 궁핍화해가는 민중들에게로 내려갈 만한 결단의 기반이나 힘도 없었던 것이다. 그들의 문학·예술이란, 상징적이게도, 식민지 지배자들에게나 피지배 민중들에게나 모두 절실하게 소용되지 않는 물건이었다. 그것은 단지 그들의 외로운 양심의 전유물에 불과했다. 이러한 사회적 부동성(浮動性) 속에서 적극적 전망이나 지향이 설 수 없음은 극히 당연한 일이다. 개인은 철저하게 고립되어 있고, 현실은 손댈 수 없을 정도로 강대한 어둠에 지배된다는 의식이 이로부터 자연스럽게 나온다. 그들에게 가능했던 것은 현실의 속악함에 가담하기를 거부하는 최소한도의 정직성 즉 절망만이 확실하다는 고립된 정직성이었다.

그렇다고 할 때, 1920년대 초기의 낭만적 상상력이 그 절망이나 우울함 때문에 부정될 수 없다는 점은 다시 한번 강조되어야 할 것 같다. 문제는 절망이 그것을 낳은 고립된 정직성조차도 배반하고 그 자체로서 하나의 정신적 위안으로 화하고 마침내는 안이한 관습으로 변질해갔다는 데에 있다. 이 변질의 심리적 측변이 감상주의라면 미학적 정착이 유미주의이다.

이상에서 논한 1920년대 초기시의 낭만적 논리와 상상력은 그 기반의 과도성(過渡性)으로 인해서 오래 지속될 수 없는 것이었다. 매우 오랜 전개 과정과 깊은 뿌리를 지닌 서구의 낭만주의와 1920년대 초기 식민지 조선의 그것은 이 점에서 역사적 맥락이 판이하다. 1920년대 초기의 낭만주의는 어떤 논자들이 생각하듯이 피상적인 모방이나 한때의 유행이었기에 단명했던 것은 아니다. 얼마간의 피상성이 있었음은 인정해야 하겠으나, 1920년대 초기의 낭만적 흐름이 길게 지속하지 못했던 것은 위에 논한 바와 같이 나날이 변모해가는 식민지의 현실 때문이었고, 보다 자세하게는 이들의 낭만적 상상력의 기저에 있는 중산층의 부동성이라는 것이 오래 지속할 수 있는 현상이 아니라 식민지적 양극 분해 속에서 조만간에 어떤 방향으로든 변모하지 않을 수 없는 역사적 추이를 타고 있었던 때문이다.

변모의 방향은 이미 얼마간 알려져 있는 바와 같이 사회주의·민족주의·무정부주의 등이었고, 일부는 자유주의나 유미주의의 바탕을 완전히 버리지 않은 채 산발적으로 각자의 길을 걷기도 하였다.[28] 이들 여러 양상에 대해 논하는 것은 별도의 연구로 해결해야 할 과제이거니와, 1924년경을 고비로 나타난 낭만적 흐름의 분해 과정 및 전개 방향은 1920년대 초기시의 이러한 특징과 역사적 성격을 고려할 때 보다 정확하게 이해될 수 있으리라 생각한다.

---

28) 1920년대 시의 감상과 무질서를 극복하였다고 논해져온 김영랑은 이 점에서 본질적으로 1920년대 초기 낭만주의의 계승자라고 생각된다. 그는 언어의 세련, 감수성의 심화 등에서 1920년대 초기시를 넘어섰다고 할 수 있으나, 상상력과 시적 인식의 기본 구조에서는 그 연장 내지 내면화된 정착의 성격을 벗어나지 못했다. 상세한 논의는 『문학과 역사적 인간』(창작과비평사, 1980) 제1부에 실린 「영랑의 시와 세계 인식」 참조.

구인회와 모더니즘

서 준 섭

1. 리얼리즘 문학의 침체와 새로운 문학 정신

모더니즘이란 복잡다단한 근대 문학(예술)의 조류를 포괄하는 용어인 만큼 그 개념과 구체적 양상이 나라와 시대마다 서로 다르다. 한국 문학에서의 모더니즘 문제만 하여도 그것은 1930년대와 1950년대에 중요한 쟁점으로 대두된 바 있는데, 양자 사이에는 분명히 서로 구분되는 점이 있다. 한국 문학의 근대성(현대성) *modernity* 의 문제를 처음으로 제기하면서 문학사 위에 뚜렷한 실체를 나타냈던 30년대의 역사적 모더니즘에 한정하여 그 문학사적 의미를 검토해보고자 하는 것이 이 글의 의도지만, 이를 위해서는 다음과 같은 몇 가지 전제가 요청된다.

첫째, 이 시기의 모더니즘을 하나의 역사적 개념으로 인식하는 일이다. 30년대의 모더니즘은 20년대 중반에 나타난 '신흥문학'에 그 기원을 두고 있으나, 그 본격적인 전개는 모더니즘 문학의 중심 단체인 '구인회'(1933)가 구성된 직후였다. 여기서 중요한 것은 동시대의 서구와 일본의 모더니즘과의 관계도 소홀히할 수 없겠으나, 그것이 왜 이 시기에 이르러 본격화되었는가 하는 점으로, 그 발생론적 기반에 대한 재인식이 요청된다.

30년대 한국 모더니즘은 자체의 토대 구축이 결여된 상황——
일본 자본주의에 편입된 상황에서 발생하고 파시즘의 등장과
함께 전개된 문학이다. 이러한 조건은 한국 모더니즘과 서구 및
일본의 모더니즘을 일단 구분하여 생각할 수 있게 하는 요소가
된다.

둘째, 30년대 모더니즘을 단순한 문예사조적인 개념이라기보
다는 미학(문학 이론)적인 개념으로 이해하는 일이다. 어떤 형
태의 문학이든 거기에는 그 내적 필요성이 작용하고 있고 그것
을 수행하는 그 주체의 논리가 있다. 이 시기의 모더니즘은 특
히 사회와 문학 형식의 변화를 대응 관계 속에서 파악하고자 한
것으로서 이 이론이 차지하는 비중이 크다. 문학 이론상으로 볼
때 모더니즘은 동시대의 리얼리즘——사회적 현실의 충실한 반
영을 그 이념으로 하는 문학 이론——과의 관계에서 잘 드러난
다.[1] 그것은 실제 작품에 있어서는 주지주의·이미지즘·초현실
주의·심리주의·신감각파 등 잡다한 경향을 포괄하고 있으면서
도, 대체로 문학적 대상에 대한 인식의 전환을 통하여 미적 가
공 기술의 혁신과 언어의 세련성을 추구하는 문학(이론)이라는
자체의 논리를 갖고 있다. 그런 모더니즘의 성격은 김기림·정
지용·이상·박태원·이효석 등 '구인회' 시인(작가)들과, 그들
이 개척한 새로운 문학의 길을 따라간 작가들(김광균·오장환·
최명익, '삼사 문학' 및 '단층파' 작가들)의 작품에서 특히 선명하
게 나타난다. 시와 소설을 포괄하는 개념으로서의 모더니즘 문
학은, 문학과 사회와의 관계를 또 다른 차원에서 인식하고자 하
는 리얼리즘 문학(이기영·임화·김남천 등)과 날카롭게 경쟁·대
립하면서도 30년대 문학사의 커다란 추진력으로 작용하는데,
양자간의 갈등은 서로의 특성을 객관적으로 드러내는 계기가

---

1) 이런 관점에 의한 논의의 대표적인 예는 유진 런, 『마르크시즘과 모더니즘』
   (김병익 역, 문학과지성사, 1986)이 있다. 국내에서의 예로는 김윤식 교수의 「소
   설사의 역사 철학적 해석」, 『한국 근대 소설사 연구』, 을유문화사, 1986 참조.

되기도 한다.

셋째, 모더니즘 자체의 물질적 기반을 근대 도시의 발달과 관련지어 인식하는 일이다. 역사적 모더니즘은 30년대의 서울(당시 경성)을 중심으로 전개된 도시 문학의 일종으로서, 그 이면에는 도시 세대의 등장이라는 문학 세대적인 조건이 놓여 있다. 김기림은 그의 논문 「모더니즘의 역사적 위치」(1939)에서 모더니즘을 "문명의 아들" "도회의 아들의 탄생"이라고 규정하고 있다.[2] 이 논문은 시 중심의 모더니즘 결산서로서 불충분한 점이 있으나, 그 주역의 하나였던 김기림의 이런 지적은 모더니즘이 곧 도시 세대의 문학이었음을 지적한 것이다. 그를 위시한 박태원·이상 등 대표적인 모더니스트들의 작품은 도시적 생존 방식과 도시적 감수성의 결합으로 이루어진 도시 문학적 성격을 띠고 있다. 이런 관점에서 보면 신석정·장만영 등 언어의 기교를 중요시한 넓은 의미의 모더니즘 시인들은, '구인회'로 대변되는 도시 거주 시인들과는 구분되는 점이 있다고 할 수 있다. 따라서 모더니즘은 서울을 중심으로 한 당시 도시 사회의 물질적 기반과, 거기서 성장한 여러 시인들의 문학 세대적인 문제를 도외시하고는 제대로 이해하기 어렵다.

30년대 모더니즘을 이와 같이 이해하고 보면 그것이 표방한 근대성이란 것도 동시대의 역사성과 관련된 문제였음을 한층 분명하게 파악할 수 있게 된다. 한국의 역사적 모더니즘은 일제의 식민지 지배 체제 확립기에 서울을 중심으로 하는 도시 거주 지식인 문인들에 의해 추진된 새로운 문학 운동으로서, 문학 양식의 혁신과 실험 정신면에서 문학의 근대성을 발견하고자 한 것이었다. 시와 소설에서 창작 기술을 강조하는 문학 이론이 그 점을 잘 말해준다. 소설의 경우는 특히 집단적 인물보다는 집단에서 분리된 개별화된 인물을 묘사하면서 그 내면 세계를 탐구하는 경향을 보여주는데, 이는 리얼리즘 작가들이 목표로 했던

---

2) 『시론』, 백양당, 1947, pp. 74~75 참조.

문학과는 여러모로 대조적이다.

모더니즘은 30년대초의 객관적 상황의 악화(만주 사변, '카프' 맹원 검거, 경제 공황 등)에 따라 리얼리즘 문학이 상대적 침체기에 접어들고 있을 때 본격화될 수 있었다. 구인회가 결성된 것도 이즈음인데, 이런 사실은 모더니즘 자체의 성격을 이해하는 데 있어서 여러모로 시사적이다. 잘 알려져 있는 바와 같이 모더니즘보다 먼저 이론 정립을 보았던 리얼리즘론은 '카프'(1925)를 중심으로 하여 당시 문학의 향방에 상당한 영향력을 행사하고 있었다. 박영희 대 김기진 간의 내용-형식 논쟁을 거쳐 1929년 김기진에 의해 정식화된 이른바 변증법적 리얼리즘이 그것이다. 이 이론은 이후 안막·한설야 등에 의해 보완되면서 1933년에 이르러 사회주의적 리얼리즘으로 수정되지만, 그 기본 정신은 역사의 주체이자 객체로서의 신흥 계급의 세계관을 작가가 묘사하는 사회적·물질적 현실 속에서 적극적으로 반영하자는 것이었다. 그래서 카프계 작가들은 기성 문단과 대립하는 입장에서 스스로 역사의 새로운 담당자로 자처하면서, 역사 속에 상승하는 계급의 힘의 방향으로 문학의 제문제를 이론적으로 통합하고, 이를 문학적 실천과 연결시키고자 했는데, 리얼리즘이란 바로 그러한 문학 운동의 한 소산이었다. 그들의 작품이 적극적 주제를 강조하고 '매개적 인물' '적극적 인물'을 문제삼는 것[3]도 그 때문이다.

그러나 상승하는 세대들의 문학은 파시즘의 대두와 두 번에 걸친 카프 맹원 검거 선풍(1931~34)에 휘말리면서 급격한 침체기에 접어든다. 리얼리즘 문학의 전개 과정에서 보면 1933~34년은 그 정점이자 하나의 전환기였다고 할 수 있다. 이기영의 「서화」(1933), 『고향』(1933~34)을 위시한 리얼리즘 문학의 대표작들이 1934년 이전에 씌어졌고, 이후 작가들은 이론과 실

---

3) 김윤식·정호웅 편, 『한국 리얼리즘 소설 연구』(탑 출판사, 1987); 『한국 근대 리얼리즘 작가 연구』, 문학과지성사, 1988 참조.

천 사이에서 심각한 갈등을 경험하면서 상대적 침체기에 빠져들게 된다. 리얼리즘론은 소설을 중심으로 한 것이었으나 역시 리얼리즘 정신을 표방하였던 시의 경우도 사정은 마찬가지였다. 임화의 단편 서사시가 씌어지고 그 가능성이 활발하게 논의되었던 시기도 신흥 계급의 상대적 앙양기였다. 리얼리즘론이 이처럼 신흥 계급의 역사적 앙양기의 산물이었다는 사실은 한 리얼리스트의 다음과 같은 진술 속에 분명하게 나타나 있다.

> 테마가 고도의 사상성에 의하여 관철되고 전형의 창조에 있어서도 성공을 볼 때는 작가(가) 취재한 것이 지극히 풍부한 그의 체험에 속하는 세계였고, 동시에 그 시기가 작가에게 가장 높은 사회적 관심을 요구한 시절이었던 것을 상기하면 문제는 더욱 명백하여질 것이다. 조선의 프로 문학이 『고향』과 같은 작품을 가질 수 있는 것은 이렇게 하여서만 이해할 수가 있을 것이다.[4]

카프가 몇 명의 이탈자를 내다가 해산된 이후에 씌어진 이 글에서 필자가 문제삼고 있는 것은 '작가의 신념과 사상의 표현 문제'로서 그는 그것이 과거에는 가능했지만 현재에는 불가능하게 되었다는 점을 지적하고 있다. 이러한 상황에서 문학이 나아갈 수 있었던 길은 첫째, 리얼리즘을 완전히 포기하지 않은 상태에서 새로운 창작 방법론의 요점인 전형론에 의지하여 이론적으로나마 계속 리얼리즘의 길을 모색해보는 것과 둘째, 리얼리즘이 아닌 가능한 새로운 문학 이론을 마련해보는 것이었다. 이 가운데서 전자는 30년대 후반에 주로 구카프계 비평가들에 의해 수행되고, 후자는 모더니즘의 이름으로 구인회를 중심으로 추진된다. 카프측의 한 비평가가 1933년에 조직된 모더니즘 문학 단체인 구인회의 출현에 주목하면서 그것을 동시대의 "물질

---

4) 김남천, 「창작 방법의 신국면——고발의 문학에 대한 재론(4)」, 조선일보, 1937. 7. 14.

적 근거" "객관적 정세"의 변화와 관련지어 그 가능성을 전망
하게 되는 것[5]도 이와 관련된다.

　구인회의 모더니즘 문학은 작가에 따라 개인차가 있으나, 정
치주의적인 문학(리얼리즘)과 거리를 유지하면서 문학주의를
표방한다. 이 문학에 있어서의 탈정치주의적 경향은 당시 지식
인 작가들의 문학적 자의식의 산물로서, 그 자의식은 문학 형태
의 혁명, 내면 세계의 관심, 정교한 작품 만들기 등으로 나타난
다. 뒤에 모더니즘의 기수로 등장하는 김기림이 신간회(1927~
1931. 5)의 해소를 보고 쓴 논문「인텔리의 장래」[6]는 모더니즘
을 포함한 이후의 문학적 판도를 예고하는 것으로, 당시의 지식
인들의 자의식의 실체 이해에 중요한 단서가 된다. 이 논문의
요점은 '금융 자본'이 지배하는 동시대 사회에서 지식인은 분화
와 자기 분열에 직면하고 있다는 것이다. 그에 따르면 우선 경
제 공황에 따른 실업 현상이 지식인의 전락을 야기시키고 있고,
게다가 좌우파의 이해 관계가 신간회 해소에서 보듯 민족 진영
내의 양심적이고 진보적인 지식인을 좌우 양익에서 똑같이 배
제함으로써 급격한 분화를 촉진하고 있다. 이런 관점에서 그는
'완숙한 자본주의 문화의 한 결론'으로서의 '소피스트'의 출현
과, 생활 기반을 잃은 지식인의 일부에 의한 '데카당 문학' 및
전원 도피에 의한 '전원 문학'의 출현을 예고하고 있다. 그는
여기서 데카당 문학의 예로 19세기말 파리, 비엔나, 모스크바
등의 보들레르, 랭보, 사맹 등을, 전원 문학의 예로 자신의 이
상을 전원에서 발견하고자 한 러스킨, 카펜터 등을 들고 있으
나, 그가 동시대를 일본 자본주의 전성기(난숙기)로 보고 있다
는 점에서 그것은 이후의 국내 문학에 대한 발언이기도 하다고
할 수 있다. 이 글은 필자인 김기림이 지식인의 입장에서 그 자

---

　5) 권환, 「33년 문예 비평단의 회고와 전망」, 조선중앙일보, 1934. 1. 14, 연재 마
　　지막회.
　6) 편석촌, 「인텔리의 장래――그 위기와 분화 과정에 관한 소연구」, 조선일보,
　　1931. 5. 17~24.

구인회와 모더니즘　415

의식과 문학적 관심사를 날카롭게 드러내고 있다는 점, 소피스트와 데카당 문학·전원 문학의 출현을 내다보는 논의를 전개하고 있다는 점 등에서 작가들의 일제 협력이라든가 신석정·김동명 등의 전원 문학, 이상·오장환·서정주 등의 데카당 문학이 나타났던 사실에 비추어볼 때 그 논점들이 이후의 사회와 문학의 실제적인 판도와도 일치되는 점이 적지 않다. 모더니즘은 이와 같은 정세 변화를 인식하는 자리에서 시인(작가)들 자신의 문학적 자의식을 작품화함으로써 새로운 문학적 의사 소통의 방법을 마련하기 위한 것이었다.

모더니즘 세대들의 새로운 문학 정신은, 일본을 거쳐 들어온 서구 모더니즘의 국내 확산에 크게 힘입은 것으로, 문학사적 맥락에서 보면 20년대의 다다이즘·표현주의 문학(박팔양[김니콜라이]·임화·김화산·김우진 등)의 실험 정신과 언어 감각을 비판적으로 계승하면서, 이를 부분적으로 재활성화하고자 한 것이었다고 할 수 있다. 다다이즘 등이 모두 모더니즘의 일종이라는 점에서도 그렇지만, 그것이 도시 거주 시인(작가)의 독특한 감수성의 산물이라는 점에서도 30년대의 모더니즘은 20년대 다다이즘의 새로운 계승 형태라 할 수 있다. 일찍이 한 다다이스트는 "다다 *dada*는 도회의 산물"이며 "도회인의 극도로 예민해진 말초 신경의 병적 감각하에 산출된 것"이라고 말했는데,[7] 30년대 모더니즘이야말로 그러하다. 다만 리얼리즘 문학의 침체에 따른 새로운 문학의 건설을 표방하면서, 적어도 그 이념에 있어서는 병적인 징후를 제거하고 지성의 힘에 의해 문학적 혼란을 극복하자는 것이 구인회의 모더니즘이었다. 그리고 '도회의 아들'과 30년대 서울과의 문학적 만남이 모더니즘이라고 할 때, 거기에는 일제의 시장 확대 정책에 의해 추진된 외면상으로나마 상대적으로 발달된 근대 도시와 그 도시에서 살아가는 시인들의 생존 방식이 작용하고 있다.

---

7) 방원룡, 「세계의 절망」, 조선중앙일보, 1924. 11. 1.

416

1930년대의 서울은 19세기에 출현한 프랑스의 파리와 같은 대도시에 비교할 수 없으나 이미 근대 도시로서의 풍모를 갖추고 있었다. 현대적 건물이 들어서고 아스팔트가 깔리고 거리에는 차량과 인파로 붐비기 시작했던 당시의 서울은 교통과 상업의 중심지로서, 한반도내에서 일제의 가장 큰 시장이었을 뿐만 아니라 정치·경제·사회·문화의 중심지였다. 평양·부산 등의 도시도 급격한 변모를 경험하고 있었으나, 특히 서울은 1910년 이후 총독부에 의해 마련된 도시 계획('경성시구개수 예정 계획 노선,' 1912. 11)에 따라 시가지가 개편되어왔고 1934년에는 새로운 도시 계획령——이른바 '조선 시가지 계획령'에 의거, 변모를 거듭하고 있었다. 인구만 해도 1910년 당시 약 23만 명이던 것이 1928년에는 31만 5천, 1934년에는 38만 2천 명으로 서울은 급변하고 있었다. 당시의 도시화란 정치지리학상으로는 식민지 지배 체제의 강화와 그 정치 권력의 근간을 이루는 시장 확대를 의미하고, 사회학적으로는 인간의 소외를 의미하지만, 문학적으로 보면 문학의 사회적 생존 조건과 감수성의 변화를 뜻한다. 도시에서의 생존은 도시적 환경의 적응 과정을 의미하기 때문에 감수성의 변모를 요구한다. 모더니스트들이 추구한 언어 감각의 세련성(언어 실험)이란 이와 같은 도시적 삶의 소산이다. 이상은 자신을 "전기 기관차의 미끈한 선, 강철과 유리, 건물 구성, 예각, 이러한 데서 미를 발견할 줄 아는 세기(世紀)의 인"[8]이라 자처하면서 이렇게 쓰고 있다.

무슨 물질적인 문화에 그저 맹종하자는 게 아니라 시대와 생활 시스템의 변천을 좇아서 거기 따르는 역시 새로운, 즉 이 시대와 이 생활에 준거되는 적확한 윤리적 척도가 생겨야 할 것이 아니라 의식적으로 입법해내야 할 것이다.[9]

---

8) 「추등잡필」, 『이상 수필 전작집』, 갑인출판사, 1977, p. 90.
9) 「초춘점묘」(1936), 위의 책, p. 37.

여기서 '윤리'라는 용어를 '미학'이라는 말로 바꾸어놓으면 그것은 그대로 이상 자신의 문학적 태도를 대변한 것이라 할 수 있다. 김기림은 1931년도 발표 작품「시론」에서 "'아스팔트'와/ 그리고 저기 '렐'우에/시는 호흡한다/시──딩구는 단어"라고 썼다. 박태원은 그의 소설「피로」(1933)에서 도심지에 머물고 있는 작가 자신의 모습을 묘사하면서 자신을 엔리코 카루소 Enrico Caruso의 '축음기 예술'의 진정한 이해자라고 말한다. 그가 관심을 기울이는 인물들은 이상의 인물들처럼 퇴폐적이거나 패배자로서의 징후를 드러내고 있지는 않지만, 대개 대도시의 삶 속에서 소외되고 내면 세계에 칩거하고 있는 인물들이다. 한국 모더니즘의 특성은 작가들의 체험과 그것을 표현하는 방법에서 드러난다. 김광균의 시각적인 도시 풍경시도 같은 맥락에서 이해될 수 있다.

이러한 논의는 물론 30년대 모더니즘 문학의 발생론적 기반에 대한 것에 불과하지만, 이 같은 사실을 배제하고는 그 역사성을 제대로 파악하기 어렵다. 한국 모더니즘은 일본 자본주의의 전성기 아래에서 새로운 방법론에 의거한 작가들의 글쓰기의 한 형태이며, 그 글쓰기는 구인회 작가들의 방법론 모색과 실제 작품 쓰기의 양면에서 나타난다.

2. '구인회'와 모더니즘의 이론적 기초

30년대 모더니즘은 급격한 도시화의 과정 속에서 자라난 도시 세대의 새로운 문학으로서 이 도시 세대의 한 집합체가 구인회였다. 구인회 외곽에 있었던 여러 젊은 시인들도 이 단체의 새로운 문학 운동에 직접·간접으로 가담하지만, 구인회로 대표되는 모더니즘 세대의 세대적 성격은, 그 대부분이 1900년 이후에 태어난 20대 중반의 청년들(1933년 현재 연장자인 정지용이 31세, 연소자인 이상이 24세였다)이라는 점, 개인차는 있으나 일찍부터 국내 또는 국외(일본) 대도시에서 유학 생활을 했거나 서울 태생이라는 점, 도시화의 과정에서 자랐고, 식민지 지배 체제가 확립된 1930년대에 이르러 본격적인 문학 활동을 시작한다는 점 등이다. 이들이 다방이나 카페에서 문학 회합을 하고, 영화·레코드·음악·사진판·미술 화집 등 "기술 복제 예술"[10]에 남다른 관심을 기울이게 되는 것도 그런 세대적 성격과 관련되어 있다. 그런 점에서 그들은 근대 문학의 선배 세대(제1세대인 이광수·최남선, 2세대인 김동인·염상섭·김기진 등)와 뚜렷이 구분되는 '도회의 아들' 세대(제3세대)라 할 만하다. 구인회로 대표되는 이 세대들은 비슷한 연배로서 먼저 문단에 진출, '혁명의 문학'을 꿈꾸었던 임화·김남천 등과도 구분되는 점이 있다.[11] 이후의 모더니즘——도시 문학의 전개 과정에서 보면 이들은 근대 도시 문학 제1세대라 할 수 있으며, 이들의 문학적 성과도 이들 세대의 문제와 관련되어 있다고 하겠으나, 중요한 것은 30년대의 모더니즘이 구인회의 조직과 함께 이를 매개로 한 본격적인 운동기에 접어든다는 점이다. 이는 앞에서 이미 지적한 바와 같이 구인회가 모더니즘 문학의 중심적인 단체였음을 뜻하는 것이다. 모더니즘 운동은 구인회 회원들을 주축으로 전개되었으며, 여기에는 실제 작품 활동뿐만 아니라 이론 정립 노력도 포함되어 있다.

구인회의 성격은 그 회원의 출입에 따른 구성원의 재편성 과정과 그 집단적·개인적 활동을 통하여 드러난다. 이론의 모색

---

10) 발터 벤야민, 「기술 복제 시대의 예술」, 반성완 역, 『발터 벤야민의 문예 이론』, 민음사, 1983 참조.
11) 임화·김남천 등의 도시 세대들이 김기림 등과 같이 모더니즘 미학을 선택하지 않은 이유는 이들의 계층·기질 등의 문제와도 관련되어 있으나 궁극적으로는 그 사상적 경향(마르크스주의) 때문이라 할 수 있다. 이들은 근대 자본주의를 전면적으로 부정하려는 입장을 선택한다.

도 이와 밀접한 관련을 맺고 있다. "순연한 연구적 입장에서 상호의 작품을 비판하며 다독다작을 목적으로" 하는 '구인회'가 구성된 것은 1933년 8월 15일이었고, 그 창립 회원은 이태준·조용만·김기림·이무영·정지용·김유영·이효석·이종명·유치진 등 9명이었다. 구인회란 명칭이 일본의 신흥 예술 단체였던 '13인 구락부'를 염두에 둔 것인 데다 구성원의 문학적 성향(김유영은 영화감독)이 다양하여, 이 단체의 당초의 문학적 지향점이 곧 모더니즘이었다고 단정하기는 어려운 점이 있다. 그러나 기존 회원의 연이은 탈퇴와 신규 회원의 가입이 계속되는 과정에서 이태준·박태원·이상(신입 회원) 등이 끝까지 회원으로 남으면서 이들이 이 단체의 실질적인 역할을 수행하게 된다는 사실은 주목을 요한다. 이들은 『요람』『시문학』(1930), 『가톨릭 청년』(1933. 6) 등의 동인 활동을 통하여, 또는 독자적으로 일찍부터 새로운 문학을 시도하고 있었거나, 카프에 관계하다가 방향 전환을 단행한 인물들로서, 그 경력은 다양하지만 문학적 역량이 뛰어난 문인들이었다. 구인회 작가들은 기성 민족주의 작가들(염상섭·김동인·주요한 등)을 비판하면서 새로운 문학의 담당자로 자처하는, 강력한 세대 의식을 보여주고 있다.[12]

　구인회가 주최한 두 번에 걸친 문학 강연회──'시와 소설의 밤'(1934. 6. 30)과 '조선 신문예 강좌'(1935. 2. 18.~22)[13]──는 구인회의 문학적 관심이 모더니즘에 있었음을 말해준다. 1차 강연회에서 2차 강연회로 넘어오면서 강좌 내용이 더욱 세분화되고 새로운 동인들이 가담하고 있는 이 강연회의 전체적인 성격을 정리하면 다음과 같다. 첫째, 시와 소설을 중심으로 한 문학 강연회라는 점이다. 정지용·김기림·박팔양·이상(시인), 이태준·박태원(소설) 등이 참여하고 있으며, 희곡·영화는 제외

---

12) 「홍금을 열어 선배에게 일탄을 날림」, 조선중앙일보, 1934. 6. 17~29.

13) 조선중앙일보, 1934년 6월 24일, '시와 소설의 밤' 안내 기사 및 동지 1935년 2월 17일, '조선 문예 강좌' 안내 기사 참조.

되고 있다. 둘째, 동인들의 지속적이고 중심적인 주제가 시의 근대성, 시의 형태, 소설의 기술(기교), 언어와 문장 등에 대한 것이라는 점이다. 이런 사실은 김기림(「시의 근대성」「시의 음향미」), 이상(「시의 형태」), 이태준(「창작의 이론과 실제」「소설과 문장」), 박태원(「언어와 문장」「소설의 기교」) 등의 논제에서 특히 두드러지게 나타나고, 이들이 구인회의 실질적인 대표자로 나서고 있다는 점에서, 구인회의 문학 이론이 곧 모더니즘과 관련되어 있음을 분명하게 파악할 수 있다. 구인회가 모더니즘 문학 단체라는 사실이 일찍부터 지적된 적도 있으나, 그 같은 성격은 1934년 1차 강연회를 계기로 한층 뚜렷해지고 있다.[14] 셋째, 회원들이 공격한 바 있는 이광수·김동인 등의 기성 민족주의 작가들이 2차 문학 강연에 나서고 있는 점이다. 이것은 구인회가 이들과 적대적인 관계에 있었다기보다는 이들의 문학(민족주의 문학)의 새로운 계승자임을 말하는 것이다. 한 비평가가 구인회가 말하는 "소위 '신문예'는 신흥 부르주아 문예"를 지칭하는 것이라고 평가한 것[15]도 그 점을 뒷받침해준다.

모더니즘 문학 단체로서의 구인회의 성격은 처음부터 명시적이었던 것이 아니라, 회원의 재편성과 시간의 경과에 따라 점진적으로 구체화되었다고 할 수 있는데, 이것은 모더니즘 운동의 성격과도 일치한다. 모더니즘은 동시대 리얼리즘과의 경쟁을 통하여 그 실체가 더욱 분명해진다. 모더니즘 운동에 있어서 구인회는, 그것이 없었다면 '카프'측의 리얼리즘 문학과의 경쟁이라든가 동인들의 정신적 유대감은 물론이고 각종 저널리즘을 통해 신인들(김광균·오장환 등)에 대한 문학적 영향력을 행사하기 곤란했을 것이라는 점에서 그 의의가 크다. 그것은 카프 이후의 최대의 문학 단체로서 모더니즘 운동의 중심적인 역할을 수행한다.

---

14) 앞의 안내 기사 참조.
15) 박승극,「조선 문학의 재건설」,『신동아』, 1935. 6, p. 136 참조.

모더니즘 이론은 구인회 주최의 강연회와, 강연에 참여한 문인들이 저널리즘에 발표한 당시의 여러 평론 자료들에서 찾아볼 수 있다. 동인들의 이론적 논의는 상보적인 관계에 있으나 그 중에서도 특히 김기림이 보여준 그 이론 정립의 노력은 여러 모로 주의를 끌게 하는 점이 있다. 구인회의 대표적인 비평가인 김기림의 문학 이론을 자세히 검토해보면 대체로, 1) 문학 형식(양식)의 역사적 변화와, 2) 그에 따른 근대성의 인식과 구현 문제, 3) 문학 작품의 리얼리티 문제 등에 큰 비중이 두어져 있음을 발견할 수 있다. 다른 회원들의 비평적 논의도 그의 논점에 비추어봄으로써 그 의미가 더욱 분명해진다.

우선 문학 형식의 역사적 변화와 근대성의 인식 문제는 김기림이 지속적으로 추구한 주제 중의 하나였다. 그는 "한 시대의 시대 정신 즉 그 시대의 '이데'는 그것에 가장 적응한 구상 작용으로서의 양식을 요구한다"고 본다. 예를 들면 정신적·혁명적 앙양기에는 '적극적인 로맨티시즘의 양식'을, 과학적·물질적 정신이 팽배했던 시대에는 '실험적인 리얼리즘의 양식'을 요구했던 사실을 환기시키면서 그는 이렇게 쓰고 있다.

그러므로 시인은 그가 위치한 시대——즉 과거로부터 미래로 향하는 특정한 시간성——는 어떠한 특수한 '이데'에 의하여 추진하고 있는가를 항상 이해하지 아니하면 아니 된다. 따라서 그것은 특수한 구상 작품으로서의 양식의 발견에 열중하지 아니하면 아니 된다. 그러므로 시의 혁명은 양식의 혁명인 동시에 아니 그 이전에 '이데'의 혁명이라야 한다.[16]

문학의 양식은 시대의 변화에 따라 변하는 것이므로 한 시대의 시인은 그 변화에 부응하는 양식을 창출해야 한다는 것이다. 여기에 문학 형식의 근대성의 문제가 벌써 제기되고 있다. 문학

---

16) 「시의 기술·인식·현실 등 제문제」, 조선일보, 1931. 2. 11~14.

의 근대성은 시인이 자기 시대를 깊이 인식하고 거기에 합당한 형식을 추구할 때 획득되고 구현될 수 있다고 보는 것이다. 이러한 논리의 이면에는 '센티멘틀 로맨티시즘'으로 표현되는 그의 한국 근대 문학의 낙후성에 대한 불만이 내재되어 있다. 그는 당시의 근대 문학이 시대의 변화에 적절하게 부응하고 있지 못하다고 진단하고 있으며, 동시대는 다름아닌 기술 자본주의 시대인데도 시인들은 이에 대한 인식이 결여되어 있다고 비판한다. 그는 과학 문명의 발달, 그에 따른 인간의 생활 감정의 변화, 신비적 사고의 종언, 기존 문학 전통의 붕괴, 현대 문명의 병적 징후 등이 자기 시대의 정신적·현실적 변화의 실상이라고 규정한다.[17] 그는 이러한 기술 자본주의 시대의 도래를 염두에 두고, 문학적 사유의 전환을 요구하고 있는 것이다. 그러나 김기림은 역사의 변화와 문학 형식의 변화를 대응 관계에서 파악하면서도, 사회 관계의 재편성을 의도하는 세계관의 혁명보다는 '양식의 혁명'을 강조하고 있다는 점에서 카프측의 리얼리즘론자들과는 뚜렷이 구분되는 점이 있다. 그가 말하는 이데의 혁명이 사상의 혁명이 아님은 분명한데 이러한 인식의 근저에는 '자명한 것'으로 이미 주어져 있는 동시대의 사회적 조건인 파시즘이 놓여 있다. 그런 맥락에서 그는 근대 시의 역사를 "표현주의 시대(낭만주의·상징파·표현파)→인상주의 시대→과도 시대(초현실파·모더니스트)→객관주의 시대"[18]와 같은 과정으로 파악한다.

 그의 이 같은 문학사 이해는 일본을 매개로 한 19세기 중반 이후의 서구 문학사에 의거한 것이다. 일찍이 서구 예술사의 흐름을 상징적 예술 형식, 고전적 예술 형식, 낭만적 예술 형식 등의 변증법적 전개 과정으로 파악했던 헤겔은 그의 『미학』에서 19세기 초기 자기 시대의 양식을 낭만적 예술 형식으로 규

---

17) 「시에 있어서의 기교주의의 반성과 전망」, 조선일보, 1935. 2. 10~14.

18) 「객관 세계에 대한 시의 관계」, 『시론』, pp. 166~67.

구인회와 모더니즘   423

정하면서 그 '낭만적 예술 형식의 해체'를 예고한 바 있다. 그 해체의 과정에서 '산문적 객관성'에 역점을 둔 객관적인 리얼리즘 문학(19세기 중반)과 주관성에 충실하고자 하는 전위 예술, 즉 주관적인 모더니즘 문학(19세기말~20세기)의 출현을 보게 되지만, 20세기 한국 근대 문학은 이 두 조류의 문학 양식을 거의 동시에 경험하고 있었다. 20년대 중반의 신경향파 문학과 표현주의·다다이즘 문학이 그것이다. 김기림은 그 중에서 지나치게 주관주의적 경향으로 흐르는 전위 예술에 대해 비판적이지만 대체로 모더니즘을 옹호한다. 그가 박종화·김억·김동환·김소월 등의 시와 신경향파 시를 다 같이 비판하는 것은 그 때문이다. "예술의 역사에 있어서는 눈에 쉽게 띄는 부면은 방법의 변천이다. 〔……〕 표현주의의 열병을 지나온 지 오래인 우리에게는 모더니스트의 의견이 시간적으로도 우리에 가깝거니와 지금에 나는 그것이 방법론의 진론(眞論)에 부딪혔다고 생각한다"[19]고 김기림은 말하고 있다. 그는 모더니즘은 근대 사회의 새로운 '커뮤니케이션'(의사 소통)을 의도하는 문학이라본다. 그는 또 예술에 있어서의 리얼리티의 '일양화·표준화·일반화'를 반대하고 작가의 개성에 의거한 그 '다양성'을 옹호하고 강조한다. 그는 여기서 작가의 '모랄'을 전제 조건으로 내세우고 있으나, 프로 문학 전성기에서 특정 모랄(세계관)을 지나치게 강조한 결과, 오히려 문학의 "저회(低徊)"와 "돈좌(頓挫)"를 초래한 사실을 환기시킴으로써,[20] 주어진 현실 속에서 가능한 모랄을 추구하는 길을 걸을 수밖에 없는 시인의 처지를 드러낸다.

김기림의 이와 같은 논리는 동시대 문학에 대한 진단이자 그 처방이기도 하지만, 그가 당대 문학의 낙후성과 침체를 다 같이

---

19) 김기림, 「예술에 있어서의 리얼리티·모랄 문제」, 조선일보, 1933. 10. 24, 연재 2회.
20) 윗글, 1933. 10. 22, 연재 2회.

극복할 수 있는 구체적인 대안으로 제시한 것이 일정한 예술적 가치를 목표로 하여 제작하는 시, 즉 '주지적 시'이다. 그것은 시 제작 과정에서 불필요한 감정의 개입을 배제하면서 지적 통제를 가하는 태도, 즉 '주지적 태도'에 의해 만들어지는 시로서, 자연 발생적인 감정주의적 시, 생경한 관념의 나열에 그치는 시와 구분된다.[21] 그는 1933년의 시단을 회고하면서 정지용·조영출 등의 작품에서 주지적 정신이 발견된다고 지적하면서 "이 주지적 정신이라고 하는 것은 한 시대가 또는 사물이 혼돈·무질서의 상태에 있을 때에 그것(을) 비판하고 정리하기 위하여 요구되는 정신이다"라고 쓰고 있다. 그리고 그는 이 정신이 문명 비판의 정신과 결합되기를 열망한다.

시의 근대성은 시가 지성에 의해 의식적으로 제작되는 것이라는 점을 자각하는 데서 획득되고, 그런 근대성을 구현한 문학이 모더니즘이라는 그의 논리는 영국의 T. E. 흄, I. A. 리처즈, 엘리엇 등의 이론과 일본의 주지주의 문학 이론[22]에 근거를 둔 것이다. 물론 이상(초현실주의)과 같은 예외가 없는 것은 아니나, 김기림은 '구인회' 결성 직전에 이러한 논리에 의거하여 '과거의 시'(독단적, 형이상학적, 감정의 편중, 상상적, 자기 중심적……)와 '새로운 시'(비판적, 즉물적, 정의와 지성의 종합, 구성적, 객관적……)를 구분하면서 그의 시론을 정식화한 바 있으며,[23] 이후에는 '시는 언어의 건축이다'라는 명제하에 시의 기술 문제에 관심을 집중한다. 「오전의 시론」(1935)이라는 이름으로 발표된 일련의 시론들이 그것인데, 여기서 그는 언어를 요소심리학에 따라 '음성·의미·형태'로 구분하고 각 영역에 걸친

---

21) 「詩作에 있어서의 주지적 태도」, 『신동아』, 1933. 4, p.131 참조.

22) 阿部知二, 『主知的 文學論』(1930)의 논점과 김기림의 '주지적 방법'론 사이에서 이론적 연관성이 더러 발견된다.

23) 김기림, 「포에지와 모더니티」, 『신동아』, 1933. 7, 참조. 그는 구인회 문학 강연회에서 '시의 근대성'이라는 제목의 강연을 한 바 있는데, 그 내용은 이 논문의 내용과 같은 것이었으리라 추측된다.

언어 사용 기술을 극대화하기 위한 방안을 모색한다. 시는 현실의 재현이 아니라 '현실의 변형,' 또는 재생산이며, 시의 제작 과정을 '사상과 기술의 통합 과정'으로 규정하는 그의 모더니즘 이론은 일종의 문학 생산 이론의 성격을 보여준다. 그리고 시 제작의 기술을 강조한다는 점에서 그의 이론은 형식주의적인 면을 띠고 있으나 예술의 자율성뿐만 아니라 사회적 매개 기능도 중요시하는 입장을 유지하고 있다. 현대 문명에 대한 비판, 풍자를 역설하는 그의 풍자시론은 매개론의 성격을 띠고 있다.

김기림의 이론은 시를 중심으로 한 것이었기 때문에 소설론은 상대적으로 빈약한 편이다. 그러나 구인회 작가들이 남겨놓은 산문 자료들은 모더니즘 소설의 이론적 근거 이해에 중요한 단서를 제공한다. 구인회 문학 강연에서 '소설의 기교'에 대한 강연을 한 바 있는 박태원은 "표현—묘사—기교를 물론하고 '신선한, 그리고 또 예민한 감각'이란, 언제든 필요한 것이다. 〔……〕 '신선한, 그리고 예민한 감각'은 또 반드시 기지와 해학을 이해한다. 〔……〕 까닭에——'감각'이 낡고 무디고, '기지'가 없고, 그리고 또 '해학'을 알지 못한다면——쉽게 말하여 총명하지 못한다면, 그는 이미 현대의 작가일 수는 없다"[24]고 쓰고 있다. 내용보다 형태, 언어(기교)의 혁신에서 문학의 근대성을 인식하고 있다는 점에서는 모더니즘 소설과 시 사이에 큰 차이가 없다. 그런데 모더니즘 소설론은 시대 변화에 따른 문학적 인식의 전환과 언어 감각의 혁신을 강조하는 한편, 사회적 총체성보다는 작가의 개별성·내면성·실험성 등을 옹호하는 경향을 보여준다. 이는 소설의 장르적 속성과 관련된 것으로서 전체적으로 보면 시론과 소설론 사이에는 일맥상통하는 점이 있다.

김기림이 쓴 문예 시평[25]은 모더니즘 소설의 기본 성격을 이해함에 있어서 하나의 출발점을 제공한다. 그는 여기서 우선 현

---

24) 박태원, 「표현·묘사·기교」, 조선중앙일보, 1934. 12. 22, 연재 5회.

25) 김기림, 「문예시평(4)——작품과 작자의 거리」, 조선일보, 1934. 4. 1.

대 소설의 중요한 특성을 대상과의 '미적 거리두기'라고 인식하고 있다. 이 "거리라고 하는 것은 공간적인 것은 물론이요 시간적인 것까지도 의미한다." 다음으로 그는 현대 소설의 몇 가지 유형을 제시하고 있는데 그것은 그 수법에 따라 1) 기억을 통하여 의식이나 심리를 묘사하는 방법(프루스트, 조이스의 소설, 국내에서는 박태원이 실험한 것), 2) 영혼의 고투의 기록(도스토예프스키와 지드의 문학), 3) 사회나 인생을 풍자를 통해 제시하는 방법(헉슬리 등의 풍자소설들), 4) 사회와 인생을 충실히 묘사하는 방법(발자크의 방법, 국내에서는 프로 문학 진영에서 시도했으나 충분히 성공하지 못한 것) 등으로 구분될 수 있다고 본다. 이 중에서 그는 4)보다는 1)~3) 쪽에서 현대 소설의 방향을 설정하는 태도를 보여준다. 특히 1)의 방법을 박태원이 실험하고 있다는 지적이 주목되는데, 이는 박태원의 발언과도 일치하는 점이 있으며, 이상의 경우도 같은 유형 속에 포함시켜볼 수 있다. 여기서 한 가지 분명해지는 사실은 모더니즘 작가들은 발자크 이래의 리얼리즘 전통보다는 조이스, 헉슬리 등의 심리적·이지적·실험적 소설에서 소설의 근대성을 인식하고, 이들의 새로운 수법과 거리두기의 방법에 관심을 가지고 있다는 점이다. 이효석의 경우는 이들과 구분되는 점이 있으나 역시 리얼리즘은 거부하는 경향을 보이고 있다.

박태원은 자신이 채택하고 있는 소설 형식을 '심경소설'(사소설·신변소설)이라고 명명한다. 심경소설은 작가 자신의 생활과 그 심리적인 세계를 주로 탐구하는 소설로서 화자와 작가가 동일인으로 설정된 1인칭 형식이거나 그렇게 되어 있지 않아도 대체로 동일인으로 인식될 수 있는 형식이다. 이 형식은 그에 따르면 본격소설이 가질 수 없는 그 나름의 명분이 있다. 그는 이렇게 주장한다.

이른바 신변소설이라는 것은 그 세계야 좁은 것임은 틀림없으나, 그 대신에 그곳에는 '깊이'라는 것이 있는 것이 아닌가?

어떠한 걸출한 작가에게 있어서라도 그가 참말 자신을 가져 쓸수 있는 것은 구경, 평소에 자기가 익히 보고, 익히 듣고, 또 익히 느끼고 한, 그러한 세계에 한할 것이다.

특히 한 작가가, 창작에 있어서의 '심리 해부'의 수련을 위하여서는, 가히 심경소설 제작을 꾀함보다 더 나은 자 없을 것이다.[26]

심경소설은 본격소설에 비하여 다루는 세계가 좁으나 '깊이'가 있고, 작가에게 친숙한 세계를 담을 수 있고, '심리 해부'와 그 '수련'에 적합한 양식이라는 것이 그의 주장이다. 그가 왜 깊이 있는 심리 해부가 가능한 심경소설을 선택하는가 하는 이유에 대해서 그는 더 이상의 구체적인 설명을 하지 않고 있으나, 그의 심경소설 『소설가 구보씨의 일일』(1934) 등에 의거하여 해석하자면 현실 세계와의 부조화, 잃어버린 자아의 행복, 내면적인 진실 때문이라고 이해된다. 요컨대 그는 체험 내용에 합당한 형식을 심경소설로 본 것이라 할 수 있다. 객관 세계의 탐구보다는 객관화된 주관적인 내면 세계 성찰에 치중하고, 삶의 총체성보다는 개별성 구현을 의도하고, 객관적 진실보다는 주관적 진실의 발견에 관심을 집중하는 그의 작품들이 그 점을 말해준다. 그리고 박태원은 심경소설의 방법으로 제임스 조이스가 『율리시스』에서 시도한 '의식의 흐름' 수법——영화의 용어를 빌리면 현재와 과거, 현실과 환상을 교차하는 '이중 노출 *overlap*'의 수법을 수용하고 실험한다. 그는 '영화 수법의 효과적 응용'에 대하여 언급하면서 "나는 그 중에서도 특히 '오버랩'의 수법에 흥미를 느낀다. 그리고 나는 실제로 나의 작품에 있어, 그것을 시험해보았다. 〔……〕 최근에 『율리시스』를 읽고 '제임스 조이스'도 그 같은 시험을 한 것을 알았다"고 말하고

---

26) 박태원, 「표현·묘사·기교」, 조선중앙일보, 1934. 12. 28, 연재 8회.

428

있다.[27] 그가 기술 복제 시대의 예술인 영화의 수법(이중 노출)과 조이스의 '의식의 흐름' 소설에 특히 관심을 기울이고 있음을 이로써 알 수 있다. 그의 영화에 대한 관심은, 인상파 이후의 미술에 대한 이상·김광균의 관심과 대응되며, 그의 심경소설은 이상·최명익 등에 의해 변형되면서 이후 중요한 소설 형식으로 자리잡는다. 심경소설은 김기림의 산문시·장시 등과 함께 모더니즘 문학의 중요한 장르로 되어 있다.

그런데 이효석의 소설(「돈(豚)」〔1933〕 이후)은 박태원 등의 심경소설과는 다른 형식의 도시소설이다. 그 역시 기교를 강조하는 작가지만, 그의 모더니즘은 일본의 신감각파 작가들의 방법과 관련되어 있는 것으로 보인다.[28] 그는 "조선의 움직임은 〔……〕 도회에 있다"고 생각했던 소설가이다.[29] 그의 소설론은 "세련된 이야기 만들기"로 요약될 수 있으며,[30] 역시 제작을 강조한다는 점에서는 모더니즘 일반론의 범위내에 위치하고 있다. 모더니즘이 그 이론면에서 문학적 대상의 미적 가공 기술의 혁신을 지향하는 한편 산문시·장시·심경소설(도시소설) 등의 새로운 형식을 제안하고 있는 것은, 그 작가들이 문학에 대한 전통적 관념과 장르를 새로운 차원에서 재정의하고 있음을 뜻한다. 이들의 문학은 동시대 리얼리즘 문학과의 대조를 통해 그 객관적 성격이 보다 선명하게 드러난다.

2. 모더니즘 작품과 도시: 몇 가지 관련 양상

모더니즘은 '구인회'를 중심으로 한 도시 세대의 도시 문학이다. 문학의 사회적 생산 조건은 물론이고 그 이론적 근거가 급

---

27) 윗글, 1934. 12. 31, 연재 마지막회.
28) 유진오, 「작가 이효석」, 『국민문학』, 1942. 7 참조.
29) 이효석, 「문학과 국민성」, 『매일신보』, 1942. 3. 3~6.
30) 이효석, 「설화체와 생활의 발명」, 조선중앙일보, 1935. 7. 12.

격한 도시화의 과정에서 감수되는 근대 문명(자본주의)의 징후
와 관련되어 있음은 지금까지 논의해온 바와 같다. 따라서 모더
니즘 작품을 검토하고자 할 때, 작품과 도시와의 관련 양상을 일
차적인 관심의 대상으로 설정할 필요가 있다. 다시 말해 시인·
작가 들이 어떻게 도시를 체험하고 그것을 작품에 수용하며, 또
그 체험이 작품에 어떤 흔적을 남기게 되는가 하는 점에 유의하
여야 한다. 그런데 같은 도시 세대라 하여도 다른 도시에서 거
주하다가 서울에 정착한 경우(정지용·김기림 등)가 있고, 서울
에서 거주하다가 다른 도시로 이주한 경우(평양의 이효석)도 있
어서 그들의 도시 체험이 반드시 일치하는 것은 아니다. 또 도
시를 기반으로 형성된 시인(작가)의 감수성이 자연(전원)·풍
경 등 다른 소재로 확대·이행되는 예도 있다. 그러나 모더니즘
은 도시와 관련된 작품에서 가장 잘 나타난다는 사실은 부정되
지 않는다. 이러한 점에 유의하면서 몇몇 대표적인 모더니즘 시
인·작가 들의 작품을 중심으로 그들의 작품과 도시와의 구체적
인 관련 양상을 개관해보면 다음과 같다.

　정지용은 근대 풍경과 새로운 감각의 발견자이다. 김기림은
그를 '최초의 모더니스트'라 평가했는데, 이 말 속에는 그가 주
지적 방법으로 시를 쓴 모더니즘의 선구자라는 의미와, 근대 풍
경과 거기에 합당한 새로운 감각과 언어를 발견한 시인이라는
의미가 내포되어 있다. 정지용은 사회의 변화에 따른 시 양식의
변화의 필요성을 누구보다도 일찍 자각하고 또 실천했던 인물
이다. 그의 시의 새로움은 예를 들면

　　수박 냄새 품어오는
　　첫녀름의 저녁때……

　　먼 해안 쪽
　　길 옆 나무에 느러슨

전등. 전등.
헤엄쳐나온 듯이 깜박어리고 빛나노나.
침울하게 울려오는
축항의 기적 소리…… 기적 소리……
이국 정조로 퍼덕이는
세관의 기스발. 기스발.
세멘트 깐 인도측으로 사뿟사뿟 옴기는
하이얀 양장의 점경!　　　　　　　　——「슬픈 인상화」[31]

과 같은 작품에서 생생하게 드러나듯, 근대 풍경과 시인의 감각적 인상을 탁월하게 결합시켰다는 데 있다. 그의 세련된 시적 감각은 오랜 시작 생활과 도시 생활(서울)에서 형성된 것으로, 그것은 향수·비애 등의 정서와 혼합되기도 하지만(「카페 프랑스」「압천」), 그의 시의 기본 성격은 이 작품에서처럼 그의 관심이 대체로 외부의 사물의 세계로 열려 있다는 데 있다. 『정지용 시집』(1935)에 수록된 「바다」 연작, 「아침」「붉은 기관차」 등은 그의 시적 특징이 잘 나타나 있는 작품들이다. 그를 명징한 언어를 구사하는 이미지즘 계열의 시인으로 평가하는 것도 그 때문이다. 그는 근대 풍경시뿐만 아니라 한국적 정서를 노래하였고(「향수」「고향」), 신앙을 가지면서 종교시를 쓰기도 하였으며, 동양적인 자연의 세계를 고전주의적인 절제된 언어로 노래하기도 했다(「백록담」). 서울에 정착한 후 그는 근대 풍경에 대한 시적 관심을 지속하지는 않았으나, 한 가지 분명한 것은 그가 도시의 정경을 즐기고 있었다는 점이다. 서울의 생활을 묘사한 작품 「아스팔트」에서 시인은 아스팔트 위를 만보하는 자신의 심정을 이렇게 쓰고 있다: "아스팔트는 고무 밑창보담 징한 개 박지 않은 우피 그대로 사뿟사뿟 밟아야 쫀득쫀득 받히우는 맛을 알게 된다. 발은 차라리 다이야처럼 굴러간다. 〔……〕

---

31) 『정지용 시집』, 시문학사, 1935, pp. 48~49.

고무뽈처럼 퐁퐁 튀기어지며 간다. 〔……〕 작난감 기관차처럼 작난하고 싶구나. 풀포기가 없어도 종달새가 내려오지 않아도 좋은, 폭실하고 판판하고 만만한 유목장 아스팔트!"[32] 이 감각의 가벼움과 어린애와 같은 천진함이 그의 문학의 한 습성으로 되어 있다. 그것은 그의 언어에서부터 온다. 그는 시를 '언어의 미술'로 이해하면서 "순수하게! 보다 순수하게! 이방인이여 부질없이 소란치 말지어다"[33]라고 말한 바 있다. 그는 뒤에 시 쓰기를 영감 inspiration 으로 인식하면서 문학적 태도의 변화를 보여준다. 그는 그 영감을 '은혜'로 명명하면서 시를 신비화시키는 경향을 드러낸다.[34]

김기림은 시인의 감각의 혁명에서 만족하지 않고 문명 비판을 생각했던 시인이다. "주지적 정신 그것이 우리들의 문학의 정신이고 태도라야 되겠으며 그리고 시는 문명 비판이라야 된다"[35]고 썼는데, 시인·비평가답게 그는 산문시·단시·장시 등 여러 가지 시 형식과 이미지즘, 주지주의, 언어의 몽타주 등 다양한 방법을 실험하였다.「시네마 풍경」연작의 일부인「개」, 도시 생활에서 느끼는 현대 문명의 질곡과 자국의 상품 판매에만 몰두하는 제국주의 국가들의 행태와 세계의 백색 테러를 풍자한「옥상정원」「상공운동회」「전율하는 세기」등의 작품이 그 구체적인 예들이다. 그러나 그의 작품들은 다양한 만큼 어떤 통일된 일관성——시적 일관성을 결여하고 있고 때로는 현란한 언어와 경박한 위트에 머물기도 한다. 장시『기상도』(1935, 출판 1936)는 그의 그런 문제점을 극복하기 위한 야심작이다.

『기상도』는 T.S. 엘리엇의「황무지」, S. 스펜더의「비엔나」등의 장시를 염두에 두고 씌어진 작품으로, 한반도 특히 당시 서

---

32)『백록담』(재판: 백양당, 1946).
33)「내가 감명 깊게 읽은 작품과 조선 문단과 문인에 대하야」, 조선중앙일보, 1933. 1. 1.
34) 박용철·정지용,「시문학에 대하야」(대담), 조선일보, 1938. 1. 1 참조.
35)「1933년의 시단의 회고와 전망」, 조선일보, 1933. 12. 13.

울에서 보는 세계 정치(제국주의)의 기상도를 문명 비판적인 시각에서 다룬 것이다. 이 작품은 모더니즘 작품의 중요한 특성으로 나타나는 알레고리 형식으로 되어 있다. 이 작품의 알레고리적 성격은 '남태평양'으로부터의 '태풍의 내습과 그것의 서울(경성부)과 중국 대륙의 강타'라는 작품의 극적인 상황 설정면에서 나타나지만, 그보다는 시인의 체험의 단편을 몽타주하고 있다는 점에서 찾아진다. 알레고리는 체험의 단편성·파편성과 관련된 개념으로서 삶의 연관 관계에서 떨어져나온 비유기적인 체험의 단편들을 조립하는 것이다.[36] 그것은 작가 쪽에서 보면 요소들을 어떤 맥락으로부터 일탈시키는 것이고, 독자 쪽에서 보면 조합(組合)과 의미 설정, 즉 작품 구성에 대한 개념인데, 이 개념은 바로 몽타주와 일치한다.[37] 『기상도』는 「세계의 아침」에서 「쇠바퀴의 노래」에 이르는 7개의 단편적인 장면의 결합으로 이루어져 있다. 이 작품에 나타나는 "비행기의 부러진 죽지" "비석의 폭포" "검은 대가리들의 하수도" "목아지가 없는 동상"(「시민의 행렬」「자최」) 등은 모두 일종의 폐허의 알레고리들이라 할 수 있으며, "대체 이 피곤을 피할 하룻밤 주막은/'아라비아'의 '아라스카'의 어느 가시밭에도 없느냐" "어둠의 잠긴 지평선 너머는/다른 하늘이 보이지 않는다"(「올빼미의 주문」)[38]와 같은 구절은 그런 부서진 총체성의 인식에서 야기되는 시인의 절망의 심정을 드러낸 것이라 할 수 있다. 그러나 태풍이 짓밟고 간 폐허의 '메트로폴리스'에도 언젠가는 태양이 다시 뜨리라는 희망의 피력으로 종결되는 이 작품은 알레고리 작품으로서의 장시의 가능성을 보인 것이다.

모더니즘 시는 도시 거주 시인의 생존 방식과 그들의 도시적

---

36) Walter Benjamin, *Charles Baudelaire,* tr. fr. Jean Lacoste(Paris: Payot, 1974), "Zentralpark"를 No. 13, 19, 28, 32-1, 36, 37, 38, 45 참조.

37) 페터 뷔르거, 최성만 역,『전위 예술의 새로운 이해』, 심설당, 1986, pp.117~25.

38) 『기상도』(재판: 산호장, 1948)에 의거함.

감수성의 결합으로 이루어져 있다. 그런데 사전에 도시 경험을 가졌던 이들 일본 유학파 시인들과는 달리 국내 잔류파 시인들은 그들이 경험하고 있는 그 도시를 즐기거나 쉽사리 문명 비판의 길로 나설 수는 없었다. 정지용과 같은 『요람』 동인[39]으로서 뒤늦게 구인회에 가담하는 박팔양(필명 김니콜라이, 김려수)은 "거리의 풍경은 표현파의 그림"(「점경」)[40]이라고 노래했지만, 그는 도시를 일종의 '충격'으로 받아들이고 있다. "문명 기계의 총신경이 이곳에 집중되어/오오! 현대 문명이 이곳에 있어/[……]/아아 정신이 얼떨떨하다"고 그는 「도회정조」에서 쓴 바 있다.[41] 도시가 이처럼 충격의 형태로 다가올 때 시인의 소외는 필연적인 것이 된다. 이 소외 의식은 여러 시인의 작품에서 나타나지만, 특히 이상의 경우에 두드러진다. "밤이면 나는 유령과 같이 흥분하여 거리를 뚫었다. 나는 목표를 갖지 않았다."[42] 여기서 독자는 거리의 보헤미안으로서의 시인의 초상을 볼 수 있다. 그러나 「오감도」(1934), 「시 제1호」를 대하면 어느새 그의 불안과 자의식과 소외감을 느낄 수 있다. 「오감도」는 그 제목에서부터 도시적 공간의 수직성을 전제하지 않고서는 성립하기 어려운 작품이다.

이상은 현대 시인으로 자처하는 인물이었지만 개인적으로는 불행한 생애를 보냈던 시인이다. 그의 질병, 가족 관계(양자의 신분, 생부와의 불화), 사업의 실패(다방 경영) 등이 그의 불행의 원인이었다. 1936년에 쓴 「역단」(易斷)(연작 5편)은 갈 데 없이 밑바닥 인생이 된 운명의 적나라한 모습이, 그러나 슬쩍 가려진 채로 드러나 있다. 한기 어린 방안(「화로」), 악화된 건강(「아침」「행로」), "누가 힘에 겨운 도장"을 찍은 후 "전당"잡

---

39) 박팔양, 「요람 시대의 추억」, 중앙, 1936. 7 참조.

40) 중앙, 1933. 1. 1.

41) 『여수시초』, 박문서관, 1940 참조.

42) 이상, 『공포의 기록』, 앞책, p. 164.

흰 생활(「가정」) 등이 이 연작의 주제이다. 사업의 실패를 경험한 뒤에 씌어진 것이 분명한 이들 작품에서 그는 자신의 심정을 이렇게 쓰고 있다.

간사한문서를때려주고또멱살을잡고끌고와보면그이도돈도없어지고피곤한과거가멀거니앉아있다 〔……〕 비켜서는악식(惡息)에허망과복수를느낀다.　　　　　　　　　　——「역단」

도시 생활에서 패배한 그는 문학에 매달리는데, 그 문학 속에 그는 비대하는 자의식과 자신의 온갖 환상——도시적 환상을 투명한다. 그는 언어의 유희에 빠지기도 하고, '역단' '가외가전' '지주회시' 등 기이하고 어려운 말을 만들어내기도 하고 스스로 '천재'로 자처하기도 한다. 그의 그런 태도는 그의 공공연한 '자살'론처럼 도시 생활에서 실패한 보헤미안의 영웅주의적 정념의 한 발로이다. 문학 시장에서의 작품의 교환가치는 '푼돈'에 불과한 것이어서 그는 '원가 상환'을 청구하는 부모에 대해 오히려 자신의 운명에 대한 배상을 요구하고 싶다고 말한다. "작가는——대체——초근목피 편이냐 응접실 편이냐," 이것이 그의 절실한 물음이었다. 그의 비유기적 작품들은 자신의 해체를 해체로, 소외를 소외로 드러낸 것들로서, 진실은 시인의 내면에 있고, 해체된 언어들은 개인의 연약함을 드러내는 미적 가상 *aesthetic appearance*으로 인식된다. 그는 비유기적인 작품들 속에서도 사회에 대한 비판적 메시지를 담고자 하였는데, 비유기적 작품들은 유기적 작품에 비해 각 부분의 자율성이 높고 그 상대적 독립성이 확보될 수 있어 각 부분이 유의미적인 단위로 될 수 있다. 예를 들면 「파첩」(유고시)에서 그는 의사 소통('체신')의 단절, '정치가'와 '학자'의 무의미한 언어 유희, "사멸의 가나안" "법전을 감춘 시청," 자연이 사라진 "콩크리트 정원"을 지적하고, 살인자('카인')가 활보하는 현실에 대하여 말한다.

그의 그런 현실 풍자는 「가외가전」에서도 지속되는데 여기서 알레고리는 중요한 시적 방법으로 등장하고 있다.

그의 작품들은 난해하지만, 그의 문학에서 가장 중요한 특성은 문학 물신주의이다. 앞에서 지적한 것처럼 그것은 상품 물신주의적 사회의 소산으로서, 정상적인 사회 생활을 잃어버린 시인이 선택할 수 있는 수단이 문학밖에 없을 때, 그가 그 문학에 맹목적일 때 야기되는 문학에 대한 환상적 태도의 일종이다. 그가 "고황에 든 이 문학병——이 익애의 도취의 〔……〕"라고 쓸 때 그것은 한층 분명한 표현을 얻었다고 할 수 있다.

구인회 회원은 아니었으나 모더니즘 운동에 합류하여 독자적인 시세계를 구축했던 인물로 김광균과 오장환을 들 수 있다. 이들 중에서 김광균은 「오후의 구도」 「광장」 「장곡천정에 오는 눈」 등의 작품에서 보는 바와 같은 인상화풍의 풍경시에 재능을 보였다. 그의 풍경시는 정지용의 시만큼 날카롭고 발랄하지는 않지만, 섬세하고 화려한 수사가 구사되고 있다. 군산을 거쳐 서울에 정착한 뒤에 쓴 작품 「와사등」(1938)은 고층 건물에 늘어선 대도시의 야경을 배경으로, 군중 속에 섞여 거리를 걷고 있는 시인의 감각적인 체험을 작품화한 것이다. "공허한 군상 속의 행렬에 석기여/내 어듸서 그리 무거운 애수를 지고 왔기에/길게 느린 그림자가 이다지 어두어 〔……〕"——시인은 이처럼 소시민의 애수를 노래하고 있으나, 이 시의 전체적 느낌은 그것이 시인이 그린 도시의 인상화라는 점이다. 일찍이 W. 벤야민은 제2제정기에 파리에 거주하면서 시를 썼던 보들레르의 작품에 나타난 대도시의 충격 체험에 대하여 거론하면서, 그 충격 체험은 특히 시각적인 면에서 현저하게 나타난다고 지적한 바 있거니와,[43] 시각 체험의 우위 현상은 김광균 시의 한 특성으로 되어 있다. 불과 20년 전까지만 해도 처량한 호적 소리만 들려오던 서울 밤거리가 대낮같이 밝은 전등불로 밝혀지게

---

43) Walter Benjamin, 앞책 참조.

되었을 때 그런 야경 속에서 군중 속을 걷는다는 것은 그 자체
가 벌써 충격적이었을지도 모른다. 자동차와 인파의 소음, 현대
적인 도시의 외관, 영화·다방·백화점 등 늘어나는 소비 시설
들——김광균의 시는 이와 같은 당시의 도시 풍경을 자주 시 속
에 끌어들인다. 작품 「환등」("뒤거리 조그만 씨네마엔 낡은 필림
이 돌아가고") 등은 영화에서 취재한 작품이다.

　정지용이 재직했던 학교(휘문고보)에서 배운 적이 있는 오장
환[44]은 도시의 충만한 자극에 누구보다도 이끌렸던 시인이다.
그는 랭보, 보들레르 등에게서 동류 의식을 느끼고 당구장·다
방·술집 등에 탐닉하고, 스스로 방탕한 귀공자(「월향구천곡」),
대사탄·기생충·독버섯(「불길한 노래」)으로 자칭하며 "육신상
의 동기(同氣)가 아니라 정신상의 형제여! 모조리 내 앞에 와
서 집합을 하라"고 외치기도 했던 이채로운 존재이다. 그는 방
탕하고 퇴폐적인 생활을 하면서 그 생활을 작품으로 썼는데,
「해수」는 그 단적인 경우에 속한다.

　　컴컴한 뒤ㅅ골목에 푸른 등불들,
　　　붕——
　　　붕——
　　자물쇠를 채지 않는 또어 안으로 부화(浮華)한 우슴과 삐어의
　　누른 거품이 북어오른다.

　　야윈 청년들은 담수어처럼
　　힘없이 광란하는 ZAZZ에 헤엄처가고
　　밝——안 손톱을 날카로히 숨겨두는 손,

---

44) 오장환의 작품 「캐메라·룸」(조선일보, 1934. 9. 5)은 김기림의 주선으로 발표
　　되었고, 김기림은 그의 시를 높이 평가한 바 있다. 임화는 그의 시가 이상·
　　이시우 등의 새로운 시 전통에서 비롯된 것이라고 평가하고 있다. 이봉구,
　　「성벽 시절의 장환」, 『성벽』(재판: 아문각, 1947); 김기림, 「신춘 시단 전
　　망」, 조선일보, 1935. 1. 1~5; 임화, 「무인 걸어온 길」, 동아일보, 1938. 12.
　　23~25 등 참조.

코카인과 한숨을 즐기어 상습하는 썩은 살뎅이

나는 보았다.
    항구,
항구,
    들레이면서
수박씨를 까바수는 병든 게집을——
바나나를 잘러대는 유곽 게집을——[45]

랭보의 「취한 배」에서 착상을 얻고 있는 이 작품의 특징은
무엇보다 그것이 그 자신의 항해와 모험(일본행)의 기록이라는
데 있다. 그는 이 작품의 끝에서 자신의 생활을 참회하고 있으
나, 그의 퇴폐의 징후는 여러 작품에서 나타나고 있다(「매음부」
「항해도」 등). 그는 「선부의 노래」(1937)에서 나날의 생활의
권태와 탕진한 청춘에 대한 회한을 고백하면서 또 다른 항해에
대한 은밀한 유혹을 드러낸다. 이 시에 등장하는 '커피잔'이 그
의 복합적인 심정의 매개물이지만, 여기서 그는 "하로 날의 일
과를 차잔으로 계산"하는 자신의 초상화를 그려 보여주고 있
다. 그는 거리에서 방황을 거듭한 또 하나의 보헤미안이었다.
그는 산문 「팔등잡문」(조선일보, 1940. 7. 20~25)에서 자신에
대한 극도의 불신과 불안, 나태와 퇴폐에 대하여 참회하고 있으
나, 그의 여러 작품들은 개인의 퇴폐적 행각을 문학의 이름으로
거침없이 고백하고 있을 뿐만 아니라 그 문학에 대한 맹목적인
태도를 보여주고 있다는 점에서, 그는 이상과는 또 다른 문학에
대한 물신주의적 태도를 보여준 시인이라 할 수 있다.
    그는 단시 「경(鯨)」, 산문시 「황혼」 외에 「수부(首府)」(『낭
만』 1호, 1936), 「황무지」(『헌사』, 1939)와 같은 장시도 실험한
바 있다. 이 중에서 특히 「수부」는 당시의 수도 서울을 풍자한

---

45) 『성벽』(재판: 아문각, 1947).

작품으로, 여기에는 서울로 집결하는 각종 화물, 늘어나는 고층
건물, 예술(예술가)의 타락, 늘어나는 신문의 상품 광고와 각종
소비 시설 등에 걸친 부정적인 문명의 징후들이 몽타주(알레고
리)의 방법으로 제시되고 있다. 「황무지」는 약소 민족의 국토
의 황폐화 문제를 다룬 것이다. 이 장시 작품들은 그의 문학의
새로운 가능성을 보여준 것이었으나, 전체적으로 보면 오장환은
도시의 말초적인 자극에 탐닉하다가 더욱 새로운 자극을 구하
고 도착적인 증세를 내보이는, 도시 시인 중에서 극단적인 방황
을 보여주었던 시인이었다. 시집 『벽』(1937) 간행 이후 그는
"집단적인 한 종족의 커다란 울음 소리"에 관심을 기울이게 되
면서 모더니즘에서 멀어지게 되지만,[46] 도시의 자극과 유혹에
서 완전히 자유롭지는 못했다.

　작품 형태의 실험면에서 보면, 시에서는 정지용이 가장 온건
한 편이고 이상의 시가 가장 과격하다고 할 수 있으나, 소설의
경우에는 이효석의 작품이 그중 온건한 편이다. 영문학을 전공
한 이효석은 영화·음악·미술 등 현대 예술——기술 복제 시대
예술의 이해자라는 점에서, 그리고 그것을 작품 속에 자주 끌어
들이고 있다는 점에서 모더니스트였다.[47] 그는 카페·호텔·백
화점·휴양지 등의 근대적 소도구를 많이 이용하면서 도시의 이
면에서 벌어지는 청춘남녀의 애정 풍속에 남다른 관심을 가졌
던 작가이다. "갖은 진미를 먹어야 할 것, 음악을 풍성히 들어
야 할 것, 영화를 적당히 감상하고 몸을 충분히 휴양해야 할 것
[……]"——작품 「성화」의 남주인공이 여주인공에게 하는 이
말 속에 그가 그리는 인물들의 성격과 그들이 엮어가는 이야기
의 분위기가 암시되어 있다. 그의 도시소설은 대개가 근대적인
소비 시설을 가까이서 접촉하고 있는, 다분히 소비적이고 교양

---

46) 오장환, 「문단의 파괴와 참다운 신문학」, 조선일보, 1937. 1. 28∼29; 「방황하
　　는 시정신」, 『인문평론』, 1937. 1. 28∼29 참조.

47) 이효석 문학의 모더니즘적 성격은 김윤식, 『한국 근대 문학사상 비판』, 일지
　　사, 1978에서 지적된 바 있다.

있는 젊은 남녀들의 애정 문제를 다룬 것이다. 예를 들면 「장미 병들다」 「화분」 등이 그렇다. 거기에는 당연히 향락적인 생활과 타락한 성의 세계가 노출되어 있다. 그러나 작가가 묘사하는 이 성의 세계는 애수 어린 어떤 분위기, 다분히 시적인 분위기로 덮여 있어서 결코 천박한 것으로 느껴지지 않는다. 그가 의미를 부여하고 싶어하는 세계는 「성화」에서 시사되는 바와 같이 음악·영화·카페 등에 의해 중재되는 완전한 현대적 세계이기도 하고, 「벽공무한」에서 묘사한 바 있는 경이로운 이국적인 세계이기도 하다. 「여수」의 주인공은 "구라파에 대한 애착"이 단순한 이국적인 것에 대한 그리움이 아니라 곧 "자유에 대한 갈망"이라고 말하고 있기도 하다. 그는 자신의 환상과 욕망을 매개해주는 세련된 이야기를 제작함으로써 뿌리를 잃어버린 자신의 현실 생활이 야기시키는 어떤 부재감을 메우고자 했던 작가이다.

박태원은 구인회의 대표적 소설가로서 자신의 내면 탐구와 글쓰기를 동시적인 과제로 인식하고자 했는데, 심경소설은 그런 인식을 구체화하고자 한 형식이었다. 「전말」 「거리」 「소설가 구보씨의 일일」 등으로 대표되는 그의 심경소설들은 어느새 행복을 잃어버리고 타자와의 정상적인 인간 관계를 맺지 못한 채 자의식 속에 칩거하거나, 자신의 심경과 내면 세계를 관찰하면서 거기서 자신의 훼손되지 않은 삶의 진실을 확인하는, 작가 자신을 주인공으로 한 소설들이다. 사회적 총체성보다는 작가 자신의 개별성을 탐구하고자 하는 그의 작품은 따라서 심리 묘사의 방법을 확충하고 거기에 적절한 문체를 모색하는 쪽에 주안점이 두어져 있다. 그 전형적인 예가 중편 「소설가 구보씨의 일일」(조선중앙일보, 1934)이다. 이 작품은 도시 거주 작가의 반복되는 어느 하루의 일과를 다루고 있는데 서울의 도심 지대 종로통·본정통·광화문통의 풍경과 군중 속의 고독과 작가의 자의식이 섬세한 필치로 묘사되고 있다. "도회의 소설가는 모름

지기 이 도회의 항구와 친하여야 한다"고 쓰고 있듯이, 이 소설은 작가의 창작 방법과 거리에서의 만보가 일치된 형태로 나타나기도 한다. 김기림(시인이자 신문사 기자로 묘사되고 있음)과 이상(다방을 경영하는 시인으로 그려지고 있다)이 등장하기도 하는 이 소설의 의의는 조이스의 『율리시스』와 영화의 이중 노출 수법을 통해 배운 '의식의 흐름' 수법이 시도되고 있다는 점에서나 그의 심경소설의 가능성을 증명해보이고 있다는 점에서 여러모로 주목되는 점이 있다.

이상은 시인의 자격으로 구인회에 입회했으나 「지주회시」(중앙, 1936), 「날개」와 같은, 박태원의 심경소설을 나름대로 계승한 소설을 쓰기도 하였다. 「지주회시」라는 제목('거미 한 쌍이 돼지를 만난다'라는 뜻)은, 작품에서 서로 빨고 빨리며 야위어가는 가난한 주인공 부부와 그들이 만나게 되는 돼지처럼 살찐 남자들을 지칭하는바, 여기서 이 작품의 주제가 벌써 나타나고 있다. 이 소설은 예술가인 주인공이 바라본 '돈'을 중심으로 한 가정과 사회의 병리를 풍자한 것으로 그 주제는 돈이다. 주인공은 아내에게 부상을 입히고 돈으로 해결하려는 파렴치한 '살찐 남자들'에 대해 분노와 열등감을 동시에 보여주는데, 그것은 진실을 추구하는 예술가의 자존심의 발동이기도 하고 사회적으로 성공한 사람들에 대한 패배 의식의 발로이기도 하다. 이 주제는 「날개」에서 변형된 채로 반복되는데, 생활의 패배자가 그의 내면 세계로 후퇴하여, 자신이 가지고 있는 유일한 문학으로써 사회에 대응하고자 하는, 물신적 사회에서 생겨나는 그의 문학에 대한 물신주의적 태도와, 파편화된 체험을 조립하면서 거기에 어떤 문학적 질서를 부여하고자 하는 그의 문학의 알레고리적 성격이 여기서도 잘 나타나고 있다.

박태원이 개척한 심경소설 형식은 「무성격자」「비 오는 길」「심문」 등의 작품을 쓴 최명익에 의해서도 새로운 형태로 계승되지만, 박태원은 심경소설 형식에 머물지 않고 도시세태소설로 나아갔다. 장편 『천변풍경』이 그것이다. 그는 여기서 시각을 바꾸어 서울 뒷골목 서민들의 생활상을 객관적인 필치로 충실히 묘사한다. 주관의 개입이 극도로 억제되고 있는 이 작품은 이발소·당구장·카페 등을 근거지로 해서 살아가는 도시 서민들(남녀노소를 포함하는)의 일상적인 삶에 초점을 맞추면서 그들이 행복할 수 있을까 하는 문제를 다루고 있다. 그의 이 같은 도시 세태 묘사는 구인회의 선배 작가 이태준이 「복덕방」「달밤」 등의 작품에서 다룬 도시 생활에서 밀려난 노인이나 하층민들의 삶의 생태 묘사와도 일맥상통하는 점이 있다. 그런데 이태준은 도시 세태를 묘사하거나 문체의 혁신을 추구하는 작가라는 점에서는 박태원과 비슷한 점이 있으나 그의 창작 방법은 재래의 리얼리즘에 가까운 편이다. 그가 「사상의 월야」와 같은 사실주의 소설을 쓰게 되는 것도 그런 맥락에서 이해된다.

　이상의 개관에서 한 가지 분명해지는 사실이 있다. 그것은 모더니즘 시인·작가 들의 도시 수용은 그들의 작품의 질적 변모를 초래하고 있다는 점이다. 가벼운 느낌의 시각적인 풍경시(정지용·김광균), 문학 물신주의(이상), 문학의 퇴폐화 경향(오장환), 세련된 이야기로서의 소설(이효석), 주관적 심리 세계와 객관 세계를 분리시키는 소설의 등장(박태원) 등이 그것이다. 이런 현상들은 모더니즘의 이론을 통하여 벌써 예견할 수 있었던 것이라 하겠으나 특히 주목되는 현상이라 할 수 있다. 문학 물신주의자라든가 퇴폐성의 문제가 특히 그렇다. 그 이유는 간단히 말해 시인(작가)들이 체험했던 근대 문명의 징후들이 결코 범상하지 않았기 때문이라 할 수 있다. 그들이 도시에서 체험했던 근대 문명은 도시적 체험의 일반적 속성으로서의 그것이라는 의미도 있지만, 그보다는 도시를 매개로 한 일본 자본주의의 역사적 충격이라는 다분히 부정적인 의미의 그것이다. 시인들의 체험은 전통적인 문학의 관념을 해체·재편성시킬 만큼 자못 심각한 것이었다.

4. 모더니즘의 문학사적 의미

모더니즘 작가들은 리얼리즘 작가(카프)들의 '내용의 사회성'
을 '형태(기술)의 사회성'으로 대체시키면서 새로운 문학의 가
능성을 추구하였으나 그 실제 작품들은 소외·퇴폐성·도피의
징후를 드러내고 있다. 이런 현상은 그들이 집단에서 분리된 채
이성이 아닌 지성과 감각으로써 근대 문명에 직면하고자 했던
만큼 어느 정도 예견될 수 있는 것이기도 하다. 구인회는 뚜렷
한 사회적인 목표를 가졌던 문학 단체가 아니라 모더니즘이라
는 새로운 문학 정신을 나누어 가졌던 시인(작가)들의 집합체
였다. 그들은 전대의 카프 작가들과는 달리 가치 평가적인 리얼
리즘이 아닌, 다분히 시류적인 문학 이론인 모더니즘을 내세웠
으며 동시대의 신진 시인들을 그들의 영향 아래에 둘 수 있었
다. 모더니즘이 30년대 문단에서 당분간 큰 힘을 발휘할 수 있
었던 것은 리얼리즘 문학이 이론과 실천 사이에서 자기 분열을
경험하고 있었기 때문이기도 하지만, 그런 시류성과 그 신선한
충격 때문이었다고 할 수 있다.[48] 그러나 모더니즘이 기교에 치
중하는 동안 소외·퇴폐성·도피 등의 징후를 드러내고 있다는
것은 그 자체의 문제점이라 할 수 있다. 더구나 그 전개와 동시
대 문단에서의 수용 과정에서 일어난 기교주의 논쟁과,「날개」
『천변풍경』을 둘러싼 퇴폐성 및 바람직한 문학의 방향 문제에
대한 논쟁은 모두 모더니즘 작품을 대상으로 한 리얼리즘 진영
과의 논쟁이었다는 점에서 모더니즘 자체의 문제점에 대한 비
평적 검토가 요구된다.

이론면에서 볼 때 모더니즘은 김기림의 논리에서 보듯 단순
한 창작 기술의 혁명만을 의도하는 것은 아니었다. 김기림의 주

---

48) 모더니즘은 30년대의 신진 시인·작가 들의 작품에 큰 영향을 끼쳤다. 자세한
   것은 졸저, 『한국 모더니즘 문학 연구』, 일지사, 1988 참조.

지주의란 새로운 창작 기술뿐만 아니라 문명 비판의 정신을 포함하는 것이었다. 그가 강조한 것은 근대성의 인식과 그 문학적 구현이었다. 그는 문학과 사회와의 관계를 형태 쪽에서 재정의하면서도 문학의 자율적 기능과 그 사회적 매개 기능을 동시적 과제로 인식하였다. 그의 풍자시론과 장시 형식에 대한 관심도 같은 맥락에서 제기된 것이었다.

그러나 실제 성과에서 보면 그의 장시 『기상도』는 그가 의도한 적극적인 문명 비판이 결여되어 있어 그 가능성만 보여준 것이었다고 할 수 있다. '태풍'이 휩쓸고 간 메트로폴리스에서 탄식하는, 작품 속의 수동적인 화자가 그 점을 말해준다. 문명 비판은 오장환의 장시에서도 시도되지만 역시 부분적인 성과밖에 보여주지 못하고 있다. 그 밖의 정지용·김광균·박태원·이효석 등의 작품은 문학의 자율성을 강조하는 경향을 보여준다. 이상은 분명히 사회 풍자를 의도했던 작가이지만 그의 풍자의 대상은 사회보다는 작가 쪽에 더 쏠리고 있고 게다가 퇴폐성의 징후를 드러내고 있다.

결국 모더니즘은 기교를 강조하는 작품으로 나타난다. 임화·김기림의 기교주의 논쟁이 일어나는 것도 그런 이유에서이다. 신경향파 시(리얼리즘 시)를 옹호해온 임화가 1935년말에 모더니즘 시인들 중에서 특히 김기림·정지용·신석정(그가 기교적인 목가 시인 신석정을 함께 거론하고 있는 것은 모더니즘에 대한 인식 부족에서 오는 것이지만) 등을 함께 묶어 이들을 사회에 무관심한 '기교주의자'라고 비판했던 것이다.[49] 이에 김기림은 신경향파 시의 무기교성을 들어 반론을 제기하는데,[50] 이 논쟁은 뒤이어 일어나는 「날개」 『천변풍경』을 둘러싼 최재서 대 백철·임화 등의 논쟁과[51] 함께 모더니즘 운동사에서 중요한 사건으

<hr>

49) 임화, 「담천하의 시단 1년」, 『문학의 논리』, 학예사, 1940; 「기교파와 조선 시단」, 같은 책 참조.
50) 김기림, 「시인으로서 현실에 적극 관심」, 조선일보, 1936. 1. 1~5 참조.
51) 최재서, 「리얼리즘의 심화와 확대」, 조선일보, 1936. 10. 31~11. 7; 백철, 「리

로서, 그 쟁점을 간단히 정리하면 시의 내용과 형식 문제, 바람
직한 소설의 모델 문제에 대한 것이었다. 동시대 문학의 방향
문제와 관련된 이 모더니즘 대 리얼리즘 논쟁은 결국 모더니즘
이냐 리얼리즘이냐 하는 것이었지만, 모더니즘 쪽에서 보면 내
용과 형식, 지성과 감각의 분열, 문학적 실천과 사회적 실천의
분리라는 문제점을 드러낸 것이었다고 할 수 있다.[52] 리얼리즘
작가들이 주로 모더니즘의 기교주의, 퇴폐성, 지적 무기력성 등
을 거론하고 있기 때문이다. 물론 이 논쟁은 모더니즘의 문제점
뿐만 아니라 리얼리즘의 이론과 실제 사이의 괴리 현상을 노출
시키고 있으며, 동시대 문학의 방향 문제와 관련된 토론이라는
점에서 보면 모더니즘과 리얼리즘이야말로 동시대 문학의 주류
라는 사실을 역설적으로 드러내고 있기도 하다. 그러나 모더니
즘 진영에서 바라보면 그 이론보다는 작품 성과가 미숙함을 인
식하게 된 계기였다.

모더니즘의 미숙성은 그 세대들의 한계에서 연유하는 것이다.
물론 여기에는 날로 악화되는 일제의 사상적 탄압과 중일 전쟁
을 전후한 시기의 전체주의(군국주의)의 분위기가 크게 작용하
고 있다고 보아야 한다. 모더니즘 세대의 한계와 문제점은 그들
이 근대 도시 제1세대로서 일제에 의해 타율적으로 건설된 도
시에서 성장하며 식민지 교육을 받았던, 요컨대 자체의 토대 구
축과 사회 의식의 성숙이 결여된 시대의 문인들이었다는 데 있
다고 할 수 있다. 그 도시의 이면을 깊이 있게 관찰하지 못했던
정지용·김광균의 풍경시, 김기림의 미숙한 문명 비판, 이상·오
장환의 퇴폐 문학과 문학적 환상, 즉 문학 물신주의, 이효석의
근대 취미 등은 그들 자신의 역량의 부족에서 기인하는 점도 없
지 않으나, 그보다는 그 세대의 정신적 미숙성에서 비롯되는 면

얼리즘의 재고」, 『사해공론』, 1937. 1 ; 임화, 「방황하는 문학 정신」, 『문학의
논리』 ; 임화, 「세태소설론」, 같은 책 등 참조.
52) 이 논쟁에 대한 자세한 것은 졸저, 앞책 참조.

이 크다고 할 수 있다. 창작의 주체는 개인이지만 그 개인의 정신 구조는 각 세대의 사회 구조 전체와 그 사회의 문화적 분위기에서 우러나오는 것이기 때문이다. 모더니즘 문학의 사회성 구현(내용상의)을 과제로 남겨놓은 채 1939년 모더니즘 시의 결산서를 서둘러 썼던 김기림은 '시인의 세대적 한계'를 고백하면서 "영구히 새로워질 수 있다고 한 것은 한 시인이 세대적으로 시대와 보조가 맞는 동안의 착각인 것 같다"[53]고 적고 있다. 그는 한 시대의 종언을 예고하는 제 2 차 세계 대전을 바라보면서 이렇게 쓰고 있기도 하다.

> 역사의 전기라고 하는 것은 결코 천재의 손으로 처리되지는 않는다. 늘 집단의 참여에 의해서 추진되었다. 오늘 구라파에 있어서만 해도 세계사의 새로운 전개를 위해 여러 민족의 한데 엉켜서 연출하는 심각한 전율을 보라. 새로운 세계는 실로 한 천재의 머릿속에서 빚어지지는 않는다. 차라리 각 민족의 체험에 의해서 열어지는 것이다. 시인의 고립은 끝나 좋은 때가 오는 듯하다.[54]

그의 민족 집단에 대한 재인식을 확인할 수 있는 글이다. 이것은 도시적 생존을 지속하는 과정에서 개인의 고립을 경험했던 시인의 자기 반성이기도 하다. 비단 그뿐만 아니라 일찍이 모더니즘 시인들로부터 떨어져나와 독자적인 길을 걷고자 했던 오장환도 '집단'에 대한 관심을 피력한 바 있다. 이효석이 뒤에 희곡 「역사」(1939)를 쓰고, 정지용이 동양적인 고전의 세계로 나가는 것도 비슷한 맥락에서 이해될 수 있는 점이 있다. 이로보면 모더니즘 작가들의 내측에는 자신들의 문학에 대한 반성이 부분적으로나마 뒤따르고 있었다고 말할 수 있다.

30년대의 역사적 모더니즘은 이 모든 과정과 사실들을 포함

---

53) 「시인의 세대적 한계」, 조선일보, 1940. 4. 13.
54) 「시의 장래」, 조선일보, 1940. 8. 10.

하는 것이라고 할 수 있다. 어떤 의미에서 보면 모더니즘이란 이미 패배를 전제로 한 문학이라 할 것이다. '모더니즘의 승리'란 있을 수 없기 때문이다. 그런 점에서 한국 모더니즘의 역사적 의미는 그 발생과 전개, 그리고 그 자기 반성에 이르는 과정 자체에 있다고 할 수 있다. 그것이 긍정적이든 부정적이든간에 30년대의 모더니즘은 동시대 문단에서 새로운 문학적 활기를 불어넣었던 사실은 부정하기 어렵다. 그들 세대의 성격과 관련된 그 미숙성이라든가 한계는 별도의 문제이다. 그런 점을 인정할 때 모더니즘의 문학적 의미도 재평가해볼 수 있다.

한국 문학에서의 모더니즘의 의미는 다음 몇 가지로 요약될 수 있다.

첫째, 역사적 모더니즘은 새로운 문학 형식의 발견과 창작 기술 확대의 계기를 마련하였다. 구인회 작가들이 개발한 장시, 심경소설(심리소설), 알레고리의 방법, '의식의 흐름' 수법 등이 그것인데, 이는 '카프' 작가들이 창출한 단편 서사시, 리얼리즘 소설 형식과 대응된다. 그 밖에 이효석이 시도한 순수한 설화체 소설도 이에 포함시켜볼 수 있을 것이다. 이러한 문학 형식(창작 기술)은 분명히 한국 근대 문학의 층을 두텁고 다양하게 하는 데 기여하였다.

둘째, 문학에 대한 관념과 작품의 리얼리티 문제에 대한 재정의가 가능하게 되었다. 한국의 전통적인 문학관은 공리주의적·효용론적인 것이었고, 근대 초기의 이광수의 문학, 카프의 리얼리즘 문학도 비슷한 성격을 띠고 있다. 그런데 구인회를 중심으로 한 모더니즘 시인(작가)들은 개인차는 있지만 대체로 이를 거부하면서 작가의 개성에 따른 주관적인 문학과 문학적 리얼리티의 다양성을 옹호하고자 하였다. 현대 사회는 개인의 존재와 가치의 다양성을 인정하는 사회이며 문학의 경우에서도 그렇다. 이 문제를 본격적으로 제기한 것이 구인회의 모더니즘이었으며, 이후의 문학은 그것을 동의하든 않든간에 작가의 개성

과 그가 추구하는 리얼리티의 다양성을 인정하는 방향으로 전
개되었다. 이런 현상은 사회 구조의 변화에 따른 사회적 연대감
의 붕괴에 따라 부분적으로 가속화되고 있기도 하다.

　셋째, 모더니즘은 현대 문학(도시 문학)의 한 가닥을 형성하
는 계기를 마련하였다. 현대 문학의 중요한 특성 중의 하나는
기교를 강조하는 도시 문학이라는 점이며, 그것이 모더니즘의
이름으로 나타나는 경우도 있는데, 그 역사적 기원은 다름아닌
30년대 모더니즘이라 할 수 있다. 일본 자본주의하에서의 역사
적 모더니즘의 문제점들(퇴폐성, 문학의 물신주의 등)은 60년대
의 한국 자본주의의 성숙과 함께 등장한 김수영 등에 의해 어느
정도 극복되지만 그 문학 자체의 성격은 새롭게 변모된 채로 여
전히 지속되고 있다고 할 수 있다. 물론 리얼리즘 문학이라든가
민중문학의 의의도 부정되지는 않는다.

　이렇게 이해하고 보면 1930년대의 모더니즘은 역사적이자 현
재적인 과제라 할 수 있다. 한국 모더니즘의 문학사적 의의는
그러한 인식과 논의의 집단적인 단초를 마련했다는 데 있다.

모더니즘의 한계와 그 극복
──김수영의 경우

염 무 웅

1

활자로 인쇄된 김수영의 첫 작품은 1947년경 『예술부락』이
란 동인지에 게재된 「묘정(廟庭)의 노래」라고 한다. 「연극하다
가 시로 전향」이란 수필에 보면, 이때 그는 벌써 상당한 정도의
습작을 하고 있다가 해방 후 최초로 나온 이 문학 동인지에 20
편 가까운 '모던한 작품들'을 투고했던바, 그 중에서 하필 스타
일이 가장 낡은 이 작품이 뽑혀서 실렸다고 한다. "그 후 나는
이 작품을 나의 마음의 작품 목록에서 지워버리고, 물론 보관해
둔 스크랩도 없기 때문에"(침,[1] p. 56) 그것이 어떤 작품이었는
지 유감스럽게도 검토해볼 수 없다. 이 무렵 김수영은 박인환이
경영하던 말리서사란 책방을 드나들게 되고, 이 책방에 자주 나
타나던 김기림·이시우·김광균·오장환·김병욱·박일영 등 당
대의 소위 첨단을 걷는 예술가들과 어울리게 되었다. 이들과의
교유가 김수영의 문학에 얼마나 본질적인 영향을 미쳤는지 확
인할 길은 없으나, 어떻든 김수영이 이들의 모더니즘적인 분위
기에서 출발했던 것은 분명하다. 박인환의 이름이 나오는 모든

1) 침:『詩여, 침을 뱉어라』, 퓨:『퓨리턴의 肖像』, 이하 같음.

수필에서 김수영은 이 유명한 모더니스트에게 기탄 없는 경멸을 표하고 있지만, 당시의 김수영으로서는 요란스러운 현대 용어들이 마구 나열되어 있는 박인환의 '난해시'에 이끌림과 반발을 아울러 느꼈던 것 같다. 말리서사가 없어진 얼마 후 김경린·임호권·박인환·양병식과 함께 낸 시화집 『새로운 도시와 시민들의 합창』(1949. 4)에 그가 발표한 두 편의 시의 제목이 「아메리카 타임지」와 「공자의 생활난」이라는 데서도 우리는 김수영의 그러한 자기 분열을 느낄 수 있다. 좀더 정리된 작품이라고 여겨지는 「공자의 생활난」을 예로 들어 김수영의 시적 출발 지점을 검토해보기로 하자.

꽃이 열매의 上部에 피었을 때
너는 줄넘기 作亂을 한다

나는 發散한 形像을 求하였으나
그것은 作戰 같은 것이기에 어려웁다

국수──伊太利語로는 마카로니라고
먹기 쉬운 것은 나의 叛亂性일까

동무여 이제 나는 바로 보마
事物과 事物의 生理와
事物의 數量과 限度와
事物의 愚昧와 事物의 明晰性을

그리고 나는 죽을 것이다

얼핏 읽기에 대단히 어려운 작품이다. 솔직히 말하면 반쯤 장난삼아 억지로 만들어낸 작품 같기도 하다. 그러니까 그 동안 우리가 신물나게 많이 보아온 소위 난해시들 중의 하나이다. 그러나 그렇게 억지로 꾸며내는 가운데서도 시를 지향하는 어떤 일관된 의도가 완전히 배제되고 있지는 않음을 알 수 있다. 우선 가장 뚜렷이 눈에 띄는 의도의 한 덩어리는 "동무여 이제 나는 바로 보마"로 시작되는 제4련이다. 그러나 거의 선언문적 선명성을 가진 이 제4련이 선명하면 선명할수록 작품 전체의 구조는 오히려 더욱 불가해한 양상을 띤다. 즉 어떤 시적 전개의 결과로서 작중 화자가 "동무여 이제 나는 바로 보마"고 다짐하게 되었는지, 그리고 이어서 "나는 죽을 것이다"란 비장한 예감을 하게 되는 것인지 도무지 직감하기 어려운 것이다. 그래서 우리는 이 비밀을 풀어주는 열쇠가 당연히 그 앞의 세 연에 있으리라고 기대하게 된다. 앞의 세 연을 다시 한번 읽어보자. 나는 여러 번 되풀이해서 이 구절들을 읽었으나 가물가물 잡히는 게 없었다. 곰곰이 따져보면 '꽃'과 '줄넘기 작란(作亂),' '발산한 형상'과 '작전' 그리고 '마카로니'와 '나의 반란성'이 각 연에서 짝을 이루면서 전개되고 있음을 알 수 있다. 아울러 '꽃'과 '발산한 형상'과 '마카로니'가, '줄넘기 작란'과 '작전'과 '나의 반란성'이 서로 연결되면서 어떤 의미를 향해 나아가고 있음을 어렴풋이 인지할 수 있다. 그러나 그 발전의 다음 단계인 제4련에서의 돌연한 전환은 오직 독자를 얼떨떨하게 만들 따름인 것이다.[2] 어쩌면 김수영이 이 시에서 노린 것은 바로 이와 같은 의미의 혼란과 단절, 돌연한 전환, 제4련과 제5련 사이에 있는 바와 같은 엉뚱한 비약, 그리고 이 모든 것들의 총체적 결합으로 독자를 낭패시키는 소격 효과 자체인지도 모른다. 이런 뜻

---

2) 김현은 시집 『거대한 뿌리』 해설에서 '바로 본다'가 대상을 도식적·관습적으로 보지 않는 것, 즉 상식에 대한 반란을 뜻하기 때문에 '나의 반란성'과 밀접히 관련된다고 하였다. 그러나 그것은 '바로 본다'와 '나의 반란성'이란 두 말만을 결부시킨 해석이지, 그 말들이 유기적 일부분으로 포함되어 있는 작품 전체의 구조와 의미에 대한 해석이라고 볼 수는 없을 것 같다. 오히려 그보다 '詩를 의식한 시'라는 황동규의 언급에 동감이 간다. '시를 의식한 시'란 시의 개념이 앞서 있는 시, 시의 일정한 개념에 따라 조립된 시일 것이기 때문이다.

에서 작품 「공자의 생활난」은 전형적인 모더니즘 계열의 난해
시 중의 하나이다.

『새로운 도시와 시민들의 합창』은 김기림·이상의 30년대적
모더니즘을 50년대의 모더니즘으로 확산시키는 길목에서 하나
의 중요한 징검다리가 되었다. 그러나 이 사화집 자체는 하나의
동인지를 표방할 만큼 회원들 사이에 문학적 의견의 일치를 이
루지 못했던 것 같다.3) 해방 후 우리나라의 모더니즘이 명확한
프로그램을 지닌 하나의 집단 운동으로 전개되는 것은 피난 수
도 부산에서 김경린·조향 등이 주도한 후반기 동인의 활동을
통해서이지만,4) 이때 김수영은 전쟁의 소용돌이에 말려 혹심한
고생을 겪고 있었다. 포로수용소에서 풀려날 때 그는 거의 걸음
을 옮기기 힘들 만큼 육체적으로 피폐해 있었고, 다쳐서 싸맨
무릎에서는 구더기가 기어나왔다고 한다. 이후 그는 "도회 안
에서 쫓겨다니는 듯이 사는 나의 일이며/어느 소설보다도 신기
로운 생활이며"(「달나라의 장난」)라고 스스로 개탄했던 대로 소
시민의 고단한 생활을 하면서 작고하기까지 15년 동안 매년 10
편 내외의 시들을 발표했다.

---

3) 사화집 『새로운 도시와 시민들의 합창』 표제 위에는 '신시론 시집'이라고 되어
  있다. 이 시집 후기에는 "우리들은 '신시론'의 멤버를 고정하여두고 싶지도 않
  다. 이론과 인간성이 합하는 데 스스로 모이고 이론과 인간성에 간격이 生하는
  데 스스로 흩어지고, 그러나 이런 유동과 함께 '신시론'이 발전하여나갈 수 있
  는 계기를 갖는다면 새로운 시가 전진하는 한 모멘트가 될 것이다"라고 씌어
  있다.
4) 「후반기 동인회의 의의」라는 글에서 김춘수는 이 동인회를 다음과 같이 적절
  히 비판하고 있다. "후반기 동인회의 최대의 약점은 사적으로 볼 때 잠깐 잊혀
  지고 있었던 문제를 다시 제기하여 이목을 어느 정도 끌게 했다는 이른바 선
  언적 역할에 그쳤지, 실(질이라고 해도 되겠다)에 있어 30년대를 능가하지 못
  했을 뿐 아니라, 이미 말한 대로 시적 발상태에 있어서는 그들 자신의 선언
  (의도)과는 달리, 전통적 발상태에 머물고 있었다는 데 있지 않을까 한다"(김
  춘수, 『의미와 무의미』, p.140).

2

1950년대에 있어서의 김수영의 문학 활동은 문예 운동으로서의 모더니즘과는 언제나 일정한 비판적인 거리를 유지하면서도 동시에 언제나 모더니즘의 테두리 안에서 전개되었다. 그는 일생 동안 김소월이나 김영랑 혹은 서정주와 같은 개념에서의 서정시를 단 한 편도 쓰지 않았다. 아마도 그는 자연을 자체로 완상하는 시를 쓰지 않은 드문 시인 중의 하나일 것이다. 이런 뜻에서도 그는 철저한 반전통주의자이다. 물론 그가 구름·눈·비·반달·폭포, 등나무·싸리꽃, 토끼·풍뎅이·거미·파리 같은 소재들을 다루지 않은 것은 아니지만 그것들은 언제나 '김수영 인간학'의 개진을 위한 소도구 혹은 장식에 불과했다. 풍경화나 정물화를 그리는 일은 그에게 아무런 관심도 끌지 못했던 것이다. 사람들이 와글거리며 아귀다툼하는 이 도시적 환경에서 어떻게 제대로 살 것이며 또 어떻게 제대로 못 살고 있는가, 이것만이 그에게 문제였다는 점에서 그의 시는 언제나 윤리적 가치와의 관련에서 해명될 수 있다.

> 제트機 壁畵 밑의 나보다 더 뚱뚱한 주인 앞에서
> 나는 결코 울어야 할 사람은 아니며
> 영원히 나 자신을 고쳐가야 할 運命과 使命에 놓여 있는 이 밤에
> 나는 한사코 放心조차 하여서는 아니 될 터인데
> 팽이는 나를 비웃는 듯이 돌고 있다
> ──「달나라의 장난」 일부

> 나의 마음을 딛고 가는 거룩한 발자국 소리를 들으면서
> 지금 나는 마지막 붓을 든다

누가 무엇이라 하든 나의 붓은 이 時代를 眞摯하게 걸어가는 사
람에게는 恥辱

물소리 빗소리 바람 소리 하나 들리지 않는 곳에
나란히 옆으로 가로 세로 위로 아래로 놓여 있는 무수한 꽃송이
와 그 그림자
그것을 그리려고 하는 나의 붓은 말할 수 없이 깊은 恥辱
　　　　　　　　　　　——「九羅重花」 제 3·4·5 련

비교적 의미가 명료한 부분을 떼어서 인용하는 것이 작품 전
체의 유기적인 통일성의 이해를 해칠 수도 있다는 위험을 감안
하고 읽어주기 바란다. 「달나라의 장난」의 인용 부분에서는
“뚱뚱한 주인”과 “팽이”가 앞뒤에 진을 치고 있고 그 사이에
“나”가 있다. “뚱뚱한 주인”은 왕성한 생활인이고, “팽이”는
단순한 사물로서, 양극단에 위치한 이 두 존재가 “나”를 당기
고 있다. 즉 “울어야 할 사람은 아니”라는 윤리적인 다짐이
“뚱뚱한 주인”과의 사이에, “비웃는 듯이 돌고 있다”는 자의식
이 “팽이”와의 사이에 개재해 있는 것이다. 그리하여 왕성한
생활인으로서의 “뚱뚱한 주인”이 열심히 돌고 있는 “팽이”로
축소되어 보이기도 하고 반대로 “팽이”가 “뚱뚱한 주인”으로
확대되어 보이기도 한다. 이러한 작품의 구조가 “영원히 나 자
신을 고쳐가야 할”“한사코 방심조차 하여서는 아니 될” 것이
라는 “나”의 도덕적 각성에 시적 긴장을 부여하는 것이다.
　「구라중화(九羅重花)」에서도 우리는 동일한 주제가 되풀이됨
을 본다. 여기서 ‘팽이’에 해당되는 것은 ‘꽃’이다. “물소리 빗
소리 바람 소리 하나 들리지 않는 곳에/나란히 옆으로 가로 세
로 위로 아래로 놓여 있는 무수한 꽃송이와 그 그림자”——이
부분에 있어서만은 김수영은 대상의 존재 자체에 순간적으로
붙잡힌다. 그러나 그는 대상을 그리는 순간에도 대상을 그리고

있다는 행위의 의미를 의식하는 일에서 결코 놓여나지 못한다. 그것은 자기가 "이 시대를 진지하게 걸어가는 사람"은 못 된다는 의식이다. 이처럼 대상을 의식하는 나를 의식하고 다시 그러한 자기를 의식하는 의식의 순환은 김수영의 문학적 사유를 이해하는 데 대단히 중요하다.[5] 그러나 이 의식의 문제가 그의 문학에서 본격적인 검토의 대상이 되는 것은 하이데거의 저작을 읽기 시작한 이후인 것 같으며, 50년대의 김수영을 사로잡은 것은 역시 생활의 중압과 그 중압 밑에서도 시를 쓰고 있다는 자기 반성이었다. 그의 시를 거론하는 사람들이 빠짐없이 그의 문학적 주제라고 지적하는 '자유'의 문제만 하더라도, 그것이 하나의 정립된 가치 개념으로서 처음부터 그에게 주어져 있었던 것은 아니다. 오히려 그의 문학에 활력과 매력을 주었던 것은 '자유'라든지 '정의'라든지 하는 어떤 이름붙여진 목표가 그에게 확정되어 있지 않다는 사실이었다. 타협과 정체, 도취와 집착은 언제나 그의 적이었던 것이다. 고요한 안주가 세속적으로는 행복이라고 믿어지기 때문에 "영원히 나 자신을 고쳐가야 할 운명"에서 그는 때때로 비애를 느꼈는지 모른다.

---

5) 거의 말장난처럼 여겨지는 다음의 시를 우리는 현대 심리학에서의 이러한 의식의 분열을 모르고서는 이해할 수 없을 것이다.

> 風景이 風景을 반성하지 않는 것처럼
> 곰팡이 곰팡을 반성하지 않는 것처럼
> 여름이 여름을 반성하지 않는 것처럼
> 速度가 速度를 반성하지 않는 것처럼
> 拙劣과 수치가 그들 자신을 반성하지 않는 것처럼
> 바람은 딴 데서 오고
> 救援은 예기치 않은 순간에 오고
> 絶望은 끝까지 그 자신을 반성하지 않는다   ——「絶望」(1965) 전문

이런 작품에 있어서의 심리학을 김수영은 다음과 같이 해설하기도 했다: "프로이트의 무의식의 시에 있어서는 의식의 증인이 없다. 그러나 무의식의 시가 시로 되어 나올 때는 의식의 그림자가 있어야 한다. 이 의식의 그림자는 몸체인 무의식보다 시의 문으로 먼저 나올 수도 없고 나중 나올 수도 없다. 정확하게 동시다. 그러니까 그림자가 있기는 있지만, 이 그림자는 그림자를 가진 그 몸체가 볼 수 없는 그림자다"(「참여시의 정리」, 『창작과비평』, 1967년 겨울호).

비가 오고 있다
여보
움직이는 悲哀를 알고 있느냐   ──「비」제 1 련

아아 아아 아아
불은 켜지고
나는 쉴사이없이 가야 하는 몸이기에
구슬픈 肉體여.   ──「구슬픈 肉體」마지막 연

어느 賣春婦의 生活같이
다소곳한 분위기 안에서
오늘이 봄인지도 모르고
그래도 날개 돋친 마음을 위하여
너와 같이 걸어간다
흐린 봄철 어느 午後의 무거운 日記처럼
그만한 憂鬱이 또한 必要하다
세상을 속지 않고 걸어가기 위하여
                    ──「바뀌어진 地平線」일부

바늘구녕만한 叡智를 바라면서 사는 者의 설움이여
너는 차라리 不正한 者가 되라
오늘
이 헐벗은 거리에 가슴을 대고
뒤집어진 不正이 정의가 되지 않더라도   ──「叡智」제 1 련

　　30년대의 김기림과 김광균의 시에서 감각과 재치로 그려진
그림들 안쪽에 언제나 애수와 감상이 도사리고 있었던 것처럼
김수영의 도덕적 자기 단련 배후에 비애와 우울과 설움이 깔려
있음을 보는 것은 대단히 흥미있는 일이 아닐 수 없다. 인용된
네 시구들 중에서 앞의 둘은 더 설명할 필요 없이 명백하므로

먼저 「바뀌어진 지평선」을 살펴보자. 이 시에서 "세상을 속지 않고 걸어가"겠다는 시인의 결의를 뒷받침하는 것은 "매춘부의 생활"과 "날개 돋친 마음" 사이의 긴장과 갈등이다. "매춘부의 생활"을 이해하기 위하여 그의 에세이 한 토막을 인용한다: "나의 산문 행위는 모두가 원고료를 벌기 위한 매문(買文)·매명(賣名) 행위였다. 그리고 지금 이 순간에 하고 있는 것도 그것이다. 진정한 '나'의 생활로부터 점점 거리가 멀어지고, 나의 머리는 출판사와 잡지사에서 받을 원고료의 금액에서 헤어날 사이가 없다"(수필, 「茉莉書舍」, 퓨, p. 220). 글을 팔고 이름을 팔고 결국 몸을 파는 행위에 견디지 못하는 마음, '진정한 나'를 그리워하며 그것에 가까워지려는 마음을 "날개 돋친 마음"이라 할 때, 이 마음과 생활 즉 의식과 존재는 김수영에게 있어 서로 모순·대립하고 있는 것이다. 이 작품의 경우 세상을 속지 않고 걸어가겠다는 것을 우리는 그 대립을 회피하지 않겠다는 것으로 받아들일 수 있을 것이다. 모순의 수락이라는 이런 메마른 도덕적 긴장을 "흐린 봄철" "어느 오후" "무거운 일기" 즉 짙은 우울의 분위기가 감싸고 있다.

「예지」에서는 이 갈등이 역설의 형태로 표현된다. "흐린 봄철"이란 시간적 배경이 "헐벗은 거리"라는 공간적 배경으로 바뀌어 있음도 유의할 필요가 있다. 다시 말하면 이 작품은 훨씬 더 논리적인 구조를 가지고 있는 것이다. 논리의 전제가 되는 것은 "뒤집어진 부정이 정의가 되지 않더라도"이다. "뒤집어진 부정" 즉 부정에 가담 않는 소극적 자세가 정의 즉 적극적 가치와 일치하는 것은 아니다. 그것을 알면서도 겨우 "바늘구녕만한 예지"에 기대어 삶을 지탱하고 있다는 사실의 서러운 확인은 "너는 차라리 부정한 자가 되라"고 부르짖게 만든다. 이 경우 "차라리"란 말은 "바늘구녕만한 예지"에 함축된 최소한의 자기 긍정마저 끝내 거부하는 철저한 윤리 의식으로 고양되어 "부정한 자가 되라"의 의미를 정의에 대한 강력한 갈구로 역전시키는 것이다.

그러나 몹시 갈구하되 몸으로 실천하지 못하고 있다는 사실 및 그 사실에 대한 자의식은 결국 이 작품뿐 아니라 김수영의 모든 문학에 난해성을 부여한다. 그의 시는 4·19 직후에 발표된 서너 편을 제외하면 언제나 선명한 발언과 거리가 멀다. 물론 시가 명료한 의미만으로 이루어지는 것은 아니다. 우리 조상 때부터 늘 읽으며 즐겨온 시들, 우리가 으레 잘 알고 있는 것으로 간주하는 시들 중에도 사실은 명료한 의미의 질서를 갖지 않은 작품들이 얼마든지 있다. 과거의 시들은 흔히 이 의미의 미흡성을 흥겨운 가락에 실어 독자들의 심미적 요구에 호응했다. 의미나 가락 이외에도 수없이 많은 요소들의 총화로써 시의 효과는 작용된다. 그런데 문제는 과거의 시에서는 시의 효과가 시인 한 사람의 단독적 발명이 아니고 일반 독자들의 장구한 세월에 걸친 직접법·간접법 협력과 간섭에 의해 형성되었기 때문에 독자가 그것에 처음부터 상당히 익숙해 있다는 점이다. 농부들이 민요를 어느 누구의 작품이라는 의식 없이 노래하는 사실에서 우리는 중요한 암시를 얻을 수 있다.

김수영을 포함한 현대 시인의 경우에는 시인 자신이 독자들의 몫까지 맡아야 하게 되어 있다. 오늘날 시의 제작은 창조 행위와 그것에 대한 비평적 견제 행위의 통일로서 이루어질 수밖에 없다. 여기서 근본적으로 중요한 문제는 이러한 작업이 의식의 분열을 동반하지 않아야 한다는 것이다. 즉, 시인 자신으로서는 자기의 절실한 감정과 생활을 노래하는 것으로 그치되, 그것이 그대로 독자들에게 동질적인 울림으로 재창조되어야 한다. 현대 시인들은 그것이 불가능하다고 말한다. 시가 어려워서 독자들이 가까이하려 하지 않는 데서 오히려 영광을 느껴야 한다고 주장하는 시인마저 있다. 그러나 이것은 시인과 독자의 분열, 즉 시의 소외가 유구한 시의 역사에서 지극히 예외적인 현상이요 대단히 불행한 현상이라는 데 대한 인식의 결여를 증명하는 것 이외의 아무것도 아니다. 김수영은 시의 난해성이 극복되어야 할 현상이라는 분명한 인식을 가지고 있었던 점에서 50년대 우리 시단에서 매우 선진적인 시인이었다. 그러나 20여 년에 걸친 끈덕진 혈투에도 불구하고 그의 시에서 난해성이 청산 안 되었던 것도 우리는 인정하지 않을 수 없다. "나의 현대시의 출발"(침, p.60)이라고 자부했고 그의 대표작의 하나라고 거론되곤 하는 「병풍」(1956)을 예로 들어 이 점을 살펴보자.

屛風은 무엇에서부터라도 나를 끊어준다
등지고 있는 얼굴이여
주검에 醉한 사람처럼 멋없이 서서
屛風은 무엇을 向하여서도 無關心하다
주검에 全面 같은 너의 얼굴 우에
龍이 있고 落日이 있다
무엇보다도 먼저 끊어야 할 것이 설움이라고 하면서
屛風은 虛僞의 높이보다도 더 높은 곳에
飛瀑을 놓고 幽島를 점지한다.
가장 어려운 곳에 놓여 있는 屛風은
내 앞에 서서 주검을 가지고 주검을 막고 있다
나는 屛風을 바라보고
달은 나의 등뒤에서 屛風의 主人 六七翁海士의 印章을 비추어주는 것이었다.

김수영 자신은 이 작품이 "죽음을 노래한 시"라고 말하고 있다(침, p.60). 그런데 나로서는 여러 번 읽고 생각해보았으나 이 작품이 어떻게 죽음을 노래하고 있는지 도저히 간파할 수 없었다. 물론 그의 '죽음'이란 말 자체가 단순한 것은 아니다. 몇 차례에 걸쳐 그는 이 말을 매우 독특한 개념으로 쓰고 있다. "죽음의 구원. 아직도 나는 시를 통한 구원을 받지 못하고 있는 것처럼 죽음에 대한 구원을 받지 못하고 있다"(「茉莉書舍」, 퓨,

p. 220). "모든 시는——마르크스주의의 시까지도 합해서—— 어떻게 자기 나름으로 죽음을 완수했느냐의 문제를 검토하는 방법이라고 해도 과언이 아니다. 그리고 모든 시론은 이 죽음의 고개를 넘어가는 모습과 행방과 그 행방의 거리에 대한 해석과 측정의 의견에 지나지 않는다"(「죽음과 사랑의 對極은 詩의 本髓」, 퓨 p. 188). "요즘 젊은 시인들의 특히 참여시 같은 것을 볼 때, 그것이 죽음을 어떤 형식으로 극복하고 있는지에 자꾸 판단의 초점이 가게 된다. 〔……〕 신동엽의 이 시에는 〔……〕 죽음의 음악이 울리고 있다"(「參與詩의 整理」, 『창작과비평』, 1967년 겨울호). 각각 조금씩 뉘앙스가 다르기는 하지만 모두 어떤 비슷한 개념을 지향하고 있다. 이 경우 '죽음'은 단순히 생물적 종말을 뜻한다기보다, 삶의 과정을 부단히 규제하고 삶에 붙어 있는 허위들을 척결해내는, 즉 삶을 가장 삶답게 하는 궁극적 담보로서의 의미를 지닌다고 할 수 있다. 그런데 문제는 이런 것들을 따져보더라도 작품 「병풍」에서 밝혀지는 것이 별반 없다는 사실이다. 다시 작품 자체로 돌아와 그 내부 구조를 분석해보자.

1) 龍/落日/飛瀑/幽島/印章.
2) 등지고 있는 얼굴/주검에 醉한 사람/주검의 全面.
3) 虛僞의 높이보다도 더 높은 곳/가장 어려운 곳.
4) 屛風은 무엇에서부터라도 나를 끊어준다/屛風은 무엇을 向하여서도 無關心하다/무엇보다도 먼저 끊어야 할 것이 설움이라고 하면서/屛風은 내 앞에 서서 주검을 가지고 주검을 막고 있다/나는 屛風을 바라보고.

작품을 해체하여 이렇게 조립해놓고 보면, 뚜렷한 의미가 잡히지는 않아도 그런대로 어떤 질서가 지어지는 듯하다. 1)은 설명의 여지가 없이 분명하다. 용과 져가는 해와 폭포와 아득히

섬이 그려져 있고 도장이 찍혀 있는 것이다. 2)도 뚱딴지 같은
비유이기는 하지만 그것이 다름아닌 병풍의 비유임을 어렵지
않게 알아볼 수 있다. 그 비유가 "등지고 있는"에서 "주검에
취한"으로, 그리고 다시 "주검" 자체로 발전하는 데에 세심하
게 유의한다면 3)의 의미가 어렴풋이 잡혀져오는 것 같다. 이
시에 진술된 상황은 "나는 병풍을 바라보고"일 뿐이다. 그런데
그 병풍은 시각적으로는 바로 내 앞에 있으면서 정신적으로는
"가장 어려운 곳"에 있다. 즉 병풍은 단순한 사물로서 앞에 놓
여 있는 것이 아니라 "가장 어려운" 문제로서 "나"를 가로막
고 있다. 그리고 "나"에게 세속의 모든 것을 벗어나라, 무엇보
다도 먼저 설움에서 벗어나라, 그것이 죽음을 이기는 첫걸음이
다, 라고 요구하는 듯하다. 그러나 그것은 "병풍을 바라보는"
사람의 자의식일 뿐이고, 병풍 자체는 언제나 마치 "주검"처럼
"무엇을 향하여서도 무관심하다." "내 앞에 서서 주검을 가지
고 주검을 막고 있다"는 이 작품의 핵심적 구절은 이런 관련
밑에서 이해될 수 있다.6) 왜냐하면 "주검을 가지고"는 "무엇을
향하여서도 무관심하다"에, "주검을 막고 있다"는 "무엇에서
부터라도 나를 끊어준다"에 각각 대응되면서 이 한 쌍의 대응
사이에 모순이 존재하는데, 이 모든 대응과 모순의 전개가 "내
앞에 서서 주검을 가지고 주검을 막고 있다"에 와서 총체적으
로 집약되고 있기 때문이다

　내딴에는 상당히 철저하게 따져본 셈이다. 그런데도 이 분석
들이 나에게는 김수영 본인의 "죽음을 노래한 시"라는 단 한마
디의 결정적인 요약이 갖는 명징성에 멀리 미치지 못하는 것으

---

6) 「병풍」과 같은 해(1956)에 씌어진 「水焰爐」란 작품의 마지막 연은 다음과 같
　다. 이 경우 "주검"과 "어둠"은 동질적인 의미의 계열에 속하는바, 이 두 작
　품의 배후에는 어떤 동일한 정신의 움직임이 있으리라 추측된다.

　　그래서 그는 낮에도 밤에도
　　어둠을 지니고 있으면서
　　어둠과는 妥協하는 법이 없다

로 느껴지며, 따라서 작품 자체는 여전히 내 손에 잡히지 않았
다는 허전함이 남아 있다. 그리하여 나는 50년대에 씌어진 김
수영의 시들 중에서 앙상한 논리보다 풍부한 이미지와 비유로
써 이루어진 「도취(陶醉)」의 「피안(彼岸)」 같은 작품에서 가
장 시다움을 느낀다. 길지만 전문을 인용한다.

> 내가 사는 지붕 우를 흘러가는 날짐승들이
> 울고 가는 울음 소리에도
> 나는 취하지 않으련다
>
> 사람이야 말할 수 없이 애처로운 것이지만
> 내가 부끄러운 것은 사람보다도
> 저 날짐승이라 할까
> 내가 있는 방 우에 와서 앉거나
> 또는 그의 그림자가 혹시 떨어질까보아 두려워하는 것도
> 나는 아무것에도 취하여 살기를 싫어하기 때문이다.
>
> 하루에 한 번씩 찾아오는
> 수치와 고민의 순간을 너에게 보이거나
> 들키거나 하기가 싫어서가 아니라
>
> 나의 얇은 지붕 우에서 솔개미 같은
> 사나운 놈이 약한 날짐승들이 오기를 노리면서 기다리고
> 더운 날과 추운 날을 가리지 않고
> 늙은 버섯처럼 숨어 있기 때문에도 아니다
>
> 날짐승의 가는 발가락 사이에라도 잠겨 있을 운명——
> 그것이 사람의 발자국 소리보다도
> 나에게 시간을 가르쳐주는 것이 나는 싫다
>
> 나야 늙어가는 몸 우에 하잘것없이 앉아 있으면 그만이고

462

　너는 날아가면 그만이지만
　잠시라도 나는 취하는 것이 싫다는 말이다

　나의 초라한 검은 지붕에
　너의 날개 소리를 남기지 말고
　네가 던지는 조그마한 그림자가 무서워
　벌벌 떨고 있는
　나의 귀에다 너의 엷은 울음 소리를 남기지 말아라
　차라리 앉아 있는 기계와 같이
　취하지 않고 늙어가는
　나와 나의 겨울을 한층 더 무거운 것으로 만들기 위하여
　나의 눈이랑 한층 더 맑게 하여다우
　짐승이여 짐승이여 날짐승이여
　도취의 피안에서 날아온 무수한 날짐승들이여

　이 작품 역시 김수영 특유의 도덕적 순결성에 대한 갈망을 담고 있기는 하다. 첫 연의 "울고 가는 울음 소리에도/나는 취하지 않으련다"는 구절은 즉각 앞서 검토한 「병풍」의 "무엇보다도 먼저 끊어야 할 것이 설움이라"는 구절을 연상시킨다. 제3련에 보이는 "수치와 고민"이라는 말 또한 우리는 김수영의 시 도처에서 찾아볼 수 있다. 그러나 이 작품에서 김수영의 도덕적 태도만을 읽으려는 것은 옳지 못하다. 이 시가 우리에게 감동을 주는 것은 김수영이 의도하지 않은 혹은 심리 내지 계획된 의도를 모르더라도 이 시를 즐길 수 있다. 가령 제4련의 "나의 얇은 지붕 우에서 솔개미 같은/사나운 놈이 약한 날짐승들이 오기를 노리면서 기다리고/더운 날과 추운 날을 가리지 않고/늙은 버섯처럼 숨어 있기 때문에도 아니다" 같은 구절은 그 생생한 묘사와 적확한 비유 때문에만도 흥겹게 읽힌다. 그러나 이 구절도 잘 생각해보면 일정한 상징적 의도를 감추고 있음이 드러난다. 그러나 그 상징성을 아는 것은 이 시가 주는 즐거움을

배가시키기는 하지만, 상징성 자체가 즐거움의 유일한 원천인 것은 아니다. 그렇기 때문에 우리는 별다른 사전의 준비 없이도 이 시가 주는 풍성한 감흥을 즐길 수가 있는 것이다.

김수영의 대부분의 시 및 이른바 현대시라고 일컬어지는 모든 시는 독자들에게 이미지·리듬·비유 등에 관한 지식으로 무장하기를 요구한다. 이런 무장을 갖추지 않은 사람에게 있어서 가령 앞의「병풍」같은 작품은 전연 이해할 수도 즐길 수도 없는, 괴이하기 짝이 없는 한 뭉텅이의 어군(語群)에 지나지 않을 것이다. 우리 문학사를 보면, 30년대의 이상이 그런 괴이한 작품들을 만들어냈고 40년대 후반에는 이 많은 시인들이 이런 실험에 관심을 보였으며, 50년대에 오면 '후반기' 동인회를 시발점으로 하여 이런 계열의 수많은 작품들이 양산되어나왔고 지금도 쉴새없이 그런 작품들이 발표되고 있다. 이에 대하여 김수영은 진짜 '난해시'와 '불가해한 시'를 구별하면서(「생활 현실과 시」, 퓨, p. 26) 양심이 없이 기술만을 구사하는 시인들이 "사기를 세련된 현대성이라고 오해하고"(「난해의 장막」, 퓨, p. 108) 있다고 비판하였다. 어려울 수밖에 없는 필연적 이유를 지닌 진정한 난해시와 엉터리로 꾸며낸 시 아닌 시를 구별하려는 김수영의 노력은 물론 훌륭한 것이고, 현대시 전반을 뒤덮고 있는 허위와 기만을 공격하는 데 바쳐진 그의 공적은 가히 기념비적인 중요성을 지닌다. 그러나 내가 보기에는 근본적 문제점이 진짜 난해시냐 가짜 난해시냐를 구별하는 데만 있는 것이 아니라 진짜·가짜를 포함해서 난해시 자체가 서 있는 문학사적 근거를 옳게 인식하고 이를 제대로 극복하고 넘어서느냐 못 넘어서느냐에 있다. 김수영의 다음과 같은 지적이 난해시를 넘어선 자리 아닌 난해시의 한계 안에 남아 있는 한, 가짜의 횡행은 결국 막을 길이 없을 것이다.

좋은 李箱의 시가 이런 가짜의 누명을 쓸 여지를 남겨놓고 있는

반면에, 나쁜 惡流의 모더니즘의 시가 실격의 집행유예를 받을 수
있는 여지가 또한 생긴다. (「참여시의 정리」)

이런 점에서 나는 김수영이 「예지」나 「병풍」이나 「폭포(瀑
布)」나 「동맥(冬麥)」처럼 메마른 논리의 세계를 끝내 물고늘어
져 그 속에서 현대시의 문제를 해결하려고 시도하기보다도 「도
취(陶醉)」의 「피안(彼岸)」처럼 풍성한 이미지와 싱싱한 감수
성의 세계를 개발·확보함으로써 현대시의 새 지평을 개척하는
것이 더 생산적이었을 것이라고 생각한다.

3

　각박한 생활이 주는 한없는 고달픔, 정직하고 진실하게 살려
는 갈망, 생활과 갈망의 괴리에서 오는 자책과 자의식, 그리고
이 모든 것들에 물들어져 있는 비애와 우수——아마 우리는 50
년대 김수영의 시를 이렇게 요약해볼 수 있을 것이다. 그런데
그의 문학의 최대의 강점은 어떤 정지된 상태에 만족할 줄 모르
는 지침 없는 탐구욕, 끊임없이 앞을 향해 움직이는 정신이 그
를 지배한다는 사실이다. "나는 너무나 많은 첨단(尖端)의 노
래만을 불러왔다/나는 정지(停止)의 미에 너무나 둔한하였다"
(「序詩」)는 구절은 그 자신에게 있어서는 자기 반성의 일환으
로 말해진 것이지만, 그러나 그에게 정신의 건강과 의식의 확장
을 지속적인 것으로 담보해준 동력은 이러한 "첨단의 노래"를
추구하는 한결같은 자세였다. 강인한 사회 의식과 열렬한 참여
정신은 김수영의 문학적 상표처럼 알려져 있으나, 실은 그것도
50년대의 전기간에 걸친 이러한 꾸준한 고뇌의 과정을 겪은 끝
에야 겨우 어떤 이념의 형태로 정착된 것이었다. 50년대말에
발표된 「사령(死靈)」(1959)은 그의 개인적인 도덕성이 일정한

사회적 차원을 획득하려는 고비에 있어서의 긴장된 모습을 보여준다.

> 活字는 반짝거리면서 하늘 아래에서
> 간간이
> 자유를 말하는데
> 나의 靈은 죽어 있는 것이 아니냐
>
> 벗이여
> 그대의 말을 고개 숙이고 듣는 것이
> 그대는 마음에 들지 않겠지
> 마음에 들지 않아라
>
> 모두 다 마음에 들지 않아라
> 이 黃昏도 저 돌벽 아래 雜草도
> 담장의 푸른 페인트빛도
> 저 고요함도 이 고요함도
>
> 그대의 正義도 우리들의 纖細도
> 行動이 죽음에서 나오는
> 이 욕된 郊外에서는
> 어제도 오늘도 내일도 마음에 들지 않아라
>
> 그대는 반짝거리면서 하늘 아래에서
> 간간이
> 자유를 말하는데
> 우스워라 나의 靈은 죽어 있는 것이 아니냐

여기서 드디어 우리는 60년대의 김수영을 무엇보다 사로잡았던 하나의 단어를 만난다. 물론 그 동안에는 그가 '자유'라는 말을 안 썼던 것은 아니지만, 그러나 이 말에 일정한 사회적·

문학적 목표를 지향하는 이념으로서의 확실한 무게가 얹혀지
는 것은 이 작품 이후라고 생각된다. 이러한 확실성의 획득은
작품의 의미를 선명하게 하는 데에도 기여하고 있다. 이 작품에
는 두 개의 의미 계열이 서로 꼬리를 물고 진행되고 있다. "활
자(活字)는 〔……〕 자유를 말하는데"—"나의 영(靈)은 죽어
있는 것이 아니냐," "벗이여/그대의 말을"—"고개 숙이고 듣
는 것이," "그대의 정의(正義)"—"우리들의 섬세(纖細)," "행
동"—"죽음," "그대는 〔……〕 자유를 말하는데"—"나의 영
(靈)은 죽어 있는 것이 아니냐." 이렇게 도식화해놓고 보면 이
작품은 "누가 무엇이라 하든 나의 붓은 이 시대를 진지하게 걸
어가는 사람에게는 치욕"(「九羅重花」)이라는 그의 낯익은 주제
가 변주되고 있음을 알 수 있다. 그러나 50년대의 전형적인 김
수영 시들에 비하면 이 작품에서의 "자유"나 "정의" 같은 말
들은 순결성 강박에서 빚어진 소시민적 자의식의 찌꺼기를 상
당한 정도 털어내고 있으며, 털어낸 그만큼 이 작품은 밝고 선
명한 분위기를 얻는다. 이것은 이 작품의 균형잡힌 짜임새에 의
해 확실하게 보강된다. 모두 다섯 연으로 된 이 시에서 호격
"벗이여"를 제외하고 종결어미들을 뽑아보면, "아니냐/않겠지/
않어라/않어라/않어라/우스워라/아니냐"가 된다. 여섯 개의
부정사들 틈에 "우스워라"가 끼여 변화를 주는 동시에 부정의
반복이 초래할 법한 침통함을 재치 있게 반전시키고 있다. "우
스워라" "않어라" 들의 적절한 배치에서 오는 음악적 효과도
이 시에서 간과할 수 없을 것이다.

　이렇게 검토해볼 때 우리는 개인의 테두리 안에서 뜨겁게 소
용돌이쳐온 김수영의 도덕적 갈등이 어제보다 확장된 공간을
요구하게 된 필연성에 납득이 간다. 이 점에서 4·19는 그에게
결코 우발적인 사건일 수 없었다. 4·19 혁명은 해방 후 우리
문학사의 분수령이었을 뿐만 아니라 김수영의 문학적 생애에
있어서도 분수령이 되었다. 이를 계기로 하여 김수영의 문학은

단연코 사회적인 성격을 띠게 되었고, 인간의 구체적 삶을 규정 짓는 터전으로서의 정치·사회적 상황에 예리한 관심을 기울이게 되었다. 60년대의 시들도 그 대다수는 소재를 개인적·신변적인 데서 구했지만 그런 경우에도 언제나 사회적 관련이 의미를 결정하는 보다 중요한 요인이 되었다. 이와 동시에 그는 시론과 시비평에 손을 대어 우리 시단의 낙후성과 기만성을 공격하고 시인적 양심과 표현의 자유를 옹호하기 위한 정력적인 활동을 전개함으로써, 60년대 후반부터 지금까지에 이르는 한국 시의 한 시대를 개막하였다. 이제 산문들에 표현된 그의 문학적 지향을 살펴보자.

김수영은 일생 동안 시인으로 자처했고 평론 쓰는 것을 늘 일종의 외도라고 생각했다. "나는 아직도 나의 시론을 전개할 만한 준비가 되어 있지 않다"(「시작 노트」, 퓨, p.76). 그러나 이렇게 말하면서도 그는 상당수의 시론과 시평을 썼고, 그렇게 하여 묶여진 『시여, 침을 뱉어라』와 『퓨리턴의 초상』을 읽어보면 그가 우리나라 일급의 산문가요, 60년대 최고의 시론가임을 확인할 수 있다. 우리 문학사에서 그와 비교될 만한 인물로서는 오직 30년대의 김기림이 찾아질 뿐인데, 우연치 않게도 이 두 사람은 여러 문학론의 원천을 영문학에서 구했고 외국 문학의 소개와 번역에 업적을 남겼으며 현대 문명 전체의 상황에로 시야를 넓히려 했다. 그들은 무엇보다도 전통과 보수주의에 대한 타협할 줄 모르는 비판자라는 점에 공통된다. 두 사람은 또한 각각 당대 일류의 시와 시론들에 있어서 그 청신성과 발랄함을 공유했고 그것들이 미친 영향력의 범위에 있어서도 막상막하였다. 반면에 김기림은 아카데미즘의 훈련을 더 받은 사람답게 자기 나름의 시이론적 체계를 세우는 데 주력했으나, 김수영은 실제 비평에서 더 역량을 발휘했다. 김기림이 이 땅에 모더니즘을 도입하여 시와 이론에 적용시키려 했다면, 김수영은 모더니즘의 김기림적 유산을 물려받아 그것의 토착화를 위해 따라서 그것의 극복을 위해 문학적 생애를 바쳤다. 이렇게 볼때 이상이나 정지용의 일면까지도 포함한 김기림 문학과 김수영 문학 사이에는 40년대의 청록파와 50년대초의 '후반기' 동인 활동을 괄호 속에 넣는 중요한 시사적 연속성이 존재한다. 한국 모더니즘의 역사에 있어서 김기림이 그 씨앗을 뿌린 사람이라면, 김수영은 모더니즘을 철저히 실천하려는 과정에서 한편으로 모더니즘을 완성하고 다른 편으로 그것에서 벗어나는 길을 틔워놓았다. 김수영은 한국 모더니즘의 허위와 기만성을 철저히 깨닫고 이를 통렬하게 공격했으나, 그의 목표는 진정한 모더니즘의 실현이지 모더니즘 자체의 청산이 아니었다. 다시 말하면 그의 모든 문학적 사고는 모더니즘의 한계내에서 이루어졌다. 그러나 그의 모더니즘은 '진정한' 모더니즘에로 나아가고자 한 것이었기 때문에——다른 모든 진정한 사고와 행동의 역사적 작용에서 볼 수 있듯이——한국 모더니즘의 기초를 분해하는 효소로서 사용하였다. 여기에 한국 모더니즘 역사에 있어서의 김수영의 역설적 위치가 있는지도 모른다. 이제 그의 문학관을 핵심적으로 보여주는 한 문장을 읽어보기로 하자.

> 모든 진정한 새로운 문학은 그것이 내향적인 것이 될 때는——즉 내적 자유를 추구하는 경우에는——기존의 문학 형식에 대한 위험이 되고, 외향적인 것이 될 때에는 기존 사회의 질서에 대한 불가피한 위협이 된다. 〔……〕 모든 실험적인 문학은 필연적으로는 완전한 세계의 구현을 목표로 하는 진보의 편에 서지 않을 수 없게 되는 것이다. 모든 전위 문학은 불온하다. 그리고 모든 살아 있는 문화는 본질적으로 불온한 것이다. 그것은 두말할 것도 없이 문화의 본질이 꿈을 추구하는 것이고 불가능을 추구하는 것이기 때문이다. (「실험적인 문학과 정치적 자유」, 퓨, p. 58)

이것은 그가 작고하기 바로 몇 달 전인 1968년 2월에 이어령과의 논쟁에서 쓴 문장의 한 구절이다. 김수영은 이보다 훨씬 전(1961년 3월)에도 이와 비슷한 생각을 글로 남기고 있다.

> 시 무용론은 시인의 최고 혐오인 동시에 최고의 목표이기도 한
> 것이다. 그러나 진지한 시인은 언제나 이 양극의 마찰 사이에 몸
> 을 놓고 균형을 취하려고 애를 쓴다. 여기에 정치가에게 허용되지
> 않은 시인만의 모랄과 프라이드가 있다. 그가 사랑하는 것은 '불
> 가능'이다. 연애에 있어서나 정치에 있어서나 마찬가지, 말하자면
> 진정한 시인이란 선천적인 혁명가인 것이다. (「시의 뉴 프런티
> 어」, 퓨, p. 40)

김수영의 이 문장들이 갖는 의의를 검토하기 전에 약간의 예
비적인 고찰이 필요할 듯하다. 우선, 역사의 진보에 확신을 갖
는 사람들로서 보기에는 '완전한 세계의 구현' 혹은 '꿈'의 동의
어로서 그가 '불가능'이란 말을 쓰는 데에 불만을 가질 수 있
다. 가능하지 않은 일인데도 가치가 있다는 이유만으로 그것을
추구한다면 그는 현실을 외면한 이상주의자에 불과할 것이기
때문이다. 나는 김수영의 이 말을 그처럼 가혹하게 따지고 싶지
는 않으나, 그가 스스로 이상주의자임을 자인하는 일면이 여기
있다고 할 때 그것을 전적으로 부인할 수는 없다고 생각한다.
그가 굳이 '불온하다'는 말을 쓴 것에 대해서도 우리는 마찬가
지로 추궁해볼 수 있을 것이다. 다른 한편, 그의 "진정한 시인
이란 선천적인 혁명가"란 말에 대해서 과잉 반응을 보이거나
색안경을 쓰는 것도 옳지 않을 것이다. 우리는 이 '혁명'이란
말을 정치적 고정 관념에 결부시키지 말고 김수영의 문맥 속에
서 이해해야 한다. 시와 혁명을 대비시킨 문장이 그의 일기에도
씌어져 있다. "말하자면 혁명은 상대적 완전을, 그러나 시는 절
대적 완전을 수행하는 게 아닌가. 그러면 현대에 있어서 혁명을
방조 혹은 동조하는 시는 무엇인가. 그것은 상대적 완전을 수행
하는 혁명을 절대적 완전까지 승화시키는 혹은 승화시켜보이는
역할을 하는 것이 아닌가. 여하튼 혁명가와 시인은 구제를 받을

지 모르지만, 혁명은 없다"(침, p.25). 이 경우 '혁명'은 시의 정신성에 대조되는 현실성을 가진 개념이다. 김수영은 현실 세계에서의 혁명과 정신 세계에서의 시가 '완전'을 추구하는 점에서 일치하나, 혁명은 현실에 구속되기 때문에 상대적이고 시는 무엇에도 구속되지 않기 때문에 절대적이라고 본 것이다. 그러니까 시는 혁명보다 더 '혁명적'이라는 경우의 '혁명'을 가리키는 것으로 생각해야 한다. 이렇게 살펴볼 때 "영원히 나 자신을 고쳐가야 할 운명과 사명"(「달나라의 장난」)이라는 구절은 바로 김수영적 개념에서의 시인의 운명과 사명을 갈파한 것임이 드러난다. 그에게 있어서 '혁명'이란 삶(물론 정치적 영역까지 포괄하는 삶)의 깊이와 넓이를 남김없이 감싸려는 자기 심화와 자기 확장으로서의 부단한 자기 부정의 과정을 지칭하며, 그 자신의 말로 하자면 "끊임없는 창조의 향상을 하면서 순간 속에 진리와 미의 전신을 위탁하는"(「제정신을 갖고 사는 사람은 없는가」, 퓨, p.14) 행위를 뜻하는 것이다.

이제 김수영의 '모든 진정한 새로운 문학'에 관한 논의로 돌아가기로 하자. 이것은 필연적으로 모더니즘에 관한 논의로 우리를 다시 유도한다. 흔히 모더니즘은 서구 문학에서 넓게는 20세기에 들어와 명멸한 표현주의·미래주의·형태주의·이미지즘·다다이즘·초현실주의 등 모든 새로운 문예 경향을 포함하기도 하고, 특수하게는 1920년대 영국의 이미지즘을 주축으로 하는 새로운 주지주의적 시경향을 가리키기도 한다. 이 모더니즘의 서구적 및 한국적 개념을 밝히고 정립하는 것 자체가 아마도 따로 독립된 작업을 요하는 커다란 문제일 것이다. 그러나 정확한 개념의 정립에 못지않게 시급하고도 중요한 것은 우리 문학사에서 모더니즘에 포괄될 수 있는 현상들을 구체적으로 검토하고 그 허점을 극복하는 일이라 생각된다. 기왕에도 나는 김기림으로부터 50년대의 관념적인 난해시에 이르는 일련의 시적 경향들을 모더니즘의 개념으로 묶어 그 허구성을 비판한 바 있다.[7] 그 비판의 요지는 다음과 같다. 현실을 보는 눈의 새로움에 필연적으로 동반되게 마련인 형식적 새로움을 모더니즘의 한 특징이라 할 때, 이러한 의미에서의 모더니즘은 모든 참된 문학에 항상 존재한다. 그런데 김기림이 주도한 30년대의 모더니즘 및 그 후계자로서의 50년대 모더니즘의 형식적 새로움은 새로운 현실 인식과 새로운 사회적 실천에서 불가피하게 태어난 것이라기보다 현대 서구 문학의 학습을 통해 받아들여진 것이라고 생각된다. 그렇기 때문에 한국의 모더니즘은 하나의 관념으로서는 존재하나 관념의 사회적 기반을 결여하고 있다. 즉 언제나 당대의 구체적 현실로부터 유리되어 있고, 따라서 대다수의 독자들로서는 이해하기도 어렵고 공감할 수도 없는 작품의 결과에 이르렀던 것이다. 김기림과 이상의 문학이 우리 시의 기술적 세련에 끼친 공적을 높이 평가하면서도, 그들의 후계자에 이르러 이상이 지녔던 바와 같은 정직성이 약화되는 순간 거기에는 형식적 새로움도 아무것도 아닌 일종의 문학적 허위가 자리잡게 된다. "좋은 이상(李箱)의 시가 이런 가짜의 누명을 쓸 여지를 남겨놓고 있는 반면에, 나쁜 악류(惡流)의 모더니즘의 시가 실격의 집행유예를 받을 수 있는 여지가 또한 생"기는 것은 이 점 당연한 귀결이며, 김기림적 모더니즘에서 한걸음 더 나아가야 될 문학사적 이유는 여기서도 거듭 확인된다고 하겠다.

그 최초의 한걸음을 떼어놓은 사람이 다름아닌 바로 김수영 본인이었다. 김기림부터 50년대까지의 모더니즘에 가한 그의 결정적인 보완은 '모든 진정한 새로운 문학'을 '기존의 문학 형식에 대한 위협'으로서뿐만 아니라 '기성 사회의 질서에 대한 불가피한 위협'으로서 파악한 그의 탁월한 관점에 의해 이룩된다. 흔히 그는 위험스러울 정도의 과격한 참여론자로 알려져 있

---

7) 「30년대 문학론」(『한국문학』 1974. 6) 및 「1950년대 시의 비판적 개관」(『대화』, 1976. 11)이 그것으로서, 이 「김수영론」은 특히 후자와 연속성을 가진 글이다.

으나, 실은 그는 모더니즘 시의 내용 없는 형식주의에 건강한 사회 의식을 결합시키고자 한 인물일 뿐이다. 그러한 작업을 끝내 모더니즘의 테두리 안에서 성취시키려고 했다는 점에 오히려 그의 역사적 한계가 있을는지 모르지만, 어쨌든 그는 결코 사회 참여 일변도로 기울어진 문학적 편식가는 아니었다. 그가 신동엽이나 장일우의 주장에 공감하면서도 "나의 소원으로는 최소한도 작품다운 작품이라도 많았으면 좋겠다"(「생활 현실과 시」, 퓨, p. 20)는 선에서 특히 장일우에게 여러 가지 유보 사항을 달았던 것을 보면 우리는 그 점을 더욱 확인할 수 있다. 그의 "작품다운 작품"이란 무엇인가. 그가 생각하기에 최고의 형식과 최고의 내용은 그야말로 동시에 달성될 목표이다. 그에게 있어 최고의 형식이 달성되는 순간은 곧 최고의 내용이 달성되는 순간이다. 그에게는 이것이 결코 단순한 말장난이나 이상이 아니고 그의 시의 현실적 과제였다.

우리들은 시에 있어서의 내용과 형식의 관계를 생각할 때, 내용과 형식의 동일성을 공간적으로 상상해서 내용이 반, 형식이 반이라는 식으로 도식화해서 생각해서는 안 된다. '노래'의 유보성, 즉 예술이 무의식적이고 은성적(隱性的)이기는 하지만, 그것은 반이 아니다. 예술성의 편에서는 하나의 시작품은 자기의 전부이고, 산문의 편, 즉 현실성의 편에서도 하나의 작품은 자기의 전부이다. 시의 본질은 이러한 개진과 은폐의, 세계와 대지의 양극의 긴장 위에 서 있는 것이다. (「시여, 침을 뱉어라」, 침, pp. 124~25)

같은 말을 그는 더욱 정열적인 어조로 다음과 같이 표현하기도 했다. 아마 이것은 우리나라 시문학의 터전에서 발해진 시론의, 그리고 정지용과 김기림과 이상의 유산을 자기의 시적 사고 속에 용해한 김수영 시론의 최고 수준에 있어서의 요약일 것이다.

시는 온몸으로, 바로 온몸을 밀고 나가는 것이다. 그것은 그림
자를 의식하지 않는다. 그림자에조차도 의지하지 않는다. 시의 형
식은 내용에 의지하지 않고, 그 내용은 형식에 의지하지 않는다.
시는 문화를 염두에 두지 않고, 민족을 염두에 두지 않고, 인류를
염두에 두지 않는다. 그러면서도 그것은 문화와 민족과 인류에 공
헌하고 평화에 공헌한다. 바로 그처럼 형식은 내용이 되고, 내용
은 형식이 된다. 시는 온몸으로, 바로 온몸을 밀고 나가는 것이다.
(「시여, 침을 뱉어라」, 침, pp. 128~29)

이처럼 고도의 완전성에 대한 희구를 바탕에 깔고 그는 형식
주의자들에게는 사회 의식을 요구했고 참여주의자에게는 예술
성의 보장을 요구했다. 그러나 이것은 그에게 있어 두 개의 요
구가 아니라 하나의 요구였다. 왜냐하면 시에 있어서 형식과 내
용은 전체의 반씩이 아니고 예술성의 편에서든 현실성의 편에
서든 "하나의 시작품은 자기의 전부이기 때문이다." 따라서 시
는 "온몸으로 바로 온몸을 밀고 나가는 것"이며, 상식적인 차
원에서 생각하면 결국 시인의 양심의 문제로 귀일하는 것이다.
"기술의 우열이나 경향 여하가 문제가 아니라 시인의 양심이
문제다"(「난해의 장막」, 퓨, p. 108)라고 그가 말했을 때, 그것은
이처럼 "우리는 아직도 문학 이전에 있다"(「茉莉書舍」, 퓨, p.
223)는 쓰디쓴 판단에 입각하여 난해시든 참여시든 우선 '작품
다운 작품'이 되어야겠다는 기초적인 조건을 제시한 것이다.
　형식과 내용——김수영은 이것을 기교와 사상(「한국인의 애
수」, 침, p. 94) 또는 구조의 기술과 생명의 기술(「5편의 명맥」,
퓨, p. 172)이라고도 했다——은 탁월한 의미에서 동시적인 것이
고 고도로 통일되어야 하는 것이지만, 그렇다고 해서 그 중 어
느 것을 문학의 더 본질적인 계기로 보느냐 하는 문제가 무의미
해질 수는 없다. 나는 앞에서 김수영이 끝까지 모더니즘의 멍에
를 짊어진 채로 현대시의 문제들을 해결하려 했고 그 때문에 그

474

의 시가 끝내 난해의 한계를 넘어서지 못했다고 말했지만, 다음과 같은 발언들은 그가 적어도 이론적으로는 모더니즘을 벗어나고 있음을 보여준다.

　　시인의 스승은 현실이다. 나는 우리의 현실이 시대에 뒤떨어진 것을 부끄럽고 안타깝게 생각하지만, 그보다도 더 안타깝고 부끄러운 것은 이 뒤떨어진 현실을 직시하지 못하는 시인의 태도이다. (「모더니티의 문제」, 퓨, p.121)

　　소위 순수를 지향하는 그들은 사상이라면 내용에 담긴 사상만을 사상으로 생각하고 대기하고 있는 것 같은데, 시의 폼을 결정하는 것도 사상이라는 것을 잊어서는 안 된다. 이런 미학적 사상의 근거가 없는 곳에서는 새로운 시의 형태는 나오지 않고 나올 수도 없다. (「변한 것과 변하지 않은 것」, 퓨, p.116)

　　언어의 변화는 생활의 변화요, 그 생활은 민중의 생활을 말하는 것이다. 민중의 생활이 바뀌면 자연히 언어가 바뀐다. 전자가 主요, 후자가 從이다. (「가장 아름다운 우리말 열 개」, 침, p.112)

시의 형태를 결정하는 것이 사상이고 사상의 변화 즉 언어의 변화를 가져오는 것이 생활의 변화라고 한다면, 진정한 새로운 시는 진정한 새로운 생활에서 태어나는 것이라고 볼 수밖에 없다. 새로운 실천은 새로운 인식을 낳으며 올바른 실천에 의해 뒷받침되어야 한다. 김수영은 자기 시대의 현실이 시인적 실천을 위해 너무나도 열악한 조건들로 가득 차 있음을 발견한다. 그가 보기에 자유는 다른 모든 사회적·문화적 실천의 가능성을 열어주는 열쇠와 같은 것인데, 오늘 우리의 상황이 지닌 최대의 문제는 바로 이 자유가 결여되어 있다는 점이다. 그리하여 김수영은 4·19 이후 세상을 떠나던 그날까지 누구보다도 정열적으로 이 자유를 위하여 투쟁한다. 글의 곳곳에서 그는 자유의 부재를 고발하며 자유의 회복을 외친다. 그는 심지어 '자유의 회복'이야말로 나의 신앙이라고까지 고백한다(「나의 信仰은 '自由의 恢復'」, 침, pp.164~66 참조). 오늘날 우리나라에는 "참여시가 없는 사회에 대항하는 참여시가 있을 뿐"(「참여시의 정리」, 전게서)이라는 그의 탄식은 바로 참된 참여시가 나오기 위한 기본적인 사회적 전제로서의 자유가 결해 있다는 탄식으로 받아들여질 수 있다. 작고한 지 10년 가까이나 되는 한 시인의 탄식이 여전히 조금도 시효를 잃지 않고 있다는 사실에서 나는 슬픔과 부끄러움을 느낀다.

실존주의와 1950년대 문학

임 헌 영

1. 1950년대적 상황

극한 상황에 이른 생존 조건과 사상적 초토화 작전에 휘몰렸던 1950년대는 겉모습이 실존주의를 잉태하고 배양할 만한 충분한 요소를 지닌 것으로 보였다. "나치 점령군에 반대하는 레지스탕스 운동에 참가하고, 해방의 기쁨과 제4공화국에 대한 환멸을 동시에 체험했던 프랑스 급진적 지식인들에 의해 매우 대중적으로 표현"[1]된 실존주의 문학에 철학 사상에서 절망·고독·우수·절대자라는 다분히 감상적인 요인까지 가세하여 전쟁으로 인한 폐허를 화약 냄새처럼 맴돌 수 있도록 만들었다. 그 철학 사상사적 의미가 무엇인가를 분명히 인식하는 과정은 과감하게 생략되었다. 하나의 "유행 사조"[2]처럼 번져 "살아 있는 것이 있다면/여러 차례의 살육에 복종한 생명보다도/더한 복수와 고독을 아는/고뇌와 저항"[3]을 50년대의 문학은 앓아야만 했다. 그것이 진정한 실존주의 사상이 아니라도 좋았다. 다만

---

1) G. 노바크 엮음, 김영숙 옮김, 『실존과 혁명』(한울, 1983), p. 14.
2) 조가경, 『실존철학』(박영사, 1961), p. 17.
3) 박인환의 시「살아 있는 것이 있다면」에서.

인간이 저지를 수 있는 모든 잔혹함을 체험한 후에 오는 허탈감으로부터의 위안을 위해서라도 어떤 사상의 안정과 마취제가 필요했기 때문이다. 그래서 실존주의라는 것이 도저히 설명될 수 없다든가, 유신론에서 무신론까지, 정통 그리스도교 보수파로부터 과학적 사회주의의 혁명론까지, 감상적 문학 작품으로부터 고도의 관념론 철학까지 여러 모습으로 걷잡을 수 없이 나타나는 이 특성들은 도리어 매혹적인 요소로 작용했다.

이런 애매성과 비합리성을 지닌 실존주의는 루카치의 지적처럼 "관념론과 유물론 모두를 뛰어넘으려는" 제3의 방법이거나, 제국주의 단계의 부르주아적 의식의 표현, 혹은 개량주의의 본성을 드러낸 이념으로 파시즘을 옹호하는 기능을 지녔다는 등의 역사적 의미나 비판 의식이 전제되지 않은 채 50년대의 분단된 한국 문학에 유입되어왔다. "우연성·유한성·초월성, 자유의 형이상학"[4]을 그 근본 문제로 제기하는 실존 철학은 제1차 대전 후의 제국주의 전성기 시대를 배경 삼아 성장해오다가 유행 단계로 접어든 것은 제2차 대전 전후가 된다.

근대 서구 문학사의 발전 형태적 측면에서 볼 때 실존주의는 분명 자본주의가 제국주의 단계에 이르러 파시즘이 대두 강화됨과 동시에 계급 분열이 가속화되며, 민주주의가 위기로 몰리고 있을 때 개인과 사회의 유기적인 관계는 끊어져 문학인·지식인이 자기 기반을 상실한 상태에서 발돋움하는 것으로 보인다. 즉 서구 근대 문학의 제1기인 르네상스에서 18세기까지는 인간성의 해방과 현실 묘사에 초점을 두는 상승기의 긍정적 부르주아 문학이 그 주조를 이루었다. 이어 제2기였던 19세기에서 제1차 대전까지의 문학사상사는 자본주의의 상대적 안정기 내지 제국주의의 확대기로서의 이념을 반영한다. 이미 문학 예

---

4) 조가경, 앞의 책 참조. 이 문제는 다른 각도에서도 접근할 수 있으나 우리나라에 소개된 실존주의의 모습을 재생시킬 필요가 있기에 외국 이론을 직접 인용하지 않음.

술은 인간성의 해방 따위의 차원은 넘어서버린 채 체제 정착으로 굳어진 부르주아 지배 사회는 지식인·문학인에게 아무런 사회적 기능도 크게 기대하지 않게끔 되어버렸다. 한편 거듭된 혁명의 실패와 좌절은 관념론적 지식인·문학인 모두가 진보를 위한 전위 대열에서 자신이 설 자리를 잃어버린 채 예술과 사회는 별개로 존재하면서, 작가는 역사의 밖에서 적당한 거리를 유지하면서 관찰자적 입장에 서서 묘사하는 위치로 바뀐다. 여기서 예술은 인간의 성격, 심리, 정신분석 등 내면 세계로 파고드는 현미경으로 전락하거나 예술 지상주의로 굴러떨어진다.

그러나 제 3 기인 제 1 차 대전기에 이르면 이제 예술은 인격의 와해와 인간성의 해체를 겪게 되며 문학 예술은 사회와 역사 밖에서조차도 관찰하는 것을 허락받지 못한 채 부르주아 사회의 탈락자적 신분으로 소외 상태에서 자기 응시를 해야만 하는 고독의 심연으로 미끄러진다.

이런 배경에서 자란 실존주의 문학은 관념론 철학에서의 마지막 보루로서의 인간 존재의 자기 확인 작업이라는 긍정적 측면이 없지 않았다. 그러나 이와 같은 서구 사상사에 나타난 실존주의의 기본 개념은 아시아 여러 나라들에 유입되는 과정에서 변질된 모습으로 나타난다. 허무 의지로서의 저항과 존재론을 결부시키려는 한 유파로서의 프랑스 실존주의 문학은 제 2 차 대전 후 일본과 한국 등지로 유입되면서 다만 부조리에 의한 방황과 고뇌의 철학으로 변모한 채 마치 반도덕적 성도착증 환자와 같은 허무주의적 인간상으로 부각되어 등장한다.

특히 30년대 일본 군국주의의 파시즘 체제 아래서 유행했던 도스토예프스키, 릴케, 셰스토프, 키에르케고르 등은 당시 일본 사회 사상사적 풍토를 위기 의식, 불안 의식, 근대의 초극 등으로 몰아가면서 군국주의의 봉사 체제를 갖추는 데 기여토록 했다는 비난을 면할 수 없다.[5] 더구나 일본은 외국 문학을 수입하

---

5) 矢內原伊, 『實存主義の文學』(河出, 1955) 참고. 이하 일본의 실존주의 문학에

는 과정에서 흔히 현실로부터의 탈출성을 강조한 나머지 반
사회성을 띤 것이 많았다는 지적이 있는데 실존주의도 그 예외
가 아니었다. 궁본백합자(宮本百合子) 같은 작가는 일부 프랑스
문학 애호가들이 지닌 국내 망명가적 기질 탓으로 외국 문학의
유입 과정에서 비사회성을 띤 것만 들어왔다고 비판하는데
어쨌건 실존주의가 출생지인 프랑스를 떠나면서 그 본질을
왜곡시켜버린 채 일본을 통하여 한국에 수입된 것은 부인할 수
없다.

2. 초기 실존주의

8·15 직후 이미 실존주의는 한국에 유입된다. 김동석은 「실
존주의 비판」에서 그 이념적 기초를 불교적 관념론과 같은 것
으로 파악하면서 사르트르의 「실존주의는 휴머니즘이다」를 비
판한다. 사르트르는 자기 제자의 경우를 이렇게 설명한다.

그의 아버지는 어머니와 사이가 좋지 않았고 더욱이 친독파로
기울고 있었다. 그의 형은 1940년 독일군의 침공 때 살해당했다.
약간 어리다고 하지만 갸륵한 마음으로 이 청년은 형의 원수를 갚
고 싶었다. 그의 어머니는 그와 함께 살고 있었는데, 아버지의 변
심과 형의 죽음으로 깊은 슬픔에 잠겨 있었다. 그 청년은 어머니
의 유일한 위안이 되었다.
그 청년은 영국으로 떠나든 자유 프랑스군에 가담하든 선택을 해
야만 했다. 즉 그 어머니를 포기하느냐 혹은 어머니 곁에서 지내
면서 그녀의 생활을 돕느냐 하는 것이었다. 그가 떠난다는 것——
아마 그의 죽음——이 어머니를 절망에 빠지게 하리라는 것은 잘
알고 있었다. 또한 그는 어머니를 위해서 취하는 모든 행동은 그
것이 어머니를 돕는다는 의미에서 확실한 것이지만, 반면에 그가

대한 언급은 주로 이 책을 참고했음.

480

떠나거나 싸우기 위한 모든 노력은 완전히 무용하고 차질만 느끼
는 하나의 불확실한 움직임이라는 것을 잘 알고 있었다. (사르트
르, 「실존주의는 휴머니즘이다」)

이에 대하여 사르트르는 "내가 줄 수 있는 충고란 단 하나밖
에 없었다. 즉 '너는 자유롭게 선택하라. 다시 말하면 창조하
라.' 이미 이루어진 것을 당신에게 보여주는 보편적 윤리는 없
다. 즉 세상에는 아무런 예언도 없는 것이다"라고 말한다. "인
간에게 자신 이외에는 입법자가 있을 수 없으며, 사람은 고독
속에서 자신을 결정하리라는 것"을 강조하는 사르트르는 이 선
택을 바로 책임과 연관지어 실존주의의 인도주의성을 주장한다.
김동석은 이런 식의 충고나 논리는 불교에서 얼마든지 더 정
교화된 이론으로 발견할 수 있다는 입장을 취한다. 따라서 김동
석은 사르트르식(혹은 김동석이 인식한 실존주의식) 역사 인식
태도를 책 속에서 관념적으로 접근해가는 자세라고 보면서, 현
실적인 "모든 과학 위에 솟아 있는 철학을 필요로 하지 않는
다"는 엥겔스의 『반뒤링론』을 인용한다. 즉 모든 현실적 과학
과 함께 있지 않고 이를 초극하려는 철학은 반역사적이라는 뜻
을 말하고 있다. 고립과 고독 그 자체를 비역사적인 산물로 보
는 김동석은 실존주의의 본질에 대해서 다분히 유물론적인 기
계론적 비판을 가하고자 했을 가능성이 없지 않다.
양병식·박인환 제씨도 사르트르를 소개하면서 실존주의를 논
의하고 있다.[6] 특히 박인환은 「사르트르의 실존주의」에서 1차
대전 이후 일어난 전위적인 문학 운동들이 사회주의에로 방향
전환해간 시기에 나타난 이 실존주의를 향하여 엘렌부르그가

---

6) 『신천지』, 1948년 10월호에는 '포기·고민·절망의 철학'이라는 제목으로 실존
   주의 특집을 다루고 있다. 여기에 김동석의 글 및 양병식의 「사르트르의 사상
   과 그의 작품」, 그리고 박인환의 글과 사르트르의 「문학의 시대성」이 소개되
   어 있다. 실존주의를 불교적 입장에서 보는 논리는 이후 정태용의 「실존주의
   와 불안」에서도 나타난다.

한 시대착오적이란 말을 인용하면서 "반동적인 무신론자들은 오늘 자유의 포물선상에서 괴기한 절망을 바라볼 날도 멀지 않았다"고 끝맺고 있다.

비록 실존주의가 널리 소개된 바도 아닌 이 시점에서 이미 실존주의에 대하여 연구도 깊이 하지 않은 채 내려버린 부정적 평가는 이후 한동안 실존주의의 유입 촉진을 차단한다. 전승국 미국을 통해서 소개한 이 무렵의 실존주의에 대한 관심도는 보수냐 진보냐는 두 길만을 선택의 대상으로 삼았던 사상사적 풍토였기 때문에 미처 발붙일 틈서리가 없었을 것이다. "사르트르와 그의 제자들은 푸이지애나 호텔에서 관념과 돈과 정열과 첩을 나누어 같이 산다"는 사생활적 비난까지 곁들인 김동석의 의도는 명백한 목적 의식성을 드러내며, 양병식은 무비판적으로 사르트르를 소개하고 있으나 그 본질적 측면에까지는 이르지 못하고 있다.

제1기의 실존주의 문학 수입에 실패한 이후 50년대의 혼란 속에서 이번에는 실존주의의 수입원이 구식민 종주국이었던 일본으로 바꾸어져 나타났다. 뚜렷하게 일본에서 실존주의를 본받았다는 언급은 없으나, 당시 일본 문단은 지나치리만큼 서구 관념론 철학의 수입에 열심이었는데 그 중 실존주의 사상과 문학은 가장 주가 높은 종목으로 등장했으며 이는 주한 미군이나 이에 관련된 수입품 등을 통하여 스며들게 되었다. 카뮈의 소설 『페스트』 번역 인세가 2할 5푼이나 되었다는 사실 하나가 보여주듯이 2차 대전중 금지되었던 서구 문학에 대한 열기는 급속도로 고조되어 한국에까지 그 열기를 전도해준다.

이 단계에 이르면 이미 우리나라의 실존주의 문학의 성격이 드러난다. 한 연구가의 지적처럼 제3세계가 유입한 실존주의 문학은 유독 "저 북구라파의 우울증과 파리인들의 음외(淫猥) 취미와의 밀혼 행위"로 상정된다. 이는 전후의 잃어버린 성윤리 풍토와 걸맞게 돌아가면서 "강렬한 육욕주의가 내포되어 있으며 이 육욕주의는 에로틱한 현실주의로서 피부와 피부가 서로 맞비비면서 울고 흐느끼고 하는 것"으로 발전하며, 이는 "여러 유폐된 생명들에게 해방의 문을 열어주어 서로끼리 교합의 즐거움을 마음놓고 맛보게 할 뿐만 아니라 이 교합을 거의 신성한 영적 결합에까지 합리화시켜주는"[7] 기능에 충실했다.

특히 실존주의 문학은 근대 이래 우리나라에 들어온 다른 외래 문학사조와는 달리 그 사조에 따른 한국 문학에 대한 실제 작품 비평이나 분석 작업이 이루어지지 않았다는 점이다. 50년대 이래 많은 글들이 실존주의를 논하고 있지만 거의 예외 없이 외국(주로 프랑스)의 작품만을 그 논의 대상으로 삼고 있을 뿐 정작 한국 전후 문학을 그 분석·평가 대상으로 삼지는 않고 있다.[8] 따라서 실존주의는 가장 유행했으면서도 정작 이를 우리 문학 이론에다 접합시켜 토착화를 시도하지조차 않는 철저한 외국 이론으로 남아 문자 그대로 이방인적 부조리의 논리와 감성 구조를 지녔던 것이라 할 수 있다. 아예 실존주의를 설명될 수 없는 것, 알 수 없는 것으로 치부한 조연현의 경우부터(「실존주의 해의」), 마를로, 생텍쥐페리 등 행동주의 문학까지를 실존주의적 입장에서 해명하려는 증언의 문학으로서의 실존주

---

7) 칼 마이클슨, 이종구 역, 「실존주의란 무엇인가」 『사상계』(1958. 8). 이 글은 당시 이론적 빈곤 속에서 많은 영향력을 주었다.

8) 문단에서의 실존주의 논의만 뽑아보면 조연현, 「실존주의 해의」, 『문예』(1954. 3); 김붕구, 「증인의 문학」. 『사상계』(1955. 12); 이환, 「휴머니즘과 실존주의」, 『문학예술』(1956. 7); 이철범, 「실존주의와 휴머니즘의 관계」, 『문학예술』(1957. 12); 손우성, 「부조리와 인간」, 『자유문학』(1958. 1) 및 「실존 문학으로의 과정」, 『현대문학』(1955. 1); 이어령, 「실존주의 문학의 길」, 『자유공론』(1959. 3); 원형갑, 「실존과 문학의 형이상학」, 『현대문학』(1959. 8～12) 등이 있다.

한편 『사상계』, 1958년 8월호는 실존주의 특집을 제공하여 당시 한국적 수준에서의 실존주의 이해도를 가늠할 수 있게 한다. 주요 내용은 박종홍, 「실존철학과 동양 사상——특히 유학 사상과의 비교」; 김하태, 「실존주의와 기독교 신학」; 황산덕, 「실존철학과 사회과학」; 안병욱, 「실존주의의 사상적 계보」; 김붕구, 「실존주의 문학」; 칼 마이클슨, 「실존주의란 무엇인가」가 게재. 이 중 한국적 입장을 약간 적용시켜 다룬 글은 황산덕과 박종홍 등 극소수이며 거의가 외국 이론 소개에 그치고 있음.

의 이론을 전개시킨 김붕구에 이르기까지 그 논리적 발판을 잡기는 매우 어려운 것이 50년대 한국 실존주의 문학의 양상이었다.

그런대로 전후 문학에서 실존주의의 편린을 찾을 수 있다면 이어령이 제기하는 저항의 문학이 지녔던 초기 비평적 관점, 이철범의 앙가주망론, 김붕구의 증인의 문학, 정명환의 작가의 책임 강조론, 원형갑의 존재론에 대한 철학적 비평론 등을 들 수 있다. 그러나 이들 모두가 프랑스·일본·미국 등지로부터의 이론적 직수입에 바빴을 뿐 이를 한국적 풍토에 접맥시키고자 하는 진지한 노력은 기울이지 않았다. 어쩌면 이 연대야말로 우리 것보다는 외국 것이 더 소중하게 보였던 지성의 제국주의가 유행했던 때였는지 모른다. 실존주의 문학 이론을 도입하여 우리 것으로 재창출하는 작업을 방기해버린 전후 문학론은 한국 문학의 빈혈성을 당연시하는 민족적 허무주의에로 빠뜨리는 계기를 마련하는 격이기도 했다.

한편 소설 문학에서의 실존성에 대한 추구 작업은 실존주의의 원래 의도를 이탈했음에도 몇몇 작가에 의하여 진지하게 이루어졌으며, 구태여 이름붙인다면 한국 전후 문학을 실존주의와 결부시킬 수밖에 없도록 만들어준다.

첫째 유형의 실존주의적 경향의 작품은 실존주의가 지닌 관념론적 존재론 및 이에 따른 모든 가치관과 인식론을 모색하는 이른바 형이상학적 반항의 차원에서의 현실 초극적 입장을 들 수 있다. 일본 글을 번안하는 입장이었던 원형갑의 존재론적 이론이나, 이와는 직접 관계가 없으나 소설에서는 장용학과 최인훈 등으로 상정될 수 있는 새로운 가치관의 모색 작업을 이 유형에 넣을 수 있다.

두번째 유형은 참여·증언·증인 등의 문학적 감성으로 현실 인식을 강조하는 앙가주망적 성격을 지닌 것으로 초기의 김붕구나 이어령·이철범·정명환·손우성 등의 비평이 그 이론적 바탕이 되며 작가로는 오상원·추식·김성한·이범선 등을 들수 있다.

셋째는 자아 해체의 극복이 미수에 그치고 여기서 자기 분열증적 증후를 나타내면서 내면 세계에의 끝없는 탐사 작업으로 침잠해들어가는 작품들로 후기 김붕구의 논리나 손창섭·서기원·한말숙·유주현, 그리고 김동리의 일부 작품 등을 이 입장에서 접근할 수 있다. 이들은 상황 극복의 불가능 앞에서 전락·퇴폐·환멸·고뇌·절망 등으로 주인공을 몰아간다.

물론 이 세 유형의 분류는 도식성을 띤 것으로 작가마다의 특성을 무시할 수 없다. 그러나 전후 문학에 나타난 실존주의적 영향이란 측면에서 접근할 때 이 분류는 어느 정도의 공통 인수를 가지리라. 굳이 말한다면 전후 문학에서의 실존주의는 프로메테우스적 요소는 허약한 채 쿠라적 요소와 시시포스적 요소만 강하게 남았는데, 그래도 이를 억지로 적용시킨다면 형이상학적 관념론이 시시포스적이라면 증언의 문학은 프로메테우스적 조각이나마 엿볼 수 있고, 마지막 것은 다분히 쿠라적인 것으로 대응시킬 수 있을 것이다.

3. 우수와 절망의 미학

전후 소설에서 실존주의를 정면으로 들고 나온 장용학은 그 발단을 이렇게 증언해준다.

2차 대전의 산물인 실존주의도 동란 전에 그 명칭을 본 적이 있었지만 그저 그런 것이려니 하고 관심 밖이었다.
그러던 내가 실존주의 작품을 읽게 된 것은 부산 피난지에서, 1953년 봄 어떤 학생이 보수산인 나의 하코방에 사르트르의 「구토」를 들고 와서 외국에서는 이런 것이 지금 대유행인데 소설을 쓴다면서 어떤 것인가 하는 것쯤은 알아야 할 것이 아니냐고 하면서 두고 갔다. 그런 설교를 받고서도 며칠 방구석에 내버려두었다가 무료한 틈틈에 한 장 두 장 구경해보다가 모르는 사이에 사로잡히게 되었다.

생리적으로 취미가 맞았고 안개 속에서 희미하게 느끼고 있던 것을 길은 여기라고 구체적으로 짚어서 말해주는 것 같았다. 그때 내가 느낀 '실존주의 문학'을 식화(式化)해서 말하면 '도스토예프스키 − 신성(神性) ＝ 사르트르'가 되었다. 거기서 내가 배운 것은 사물을 보는 '눈'이었다. 예를 들어 말하면 '들어오는 것'은 '나가는 것'이 된다는 발견이다. 밖에서 집 안으로 들어오는 것은 밖에서 볼 땐 밖(세계)에서 안(집)으로 나가는 것이 된다는 사실이다. 그러나 이것은 별로 새로운 것이 아니다. 칸트의 코페르니쿠스적 전회라든지 마르크스의 "존재가 의식을 규정한다"와 같은 유라 할 것이다. 나의 희미한 철학 지식에서 보면 실존주의는 칸트의 선험적 종합 철학 이전의 경험론과 상통하는 데가 있어 어찌 보면 철학에 있어서의 후퇴 같기도 하였다.

여하간에 나는 들어오는 것은 나가는 것이다 하는 발견에 흥분했다. 이 발견은 어느 비 오는 날 다방에 앉아 있다가 어떤 중년 신사가 비를 피하면서 문을 열고 들어오는 것을 보고 문득 떠올랐다. 제깐에는 들어오고 있는 것 같아 하지만 사실은 나가고 있다는 것을 모르고 있다. 주위를 둘러보니 모두 그렇게 들어와 앉아 있는 사람들이었다. 그들은 잠자코 있는 것이다. 모두 잠속에 잠기고 있는데 내 홀로 눈을 뜨고 있다는 고독에 휩쓸렸다. (장용학,「실존과 요한시집」)

장용학의 관념론적 사변은 실존주의와의 연계에서 이렇게 이루어진다. 그의 실존주의적 대표작이라고 일컬어지는 「요한시집」은 이래서 "거제도 포로수용소 생활의 수기를 그 몇몇 장면을 주워 읽게 되었"고, 이를 "실존주의 문학에서 배운 눈"과 결부시켜 구성한 것이 「요한시집」이 되며 따라서 이는 가장 역사적 현장에 있으면서도 가장 현장성과 멀리 떨어진 현실 도피성 국내 망명자로서의 주인공이 존재하도록 만든다. 장용학의 주인공들은 실존적 존재론의 세계를 톡톡히 받은 양 "실존은 본질에 선행한다"는 기본 명제에 충실하여 일체의 기존 윤리 의식과 가치관에서 벗어난다. 그래서 장용학이 창조한 남성상은 자본주의 최극성기에나 볼 수 있는 자기 분열증 내지 정신 질환적 증상이 강렬히 표출된다. 이런 증상들——근친상간과 자기 친아들의 간을 끄집어내어 먹는 등——은 이미 사회와 개인이 더 이상 어떤 명분으로도 타협할 수 없는, 그래서 자신은 이제 어떤 구원도 기대할 수 없는 극한 상황에서 갈등과 모순이 폭발해버리는 상태에서 볼 수 있는 현상들이다.

장용학의 남주인공들은 그래서 거의 벼락을 맞는다든가 자살한다든가 하는 끔찍한 비정상적인 죽음을 가져온다. 그러나 신기한 것은 장용학이 내세우는 여성상이다. 「비인탄생(非人誕生)」의 종희(終姬), 「원형의 전설」의 공자(公子), 「현대의 야(野)」의 성희(聖姬) 등 모두가 순진무구하게 나타난다. 이는 존재하는 모든 것을 부정하면서 기존 윤리를 파괴하려는 의지를 가진 강력한 남성상과 어울릴 수 있도록 의도적으로 만든 결과로 볼 수 있다. 즉 너무나 순진해서 기존 윤리관에 의한 선악 관념조차 없는 여인상들이기 때문에 그녀들은 쉽게 가장 비현실적 남성 주인공들과 사랑에 빠질 수 있었던 것이다. 「요한시집」의 쥐를 잡아먹는 노파를 제외한다면 실로 장용학의 여주인공들은 가장 비현실적인 하강한 천사처럼 남성상들의 모험에 쉽게 동조할 만한 순진성을 지닌다.

대체 장용학에게 가장 절실한 쟁점으로 제기되는 근친상간 문제는 무엇을 상징하는가. 그는 이렇게 현실을 진단한다.

르네상스의 인문주의가 교회의 우리에서 신도를 구출해낸 것이라면, 그리고 18세기의 인문주의가 자본주의의 질곡에서 프롤레타리아를 해방시키려는 것이었다면, 오늘의 인간주의는 메커니즘, 합리적 ‘인간성’에서 ‘인간’을 구원해내는 의욕이어야 할 것이다.
(「감상적 발언」)

“합리적 ‘인간성’에서 ‘인간’을 구원해내는 의욕”이란 말은 곧
오늘의 ‘인간성’으로 이미 규정하고 있는 일체의 윤리·도덕·교
육·사상·이념에 의한 기존 가치관의 부정과 회의를 뜻한다.
적을 죽이도록 강요받는 「요한시집」의 동호나, 간첩으로 허위
기소된 채 형무소에서 억울하게 자살해간 「현대의 야」의 박수
동, 또는 남파 간첩으로 끝내는 쫓기는 몸이 되어 피신중 감전
으로 죽는 「원형의 전설」의 이장 등등은 모두 장용학의 관점에
따르면 ‘인간’의 존재론적 본질을 벗어나 잘못 만들어진 오늘의
사회 통념에 따른 ‘인간성’의 강요에 희생된 새로운 가치관을
위한 순교자들이 된다. 본질로서의 인간이 아니라 본질에 앞선
존재 그 자체로서의 인간의 의미를 탐색하는 장용학은 이렇게
말한다.

　　인간은 하나의 반어(反語). 모든 ‘인간적’은 ‘인간’에서의 퇴거
　증명서에 지나지 않았다. 암호가 인간이 아니라 생이 인간이었다.
　〔……〕 인간은 폐기되었다! 일련 번호가 내가 아니다. 이웃 사람
　이 내가 아니다. 아들이 내가 아니다! 내가 내다! 인간은 비인으
　로서 인간이었다.! (「비인 탄생」)

‘인간성’을 바로 메커니즘으로 파악하는 장용학은 여기서 ‘메
커니즘’이란 단어에 ‘인간’을 묶고 있는 일체의 사회·정치·경
제 체제와 제도 일체를 상정한다. 이래서 그는 현대를 지리상의
발견이 끝난 선택만의 시대, 즉 양자택일만을 강요하는 시대로
보고 이를 ‘인간성’이라는 이름으로 ‘인간’을 묶는 ‘메커니즘’으
로 파악한다. “손금이 손이 아닌 것처럼 인간성이 인간이 아니
었다. 인간성이란 인간의 일면. 그 일면을 가지고 전면을 덮을

때 인간은 병들고 왜소해지고, 기만과 나태, 반인간이 되는 것이다"(「역성서설」)라고 말한다.

이래서 장용학은 주장한다: "자기의 등을 볼 수 없는 것처럼 인간의 의식에는 의식이 닿지 않는 응달이 있다. 푸른 사슴이 놀고 있는 푸른 나라가 있다. 인간은 인간이 거기로 찾아갈까봐 그 근처의 말뚝에다 철사를 쳐서 박고 가지가지의 위장을 해놓은 데에 역사를 낭비하고 있다"고. 이는 곧 "문제는 존재와 본질은 적대 관계에 있다는 사실이다. '인간'과 '인간적'은 서로 적대하고 있다는 사실이다. '인간적'은 옥이요, '인간'은 그 수인. 수인의 고향은 자유다. 그는 자유를 기(期)한다. '인간'은 '반인간적'이기를 주장한다"(「원형의 전설」)는 논리로 이어진다.

"벽이 있는 한 새로운 땅은 벽 저쪽에 있다. 거기 도달하려고 나는 몇 번 그 벽에 부딪혔다가는 쓰러졌던 것이다"라는 고백은 장용학의 모든 남성 주인공들에게 해당되는 말이다. 여기서 그의 남성상들이 저지르는 현행법으로는 범죄인일 수밖에 없는 까닭을 이해하게 된다. "강 저편에 푸른 벌판이 있는 것이 확실하다면 비록 다리가 없어도 건너야" 한다는 것이 이들 모두의 소망이자 생의 목적이기 때문이다. 이 지경에 이르면 이미 기존 사회의 규범은 아무것도 아닌 게 된다. 이들에겐 "죄의식이 죄였다. 의식은 인간의 영역이다." 그런데 죄의식 때문에 죄가 존재하니까 이를 제거시킨 채 일체의 양심의 저울을 벗어던져버리면 아무런 죄악도 있을 수 없다는 논리에 이르며 여기서 그의 주인공들은 끔찍한 현행 범죄자로 떳떳이 등장할 수 있게 된다.

여기서 이들 주인공들에게는 양심까지도 아무런 제약 요소가 되지 않는다. 양심 그 자체가 이미 '인간성'을 바탕으로 생성된 기존 가치관의 제약이기에 전연 구애받을 필요가 없게 된다. 이런 경지에 이르면 곧 사르트르의 "나는 내가 원하는 대로 우주를 설계한다"(「실존주의는 휴머니즘이다」)는 말을 떠올리지 않을 수 없다. 물론 장용학이 접근한 사르트르란 유물론적 변증법에 의한 혁명론을 적극 지지하기 이전의 사르트르로 다분히 시시포스적 자세를 취하고 방황하고 있을 무렵에 국한한다.

장용학이 금기와 형벌과 수인으로 다스려지는 현행 사회 체제와 질서 일체를 부인하면서 추구했던 '절대 자유'의 꿈은 어떤 의미에서는 분단 한국이 당면했던 1950년대적 양자택일의 강요에 대한 강력한 반박의 형식으로 제기된 것일 수도 있다. 「요한시집」에서 볼 수 있는 동호의 시선을 통한 누혜의 비극적 삶은 "당에 들어가보니 인민은 거기에 없고, 인민의 적을 죽임으로써 인민을 만들어내고 있었"으며, "새로운 자유인을 나는 노예에서 보았다"고 '유서'에서 쓴다. 자유까지도 인간을 오히려 노예로 만드는 구실이 되어버린 체제에서 양자택일의 강요를 견디지 못한 장용학의 주인공들은 차라리 신경증 환자가 된 채 "'자유' 그것은 진실로 그뒤에 올 그 무슨 '진자(眞者)'를 위하여 길을 외치는 예언자, 그 신발끈을 매어주고, 칼에 맞아 길가에 쓰러질 요한에 지나지 않았다!"고 본다.

초역사적 관념의 시선으로 분단 민족사를 응시하는 한 실존주의자의 사변은 이래서 끔찍한 무정부주의적 절대 자유를 꿈꾸는 영원한 정신적 무국적자로 영혼의 방랑자인 양 사유의 노예로 전락한다. 존재가 본질에 선행한다면서 그 본질을 왜 존재 그 자체를 통하여 탐구하지 않고 관념론적 환상과 비현실적 허구성 위에서 새로운 가설을 만들어 뜯어맞추려 할까? 인간이 이룩한 선악의 경계선을 뛰어넘는 길만이 과연 절대 자유이며, 그것으로 역사적 존재로서의 인간이 지닌 모든 사슬이 풀릴 수 있을까?

제3의 현실 초극 방법론을 제시코자 하려던 실존주의 문학의 노력이 결국은 부조리와 허망으로 전락하거나 아니면 변증법에의 보상 없는 굴종으로 끝맺음했듯이 장용학도 결국은 관념의 유희로 실존주의를 이끌어간다.

이런 역사적 존재에 대한 관념화의 기교는 최인훈에게도 강력히 나타난다. 『광장』이나 「회색인」에서 만나는 주인공들은 분명 체제적 양자택일의 선택에서 기권이나 거부권을 행사할 수밖에 없는 부조리한 인간상들이다. 장용학보다는 훨씬 건전하고 정상적인 이명준이나 독고준은 어떤 현실적 선택의 기준치도 스스로 마련하지 않은 채 존재론적 유동성에 따라 그저 흘러가는 삶을 살아간다. 이명준은 남쪽에서는 형사로부터의 가혹 행위나 탄압만 없었다면 조용히 그저 소시민으로 살아갔을 수도 있는 청년이었다. 그러나 북으로 가서도 그는 '영웅'이 되기엔 적합치 않았다. 그는 그저 한 마리의 수컷이면 만족한, 그러나 어딘가 항상 존재 그 자체를 회의하는 관념론적 비극을 되풀이하는 그런 사나이였다. 독고준도 이명준에서 그리 멀리 떨어져 있지는 못하다. 이들은 영원한 회의주의자요 허무주의자며 또한 시시포스적 실존주의자적 체취를 풍긴다.

그러나 장용학과 최인훈은 너무 다르다. 장용학이 새로운 가치관의 질서를 찾기 위해 순교도 사양 않는 투사를 그린다면, 최인훈은 위험에 직면한 갑각류처럼 자신을 껍질 깊숙이 움츠려 버리는 안존주의자로 일관한다. 「가면고」「구운몽」으로 이어지는 도피성 관념화의 초상으로서의 최인훈의 인간상들은 혼탁한 후진 자본주의적 전제 정치 아래서는 도저히 제 값을 받고 살아갈 수 없는, 그렇다고 중뿔나게 저항하지도 못하는 좌절된 모습을 하고 나타난다. 말하자면 광장을 그리워하면서도 밀실에서 몸을 도사리는 독고준과 같은 인간상에서 분단 시대의 윤리에 적응하지도 못할 뿐만 아니라 그렇다고 분단 극복의 투쟁에도 나서지 않는 언제나 제3의 길을 모색하며 그것을 이상적인 꿈으로만 간직하는 지식인으로 상정된다.

장용학이나 최인훈의 주인공들은 뚜렷한 설명도 필요 없이 거의가 상당한 지식인인 점에서는 일치하면서도 장용학 쪽이 희대의 무뢰한인 데 비하여 최인훈 쪽은 지극히 수동적인 역사의 추수주의자들이다. 그러나 그 어느 쪽도 현실과 직면하는 자세를 회피한다. 특히 최인훈은 이미 남북한을 두루 경험해버린 이후에 오는 허탈감이 이내 민족적 허무주의로 흐르게 만들며 이는 제3의 노선에 대한 애정으로 화석화해버린다.

물론 이 지식인적 입장에 의한 이론적 민족주의로서의 제3의 노선은 70년대 분단 극복 문학의 과도기에서 김원일에게로 이어지는 징검다리 역할을 해준다. 이 점에서는 장용학의 순수 관념론보다는 최인훈의 민족적 허무주의가 훨씬 역사적 현장감을 지니고 있다는 평가가 가능할 것이다.

결국 전후 우리 문학에서 시시포스적 실존주의 작품은 비록 분단 사회의 본질론에 대한 인식과 그 존재론적 접근 자세에서 출발하긴 했으나 그 진로 모색에서 회의론 내지 허무주의에로 전락하고 말았음을 시인하지 않을 수 없다. 다만 그럼에도 불구하고 동시대의 다른 작품들이 역사의 인식이나 현실적 접근을 시도조차 하지 않은 것에 비해서 이들 실존주의 문학의 영향은 긍정적이라 하겠다.

4. 시시포스에서 프로메테우스로

시시포스적 실존 의식에서 현실적 출구를 마련하지 못한 전후 문학은 당대적 생존 조건과 불안 의식을 불식시키기 위하여 서툰 프로메테우스적 실존성에로 접근해간다. 인간의 생명이 가장 값싸게 거래되는 혼란기를 겪으면서 문학은 소박한 인도주의에 관심을 기울이게 되는데 예컨대 오상원의 행동주의 내지 인도주의적 관심은 이런 배경에서 출발한다.

"앙드레 말로의 「정복자」 「인간 조건」을 탐독하던 그 시절에 나도 모르는 사이에 마음속에 힌트를 얻고 있었던 것이 아닌가 싶다"(「초조한 마음」)는 작가의 말처럼 가장 암담한 시대에는 도리어 가장 행동적인 문학 의식이 싹트게 된다. 반란이나 암살, 특수 상황에 의한 인간 학살 등을 다루는 오상원의 증인적 내지 행동적 작품은 마치 김붕구의 초기 프랑스 실존 문학 소개에서 느끼는 세계처럼 박진감 있는 사나이들의 모습을 만나게 해준다.

소도시를 점령한 반란군 지도자 '작업복'은 부모를 학살한 정부군에게 "눈에는 눈, 이에는 이"의 보복을 감행한다. 부모 학살의 현장을 목격한 소년을 정부군 보복 사수로 선택한 '작업복'은 인간을 위한다는 명분 아래서 도리어 비인간화해가는 것으로 묘사된다. 이런 가치관의 전도 현상은 오상원의 행동주의 문학이 지닌 한계이자 특징이다. 말하자면 행동 그 자체에만 초점을 맞췄기 때문에 '역사 전체'에 대한 가치 판단은 배제되어 버린다. 위에서 말한 「표정」과 마찬가지로 「모반」 역시 민의 암살 행위를 통하여 역사 그 자체의 진보나 발전에 기여코자 하는 것이 아니라 암살 행위 그것에 대한 자기 반성을 시도한다.

민은 분명 어느 지하 단체에 소속되어 특정인을 암살하나 이내 자기 대신 암살자로 체포된 청년의 가족——어머니와 여동생——을 만나곤 이내 변심한다. "나는 평범한 인간들을 한 사람이라도 더 사랑해보고 싶어졌단 말이다. 위대(?)한 하나의 일의 성공보다는 나는 오히려 소박하게 살아가는 인간의 모습들이 하나라도 더 소중스러워졌단 말이다"라고 민은 동료들에게 말한다. 그리고 이런 행위는 영원한 인도주의를 지향하는 문학이 해야 할 임무처럼 당연히 받아들여졌다.

민은 당연히 전향하여 자기 대신 암살범으로 처벌받게 될 사나이에 대한 동정심 때문에 자수하게 된다. 대체적으로 오상원은 8·15 직후의 혼란을 소재로 한 「모반」이나 「균열」에서 이미 6·25를 다룬 「유예」「피리어드」의 결말을 예견할 수 있다. 그에겐 탈역사적 인도주의가 강하게 풍긴다. 이념적 대립 속에서 경직화되었던 1950년대의 상황을 감안하더라도 오상원은 냉전 의식에 푹 젖어 있는 행동주의의 한계성에 빠져 있었음을 부인할 수 없다. 조금만 역사 의식이 있는 작가라면 민의 자수 뒤에 따를 그의 동료들의 관련성 문제를 고려하지 않을 수 없으며, 오히려 보다 실감 있는 인도주의를 위해서는 이내 민 자신까지 암살당하는 것으로 만들었어야 했을 것이다. 오히려 그런 쪽이 현실성을 지닌 것이지 「모반」의 이야기 그것으로는 아무래도 설득력이나 절실성이 약한 게 사실이다.

대체로 전후 프로메테우스적 실존 의식의 수준은 오상원의 영역을 넘지 못한다. 궁극적으로 통일이나 민족 동류 의식 같은 것은 아예 엄두도 낼 수 없었던 시대적 분위기였기에 냉전 의식이 전제로 된 상태에서의 저항 의지만을 그 대상으로 삼았다. 전후 소설에서 가장 어두운 현실 진단서의 하나인 이범선의 「오발탄」만 해도 "법률선까지는 무난히 뛰어넘"을 만큼 범죄 행위를 감쪽같이 해치우나(영호가 어느 회사의 월급 지불 전액을 실은 지프를 무사히 탈취), "인정선에서 걸"린다(그는 지프를 몰고 가던 사람을 권총으로 위협만 하고 쏘지 못한다).

이런 한계성은 민이나 영호 둘 다 똑같은 차원이며 이는 또한 50년대 전후 문학의 한계성인지도 모른다. 후진 자본주의적 생산 관계에서 아직도 완연히 봉건 잔재를 청산하지 못한 과도기적 인간상들에게서 볼 수 있는 관념론적 인도주의 의식이 지배적인 상태를 이들 작품은 그려주고 있다. 그래서 이들이 희생할 수 있는 것은 결국 자기 자신밖에 없다. 이범선은 「사망 보류」에서 국민학교 교사가 궁핍 속에서 24일 결핵으로 죽었으나 곗돈을 받기 위해 봉급날인 25일까지 사망을 보류시킨 채 부고를 알리지 않는 이야기를 쓰고 있다. 자기 희생 이외에는 다른 사람을 해치는 일에 익숙하지 않은 시대의 인도주의적 저항이란 이처럼 지극히 추상적인 관념성을 탈피할 수 없는 것으로 나타난다.

추식에 이르면 이는 더 한층 명백해진다. 「인간 제대」의 주인공이 아내를 죽이게 된 이유는 다른 남자와 동침했기 때문만이 아니라 그 자신이 "인간 대열에서 제외된 것이 하도 억울해서"
였다. 서울 시민의 8할이 실직자였던 시대적 상황을 감안하더
라도 스스로의 원한을 자신과 가장 가까웠던 아내를 죽이는 것
으로만 풀어야 했던 까닭은 「모반」이나 「오발탄」 또는 「사망
보류」 등에서 만난 인물들처럼 자신의 희생을 최고의 미덕으로
여겼던 정서적 한계성의 한 발로라 하겠다. 더구나 이들의 저항
의식은 분단 체제의 냉전 의식이 너무나 고착화되어 있어 거의
기계론적이라 할 만큼 체제 그 자체에 대해서는 순응적이었다.
따라서 이런 유의 작품은 이후 관념론적 저항 문학의 한 맥을
이루어 60년대 반공 문학의 초석을 마련해준다. 선우휘의 행동
주의적 문학이나 김광식의 초기 소설(「213호 주택」 등)과 최상
규의 초기 단편(「포인트」)에서 볼 수 있는 암담한 현실 속에서
의 소시민적 안일주의에 대한 욕구의 추구 같은 세계는 이런 프
로메테우스적 실존 의식의 한 변형으로 풀이할 수 있을 것이다.
　'인정선에' 걸리지 않은 자기 존재의 확인 작업으로서의 실존
의식의 작품에는 김성한의 「5분 간」이나 「극한」에서 약간 맛
볼 수 있다. 프로메테우스는 사슬을 절단한 채 감히 신과 대결
을 선언한다. 프로메테우스는 신의 독선적인 군주적 속박에 항
거하여 세계사적 혼란을 빚어놓은 사실을 비판한다. 신은 프로
메테우스에게 부드럽게 다시 복종하기를 권유하나 그는 신에게
감히 "영감이 한번 내 부하가 되시구려!"라면서 항거하여 둘
사이의 타협은 5분도 안 되어 갈라진다. 이로써 분노한 신은
세상 될 대로 되라는 식의 관성의 법칙을 적용시켜 지상은 다시
혼란의 연속이 된다는 우화를 다룬 「5분 간」은 궁극적으로 프
로메테우스적 저항의 한계성을 시인하는 격이 된다. 그러나 김
성한은 「극한」에서 야마모토 다츠코라는 여인을 통하여 자기
존재의 확인을 위해서는 살인까지도 가능하다는 프로메테우스
의 참뜻을 펼친다.
　다츠코는 슈바이처를 숭상하며 중국 봉천에서 고아원을 경영

하던 남편이 전쟁이 끝나자 맞아 죽은 후 갖은 고초를 겪으며 남하, 포장마차를 꾸려가고 있다. 중절모의 한 사나이가 접근, 어느 밤 그녀를 겁탈한다. 그녀는 "피난민 열차에서 당하던 때와 마찬가지로 하는 대로 내버려두"나, 새벽에 잠을 깬 후 도끼로 중절모의 골통을 내리쳐버린다. 그녀는 "찬장에 손을 넣어 쥐약을 집어들었다. 역시 아무 생각 없이 입에 넣고 물을 마셨다. 모든 것이 평정하였다. 생도 사도 없었다. 무로 돌아가는 초조한 향수가 있을 뿐이었다. 모든 사고에서 해방되어 거점이 무한으로 확대되는 기쁨을 느꼈다"고 이 작품은 끝맺는다.

김성한의 실존적 저항 역시 적극성을 띠긴 하지만 비역사적인 방향을 겨냥하고 있었다는 점에서는 마찬가지이다. 극한 상황 속에서 인간이 저지를 수 있는 모든 것을 허용하는 실존 문학에서의 프로메테우스적 저항이 결국은 자신의 희생이나 관성에 따른 세계의 흐름을 그대로 용인하는 것이라면 왜 실존 의식이 구태여 필요할까.

이래서 전후 실존 의식의 저항 중 프로메테우스적 성향은 우리 문학에서 도리어 체제 순응적 내지 체제 긍정적 일면을 인도주의라는 이름으로 제기해준 수준을 넘어서지 못했음을 느끼게 된다.

프로메테우스적 실존 의식까지가 민족 의식이나 역사 인식의 차원으로 승화하지 못한 것이고 보면 쿠라적 실존 문학이 지닌 전후 문학의 난맥상은 쉬 짐작이 간다. 이 무렵(1959) '실존성'이란 어휘로 김동리·이어령 사이에 논쟁이 있었는데, 그 대상 작품은 한말숙의 「신화의 단애」를 비롯하여 추식의 「인간 제대」「부랑아」, 유주현의 「언덕을 향하여」 등이었다. 이 논쟁은 아마 전후 문학에서 실존주의 사상과 관련된 이론을 우리 문학에 직접 적용시킨 처음이자 마지막 쟁점으로 남는 사건이기에 주목된다.[9]

---

9) 임헌영 편, 『문학논쟁집』, 한국문학대전집 부록(태극출판사, 1978)에 이 논쟁

여기서 이어령은 실존성이나 극한이라는 술어를 "서구의 문화적 문맥 위에" 서 있는 것으로만 파악한다. 즉 극한이란 "인간의 궁극에 있어서 마주치는 하나의 벽(말하자면 죽음이라든가 무라든가 하는 탈출 불가능의 근원적인 문제)을 의식하는 상황"으로 국한시킨다. 따라서 그는 극한 상황을 "형이상학적 조건이며 또 그것은 객관적으로 파악하는 것이 아니라 존재의 자각으로서만이 느낄 수 있는 문제다. 그러므로 동물이나 일상적 생활에만 젖어 있는 사람에겐 '극한 의식'은 있을 수 없다"고 단정한다. 이런 논리 위에서 그는 추식의 「인간 제대」에 나오는 사나이는 "사회의 하층 구조에서 일어나고 있는 것이기 때문"에 "그들에겐 직업을 주거나 먹을 양식을 주기만 하면 된다. 그들이 '극한 의식'을 가지고 있다면 '존재하는 것은 무엇인가?' 하는 근원적인 물음 때문에 당연히 괴로워했었어야 할 것이다"라고 말한다.

과연 극한 의식은 형이상학적 문제에만 국한하는 것일까. 이에 대하여 김동리는 "직업이나 식량으로써 우선 해결될는지 모르나 그러한 극한적인 끝끝(따라지와 막다른 골목)에서 인생을 대결하는 추씨의 내적 체험 속에 한국적인(유씨의 경우와 비슷하게) 그리고 추씨적인 극한 의식이 도사리고 있는 것"으로 반박한다.

두번째 이 논쟁이 제기한 문제는 「신화의 단애」를 둘러싼 실존성 문제였다. 이어령은 여대생 진영이 추운 밤 꽁꽁 얼어 지내기 싫을 뿐만 아니라 여관비가 없어 애인(경일)의 하숙보다 더 가깝다는 이유로 그의 친구인 준섭의 하숙에서 자는가 하면 "죽으면 썩을 몸이다. 살아 있는 이 순간, 다시는 없을 이 지극

전문이 수록되어 있음. 주요 내용은 이어령의 「영원한 모순」, 김동리의 「좌표 이전과 모래알과」, 이어령의 「논쟁의 초점」, 김동리의 「초점, 이탈치 말라」, 이어령의 「희극을 원하는가」, 김동리의 「눈물의 의미」 등으로 경향신문, 1959년 2월 9일~3월 22일자까지 연재. 여기서 후반부는 인신 공격으로 논쟁이 번져 실존주의의 근본 문제에 대한 언급이 사라져버림.

히 소중한 순간을 나는 내 몸을 하필이면 얼려 재워야만 한단 말인가?"(「신화의 단애」)란 각오로 이번엔 경일의 하숙을 찾는 행위를 "사창굴에서 우글거리는 그 창부들"(이어령)의 행위로 매도한다.

이어령은 진영에 대하여 충동적이며 낙관적이고 관능 해방이 생의 목적이기 때문에 불안 의식이나 존재론에 대한 원천적인 회의가 느껴지지 않으며 따라서 그녀를 실존성으로 파악할 근거가 되지 않는다고 지적한다. 이에 대한 김동리의 견해는 진영의 경우도 충분히 실존성을 지니고 있다는 반박이었다.

김동리·이어령 논쟁이 제기한 두 가지 문제는 전후 문학과 실존주의를 이해하는 데 집약적인 쟁점이 된다. 즉 첫째 문제인 극한 상황의 해석 방법과, 두번째의 실존성은 서로 연관을 가진 것으로 이를 작품 분석에 대입시킬 때 일어나는 관점의 차이가 분명히 드러났기 때문이다.

여기서 이어령의 논지는 분명 하이데거나 야스퍼스 등 쿠라적 입장에 선다. 당시 씨 자신은 비평에서 프로메테우스적 입장에 선 저항의 문학을 주창하면서 이 논쟁에서는 쿠라적 관점에 선 것은 차치하고라도(김동리의 입장이 본래 쿠라적인 성향이 농후했다) 이 논쟁은 실존주의의 한국적 적용 문제를 밀도 있게 이끌어가지 않았다는 아쉬움이 남는다. 어느 쪽도 실존주의에 대한 깊이 있는 논쟁을 이끌어갈 만한 바탕은 없었음이 논쟁 전개 과정에서 드러났는데 이는 당시 문단 전체의 분위기이기도 했을 것이다.

되새겨볼 필요가 있는 쟁점을 축약하면 과연 실존성이나 극한 상황은 형이상학적 문제만을 대상으로 한 것이냐는 것과, 이 해답에 따라 우리나라의 실존주의적 경향은 어떤 것을 들 수 있느냐는 두 가지가 된다. 존재에 대한 일체의 위협은 극한 상황임을 실존 철학은 주장하고 있다. 따라서 하류층 인간이라고 극한 상황을 체험하거나 고민하지 못할 이유는 없는 것이다. 부유하고 학식 있는 사람의 고민만이 실존주의 문학의 주인공이 될 수 있다는 주장은 아무래도 무리가 없지 않으며 따라서 1950년대적 한국 사회경제사적 상황에서도 실존 의식은 충분히 존립할 만한 근거를 가진다고 봐야 할 것이다. 더구나 쿠라적 요소로서의 실존성이나 극한 상황이라면 전후파적 기질과 죽이 맞아 꽤나 풍성한 작품 목록을 만들 수 있기도 하다. 논쟁에서 거론되는 작품들은 1950년대적 극한 의식이나 실존성을 부인할 수 없다.

대체적으로 쿠라적 실존 의식의 문학은 육욕과 밀접한 관계를 지니고 있다. 유주현의 「패륜아」 같은 작품이 제기하는 반윤리적 행위 역시 이런 감성에서 접근할 수 있다. 아버지는 아들의 애인과, 계모는 아들과 서로 이성을 느끼는 반윤리적 행위는 마치 장용학의 주인공을 연상시키는 인간 행위의 최첨단까지 나아가버린 극한치를 느끼게 한다. 손창섭의 「설중행(雪中行)」에서 만나는 고선생이 제자의 애인 귀남에게 몰래 입맞추는 행위나, 서기원의 「암사지도(暗射地圖)」가 내세우는 소녀 윤주가 형남과 상덕 두 전우 사이를 번갈아 동침하는 따위를 우리는 단순한 윤리 의식의 붕괴로만 탓할 바가 아닌 것 같다. 그것은 적어도 실존성에 대한 자기 확인 작업, 극한 상황에서 자기 존재를 확인하는 방법으로 육체가 동원되었다는 것으로 이해할 수밖에 없다. 물론 이런 방법밖에 없었느냐고 묻는다면 부정적인 반박이 나올 수 있다. 그러나 1950년대적 한계 상황 속에서 프로메테우스적 저항까지도 자기 희생만 할 줄 알았던 분위기라면 성윤리의 타락화는 예견할 수 있는 현상이었으리라.

그래서 김동리가 「실존무(實存舞)」에서 이미 붕괴되어버린 피난지에서의 성윤리를 '실존무'라고 꼬집는 것은 조금도 이상하지 않다. 극작가로 와세다 대학 영문과 출신인 이영구는 친구 김진억과 동거 생활을 하고 있는 여인 장계숙(남편은 납치)을 좋아한다. 마침 북한에서 김진억의 본처가 나타나자 이영구는 장계숙과 춤을 추며 "실존주의가 무엇인지 이제는 아는 거야! 됐어, 됐어! 부라보오!"라고 외친다. 이들은 틈만 나면 술을 마시면서 실존주의·현대 사상·자유·선택·고민·책임·존재 등을 이야기하는데 이는 「밀다원 시대」적 분위기와 견줘볼 때 분명 인간 존재의 의미를 숨김없이 드러낼 수 있는 극한 상황이었다는 점에서 그 이론적 잘잘못은 두고라도 실존주의적 전파력이 강력할 수밖에 없었던 상황임을 이해하게 만든다.

이런 쿠라적 실존 의식은 이후 우리 소설에서 내면적 자기 방황과 인격의 와해 현상을 증언하는 자본주의 말기 현상의 인간상을 부각시키는 방향으로 계승된다. 서기원의 「이 성숙한 밤의 포옹」이나, 손창섭의 「잉여인간」으로 상징되는 이 계열의 인간상은 아예 역사나 사회 같은 문제에는 근접할 생각조차 않은 채 자신의 내면 세계에 묻혀 관념론적 인생을 반추하면서 언제나 불안과 위기 의식에 쫓기는 삶을 살아간다. 손창섭은 이런 인간 탐색 작업에 대하여 이렇게 반성한다.

현대처럼 누구나가 모든 사실에서 무슨 심각한 의미를 추출해 내려고 광분하는 시대도 드물 것이다. 더구나 인간을 대상으로 해서, 즉 인간 그 자체와 인간의 온갖 행위에서 무엇이든 그럴듯한 의미를 발굴해보려고 사정없이 파헤치는 바람에, 점차로 인간의 내면에는 음산한 공동(空洞)과, 그 표면에는 삭막한 버럭 더미만이 늘어가고 있는지 모른다.

인간이란 것이 반드시 고가한 의미만을 다량으로 매장하고 있는 광산일 수는 없을 것이다. 인간의 생활이 결코 관념적인 의미의 퇴적이나 연결로만 일관될 수는 없다는 것이다. 보다 더 무의미한 면의 누적임을 우리는 발견하기 어렵지 않을 것이다. (손창섭, 「작업 여적」)

근대 이후 인간의 해방과 역사적 의미를 탐사해온 문학이 실존주의 시대(제국주의 단계)에 이르러 인간 해체기로 접어들면서 이룩한 문학은 극단적인 행동이나 자기 학대로서의 희생이 아니면 내면 깊숙이 잠수하여 고독의 심연으로 주저앉는 세계였다. 한국 전후 문학에서도 이런 실존주의적 모습은 여실히 남아 있다.

5. 실존주의의 평가

문학에 국한해서 말하더라도 실존주의는 그 영역이 너무 넓은 게 사실이다. 위로는 사르트르 하나만 해도 너무 부조리한 「구토」나 「자유의 길」 같은 작품부터 반공극 「더러운 손」이나, 「변증법적 이성 비판」에 이르면 변증법에의 비굴한 굴종까지 다양한 모습을 만날 수 있다. 카뮈 역시 초기의 변증법적 역사 인식에서 출발한 이후 극우파적 이론으로 방향 전환을 시도하기까지에는 많은 작품 세계의 틈이 있다. 한편 보부아르의 「초대받은 여자」나 「망다렝」, 혹은 제거스의 「죽은 자는 언제나 젊다」에서 만나는 치열한 역사적 현장에 선 변혁 주체 세력들에 대한 조명으로서의 실존주의적 인간상은 우리 전후 문학에서는 찾아볼 수 없었다는 아쉬움이 남는다.

절망의 궁극적 도달점이 그렇기 때문일까, 아니면 우연인지 실존성에 가장 치열했던 작가들——예컨대 장용학이나 손창섭 등——은 이후 거의 문학 그 자체에서 거리를 두게 된다. 그러나 50년대의 실존 의식은 이후 어느 정도 계승되어 변질하여 나타난다. 쿠라적 실존이 순수 문학을 보다 관념론적인 미학으로 나아가도록 심화시켜주는 한편 시시포스적 실존은 사변론적 미학으로 이끈다. 프로메테우스적 실존은 이후 일시 기복을 거쳐 참여 문학으로 연계된다.

  이렇게 볼 때 실존주의 사상은 전후 문학에서 기존의 민족문학을 순수·참여 문학으로 나누는 갈림길 역할을 한 셈이 된다. 비록 그것이 우리 문학 내면으로 깊이 스며들진 못했어도 그 유행 사조로서의 영향력은 깊고 오래도록 남을 것이다.

한국 리얼리즘 문학의 한 양상
―― 문학과 정치의 관계를 중심으로

홍　정　선

　리얼리즘에서 가장 문제가 되는 것은 현실을 인식하는 태도와 방법이다. 도대체 리얼리즘 문학에서는 무엇을 현실이라고 규정하는가? 그리고 어떻게 표현하는 것을 리얼리즘 문학이라고 하는가? 이 문제는 대단히 복잡한 것이며 여기에 대한 대답이 한 가지로 내려질 수 없다는 데에서 리얼리즘에 대한 여러 가지 논란이 생겨나고 있다.

　리얼리즘 문학에서 문제로 삼는 ‘현실’은 사실상 정의가 불가능하기 때문에 그 의미가 지나치게 확산되면 지금까지의 모든 문학이 리얼리즘 문학이 되는 불필요한 개념이 되고, 또 지나치게 제한되면 오로지 특정한 집단의 주장만을 반영하는 것이 리얼리즘이 되는 오류가 발생한다. 특정한 방식으로 의미 제한을 해놓지 않는 한 아무런 의미도 갖지 못할 정도로 ‘현실’이라는 말은 유동적이며 애매모호한 것인 까닭이다. “현실은 이를 정의 지으려는/조급한 정신의 노력을 비웃는/부유물과 같은 것”[1]이라는 생각이 바로 그렇다. 그래서 하비 W. J. Harvey 같은 사람은 “나는 리얼리즘이라는 단어의 정의의 수렁에 빠져 허덕이

---

1) Damian Grant 저, 김종운 역, 『리얼리즘』(서울: 서울대학교 출판부, 1981), p. 16.

고 싶지 않다"[2]고 말하고, 홀트 E. B. Holt 같은 사람은 "현실이 무엇이냐에 관해서 나는 아무 관심도 없다"[3]는 식으로 말한다. 그러나 현실을 인식하는 시각에 따라서, 특히 마르크시즘 문학에서는 '객관적' 현실의 인식과 파악이 가능하다고 생각하는 입장도 있으며 우리나라에서는 주로 이 같은 경향의 리얼리즘이 득세했다.

끊임없이 유동적인 현실, 어떻게 바라보느냐에 따라 견해가 달라지는 현실의 다면성 때문에 사람들은 무엇을 그리느냐 하는 문제도 중요하지만 어떻게 그리느냐 하는 문제가 리얼리즘에서 더 중요하다는 생각을 발전시켰다. 환상적인 수법으로 쓴 작품이 리얼리즘이냐 아니냐, 개인의 내면 세계를 의식의 흐름이라는 수법을 따라 그려낸 작품이 리얼리즘이냐 아니냐 하는 등의 논란은 여기에서 비롯된 것이다. 우리의 경우 30년대에 최재서와 임화 사이에 이상의 소설을 두고 제대로 된 리얼리즘이다 아니다 하는 상반된 주장이 교차하고 있는 것이 그 좋은 예라고 할 수 있다. 최재서는 개인의 내면 세계를 치밀하게 그려보이고 있는 것 역시 바깥 세계(사회)를 그리고 있는 마르크시스트들의 어떤 소설들보다도 더 리얼리즘 소설이라고 생각한 반면, 임화는 그런 소설은 역사 발전의 합법칙성에 따른 미래 전망이 보이지 않을 때에 내면으로 도피를 감행한, 파편화된 의식을 보여주는 모더니즘 소설이라고 생각한 것이다. 이 같은 사실로 미루어볼 때 같은 작품에 대해서도 어떻게 그리느냐는 방법을 두고 리얼리즘과 모더니즘이라는 완전히 상반된 결론이 날 수 있다는 것을 알 수 있을 것이다.

이처럼 어떻게 표현하느냐 하는 문제 역시 간단하지 않기 때문에 우리는 리얼리즘을 말할 때 항상 인용 부호가 붙은, 특정한 시기에 역사적으로 나타난, 제한된 의미를 지니고 있는 리얼

---

2) 윗책, p. 8.
3) 윗책, p. 12

리즘을 말하는 것이 훨씬 안전하다. 그렇게 해야만 공상적 리얼리즘, 형식적 리얼리즘, 객관적 리얼리즘, 비판적 리얼리즘, 시적 리얼리즘, 심리적 리얼리즘, 낭만적 리얼리즘, 풍자적 리얼리즘, 주관적 리얼리즘, 환상적 리얼리즘 등의, 앞에 붙는 관형어에 따라 극단적으로 상반되는 리얼리즘의 오류들로부터 벗어날 수가 있다.

이런 점에서 필자는 이 글에서 우리 문학에서 리얼리즘이 '현실'이란 문제를 어떻게 이해했느냐 하는 사실을 구체적으로 살펴보려 한다. 우리 현대 문학은 리얼리즘이건 아니건 '현실'이 무엇이냐에 대한 강한 집착을 보여왔는데, 이 집착은 문예사조에서 말하는 일반적인 의미의 리얼리즘과는 다른, 역사적으로 형성된 한국 문학의 한 특징이라고 할 수 있다. 그 특징은 한마디로 말해 지나칠 정도로 리얼리즘이 실제의 정치 현실과 밀착함으로 말미암아 야기된 것이다.

그래서 필자는 이 자리에서 우리 문학이 실제적인 정치, 현실적인 정치에 지나치게 경도되고 몰두함으로 말미암아 리얼리즘 문학이 야기한 문제를 지적하고 앞으로의 우리 문학은 인간의 모든 행위에 내재된 정치성의 문제로 관심의 폭을 확대해야 한다는 주장을 펼칠 생각이다. 좀더 구체적으로 말해 우리 문학이 정치와 지나친 밀착 관계를 유지함으로 말미암아 자체 속에 형성시킨 몇 가지 특징들을 마르크시즘 문학을 중심으로 분석해 보고, 필자의 생각을 피력하는 방식으로 이야기를 이끌어나가려고 생각하고 있다.

우리 문학에서 문학과 정치의 관계는 각별한 무게와 중요성을 가지고 있다. 지난 1세기 동안의 우리 문학사만을 돌이켜 보더라도 주지하다시피 문학은 정치와 구별할 수 없을 정도로 밀착되어 있어서 어떻게 보면 문학과 정치와의 관계를 이야기한다는 것은 우리 문학 전체를 이야기하는 것처럼 되고 있다.

따라서 언뜻 보기에 우리 현대 문학에서 문학과 정치의 관계를 되돌아보는 일은 "모든 문학은 정치적이다"라는 당연한 명제를 재확인하는 작업처럼 보인다. 그러나 우리 문학 속에서 '정치'의 의미를 자세히 가늠해 보며 들여다 보면 반드시 그런 것만은 아니다. 거기에는 의미의 스펙트럼에 일반적인 문학 이론에서 이야기하는 정치와는 분명히 다른 차이가 있다. 지난 1세기 동안 우리 문학이 보여준 강렬한 정치성은 "모든 문학은 정치적이다"라는 일반적 명제에 부합하는 그런 정치성이 아니라 직접적 현실과의 대응 관계에서 나온 정치성이었던 까닭이다.

그런데 필자가 여기서 말하려는 '정치'의 의미는 지난 1세기 동안의 우리 문학이 집착해온 '실제 현실 속의 정치'라는 그 '정치'가 아니다. 필자가 이 자리에서 바람직한 의미로 말하려는 문학의 '정치성'은 현실적인 그 '정치'라는 제한된 의미에서만이 아니라 문학이 매체로 사용하는 언어와 대상으로 삼는 인간 행위 자체에 이미 고유한 속성으로 들어 있는 넓은 의미에서의 '정치성'이다.

필자는 앞에서 문학과 정치의 관계라는 것이 우리 문학의 거의 전부를 지배해왔다고 말했다. 그렇지만 이미 말했다시피 문제가 되고 있는 정치의 의미는 대단히 좁은 것이었다. 이를테면 신채호가 비분강개해서 일제 강도 치하에서 글쓰기 따위가 무슨 의미가 있느냐고 말했을 때의 정치, 프롤레타리아 문학자들이 드높은 목소리로 정치 투쟁을 외칠 때의 정치, 황군의 승리를 기원하던 친일 문학자들이나 이기붕을 예찬하던 만송족들이 보여준 정치, 해방 직후에 임화를 비롯한 일단의 문인들이 전략적으로 인민성을 내세울 때의 정치, 50년대 문학이 반공을 국시로 하는 국가 정책에 호응할 때의 정치, 70년대 이후의 민중 문학이 현실에 복무하는 문학을 강조할 때의 정치——이 모든 것은 대단히 협소한 의미의 정치였다. 그것은 언어로 이루어진 문학이 본질적인 의미에서 어떻게 정치성을 띠느냐 하는 차원에서가 아니라 **직접적 현실**에 대한 문학적 대응이란 차원에서의 정치였던 것이다. 물리적 강제력을 행사할 수 있는 정치 권력과 대립하거나 타협하는 자세에서 생겨난 이 같은 협소한 의미에서의 문학의 정치성은 그간의 우리 문학이 각박한 현실에 대해 얼마나 민감하게 대응할 수밖에 없는 상황 속에 있었던가를 말해주는 뚜렷한 증거라고 할 수 있다.

이 사실을 좀더 분명히하기 위해 이효석의 예를 들어보겠다. 이효석은 자신의 작품에서 현실적인 정치 권력의 냄새가 거의 풍기지 않는 시에 가까울 정도로 서정성이 짙은 소설을 쓴 사람이지만 그럼에도 그의 소설 주인공들은 종종 자연과 함께하는 그들의 행태가 현실 세계로부터의 도피인 것처럼 보이게 만드는 말을 고백처럼 뱉아놓고 있다. 정명환이 "위장된 순응주의"[4]라고 부른 그 모습은 「들」이라는 소설에서 다음처럼 나타난다.

자연과 벗하게 됨은 생활에서의 퇴각을 의미하는 것일까. 식물적 애정은 반드시 동물적 열정이 진한 곳에 오는 것일까. 학교를 쫓기우고 서울을 물러오게 된 까닭으로 자연을 사랑하게 된 것일까. 그러나 **동무들과 골방에서 만나고 눈을 기어 거리를 돌아치다 붙들리고 뛰다 잡히우고 쫓기우고**──하였을 때의 열정이나 지금에 들을 사랑하는 열정이나 일반이다. 지금의 이 기쁨은 그때의 그 기쁨과도 흡사한 것이다. 신념에 목숨을 바치는 영웅이라고 인간 이상이 아닐 것과 같이 들을 사랑하는 졸부라고 인간 이하는 아닐 것이다. 아직도 굳은 신념을 가지면서 지난날에 보던 책들을 들척거리다가도 문득 정신을 놓고 의미없이 하늘을 우러러보는 때가 많다.[5]

필자가 보기에 이효석의 소설 속에 어울리지 않는 모습으로 끼여들어 있는 "동무들과 골방에서 만나고 눈을 기어 거리를

---

4) 鄭明煥, 『韓國作家와 知性』(서울: 문학과지성사, 1978), p. 95.
5) 孝石全集 1(서울: 春潮社, 1965), p. 151.

돌아치다 붙들리고 뛰다 잡히우고 쫓기우고"와 같은 구절은 작가 자신의 취향이나 본질에서 나온 것이 아니라 현실 세계에 대한 강박관념에서 나온 것이다. 작품 속에 불거져나와 있는, 주인공들이 가끔 먼 곳(도시)에서 있었던 사건의 그림자에 시달리는 모습은 초기에 동반자 작가였던 작가가 자신의 취향대로 작품을 쓰기 시작하면서도 의식의 다른 한편에서는 당대를 풍미하고 있던 마르크시즘 운동을 여전히 의식하고 있다는 사실에 다름이 아니다. 그는 무엇엔가 쫓기듯 그런 고백을 해놓지 않으면 몹시 불편하다는 의식, 무엇인가 전적으로 반동적인 사람은 아니라는 흔적을 남겨놓아야만 한다는 생각에 시달리고 있는 것이다.

이효석의 이러한 경우가 말해주는 것은 이 시기의 우리 문학이 압도적인 현실로 다가오는 정치의 무게 앞에서 압도적으로 정치적이 되었다는 사실이다. 자신의 작품 세계를 직접적인 정치와 상관없는 곳에서 구축하고 있었던 사람들도 이효석의 경우에서 보듯 어떤 식으로건 정치의 언저리를 맴돌지 않을 수 없을 정도로 말이다. 그 모습은 비유하자면 하나의 중심으로부터 동심원을 그리며 번져나가는 물결과 유사했다. 가장 강경하게 현실의 전복을 주장하는 목소리로부터 애매한 비판의 목소리에 이르기까지 직접적 현실과 맞서는 방식에 따라 우리 문학은 동심원을 그리고 있었던 것이다. 정도의 차이는 있지만 마르크시스트들이 아니었던 작가들이 쓴, 이를테면 염상섭의 「만세전」이나 『삼대』나 채만식의 『탁류』나 『태평천하』도 정치 현실에 도전하는 마르크스주의자나 현실을 비관적으로 바라보는 비판적 인물들을 상당히 긍정적으로 그려놓고 있다는 점에서 이효석의 작품과 마찬가지로 그러나 이효석보다는 좀더 중심에 가까운, 정치를 중심으로 맴도는 한 동심원의 모습이라고 할 수 있다. 이들의 작품에서도 정치 현실은 숨쉬지 않을 수 없는 공기처럼 문장과 문장 사이에서, 행과 행 사이에서 흘러다니고 있는 것이다.

이런 사정 때문에 현대 문학의 출발점에서부터 최근에 이르기까지 우리 문학사에서는 문학과 정치의 관계가 하나의 중심을 향한 단일한 의미로 제한될 수밖에 없었다. 물론 그렇게 된 데에는 다른 여러 가지 이유도 있겠지만, 앞의 예들에서 짐작할 수 있듯, 그것은 문학과 정치 권력과의 관계, 특히 압도적으로 불편한 관계 때문이었다. 우리 문학의 주변에는 직접적인 관계 이외의 다른 관계를 생각할 수 없게 만드는 압도적인 정치 현실, 다른 중심에 초점을 맞춘 동심원들을 생산해내는 것을 사치스럽다거나 부끄럽게 여기도록 만드는 폭력적 현실이 마치 대수에서의 상수처럼 자리잡고 있었던 것이다. 그 정도가 어느 정도였는가에 대해 우리는 유신 체제가 막 종언을 고한 80년대초에 나온 글 하나를 참고해볼 필요가 있을 것 같다. 이 시기에 김현은 "나는 이제야말로 문학비평가가 정말 해야 하는 것은 무엇인가를 명확하게 생각해야 할 시기라고 생각한다. 반체제가 상당수의 지식인들의 목표이었을 때, 문학비평이 무엇이냐는 질문은 사치스럽기 짝이 없는 질문처럼 생각되었다. 그러나 이제는?"[6]이라고 썼다. 그러면서 그는 "문학은 그 어느 예술보다도 비체제적이다. 나는 그것을 문학은 꿈이다라는 명제로 표현한 바가 있다"[7]고 용기있게 직접적 정치성에 매달리는 문학을 우회적으로 비판했다. 이처럼 80년대초에 문학의 목표가 '반체제'가 아니라 '꿈'이라고 말하는 것은 당시의 문학 환경 속에서는 상당한 '용기'가 될 정도로 우리 문학은 직접적으로 정치에 휘말려 있었던 것이다.

우리나라의 문학인들이 스스로를 다소간에 일종의 지사로 여기는 경향도 이러한 사정과 관계가 있다. 염무웅이 「시와 행동」이란 글에서 위대한 삶이 반드시 위대한 문학을 보장해주는

---

6) 김현, 『문학과 유토피아』, 문학과지성사, 1980, p.356.
7) 위의 책,

것은 아니지만 위대한 삶 없이 위대한 문학은 있을 수 없다[8]는 주장을 하고 있는 것은 바로 그러한 의식의 표현이다. 또한 일부 비평가들이나 연구자들이 한용운의 시나 이육사의 시를 근거 없이 과대평가하거나 윤동주를 한사코 저항 시인으로 만들어놓으려고 하는 태도 속에도 그 같은 경향이 들어 있다. 여기에는 물론 유교적인 전통 위에서 형성된 한국 근대 문학이 그 출발점에서부터 애국과 계몽이라는 정치성을 필연적으로 부여받을 수밖에 없었고, 문인을 지사로 만드는 그 전통이 민족 해방을 지상의 과제로 삼아야 했던 식민지 치하를 거쳐 독재 정권과의 투쟁을 당면의 목표로 삼아야 했던 해방 후의 문학에도 강력한 힘으로 작용하고 있다. 신채호·이상화·이육사·조지훈·유치환 등의 작품 속에 들어 있는 도도한 목소리, 글쓰기는 식민지 해방 투쟁의 한 방법이라는 프롤레타리아 문인들의 강경한 자세, 문학적 형상화의 수준은 다소 떨어지더라도 글 속에 들어 있는 정신이 올바르면 괜찮은 작품으로 간주하는 민중 문학자들의 정치적 판단 등에는 모두 정치 권력과의 불편한 관계를 감수하며 비판적 목소리를 가다듬는 지사들의 의식이 투영되어 있었으며, 상당수 문인들은 그로 말미암아 사후에 더욱 문학적 명성을 획득하기도 했다.

　그렇기 때문에 한국 문학 속에서는 김동인의 「광화사」나 「광염 소나타」와 같이 개인의 의미를 극대화시킨 탐미적 태도라든가, 철저히 예술가 주인공을 형상화해나가려는 작가 정신 같은 것이 거의 뿌리내릴 자리가 없었다. 김동인의 그런 작품들은 많은 부정적 측면들을 안고 있기는 하지만 어떻게 보면 한 중요한 개인이 어떤 일에서 절대적인 경지에 도달하기 위해서는 불가피하게 주변의 다른 것들을 희생시킬 수밖에 없으며, 거기에는 가족·사회·제도까지 포함될 수 있다는, 종래에 볼 수 없었던 혁명적 발상의 소산이었지만 한국 문학사 속에서는 거

---

8) 염무웅, 「시와 행동」.

510

의 영향력을 발휘할 수 없었다. 이와 같은 점은 일본 근대 문학사에서 오카모도키도(岡本綺堂)의「수선사 이야기(修禪寺物語)」나 아쿠다가와 류노스케(芥川龍之介)의「지옥변(地獄變)」같은 작품이 중요하게 평가받는 풍토와 뚜렷한 문화적 전통의 차이를 이루고 있다. 이 차이는, 흥미있는 사실인데, 우리의 경우 일본 근대 문학의 영향을 크게 받았으면서도 프롤레타리아 문학은 일본의 것을 거의 베끼다시피 받아들였지만 일본의 비정치적인 예술가 소설의 전통은 거의 수용하지 않는 결과로 나타났다. 이 점은 분명히 문학을 문학 자체로 생각하지 않아온 우리 문학의 전통이 작용한 결과이다. 그것은 개인의 의미나 행복보다는 사회적 책임과 정의가 월등히 중요했던 한국에서 당시나 지금이나 김동인 같은 사람을 무책임하고 비도덕적인 퇴폐적 인물로 간주하는 발상과 관계가 있다.

반면에 첨예한 정치성을 내세운 프롤레타리아 문학은 일본의 것을 베꼈으면서도 크게 번성을 했는데, 그것은 전혀 이상한 일이 아니었다. 우리 문학은 1920년대에 들어와 '개인'의 의미를 비로소 조금씩 깨닫기 시작했으나 당시로서는 여전히, 사회와 대립되는 또는 사회와 버금가는 무게를 지닌 '개인'의 의미에 대해서는 관심을 가질 상태에 있지 못했기 때문이다. 가족과 국가를 중심으로 이루어진 전통적인 유교적 윤리관이 개인에 대한 성찰을 가로막고 있었으며, 3·1 운동 이후의 울분에 찬 사회적 분위기 또한 거기에 가세하고 있었기 때문이다. 20년대초의 우리 상황은 사회의 변화를 목표로 하는 사회 단체가 하루에도 수십 개씩 결성되고, 이런 현실을 대변이나 하듯 신문이나 잡지 역시 온통 '사회'에 대한 이야기로 채워지고 있는 상황이었다. 이 같은 모습은 현진건이「술 권하는 사회」에서 "여기 회(會)를 하나 꾸민다 합시다. 거기 모이는 사람놈치고 처음은 민족을 위하느니, 사회를 위하느니 그러는데, 제 목숨을 바쳐도 아깝지 않느니 아니하는 놈이 하나도 없어"9)라고 빈정거릴 정도였던 것이다. 그러한 모습 때문에 현진건은 작품에서 자신의 대변자로 보이는 주인공을 내세워서 세상에는 누구나 다 자칭 민족을 위한 애국자들이 즐비한데 제대로 되는 일은 하나도 없는 세상이 너무 답답해서 술을 마신다고 말하고 있다.

그러므로 이런 풍토 속에서 작가들이 개인적 문제를 뛰어넘어 정치적·사회적 문제로 달려간 것은 당연한 일이다. 또 모순에 찬 사회를 뒤엎으려는 마르크시즘이 당대의 우리 사회를 휩쓴 것은 조금도 이상한 일이 아니다. 20년대와 30년대 프롤레타리아 문학은 일본의 프롤레타리아 문학과 밀접한 관계를 맺고 있었으면서도 한국적인 특수한 상황 속에서 번성하고 발전해나갔던 것이다. 헤게모니를 위한 이론 투쟁, 새로운 강경파의 되풀이되는 대두, 끊임없는 분파주의 등 표면적으로 나타난 점에서 볼 때 한국의 프롤레타리아 문학은 일본과 대단히 유사한 양상을 보였지만 이면에 깔려 있는 상황적인 측면에서는 분명히 달랐던 것이다. 그 점은 다른 무엇보다도 한국 프롤레타리아 문학이 일본의 경우와는 달리 계급 해방 투쟁의 뒷면에 민족 해방 투쟁이라는 강렬한 심리적 모티프를 깔고 있었으며, 이 때문에 프롤레타리아 문학은 다른 종류의 문학 운동보다 훨씬 더 직접적인 매력으로 지식층의 젊은이들을 사로잡을 수 있었다는 사실에서 입증된다. 당시의 프로 문학은 일반 대중보다도 염상섭이 『삼대』에서 '마르크스 보이'라고 부른 바로 그런 젊은 인텔리들을 강력한 힘으로 사로잡을 수 있었던 것이다.

우리는 이 같은 사실을 여러 곳에서 쉽게 확인할 수 있다. 이를테면 프롤레타리아 문학 운동을 처음 시작한 김기진은 전혀 비과학적인 말임에도 불구하고 일본은 부르주아고 조선은 프롤레타리아라는 식의 이야기를 한다. 또 이런 경우도 있었다. 카프 결성 당시에 조선인의 몰락과 투쟁을 소재로 한 작품을 쓴, 조선에 대해 아주 우호적이었던 나카니시(中西伊之助)라는 일

─────────

9) 현진건, 「술 권하는 사회」.

512

본 작가를 특별히 초청해서 강연을 들은 적이 있는데 그때 카프 사람들은 특별 손님이자 이념적 동지인 그 나카니시와 시비를 벌인 바가 있다. 그것은 그가 자신의 작품 속에서 조선 사람을 가리켜 '토인(土人)'이란 용어를 사용했기 때문이었다. 이 말이 지닌 '야만인'이란 의미를 당시 카프를 이끌던 젊은이들은 민족적 감정에서 참을 수 없었던 것이다. 카프의 대표적 시인인 임화가 「현해탄」에서 우리나라 청년들에 대해서는 "첫번 항로에 담배를 배우고,/ 둘쨋번 항로에 연애를 배우고,/ 그 다음 항로에 돈 맛을 익힌 것은,/ 하나도 우리 청년이 아니"라는 식으로 부정하면서, 일본 사람에 대해서는 "나는 울음 소리〔어린아이의 울음 소리: 필자 주〕를 무찌른/외방 말〔일본 말: 필자 주〕을 역력히 기억하고 있다"10)라고 쓰고 있는 것도 마찬가지다. 이런 사실들로 미루어볼 때 우리나라의 프롤레타리아 문학은 표면적으로는 계급 투쟁을 내세우고 지주에 대항하는 소작인들의 각성과 일어섬을 주로 다루고 있었지만, 그 이면에는 유교적 전통에 입각한 애국적·지사적 자세를 확고히 견지하고 있던 셈이다. 그리고 어떤 점에서는 이러한 전통은 오늘날 유달리 '애국'을 강조하고 있는 북한 문학은 물론 반외세와 통일을 고창하는 남한 쪽의 민족·민중 문학 속에도 계속 이어지고 있다고 이야기할 수 있다.

프롤레타리아 문학을 중심으로 한 이러한 정치적 문학에 대해 결정적인 족쇄를 채운 것은 남쪽의 경우 분단과 한국 전쟁이었다. 식민지 시대의 프로 문학을 이어받은 한국의 마르크스주의 문학은 전후 일본의 프로 문학처럼 경직화된 공식주의를 휘두름으로 말미암아 자멸한 것이 아니었다. 다시 말해 자신들 이외의 모든 문학을 보수 반동이라든가 반혁명 등의 레테르를 붙여 공격하고 비판함으로써 스스로 몰락의 길을 걷는 그런 행운을 누릴 상황 속에 전혀 있지 못했다. 한반도의 분단과 한국 전

---

10) 임화, 「현해탄」,

쟁은 먼저 작가들을 재편성시키면서 특정 이데올로기에 대한 선택을 강요했다. 당시 작가들은 특정 이데올로기에 대한 철저한 신념에서라기보다는 양심과 명분, 우정과 의리, 가족과 고향, 과거의 친일 행적 등에 따라 남쪽과 북쪽을 선택해서 자리를 잡았지만 그 결과는 정치적 선택으로 귀결되었다. 따라서 남쪽을 선택한 작가들의 경우 자신들이 살고 있는 현실에 대해 마르크스주의의 관점으로 성찰을 가하는 것은 불가능한 일이 되고 말았으며, 북쪽의 경우는 개인의 취향과 능력에 따라 글을 쓸 수 없는 경우가 되고 말았다. 분단과 한국 전쟁은 어느 면에서는 식민지 시대보다 더 심각하게 이데올로기 선택을 강요하면서 작가들이 쓸 수 있는 영역을 상당 부분에서 제한해버린 것이다. 우리는 이와 같은 구속이, 특히 공산주의를 다룰 경우 얼마나 대단한 것이었는지를, 이를테면 남한의 경우, 4·19 혁명이 일어날 때까지 북한의 정치 문제나 이데올로기에 대해 자유롭게 객관적으로 접근한 작품이 한 편도 발표될 수 없었다는 사실로 미루어 충분히 짐작할 수 있다. 최인훈의 『광장』이 그러한 구속을 뚫고 나온 첫 작품이었던 것이다. 그뿐만이 아니다. 분단과 한국 전쟁은 과거의 마르크스주의 문학 작품에 대한 독서나 학문적 연구를 비롯한 모든 관심을 철저히 금지함으로 말미암아 프롤레타리아 문학과 관계된 과거 문학 전체를 합리적으로 설명할 수 없는 세계에 매몰되어 있도록 만들었다. 절대적인 반공 이데올로기가 기승을 부리면서 누구나 공산주의자라는 낙인이 찍힐까봐 전전긍긍해야 하는 현실은 앞에 있었던 사실들을 있었지만 말할 수 없는, 따라서 흔적만을 텅 빈 괄호로 남기고 건너뛰어야 하는 것으로 바꾸어버린 것이다.

80년대에 들어 마르크시즘을 바탕에 깐 정치적 문학이 맹렬한 불길로 부활한 것은 필자가 보기에 이 같은 사정과도 깊은 관계가 있다. 한국에서의 마르크시즘은 식민지 시대로부터 최근까지 일방적으로 탄압의 대상이었다. 아니 분단과 한국 전쟁 이후에 반공 이데올로기가 기승을 부리면서 그 강도는 더욱 심해졌었다. 그렇기 때문에 마르크시즘에 대해 반대 입장에 선다는 것은 양심적인 지식인들에게는 대단히 꺼림칙한 일이 아닐 수 없었다. 따라서 마르크시즘은 자율적인 선택과 경쟁에 의해 비판의 대상이 될 기회가 전혀 없었다. 항상 정치 권력으로부터 일방적으로 얻어맞는 입장에 있었기 때문에 비판을 가하게 되면 마치 불공정한 게임을 하고 있는 듯한 가책감이 드는 것을 막을 수가 없었던 것이 우리의 현실이었던 것이다. 80년대의 급진적 마르크시즘 문학은 물론 80년대적인 노동 현실과 노동자 의식의 성장 속에서 탄생하고 발전한 측면이 많겠지만 그럼에도 분명히 이 같은 풍토에 힘입고 있는 바 역시 적지 않았다. 급진적 마르크시즘 문학의 일시적 번성은 표면적 현실의 측면에서는 노동자들이 처해 있는 고통스런 삶의 현장과 그 현장으로부터 울려나온, 인간답게 살겠다는 절규에 독자와 문학인들이 자연스럽게 동참해나간 것이겠지만, 이면적인 심리적 측면에서는 정상적인 과정 속에서 비판의 대상이 되지 못했던 마르크시즘에 대한 동경과 연민 역시 상당한 작용을 하고 있었던 것이다. 이를테면 70년대의 민중문학 진영에는 과거 프롤레타리아 문학이 내세웠던 계급성에 대한 향수를 지니고 있으면서도 상황 때문에 그것을 전면에 내세울 수 없었던 문학인들이 상당수 포함되어 있었다. 따라서 정치적 자유가 확보되는 순간 '민중문학'이란 용어는 그러한 일부 사람들에게, 정치적 압력 때문에 프롤레타리아나 노동자란 말을 쓸 수 없어서 어쩔 수 없이 사용했던 근로자라는 말만큼이나, 애매하고 비과학적인 그리고 용기 없는 말처럼 일부 사람들에게 여겨지게 되었다. 80년대에 노동자 문학이란 말이 성행한 것은 이 같은 심리적 모티프와도 관계된 일인 것이다.

　80년대의 급진적 마르크시즘 문학은 몇몇 예외에도 불구하고 대체로 성숙한 문학이라기보다는 계몽적 수준에 있는 문학이었다. 그렇지만 그것이 상당한 지지자들을 가질 수 있었던 것은 식민지 치하에서 프롤레타리아 문학이, 많은 점에서 잘 형상화된 작품이라기보다는 사회과학적 지식의 열거였고, 그러한 지식의 열거가 대부분을 차지하는 평론과 정치 논문들이 구심점을 이루고 있었음에도 커다란 위세를 떨쳤던 사실에 방불하다고 할 수 있다. 그것은 아마도 그때나 80년대나 사람들이 그러한 비문학적인 계몽적 측면을 통해 획득했던 우리 사회의 모습에 대한 새로운 논리적 인식, 과학이라는 이름으로 획득한 정치적 시각을 문학이라고 생각했던 것과 관계가 있을 것이다. 일부 젊은 작가들이 마치 돌아온 탕아가 어머니 앞에서 무릎을 꿇고 훈계를 듣듯이 노동 현실이라는 위대한 어머니 앞에서 자신들이 지금까지 써온 개인적 작품 경향에 대해 반성하고 새로운 방향을 획득하고자 소그룹을 조직해서 학습을 하고 집단 창작을 열심히 시도한 것이라든가, 선두에 선 이론가들이 지사적인 자세로 문학이 아니라 현실에 대한 정치적 시각을 심어주기 위해 사회과학 서적을 들고 동분서주한 일 등이 바로 그렇다.

이 같은 사실에 대한 구체적인 한 예가 80년대말에 창간된 『노동해방문학』이다. 이 잡지는 '문학'이라는 잡지 제목에도 불구하고 문학 작품을 거의 수록하지 않았다. 좀더 직접적으로 살펴본다면 필자가 아무렇게나 뽑아든 『노동해방문학』, 1990년 6월호는 약 500페이지 두께의 책인데 50페이지 정도밖에 문학에 할애하지 않고 있으며, 나머지는 모두 현실 정치 문제를 분석하고 비판하고 성토하는 기사로 채우고 있다. 이처럼 급진적 마르크시즘 문학은 직접적 현실에 대한 정확한 인식이야말로 다른 무엇보다도 중요하다고 생각했다. 정치 현실에 대한 올바른 인식과 그에 따른 정치 노선의 확립이 문학 자체보다도 더 중요한 문학적 본질이라고 생각했다. 그렇기 때문에 문학적 표현은 그 다음이며, 바로 여기에 문학의 미래 모습과 살길이 있다고 생각했던 것이다. 또한 이러한 태도에 동요된 작가들도,

마르크시즘이 충분히 검증받을 수 없었던 우리 현실 속에서, 미래의 주인인 "노동자 계급의 걷잡을 수 없는 계급적 진출과 정치적인 성장"이 예언되는 현실 앞에서 무엇인가 부끄럽고 불안했으며 자신이 하고 있는 문학이 의심스러웠던 것이다.

이렇게 80년대의 급진적 마르크시즘 문학이 계몽적 수준의, 예언적 현실의 사도가 됨으로써 나타난 중요한 현상은 문학을 사회과학적 인식의 산물로 간주하는 글쓰기 태도였으며 비평의 주도적 위치였다. 현실을 좀더 정확히 인식하고, 그 속에 더 깊이 뿌리박아야 한다는 강박관념이 낳은 이 같은 태도는 먼저 비평에서부터 나타나기 시작해서 비평의 지도 아래 점차 작가들의 작품에까지 확산되었다. 우리가 80년대의 급진적 마르크시즘 문학 속에서 빈번하게 마주치는 총체성, 객관 현실, 역사적 필연, 계급, 역사 발전, 역사의 합법칙성 등의 용어들은 모두가 필연적 결과를 예언하는 '과학'적 용어로써 이 시기에 특별히 선호되었던 단어들이다. 80년대의 급진적 마르크시즘 문학은 이와 같은 사회과학적 용어들과 법칙적으로 현실의 모순을 도해해보이는 과학적 담론들로 채워져 있었으며, 이런 경향은 산문뿐만 아니라 사회과학의 침투가 불가능해 보이는 시에까지도 영향을 미쳐 리얼리즘시를 주장하는 이론으로 번져나갔다. 다음은 리얼리즘시라고 할 수는 없지만 이 시기의 시인들마저 마르크시즘에 대해 어떻게 경사되어 있는가를 보여주는 좋은 예라고 할 수 있다. 이 시인은 "유물 사관이 없는 것은 70년대/역사책이지 역사가 아니다" "과학의 심장은 프롤레타리아다"라고 외치면서 이런 시를 썼다. "마르크스는 모더니스트가 아니다/끝까지 과학은 심장을 위해 있다 그러나/심장은 또 우매한 것이 아니다/[……]/과학은 우리의 자유이지만/과학의 심장은 프롤레타리아다/우리는 모더니스트도/인민주의자도 아니다"[11]라고 썼던 것이다.

---

11) 김정환, 『기차에 대하여』, p. 356.

그러나 80년대의 급진적 마르크시즘 문학이 "이제 노동자 계급은 권력 장악 투쟁에 나섰다. 전세계 혁명 동지들이 개량주의 수렁으로 처박힐 때 여기 얼어붙은 남한 땅에 혁명적 사회주의의 깃발이 올랐다[12]고 외치면서, 앞으로 도래할 미래를 역사의 합법칙성을 빌려가며 힘있게 이야기한 것 속에는 일종의 종말론자들 비슷한 성급함이 있었다. 현실에 대한 해석의 체계로서의 사회과학은 자연과학과 같은 과학이 아니었지만, 도래할 노동자의 세상을 지나친 성급함으로 보고하고 있는 과학 만능주의자들은 자연과학에 유사한 필연적 법칙으로 우리 사회의 미래를 선명하게 논리화시켰던 것이다. 역사의 합법칙적 발전에 따라 그 결과가 곧 다가올 것이라고 자신하면서 말이다. 물론 역사는 아직 끝나지 않았고 누가 그야말로 올바른 '과학적' 해석을 하고 있는지 우리는 아직 알 수 없다. 그렇지만 지금 돌이켜보면 시한부 종말론은 분명히 조급한 결론이었던 것 같다. 시한부 종말론은 자기 논리에 필요한 정치 현실만을 자의적으로 선택해서 열거함으로써 '과학'이라는 말을 오히려 비과학적이라는 말로 만들고, 다른 수많은 가능성을 지닌 정치 현실을 충분히 고려하지 않는 독단적인 세계 해석이었던 것이다.

다시 말하지만 마르크시즘이 말하는 과학성이란 현실 자체가 아니라 현실에 대한 해석이며 당대적 상황을 반영하는 그 나름의 논리적 주장일 따름이다. 당시 확신에 사로잡혀 있던 일부 사람들에게 과학은 현실, 아니 현실보다도 더 뚜렷하고 선명한 현실로 간주되었지만 실제의 현실은 아니었다. 그럼에도 80년대의 급진적 마르크시즘 문학은 확신에 불타는 과학주의자들이 선두에서 질주하기 시작하면서부터 드높은 정치 사상으로 무장하기 시작했으며 다음과 같은 신념 속에 살기 시작했다.

앞으로도 안기부는 절대로 사노맹을 깰 수 없다. 우리는 그렇게

<hr>

12) 『노동해방문학』, 1991년 1월호, p. 265.

518

쉽게 깨지는 조직이 아니다. 우리는 1988년부터 시작하여 이루 말로 다할 수도 없고 그 누구도 상상을 불허하는 철저한 '지옥 훈련'과 놀라운 헌신과 피눈물의 투쟁 속에서 조직을 발전시켜왔다. 안기부가 이번의 패배로 이를 악물고 작심을 해도, 노태우씨의 울그락불그락거리는 질책에 독을 품고 우리를 깨려고 수사 전담반을 강화해도, 우리는 벌써 1990년 10월 30일과는 비교도 할 수 없게 더욱 공고한 조직 체계를 재정비하였다. 그리고 수사 발표 이전보다 더욱 광범하게 대중적 결합을 성취해가고 있다.

　우리는 절대로 깨지지 않는 '불패의 조직'이 될 것이다. 노동자 동지들과 민중 형제 여러분은 이제 남한 사회주의 진영을 믿어도 좋다. 사회주의에 당신의 당신의 희망을 걸어도 좋다.[13]

　그러나 이렇게 확신할수록 이들이 지닌 이 협소한 정치성은 그들의 문학을 현실의 총체성으로부터 소외시켜 비현실적인 문학으로 점점 전락하게 만들었다. 도래할 미래에 대한 과학적 전망에 서 있어야 한다는 강박관념이 오히려 비과학성 속으로 그들을 몰고 간 것이다. 그리하여 질주하는 과학주의는 문학의 전범을 고전적인 작품과 총체적인 삶에서 구한 것이 아니라 '과학'을 가르쳐주는 사회과학 텍스트와 자의적으로 선택해낸 부분적 현실에서 구했으며, 결과적으로 문학에 사회 분석의 논리를 부여한 대신 인문적 교양과 서정적 부드러움을 빼앗았다. 80년대의 급진적 마르크시즘 비평들과 이 계열의 문학 작품들이 대체로 인문적 교양을 결여한 반면에 자기 주장을 무서운 강도로 관철시키려는 태도를 보여주는 것은 바로 그 예이다. 말하자면 세상을 향해 부드럽게 스며드는 문학 언어의 탄력성을 잃어버린 것이다.

　이렇듯 문학에 있어서의 '현실'의 문제를 지나치게 좁은 의미

---

13) 박노해, 「우리는 과연 승리할 수 있는가」, 『노동해방문학』, 1991년 1월호, p. 293.

로 제한하는 것은 여러 가지 측면에서 많은 문제를 야기한다. 여기서 그 문제점을 일일이 구체적으로 거론하기는 어렵지만 앞의 이야기를 이어받아 다시 한번 이야기를 해본다면 이렇다. '현실'을 당대의 정치 현실이라는 지나치게 좁은 의미로만 받아들이는 것은 첫째, 문학을 정치성이 있는 문학과 없는 문학으로 양분화시킨다. 우리의 경우 과거 민족주의 문학과 마르크시즘 문학, 순수 문학과 참여 문학의 끈덕진 대결이 그 적절한 예가 되겠는데, 그 결과는 문학에 마치 순수한 문학과 불순한 문학이라는 두 가지의 문학만이 있는 것처럼 되어버리는 일이다. 더구나 이러한 양분은 한걸음 더 나아가서 바람직한 문학과 바람직하지 않은 문학이라는 식의 가치 평가와 결부되기 때문에 더욱 좋지 않다. "정치성을 띤 문학은 문학이 아니다"라는 식의 이야기나 "정치성이 없는 문학은 비겁한 도피의 문학이다"라는 식의 상투적이고 도식적인 구분이 그 결과인 것이다. 이런 식의 이야기는 문학의 정치성을 둘러싼 해석의 차이를 무자비한 가치 평가로 발전시킨 것이며, 한쪽이 다른 한쪽을 전혀 인정하지 않는 폭력적 발상에 입각해 있다.

둘째, 그러한 발상은 문학을 현실과 동일한 차원의 현실로 생각하게 만들며 궁극적으로는 현실에 대한 문학의 열등감을 조장할 우려가 있다. 문학은 아무리 현실을 모방해도 현실과 동일해질 수는 없다. 사실 '현실'이란 것처럼 자의적으로 해석될 소지가 많은 불투명한 것도 없다. 그럼에도 좁은 의미의 정치, 현실의 모순에 대해 문학인이 작품과 행동을 통해 직접 개입하고 발언하고 행동하는 것만이 진정한 길이라고 생각하는 정치는 문학과 현실 사이의 거리를 없애버려서 문학을 직접적 현실의 추종자로 전락시킬 가능성이 있다. 따라서 좁혀지지 않는 현실과의 거리 앞에서 플라톤의 시인 추방론처럼 문학은 추방되어야 할 열등생으로 전락해버릴 가능성이 있는 것이다.

마지막으로 문학에 대한 다양한 해석, 끊임없이 새롭게 읽혀야 할 풍부한 가능성을 봉쇄함으로써 현재의 북한 문학이 노정하고 있는 문제점을 답습할 가능성이 있다. 예컨대 직접적 정치를 강조하는 쪽은 한용운의 시를 연애시로 읽는 것을 가로막고, 그 반대쪽은 김소월의 시에서 전통적 질서의 붕괴를 예감하는 것을 불가능하게 만드는 것이다. 그러면서 그러한 의미의 정치는 정치성을 띤 문학은 물론 그렇지 않은 문학까지 대립과 갈등 속에서 점점 경직화시킨다. 과거에 순수 문학을 내면적 정서의 탐구라는 미명 아래 아름다운 수사나 환상적인 세계를 꾸며내는 데 몰두하는 문학이니 읽을 필요조차 없다고 말하던 일부 사람의 태도나, 현실 세계에 대한 탐구라는 미명 아래에 투쟁적인 과격한 언어를 아무렇게나 나열한 작품이니 일고의 가치조차 없다고 부정하던 태도가 바로 그렇다.

따라서 우리나라의 리얼리즘 문학에서도 이제 문학에서의 정치 현실 문제는 이 같은 협소한 의미의 정치를 벗어나야 한다. 우리는 문학과 직접적 정치의 관계를 단절하자는 것이 아니라 그 관계를 포함한 넓은 범위의 정치성으로 관심의 폭을 확대해야 한다. 우리는 문학의 정치성을 버릴 것이 아니라 정치에 대한 강박관념을 버릴 때가 된 것이다. 실제로 우리는 앞에서 보았다시피 그러한 경지를 벗어나기에 충분할 정도로 값비싼 경험과 시행착오를 이미 거쳤다. 우리 문학은 정치의 의미를 문학을 양분화시키는 방식으로가 아니라 하나의 문학으로 만드는 넓은 의미로 받아들일 때가 된 것이다. 사실 생각해보면 문학에서의 정치 문제는 간단한 것이다. 예컨대 우리가 어떤 친구를 향해 "밥 먹었니?"라고 말했을 때 이 말 속에는 여러 가지 의미가 들어 있다. "같이 밥 먹으러 가자"는 말을 하기 위해서일 수도 있고, "나에게 밥을 사줄 수 있겠느냐"는 말을 꺼내기 위한 전초 작업일 수도 있다. 그렇기 때문에 "밥 먹었니?"라는 말은 말과 상황과의 관계 속에서 이미 정치적이다. 따라서 인간의 욕망과 행위를 드러내는 말은 그 자체로 정치적이며, 말을 사용하는 문학 역시 본질적으로 정치적이다. 문제가 있다면 어떤 방식으로 정치적이냐 하는 문제가 있을 따름이지 순수냐 참여의 구별은 있을 수 없는 것이다. 과거처럼 순수냐 참여냐 식의 구별은 나의 정치성은 순수이고 너의 정치성은 참여라는 식의 편가르기 구분일 따름이며, 상대를 인정하지 않겠다는 생각을 전제로 한 구별인 것이다.

그러므로 우리의 리얼리즘 문학도 이제 지난 시절의 문학사를 거울로 삼아 한 나라의 정치판에도 여당의 정치가 있고 야당의 정치가 있어야 하는 것처럼 리얼리즘 문학이 지닌 정치성에도 여러 종류가 있다는 것을 인정해야 한다. 그리하여 자신이 주장하는 리얼리즘을 하나의 역사적 모습으로 볼 수 있는 겸손함을 가질 때 우리 문학도 다양한 정치적 시각을 문학 속에서 인정하고 즐길 수 있는 시점에 도달하게 될 것이다.

1980년대 모더니즘시의 전개

구 모 룡

1. 모더니즘의 물결

1980년대 모더니즘시를 살핀다는 것은 억압된 타자가 어떻게 그 억압의 틀을 뚫고 자기 목소리를 내게 되었는가를 살피는 일과 무관하지 않다. 한편으로 이것은 왜곡된 근대주의인 파시즘에 눌려 있던 문학적 개성이 회복되는 과정을 밝히는 일이고, 다른 한편으로 이것은 80년대 전반을 관류한 리얼리즘의 물결에 밀려났다 어떻게 이것이 새로운 물결을 이루어 90년대로 흘러들었는가를 규명하는 것이다.

전자는 모더니즘이 근대화의 문화적 산물이라는 점에서 이것이 60년대 이래로 강제된 한국 근대화의 일그러진 거울임을 밝히는 일에 다름없고, 후자는 근대성의 하나의 텔로스로 보는 관점에서 그 완성을 왜곡된 한국 근대성의 자양으로 보는 리얼리즘적 근대성의 문제를 함께 살피는 일에 속한다. 그러나 이러한 일이 미리 리얼리즘과 모더니즘의 대립 관계를 전제하고 있는 것은 아니다. 이미 80년대의 전과정을 통해 드러난 일이고, 그래서 새삼 재론할 필요를 느끼지 않는 것이지만, 모더니즘의 생산성을 부정하는 것은 잘못이고, 오히려 일반적이든 문학적이든 근대성 *modernity* 의 문제가 논의의 중심에 있는 것이라면, 모더니즘의 문제틀은 리얼리즘을 포괄하는 것이 될 수 있다. 모순이 지양된 근대성을 추구하는 일(리얼리즘)과 일반적인 근대성에 대한 미학적인 근대성의 확립(모더니즘)이 비록 같은 궤도에 있는 것이 아니라 하더라도 넓은 의미에서 동일한 방향으로 가는 물길임에 틀림이 없다.

그럼에도 80년대는 리얼리즘의 물결이 거셀 수밖에 없었다. 그만큼 한국 근대성이 유사 이래 그 모순의 극점에 이르렀다는 것이다. 즉 식민지하의 의사(擬似) 근대성은 논외로 하고서, 해방 이후 한국 사회가 형성해온 근대성의 누적된 모순이 80년대에 이르러 그 파괴적 일면을 보임과 함께 이에 대한 근본적인 회의를 불러일으키게 했다는 것이다. 80년대 모더니즘은 이러한 시대적 상황의 산물이다. 따라서 모더니즘 논의가 늘 그러하지만 그 어느 때보다 긴장을 더하게 한다.

2. 근대성에 대한 환멸 혹은 해체의 서정

시적 차원에서 리얼리즘적 단색화(單色化)는 또 다른 형태의 억압이 된다. 시에 있어서의 리얼리즘 문제라는 한정된 논의가 없었던 것은 아니나 근본적으로 시와 리얼리즘이 서로 다른 길을 걷는 것이라는 점에서 리얼리즘시라는 유형은 리얼리즘 본질과 거리가 있다. 가령 루카치적인 관점에서 본다면, 시에 대한 논의는 그 어떠한 의의도 갖지 못하게 된다. 리얼리즘적 문제틀은 항상 '전체의 위기'라는 문제 의식에서 찾아지는 것이라서, 개인 의식이 차지할 수 있는 여지를 부여하지 않는 것이고, 나아가서 이러한 문제틀이 그 목적론적 정당성과 다르게 진정한 개인 의식의 성장을 가로막는 강제로 작용할 수도 있는 것이다. 주로 이것은 전체성 지향이 '추상적인 평면'에 머물게 되는

데 기인한다.[1]

전체라든가 유토피아적 미래라는 것이 시적 차원에서 그대로 수용될 수 있는 것이 아니다. 전체성의 강요는 오히려 시적 차원을 억압한다. 이 점은 시의 시선이 항상 과거를 향해 있다는 점에서 볼 때 더욱 그러하다. 시는 미래를 볼 때도 과거를 통해서 본다. 시의 감정 양식이 회감(回感)이라는 것은 주지의 사실이다. 리얼리즘이 억압이 되는 시적 차원에서 본다면, 80년대는 이중의 부정이라는 문제를 안고 있다. 한편으로 파시즘의 억압에 대한 부정을 필요로 했고, 다른 한편으로 문학 내적인 억압으로부터의 자유가 요구되었다. 그러나 80년대 벽두부터의 상황은 시적 부정에 대한 의혹을 미리 만들어놓고 있었다고 할 수 있다.

따라서 이러한 의혹을 떨쳐버리기 위한 시적 변증법이 가정된다. 그 하나가 '새로운 서정'의 전략이다. 이것은, 이미 신경림과 '반시' 동인들에 의해 형성된 시문법을 계승한 것으로, 시적 동일성을 희망의 원리로 전화시킨다.

> 이 산 저 산이 새로 환하게 열리고 앞 냇가는 새로 태어난 듯 흐르며 느티나무는 푸르게 우거지고, 천지 사방 꽃들은 다투어 피어났습니다. 마을과 마을로 길이 열리고 막힌 곳들은 스스로 열렸습니다. 논과 밭에 박힌 돌멩이들은 스스로 빠져나가 강물에 가 잠겼습니다. 온갖 쇠붙이는 괭이나 호미, 삽, 쟁기나 낫으로 변해버렸습니다. 땅은 본래 비옥함을 되찾고 삶들의 영혼 속에 더러운 피들은 어디론가 빠져 흘러가버렸습니다.
>
> ──김용택, 「피에 젖은 꽃잎」

이러한 시에서 우리는 서정의 원리가 희망의 원리로 바뀌고 있음을 본다. 모든 것을 과거로 되돌려놓음으로써 미래를 희망

---

1) 김우창, 「한국 현대 소설의 이론을 위한 서설」, 『시인의 보석』, 민음사, 1993, p. 143.

적인 것으로 변화시킨다. 본래 서정시의 물적인 토대가 전근대
성에 있다고 한다면, 이 시는 전통적 서정시 문법의 토대와 다
르다. 이 시의 발상에는 전근대성이 아니라 반근대성이 놓여 있
는 셈이다. 모든 근대적인 것들을 훼손됨으로 보고 그것을 부정
한다. 이러한 부정으로써 "환하게 열리"는 미래를 보고자 한
다. 그런데 이러한 미래는 과거를 통해서만 보인다. 따라서 이
시는 서정시의 기본 원리에 충실하다. 그러나 이러한 시에서도
전체의 강박이 작용하고 있음을 알 수 있다. 그만큼 80년대는
전체의 위기에서 출발한 것이고, 그래서 이러한 희망의 서정시
를 크게 확장시켰다.

80년대에 이루어진 시적 변증법의 또 다른 하나는 해체의 서
정이다. 이것은, 기존의 시학을 해체하고 있다는 점에서 본다
면, 반서정이고 반시학이다. 그러나 '반서정'과 '반시학'의 '반'
은 발화와 담론의 차원이고, 해체의 기저에도 역시 시적인 것이
의식·무의식적 수준에서 전제되어 있기 때문에 이도 '모든 시
가 서정시라는 관점'에서 서정에 속한다. 서정은, 선험적인 본
질이기보다 근대적 삶의 결핍을 나타내는 살아 있는 실상이다.
따라서 이것은 왜곡된 근대적 삶을 반성·비판·저항하는 계기
로 작용한다. 이러한 점에서 해체의 서정은 반서정을 통해 80
년대적 억압에 대한 반응을 나타낸 것이다. 이는 저항적인 모더
니즘시의 한 모습이다. 이것이 보인 아방가르드적 전략은, 기존
의 미학적 관습을 거부함으로써 억압적 시대에 저항하는 데 있다.

여기는 아님/여기 있으면서 거기 가기/여기 있으면서 거기 안
가기/여기는 아님 거기 가기 거기 안 가기/여기는 아님 피는 江
물 소리를 꿈꾸기 달맞이꽃,/노오란 신음 소리를 꿈꾸기/한 苦痛
이 다른 苦痛을 부르기/다른 苦痛이 대답하기 대답 안 하기 대답
하기/여기는 아님/아님 아님/아님 ——이성복, 「蒙昧日記」에서

526

여기는 초토입니다//그 우에서 무얼 하겠습니까
> ——황지우, 「에프킬라를 뿌리며」에서

다만 세월이 흘러가고 있을 것이며
다만 차가운 거울 하나가 있을 것이며 그리하여
우리가 이제 이 세상에서 다만 믿을 수 있는 마지막 하나의
그것은 다만, 오오오 세상이여—— 이 세상에는 우리가 믿을 수
있는 것은
아무것도 없다는 사실에 대한 믿음, 믿음,
> ——박남철, 「또다시 거울 앞에서」에서

인용된 시들이 보이는 공통의 의식 지평은 '여기는 아니다'라는 것이다. 이 점에서는 앞서 인용한 김용택의 시와 다를 바 없다. 모두 세계 상실의 시적 지반 위에 있다. 그러나 희망의 관점에서 볼 때 인용한 시들은 환멸에 기초하고 있다. 여기는 '초토'이어서 아무것도 할 일이 없으며 어떠한 환상도 '신음 소리'로 바뀌고 어떠한 '믿음'도 존재하지 않는다. 이처럼 이성복·황지우·박남철 등이 보인 해체의 서정은 환멸에 뿌리를 내리고 있다. 루카치를 빌려 정과리는 이러한 상황을 "세계의 완벽한 유죄성"이라고 했다. 이러한 상황에서 해체의 서정은 그 환멸의 목소리를 높인다. 소위 '해체시'는 환멸의 자식이다. 그런데, 이들의 경험 유형에서 보이는 환멸이 무엇에 대한 것인가. 황지우는 이를 "끔찍한 근대성"이라고 답한 바 있다.[2]

80년대 모더니즘시는 해체의 서정(이하 해체시)에서 시작되었다고 할 수 있다. 해체시의 감각은 우선 '광주'로 대표되는 한국 근대성의 파산에 기초하고 있다. 60년대 이래의 근대화가 이룩한 한국 산업 자본주의와 그 문화인 한국 모더니즘이 모순의 한 극점에 이른 것이 '광주'로 시작된 80년대라 할 수 있다.

---

2) 황지우, 「끔찍한 근대성」, 『문학과사회』, 1992년 겨울호.

해체시는 80년대가 보인 한국 근대성의 끔찍한 얼굴에 직면하면서, 이를 전면적으로 부정하는 몸짓에서 생성되었다. 전면적인 부정이라는 점에서 해체시는 전위적이다. 세계의 덧없음을 극단적인 반미학을 통해 보인다. 이러한 반미학에서 해체시는 기존의 모더니즘시와 변별된다. 덧없음이라는 공통된 세계관적 지반을 공유한다고 하더라도 기존의 모더니즘시와 해체시는 세계 부정의 양상에 있어서 큰 차이를 보인다. 기존의 모더니즘시가 세계 회의를 미적 자율성 확보를 통한 심미화 과정으로 표출했다면, 해체시는 이러한 과정을 뒤집어 탈심미화의 과정으로 세계 환멸의 의식을 표현하고 있다. 이것은 기존의 모더니즘시가 이룩한 미적 근대성을 해체시가 부정하고 있다는 말과 다르지 않다. 해체시의 전위성은 기존의 미학 체계에 대한 전면적인 부정에 있다. 이러한 전위주의의 배경에는 일반적인 근대성에 대한 내적 저항으로 형성된 미적 근대성도 이미 기존의 왜곡된 자본주의적인 지배 질서 속에 편입되었다는 사실에 대한 인식이 있다. 따라서 해체시는 부정의 부정인 셈이다. 황지우는 다음과 같이 말한다.

저의 처녀 시집 『새들도 세상을 뜨는구나』는, 이렇게 제가 저의 육체로써 경험한 80년대 초반의, 세계에 대한 환멸을 혼잣말처럼 중얼거렸던 것이고, 침묵은 '부역'을 의미했던 우울한 시기에 그렇게라도 쓰지 않으면 미쳐버릴 것 같은 광적인 필연성으로 기록한 저의 젊은 날의 괴상망측한 팬터마임이었다고 할 수 있겠습니다. 그 팬터마임은 좀 넓게 말하면 제 삶을 이끌어온 모더니티의 은폐된 본질이 파시즘임이 여지없이 드러나버린 시점에서 파시즘의 진짜 얼굴인 공포에 대응하는 방법이었다고 할까요?(공포를 이기는 방법 중의 하나는 그 공포를 직시하는 것입니다). 아마도 그것이 저의 악명이 된 '형태 파괴의 시'로 나타난 것이 아닐까, 생각됩니다. 그러니까 형태 파괴의 전략은 1) 우리 삶의 물적 기초인 파편화된 모던 컨디션과 짝지어진 '훼손된 삶'에 대한 거

울이며 ; 2) 파시즘에 강타 당한 개인의 '내부 파열'에 대한 창이
며 ; 3) 의미를 박탈 당한 언어의 난센스, 즉 지배 이데올로기에
대한 교란이었으며 ; 4) 검열의 장벽 너머로 메시지를 넘기는 수
화(手話)의 문법이었다고 할까요?[3]

  이처럼 황지우는, 한국 근대성의 은폐된 본질이 파시즘임이
여지없이 드러나버린 시점에서 파시즘의 진짜 얼굴인 '공포'를
경험한다. 그리고 그는, 이러한 파시즘의 '공포에 대응하는 방
법'으로 형태 파괴의 시문법을 선택한다. 이러한 해체시는, 60
년대 이래의 일반적인 근대성에 대한 전면적 부정성을 지녔다
는 점에서 한국 모더니즘시에서도 가장 모더니즘적인 면모를
보인다고 할 수 있다.
  한국 모더니즘에서 부정성의 문제는 논의의 핵심에 속한다.
이는 서구의 모더니즘과 다른 특수한 이론적 국면이다. 한국 모
더니즘의 역사가 곧 한국 자본주의의 역사와 맥락을 같이한다
는 점에서 볼 때, 모더니즘의 특수성은 한국 자본주의의 특수성
에 상응하는 것이라 할 수 있다. 이러한 특수성은, 한국 모더니
즘이 식민지 자본주의하에서 형성되었고, 냉전 이데올로기 속에
서 그 불구성을 보였다는 사실과 관련된다. 또한 이것은 한국에
서의 근대주의가 끊임없이 왜곡되어왔다는 사실에 다름없다. 그
래서 모더니즘의 미적 자율성, 심미주의, 엘리트주의는 늘 의혹
의 대상이 되었던 것이다. 왜곡된 근대주의의 역사는 그 '속'에
서 이루어지는 저항들의 가치를 경감시키거나 훼손시켰던 것이
다. 따라서 리얼리즘이 자주 모더니즘의 대안으로 제시된 것이
다. 물론 이 글의 모두(冒頭)에서 지적했듯이 모더니즘을 근대
성과 관련된 문화 전반의 논리라고 할 때, 리얼리즘도 넓은 의
미의 모더니즘에 속한다고 할 수 있다. 리얼리즘은 진보의 신념
에 근거한 '역사적 모더니즘'이다. 즉 이것은 근대성이 지니는

---

3) 앞글, p.1514.

부정적 측면들——주로 경제적 착취——을 역사적 진보의 필연
적인 대가로 생각하고 이를 극복하고자 한다. 그런데 한국의 리
얼리즘이 급진화되면서 자주 체제 '밖'의 논리를 지향함에 따
라, 모더니즘은 때로 리얼리즘의 타자였다고 하겠다. 이럴 때
모더니즘의 부정성이 "찻잔 속의 폭풍우"로 비칠 수밖에 없었
다. 그러나 80년대 전반기의 문학에 있어서, 해체시가 보였던
부정성은 한국 모더니즘시의 차원을 한 단계 높인 것이라 할 수
있다. 이것은 60년대 김수영의 모더니즘이 보였던 자의식, 자
기 반성의 수준을 넘어선다.

한국 모더니즘의 특수성은, 말의 바른 의미에서의 '일반적인,
부르주아적인 근대성'이 형성되지 않은 상황에서 미적 근대성을
추구하는 것이 지니는 불균형성이라고 요약할 수 있을 것이다.
특히 식민지하의 '사이비 근대성'은 식민지 모더니즘을 제약하
는 배경이 되었다. 물론 한국 사회의 근대성 '형성 여부'를 문
제삼는 것은 불필요한 논의일 수 있다. 근대성이라는 개념이 하
나로 통일된 개념 체계로 설명될 수 있는 것이 아니라, "역사적
으로 독특한 사회문화적 현상의 복합체"이기 때문이다.[4] 다시
말해서 근대성은 한국 사회가 도달해야 할 이상이 아니라 비록
기형성과 왜곡성을 지녔다 하더라도 개화기 이후 한국 사회가
걸어온 모습을 뜻한다고 할 수 있다. 이러한 점에서 특수성의
관점은 보편성에서 벗어났다는 의미라기보다 역사적 구체성을
뜻하는 것이다. 그래서 한국 모더니즘의 불균형성은 곧 한국 근
대 역사의 파행성과 상응하는 것이다. 즉 모더니즘의 불균형성에
대한 자각은, 역사 의식에 상응한다. 이러한 자각이 모더니즘
시인 내부에서 가장 먼저 일어난 것이 김수영의 경우라 할 수
있다. 그는 미적 근대성의 가장 중요한 자질인 "위기 의식"[5]을

---

4) 근대성의 개념과 논의 전반에 대한 것은, 김성기, 「세기말의 모더니즘」, 『모더
  니티란 무엇인가』, 민음사, 1994 참고.
5) M, Calinescue, *Five Faces of Modernity*, Duke Univ. Press, 1897, p.10.
  칼리니스쿠는 여기서 미적 근대성의 세 가지 변증법적 위기 개념을 제시한다.

지녔던 시인이다. 그러나 김수영의 세계 부정은 결국 자아로 회귀하는 의식 형태였다. 그의 세계 부정은 주체 확립의 계기가 될 뿐, 근대성에 대한 근본적인 회의에 육박하진 못했다. 그래서 세계 부정이나 자아 부정이 양심과 정직성이라는 주관주의적 가치로 환원되었다.6) 김지하가 「풍자가 아니면 자살」이라고 김수영을 비판한 것은 김수영 시가 보인 미적 근대성이 상황에 대한 충분한 부정이 되고 있지 못하다는 비판에서 비롯한다. 물론 김지하의 입장은 근대주의 전체에 대하여 반기를 들고 있다는 점에서 반근대성의 논리를 지녔다. 김수영이 보인 '내적' 저항 의식은, 80년대 해체시에 이르러, 다시 부정된다.

해체시의 아방가르드적 면모는 미학 내적인 부정과 세계 전체에 대한 부정으로 나타난다. 미학 내부의 부정은 유기론적(有機論的) 시학 전통에 대한 부정이다. 이것은 전통 시학이 지닌 유기적 자율성 체계는 물론이고 기존의 모더니즘 시학이 새롭게 세운 미적 자율성 체계를 부정한다. 해체 시학의 관점에서 전통 시학과 모더니즘 시학은 모두 미적 자율성과 유기론적 체계에 기대고 있는 부르주아적 이데올로기의 산물들이다. 해체시는, 이러한 미학에 대한 전면적인 부정을 통하여 기존의 지배질서에 대한 환멸 의식을 표출한다. 해체시가 보이는 환멸은 한국 사회의 근대성에 대한 '끔찍한' 경험에 기인한다. 이러한 경험은 전통적 삶의 미몽으로부터의 해방이라는 근대성의 긍정적 측면보다 도구화되고 수단화된 삶의 극단적인 양상이라는 근대성의 부정적 측면을 강조한다. 특히 '광주'는 비인간화된 한국적 근대성의 잔혹한 모습이라 할 수 있다. 해체시의 전면적인 세계 부정은 한국적인 근대성의 가능성을 무(無)로 인식한다.

그것은, i) 전통에 대한 위기, ii) 부르주아 문명의 근대성에 대한 위기, iii) 스스로를 새로운 전통이나 권위의 한 형식으로 지각하는 데 있어서 자신과의 대립에 따른 위기 등이다.

6) 구모룡, 「진장과 회귀: 현대 모더니즘의 위상」, 『현대시』, 1994년 3월호 p. 56.

기존의 세계로부터 그 어떠한 희망의 약속도 얻어낼 수 없다는 절망이 있을 따름이다. 해체시는 한국적 근대성이 완성을 향해 가는 도정(道程)이 아니라, 파멸을 향해 가고 있다는 묵시록적 비전을 지닌다.

해체시는 미학적인 단절의 경험이다. 이러한 단절의 단층이 하도 큰 것이어서, 논자에 따라 해체시를 포스트모더니즘으로 보는 경우가 있다. 기존의 모더니즘을 해체하고 현상(現狀)에 저항하는 해체시의 모습에서 포스트모더니즘을 보는 것은 어떤 점에서 자연스러운 일에 속한다. 특히 해체시의 형식적 개방성은 기존의 모더니즘시가 지닌 미적 완결 양식과는 분명한 차이를 보인다. 이처럼 해체시의 담론이 보이는 반시적 양상은 포스트모더니즘 시론과의 이론적 적실성을 지닌다.[7] 그런데 해체시가 포스트모더니즘의 증거냐, 아니냐 하는 문제는 그리 중요하지 않다. '모더니즘 대 포스트모더니즘의 문제'가 여전히 논란의 소지가 있기 때문이다. 이런 점에서, 나는, 해체시를 포스트모더니즘의 일반적 현상이라기보다, "저항으로서의 포스트모더니즘"(혹은 "저항으로서의 모더니즘")으로 보고자 한다.[8] 적어도 황지우의 초기시는 아방가르드적 저항의 관점에서 살펴져야 한다. 그런데 문제는 이러한 저항의 지속성 여부이다. 미리 말하자면, 이러한 지속성은 지켜질 수 없었다.

자본의 놀라운 흡인력은 모든 저항을 제도화한다. 부르디외의 말을 빌리면, 이것이 "자본주의의 아비튀스"이다. 해체시의 저항도 예외일 수 없는 것이다. 마르크스가 "견고한 모든 것은 대기 속에 녹아버린다"라고 했듯이 해체시 또한 기존의 모더니즘

---

7) 이승훈, 『포스트모더니즘 시론』, 세계사, 1991, p. 73.

8) 할 포스트는, "모더니즘을 해체하고 현상에 저항하고자 하는 포스트모더니즘(저항으로서의 포스트모더니즘)과 모더니즘을 거부하고 현상을 고양시키고자 하는 포스트모더니즘(반동으로서의 포스트모더니즘) 사이에는 근본적인 대립이 있다"고 지적한 바 있다. 할 포스트, 「포스트모더니즘」, 『반미학』, 현대미학사, 1993, p. 20.

시학과 마찬가지로 문학적 장 속의 상징 자산의 일부로 제도화
되고 만다. 황지우 이후의 해체시는 그 전위성을 잃게 되고, 대
신 많은 아류들을 양산하게 된다.

3. 본질 회귀와 탈근대성의 모색

이성복과 황지우 그리고 박남철의 변화는, 80년대 후반기 모
더니즘시의 두 지향을 잘 말해준다. 우선 이성복과 황지우의 변
화는 '본질 회귀'의 측면에서 살펴질 수 있다. 왜 이러한 회귀
가 일어났을까. 우선 상황적인 데서 그 원인을 찾을 수 있다.
해체 의식이라는 것이 상황적인 것이어서 상황의 변화가 피로
로 나타날 수 있다는 것이다. 이러한 피로는, 앞서 말한 자본의
논리와 무관하지 않을 것이다. 그리고 끊임없는 해체의 반복을
통해 무엇을 얻을 수 있겠는가, 하는 자의식이 있을 수 있다.
달리 말해서, 황폐한 수사(修辭)로써 무엇을 할 것인가. 저항의
성실성은 남되 미학적 높이는 남지 않을 것이다. 이들이 보인
"세속적이고도, 거칠고 야비한 어조, 그리고 그 지나친 허무주
의와 극단적 상대주의는 극복되어야 할 과제"였던 것이다.[9] 다
음으로 들 수 있는 것이 해체시인들 내부에서 일어난 시적 변증
법이다. 이것이 마련한 하나의 역설은 근대성의 이중성에 바탕
을 두고 있다. 근대성의 화려함 속에 텅 빈 공허가 자리잡고 있
다는 것이 그것이다. 탈근대성에의 모색은 근대성의 이중성 혹
은 그 역설에서 생성된다. 이를 우리는 저항으로부터의 후퇴라
고 비판할 수 있을 것이며 동시에 근본에 대한 성찰이라고 달리
평가할 수도 있을 것이다. 요컨대 세계 상실은 본질 지향으로
대체된다. 그리고 이러한 본질 지향은 80년대 후반기부터 논의
되기 시작한 새로운 대안적 세계관의 일부와 같은 흐름을 갖는

---

9) 김준오, 『도시시와 해체시』, 문학과비평사, 1992, p. 154.

다. 달리 제3의 세계관[10]이라고 할 수도 있을 이것은, 대단히
동양적이다. 이것은 생태학적 상상력이나 우주론적 윤리학을 제
시한다. 그런데 이성복과 황지우의 이러한 변화는 필연적이다.
이미 근대성의 전면적인 거부의 배경에 본질에 대한 향수가 전
제되어 있었기 때문이다. 이들은 해체의 서정으로부터 포스트모
던적인 서정의 새로운 서정시 유형을 창출한다.
  '포스트모던 서정시'는 시적 담론의 차원에서는 모더니즘적이
면서 세계관의 차원에서는 보수주의를 드러낸다. 그런데 이러한
새로운 서정시 유형은 이미 최승호에게서 찾을 수 있을 것이다.

> 삐그덕 삐그덕거리는 소리가 며칠째 내 몸 안에서
> 나기는 나는데 어디서 나는지 볼 수가 없다.
> 이 도시의 病을 내 몸이 함께 앓는 것일까,
> 마음이 뒤틀리고, 금이 가며, 흔들리는, 물질적 열반
> ——최승호, 「물질적 열반의 도시」

  해체시가 정치적이라면, 포스트모던 서정시는 근본적이다. 즉
삶의 근본적인 조건을 문제삼는다. 최승호에게서처럼 본질을 통
하여 삶을 되돌아본다. 그러므로 본질은 그 자체로 형이상학적
인 탐구의 대상이 아니라 현실을 비판하는 수단이 되는 것이다.
본질의 수단화는 안팎의 경계를 해체하면서 삶의 새로운 양식
을 찾는 방법론이 된다. 황지우는 이를 "나는 너다"라고 한 바
있다. 그래서 '포스트모던 서정시'는 한편으로 한국 사회의 일
반적인 근대성에 대한 회의에 기반을 두면서 다른 한편으로 새
로운 삶을 꿈꾼다. 이성복과 황지우의 후기시도 이러하니 신생
(新生)의 시학을 지향한다고 할 수 있다.

  삶이란
  얼마간 굴욕을 지불해야

---

10) 김지하의 생명적 세계관도 여기에 속하고, 나아가서는 이를 대표한다.

지나갈 수 있는 길이라는 생각
돌아다녀보면
朝鮮八道,
모든 명당은 초소다
한려수도, 內航船이 배때기로 긴 자국
지나가고 나니 길이었구나
거품 같은 길이여
세상에, 할 고민 없어 괴로워하는 자들아
다 이리로 오라
가다보면 길이 거품이 되는 여기
내가 내린 닻, 내 덫이었구나   ──황지우,「길」

　이 시에서처럼 황지우는 지나온 '길'을 돌아본다. 그리고 새로운 길을 찾는다. 과거의 길이 '거품'과 같은 것이었고, 그래서 "내가 내린 닻, 내 덫"이었다는 인식이 함께한다. 이제 세계에 대한 환멸이 세계와 존재의 근본에 대한 질문을 낳고 있다. 그러므로 해체는 세계에 대한 전면적인 부정만을 의미하는 것이 아니라 새로운 세계를 생산하는 과정으로 변전된다. 이러한 과정이 이성복의 경우 다음과 같은 시에서 엿보인다.

　우리 육체의 집을 지어도 그 문가에서 서성거리는 것은 마음의 집이 멀리 있기 때문이다 우리집을 찾아가도 그 문가에서 머뭇거리는 것은 우리가 집이라 부르는 그것도 제 집을 찾아 멀리 떠났기 때문이다.
　우리집은 비울수록 무겁고 다가갈수록 멀어라!
　　　　　　　　　　　　　　　　　　　　　　　　　──이성복,「집」

　물론 그의 「집」이 황지우의 「길」만큼 쉽게 요해(了解)되지 않는다. 그러나 이것이 근대적인 삶으로부터 애써 회피하고자 하는 도피의 공간이라고 할 수는 없을 것이다. 물론 그의 집이 근대성의 반대편에 있음은 분명하다. 그럼에도 마음/육체, 정신/물질의 경계를 허무는 시적 과정은 근대성의 왜곡됨에 대한 한 처방이 될 것이라 생각한다.

이처럼 황지우와 이성복은 '끔찍한 근대성'에 대한 무정부주의적인 저항에서 벗어나 이를 치유하고 극복하는 징표들을 찾고자 한다. 그런데 이러한 징표 찾기가 이들에게서 안과 밖의 해체를 통해서 행해지고 있음에 주목할 필요가 있을 것이다. 이것은 '끔찍한 근대성'의 주체가 타자라는 생각에서, 나 또한 그것의 일부라는 인식의 전환이 함께하는 데서 이루어진다. 초기 시가 보인 선악 이분법이나 살부(殺父) 충동들이 보다 높은 인식의 차원에서 해소되고 있는 것이다. 이러한 점에서 이들의 '포스트모던 서정시' 유형은 보다 해체적인 것이다.

박남철의 변화는 또 다른 일면을 보인다. 그는 끊임없이 텍스트의 구속으로부터 풀려나는 자유를 꿈꾸며 이를 통해 세계로부터 해방되는 자기를 확인한다. 그가 시도하고 있는 형식적 실험들은 시적 자유에 대한 강박으로부터 역설적이게도 자유롭지 못하다. 그는 형식적 새로움을 통하여 세계에 대한 저항을 확인하고자 한다. 그러나 그의 저항은 대단히 주관적인 유희로 끝날 공산이 크다. 즉 그가 보인 해체는 '유희적 해체'에 가깝다. 물론 그가 보인 상호 텍스트시·패러디시·메타시 등은 시적 확장이라는 관점에서 큰 기여를 하였다고 할 수 있다. 그러나 이러한 그의 시적 확장 노력이 탈근대성에의 뚜렷한 자각으로 비치지는 않는다. 텍스트의 구성으로부터 풀려나고자 하는 욕망이 시인의 자기 존재 주장을 넘어서 근대성의 문법 자체에 대한 수준 높은 해체를 이룰 수 있을 때 새로운 삶에 대한 언어적 증거가 만들어지는 것이다. 그러나 그의 시가 이러한 미래파적인 글쓰기의 가능성을 보이고 있는 것이라고 할 수는 없다. 그는 어떤 점에서 '위장된 해체주의자'에 가깝다. 그러나 그가 보인 여러 형식 실험들이 시적 글쓰기에 있어서의 탈근대성을 생각하게 만드는 단초를 제공하고 있다는 사실은 인정되어야 할 것이라 생각한다. 특히 상호 텍스트성·메타성, 그리고 패러디 등은 근대적인 글쓰기 양식의 한계를 극복하는 대안적 글쓰기 형식이라고 할 수 있을 것이다. 그리고, 덧붙여 정보 양식의 단계[11]에서 초텍스트성 *hypertextuality*의 문제는, 미래파적인 관점에서 탈근대성을 구성하는, 하나의 과제가 되고 있다고 생각한다.

근대성은 여러 비유를 지닌다. 베버에 의한 관료적 합리성의 '강철우리,' 마르크스의 길들여져야 할 '괴물,' 기든스의 '크리시나의 수레' 등이 그것이다. 역시 그 비유대로 우리에게 근대성은 우리를 구속하는 강철우리이고, 여전히 길들여지지 않는 괴물이다. 그런데 기든스의 비유에 의하면 근대성의 상황이 더욱 심각한 것으로 비친다.

> 이 수레는 막대한 힘을 가진 폭주 차량이며, 인간 집합체로서의 우리가 어느 정도까지는 운전할 수 있지만 동시에 우리의 통제 한계를 벗어나서 질주할 위험성이 있으며 따라서 산산조각이 날 수도 있다. 크리시나의 수레는 방해물을 뭉개버린다. 그리고 때때로 안전한 행로를 달리는 것처럼 보이지만, 우리가 예견할 수 없는 엉뚱한 방향으로 빗나갈 경우도 있다. 물론 그 탑승이 결코 전적으로 불쾌하거나 보답이 없는 것만은 아니다. 때로는 상쾌하고 희망적인 기대가 부여될 수도 있다. 그러나 근대 제도가 지속되는 한 우리는 결코 그 행로나 속도를 완벽하게 통제할 수 없다. 따라서 우리는 결코 전적으로 안전하다는 느낌을 가질 수 없는데 왜냐하면 크리시나의 수레가 질주하는 행로에는 엄청난 결과를 가져올 위험이 따르기 때문이다. 그러므로 존재론적 안전감과 실존적 불안은 상충적으로 공존할 것이다.[12]

크리시나의 수레 *juggernaut*는 힌두교의 Jagannath, 즉 '세

---

11) 마크 포스트, 김성기 역, 『뉴미디어의 철학』, 민음사, 1994, p. 22.
12) 안토니 기든스, 이윤희 외 역, 『포스트모더니티』, 민영사, 1991, p. 146.

계의 군주'라는 말에 어원을 둔 크리시나의 신상(神像)을 뜻한
다. 매년 이 신상을 모신 대형 수레가 거리를 질주하면 그 추종
자들은 자신들을 수레 밑으로 던져서 바퀴에 깔리도록 되어 있
다. 기든스에 의하면 근대성은 이러한 크리시나의 수레를 닮았
다. 이것의 행로는 '존재론적 안전감과 함께 실존적 불안'을 가
져다준다. 우리의 근대성이 이와 다르지 않음은 췌언(贅言)의
여지가 없다.

　80년대 모더니즘시는 기존의 모더니즘과 달리 크리시나의 수
레와 같은 근대성에 대한 차원 높은 성찰을 보인다. 이러한 점
에서 80년대 모더니즘시를 과거의 모더니즘시와 변별하여 보는
관점이 가능할 것이다.

4. 일상성과 쾌락의 정치학

　80년대는 한편으로 초자아의 시대였다. 이것은 마르크스적인
문제틀(계급의 문제틀)에 문화적 헤게모니가 주어지게 된 데 기
인한다. 그러나 이러한 문제틀이 제구실을 할 수 없게 된 시점
에서 억압된 타자들의 목소리가 커지게 된다. 80년대 후기 모
더니즘시의 융성은 이러한 사정과 관련된다고 할 수 있다. 그렇
다면 80년대에 억압된 타자들이란 무엇인가. 우선 그것은 생
활·일상·개인·욕망·여성·성 등이 아닌가 한다. 물론 앞서 언
급한 황지우·이성복·최승호·박남철 등에서 일상과 생활이 배
제되었다는 것이 아니다. 그러나 그들이 보인 일상과 생활은 근
대적 삶의 일그러지고 깨어진 모습이었다. 즉 그들은 일상과 생
활을 자신의 반근대성을 확인하는 증거로 삼았던 것이다.

　　바퀴 달린 기계들이 질주하는 아스팔트다
　　작은 차들이 큰 차에 대해 공포를 느끼는 아스팔트다

인간이 쥐처럼 벌벌 떤다
불어나고 우글쩍거리고
충돌하며 인간의 피를 먹는 기계들
전파상의 로큰롤, 자동차의 경적
귀는 먹먹해지고
소음이 땡삐처럼 들끓는 거리가 붕붕거린다
붕붕거리는 소리를 좇아 뒤질세라 떼지어 붕붕거리며
중고차 시장으로 폐차장으로
고철을 향하여 질주하는 욕망의 바퀴들이다
──최승호, 「붕붕거리는 풍경」

　이 시에서의 도시 일상은 그 일상의 구체성이 아니라 그것의 비인간화에 관심이 놓여 있다. 즉 앞에서 말한 크리시나의 수레와 같이 질주하는 근대성의 모습에 대한 은유이다. 그리고 근대성에 내재한 욕망과 죽음의 현상학이다. 욕망과 죽음의 문제 제시는 최승호 시인이 견지한 반근대성이 근본적인 성찰에 바탕을 두고 있음을 의미한다. 이 두 모티프는 그의 후기시에서 수준 높은 존재론적 인간학을 이루는 배경이 된다. 이곳이 곧 죽음인 것을 근대인들은 삶이라고 우기고 있다는 점에서 죽음이라는 종말론적 주제는 불길한 근대적 삶의 핵심에 놓이는 문제이다.
　그런데 80년대 후기시에서 문제되기 시작하여 90년대로 흘러든 압도적인 일상성의 문제는, 한편으로 일상성이 근대성의 구체적인 일면이라는 점[13]에서 근대성에 관한 시적 인식의 중

---

13) 앙리 르페브르, 박정자 역, 『현대 세계의 일상』, 세계일보사, 1990, pp.58～59. 르페브르는 일상성과 근대성의 관계를 다음과 같이 말한다: "근대성(번역한 이는 이를 현대성이라고 했으나 인용하면서 근대성으로 모두 바꾸었다)이 일상성의 후광으로 장식하고, 또 그것을 뒤덮는다. 근대성은 일상성을 비추어주고 또 그것을 슬쩍 감추기도 한다. 이것들은 오늘날 시대 정신의 두 측면이다. 무의미의 집합체인 일상에 의미의 집합체인 근대성이 답을 한다. 이 의미들에 의해 이 사회는 스스로 의미를 부여하고 정당성을 부여하며, 또 이 의미들이야말로 이 사회의 이데올로기의 한 부분이다."

요한 주제가 된다.[14] 일상 이데올로기에 대한 미시적 관찰과 반성은 삶의 진정성에 이르는 중요한 계기가 될 것이기 때문이다. 르페브르의 말처럼 "일상 생활의 여러 양상과 측면들은 원자력의 공포나 우주의 정복만큼 중요하다"고 볼 수 있다. 일상과 생활 수준의 구체성이 80년대적 거대 담론에 억압되었던 측면이 있고, 또한 이러한 수준에서의 미시적 성찰 없이 어떠한 전체론적 추상도 삶에 대한 억압이 될 것이라는 점에서 일상성의 복원은 왜곡된 근대성으로부터 삶의 진정성을 찾는 일에 상응하는 바 있다 하겠다. 그런데 이러한 긍정적 일면과 함께 일상성의 복원에는 또 다른 형태의 질곡이 뒤따를 염려가 있다. 그것은 소비 사회의 이데올로기를 수용함으로써 욕망과 쾌락의 현상학으로 시적 하락을 가져올 수도 있다는 것이다. 물론 이러한 염려는 기우에 가까울 것이다. 시적 세계관이 근본적으로 근대성에 반립(反立)하고 있기 때문이다.

따라서 80년대 후기와 90년대 모더니즘시에 보이는 일상성의 문제틀은 한국 근대성의 이면과 그 무의식을 해부하는 '쾌락의 정치학'으로 진전될 것이라 생각한다. 그리고 이것은, 이윤택·최승자·김혜순·이하석·장정일·유하·하재봉·함민복 등의 모더니즘 시인들의 시에 대한 분석으로 가능할 일이다.

---

14) 한국 현대시에서의 일상성 전반에 대한 문제는, 김준오, 「현대시와 일상성」, 앞책 참고.

필자 소개
〔*게재순〕

심민화: 서울대 불문과를 졸업했고 동대학원에서 박사학위를 받았
다. 현재 덕성여대 교양과 교수로 재직중이다. 역서로『프
루스트, 뜨거운 삶』『현상학이란 무엇인가』『새벽의 약
속』등이 있으며 저서로『라신느 비극 연구』가 있다.

김주연: 1941년 서울 출생, 서울대 문리대 독문과와 동대학원 그리
고 독일 프라이부르크 대학을 졸업했다. 현재 숙명여대 독
문과 교수로 재직중이다. 1965년『문학』지 추천으로 비평
활동을 시작했다. 저서로『상황과 인간』『문학비평론』
『변동 사회와 작가』『새로운 꿈을 위하여』『문학을 넘어
서』『문학, 그 영원한 모순과 더불어』『고트프리트 벤 연
구』『문학과 정신의 힘』『뜨거운 세상과 말의 서늘함』
『독일 시인론』『독일 문학의 본질』등이 있다. 김환태비평
문학상, 우경저술상, 팔봉비평상을 수상했다.

유종호: 1935년 충북 충주 출생, 서울대 영문과를 졸업한 후 뉴욕
주립 대학원에서 수학했으며 서강대에서 문학박사 학위를
받았다. 이화여대 교수를 역임했으며 현재 연세대 문과대
석좌교수로 재직중이다. 저서로『유종호 전집』5권과『시
란 무엇인가』외 다수가 있다.

방미경: 성심여대 영문과를 졸업한 후 프랑스 파리 10대학에서 불
문학 석사와 박사학위를 받았다. 현재 카톨릭대학교 인문과

학대학 불문과 조교수로 재직중이다. 주요 논문으로「꿈의 거울 : 플로베르의『성 앙투안의 유혹』에 관한 연구」가 있으며 역서로『미학적 인간』(뤽 페리 저), 편저로『플로베르』가 있다.

김기봉 : 1935년 출생, 서울대 문리대 불문과와 동대학원을 졸업했으며 프랑스 그로노블 대학에서 수학했다. 경상대학교, 충남대학교 교수를 역임했으며 현재 서강대 불문과 교수로 재직중이다. 저서로『프랑스 현대 문학에 나타난 개인주의』(공저),『문예사조』『프랑스 시선집』이 있으며 편저로『프랑스 문학 이론과 선언문』이 있다.

반성완 : 1942년 부산 출생, 서울대 문리대 독문과를 졸업하고, 독일 프라이부르크 대학과 베를린 자유대학에서 독문학・철학을 전공했으며 베를린 자유대학에서 박사학위를 받았다. 현재 한양대 독문과 교수로 재직중이며 역서로『루카치의 소설의 이론』이 있다.

박이문 : 1930년 출생, 서울대 및 동대학원 불문과를 졸업하고 프랑스 소르본 대학에서 불문학 박사학위를, 미국 남캘리포니아 대학에서 철학박사 학위를 받았다. 이화여대 불문과 전임강사와 시몬즈대 철학과 교수를 역임했으며, 현재 포항공대 철학 교수로 재직중이다. 저서로『시와 과학』『문학 속의 철학』『철학이란 무엇인가』『현상학과 분석철학』『하나만의 선택』『노장 사상』『인식과 실존』『예술철학』『종교란 무엇인가』『사물의 언어——실존적 자서전』외 다수가 있다.

김치수 : 서울대 문리대 및 동대학원 불문과를 졸업한 후 프랑스 프로방스 대학에서 문학박사 학위를 받았다. 저서로『현대 한

국 문학의 이론』(공저), 『한국 소설의 공간』『문학사회학
을 위하여』『공감의 비평을 위하여』, 편저로 『문예사조』
『구조주의와 문학비평』 등이 있다. 현재 이화여대 불문과
교수로 재직중이다.

오생근 : 1946년 서울 출생, 서울대 불문과를 졸업한 후 프랑스 파
리 10대학에서 「앙드레 브르통의 초현실주의 소설 3부작 연
구」로 문학박사 학위를 받았다. 1970년 동아일보 신춘문예
에 평론이 당선되어 평단에 등장했다. 현재 서울대 불문과
교수로 재직중이다. 저서로 『삶을 위한 비평』『현실의 논
리와 비평』, 역서로 미셸 푸코의 『감시와 처벌』 등이 있다.

김욱동 : 1948년 경기도 인천 출생, 한국외국어대학 영어과와 동대
학원을 졸업했으며, 미국 미시시피 대학에서 영문학 석사학
위, 뉴욕 주립 대학(스토니 브룩)에서 영문학 박사학위를
받았다. 하버드 대학과 듀크 대학 객원교수를 역임했고, 현
재 서강대학교 영문과 교수로 재직중이다. 저서로 『이문
열』『탈춤의 미학』『문학의 위기』『포스트모더니즘의 이
론』『모더니즘과 포스트모더니즘』『리얼리즘과 그 불만』
『대화적 상상력』 등이 있다.

김붕구 : 1922년 황해도 옹진 출생, 1991년 작고. 와세다대와 서울
대를 졸업한 후 서울대 불문과 교수로 재직했으며 1974년
서울대에서 문학박사 학위를 받았다. 주요 저서로는 『불문
학 산고』『불문학사』『작가와 사회』『불시선주(佛詩選註)』
등이 있다.

정명환 : 1929년 출생, 서울대 문리대 불문과를 졸업했으며 서울대
교수와 카톨릭대 교수를 역임했다. 저서로는 『한국 작가와
지성』『20세기 문학과 이데올로기』(공저), 『졸라와 자연

주의』『문학을 찾아서』, 역서로는 『20세기의 지적 모험』
(알베레스) 외 다수가 있다.

김홍규 : 1948년 경기도 인천 출생, 고려대 국문과와 서울대 대학원
을 졸업했으며 고려대에서 박사학위를 받았다. 1971년 동
아일보 신춘문예에 평론이 당선되면서 평단에 등장했다. 저
서로 『문학과 역사적 인간』『한국 문학의 이해』『조선 후
기의 시경론과 시의식』 외 다수가 있다.

서준섭 : 1952년 강릉 출생, 강원대 국어교육과를 졸업했으며 서울
대에서 박사학위를 받았다. 현재 강원대 사대 국어교육과
교수로 재직중이다. 1982년 『심상』에 「한국 현대시에 있
어서 장시(長詩)의 문제」를 발표하면서 평론 활동을 시작
했다. 저서로 『한국 모더니즘 문학 연구』『감각의 뒤편』
등이 있다.

염무웅 : 1941년 강원도 속초 출생, 서울대 독문과와 동대학원을 졸
업했으며 현대 영남대 독문과 교수로 재직중이다. 1964년
경향신문 신춘문예에 평론이 당선되면서 평단에 등장했으
며 1968년 계간 『창작과비평』의 편집에 참여, 주간과 발행
인 등을 역임했다. 저서로 『한국 문학의 반성』『민중 시대
의 문학』 등이 있다.

임헌영 : 1941년 경북 의성 출생, 중앙대 국문과와 동대학원을 졸업.
월간 『다리』 주간과 중앙대 강사를 지냈으며 1947, 1979
년 2차의 투옥 후 문필 활동에만 전념했다. 저서로 『한국
근대 소설의 탐구』『한국 현대 문학 사상사』『문학의 시대
는 갔는가』『민족의 상황과 문학 사상』 등이 있다.

홍정선 : 1953년 경북 예천 출생, 서울대 국문과 및 동대학원을 졸
업했다. 『문학의 시대』 편집 동인으로 참여하면서 비평 활

동을 시작했고, 현재 계간 『문학과사회』 편집 동인이며 인
하대 국문과 교수로 재직중이다. 저서로 『역사적 삶과 비
평』이 있다.

구모룡 : 1959년 경남 밀양 출생, 부산대 국문과를 졸업했으며 동대
학원에서 박사학위를 받았다. 현재 국립 해양대 교수로 재
직중이다. 1982년 조선일보 신춘문예에 「도덕적 완전주의
——김수영의 문학 세계」로 당선, 비평 활동을 시작했으며,
1984년부터 무크지 『지평』 편집 동인으로 활동해왔고, 저
서로 『앓는 세대의 문학——세계관과 형식』이 있다.

<h1 style="text-align:center">본서에 수록된 글의 출전*</h1>

제 1 부 문예사조의 새로운 이해

고전주의의 형성 과정과 기본 명제
　　〔*신고〕

독일 낭만주의의 본질
　　〔김주연, 『독일 문학의 본질』(서울 : 민음사, 1991)〕

근대 소설과 리얼리즘
　　〔유종호, 『유종호 전집』(서울 : 민음사, 1995)〕

19세기 프랑스 리얼리즘의 양상
　　〔*신고〕

상징주의의 본질과 원리
　　〔*신고〕

표현주의와 리얼리즘
　　〔『창작과비평』, 1981년 여름호〕

실존주의 문학과 실존 철학
　　〔박이문, 『문학과 철학』(서울 : 민음사, 1995)〕

누보 로망의 논리
　　〔김치수, 『문학사회학을 위하여』(서울 : 문학과지성사, 1979)〕

자동기술과 초현실주의적 이미지
　　〔『인문논총』 제27집, 1992〕

포스트모더니즘 : 모더니즘의 계승과 대안
　　〔김욱동, 『모더니즘과 포스트모더니즘』(서울 : 현암사, 1992)〕

제 2 부 문예사조와 한국 문학

신문학 초기의 계몽 사상과 근대적 자아
　　〔김붕구, 『한국인과 문학 사상』(서울 : 일조각, 1964)〕

---

* 재수록을 허락해준 필자 및 출판사에 감사를 드립니다.

염상섭과 에밀 졸라
　〔정명환, 『한국 작가와 지성』(서울: 문학과지성사, 1978)〕
1920년대 초기시의 낭만적 상상력과 그 역사적 성격
　〔김흥규, 『문학과 역사적 인간』(서울: 창작과비평사, 1980)〕
구인회와 모더니즘
　〔서준섭, 『1930년대 민족문학의 인식』(서울: 한길사, 1990)〕
모더니즘의 한계와 그 극복
　〔염무웅, 『민중 시대의 문학』(서울: 창작과비평사, 1979)〕
실존주의와 1950년대 문학
　〔임헌영, 『한국 현대 문학 사상사』(서울: 한길사, 1988)〕
한국 리얼리즘 문학의 한 양상
　〔『내일을 여는 작가』, 1996년 9·10월호〕
1980년대 모더니즘시의 전개
　〔『현대시사상』, 1995년 가을호〕

짐으로써 믿음이 증장하여 무상(無上)의 도를 구하는 뜻을 갖게 되는 것을 말한다. 그리고 불법승(佛法僧)의 힘이 지켜주기 때문에 업장을 소멸하고 선근(善根)에서 물러서지 않게 되는 것을 말한다. 즉 법성에 수순하여 치장(癡障)을 여의는 것을 말한다.

넷째는 대원평등방편(大願平等方便)으로서, 미래세가 다하도록 일체중생이 하나도 남김없이 모두가 구경에 무여열반(無餘涅槃)하도록 교화하여 제도하겠다고 발원하는 것을 말한다. 즉 법성에 수순하여 단절이 없는 것을 말하는 것으로서, 법성은 광대하여 일체중생에 두루 하며, 평등하여 둘이 없으므로 나와 남을 분별할 수 없으며, 구경(究竟)에 적멸(寂滅)하다.

【 실차난타 】 첫째는 행근본방편(行根本方便)으로서, 일체법의 본성(本性)이 무생(無生)임을 관하여 망견(妄見)을 떠나 생사에 머물지 않고, 일체법은 인연이 화합한 것으로서 업(業)의 과(果)는 망실되지 않음을 관하여 대비(大悲)를 일으켜 여러 복덕을 닦아 중생을 섭화(攝化)하면서 열반에 머물지 않는 것을 말한다. 즉 진여는 생사열반상(生死涅槃相)을 여의었기 때문에 이 행(行)은 이러한 진여에 수순하는 것을 근본으로 하므로 행근본방편이라고 부른다.

둘째는 능지방편(能止方便)으로서, 자신의 허물을 부끄러워하고 뉘우쳐서 일체의 악법(惡法)을 그쳐 증장하지 못하게 하는 것을 말한다. 진여는 일체의 과실상(過失相)을 여의었으므로 진여에 수순하여 제악(諸惡)을 그치는 것을 능지식방편(能止息方便)이라고 부른다.

셋째는 생장선근방편(生長善根方便)으로서, 삼보에 대하여 일으킨 애경심(愛敬心)으로 삼보를 존중, 공양, 정례(頂禮), 칭찬, 수희, 권청하여 바른 믿음(正信)이 증장함으로써 무상보리(無上菩提)를 구하게 되면 불법승의 위력의 가호(加護)를 받아 업장이 청정해지고, 선근(善根)이 줄어들지 않는 것을 말한다. 진여는 일체의 장애를 여의고, 일체공덕을 구족하므로 진여에 수순하여 선업을 수행하는 것을 생장선근방편이라고 부른다.

넷째는 대원평등방편(大願平等方便)으로서, 미래제(未來際)가 다하도록 일체중생을 평등하게 구제하여 그들을 무여열반(無餘涅槃)에 안주(安住)하게 하겠다는 서원을 일으키는 것을 말한다. 일체법은 본성이 무이(無二)이며, 피차(彼此)가 평등하며, 구경에 적멸(寂滅)하다는 것을 알기 때문에, 진여의 이러한 세 가지 모습에 수순하여 큰 서원(誓願)을 일으키는 것을 대원평등방편이라고 부른다.

신성취발심은 이치에 맞게 진여법을 바르게 생각하는 직심(直心)과 일체의 모든 선행을 쌓는 심심(深心)과 일체중생의 괴로움을 없애주려는 대비심(大悲心)을 성취하는 것이다. 여기에서는 이러한 세 가지 마음을 성취하기 위한 네 가지 방법을 구체적으로 설명한다.

행근본방편(行根本方便)은 직심을 성취하는 방법이고, 능지방편(能止方便)과 생장선근방편(生長善根方便)은 심심을 성취하는 방법이며, 대원평등방편(大願平等方便)은 대비심을 성취하는 방법이다.

【眞】 菩薩 發是心故 則得少分 見於法身 以見法身故 隨其願
力 能現八種利益衆生 所謂 從兜率天 退 入胎 住胎 出胎 出
家 成道 轉法輪 入於涅槃 然是菩薩 未名法身 以其過去 無量
世來 有漏之業 未能決斷 隨其所生 與微苦相 應亦非業繫 以
有大願自在力故 如修多羅中 或說有退墮惡趣者 非其實退 但
爲初學菩薩 未入正位 而懈怠者 恐怖令使勇猛故 又 是菩薩
一發心後 遠離怯弱 畢竟不畏 墮二乘地 若聞 無量無邊阿僧
祇劫 勤苦難行 乃得涅槃 亦不怯弱 以信知 一切法 從本已來
自涅槃故

【實】 菩薩 如是發心之時 則得少分 見佛法身 能隨願力 現八
種事 謂從兜率天宮 來 下 入胎 住胎 出胎 出家 成佛 轉法輪
般涅槃 然猶未得名爲法身 以其過去 無量世來 有漏之業 未
除斷故 或由惡業 受於微苦 願力所持 非久被繫 有經中說 信
成就發心菩薩 或有退墮惡趣中者 此爲初學心 多懈怠 不入正
位 以此語之 令增勇猛 非如實說 又 此菩薩 一發心後 自利利
他 修諸苦行 心無怯弱 尚不畏墮二乘之地 況於惡道 若聞無
量阿僧祇劫 勤修種種難行苦行 方始得佛 不驚不怖 何況有起
二乘之心 及墮惡趣 以決定信 一切諸法 從本已來 性涅槃故

보살은 이 마음을 일으키기 때문에 약간이나마 법신을 보게 되
며, 법신을 보기 때문에 그 원력에 따라 여덟 가지 모습을 나타내
어 중생에게 이익이 되게 하나니, 소위 도솔천에서 나오는 모습,

태에 들어가는 모습, 태에 머무는 모습, 태에서 나오는 모습, 출가하는 모습, 성도하는 모습, 법륜을 굴리는 모습, 열반에 드는 모습을 나타낸다. 그러나 이 보살은 아직 법신이라고 불리지 못한다. 왜냐하면 과거 무량한 세상으로부터 내려오는 유루(有漏)의 업을 아직 끊지 않아서 태어난 곳에 따라 작은 괴로움과 상응하기 때문이다. 그러나 이는 업에 묶여서 그런 것이 아니라, 대원(大願)의 자재(自在)한 힘이 있어서 그런 것이다. 불경에서 간혹 '악취(惡趣)에 물러나 떨어지는 자가 있다'라고 말하는 것은 실제로 물러난 것이 아니라, 아직 정위(正位)에 들어가지 못하고 해태(懈怠)한 초학보살(初學菩薩)을 두렵게 하여 그들을 용맹정진하게 하기 위해서다.

【 진제 】 그리고 이 보살은 한번 발심한 후에는 겁약(怯弱)을 멀리 여의기 때문에 필경 이승지(二乘地)에 떨어지는 것을 두려워하지 않으며, 무량아승기겁(無量阿僧祇劫) 동안 고행과 난행(難行)을 부지런히 해야 열반을 얻을 수 있다는 말을 들어도 역시 겁을 먹거나 나약해지지 않나니, 일체법은 종본이래(從本已來)로 자성이 열반임을 믿어 알기 때문이다.

【 실차난타 】 그리고 이 보살은 한번 발심한 후에는 자리이타(自利利他)의 모든 고행을 닦아 마음에 겁약(怯弱)이 없나니, 이승(二乘)의 지위에 떨어지는 것도 두려워하지 않는데 하물며 악도(惡道)를 두려워하겠는가? 이 보살은 일체제법은 본래부터 본성이 열반이라는 것을 확고하게 믿기 때문에, 무량아승기겁 동안 갖가지 난